本书出版获许昌学院魏晋文化研究中心专项基金资助

魏晋隋唐史研究

——欣贺宁志新教授七十华诞论文集

乔凤岐　冯金忠 ○主编

中国社会科学出版社

图书在版编目(CIP)数据

魏晋隋唐史研究：欣贺宁志新教授七十华诞论文集/乔凤岐，冯金忠主编．
—北京：中国社会科学出版社，2016.5
ISBN 978 - 7 - 5161 - 8055 - 6

Ⅰ.①魏… Ⅱ.①乔…②冯 Ⅲ.①中国历史—魏晋南北朝时代—文集
②中国历史—隋唐时代—文集 Ⅳ.①K230.7 - 53②K240.7 - 53

中国版本图书馆 CIP 数据核字(2016)第 084375 号

出 版 人	赵剑英	
责任编辑	宋燕鹏	
责任校对	石春梅	
责任印制	李寡寡	

出 版	中国社会科学出版社	
社 址	北京鼓楼西大街甲 158 号	
邮 编	100720	
网 址	http://www.csspw.cn	
发 行 部	010 - 84083685	
门 市 部	010 - 84029450	
经 销	新华书店及其他书店	

印 刷	北京君升印刷有限公司	
装 订	廊坊市广阳区广增装订厂	
版 次	2016 年 5 月第 1 版	
印 次	2016 年 5 月第 1 次印刷	

开 本	710 × 1000 1/16	
印 张	29.75	
插 页	2	
字 数	516 千字	
定 价	98.00 元	

凡购买中国社会科学出版社图书,如有质量问题请与本社营销中心联系调换
电话:010 - 84083683

目　录

下　编

序

徐建平

在宁志新老师七十华诞之际，学界同人为宁老师出版论文集，作为宁老师的学生和同事，我非常高兴，也使我这个隋唐史的门外汉再次有机会向这个领域的专家学者学习。

宁老师毕业留校任教之时，我刚进入河北师范学院历史系从事历史学专业学习。当时历史系风传有一位没有上过大学的老师，从新疆直接考取了胡如雷先生的研究生，毕业之后即留校任教。作为一个刚刚迈进历史系门槛的小女生，心中十分敬佩，也很希望见识一下宁老师的风采。有一次和高年级的同学同行去教室自习，偶然遇到宁老师，我才认识了高高的个子、戴着厚厚眼镜片的宁老师。宁老师爽快地和师兄们聊着天，声音很洪亮，这是我初识宁老师。和宁老师较多的接触是在1988年，当时我留校后担任教学秘书，无论给宁老师安排什么教学任务，宁老师都积极配合，从不挑剔，让我感到很温暖。对于我这个刚刚走上工作岗位的后辈，宁老师非常爱护和提携。1992年，宁老师让我参与了他主编的《道教十三经文白对照》翻译工作，当时作为非教学人员，这件事对我影响很大。这部书于1994年由河北人民出版社出版，这也是我大学毕业后的第一项科研成果，在业务方面使自己树立了信心。之后，我转到教学岗位，宁老师更是在教学和研究上给予了我很多帮助，使我受益匪浅。尤其是宁老师到厦门大学攻读博士期间，每次见到宁老师，都能从他那里了解到许多前沿的学术信息，收获甚丰。当时看到宁老师在《中国社会科学》《历史研究》《中国史研究》《光明日报》等权威报刊发表了一系列在学界有影响力的论文，自己非常羡慕，向宁老师请教做学问的方法，宁老师总是热情地予以指导。可以说是受宁老师的影响，后来，我自己也想报考厦门大学的博士，向宁老师了解考博的有关信息，宁老师热心介绍厦门大学历史系的情况，2003 年我如愿到厦门大学攻读博士。虽然自己的研究方向和宁老师有很大不同，但是在自己的成长道路上得到了宁老师的无私帮助，在此对宁老师再次表示深深的感谢！

宁老师是隋唐史研究专家，先后出版了《李勣评传》《隋唐使职制度研究（农牧工商编）》等专著。他涉猎面很广，在隋唐制度史，特别是军制、使职研究方面成就斐然，深得学界赞誉。宁老师为文长于考证，深得乾嘉治学之精要，但他重视考证，而不拘泥于饾饤考据，着手者小，着眼者大，通过爬梳勾稽史料，阐释的往往都是具有全局性的重大问题，在这一点上分明又能看到胡如雷先生治学的影响。需要指出的是，宁老师曾数年照顾患病的爱人，自己也深为眼疾所困，但仍笔耕不辍，这种毅力、这种精神着实可佩可叹。

宁老师坚守学术，耕耘教坛三十余载，给我们河北师范大学历史文化学院增了光，作为晚辈，我为宁老师的成绩感到骄傲，也为历史文化学院有宁老师这样的业务扎实、潜心教学的老师感到骄傲。值此宁老师 70 华诞之际，受邀为宁老师纪念文集作序，甚感荣幸。祝愿宁老师健康长寿！

上　编

唐后期的礼书修订与格敕代礼

——从吕温《代郑相公请删定施行〈六典〉〈开元礼〉状》说起

吴丽娱

唐代礼书的制作和行用是一个至今仍不甚明确的问题。关于这一点，开元中有两部大制作引人注目：《唐六典》《开元礼》。众所周知，二书是玄宗粉饰太平之作，但是唐后期这样的制作不见了。那么，唐后期是否还有由朝廷组织的礼仪修订或者礼书制作呢？关于这一点，《文苑英华》卷六四四所载元和初吕温《代郑相公请删定施行〈六典〉〈开元礼〉状》很有启发。

人们最初注意到这件状文，乃因为它说二书"草奏三复，只令宣示中外，星周六纪，未有明诏施行"，就是都没有真正实行，接着就有下面的要求："臣请于常参官内，选学艺优深，理识通远（《集》作'敏'）者三五人，就集贤院各尽异同，量加删定。然后敢尘睿览，特降德音，明下有司，著为恒式。使公私共守，贵贱遵行，苟有愆违，必正刑宪。"于是引起学者的疑问和讨论。

首先是二书究竟有没有行用，吕温状中所说与其他文献记载不甚一致。

《旧唐书》卷八《玄宗纪上》、卷二一《礼仪志一》（《唐会要》卷三七《五礼篇目》略同），关于《开元礼》的撰成都有"制所司行用之"或者"颁所司行用焉"的说法。《册府元龟》卷五六四《掌礼部·制礼》二更将《开元礼》的"颁所司行用"换成了"颁示天下"。"颁示天下"显然就是"宣示内外"，比颁所司行用范围更广。

但《唐六典》似乎记载不同：《新唐书·艺文志》只说奏上，百僚称贺。《直斋书录解题》卷六引韦述《集贤记》说"（开元）二十六年奏草上。至今在书院，亦不行"。但刘肃《大唐新语》卷九却说《唐六典》"开元二十六年始奏上，百寮陈贺，迄今行之"。

所以关于《唐六典》记载是矛盾的，这一点在宋人程大昌已提出疑问。他以白乐天诗《新乐府·道州民》言"阳城不进矮奴"，有"城云臣按六典书，任土供有不供无"为依据，认为"岂是成而不用"①。近人胡玉缙提到这一点，说刘肃是元和人，那么是不是在郑相公状之后就用了呢?② 这导致对《唐六典》行用的看法一直有所不同。

今人关于《唐六典》的研究也有不少，如内藤乾吉《唐六典の行用について》(《东方学报》7，京都，1936 年，收入氏著《中国法制史考证》，有斐阁，1963 年)，严耕望《略论唐六典之性质与施行问题》(《"中央"研究院历史语言研究所集刊》24，1953 年)，韩长耕《关于〈大唐六典〉的行用问题》(《中国史研究》1983 年第 1 期)，刘逊《试说〈唐六典〉的施行问题》(《北京师院学报》1983 年第 2 期)，钱大群、李玉生《〈唐六典〉性质论》《中国社会科学》1989 年第 6 期，收入钱大群《唐律与唐代法律体系研究》)，钱大群《〈唐六典〉不是行政法典——答宁志新先生》(《中国社会科学》1996 年第 6 期)，韩国磐《中国古代法制史研究》(人民出版社 1993 年版)，戴何都《〈唐六典〉正确描述了唐朝制度吗?》(《中国史研究动态》1992 年第 10 期)，宁志新《〈唐六典〉仅仅是一般的官修典籍吗?》(《中国社会科学》1994 年第 2 期)，《〈唐六典〉性质刍议》(《中国史研究》1996 年第 1 期)，以及吴宗国主编、撰写《盛唐政治制度研究》绪论第二节"《唐六典》与唐前期政治制度"(上海辞书出版社 2003 年版)，汪超《〈唐六典〉研究》(安徽大学博士论文，2009 年)，等等。

诸多文章的一个共同目标，仍在讨论《唐六典》是否行用。而讨论说明，《唐六典》究竟实用与否，牵涉它的性质问题，即《唐六典》是不是真正的法典。其中宁志新和钱大群两位先生的辩论也集中于此。针对钱大群先生所认为的《唐六典》不具有法律的属性，从未作为行政法典行用，只是一部普通的官修典籍或供人阅读的官方图书的观点，宁志新先生则提出《唐六典》"应是一部存在严重缺陷的行政法典，或更准确地称之

---

① 《考古编》卷九《六典》。

② 《四库全书总目提要补正》卷上，上海书店出版社 1998 年版。

为准行政法则"，他在文中还指出德宗、宪宗以降援引《唐六典》以规范行政活动的史实有 35 例，用以证明《唐六典》与律、令、格、式有同等法律效力，是一部行政法典。

但是对《唐六典》，陈寅恪曾说它是童牛角马不今不古之书①，多数人的看法也认为《唐六典》并不是一部有法律效力的法典。这一点严耕望关于《唐六典》"盖欲全部摹仿周礼"已经说明。其实如果将它与《开元礼》一样当作礼书，问题就迎刃而解。因为《开元礼》的目标是"改撰"《礼记》，而《唐六典》根本就是取法《周礼》，所以不管记载是怎样，作为中古唐代的礼书，它们是有共性的。

以往笔者对《开元礼》是否行用做过一些讨论，也兼及《唐六典》，认为两者作为礼书，对它们的行用问题不能简单地认定。因为现实中的礼是不断修改的，而元和状中提到开元两部礼典的落实，也表明并不是简单地恢复与照搬，而是从损益、弛张之间"量加删定"，这正是考虑到已经变化了的因素，是唐后期对待《开元礼》《唐六典》的原则。因此二者之作，虽然是粉饰太平，但具体实施与否也关系到法令。这一点通过下面的讨论就更清楚了。

其次，《开元礼》《唐六典》元和以后行用与否也牵涉状所说"删定施行"是否做了，或者说是不是本着这一原则落实《开元礼》《唐六典》，以及重修礼书？所以这里还要针对郑相公状的第二个问题进行讨论，即通过元和礼仪活动以及元和格敕与格后敕的增修对"删定施行"的具体内涵加以解读，证明礼、法同修及现实中礼的实行对法的依赖。

这个考察分为两点。第一，笔者发现元和初年确实有许多修订礼仪的活动及内容，其中确实有对《开元礼》《唐六典》删定施行的问题。其中有参考、肯定，但也不是照搬，都是结合现实进行的，宁先生提到元和以后关于《唐六典》的数十例也大都在这一范围内。

第二，从德宗建中、贞元到元和，有删定或者详定礼仪使的派设，而且删定和详定都是结合司法进行的，有时候刑部官员参与。最典型的是元和十三年（818）郑余庆领导的"详定"礼仪。参加者礼官、法官各占一半，而更重要的是其成果不称礼书而是所谓"详定格后敕"②，也就是记

---

① 陈寅恪：《隋唐制度渊源略论稿·职官》，中华书局 1963 年版。

② 《唐会要·定格令》，上海古籍出版社 1991 年版。

载皇帝敕令的法书。可见元和时代对礼的删修成果不是礼书，而是现实中具体的法令格敕。

那么为何修礼最终又变成修格敕了呢？这一点还应结合唐初以来礼法同修的格局和惯例来理解。贞观律令、永徽律令和礼都是同修的。到《显庆礼》修成"其文杂以式令"。礼法的结合更密切了。而《开元礼》快成书的开元十九年（731）有主持人萧嵩"奏令所司删撰《格后长行敕》六卷，颁于天下"，《唐六典》快成书的开元二十五年（737）有主持者李林甫等人对旧格式律令及敕"共加删辑"的《格式律令事类》四十卷，"颁于天下"。说明修礼之先须对以往所行法令制敕加以整备，礼有现行法作为支撑，而这些法令制敕实际上又是被吸收进《唐六典》和《开元礼》的。

既然礼书变成格后敕，说明所谓"删定施行"就是对格敕加以整理。因此从实用的角度讲，格敕修撰的意义越来越大于礼书，甚至取代了礼书。一个显而易见的事实是，唐后期综合性的官修礼书见不到了，格敕的修撰却甚多。《唐会要》记载了唐后期格敕的修撰，其中元和修制敕甚多。而对照元和十三年郑余庆修礼实际修成格敕的情况，我们也发现元和初许孟容等六人"删定《开元格后敕》"，开始于元和二年（807），结束于元和五年（810），与吕温状的时间和提到的选常参官进行完全对得上，所以无论是从一些实际的礼仪活动还是从人员，都证明元和确实是进行了修订礼仪的活动。只不过，这时已经不再修那些大而不实用的豪华礼书，而只剩下实用的礼法制敕了。事实上宁志新先生所总结的唐后期以后关于《唐六典》的吸收，也是经过制敕认定的，这样就使《唐六典》本身看起来具有了行政意义，像是一部行政法典。但它们所表现的作用其实是制敕的，而不是礼典本身原来就具有的。相关礼制的实行内容完全通过制敕规定，所以唐后期即使是由一些礼官个人所修的礼书，也都吸收了大量制敕。王彦威的《曲台礼》就是"或后敕已更裁成，或当寺别禀诏命"的"开元以后至元和十三年奏定仪制"[1] 也就是由制敕集成。当然就像各种制度纳入《唐六典》一样，这些制敕也包括其他制度（戴建国说过，支持组成的格式当代法，不同于律令这样的前朝法令，现实意义很大），并不完全是礼了。

---

① 《唐会要·五礼篇目》。

　　所以唐后期的修礼是将礼、法更密切地结合了。或者有人会问，为何《贞观礼》《显庆礼》都明确谈到颁行的问题，《开元礼》却颁而不行呢？笔者认为，这只能说明，唐前期的礼尚有相对的独立性和权威性。礼、法可以分离，礼尚可以独立颁行，且有相对引用的意义。但从《开元礼》开始，礼的实行更依赖于法，礼的独立性减弱了。了解了这一点，《开元礼》《唐六典》有没有实行过就不成问题或者可以说是伪问题了。因为凡条文被现行制敕法令规定者、纳入者便是实行的，否则即是不实行的。礼书中的具体仪注与现实结合才是实行的，而今古、新旧混合的礼典整体性施行则是不可能的。明确了这一问题，《开元礼》《唐六典》实行与否的公案是不是就此可以了结了呢？

　　（附记：这是我在上海政法大学 2013 年举办的学术会议上的发言，是介绍我提交的《唐后期的礼书修订与格敕代礼》一文的内容观点，此文后经修改，以《从唐代礼书的修订方式看礼的型制变迁》为名发表于《中国古代法律文献研究》第 8 辑（中国政法大学法律古籍整理研究所编，社会科学文献出版社 2014 年版）。由于宁志新先生很早便在《历史研究》与《中国社会科学》上发表了《唐六典》的相关文章，故虽观点不同但仍将此发言稿修改后寄赠宁先生，表明对朋友学术的褒扬关注以及祝贺华诞之礼，以共同促进学术的进步与昌盛）

（吴丽娱，中国社会科学院历史研究所研究员）

《天圣令》所附《唐令》为建中令辩①

卢向前

  戴建国先生曾在《历史研究》《文史》上发表三篇文章，② 揭出天一阁藏明钞本《官品令》，乃是久已失传的北宋仁宗天圣七年（1029）刊布的《天圣令》以及附录的《唐令》残篇，并对此进行研究。据称其数占到原文三十卷的三分之一，达十卷之夥。③ 而在这十卷中，戴先生又披露了《田令》与《赋役令》全文，这就使我们对北宋《天圣令》特别是所附《唐令》中的两卷令文有了比较完整的认识，其功厥伟。但戴先生认定《天圣令》所依据及所附之《唐令》为"开元二十五年令"之结论，则笔者不敢苟同。2006 年，中华书局出版《天一阁藏明钞本天圣令校证〈附唐令复原研究〉》，全文披露十卷《天圣令》及所附《唐令》，其中还有宋家钰、黄正建等九位先生的研究成果；④ 而在是年的《唐研究》第 12 卷上，亦有他们对于《天圣令》暨《唐令》的考察。⑤ 黄正建等先生还提出，"我们的《唐令》复原，没有明确指出复原的就是开元二十五年

---

  ① 本文与熊伟合撰。撰写时，熊伟为浙江大学中国古代史研究所博士研究生。

  ② 戴建国：《天一阁藏明抄本〈官品令〉考》，《历史研究》1999 年第 3 期；《唐〈开元二十五年令·田令〉研究》，《历史研究》2000 年第 2 期；《天一阁藏〈天圣令·赋役令〉初探（上）》，《文史》2000 年第 4 辑，总第 53 辑；《天一阁藏〈天圣令·赋役令〉初探（下）》，《文史》2001 年第 1 辑，总第 54 辑。

  ③ 天一阁藏明钞本《官品令》全册共一百一十二页，三万五千余字。原足本应为"元亨利贞"四册，现仅存第四册"贞"；前三册的装订形式与封皮书签名亦如第四册，并在书签下端分别题小楷"元""亨""利"表示书册号。以"贞"册为依据匡记，全四册约有 450 页，14 万字。参见袁慧《天一阁藏明钞本官品令及其保护经过》，载《天一阁藏明钞本天圣令校证〈附唐令复原研究〉》，中华书局 2006 年版，第 1 页。

  ④ 《天一阁藏明钞本天圣令校证〈附唐令复原研究〉》，中华书局 2006 年版。

  ⑤ 《唐研究》第 12 卷，北京大学出版社 2006 年版。

令。因为除田令等令以外，有些令似乎与开元二十五年令稍有不同"①。其实《天圣令》所附《田令》，亦非为"开元二十五年令"而为《建中令》。于是撰成此文，以作辩证云。

一　《天圣令》所附《唐令》为开元二十五年令质疑

首先，在遗存的《天圣令》令文及记述《天圣令》的文献材料中，我们并未看到所附录的《唐令》是开元二十五年令的文字。

根据戴建国的抄录披露，现存的《天圣令》每卷都分为两个部分，前一部分是"右并因旧文，以新制参定"的令文，即当时据唐令修订颁行的天圣令令文，后一部分则是"右令不行"仅为留存的唐令令文。而"旧文"与"不行"之令文，虽说都是唐令，但都没有揭出行用年代。

其次，在记载《天圣令》撰成及刊布的文献材料中，我们也没有看到它的依据是开元二十五年令的文字。比如在《宋会要辑稿》刑法一之四中，是这样描述天圣时期的修令活动的：

（天圣七年）五月十八日详定编敕所（止）〔上〕删修令三十卷，诏与将来新编敕一处颁行。先是诏参知政事吕夷简等参定令文，乃命大理寺丞庞籍、大理评事宋郊为修令〔官〕，判大理寺赵廓、权少卿董希颜充详定官，凡取《唐令》为本，先举现行者，因其旧文，参以新制定之。其令不行者，亦随存焉。又取敕文内罪名轻简者五百余条，著于逐卷末，曰"附令敕"。至是上之。

这里的"先举现行者，因其旧文，参以新制定之"就是戴先生所揭示之"右并因旧文，以新制参定"的《天圣令》；而所谓的"其令不行者"就是《天圣令》所附之"右令不行"的《唐令》。但这里并未提及其为何年之唐令。

南宋王应麟《玉海》卷六六《天圣附令敕》条所引《志》之文，记载此事亦道：

---

①　黄正建：《关于天一阁藏宋天圣令整理的若干问题》，载《天一阁藏明钞本天圣令校证〈附唐令复原研究〉》，中华书局 2006 年版，第 18 页。

天圣四年，有司言，敕复增置六千余条，命官删定。时以唐令有与本朝事异者，亦命官修定。有司乃取咸平仪制及制度约束之在帙者五百余条，悉附令后，号曰："附令敕。"（天圣）七年令成，颁之。

这里说的是天圣四年《附令敕》的修撰，由于敕附在令之后，便也提到了"亦命官修定"的《天圣令》，而《天圣令》所依据的仍未提及开元二十五年令。又有《玉海》同卷《天圣新修令》条，其所引《书目》所载内容大略与上引《宋会要辑稿》文字相同，只称：

天圣令文三十卷，时令文尚依唐制，（吕）夷简等据唐旧文，斟酌众条，益以新制，天圣十年行之。

这里仍然没有涉及开元二十五年令文。

看起来，当时人们所记载的，以及后来人们能看到的记载所及的《天圣令》中，只与唐令有关而不及开元二十五年令。

这本来也不足为怪，依数学上的"集合"概念而言，开元二十五年令是唐令之子集，为唐令所包含，这里的唐令也有可能就是开元二十五年令。但引起我们注意的是：先于《天圣令》修订的《淳化令式》，在说到唐令时，却明白地标示着"开元"年号。《玉海》卷六六《淳化编敕》云：

（宋）太宗以开元二十六年①所定令式，修为淳化令式。

这里就与《天圣令》的修撰据唐令有不同，《淳化令式》的修撰，依据的是"开元二十六年所定令式"。

同样地，《玉海》同卷《开元前格》条引《中兴书目》也提道：

《唐式》二十卷，开元七年上，二十六年李林甫等刊定。皇朝淳

---

① 仁井田陞以为当为开元二十五年之误。甚是。《唐令拾遗》序说，东京大学出版会1983年版，第41页。

化三年校勘。

而在陈振孙《直斋书录解题》卷七《法令》条则云：

> 《唐令》三十卷，《式》二十卷，唐开元中宋璟、苏颋、卢从愿等所删定。考《艺文志》，卷数同，更（后唐）同光、（后晋）天福校定。至本朝淳化中，右赞善大夫潘宪、著作郎王泗校勘。其篇目、条例颇与今见行令式有不同者。

陈振孙所言与上二家略有不同，右赞善大夫潘宪、著作郎王泗所校勘之淳化令当为同一物，但其所依据的却并非为开元二十五年令，而是开元七年令，[①] 开元七年令自有与开元二十五年令不同处，故称"其篇目、条例颇与今见行令式有不同者"。但无论如何，它还是标出了"开元"年代。这就与《天圣令》仅言"唐令"而不言年代大异其趣了。这样的状况就更使得我们对《天圣令》所附之《唐令》为开元二十五年令的判断产生了怀疑。

鄙意揣之，戴建国先生之所以认定《天圣令》所修撰、所附录者为开元二十五年令，其重要依据之一大约在于它与《通典》所载之"大唐开元二十五年令"令文文字相仿的缘故。但这又颇值得怀疑，即使撇开《天圣令》辗转抄录过程中之错讹以及《通典》所录并非完璧这样的可能情况，[②]仅就令文内容本身而言，仍可发现《天圣令》所附《唐令》有与开元二十五年令不相一致之处。这首先在《天圣令》有关赋役令的规定上有所表现，《天圣令·赋役令》002 所附"右令不行"之唐令第 1 条称：

---

① 仁井田陞以为经宋璟等所删定的即开元七年令式。见《唐令拾遗》，第 41 页。但《新唐书·艺文志》并未见唐开元七年令式之记载，陈振孙所记或为《旧唐书·经籍志》之误？《旧唐书》卷四六《经籍志》作："令三十卷式二十卷姚崇等撰"，而《唐会要》卷三九《定格令》载："至（开元）七年三月十九日修令，格仍旧名曰开元后格。吏部尚书宋璟、中书侍郎苏颋、尚书左丞卢从愿、吏部侍郎裴璀、慕容珣、户部侍郎杨绦、中书舍人刘令植、大理司直高知静、陕州司功参军侯郢琎等同修。"《册府元龟》卷六一二《定律令四》载："（开元）六年敕吏部尚书兼侍中宋璟、中书侍郎苏颋、尚书左丞卢从愿、吏部侍郎裴漼、慕容珣、户部侍郎杨滔、中书舍人刘令植、大理司直高智静、幽州司功参军侯郢琎等九人删定律令格式。至七年上之，律令式仍旧名，格曰开元后格。"

② 戴建国的录文校勘就说明了这一点。参见戴建国《唐〈开元二十五年令·田令〉研究》录文校勘部分，载《历史研究》2000 年第 2 期。

诸课〔役〕每年计帐至户部，具录色目，牒度支支配〔来〕年事，限十月三十日以前奏讫。①

而《通典》卷六《赋税下》载开元二十五年赋役令则道：

诸课役，每年计帐至尚书省，度支配来年事，限十月三十日以前奏讫。

由于戴先生认定《天圣令》所附之《唐令》为开元二十五年令，为此，他必须解决"每年计帐至户部"与"每年计帐至尚书省"这"小有差异"的问题。

戴先生以为，根据南宋王应麟《玉海》所说，在淳化三年（992），宋曾"校勘"过一次令式，校勘的根据为唐开元二十五年令式，这次校勘的结果便是淳化令式。而"《天圣令·赋役令》与《通典》的差异，可能就是这次校勘所造成的"。戴先生还推测，在淳化修令式之前，朝廷的财计归之于盐铁、度支和户部三个部门，"因此，淳化三年将原开元二十五年令的'尚书省'改作'户部'"。而再由户部机关"牒"并行的度支机关。而到天圣七年修纂《天圣令》时，"又以新制'三司'替代了原《淳化令》中的'户部'和'度支'。而淳化三年校勘过的唐令第1条（笔者按：即上引条目）废弃不用，附录于后，没有必要再予以修改，从而保存了淳化三年校勘后的原样"②。

戴先生的论证颇似缜密，其推测也似为有理，但细细推敲，则其说不能成立。其一，《天圣令》的制定不依开元二十五年令原本而依校勘过的《淳化令》，不符合校勘原则。其二，淳化三年以前既有盐铁、度支和户部三个部门，何以只及度支、户部而未及盐铁？其三，假若依唐代体例，"计帐至尚书省，度支配来年事"与"计帐至户部，具录色目，牒度支支配〔来〕年事"两者并无原则区别，它们只不过各是公文施行中的一定

---

① 《天一阁明钞本天圣令校证〈附唐令复原研究〉》校录本，《赋〔役〕令》卷二二，唐1条同，中华书局2006年版，第269页。

② 戴建国：《天一阁藏〈天圣令·赋役令〉初探（下）》，《文史》2001年第1辑，第169页。

的步骤而已。① 以此而论，与其说《天圣令》依据了《淳化令》，不如说《天圣令》所依据所附者并非为开元二十五年令，而是另有所本。两者文字的差异正说明《通典》所载之开元二十五年赋役令在此后有过修订的事实。

黄正建先生在《唐研究》第12卷《〈天圣令（附唐杂令）〉所涉唐前期诸色人杂考》一文中，揭出《天圣令》（附唐杂令）第8条与《通典》所列开元二十五年官品令在有关流外官记载的不一致处，并由此出发，提出了自己的看法："唐8条有而《通典》无的流外官有'漕史'。查《唐六典》卷二三，都水监舟楫置'漕史'二人，位于'典事''掌固'上。后两者分别为流外五品和七品，按理说'漕史'也应列入，为何《通典》不列呢？这是个疑问。"而"更大的不同在于，《通典》将太史局'历生'列为流外七品，但在唐8条中被列入'流外长上'类。如何解释这种不同？是史籍的错抄还是因时代造成的不同？如果是后者，《杂令》能否定为开元二十五年令就要慎重考虑了"②。

黄正建先生依据诸家意见说："另外要说明的是，我们的唐令复原，没有明确指出复原的就是开元二十五年令。因为除田令等令外，有些令似乎与开元二十五年令稍有不同。"因此，"我们在复原时一般只称其为开元令或唐令"③。

而我们又从戴先生所披露的两卷遗文中，发现了两者似乎并不是同一文件的蛛丝马迹。

比如《天圣令》所附之《唐令·田令》"右令不行"之第3条记为：

诸给田，宽乡并依前条，若狭乡新受者，减宽乡口分之半。④

① 唐之前期，凡施行公事都得经尚书都省，再由都省下发各部。而计帐归户部所管辖，具体的操作则由户部曹与度支曹负责。可参见李锦绣《唐代财政史稿（上卷）》第一编第一章第一节"支度国用（预算）"，北京大学出版社1995年版，第15～56页。黄正建主编：《中晚唐社会与政治研究》，李锦绣撰第一章第三节第二目，中国社会科学出版社2006年版，第56页。

② 黄正建：《〈天圣令（附唐杂令）〉所涉唐前期诸色人杂考》，载《唐研究》第12卷，北京大学出版社2006年版，第215页。

③ 黄正建：《关于天一阁藏宋天圣令整理的若干问题》，载《天一阁藏明钞本天圣令校证〈附唐令复原研究〉》（上册），中华书局2006年版，第18页。

④ 《天一阁明钞本天圣令校证〈附唐令复原研究〉》校录本，《田令》卷二一，唐3条同，中华书局2006年版，第254页。

同一性质的材料，在《通典》卷二《田制》则记载为：

> 应给宽乡，并依所定数，若狭乡所受者，减宽乡口分之半。

两相比较，原则虽然一致，但文字显然不同，而语气亦有差异，两者似乎并非为同一文件。而更能说明问题的则是《天圣令》所附《唐令·田令》之第 5 条：

> 诸永业田，亲王一百顷，职事官正一品六十顷，群（郡）王及职事官从一品各五十顷，国公若职事官正二品各四十顷，郡公若职事官从二品各三十五顷，县公若职事官正三品各二十五顷，职事官从三品二十五（"五"字衍文）顷，（侯）若职事官正四品各十四顷，伯若职事官从四品各十一顷，子若职事官〔正五品各八顷，男若职事官〕从五品各五顷，六品、七品各二顷五十亩，八品、九品各二顷，上柱国三十顷，柱国二十五顷，上护军二十顷，护军十五顷，上轻车都尉一十顷，轻车都尉七顷，上骑都尉六顷，骑都尉四顷，骁骑尉、飞骑尉各八十亩，云骑尉、武骑尉各六十亩，其散官五品以上同职事给。兼有官爵及勋俱应给者，唯从多，不并给。若当家口分之外，先有地非狭乡者，并即回受，有剩追收，不足者更给。①

此条亦属在宋"不行"之唐令。但在《通典》中，则是这样记载的：

> 其永业田，亲王百顷，职事官正一品六十顷，郡王及职事官从一品各五十顷，国公若职事官正二品各四十顷，郡公若职事官从二品各三十五顷，县公若职事官正三品各二十五顷，职事官从三品二十顷，侯若职事官正四品各十四顷，伯若职事官从四品各十一顷，子若职事官正五品各八顷，男若职事官从五品各五顷，上柱国三十顷，柱国二十五顷，上护军二十顷，护军十五顷，上轻车都尉十顷，轻车都尉七顷，上骑都尉六顷，骑都尉四顷，骁骑尉、飞骑尉各八十亩，云骑

---

① 《天一阁明钞本天圣令校证〔附唐令复原研究〕》校录本，《田令》卷二一，唐 5 条，第 255 页。

尉、武骑尉各六十亩。其散官五品以上同职事给，兼有官爵及勋俱应给者唯从多不并给。若当家口分之外，先有地非狭乡者，并即回受，有剩追收，不足者更给。

两相对勘，关键的是前者有"六品、七品各二顷五十亩，八品、九品各二顷"，而后者则无这样的记载。戴先生说："（《天圣令》）这一段令文的存在，反映出《天圣令》所附唐田令的完整性和可靠性。"[①] 此话实在有极大的局限性。如果说这一令文反映的是建中令的内容，则其结论可以成立；若以为开元二十五年田令中就已有这样的条文，则大约是站不住脚的，原因正在于从开元二十五年令到建中令，其令文内容已经有了一些变化，而有关六品以下职散官受永业田，正是这一变化的结果。由于我们还将着重讨论这个问题，暂且不提。

二　开元二十五年定令之后的三次修令活动

实际上，要弄清《天圣令》所附《唐令》是否为开元二十五年令颇为不易，其原因有二：第一，现在较多留存的唐代令文仅有武德七年令、开元七年令以及开元二十五年令，其余的则残剩者甚少，大约也因为这个原因，仁井田陞先生的《唐令拾遗》在复原唐令时，其所列主要为上述三令；第二，在开元二十五年定令以后，唐令渐趋稳定与完备。后世即使对其中令文有所"删定"，也多以开元二十五年令为基础而较少改易，也就是说，我们很难判别出"删定"以后的令文原文的状况，由于唐令越来越呈现稳定的特征，以至于杨际平先生以为戴建国先生所复原的《唐令·田令》并非为唐代的某年之令，而是具有普适性的唐代的"一代之令"，即使为"开元二十五年令"，也是没有"实质性的变化"的"有唐一代之令"[②]。

然而，唐代令文并不因为它渐趋稳定而缺少变化。令在唐代律、令、格、式的法律体系中占据着特殊的地位，一直以来，唐代的统治者都重视

① 仁井田陞：《唐令拾遗》，东京大学出版会 1983 年版，第 42 页。
② 杨际平：《〈唐令·田令〉的完整复原与今后均田制的研究》，《中国史研究》2002 年第 2 期，第 63 页。另见氏著《北朝隋唐均田制新探》（修订版），岳麓书社 2003 年版。

对唐令的修订与完善。这里，我们有必要对唐代令文的修撰、删定做一总体介绍。对此，仁井田氏有着很好的概括。他说：

> 唐代之令，在武德、贞观、永徽、麟德、乾封、仪凤、垂拱、神龙、太极、开元三年（或云开元初）、开元七年（或云四年）及开元二十五年等都曾进行修改。①

而根据仁井田氏的考察，在开元二十五年之后，大约又有过三次颁行、删定令文的活动。第一次在天宝四载（745）七月与贞元八年（792）十一月之间，因为在此期间存有一《颁行新定律令格式敕》的文件②，至于具体的时间，仁井田氏未做考察。笔者以为，此敕为孙逖所作，据其在世及活动时段推断，这次的"颁行新定律令格式"在天宝四载七月至天宝五载（746）间。③ 我们可以把它称作"天宝令"。

第二次在唐肃宗至德二载（757），其时曾诏，"其律令格式未折衷者，委中书门下简择通明识事官三两人并法官两三人删定，近日改百官额及郡名并官名一切依故事"④。但这次的"删定"，依仁井田氏的分析，"就其逸文看来，与旧律令式几无差异"。其修订时间在肃宗至德年间，我们可以把它称作"至德令"。

第三次则从唐德宗大历十四年（779）开始，一直延续到建中以后。《旧唐书》卷五〇《刑法志》称：

> 大历十四年六月一日，德宗御丹凤楼大赦，赦书节文：律令格式条目有未折衷者，委中书门下简择理识通明官共删定。自至德已来制敕，或因人奏请，或临事颁行，差互不同，使人疑惑，中书门下与删

---

① 仁井田陞：《唐令拾遗》序说第一，第三节唐令，东京大学出版会1983年版，第12页。
② 《唐大诏令集》卷八二《政事·刑法》。在此敕之前，有天宝四年七月《宽徒刑配诸军效力敕》，孙逖所作；此敕之后，有贞元八年十一月《罪至死者勿决先杖敕》，佚名作。学林出版社1992年版，第429—430页。
③ 据《旧唐书》卷一九〇中《孙逖传》，孙逖开元二十四年（736）为中书舍人，天宝三载（744）权判刑部侍郎，五载（746）以风病求散秩，改太子左庶子。其间曾服父丧，故文称："逖掌诰八年，制敕所出为时流叹服"云云，以此计之，此敕或在天宝四五年之间。
④ 《唐大诏令集》卷一二三《政事·平乱上》"收复两京大赦"条，学林出版社1992年版，第606页。

定官详决，取堪久长行用者编入格条。三司使准式以御史中丞、中书舍人、给事中各一人为之，每日于朝堂受词推勘处分。

其后，在建中二年（781）时，对令文又有进一步删定：

建中二年罢删定格令使并三司使。先是，以中书门下充删定格令使，又以给事中、中书舍人、御史中丞为三司使。至是，中书门下奏请复旧，以刑部、御史台、大理寺为之，其格令委刑部删定。

对这一时期的修令活动，仁井田氏给出的评价是：

（德宗时代对于律令格式的删定）则是建中二年及其以后的事了。建中后的资料中，多有与开元二十五年令矛盾的逸文者，如官品令等。其中也许可以拟为此时删定之令。然改动的程度恐怕并不大。唐令的复旧，除去与开元二十五年令有矛盾的条文以外，作为复原开元二十五年令的资料，大约不会大错。①

仁井田氏意识到建中时期修订的令文与开元二十五年令多有"矛盾的逸文者"，并把它拟称为"建中令"。

依照仁井田氏的说法，在开元二十五年以后"令"的修改、删定中，以第三次的规模稍大，其他两次，则甚少改动。而建中定令以后，对律令的删定，则可说是绝无仅有的了。

由于"天宝令""至德令"以及"建中令"都以开元二十五年令为基础加以修订，四令在内容、形式上有许多相似处，那么《天圣令》修订所依据、所附录的《唐令》，只能是开元二十五年令、"天宝令""至德令"以及"建中令"这四令中的一令。而笔者以为，天圣令所依据并收录的正是"建中令"。

在李德裕所撰《会昌一品集》中，留下了开元二十五年之后官品内容曾作修改的记录，《会昌一品集》卷一一《厘革故事请增谏议大夫等品秩状条》称：

---

①　仁井田陞：《唐令拾遗》，东京大学出版会 1983 年版，第 24—25 页。

右据《大唐六典》：隋氏门下省置谏议大夫七人，从四品下，今正五品上。自大历二年升门下、中书侍郎为正三品，两省遂阙四品，建官之制有所未备。

李德裕活跃于唐文宗、武宗时期，是当时重要的政治人物，其所处时代距离德宗时较近，对大历二年官品调整应相当熟悉，这次官品变动的情况被如实反映于《唐会要》卷二五《辍朝》条中，此材料记载唐文宗太和元年（827）七月，朝廷讨论"大臣薨辍朝"事，中书门下提到了"官品令"，并列出了主要官僚的官名与官品名目：

又准官品今（令）：太师、太傅、太保、太尉、司徒、司空以上，正一品；太子太师、太子太傅、太子太保以上，从一品；侍中、中书令以上，正二品；左右仆射、太子少师、太子少傅、太子少保、三京牧、大都督、上将军统将以上，从二品；门下、中书侍郎，六尚书、左右散骑常侍、太常、宗正卿、左右卫，及金吾大将军、左右神策、神武、龙武、羽林大将军、内侍监以上，正三品。

仁井田氏将该材料认作建中令之官品令材料。这个官品令与开元二十五年官品令相比较，则可发现二令在官名与官品上有所不同。比如官品，前者载侍中、中书令为正二品，而后者则为从三品；比如官名，前者有左右神策、神武、龙武大将军，后者则既无这样的机构，于是便也没有这样的官名。①

天一阁藏《天圣令》虽然阙失官品令原文，然而，宋天圣令之官品令却并非无迹可寻，又据仁井田氏所言，《太常因革礼》卷二六，《宋史》卷一五二，都保存着《天圣令》之官品令内容，而从所记载的《天圣令》之官品令中看到，门下、中书侍郎的官品皆在正三品之中，这正与《唐会要》卷二五《辍朝》条关于门下、中书侍郎的官品记载一致。

下面归纳一番。通过《会昌一品集》记载情况，我们知道在唐代宗大历二年时，曾对开元二十五年令之后的官品内容进行过调整，其结果被

① 仁井田陞：《唐令拾遗》，东京大学出版会1983年版，第25、118—119页。

反映于《唐会要》太和年间提及的"官品令"之中。若依唐后期三次主要修令时间做出筛选，天宝、至德两令都于大历二年前颁行，可加以排除，那么，文宗太和年间提到的"官品令"自然当属建中令了。① 我们又看到宋《天圣令》之官品令未采用开元二十五年令之官品内容，吸收的是大历二年官品调整后的成果，这与《唐会要》记载之"官品令"内容相一致。由此做一推测，宋《天圣令》之官品令，极可能取材于唐建中令之官品令。

仁井田氏又以出土文书来考察诸令的删定情况。比如，《敦煌发见唐职官表》② 有田令、禄令的简文，记载各级官员的给职田数与给禄米数。仁井田氏将其与《通典》所载之数进行比较，两者颇为不同，显然，这是与开元二十五年令不同的一个令文，根据此文书之时间特性及上节所述，则应为天宝令。由于《天圣令》残留部分并无禄令，于是，我们仅将《通典》所记载的开元二十五年令、《敦煌发见唐职官表》所载之天宝令，以及《天圣令》所附之《唐令》中的给职田数加以比较，应该也是一件饶有兴趣的事。③

开元二十五年令：诸州及都护府、亲王府官人职分田二品一十二顷，三品一十顷，四品八顷，五品七顷，六品五顷，七品四顷，八品三顷，九品二顷五十亩。京畿县亦准此。

天宝令：二品职田十五顷，三品职田十二顷，四品职田九顷，五品职田七顷，六品职田五顷，七品职田四顷，八品职田三顷，九品职田两顷五十亩。

天圣令所附唐令：诸州及都护府、亲王府官人职分田，二品一十二顷，三品一十顷，四品八顷，五品七顷，六品五顷（京畿县亦在此），七品四顷，八品三顷，九品二顷五十亩（见表1）。

---

① 注意：戴建国复原的《天圣令》所依据者为明抄本的《官品令》，两者仅为偶然的巧合。

② 此文书编号为伯2504号，唐耕耦、陆宏基编《敦煌社会经济文献真迹释录》第二辑题为《唐天宝年代国忌、诸令式等表》，见全国图书馆文献缩微复制中心1990年版，第587—595页。

③ 把《敦煌发见唐职官表》所载之令视为天宝令，可参见《唐天宝年代国忌、诸令式等表》注二，《敦煌社会经济文献真迹释录》第二辑，全国图书馆文献缩微复制中心1990年版，第595页。在证明完成以前把《天圣令》所据所附唐令称为建中令只是权宜之计。

表1	三令中各级官员依品给职田数额								单位：顷
	一品	二品	三品	四品	五品	六品	七品	八品	九品
《开元二十五年令》	—	12	10	8	7	5	4	3	2.5
《天宝令》	—	15	12	9	7	5	4	3	2.5
《天圣令所附唐令》	—	12	10	8	7	5	4	3	2.5

据上表，天宝令中，二品、四品官员在给职田数额上，与开元二十五年令、天圣令所附唐令存在明显差异。我们对三令的关系大概可以得出两个不同的结论：其一，天宝令修改了开元二十五年令，开元二十五年令与天圣令所附唐令实际上就是同一个令；其二，天宝令修改了开元二十五年令，天圣令所附唐令又修改了天宝令，返回到开元二十五年令上去了。这里当然是可能性，单凭此还不能让我们对《天圣令》所附《唐令》就是建中令做出结论。但无论如何，天宝令对开元二十五年令做了修改则是事实。出土文书对令式研究的重要性可见一斑。我们还得往下看。

戴先生对唐田令的若干问题进行了探讨，其中天圣令所附唐令之第2条有"诸黄、小、中男女及老男、笃疾、废疾、寡妻妾当户者，各给永业田二十亩、口分田三十亩"。但诸文献如《通典》等记载均为"口分田二十亩"，戴先生说，"王（永兴）先生引池田温《中国古代籍帐研究·录文》辩其为'三十亩之误'，今本《天圣令·田令》亦可证其'二十亩'实为'三十亩'之讹误"①。这是很对的，而出土文书辩证令文之功效又见一斑。

由于出土文书具有辩证令文之功，以下将从出土文书中反映出来的情况，讨论唐令令文修订与变化情况。

三　由出土文书发见唐令修订与变化情况

为了说明《天圣令》所附《唐令》为建中令这个问题，我们还得做一些准备工作，廓清一种只及通性、不重个性的片面观点。

杨际平先生尝有文推崇戴建国先生的发现，特别是对其中的田令。他

---

① 戴建国：《唐〈开元二十五年令·田令〉研究》，《历史研究》2000年第2期。

认为，刊布的田令解决了许多长期争议的问题。这当然是对的。但他的一些具体意见则为笔者所不赞同。比如他说，复原的田令具有普适性，"新近完整复原的是《唐令·田令》，而不是某年之令"，"武德七年田令与开元七年田令、开元二十五年田令没有实质性的变化"。甚至以为："唐田令前后没有什么变化。"并进一步发挥说，"新复原的《唐令·田令》既然是有唐一代之令，那么，它就不仅适用于开元二十五年以后的均田制研究，同时也适用于开元二十五年以前的均田制研究"①。基于这样的认识，杨先生批评说，"戴建国先生率先完整复原《唐令·田令》，诚系嘉惠学林的盛举，但他将新复原的《唐令·田令》定名为《开元二十五年令·田令》，不能不说有画蛇添足之憾"②。而到杨先生修订重版《北朝隋唐均田制新探》时，更是说："宋《天圣令·田令》所参考、所附录的唐田令，不是标示为开元二十五年令，而是标示为唐一代之令——唐令。其田令部分也是如此。"而这整部的田令，"是否有过文字上的改动，还很难说"。他说："由于国内外唐史学界有些学者常根据上述各书记载的同异，研究武德七年令、开元七年令与开元廿五年令的'区别'，故做以上说明，以期予以澄清。"③

应该说，杨先生有着敏锐的观察力。他在揭出天圣令《天圣令》的重大意义的同时，也觉出了《天圣令》所参考、所附录的并非为开元二十五年令这样的事实。然而，他矫枉过正，否定各令的区别，则不能不说有削足适履之憾。

差异就是矛盾，有矛盾就得分析解决。诚然，以文献说令，很难清楚各令的区别，也难以说清"是否有过文字改动"的情况，但若用出土文书来比照，则能看出各令之间还是存在区别的。这种区别，非但在文字上，亦有具体的内容变动。

我们看《唐开元十年（722）沙州敦煌县悬泉乡籍（草案）》D件：④

（前略）

---

① 杨际平：《〈唐令·田令〉的完整复原与今后均田制的研究》，《中国史研究》2002 年第 2 期，第 63 页。

② 同上书，脚注 6。

③ 杨际平：《北朝隋唐均田制新探》（修订版），岳麓书社 2003 年版，第 84—85 页。

④ 池田温：《中国古代籍帐研究》，东京大学东洋文化研究所 1979 年版，第 183—184 页。

10 户主赵玄义年陆拾玖岁　　　　　老男　下中户　　　　　　不

课户

11　妻　王　年陆拾参岁　　　　　老男妻

12　男元　祚年　参　岁　　　　　黄男　开元九年帐后附

13　女　妙介年参拾伍岁　　　　　中女

14　女阿　屯年参拾壹岁　　　　　中女

15　女花　儿年　参　岁　　　　　黄女　开元九年帐后附

16　　　　　　　　　　　　　　　十一亩永业

17　　　　　　　　壹拾壹亩已受

18 合应受田伍拾贰亩

19　　　　　　　　四十一亩未受

　　　　（下略）

　　此户老男当户，除去居住园宅，"合应受田" 50 亩（18 行）。再往下：

25 户主汜尚元年伍拾捌岁　　　　　寡　下下户

26　　　　　　　　　　　　　　　十四亩永业

27　　　　　　　　壹拾伍亩已受

28 合应受田伍拾壹亩　　　　　　一亩居住园宅

29　　　　　　　　卅六亩未受

　　　　（下略）

　　此户寡当户，除去居住园宅，"合应受田" 50 亩（28 行）。

　　此二户为开元十年籍，应执行开元七年令，据《唐六典》卷三户部郎中员外郎条：[1]

　　　凡给田之制有差：丁男、中男以一顷；（中男年十八已上者，亦依丁男给。）老男、笃疾、废疾以四十亩；寡妻妾以三十亩，若为户

_____

① 《唐六典》卷三户部郎中员外郎条，中华书局 1992 年版，第 74 页。一般以为，《唐六典》所载为开元七年令。参见仁井田陞《唐令拾遗》，东京大学出版会 1983 年版，第 610 页。

者，则减丁之半。凡田分为二等，一曰永业，一曰口分。丁之田二为永业，八为口分。

若与开元二十五年田令及《天圣令》所附《唐令》相较，文字虽有不同，然内容体现出来的给田数额并无差异。

《唐天宝三载（744）敦煌郡敦煌县神沙乡弘远里籍》载：①

（上略）

7　户主张奴奴载陆拾参岁　　　　老男 下下户户空　　不课户

8　　母　宋　载捌拾参岁　　　　老寡空

9　　妻　解　载陆　拾岁　　　　老男妻空

10　女妃　尚载参拾玖岁　　　　中女空

11　合应受田捌拾贰亩　　贰拾贰亩已受　　廿亩永业二亩居住园宅　六十亩未受

　　　　（下略）

此户老男当户，应受田 50 亩，有老寡一人，应受田 30 亩，"合应受田"除去居住园宅，共 80 亩（11 行）。又有《唐天宝六载（747）敦煌郡敦煌县效谷乡□□里籍》C 件：②

43　户主徐庭　芝载壹拾柒岁　　　小男天宝五载帐后漏附　代姊承户 下下户空不课户

44　　姊　仙　仙载贰拾柒岁　　　中女空（卢案：仙仙即为被代承户之姊）

45　　婆　刘　载捌拾伍岁　　　　老寡空

46　　姑　罗　束载肆拾柒岁　　　中女空

47　　姑　锦　束载肆拾柒岁　　　中女空

49　合应受田壹顷壹拾贰亩　　参拾亩已受　　廿亩永业 一十亩口分八十二亩未受

---

① 池田温：《中国古代籍帐研究》，东京大学东洋文化研究所 1979 年版，第 190 页。
② 同上书，第 200、210 页。

（下略）

此户户主虽记为小男，但已 17 岁，属不足 18 岁之中男，其应受田为 50 亩，而户中一老寡、一寡各有应受田 30 亩，除去居住园宅，共"合应受田"110 亩（49 行）。又有令狐仙尚户：

> 211 户主令狐仙尚载参拾参岁　　　中女　下下户空　不课户
> 212　　妹　妙　妃载贰拾捌岁　　　中女空
> 213 合应受田伍拾壹亩　　　捌亩已受 七亩永业 一亩居住园宅
> 四十三亩未受

此户中女当户，"合应受田"50 亩（213 行）。

以上户籍，一为天宝三载、一为天宝六载，各受田者之应受田数额，前者应执行开元二十五年令，后者应执行天宝令（即笔者上文所说之天宝五载修订之令），我们把它们与《通典》所载开元二十五年田令[①]及《天圣令》所附《唐令》相较，亦无不同，也就是说，在上述人员的受田数额上，天宝令与开元二十五年令及《天圣令》所附《唐令》是一致的。我们再往下看。《唐开元四年（716）沙州敦煌县慈惠乡籍》B 件：[②]

> 1　母　王　年参拾陆岁　　　寡　开元二年帐后死
> 2　姊思　言年壹拾陆岁　　　中女 开元二年帐后死
> 3　姑客　娥年贰拾岁　　　　中女
> 4　　　　　　　　　　　廿亩永业
> 5　　　　贰拾陆亩已受　　六亩口分
> 6 合应受田伍拾壹亩
> 7　　　　廿五亩未受
> 　　　（下略）

---

① 《通典》卷二食货二，田制下，中华书局 1988 年版，第 29—32 页。参见仁井田陞《唐令拾遗》，东京大学出版会 1983 年版，第 610—611 页。
② 池田温：《中国古代籍帐研究》，第 173—176 页。

此佚名户当为小男或不足 18 岁之中男当户，其"合应受田"50 亩（6 行）。同籍同件：

```
12 户主董思晗年贰拾贰岁      白丁残疾转前籍年廿开元二年帐
后貌加就实 下上户课户见输
13   父回通   年柒拾伍岁     老男开元二年帐后死
14   母 张   年伍拾陆岁     寡
15          计租二石
16                        廿亩永业
17          贰拾捌亩        八亩口分
18 合应受田壹顷参拾壹亩
19          一顷三亩未受
           （下略）
```

董思晗白丁当户 1 顷，户内寡 30 亩，"合应受田" 1 顷 30 亩（18 行）。但同籍 C 件则载：

```
（上略）
13 户主余善意年捌拾壹      岁   老男 下中户      课户
见输
14   孙男伏保年贰拾壹      岁   白丁
15   保妻杨年壹拾    捌     岁   丁妻开元三年帐后娶里
内户主王妙智女杨王王为妻
16          计租二石
17                       廿亩永业
18          贰拾捌亩已受   七亩口分
19 合应受田壹顷陆拾壹亩    一亩居住园宅
20          一顷卅三亩未受
           （下略）
```

余善意户的"合应受田" 1 顷 60 亩，其户内丁男 1 顷不异，而余善意身份为老男当户，却有应受田 60 亩，则与他户之状况不同了。我们把上述揭出之各应受田数额列成下表，则为：

	小男当户	户内寡	老男当户	寡当户	中女当户
开元四年	50	30	60		
开元十年			50	50	
天宝三载		30	50		
天宝六载	50	30（2例）			50

　　十分明显，唯有开元四年余善意老男当户应受田 60 亩是特殊的。但这似乎也符合唐令之规定。

　　余善意户籍登录在开元四年，据上述，应据开元七年以前之令，但我们现在能看到的只有武德七年令。《旧唐书》卷四八《食货志》载：[①]

　　　　武德七年始定律令，以度田之制五尺为步，步二百四十为亩，亩百为顷。丁男、中男给一顷。笃疾、废疾给四十亩，寡妻妾三十亩，若为户者加二十亩。所授之田十分之二为世业，八为口分。

　　这里虽然没有看到老男应受田之规定，但老男给田当同于笃疾、废疾。笃疾、废疾当户可得田额为 60 亩，则老男亦可受田 60 亩。余善意即这种情况。依此而言，开元七年前后之令，是有所变化的。

　　然而，这样的说法却有一个破绽，我们看《唐开元四年（716）西州柳中县高宁乡籍》A 件的索住洛户之情况：[②]

```
33    户主索住洛年陆拾岁      老男  下下户      不课户
34        妻令狐年伍拾捌岁      老男妻
35        男仁惠年肆岁                小男    先天贰年帐后新
生附
36                                    捌亩永业
```

　　① 《旧唐书》卷四八《食货志上》，中华书局 1975 年版，第 2088 页。参见仁井田陞《唐令拾遗》，东京大学出版会 1983 年版，第 609—610 页。
　　② 池田温：《中国古代籍帐研究》，东京大学东洋文化研究所 1979 年版，第 245 页。

37		捌亩肆拾步已受
38	应受田参拾陆亩	肆拾步居住园宅
39		贰拾柒亩贰伯步未受

此件在开元四年，与余善意之户籍登录同在开元四年，只不过地域不同而已。西州为狭乡，《文献通考》卷二《历代田赋之制》载：①

（武德）七年始定均田赋税，凡天下丁男十八以上者给田一顷，笃疾、废疾给田（四）十亩，寡妻妾三十亩，若为户者加二十亩，皆以二十亩为永业，其余为口分。永业之田树以榆桑枣及所宜之木。田多可以足其人者为宽乡，少者为狭乡，狭乡授田，减宽乡之半。

索住洛老男当户，如依余善意受田数减半计之，则当为 20 亩永业，20 亩口分，共为 40 亩。然其仅 35 亩应受田（除 1 亩居住园宅），相差 5 亩，这 35 亩既与同籍王孝顺户小男当户之应受田同额，又与同籍之寡应受田亩相当；并且还与开元七年以后敦煌同类人等，即老男当户应受田 50 亩相当。

如此说来，余善意应受田 60 亩为 50 亩之误，即开元七年前后的田令于此并无改变？或者是索住洛应受田 35 亩为 40 亩之误？

这里我们暂不做判断，但唐令有改变，这一事实则毋庸置疑。下列勋田数目的不同又是极好一例。

《唐开元十年（722）沙州敦煌县悬泉乡籍（草案）》D 件载：②

45 户主曹仁备年肆拾　捌　岁　卫士上柱国开元八年九月十日授，甲头康大昭，下中户　课户见不输

46　妻　张　年肆拾　捌　岁　职资妻

47　男　崇　年参　拾　岁　上柱国子

48　崇妻　索年贰拾　肆　岁　丁妻

---

① 《文献通考》卷二《历代田赋之制》载武德七年令。并参见仁井田陞《唐令拾遗》，东京大学出版会 1983 年版，第 609—610 页。

② 池田温：《中国古代籍帐研究》，东京大学东洋文化研究所 1979 年版，第 185—186 页。

```
49    男崇  瑰年  伍      岁    小男
50    女明  儿年壹拾  玖  岁  中女
51                                四十亩永业
52          陆拾参亩已受            廿二亩口分
53  合应受田及勋田参拾壹顷捌拾贰亩    一亩居住园宅
54        卅一顷一十九亩未受
```

此籍作成年代为开元十年，当执行开元七年田令，据《唐六典》记载，"凡官人受永业田……上柱国三十顷"[1]，曹仁备为卫士上柱国，其子丁男，其户"合应受田及勋田"31 顷 82 亩（第 53 行）。分解一下，居住园宅 2 亩，其子 1 顷，曹仁备应受田（含勋田）为 30 顷 80 亩。也就是说，曹仁备以丁男身份应受之永业田 20 亩包含在 30 顷的勋田中，其余下之 80 亩应受田则为口分田。

我们再看《唐天宝六载（747）敦煌郡敦煌县龙勒乡都乡里籍》中勋田的登录，则唐令的变化可谓历历在目：[2]

```
131 户主程大忠  载伍拾壹岁  上柱国  开元十七载十月二日授
甲头卢思元 曾通 祖子 父义下中户空  不课户
132    妻  张      载伍拾叁岁  职资妻  空
133    妻  宋      载贰拾贰岁  职资妻  天宝四载帐后漏附空
134    男  思璟    载壹拾陆岁  小男   转前籍载廿天宝五
载帐后貌减就实空
135    男  思谏  载  伍  岁  小男   天宝三载籍后死空
136    男  思让  载  贰  岁  黄男   天宝五载帐后附空
137    女  仙仙  载贰  拾岁  中女   空
138    女  仙仙  载壹拾陆岁  小女   空
139    女  妙音  载壹拾参岁  小女   空
140    女  妙音  载壹拾参岁  小女   空
```

---

① 《唐六典》卷三户部郎中员外郎条，中华书局 1992 年版，第 75 页。参见仁井田陞《唐令拾遗》，东京大学出版会 1983 年版，第 617—618 页。

② 池田温：《中国古代籍帐研究》，第 205—207 页。

141　女　娘娘载　捌　岁　小女　　　空

142　妹　王王载壹拾柒岁　小女　　　空

143　妹　寄生载壹拾陆岁　小女　　　空

144 合应受田参拾壹顷肆亩　　捌拾贰亩已受 廿亩永业 六十一亩口分 一亩居住园宅　卅顷廿二亩未受

（下略）

　　程大忠丁男上柱国，为其户唯一受田口，时当天宝六载，当执行天宝令，①其"合应受田"31 顷 4 亩（144 行），4 亩为居住园宅，而 31 顷中，当包含上柱国勋田 30 顷，余下的 1 顷，则为其丁男身份所应得。与曹仁备之"合应受田及勋田"相比较，显然，程大忠多出了 20 亩的丁男永业田。列成表则是：

	上柱国身份	丁男身份		备注
曹仁备	30 顷	80 亩		开元十年
程大忠	30 顷	1 顷		天宝六载

　　在敦煌户籍中，如同程大忠这样的例子颇多，比如同为天宝六载籍中就有：□仁明上柱国丁男身份"合应受田"31 顷；程思楚"合应受田"1 顷 60 亩，其武骑尉身份应得 60 亩，而丁男身份则得 1 顷；程智意亦类似，"合应受田"1 顷 80 亩，其飞骑尉身份应得 80 亩，而其丁男身份也是 1 顷。②

　　这样的事实告诉我们：年代不同，适应当时情况的需要，所执行的法令也会有所不同了。

　　我们特别要指出的是，虽则曹仁备的"合应受田及勋田"为孤证，但此孤证却极有说服力，原因就在其登记方式上。31 顷的整数显然比 30 顷 80 亩易于登录，而之所以曹仁备以"合应受田及勋田参拾壹顷肆亩"登录在案，乃在于法令的规定原本如此。

---

　　① 由于天宝令不见记载，我们只能把它看作开元二十五年之田令之规定。

　　② 比如同籍之程思楚、程什住、程智意、程大庆等及《唐天宝六载（747）敦煌郡敦煌县效谷乡□□里籍》□仁明等，凡勋官身份受田，其额都与曹仁备不同而与程大忠相似，见池田温《中国古代籍帐研究》，东京大学东洋文化研究所 1979 年版，第 191、192—214 页。其有关程思楚、程智意受勋田之引文见下第六节。参见拙著《唐代西州土地关系述论》，上海古籍出版社 2001 年版，第 143—146 页。

若然，则我们只能说，从开元七年令到开元二十五年令（天宝令？），关于勋田授受的数额发生了变化。于是，前例举余善意以老男当户，其应受田数额在开元七年前后令文存在变化，也应该是可能之事。

四　《天圣令》所附《唐令》为建中令考释

唐令在不同时期有着不同的变化。我们在第二节中曾指出，戴建国先生关于《天圣令》所附《唐令》中"六品、七品各二顷五十亩，八品、九品各二顷"的记载，"反映出《天圣令》所附唐田令的完整性和可靠性"，这样的说法有着极大的局限性。原因正在于《天圣令》所附《唐令》，就其令文而言，应属建中令，而非开元二十五年令。

在第四节中，我们也提到了，开元二十五年令后，以田令而言，其条文的改动是不多的。但在不多的条文改动中，关于六品以下职散官授予一定数量的永业田，应该说是改动较大的一条。这样的改动，不单是文字方面的，还带有一定的实质性。

笔者尝撰有《唐代六品以下职散官受永业田质疑——敦煌户籍勋职官受田之分析》一文，[①] 从现在看来，其间也有判断失误之处[②]，但总的结论应该是能站得住脚的。为了说明《天圣令》所附《唐令》为建中令这个问题，笔者还得把拙文有关的结论及证明再说一说。

我们说，勋官各品级受永业田的规定在敦煌吐鲁番文书中有具体表现。勋官上柱国可受勋田如曹仁备、程大忠已见上述；而六品勋官飞骑尉身份可得勋田 80 亩，七品勋官武骑尉身份亦可得勋田 60 亩。以下三例就是这样的情况。《唐天宝六载（747）敦煌郡敦煌县龙勒乡都乡里籍》C件略载：[③]

---

① 卢向前：《唐代六品以下职散官受永业田质疑——敦煌户籍勋职官受田之分析》，载《文史》第 34 辑，中华书局 1992 年版。收入《敦煌吐鲁番文书论稿》，江西人民出版社 1992 年版。

② 卢向前文的失误之处就在于，对《新唐书·食货志》中关于官员永业田"六品七品二顷五十亩，八品九品二顷"的田令记载，以为是"欧阳修之错简"，这肯定是不对的，欧阳修所依据的正是《天圣令》所附之唐田令；而文中以为"此一法令很可能定于两税法实施以后的德宗贞元之时"，现在看来，恐怕也有再探讨的必要。

③ 池田温：《中国古代籍帐研究》，东京大学东洋文化研究所 1979 年版，第 208—209 页。

175　户主程智意　载肆拾陆岁　卫士飞骑尉开元十七载五月廿
三日授甲头贡子曾延 祖子 父住下中户空　　　　不课户
191　合应受田壹顷捌拾陆亩　玖拾贰亩已受　廿亩永业　七十
一亩口分　一亩居住园宅　九十四亩未受

同件载：①

158　户主程大庆　载肆拾伍岁　　武骑尉开元十八载闰六月廿
日授甲头李郎子曾通 祖子 父义下中户空　　　　不课户
167　合应受田壹顷陆拾参亩　陆拾捌亩已受　廿亩永业　四十
七亩口分　一亩居住园宅　九十五亩未受

同件还有：②

56　户主程思楚　载肆拾柒岁　卫士武骑尉开元十七载三月廿
九日授甲头吴庆广曾信 祖端 父德下中户空　　　　　不课户
64　弟　思忠　载参拾玖岁　卫士^空
69 弟　思太　载参拾伍岁　白丁^空
74　合应受田参顷陆拾伍亩　柒拾玖亩已受　六十亩永业　一
十八亩口分　　一亩居住园宅　二顷八十六亩未受

　　六品以下勋官受永业田在文献以及敦煌吐鲁番文书中都有记录，然
而，在搜检文献当中，笔者注意到，除了《新唐书·食货志》外，其他
的各种文献，包括《唐六典》《通典》及《旧唐书》在内，均无六品七
品以下职散官受永业田的记载，这就很使人可疑。而尤其令人惊讶的是，
根据文书有关唐德宗以前的记载可知，六品以下的职散官并没有受官人永
业田的资格。

---

① 池田温：《中国古代籍帐研究》，东京大学东洋文化研究所1979年版，第207页。
② 同上书，第200—202页。

《唐天宝六载（747）敦煌郡敦煌县龙勒乡都乡里籍》C 件载：①

87　　户主程什住　载柒拾捌岁 老男翊卫景云二载二月三日授甲
头张玄均曾智祖安 父宽下中户空　　　　　课户见不输
　　　　　（中略不受田口 9 行之记载）

97　　　弟 大信　载参拾肆岁　上柱国子取故父行宽上柱国荫
天授元载九月廿三日授甲头宋思敬空
　　　　　（中略不受田口 4 行之记载）

102　合应受田壹顷伍拾伍亩　陆拾肆亩已受　四十亩永业　一
十五亩口分 九亩勋田　　九十一亩未受
　　　　　（下略）

程什住正八品上卫官翊卫身份，② 却并无二顷之职官永业田。同籍之
程仁贞亦是如此：

116　户主程仁贞　载柒拾柒岁 老男翊卫景云二载二月三日授甲
头张玄均曾智祖安 父宽下下户空　　　　不课户
　　　　　（中略不受田口 8 行之记载）

125 合应受田伍拾叁亩　叁拾壹亩已受　一十七亩永业　一十四
亩勋田　廿二亩未受
　　　　　（下略）

而同籍 B 件曹思礼户则略载：③

5　　户主曹思礼　载伍拾陆岁 队副开元十一载九月十六日授甲
头和智恭曾高 祖廓 父珎下中户空　　　　课户见不输
6　　　母 孙　载陆拾 岁 寡 天宝五载帐后死空
8　弟令休　载贰拾捌岁 白丁天宝五载帐后死空

---

① 池田温：《中国古代籍帐研究》，东京大学东洋文化研究所 1979 年版，第 202—203 页。
② 翊卫为正八品上之卫官，见《通典》卷四〇《职官·秩品五》，中华书局 1988 年版，第
1099 页。
③ 池田温：《中国古代籍帐研究》，第 195—196 页。

9　亡弟 妻王 载贰拾伍岁 寡 天宝四载帐后漏附空

17　亡兄男琼璋载贰拾叁岁 上柱国子取故父建德上柱国荫，景云元载十月廿二日授甲头张元爽天宝四载帐后漏附 曾高 祖廓 父建空

20　合应受田叁顷陆拾肆亩 陆拾贰亩已受 六十四亩永业 六十亩永业 一亩口分 一亩居•住园宅 三顷二亩未受

细析此户应受田，曹思礼从九品下武官队副身份，① 并未有受永业田二顷之资格。

又有《唐大历四年（769）沙州敦煌县悬泉乡宜禾里手实》略载：②

1　户主赵大本 年柒拾壹岁 老男 下下户 课户见输

4　男 明鹤 年叁拾陆岁 会州黄石府别将乾元二年十月日授甲头张为言曾德 祖多 父本

5　男 思祚 年贰拾柒岁 白丁

6　男 明奉 年贰拾陆岁 白丁转前籍年廿大历二年帐后貌加就实

7　男 如玉 年贰拾肆岁 中男宝应元年帐后漏附

8　合应受田叁顷陆拾肆亩 玖拾亩已受 八十九亩永业 一亩居住园宅 三顷六拾叁亩未受

别将为折冲府七品职事官，③ 赵明鹤任此职，却没有受永业田二顷五十亩之资格。此外，尚有同手实索仁亮，带有"守左领军宕州常吉府别将"之头衔，亦无受田之权利。④

天宝六载（747）籍，应执行开元二十五年令或天宝令，而大历四年（769）籍，应执行至德令，上述诸例职散官受永业田情况，应在开元令、

①　队副为从九品下之武官，《通典》卷四〇《职官·秩品五》，中华书局1988年版，第1102页。

②　池田温：《中国古代籍帐研究》，东京大学东洋文化研究所1979年版，第215页。

③　上折冲府别将正七品下、中府从七品上、下府从七品下，《通典》卷四〇《职官·秩品五》，第1098—1099页。

④　池田温：《中国古代籍帐研究》，第225—226页。

天宝令、至德令令文原则下展开，然而，从中我们却未看到拥有职散官六品以下身份者，有着"六品、七品各二顷五十亩，八品、九品各二顷"的应受官人永业田的资格。如此看来，在大历以前，应无六品以下职散官受永业田之可能。① 开元二十五令以后三次进行修令活动中，由于六品以下职散官受永业田在至德令中没有相关表现，那么，这一受田资格取得，应反映在唐德宗大历至建中时期的修订唐令的活动，即所谓建中令中。

这里需要回答一个问题，唐中后期，在均田制渐趋瓦解的时期，仍在建中令添加有关均田制的新内容，会不会存在问题？笔者以为，其中并不矛盾，建中令对田制内容的填补，正反映出这一时期社会变动的趋势。

推行均田制本身即含有政治统治的意味。统治者希望通过实施均田制，建立与一般民众间直接的权力支配关系，民众被视为皇帝统治下的"编户齐民"。然而，这种皇帝与民众之间直接联系的愿望并没有得到切实满足，唐代均田制更多体现出皇帝与各级官僚之间的利益分配关系，唐前期，官僚等级、官僚身份的区分非常突出。这一时期可以划分出三种主要的官僚级别。一至三品为一类，四五品为一类，六品以下又为一类。有关三品、四品之间，五品、六品之间在官员身份、待遇上的差异，吴丽娱先生在整理研究《天圣令》有关丧葬令部分时，做了许多有益的探讨。② 而有关五品与六品之间的身份、待遇差异，我们同样可以从职散官是否受永业田的角度窥知一二。

"安史之乱"结束以后，出现了藩镇割据局面，这一局面在德宗时期更为胶固。藩镇使府掌握各自领域内的各种资源，而皇帝能直接控制的资源则越来越少，皇帝需要更有效率的统治手段来获取资源与巩固统治，建立起皇权与地方之间更为紧密的联系。原由府兵系统发展而来的勋官品级，作为唐前期皇帝笼络地方的手段、评价身份的标准，在勋官不断滥授之下，其价值日趋低落，失去了实际笼络官僚的效能。于是，职事官与散官被皇帝利用来作为代表官僚身份的新的重要标识，通过将统治权益向更宽泛的方向扩展，来换取各级官僚对皇权的忠诚，职散官"六品、七品各二顷五十亩，八品、九品各二顷"永业田受田规定正是在这一背景出

---

① 参见拙著《唐代六品以下职散官受永业田质疑——敦煌户勋职官受田之分析》，载《文史》第34辑，中华书局1992年版。

② 参见吴丽娱《唐丧葬令复原研究》相关内容，载《天一阁藏明钞本天圣令校证〈附唐令复原研究〉》（上册），中华书局2006年版。

台，而随着职散官品级普遍授予，使职散官进一步与具体职事内容相分离，有力地推动了中晚唐时期使职差遣制度的发展。而建中令的对田令内容的增加，正体现出这一时代变化的特征，适应了当时政治统治的需要。

"唐令是关于国家体制和基本制度的法规，因而也是唐代整个法律体系的主干。"① 正是因为唐令在唐代政治与社会生活中有着特殊重要的位置，因此，自高祖立唐以来，唐各统治者不断开展对令文的修订与完善工作，令文内容也处在不断发展变化之中。德宗时对令文的修订有着切实的需要，而六品以下职散官受永业田的规定正从需要中产生出来。如此看来，《天圣令》所附《唐令》暨《新唐书·食货志》所载之"六品、七品各二顷五十亩，八品、九品各二顷"官人永业田非为开元二十五年田令所规定可明；而从这里，我们更可以知晓，《天圣令》所附《唐令》当为建中令了。

（附记：此文原载《国学研究》第二十二卷，北京大学出版社2008年版）

（卢向前，浙江大学人文学院教授）

---

① 戴建国：《唐〈开元二十五年令·田令〉研究》，《历史研究》2000年第2期，第50页。

唐宋时期武陵山区药材贸易初探[①]

卢华语

　　武陵山区以山地为主，间有平坝、河谷、盆地，地形地貌复杂多样。由于山地海拔高度不同，形成立体气候明显，是典型的垂直气候带[②]。特殊的自然环境和气候条件，为药材的生长、发育提供了得天独厚的营养，故有"天然药材库"之誉。

　　药材是武陵山区社会经济的重要元素，药材生产基本是商品生产。学界研究历史时期市场贸易的成果不胜枚举，但专题讨论唐宋时期药材贸易

---

　　① 武陵山区位于渝鄂湘黔交界处，包括今重庆所辖黔江、酉阳、秀山、彭水、石柱5县（区）；湖北恩施州所属恩施、利川、建始、巴东、宣恩、来凤、鹤峰、咸丰8县（市），以及湖北宜昌市所属长阳和五峰2县；湖南湘西土家族苗族自治州所管吉首、泸溪、凤凰、花垣、保靖、古丈、永顺、龙山8县（市），以及张家界市及其所辖永定、武陵源2区和慈利、桑植2县，怀化市所管鹤城、中方、洪江、沅陵、辰溪、溆浦、会同、麻阳、新晃、芷江、靖州、通道12县（市、区），以及湖南常德所属石门县；贵州铜仁地区下辖之铜仁、万山、玉屏、松桃、印江、沿河、思南、江口、石阡、德江10县（市、区），以及贵州遵义所辖务川县，共52个县（市、区）级政区单位。在唐代，这一区域主要为江南道所属之施州（2县）、黔州（6县）、思州（3县）、锦州（5县）、溪州（2县）、辰州（5县）、叙州（即巫州，3县）、奖州（即业州，3县）、峡州（1县）、费州（4县）等10州，以及山南道归州所属之巴东县，澧州所辖之慈利县、石门县，忠州所管之南宾县，凡13州38县（《新唐书》卷四〇《地理四》、卷四一《地理五》，中华书局1975年版）。在宋代，该区主要是夔州路下辖之绍庆府（即黔州、2县）及其所统部分羁縻州，施州（2县），咸淳府（忠州）所属南宾县，思州（3县）；荆湖北路之辰州（4县）、沅州（4县）、峡州（1县）、靖州（3县）以及澧州之慈利县、石门县，归州巴东县，凡10府州23县（《宋史》卷八九《地理五》、卷八八《地理四》，中华书局1977年版）。另，贸易与交易都属于交换的范畴，前者指商业活动，是总体的抽象概念，后者指买卖商品，是个体的具体概念（张春霞：《林产品贸易学》，中国林业出版社1999年版，第6页）。由此可见，贸易和交易仅是总体与个体、抽象与具体之别，其实质则基本相同，因此，本文所谓的贸易与交易可视为同义词。

　　② 垂直气候带大致相当于我国中亚热带、北亚热带、暖温带、中温带和温带5个气候带。

的著述却寥寥无几，且多为涉及而已①，而对当时武陵山区药材贸易的关注更是少之又少②。唐宋是武陵山区药材生产的快速发展期，武陵山区处于我国中西部过渡带，以唐宋为起点考察药材贸易，不仅有助于深入具体了解本区社会经济的演变轨迹，也可为当今武陵山区的经济开发提供历史借鉴。

一　药材资源

享有"天然药材库"美誉的武陵山区，唐宋时期药材资源亮点颇多：

品种繁多、质量优良。《新唐书·地理志》载全国共 328 府州，其中 189 府州土贡药材，药材品种众多，去重复者凡 130 多种③，现以整数 140 种计，全国平均每州贡药材约 0.43 种，若仅以贡药材州计，约为 0.74 种；而同期本区 13 州（其中 3 州仅 1 县属本区，故实为 10 州），贡药材 10 种（犀角、光明丹砂、蜡、黄连、黄牙、麸金、药实、蜜、恒山、蜀漆）④，按 10 州计，平均每州贡 1 种，若以 13 州计，平均每州约贡 0.76 种。无论是从什么角度观察，武陵山区药材品种均高于全国平均水平。唐时土贡要求"皆取当土所出"⑤，说明前述贡品都是各州道地上佳药材品种，特别是辰州所产丹砂，质量上乘，因名"辰砂"，享誉四方。

唐宋本草载药材品种以宋人唐慎微的《证类本草》为最，该书记全国各地药材凡 1748 种⑥，北宋 351 州（包括府、监），平均每州 4.98 种；同期本区凡 10 州，依《宋史·地理志》，即绍庆府（黔州）、咸淳府（忠

①　涉及唐宋时期药材贸易的论著主要有：卢华语《唐代西南经济研究》，科学出版社 2010 年版；唐廷猷《中国药业史》，中国医药科技出版社 2007 年版；温翠芳《唐代外来香药研究》，重庆出版社 2007 年版；严小青等《古代岭南地区土沉香的生产及其社会影响》，《史学月刊》2007 年第 4 期；刘玉峰《唐代商品性农业的发展和农产品的商品化》，《思想战线》2004 年第 4 期；朱圣钟《鄂湘渝黔土家族地区历史经济地理研究》，博士学位论文，陕西师范大学，2002 年；等等。

②　涉及唐宋时期武陵山区药材贸易的成果仅有曾超《乌江丹砂开发史考》，《涪陵师范学院学报》2006 年第 7 期；卢华语《唐宋时期渝鄂湘黔界邻地区药材生产及其影响》，《社会科学战线》2010 年第 7 期；等等。

③　唐廷猷：《中国药业史》，第 88、499—502 页。

④　《新唐书》卷四○《地理四》、卷四一《地理五》，第 1028—1029、1073—1076 页。

⑤　（唐）杜佑：《通典》卷六《食货六》，中华书局 1984 年版，第 34 页。

⑥　1748 种药材，不仅有道地药材，而且也包括"处处皆有之"的一般药材。见唐廷猷《中国药业史》，第 100 页。

州)、思、辰、沅、靖、施、峡、归、澧州①（其中忠、归、峡州仅 1 县属本区），有药材 231 种②，平均每州 23.1 种，约为当时全国平均水平的 4.64 倍。如果仅以道地药材计，当时本区共 58 种（去重复者），其分布状况为：

黔州③：黄连、高良姜、甘松香、鼠尾草、白花蛇、骨碎补、葫芦巴、防己、蒟酱、白及、犀角、石蒜、预知子、海金沙

辰州：丹砂

施州：黄连、白药、金星草、崖椒、都管草、紫背金盘草、崖棕、独用藤、瓜藤、金棱藤、龙牙草、半天回、旋花、露筋草、猪苓、野兰根、小儿群、大木皮、鸡翁藤、野猪尾、石合草、马接脚、红茂草、骨碎补

澧州：石钟乳、黄连、葛根、姜黄、雄黄、兰草、蠡实、莎草根

归州：牛膝、沙参、秦椒、巴戟天、厚朴

忠州④：钗子股、骨碎补、山豆根

峡州：石钟乳、朴硝、侧子、金星草、杜仲、杜若、贝母、鬼白、干漆、黄药根

由于沅州宋时从唐辰州 2 县及锦州等合并而来，靖州唐时未置，故《证类本草》未单计⑤，若以前述 7 州计，宋时本区道地药材平均每州约 8.29 种，即使以 10 州计，平均每州 5.8 种，也远远高于唐代本区每州道地药材的平均数量。

又，今湖北利川县（清置。唐宋施州境，元明施南司地）有齐岳山，又名齐药山，"在城西北隅八十里，高与云齐，长数百里，上连石柱，下接巫夔，外接襟带支罗、叫路，内则都会南坪，县治昔汉蛮分界处。相传

---

① 《宋史》卷八九《地理五》、卷八八《地理四》，第 2226—2229、2195—2197 页。
② 231 种药材据宋人唐慎微《证类本草》（华夏出版社 1993 年版）统计，包括该书所记"处处有之"或"近道皆有之"或"蜀道、荆襄间有之"的药材。
③ 唐代黔州及宋代绍庆府，《证类本草》仍将绍庆府记为黔州。
④ 唐代忠州即宋代咸淳府，《证类本草》仍将咸淳府记为忠州。
⑤ 《证类本草》均用唐代行政区划名，故宋代新置州之药材均未单列。

昔有道人采药，苦于难齐，至此山皆备，又名'齐药'"①。

以上表明，无论是从土贡资料，还是本草、方志所载，都足以佐证本区药材品种的量多质优。

资源富给，遍及全区。前已述及唐 328 府州，有 189 府州贡药材，约占总数的 57.6%；而本区 13 州，州州皆贡，为百分之百。自然资源作为客观存在，只要不遭大规模破坏和毁灭性的天灾摧残，则总体态势永远不会改变。历史时期的武陵山区经济开发尚待起步，人为破坏无从谈起，也不见有毁灭性天灾的记载。明李时珍《本草纲目》记细辛、莎草、香附子、黄精、萎蕤、术、夏枯草、红蓝花、葈耳、豨莶、淫羊藿、甘松香、高良姜、葛、百部、萆薢、菖蒲、香蒲、荇菜、骨碎补、石韦、瓦松、大麻等多种药材，常言"湖湘皆有"，或"湖南湖北皆有"，或"夔州路州郡皆有"，或"处处皆有"。武陵山区处湖湘和夔州路域内，李时珍对上述药材产地的解说，正诠释了本区药材资源遍及全区，持续富给。及至近代，武陵山区境内不少区县物产仍以药材著称，如今重庆黔江、彭水、酉阳的乌桕、五倍子、生漆；湖北五峰、长阳"产药材"，恩施、巴东、鹤峰"并产多种药材"，以及宣恩的黄连、党参、当归、天麻等；湖南湘西土家族苗族自治州的白蜡、生漆、五倍子、汞和张家界市桑植县的天麻、木瓜、黄连；贵州务川的生漆、天麻，思南的生漆，德江的天门冬、天麻、生漆，江口的生漆、五倍子②。直至今日，重庆渝东南（唐宋属黔州）的黔江区和秀山、酉阳县仍是重要的汞矿产区③，湖北恩施州咸丰县汞矿是 A 级储量，湘西州汞矿储量居湖南第一、全国第四④等，都足证本区药材资源的持续稳定。

采集者众、产出不赀。武陵山区自古以来都是多民族聚集区，很早即有中原华夏族人进入，封建王朝设置郡县征收赋税进行管理，至唐时，虽

---

①　（清）何蕙馨修：同治《利川县志稿》卷一《疆域志》，同治四年（1865）刻本。利川虽为个案，但在本区很有代表性。

②　四川、湖北、湖南、贵州等省地、市、县近代药材状况，据《辞海》编辑委员会编《辞海·地理分册》，上海人民出版社 1982 年版。

③　据黔江、酉阳、秀山政府信息网提供，其中，秀山汞矿储量在万吨以上，酉阳汞矿有 17 处，被誉为全国"五朵金花"之一。参见 http：//www.qianjiang.gov.cn/、http：//www.ccqyy.gov.cn/、http：//xs.cq.gov.cn/www/index/。

④　恩施州发改委网（http：//www.esfg.gov.cn/html/）、湘西州政府网（http：//www.xxz.gov.cn/）。

已由西汉的 1 郡 14 县（武陵郡辖 13 县，巴郡仅涪陵县）增至 13 州 38 县，然广大少数民族聚居之地乃属化外之域，社会生产主要是采集和渔猎；及至宋代，农业刀耕火种，原始粗放，采集渔猎仍有相当地位。如盘瓠种的后裔，"所居皆深山重阻，人迹罕到。今长沙、黔中五溪蛮皆是也"。"其民皆射生而食用，输布与朱砂水银。"①"皆射生而食用"，自是以渔猎为生，以"布与朱砂水银"纳税，又可见采掘朱砂的普遍。

采集渔猎生产除果腹外，能用于交换者主要是药材，为换取其他生活资料，全民采药当是常态。《山海经·大荒西经》记灵山有巫咸等十巫"从此升降，百药爰在"。郭璞注"群巫上下此山，采药往来也"②。灵山具体位置今不可考，然大致范围或在武陵山区及其附近，这里所记"群巫"，应是当时的十个部落或氏族的全体成员。宋人记南丹州（今广西南丹县一带）"方春时，猺女数千，歌啸山谷，以寻药挑菜为事"③。可见当社会经济处于原始的采集、渔猎阶段，社会成员集体采药的盛事历代皆然。宋南丹州属宜州（治今广西宜山县），处武陵山区南缘，地域相邻，社会经济发展阶段相同，其俗不异，也是自然。武陵山区天生富有药材资源，全民采摘，也是情理中事；而全民采药，产出之巨，虽不可具体量化，但总量不可计数，则是必然。

植物药材生于地表，摘集较易，男女老少皆可为之；而狩猎动物药材有危险，虽不能全民参与，但也需集体行动，特别矿物药材深藏地下，难于挖掘，更需众人合力，而价格亦贵重，载籍或有记之，如丹砂，其产量略可考见。唐时仅溪州 1 州，年产丹砂 10000 斤左右④，其时本区凡 6 州（黔、锦、溪、辰、费、澧州）贡丹砂，则年产量当达五六万斤。史载五代时楚王马希范在今长沙建天策府，"涂壁用丹砂数十万斤"。胡三省注："丹砂出辰、溪、溆、锦等州及诸溪峒，皆楚之境也。"⑤

---

① （宋）乐史：《太平寰宇记》卷一七八《四夷七·南蛮三》，中华书局 2007 年版，第 3395—3396 页。

② 《山海经》卷一六《大荒西经》，《二十二子》，上海古籍出版社 1986 年版，第 1383 页。

③ （宋）周密：《齐东野语》卷二十《山獭汉箭毒》，中华书局 1983 年版，第 373 页。

④ 卢华语等：《唐宋时期渝鄂湘黔界邻地区药材生产及其影响》，《社会科学战线》2010 年第 7 期，第 90 页。

⑤ （宋）司马光：《资治通鉴》卷二八三"后晋高祖天福七年"，中华书局 1959 年版，第 9241 页。

二　药材贸易及水陆交通

武陵山区丰富的药材资源，巨额的产出，除少量区内消费外，便是经由农村市场再通过区域市场运销区外。

农村市场主要是草市和传统的集市。草市指州县城外自发的非官方设置的不定期、随时均可进行交易的场所；而传统集市则大多定期定时，即所谓"日中为市，致天下之货交易而退，各得其所"①。唐时内地，商品经济蓬勃发展，草市相继涌现成为常态；在时代潮流带动下，武陵山区也出现了草市。郑谷诗"夜船归草市，春步上茶山"②。草市一般在陆地，也有的在水上。王维诗"水国舟中市，山桥树杪行"③。史载"黔、巫（叙）、溪、峡，大抵用水银、朱砂、缯帛、巾帽以相市"④。这里仅提及黔、巫（叙）、溪、峡4州，其实岂是仅此而已。唐人贾耽《贞元十道录》云："黔、涪、夷、费、忠、播、溱、琛（当为'珍'）、南九州……东与施、溪、锦、奖四州隔一高岭，其南、溱、珍三州又与剑南泸州接境，风俗颇同。"⑤这里所谓"风俗颇同"，包括了武陵山区的黔、费、忠、施、溪、锦、奖（业）等7州，表明用药材水银、朱砂做媒介进行交换在本区也十分普遍。而这些交易自然主要是在农村市场进行，即"山谷贫人，随土交易。布帛既少，食物随时。市盐者，或一斤麻，或一两丝，或蜡或漆或鱼或鸡。琐细丛杂者，皆因所便"⑥。

如果说唐代武陵山区虽出现了草市，但为数尚不多的话，那么到了宋代则情势大变，这从以下事实可以概见。草市之兴，原因多种，不少方家

---

① 《易·系辞下》，（清）阮元校刻：《十三经注疏》本，中华书局1980年版，第86页。

② （清）彭定求等编：《全唐诗》卷六七四郑谷《峡中寓止二首》，中华书局1960年版，第7712页。

③ 《全唐诗》卷一二七王维《晓行巴峡》，第1292页。

④ （清）董诰等编：《全唐文》卷六五一元稹《钱货议状》，上海古籍出版社1990年版，第2933页。

⑤ 《太平寰宇记》卷一二〇《江南西道十八·涪州》引唐·贾耽《贞元十道录》，第2390页。

⑥ 《全唐文》卷七一五韦处厚《驳张平叔粜盐法议》，第3255页。按：本条引文，原作"兴元巡管，不用见钱。山谷贫人，随土交易。……"特指兴元，是因兴元、洋州均在距上都800里之内，若依张平叔粜盐法，则必须送纳现钱，扰民至甚，特举兴元驳之。而"山谷贫人，随土交易"其实是当时山地居民的普遍现象。

已专题论及，兹不赘言，现结合本区历史实际，就其与军事据点相关者略申一二。

唐末五代战乱，南方少数民族乘机脱离中原王朝控制；赵宋建国，唐时一些正州沦为羁縻州，或者根本就直接由少数民族所领，如唐黔州，辖彭水、黔江、洪杜、洋水、信宁、都濡6县，至宋仅领彭水、黔江2县，其余4县全为田氏占领。为制止少数民族的扰乱，宋政府在民族杂居之域或少数民族所据边境，置兵戍守，如绍庆府（黔州）彭水有洪杜等4砦，黔江有白石等29砦；辰州有会溪城，池蓬、镇溪、黔安3砦，其所属沅陵、溆浦、辰溪、卢溪4县中叙浦和辰溪也有砦；而沅州的卢阳、麻阳、黔阳、渠阳、安江则有铺①。以上城、砦是军事据点，铺是邮递驿站，都有为数不等的士兵驻守，执行各自的军事、民事任务。这些士兵是完全脱产的军人，军官还有家属老小，他们远离内地，处荒山野岭、深谷丛林中，日常生活食用，不可能全由内地供给，必得取之当地，吸引附近农民携农副产品以及小贩担日用品前往销售，久而成市，军事据点和邮递驿站同时成为商品交换之所。宋时武陵山区草市多数因此而起。

草市作商品交易场所，自然有职业工商业者和其他各类居民入住，市肆、邸店随之而兴，出现了承包官府征收商税的商贩②，店铺昼夜营业，顾客通宵畅饮，乃有"草市人朝醉，畲田夜火明"③的喧嚣热闹。

区域市场指区内所设之诸州县市的市场。《唐六典》卷三十《州县官吏》记：上、中、下州及上县均设市令并有属员丞、佐等，中、下县"无市则阙"④。这表明朝廷规定诸州及上县必设市，中、下县则可设可不设。唐时武陵山区有13州和5个上县（黔州彭水，辰州沅陵、溆浦，叙州龙标，溪州大乡），即当时本区至少有18州县市设有市场。宋时政区略有调整，然市场格局总体变化不大。特别是为加强与少数民族的经济联系与管理，宋政府更在缘边州县设置专门的交易场所。熙宁六年

---

① 《宋史》卷八八《地理四》，第2196、2197页。

② 《元史》卷九四《食货二》："在湖广者，沅州五寨萧雷发等每年包纳朱砂一千五百两，罗管赛包纳水银二千二百四十两。"中华书局1976年版，第2381页。按：此事虽见于《元史》，然当是援宋时旧例。

③ （宋）祝穆：《舆地纪胜》卷七五《荆湖北路·辰州》，四川大学出版社2005年版，第2654页。

④ （唐）李林甫等撰，陈仲夫点校：《唐六典》卷三〇《州县官吏》，中华书局1992年版，第750—753页。

（1073），"湖北路及沅、锦、黔江口，蜀之黎、雅州皆置博易场"。淳熙二年（1175）臣僚言："溪峒缘边州县皆置博易场，官主之。"① 这更促进了武陵山区区域市场的构建。

区域市场是城乡经济的连接点，也是域内外商品流通的中转站，具有较强的内聚力和辐射力。域内水银、丹砂等药材通过它集中运销出口，域外的缯帛、巾帽以及必需生产资料也经由它流向农村市场而转到农民手中。武陵山区区域市场的药材贸易可得而言者，以下诸市为最：

施州市。武陵山区唐时设13州，各州皆贡药材，然以施州所贡品种最多，凡5种（麩金、犀角、黄连、蜡、药实）②，居全区之冠。所贡如此，所产更多。前述利川县（唐施州清江县境）有齐药山，即因其诸药皆备而得名。有人作诗记施州种药、贩药、采药盛况云："山人不解艺禾黍，剪尽荆榛开药圃。……刀耕火耨笑人忙，抛却农书翻药谱。"这是种药。"药贩居然列市廛，药租且免输官府。"这是贩药。"男携背篓女肩锄，同向蓝桥求玉杵。蛮烟瘴雾积未消，采向深山蓺松煮。药气浑如草气熏，药名懒比花名古。"这是采药③。此诗作者系清人，然所述种药宋时施州即有人工栽培黄连者④，至于所述药贩列市廛、所采药名比花名还古，也显然不仅是清时，前朝早已如此。苏轼《送乔施州》诗"鸡号黑暗通蛮货"，自注云：胡人谓犀为黑暗⑤。这清楚表明宋时施州通宵都有药材交易，而"黑暗"（犀）只不过是以个别表一般的艺术手法而已。讨价还价一整夜，这样的交易绝不会在露天，只能是室内，这也可证《种药吟》所云"药贩居然列市廛"，宋时或已有之。又，清人述施南府（唐、宋施州）"风俗"云："商贾多江西、湖南之人，其土产苎麻、药材，以及诸山货负载闽粤各路，市花布绸缎以归。"⑥ 所谓"风俗"，都不是一朝一夕成就的，必有历史积淀。清人述施南府"风俗"，和唐人元稹所言"黔、巫、溪、峡，大抵用水银、朱砂、缯帛、巾帽相市"⑦ 正可印证。

---

① 《宋史》卷一八六《食货下》，第4565页。
② 《新唐书》卷四一《地理五》，第1073页。
③ （清）詹应甲：《种药吟》，引自（清）松林、周庆榕修，何远鉴、廖彭龄撰：同治《施南府志》卷二八《艺文志·诗》，同治十年（1871）刻本，第459页。
④ 刘孝瑜：《土家族》，民族出版社1989年版，第29页。
⑤ （宋）苏轼：《苏东坡全集》卷八，中国书店1986年版，第121页。
⑥ （清）松林修，何远鉴撰：同治《施南府志》卷一〇《典礼志·风俗》，第193页。
⑦ 《全唐文》卷六五一元稹《钱货议状》，第6621页。

沅州市。宋沅州，领卢阳（州治，今湖南芷江）、麻阳（今贵州铜仁东，湖南麻阳西南）、黔阳（今湖南黔阳西南）、渠阳（今湖南靖州）4县[①]，依《中国历史地图集》第6册25—26图，其州域在东经109°—110°，北纬27°—28°间，大体相当唐锦、叙（巫）、业（奖）州之地，故将宋沅州与唐锦、叙、业3州看作同一区域。《新唐书·地理志》记锦、叙、业3州贡光明丹砂、犀角、麸金、蜡[②]；《宋史·地理志》记沅州贡朱砂、水银[③]，可见丹砂在沅州的重要地位。唐宋时的五溪蛮，"按其地长沙西南黔中五溪之地，皆为其有"，正在沅州、辰州域内，"土俗：其民射生而食用，输布与朱砂、银（似应为水银）"[④]。纳税用朱砂，朱砂在少数族人经济生活中的意义亦可概见。朱砂是名贵药材，有利可图，吸引域内外商贩麇集也很自然。史载卢阳"尤多药物，江南、江右商贾咸集焉。卢人藉以充足，有以也"[⑤]。清人王协和《芷江道中》诗"土禁丹砂穴，风吹白芷香。……估舲通汉口，驿路接黔中"。清人王养宸《立富顺新市志喜》云："商贾皆藏市，荆榛辟道中。地名随地锡，山径傍山道。一厂余新绿，修平扫落红。令人思往事，鼓舞乐从公。"[⑥] 既言"思往事"，则反映诗中所述商贾藏市，商贩麇集，其来久矣。比如宋、元、明、清黔阳县东南均有洪江寨，当沅江上游今清水江与巫水汇合处，乾隆时"列肆如云，川楚之丹砂、白蜡……乘流东下达洞庭，接长江而济吴越"[⑦]。这些都是历史积淀使然，一个寨堡草市尚且如此，更何况州县区域市场。

辰州市。宋辰州领沅陵（州治，今湖南沅陵）、溆浦、辰溪、卢溪4县（今均属湖南），大约相当唐辰、溪2州之域。唐时土贡药材，其品种仅次于施州，其丹砂最负盛名，所谓"辰、锦砂最良"[⑧]，因名辰砂。唐宋时即

---

① 《宋史》卷八八《地理四》，第2196—2197页。

② 《新唐书》卷四一《地理五》，第1073—1074页。

③ 《宋史》卷八八《地理四》，第2196页。

④ 《太平寰宇记》卷一七八《南蛮三·盘瓠》，第3396页。

⑤ （明）张翰：《松窗梦语》卷二《东游记》，中华书局1985年版，第37页。

⑥ （清）吴嗣仲续修，张官五等撰修：同治《沅州府志》卷三九《艺文下》，同治十二年（1873）刻本，第644页。

⑦ （清）潘清：乾隆《洪江育婴小识》卷一，转引自傅依凌《傅依凌著作集·明清社会变迁论》，中华书局2007年版，第320页。

⑧ （宋）朱辅：《溪蛮丛笑》，中华书局1991年版，第1页。

有域外商人携"缯帛、巾帽"进入本区交换"水银、朱砂"①，相沿成习，至于后世，更加旺盛。乾隆《辰州府志》卷9《赋役考》："旧志所载药味、椰桑木诸贡尽改充军饷，四邑中旧有砗砂之解，今则非需用不取也。"此所谓旧志载辰州4邑（即4县）旧有朱砂之解，正是唐宋时期。又同书卷16《物产考下》："药之属：薏苡仁、茯苓、黄精、何首乌、牛膝、土牛膝、益母、天丁（一名老鼠刺）、地丁、续断、谷精草、香薷、紫草、丹凤、木通（即通草）、茵陈草、西枯草、木贼、独活、天麻、豨莶草、车前、龙胆草、香附、寄奴、白芨、钩藤、金银花、天南星、半夏、石菖蒲、升麻、王不留行、赤芍药、海金沙、苦参、桃仁、细辛、茨菰、桔梗、前胡、威灵仙、黄连、黄岑、金樱刺、白藓皮、山豆根、旋覆花、骨碎补、艾、臭牡丹、甘菊、乾葛、密蒙花、白芷、蓖麻子、荆芥、薄荷、紫苏、青蒿、大戟、栝蒌、仙茅、苍耳、青葙子、狼毒、大小蓟、蒲公英、草乌、藁本、商陆、常山、马蹄香、芜花、木蓉、木鳖、扁蓄草、黄药子、白药子、瞿麦、淫羊藿、枸杞子、地骨皮、萆薢、五味子、黄柏、厚朴、五加皮、杜仲、吴茱萸、灯心草、五棓子、八角莲、牛舌草、牵牛、鱼腥草、麦门冬、菟丝子、络石草、蛇床子、独角莲、地肤子、滑石、石青、石绿、黄蘖皮、地锦草、艳容草、怀香子。以上诸药皆辰郡三厅四县（即辰州全域）所产者，其多寡不齐亦不过数十件之异耳。其中货于四方称上品者甚多"。前列数十种药材，绝大多数系非人工种植的自然资源，其生长、采集都有历史渊源，而"货于四方称上品者甚多"，自然也是前朝承传。另辰州府沅陵县（府治）五坊厢，"外省客商，贫民肩挑市贩，竭力谋生"。六都"各商辐辏，土地富饶，货财充裕"②。明辰溪县城郭外有黄溪口，"溪之左岸，爨集如市，旧为商贾往来之所"，以该溪附近的罗子山"产多药饵"③。清人记明时事称"旧"，明时之"旧"，则宋元辰州已是"客商辐辏""商贾往来之所"了。

黔州市。唐宋黔州，两汉属巴郡涪陵县（治今重庆彭水），是武陵山区最早的药材输出基地。巴寡妇清开采丹砂并转输秦都咸阳，受到秦始皇

　　① 《全唐文》卷六五一元稹《钱货议状》，第6621页。

　　② （清）宋忠等修，许光曙等撰：同治《沅陵县志》卷八《里社》，光绪二十八年（1902）补版重印本，第204—205页。

　　③ 米肇颐：《游罗子山记》，（清）席绍葆等修，谢鸣盛等撰：乾隆《辰州府志（二）》卷四一《艺文纂》，乾隆三十年（1765）刻本，第29页。

表彰，此后以至于唐，史书、本草述丹砂皆云出涪陵，反映汉唐之际各朝所消费的丹砂均涪陵（即唐黔州）外销。黔州唐贡犀角、光明丹砂、蜡①，宋贡朱砂、蜡②，药材仍是其主要出口商品。天圣七年（1029）两川四路经水路纲运药材，"不可胜记"③，其中相当数量当出自黔州。黔州所辖黔江县，属中下县，可设市也可不设市，而药材贸易竟"市麝脐以百计，市蜂蜡以千计"④。成交量非常可观，难怪黔江药材销售历千年不衰，至于近代。同治《黔江乡土志》载："本境土药行销城乡，零售每岁约二、三万担，土药运出老郁山一带，每岁约万担。"⑤

区域药材市场的兴盛及域内外药材贸易得以顺利进行，均有赖交通给力。李唐王朝为保证政令快速传递及漕运转输通畅，十分重视水陆交通建设，除一再申令保护前朝各代所建国道外，并在地方诸州县亦劈山修路，《通典》《元和郡县图志》《太平寰宇记》等述包括武陵山区在内的各州郡时，均有四至八到，详记各州至西京长安、东都洛阳以及相邻诸州里程；而《通典》《太平寰宇记》乃有记州至县的里程者，如卢阳郡（锦州）东至卢溪郡（辰州）670里，南至龙溪郡（奖州，后改名业州）渭溪县界150里，西至渭阳县150里，北至当郡招喻县界50里，东南到潭阳郡（叙州，后改名巫州）300里，西到当郡渭阳水路150里，西北到当郡常丰县水路200里，东南到卢溪郡（辰州）麻阳县水路300里等⑥。这表明其时即使是经济开发滞后的武陵山区各州县无论是域内之间，还是通往域外都有水路陆路可以相互往来，标志区域交通网络的形成，这些本为传达政令和转输贡赋而修筑的道路，客观上成为当地药材贸易、商品流通的推手。

武陵山区的水道主要有两条：一是涪陵水（今乌江），二是沅水（今沅江）。

涪陵水源出黔中道羁縻州山地，唐宋流经费、思、黔、涪4州，至涪

---

① 《新唐书》卷四一《地理五》，第1073页。

② 《宋史》卷八九《地理五》，第2226页。

③ （清）徐松辑：《宋会要辑稿·食货四十六》第144册，中华书局1957年版，第5609页。

④ （宋）黄庭坚：《黄庭坚全集·正集》卷一六《黔州黔江县题名记》，四川大学出版社2001年版，第432页。

⑤ 《黔江土家族苗族自治县卫生志》编撰领导小组编：《黔江土家族苗族自治县卫生志》，内部发行，1986年，第171页。

⑥ （唐）杜佑：《通典》卷一八三《州郡》，第957页。

陵县（今重庆涪陵区）汇入长江。这条水道，"以丹盐蜜蜡等商运需要故，自秦汉已通舟运"①。至唐宋，这条水路更为重要，"唐武德元年，招慰使冉安昌以务川当牂牁要路，请置务州。贞观八年改为思州，以思邛水为名"②。杜甫有诗云："巫峡盘涡晓，黔阳贡物秋。丹砂同陨石，翠羽共沉舟。"③ 又"黔阳"，《元和郡县图志》云："务川县，本汉酉阳县地，属武陵郡，自晋至陈，并为黔阳县地。隋开皇十九年置，因川为名。"④ 可见黔阳即指思州务川县。此诗虽记述的是一次沉船事故，但也反映费、思等州的贡物蜡、朱砂、水银、犀角等是经涪陵水进入长江而输出域外的。

沅江源出贵州贵定县东部的云雾山，上游为清水江，其支流有辰水、无水、酉水等汇入沅江。史载辰州"东至朗州水路沿流四百六十里。南至叙州水路五百三十八里。……西南至锦州水路七百里。正西微北水路至溪州三百六十八里"⑤。叙州（巫州）"西沂流至奖州八百里"⑥。以辰州为中心，将沅水流域的业（奖）、叙（巫）、溪、锦、辰等州纳入水路网络之中，各州客商经沅水而至朗州，朗州城下"拥楫舟为市，连甍竹覆轩"⑦。宋人王琰称"湖湘唯鄂渚最为要地，盖南则潭、衡、永、邵，西则鼎、澧、江陵、安、复、襄阳数路，客旅兴贩，无不辐凑鄂渚"⑧。这数路客旅就包括沅江流域诸州商人经朗州而群集至鄂渚，这也正好与前述辰州药材"货于四方""各商辐辏"相印证。

除前述本区与域外以及诸州之间、诸州县之间均有陆路可通外，更有一条官道当着重一叙，这就是"由黔州东行二百里至黔江县（今县东南二十里），又东北约三百里至施州治所清江县（今恩施），又东北一百三十里至建始县（今县），又约九十里至大石岭驿，王周有诗，又

---

① 任乃强：《华阳国志校补图注》卷一《巴志》第 144 册，上海古籍出版社 1987 年版，第 43 页。

② 《太平寰宇记》卷一二二，第 2422 页。

③ 《全唐诗》卷二三〇杜甫《覆舟二首》，第 2522 页。

④ 《元和郡县图志》卷三〇《江南道》，第 741 页。

⑤ 同上书，第 747 页。

⑥ 同上书，第 750 页。

⑦ 《全唐诗》卷三六二刘禹锡《武陵书怀五十韵》，第 4887 页。

⑧ （宋）王炎：《双溪类稿》卷二三《又画一劄子》，文渊阁《四库全书》，台湾商务印书馆 1986 年版，第 1155 册，第 687 页。注：鄂渚，今湖北武昌。

北逾现陵山，下百八盘过江至巫山县。此为长江以南黔州通夔州巫山县
之陆道也，路极险峻"。这条路上，有大石岭驿、小猿叫驿、浮塘驿、
驴瘦铺、歌罗驿、四十九渡等，"岭渡驿铺之名，盖有承唐之旧者"①。
天圣七年（1029）夔州路收买药子，附载于疋帛纲内转运赴京②，便是
在施州购得经由此路转运至夔州，因宋时夔州路所属各州，唯施州贡
药子。

三　药材贸易的影响

城乡市场的蓬勃兴起，为商人的活动及商品交易提供了用武空间，催
生一批新兴商人。李白诗"瞿塘饶商贾"③；杜甫诗"峡中丈夫绝轻死，
少在公门多在水，富豪有钱驾大轲，贫穷取给行艓子。小儿学问止论语，
大儿结束随商旅"④；李益诗"嫁得瞿塘贾，朝朝误妾期"⑤；杨巨源诗：
"细雨蒙蒙湿芰荷，巴东商侣挂帆多"⑥。以上均反映长江三峡一带从事水
上贩运的商人众多，商务繁忙，无暇顾及家事，致使娇妻埋怨"误妾
期"。前述沅江流域客商至朗州城下"舟楫为市"，又辐辏鄂渚，这些商
人当然不全是药商，但就武陵山区而言，药材是主要输出商品，故商人贩
运以药材为主也是必然。

商人众多，商务频繁，药材贸易量亦随之猛增，且交易量亦巨大。现
以朱砂为例，前述武陵山区一年产量可达五六万斤，当主要转销域外；而
五代楚王马希范建天策府，涂壁用丹砂数十万斤，除部分来自赋税，其余
也当购自武陵山区各州市场。宋孝宗淳熙十一年（1184），"沅州生界犵
狫副官吴自由子三人，货丹砂麻阳县，巡检唐人杰诬为盗，执之送狱，自
由率峒官杨友禄等谋为乱。帅司调动神劲军三百人及沅州民兵屯境上，声
言进讨"⑦。吴自由职任峒副官，自是犵狫族人的头面人物，他让自己儿

---

① 严耕望：《唐代交通图考》第四卷《山剑滇黔区》，"中央研究院"历史语言研究所，
1986年，第1300页。
② （清）徐松辑：《宋会要辑稿·食货四十六》第144册，第5609页。
③ 《全唐诗》卷一七三李白《江上寄巴东故人》，第1775页。
④ 《全唐诗》卷二二一杜甫《最能行》，第2335页。
⑤ 《全唐诗》卷二八三李益《江南词》，第3232页。
⑥ 《全唐诗》卷三三二杨巨源《大堤曲》，第3716页。
⑦ 《宋史》卷四九四《蛮夷二·西南溪峒诸蛮下》，第14194页。

子率人贩丹砂麻阳县城出售，被砦堡官员栽赃扣押，所以贩丹砂数量必定巨万，以致引发规模不小的武装对抗；如果是几斤几两，巡检冒此风险不值，而吴自由、杨友禄也未必会如此大动干戈。不只是丹砂，前已述及，天圣七年夔州路于施州收购药子于疋帛纲附载赴京，以历年所购过多，积压药库，特令"自今于年买数十分中量减二分"①。而"市麝脐以百计，市蜂蜡以千计"②，麝脐以百计，当是百颗，每头麝平均年产麝香10克左右③，百颗则是4000克，麝香是名贵药材，一次交易达4公斤，这数量已不小，而黔江在唐宋时均属中下县，其交易量竟能如此，而其他各州市则可想而知。

商人众多，药材交易量大，武陵山区经济总量随之上升，社会财富相应增加。前已述及，唐宋武陵山区采集、渔猎还占相当比重，农业、手工业滞后，创造财富的手段不多。宋人洪咨夔《劝农文》称：龙阳县（治今湖南汉寿）"地势峭隘，土脉硗脊，非刀莫耕，非火莫种，细民终岁勤动，不得一饱"④。龙阳在洞庭湖边，农民生活尚且如此不堪，武陵山区腹地的农民生活，则只能比这里更差。至于手工业，亦几无可称者，故药材不仅成为本区出口的主要商品，而且作为交换媒介，充当货币职能。药材在本区社会经济、政治生活中的作用，笔者曾在他文专门论及，兹不赘述。这里仅就溪州个案略申一二。

唐天宝间，溪州15282口人，一年生产粮食84937石，年产值约为135889200文。溪州一年产丹砂（朱砂）10000斤，即160000两，每两上值150文（溪州丹砂属辰砂系列，自是上品）⑤，则产值24000000文，为粮食产值的1/5强。这仅是丹砂一项，若加上其他如犀角、水银等，药材产值在该区经济中的比重则会更大。溪州如此，他州亦然，故说唐宋时期药材贸易促进了武陵山区经济总量的上升和社会财富的增加，当不过分。

---

① （清）徐松辑：《宋会要辑稿·食货四十六》第144册，第5609页。

② （宋）黄庭坚：《黄庭坚全集·正集》卷一六《黔州黔江县题名记》，第432页。

③ 《我国麝香产量和利用概况》，《国内外香化信息》2007年第4期，第7页。

④ （宋）洪咨夔：《平斋文集》卷一一《劝农文》，《四部丛刊续编·集部》，上海书店出版社1934年版，第15页。

⑤ ［日］池田温著：《中国古代籍帐研究·唐天宝二年（743）交河郡市估案》，龚泽铣译，中华书局2007年版，第314页。

（附记：本文原载《中国社会经济史研究》2011 年第 4 期，人大复印资料 K22《魏晋南北朝隋唐史》2012 年第 3 期全文转载。本次对正文作了一些修改，并对注释做了较多增补）

（卢华语，西南大学历史文化学院教授）

论唐代尚书左右丞的监察与勾检职能[*]

杜文玉

关于唐代尚书左右丞的监察与勾检职能的研究，直到目前尚未见有专文讨论，而左右丞的这一职能又十分重要，不能不加以研究。众所周知，唐朝以御史台为最高监察机构，有权监察在京百司及各地官员，那么由谁来监察御史们，这就涉及了左右丞的职能。此外，唐朝在各级官府均设置了主管勾检的官员，却在尚书省没有设置专职官员，也牵涉左右丞的职能问题。本文主要针对尚书左右丞的这两种职能进行研究，其余职能则不在本文的研究范围之内。

一　唐以前左右丞的监察职能

尚书左右丞的设置由来已久，《初学记》卷一一《职官部上》载："尚书丞，秦官也。汉因之，至成帝分置列曹尚书四员，便置丞四人；至光武减其二，唯置左右二丞。"故《晋书》卷二四《职官志》说："左右丞盖自此始也，自此至晋不改。"实际上自此以后，历代相沿，皆置有此官。《唐六典》卷一《尚书都省》记述其设置沿革时写道："魏、晋、宋已来，左、右丞铜印、墨绶，绛朝服，进贤一梁冠。自魏至宋、齐，品皆第六，秩四百石。梁左丞班第九，右丞班第八，并第四品，秩六百石。陈因之。后魏、北齐左丞正四品下，右丞从四品上。隋初，左丞从四品上，

---

* 本文系国家社会科学基金项目"唐宋时期职官管理制度研究"（编号 12BZS032）阶段性成果之一。关于唐代尚书左右丞的研究，主要有吴鹏《论唐代尚书左右丞进退황官》（载《新疆大学学报》2012 年第 1 期，第 79—84 页）一文，但未涉及其勾检及监察职能。此外，雷闻《隋与唐前期的尚书省》（收入吴宗国主编《盛唐政治制度研究》，上海辞书出版社 2003 年版）一文，其中第三节有一小部分内容涉及尚书都省的勾检职能，然并非专论左右丞的职能。

右丞从四品下；炀帝左、右丞并正四品。皇朝左丞正四品上，右丞正四品下；服绨冕、六旒，三章，两梁冠。龙朔二年改为左、右肃机，咸亨元年复为左、右丞。永昌元年为从三品，神龙二年复故。"可见左右丞品秩的确不高，但事任却十分重要。

关于左右丞的监察职能，《初学记》说："尚书令与左丞总领纪纲，仆射与右丞掌禀假财谷。魏晋以来，左丞得弹奏八座，故傅咸云：'斯乃皇朝之司直，天台之管辖是也。'（原注：《宋书·百官志》曰：晋宋之世，左丞主台内禁令，宗庙祠祀，朝仪礼制，选用署吏，纠弹不法；右丞掌台内库藏庐舍，凡诸器用之物及刑狱兵器。）"同书引蔡质《汉官典职》曰："尚书左丞，凡台中纪纲，皆无所不总。"① 这里所谓"台"，指尚书台。从这些记载看，似乎左丞握有监察之权，然仅限于台（省）内官员的监察。不过综合其他史籍的记载，尚书左丞的监察范围并不仅限于台内，而是扩展到朝廷其他机构。王隐《晋书》曰："郄弘始为尚书郎，转左丞，在朝为百寮所惮。"又曰："刘恢，字长升，为尚书左丞，正色在朝。三台清肃，出兼中丞。"② 从"在朝为百寮所惮""三台清肃"等语看，显然其监察职权并不仅限于尚书省内。

傅咸《答辛旷诗序》曰："尚书左丞，弹八座以下，居万机之会，斯乃皇朝之司直，天台之管辖。余前为右丞，具知此职之要，后忝此任，僶俛从事，日慎一日。"③ 可见尚书左丞的监察范围包括八座在内的以下官员，这样就将朝中绝大部分官员都囊括进去了。傅咸是晋朝人，其说的"皇朝"自然指晋朝。他说晋之左丞相当于汉之"司直"，而汉代的丞相司直主管朝中百官的监察，既然两者的监察职能相当，则左丞的监察范围就不应仅限于尚书省内，而是扩展到了朝中百官。从其他史籍记载的情况看，也可以证明这一点，如北齐晋昌王唐邕，"既被任遇，意气渐高，其未经府寺陈诉，越览词牒，条数甚多。俱为宪台及左丞弹纠，并御注放免"④。又如"北齐武成帝河清三年，时娄睿为司徒，滥杀人，为尚书左

---

① （唐）徐坚：《初学记》卷一一《职官部上·左右丞》，中华书局1962年版，第267—268页。

② 《初学记》卷一一《职官部上·左右丞》引，第268页。

③ （宋）李昉：《太平御览》卷二一三《职官部十一·左丞》，中华书局1960年版，第1018页。

④ （唐）李百药：《北齐书》卷四〇《唐邕传》，中华书局1972年版，第532页。

丞宋仲美弹奏，经赦乃免"①。以上两人虽然经皇帝赦免而未治罪，但也说明了即使贵族高官也在左丞的监察范围之内。北朝如此，南朝亦不例外，据《梁书》卷二五《徐勉传》载："高祖践阼，拜中书侍郎，迁建威将军、后军咨议参军、本邑中正、尚书左丞。自掌枢宪，多所纠举，时论以为称职。"说明在这一方面南北制度完全是一致的。梁人庾仲容"除尚书左丞，坐推纠不直免"②。这是尚书左丞失职而被免官的例子。《文献通考》卷一六五《刑考四》载：北齐"豫州检使白标为左丞卢斐所劾，乃于狱中诬告斐受金。文宣知其奸罔，诏令按之，果无其事"。此事《北齐书》亦有记载，但文字繁多，不如《通考》记述简洁，故引之。这就说明左丞不仅有监察在朝百官的权力，即使地方官犯罪亦在其监察权限之内。

尚书左丞既然是尚书省之官员，有权纠弹八座以下官员，因此尚书省官员应该是其监察的重点，因为省外官员毕竟还有御史等专职监察职官负责。关于其纠弹尚书省官员的记载也是有的，据王隐《晋书》载："傅咸为尚书左丞，时尚书郭奕，咸故将也。累辞疾病不起，复不上朝。又自表妹葬，乞出临丧。诏书听许，咸举奏之。又曰：郗诜为尚书左丞，推奏吏部尚书崔洪。洪曰：'举诜丞而还奏我，此谓挽弩自射。'诜曰：'赵宣子任韩厥为司马，而厥以军法戮宣子。崔侯为国举才，我以才见举，唯官是视，各明至公，何故其言乃至于此也。'洪闻而悦服之。"③郭奕、崔洪二人皆为尚书省官员。王隐《晋书》亡佚不传，故引之。

晋及南北朝时期皆不置御史大夫，以御史中丞为台主，其职能是对内掌兰台秘籍，对外则负责监察百官，纠弹不法，统领御史，是这一历史时期的最高监察官员，然包括其在内的监察官员却在尚书左丞的监察之下，从而形成了权力相互制约。关于此事，以齐高帝建元元年（479）发生的尚书左丞任遐纠弹御史中丞陆澄案最为典型，据载：这年"骠骑咨议沈宪等坐家奴客为劫，子弟被劫，宪等晏然。左丞任遐奏澄不纠，请免澄官。"陆澄上表自我辩解，认为自晋、宋以来，左丞弹劾御史失职，虽"乏于时，其及中丞者，从来殆无"。他还列举了自晋代以来许多事例，

---

① 王钦若：《册府元龟》卷三三三《宰辅部·罢免二》，中华书局 1960 年版，第 3927 页。按：这条记载不见于《北齐书》与《北史》等书，《元龟》所记当另有所本。
② 姚思廉：《梁书》卷五〇《庾仲容传》，中华书局 1973 年版，第 724 页。
③ 徐坚：《初学记》卷一一《职官部上·左右丞》，第 268 页。

证明监察官员失职，多不应牵连中丞。又列举了近代以来的事例，"左丞江奥弹段景文，又弹裴方明；左丞甄法崇弹萧珍，又弹杜骥，又弹段国，又弹范文伯；左丞羊玄保又弹萧汪；左丞殷景熙弹张仲仁；兼左丞何承天弹吕万龄。并不归罪，皆为重劾。凡兹十弹，差是宪、旷之比，悉无及中丞之议。左丞荀万秋、刘藏、江谧弹王僧朗、王云之、陶宝度，不及中丞，最是近例之明者"。然皇帝认为"（陆）澄表据多谬，不足深劾，可白衣领职"①。尽管对陆澄处罚较轻，仅免去其爵位却仍保留了本职，仍然可以证明左丞确有监察纠弹包括中丞在内的御史等监察官员的权力。

正因为左丞负有极大的监察职权，所以《册府元龟》将其事迹列入《宪官部》。南朝梁人徐勉曾撰有一部名为《左丞弹事》的书，共 5 卷。②之所以将左丞视为宪官，是因为监察职能在其全部职能中占有相当重要的地位。除了以上职能外，左丞还兼管百官朝仪，《续汉书·百官志》曰："左丞掌录尚书吏人上章，百官威仪。"③ 这里所谓掌"百官威仪"，实际上是指监察祭祀与朝会礼仪，所谓掌"宗庙祠祀，朝仪礼制"④。这一职能在唐代则划归御史台。此外，左丞有时奉命兼管刑狱之事，如北齐卢斐，"天保中，稍迁尚书左丞，别典京畿诏狱，酷滥非人情所为。无问事之大小，拷掠过度，于大棒车辐下死者非一。或严冬至寒，置囚于冰雪之上；或盛夏酷热，暴之日下。枉陷人致死者，前后百数。又伺察官人罪失，动即奏闻，朝士见之，莫不重迹屏气，皆目之为卢校事"⑤。这种情况在其他诸朝也有出现。

至于尚书右丞则无以上这些方面的职能，其职能主要体现在经济事务方面。《汉官典职》曰："右丞与仆射掌禀假钱谷诸财用。"⑥ 这一记载较为简略，具体而言，"右丞掌台内库藏庐舍，凡诸器用之物，及虞振人租布，刑狱兵器，督录远道文书章表奏事"⑦。这是汉晋时期的规定，另据《宋书·百官志》记载，右丞的上述职能并没有大的变化，从而证明在汉晋南北朝时期尚书右丞的职能并不包括监察之权，这一点与唐制颇不

---

① 《南齐书》卷三九《陆澄传》，中华书局 1972 年版，第 683 页。
② 《册府元龟》卷六〇七《学校部·撰集》，第 7281 页。
③ （唐）徐坚：《初学记》卷一一《职官部上·左右丞》，第 268 页。
④ 《晋书》卷二四《职官志》，中华书局 1974 年版，第 731 页。
⑤ 《北齐书》卷四七《卢斐传》，第 657 页。
⑥ （唐）徐坚：《初学记》卷一一《职官部上·左右丞》，第 268 页。
⑦ 《晋书》卷二四《职官志》，第 731 页。

相同。

二　左右丞的监察职能

隋代的左右丞仍然沿袭了前代之制，所谓置"左、右丞各一人，佐令、仆射知省事。左掌台内分职仪、禁令、报人章，督录近道文书章表奏事，纠诸不法。右掌台内藏及庐舍、凡诸器用之物，督录远道文书章表奏事"①。唐代之制在沿袭前代制度的基础上，也有所变化。最主要的变化是赋予了尚书右丞与左丞一样的监察之权。《旧唐书》卷四三《职官志二》说："左丞掌管辖诸司，纠正省内……若右丞阙，则并行之。……若左丞阙，右丞兼知其事。御史有纠劾不当，兼得弹之。"《新唐书》卷四六《百官志一》的记载更加简洁，所谓左右丞"掌辩六官之仪，纠正省内，劾御史举不当者"。《册府元龟》卷五一二《宪官部·总序》亦载：唐"尚书左、右丞，掌纠举宪章，御史纠劾不当者，兼得弹奏，亦宪官之任也"。其余政书所载大同小异。唐代的这种变化，是这一历史时期强化对官员监察的一种反映，有利于吏治的改变。

此外，从上述关于尚书左右丞监察职能的记载，可以看出这一时期其监察的对象有所变化，即强调对尚书省内部和御史的监察。这是由于唐朝的监察制度比前代更加健全，把监察权力集中到了御史台，其下设的三院御史将监察的触角几乎覆盖了所有政府部门，使得魏晋以来因事而设，职权不清，多头监察的情况得到了根本的改变。

秦汉时期以御史大夫的属官御史中丞为监察官员，却又赋予其许多其他方面的职责；又以丞相司直为监察官员，同时也兼管其他事务；此外，又以尚书左丞兼管监察之务，在地方除了设置督邮之外，还由中央派出刺史负责对地方官员的监察。这些监察官员之间又没有一个明确的分工，且都或多或少地掌管一些非监察方面的政务或者事务，因此这一时期还不存在独立的监察机构和专职的监察官员。南北朝时期虽然出现了御史台这一机构，不置御史大夫，而以御史中丞为长官，下辖若干御史，与左丞、司隶校尉之间仍缺乏明确的分工，致使监察之权不能集中，在一定程度上降低了对官员的监察效力。

---

① 《隋书》卷二六《百官志上》，中华书局 1973 年版，第 721 页。

至唐代监察大权集中于御史台，使其真正成为独立的监察机构，朝廷百司及地方官员无不在其监察范围之内，事权更加集中。在这种情况下，尚书左右丞对尚书省之外官员的监察权虽然没有削夺，但却集中在对尚书省内部的监管和对御史台的监察上。对尚书省内的官员御史台亦有权监察，左右丞在这方面的作用与其他诸司内所设的负责风纪的官员一样，其性质只是本部门内部一种纠纪官员，所谓"纪正省内"①，就是这个意思。至于其对御史台的监察，这正是唐朝完善的一种表现。因为御史台的监察权力加强后，如何对其进行监察便成为一个必须解决的问题。把这种权力赋予左右丞，既是沿袭历代旧制的体现，又可将所有机构和官员都置于监管之下，互相制约，不留监察死角，此种制度的设计是唐代职官制度的一个优点，很值得学习和借鉴。

唐制，左右丞有决定尚书省郎官选任及黜陟之权，唐德宗时虽然一度改为"令尚书及左右丞、侍郎各举本司"②郎官，但很快又恢复了旧制，故白居易在《庾承宣可尚书右丞制》中说：左右丞"坐曹得出入郎官，立朝得奏弹御史"③。元稹在文宗大和年间任尚书左丞时，"振举纪纲，出郎官颇乖公议者七人"④。又由于其拥有纠举尚书省官员的权力，故对左右丞敬畏者并不仅限于郎官，包括诸部尚书亦畏惧三分。关于这方面的记载颇多，以下略举数例，以见其一斑。

崔善为在唐高祖时，"擢累尚书左丞，用清察称。诸曹史恶之，以其短而伛，嘲曰：'曲如钩，例封侯。'欲沮罢所任。帝闻……因下令购谤者，谤乃止"⑤。

倪泉在开元时，"再为尚书右丞，复如前政矣。……公之再持省辖也，裨补阙典，贯穿庶务。指扬冰释，人吏惮其锋芒；臧否区分，郎官畏其沙汰"⑥。

元和八年（813）六月，"裴佶为左丞。时兵部尚书李巽兼盐铁使，将以使局置于本行，经构已半，会佶拜命，坚执以为不可，遂令撤之。巽

---

① 《册府元龟》卷四五七《台省部·总序》，第5421页。
② 《唐会要》卷五七《尚书省》，上海古籍出版社2006年版，第1157页。
③ 《全唐文》卷六六二，上海古籍出版社1990年版，第2980页。
④ 《旧唐书》卷一六六《元稹传》，中华书局1975年版，第4336页。
⑤ 《新唐书》卷九一《崔善为传》，中华书局1975年版，第3795—3796页。
⑥ 《大唐故尚书右丞倪公墓志铭并序》，收入周绍良、赵超主编《唐代墓志汇编续集》开元028，上海古籍出版社2001年版，第471页。

恃恩而强，时重佶之有守"①。

韦弘景，"征拜尚书左丞，驳吏部授官不当者六十人。弘景素以鲠亮称，及居纲辖之地，郎吏望风修整"②。

杨于陵任右仆射时，"郎官惰于宿直，临直多以假免，公白右丞，建立条例，郎官不悦，为作口语"③。

"韦温为尚书左丞，开成三年，弹奏吏部员外郎张文规：长庆中父弘靖陷在幽州，文规逗留京雒，不便赴难，不宜在南宫。故出文规为安州刺史。"④

尚书省诸部郎官的日常工作自有本部长官管理，左右丞的责任是纠举其违法以及施政不当的行为，同时由于左右丞负责都省工作，所以对省内政务亦负有管理之责，加之其拥有选任郎官之权，郎官对其敬畏亦在情理之中。至于诸部尚书虽然其品秩高于左右丞，权任颇重，由于唐朝制度赋予左右丞这方面的权力，所以才出现了上述裴佶督促兵部尚书李巽撤去盐铁使局的现象。这样的事例还很多，如唐德宗贞元七年（791）八月，"尚书左丞赵憬言前荐果州刺史韦诞，坐赃废，请降其考。校考使、吏部尚书刘滋以憬能言其过，奏中上考"⑤。这是尚书左丞监督负责百官考课的吏部尚书的事例。总之，尚书省内部的官员不论地位高下，都处在左右丞的监察范围之内。正因为如此，所以皇帝每有整顿吏风的命令，凡涉及尚书省的，莫不委派左右丞负责。如玄宗开元十一年（723）六月，"帝谓宰臣曰：'尚书省诸曹，事多因循，颇亏格式，伪滥之辈，缘此得行。可令左右丞申明勾当，勿使更然。'"⑥ 类似这样的命令玄宗还多次下达过。其在《饬尚书诸司诏》中指出：

> 如闻诸司郎中、员外郎，怠于理烦，业唯养望，凡厥案牍，每多停拥。容纵典吏，仍有货赇，欲使四方，何以取则？事资先令，义贵能改。宜令当司官长殷勤示谕，并委左右丞勾当。其有与夺不当，及

---

① 《唐会要》卷五八《左右丞》，第 1172 页。

② 《旧唐书》卷一五七《韦弘景传》，第 4153—4154 页。

③ 《全唐文》卷六三九李翱《唐故金紫光禄大夫尚书右仆射……赠司空杨公墓志铭》，第 2857 页。

④ 《册府元龟》卷五二〇下《宪官部·弹劾四》，第 6219 页。

⑤ 《唐会要》卷八一《考上》，第 1781 页。

⑥ 《册府元龟》卷一五五《帝王部·督吏》，第 1878 页。

稽滞稍多者，各以状闻。①

这道诏书将左右丞与尚书省诸司长官对郎官的管理分工说得十分清楚了。唐代宗在《南郊赦文》中也说："尚书省政理所系，左右丞纲辖攸归，比来百司，职事皆废，宜令明征式令，各举所职。"②

即使郎官奉命出使在外，仍然要受到左右丞的监管，这一点在唐文宗太和七年（833）闰七月的诏书中有明确的反映，原文如下：

> 前后制敕应诸道违法征科及刑政冤滥，皆委出使郎官、御史访察闻奏。虽有此文，未尝举职，向外生人劳弊，朝廷莫得尽知。自今已后，应出使郎官、御史所历州县，其长吏政绩、闾阎疾苦及水旱灾伤，并一一条录闻奏。郎官宜委左右丞勾当，法官委大理卿勾当，限朝见后五日内闻奏。③

郎官出使由左右丞监督，御史则由大理卿监督，这一分工说明尚书省的官员无论是在京还是出使在外，也仍然要接受左右丞的监管。

尚书左右丞既然负有纠举御史的权力，因此在唐代凡涉及御史台职责时便指使左右丞监督之，如太和四年（830）六月诏："如闻御史台、大理寺、京兆府及诸县囚徒，近日讯鞫，例多停滞。自今已后，宜令所司速详决处分，其诸司应推狱，有稽缓稍甚与夺或乖者，仍委尚书左右丞及分察御史，纠举以闻。"④ 因为其中涉及御史台，故不可能全都命分察御史纠举，其纠举的只能是御史台之外的其他部门，而纠举御史台者为左右丞。类似史料还有不少，证明左右丞的确履行了其在这方面的职责。左右丞在这方面的职责直到五代时期仍然被沿袭下来了，如后唐时张鹏任御史中丞，清泰元年（934），"鹏又自举内殿起居，门外序班与御史晚到失仪。诏各罚一月俸料"。原注曰："故事：御史府不治，尚书左右丞举奏，今鹏自弹，则尚书左右丞可知矣。"⑤ 这里所谓"故事"，就是指唐制，由

---

① 《全唐文》卷二六，第126页。
② 《全唐文》卷四九，第234页。
③ 《册府元龟》卷六五《帝王部·发号令四》，第724页。
④ 《册府元龟》卷一五一《帝王部·慎罚》，第1827页。
⑤ 《册府元龟》卷五一七《宪官部·振举二》，第6180页。

于举行内殿起居时，御史晚到失仪，本该由左右丞举奏，反倒是御史中丞纠弹了本部门的官员，故曰"尚书左右丞可知矣"，意为其没有尽到责任。

在唐代左右丞除了必须履行对本省官员和御史台的监察外，并不表示其已失去了对省外官员的监察之责，只不过其监察的重点不再是其他诸司而已。有关这些方面的记载也颇多，试举数例：

> 贞观时，"时司农市木橦，倍直与民，右丞韦悰劾吏隐没，事下大理讯鞫"①。

> 元和十五年（820），"吕元膺为左丞。时度支使潘孟阳、太府少卿王遂互相奏论，孟阳除散骑常侍，遂为邓州刺史，皆假以美词。元膺封还诏书，请明示曲直。又江西观察使裴堪奏处州刺史李将顺赃状，朝廷不覆按，遽贬将顺道州司户。元膺曰：'廉使奏刺史赃罪，不覆验即谪去，纵堪之词足信，而亦不可为天下法。'又封还诏书，请发御史按问"②。

> 唐穆宗时，驸马都尉于季友，请求穆宗改其父于頔谥号，"会徐泗节度使李愬亦为请，更赐谥曰思。尚书右丞张正甫封还诏书"③。

在这几条史料中，除了第一条为右丞主动弹劾司农寺官吏外，其余两条均为左右丞在执行诏书时，发现处置不当，而封还了诏书，这也是其覆行监察之责的另一种形式。正因为尚书左右丞仍然具有纠举其他诸司的权力，所以唐朝的文献在提到这一官职时，往往有"纪纲一台，弥纶百事"④；"决会政要，扶树理本"⑤ 的说法。贞观时人刘洎在论曾任过左丞的戴胄和右丞的魏徵时，也称赞他们："并晓达吏方，质性平直，事应弹举，无所回避。"⑥

由于左右丞负有监察之责，所以在唐代凡刑狱之事或命其监察，或命

---

① 《新唐书》卷一〇三《孙伏伽传》，第 3997 页。
② 《唐会要》卷五八《左右丞》，第 1173 页。
③ 《新唐书》卷一七二《于頔传附季友传》，第 5201 页。
④ 《全唐文》卷三〇八孙逖《授张绍贞尚书右丞制》，第 1383 页。
⑤ 《全唐文》卷六六二白居易《庾承宣可尚书右丞制》，第 2980 页。
⑥ 《全唐文》卷一五一刘洎《论左右丞须得人表》，第 675 页。

其参与审理。如"德宗贞元二年七月，司门员外王休为左赞善大夫，以判刑部断狱失理，为右丞元琇所奏，故就冗秩。时政尚因循，宰相简辖琇，独举其职，议者多之"①。这是其监察刑狱之事的例子。大历三年（768）八月，"御史大夫崔涣为税地青苗钱使，给百官俸钱不平，诏尚书左丞蒋涣按鞫，贬崔涣为道州刺史"②。这是其直接负责审理刑狱的例子，之所以命其负责此案，很大程度上是因为审理对象是御史大夫，这正是左右丞监察的对象。左右丞参与刑狱之事更多的还是纠举监督，如玄宗时曾颁制规定："其诉枉屈人，任申牒刑部；事状似枉者，为牒本使勘问，尽其道理；无本使者，追本案为其寻究；应雪者，本司断后，委左右丞更审详覆。"③ 开元二年（714）四月五日又颁敕曰："在京有诉冤者，并于尚书省陈牒，所由司为理。若稽延致有屈滞者，委左右丞及御史台访察闻奏。如未经尚书省，不得辄入于三司越诉。"④ 由于有唐一代左右丞常参与刑狱之事，所以有关法律问题的讨论其也经常参与，如太宗时，魏徵为尚书右丞。时"庆州乐蟠县令叱奴骘盗用官仓，推逐并实"，太宗下令处死。"中书舍人杨文瓘奏，据律不合死。"太宗不听，"尚书右丞魏徵对曰：'陛下设法，与天下共之。今若改张，多将法外畏罪，且后有重者，又何以加之？'"⑤

由于左右丞与御史大夫、御史中丞均负有监察之责，所以唐朝也往往命其兼任御史台的官职，或者命御史大夫、中丞等兼左右丞。如苗晋卿，天宝中"召为宪部，兼左丞"⑥。韦思谦，高宗时由尚书左丞，"进御史大夫"⑦。李涵，永泰元年（765）七月，以尚书左丞兼御史大夫。⑧ 齐映，贞元中"为尚书左丞、御史大夫"⑨。武宗会昌时，李让夷为尚书右丞兼御史中丞。⑩ 大中十一年（857），夏侯孜为御史中丞，兼尚书右丞。⑪ 乾

① 《册府元龟》卷五一六《宪官部·振举一》，第6160页。
② 《旧唐书》卷一一《代宗纪》，第290页。
③ 《全唐文》卷二五三苏颋《洗涤官吏负犯制》，第1130页。
④ 《唐会要》卷五七《尚书省》，第1155页。
⑤ 《唐会要》卷五八《左右丞》，第1170页。
⑥ 《新唐书》卷一四〇《苗晋卿传》，第4643页。
⑦ 《新唐书》卷一一六《韦思谦传》，第4228页。
⑧ 《册府元龟》卷一三六《帝王部·慰劳》，第1646页。
⑨ 《新唐书》卷一五〇《齐映传》，第4815页。
⑩ 《新唐书》卷八《武宗纪》，第241页。
⑪ 《旧唐书》卷一八下《宣宗纪》，第635页。

宁四年（897）九月，"以御史中丞狄归昌为尚书右丞"①。类似的史料还很多，就不一一列举了。唐朝之所以这样做，目的恐怕还是在于加强对百官的监察。贞元元年（785）颁布的《冬至大礼大赦制》说："自顷制敕颁行，所司多不遵守，王臣奉职，岂所宜然？委御史台、左右丞切纠稽违，无壅朕命。"② 可见以御史台与左右丞加强对臣僚的监察，以维持政令的畅通是唐朝一贯的做法。

三　左右丞的勾检职能

唐朝在中央诸司与地方各级官府中皆置有专职勾检官员，唯独尚书六部不置，原因就在于六部隶属于尚书省，并非独立的机构，因尚书省置有勾检官员，故六部就没有必要再设置了。那么尚书省的勾检官员有哪些呢？从史籍记载看，主要是尚书都省的左右司郎中、员外郎和六都事，严格地说左右丞也属于勾检官员。《唐六典》卷一《尚书都省》载："左右司郎中、员外郎各掌付十有二司之事，以举正稽违，省署符目；都事监而受焉。"即六部二十四司分别由左、右司郎中、员外郎各负责十二司的勾检之务，郎中、员外郎勾检完毕后，则由都事进行复查，准确无误后，则盖印施行，上述的"监而受焉"一句就是这个意思。

唐朝的勾检制度规定："凡文案既成，勾司行朱讫，皆书其上端，记年、月、日，纳诸库。凡施行公文应印者，监印之官考其事目，无或差缪，然后印之；必书于历，每月终纳诸库。"③

关于尚书都省的勾检职责，史籍中有详尽的记载，录之如下：

> 凡天下制敕计奏之数，省符宣告之节，率以岁终为断。京师诸司，皆以四月一日纳于都省。其天下诸州，则本司推校，以授勾官。勾官审之，连署封印，附计帐，使纳于都省。常以六月一日，都事集诸司令史对覆。④

---

① 《旧唐书》卷二〇上《昭宗纪》，第 762 页。
② 《全唐文》卷四六一，第 2085 页。
③ 《唐六典》卷一《尚书都省》，中华书局 1992 年版，第 11 页。
④ 《旧唐书》卷四三《职官志二》，第 1817 页。

可见不论是中央诸司还是地方官府的各种文件，每年都要汇总于尚书都省，唐人将其称为"司会之府"①，就是这个意思。从"常以六月一日，都事集诸司令史对覆"一句看，其复查的文案不仅限于六部，也包括在京诸司和地方官府在内。

唐朝置都事六人，从七品上，分掌六部文案的复查，《册府元龟》卷四五七《台省部·总序》载："（尚书）省又有都事、主事、令史、书令史，分行曹事。"说的也是这个意思。其复查中央诸司与地方文案时，也是通过六部分别汇总呈报的，"分行曹事"一句，将这一规定表达得很清楚了。至于"都事集诸司令史对覆"一句中的"诸司令史"，是指在复查时，由六部诸司的令史与都事以及尚书都省的主事、令史等共同覆核。这一点《新唐书》卷四六《百官志一》说得很清楚，所谓都省"以主事、令史、书令史署覆文案，出符目"。这种工作实际上是由主事、令史、书令史等具体完成的，都事并不承担具体任务，其作用在于主持和督察，以防止错失脱漏，都事具体职责是"受事发辰、察稽失、监印、给纸笔"②。其中"察稽失"，就是指其在对覆文案中的这种职责。正因为如此，武则天在神功元年（697）才说："尚书都事，七品官中，亦为紧要。"③

从上引《唐六典》左、右司郎中、员外郎的职能看，主要包括两个方面：一是各"掌付十有二司之事"。因为不论是上行或者下行的公文皆要汇总于尚书都省，然后由都省交付六部二十四司去办，引文所谓的"付"字，就是指此意；二是"举正稽违，省署符目"，这属于其勾检职责。另据《唐会要》卷五七《尚书省》载：

> （大历）十四年六月敕："天下诸使及州府，须有改革处置事，一切先申尚书省。委仆射以下商量闻奏，不得辄自奏请。"建中三年正月，尚书左丞庾准奏："省内诸司文案，准式，并合都省发付诸司判讫，都省句检稽失。近日以来，旧章多废。若不由此发句，无以总其条流。其有引敕及例不由都省发句者，伏望自今以后，不在行用之限。庶绝舛缪，式正彝伦。"从之。

---

① 《全唐文》卷三〇八孙逖《授崔翘尚书右丞制》，第1383页。
② 《新唐书》卷四六《百官志一》，第1185页。
③ 《唐会要》卷七五《选部·杂处置》，第1610页。

其实自唐朝建立以来一直就实行这一制度，只是由于唐后期诸制废弛，于是才在这时再次强调。引文所说的"委仆射以下商量闻奏"，其实无法实施，因为左右仆射自从退出宰相行列后，"仍然不主尚书省事务，便成为优崇退位宰相及文武大臣的空职，而左右丞则成为都省的实际长官"①。上引《唐会要》中建中三年的这一条记载，正好是对左右司郎中、员外郎职能的最好说明，"并合都省发付诸司判讫"，是指其第一种职能；"都省句检稽失"，是指其第二种职能。这一切与前引《唐六典》之文完全吻合。有关这一问题，敦煌文书 P. 2819 开元《公式令》残卷亦可得到证实：

36. 尚书省下符式。凡应为解向上者，上宫（官）向
37. 下皆为符。首判之官署位，准郎中。其出符
38. 者，皆须案成并案送都省检勾。若事当计会者，仍别
39. 录会日与符俱送省。其余公文及内外诸司应出文书
40. 者，皆准此。

可以看出所有政务皆由诸司郎官主判，案成后则送都省勾检，然后以尚书省的名义颁出。

　　众所周知，唐代的勾检制度包括三个方面的内容：一是"发辰"，也就是受（付）事发辰；二是"检稽失"，即勾检稽失；三是"省署钞目"。尚书省的这三个方面职能均由都省承担，其中受事发辰，由都事承担；勾检稽失与省署钞目，则由左右司郎中与员外郎共同承担，所谓"举稽违，署符目"②，就是这个意思。这一切都是针对尚书省内部事务而言的，至于都事主持的由诸司令史和都省之主事、令史、书令史承担的对覆文案、符目，则不局限于尚书省内部诸司，也包括了京师诸司和天下诸州在内。尚书省大量的政务通常由诸司郎官承担，案成后送都省勾检，各部尚书、侍郎一般只是签名连署而已。由于尚书省六部没有部印，③ 因此其文案完成后，送都省勾检，再由监印的都事"考其事目，无或差缪，

---

① 张国刚：《唐代官制》，三秦出版社 1987 年版，第 60 页。
② 《新唐书》卷四六《百官志一》，第 1185 页。
③ 雷闻：《隋与唐前期的尚书省》，载吴宗国主编《盛唐政治制度研究》一书，上海辞书出版社 2003 年版，第 85、89 页。

然后印之"①。这种制度安排遂使得六部诸司判成的文案不得不送交都省勾检盖印,否则便很难产生效力。

至于尚书左、右丞在都省勾检的作用,主要表现在领导和督察方面。《旧唐书》卷四三《职官志二》载:"左丞……勾吏部、户部、礼部十二司……右丞管兵部、刑部、工部十二司。"这里只说了右丞管兵、刑、工十二司,没有使用"勾"字。《新唐书》卷四六《百官志一》载:"吏部、户部、礼部,左丞总焉;兵部、刑部、工部,右丞总焉。郎中各一人,从五品上;员外郎各一人,从六品上。掌付诸司之务,举稽违,署符目,知宿直,为丞之贰。"《新唐书》虽然只说了左右司郎中、员外郎的勾检职能,但从其为"为丞之贰"一句可知,这一切都是在左右丞的主导下进行的。故《册府元龟》卷四五七《台省部·总序》说:"左丞勾吏部、户部、礼部三司,右丞勾兵部、刑部、工部十二司事。"其中左丞应为勾吏、户、礼十二司之事,而不是三司。

以上所谓左丞与右丞各勾十二司的记载,只是其分工而已,并不表示这些具体事务需要他们亲自去干。那么为什么会出现这种状况呢? 狄仁杰对武则天的一席话说清楚了这个问题,他说:"至于簿书期会之间,则有司存之而已。故左右丞已下不勾,左右丞相流已上方判,以其渐贵所致。"② 这就是说明左右丞并非不勾,而且因为其地位渐高,非大事或疑难文案不亲自勾检而已。下面举一右丞亲自勾检的例子:

> 龙朔二年,有宇文化及子孙理资荫,所司理之。至于勾曹,右肃机杨昉未详案状,诉者自以道理已成,而复疑滞,劾而逼昉。昉谓曰:"未食,食毕详之。"诉者曰:"公云未食,亦知天下有累年羁旅诉者乎?"昉遽命案,立判之曰:"父杀隋主,子诉荫资,生者犹配远方,死者无宜使慰。"③

右肃机即右丞的改称。"所司理之",说明吏部司已经成案,只是在都省勾稽时被右肃机杨昉驳回,推翻了原来的判案。这说明左右丞对尚书省文

---

① 《唐六典》卷一《尚书都省》,中华书局 1992 年版,第 11 页。
② 《唐会要》卷五一《识量上》,第 1042 页。
③ 《唐会要》卷五八《左右丞》,第 1172 页。

案拥有最后的裁决权，一旦发现有误，则有权改判，从而保证了尚书省诸司判案的正确性。不过在唐代也存在"勾司以案成为事了，不究是非"①的情况存在，因此左右丞的人选便显得十分重要了。

　　需要说明的是，都事率诸令史所进行的对覆文案，却不必驳回的，"若有隐漏、不同，皆附于考课焉"②。这是因为这些文案大都来自中央诸司及地方官府，且为上一年已经执行了的文案，只能在复查以后将相关情况记录在案，作为官员考课的依据。

　　唐朝规定左右丞若未全置，则一人可代行另一人的职权。"《唐职员令》曰：'左右司郎中，掌副左右丞所管诸司事，署抄目，举稽失，知台内宿直。若本司郎中不在并行之。'"③ 即左右司郎中不全置时，其中一人亦可代另一人的职权。

　　在唐代以左右丞为首的都省与六部诸司之间的关系，实际上是一种"监临"关系。那么，何谓"监临"呢？唐律规定："诸称'监临'者，统摄案验为监临。"又曰："若省、台、寺、监及诸卫等，各于临统本司之内，名挂本司者，并为'监临'。……尚书省虽管州、府，文案若无关涉，不得常为监临。内外诸司皆准此。"④ 也就是说，负有"统摄案验"职责者，并且属于临统本司之内者为"监临"；尚书省虽管府、州，只有在文案相关涉时才发生关系，没有文案关涉时，则不发生关系，且不在本司之内，故不能称为"监临"。尚书都省与六部诸司为同一机构，又有"统摄案验"的职责，所以其关系为监临关系。这种监临关系不仅表现在文案勾检和监察上，日常事务也在其管理之下。唐德宗贞元七年（791）敕旨："宜委诸曹司，各以本司杂钱，置所要律令格式。其中要节，仍准旧例录在（郎）官厅壁。左右丞勾当事毕日奏闻。"⑤ 之所以要求左右丞奏闻，原因就在于其负有管理之责。

---

① 《全唐文》卷一五一刘泊《论左右丞须得人表》，第 675 页。

② 《唐六典》卷一《尚书都省》，第 12 页；《旧唐书》卷四三《职官志二》亦同，第 1817 页。

③ 《太平御览》卷二一三《职官部十一》引，第 1019 页。

④ 《唐律疏议》卷六《名例律》，中华书局 1983 年版，第 139 页。

⑤ 《唐会要》卷三九《定格令》，第 825 页。又《全唐文》卷四四二韩洄《请诸司于刑部检事奏》一文中，有"录郎官厅壁"一句，据此则引文中在"官厅"二字前当脱漏一"郎"字，第 1995 页。

四　结语

由于左右丞是所谓"会府之枢辖"①，事权甚重，所以有唐一代对其选用颇为重视，但是在实际上左右丞行使职权却步履艰难，原因就在于唐制在这方面存在着关系不顺的问题。唐制：左丞正四品上，右丞正四品下，而六部尚书却是三品官（其中吏部尚书正三品，其余为从三品），如果尚书再由勋贵担任，左右丞就更难以行使职权。即使在唐朝初期的贞观时期，也出现过"比者纲维不举，并为勋亲在位，品非其任，功势相倾"的现象。② 这里所说的"勋亲"就是指时任尚书的人，"功势相倾"的结果，便是"纲维不举"。在政治混乱的唐后期，左右丞行使职权的环境就更加恶化了。自"魏晋以来，左丞得弹奏八座"③，其中就包括六部尚书在内，但实际上这一情况却较少出现。左右丞强势者，虽然也能震慑八座，制约宰臣，但往往也会由此引来祸患。如"窦参为中书侍郎、平章事。德宗贞元中，赵景为尚书左丞，纲辖省务，清勤奉职，参恶其能，请出为同州刺史"④。此次诬陷虽然没有得逞，然中枪落马者，也不在少数，以至于有些左右丞"虽欲自强，先惧嚣谤"⑤。这种所谓"嚣谤"，也包括来自尚书省内部的诸司郎官以及主事、令史等。

唐初，尚书都省有左右仆射坐镇，其品秩崇高，地位尊贵，左右丞为其副职，品秩稍低，尚不构成大的问题。自从左右仆射成为闲职后，尚书都省的政务全靠左右丞负责，在这种情况下，仍然保持其原有的品秩就说不过去了。于是在永昌元年（689），升左右丞为从三品，却在如意元年（692）又恢复了旧制。⑥ 至唐朝灭亡也再没有发生过变动，直到后唐明宗时，才将右丞升为正四品上，与左丞为同一品秩的官职了。⑦

我国历代的监察制度长期以来坚持所谓以卑临尊的体制，即以地位较低的监察者，对地位较高的被监察者实施监察，这种体制之所以能长久存

---

① 《全唐文》卷三八四独孤及《为李给事让起复尚书左丞兼御史大夫第二表》，第1730页。
② 《全唐文》卷一五一刘泊《论左右丞须得人表》，第675页。
③ 《初学记》卷一一《职官部上·左右丞》，第267页。
④ 《册府元龟》卷三三九《宰辅部·忌害》，第4013页。
⑤ 《全唐文》卷一五一刘泊《论左右丞须得人表》，第675页。
⑥ 《旧唐书》卷四三《职官志二》，第1816页。
⑦ 《全唐文》卷一〇七后唐明宗《升尚书右丞为正四品诏》，第480页。

在下去，原因就在于监察者与被监察者没有横向关系，且不在同一部门内任职。而左右丞与六部尚书处在同一机构之内，再要按照这种体制执行，不免就有些强人所难了。因此，对唐朝的这种体制不应给予过高的评价。

宋金官制大体沿袭唐制，却有所不同，"金制，尚书令、左右丞相、平章政事，是谓宰相。左右丞、参知政事，是谓执政。大抵因唐官而稍异焉，因革不同，无足疑者"①。可见金代的尚书左右丞的地位已有所提高，权位皆在六部尚书之上。

宋代的情况就比较复杂了，在北宋前期其为寄禄官，"旧班六曹尚书下"②，这是沿袭唐制的结果。元丰改制，恢复三省制，"废参知政事，置门下、中书二侍郎，尚书左、右丞以代其任"，均为执政官。又曰："左丞、右丞，掌参议大政，通治省事，以贰令、仆射之职。仆射轮日当笔，遇假故，则以丞权当笔、知印。"③ 另据《宋史》卷一二〇《礼志二三》载：熙宁二年（1069），御史台言："'左丞蒲宗孟、右丞王安礼贺仆射上尚书省，于都堂下马。按左、右丞上下马于本厅。请付有司推治。'"安礼争论上前，以为今日置左、右丞为执政官，不应有厚薄。左、右丞于都堂上下马自此始。据此可知，左右丞为执政官应在元丰正式改制之前。宋哲宗时，规定尚书省事类应分轻重，"某事关尚书，某事关二丞，某事关仆射。于是三省同进呈，今欲应尚书省事旧有条例，事不至大者并委六曹长官专决。其非六曹所能决者，申都省委仆射、左右丞同商量，或送中书取旨，或直批判指挥"④。可见此时的左右丞地位已远在六部尚书之上，就其权位而言，相当于宋朝前期的副宰相参知政事。南宋建炎时，以尚书左右仆射为宰相，门下、中书侍郎均为参知政事，于是"尚书左右丞并减罢"⑤。

综上所述，可知宋制与唐制一样，左右丞虽仍然"掌贰仆射之职"，但品秩却升到了正二品。⑥ 其制与唐制最大的不同之处，就在于左右丞的

① 《金史》卷八九《移剌子敬传》，中华书局 1975 年版，第 1990 页。

② 《宋史》卷一六一《职官志一》，中华书局 1985 年版，第 3789 页。

③ 同上。

④ （宋）李焘：《续资治通鉴长编》卷三八三，哲宗元祐元年七月己卯，中华书局 1992 年版，第 9330 页。

⑤ （宋）李心传：《建炎以来系年要录》卷二二，建炎三年四月庚申，中华书局 1956 年版，第 474 页。

⑥ 《宋会要辑稿》职官四之六，中华书局 1957 年版，第 2439 页。

权位已经远在六部尚书之上，从而理顺了唐制中存在的不合理之处。需要说明的是，元丰五年（1082），"诏尚书都省弹奏六察御史，纠不当者"①。这也是恢复唐制的表现。自南宋初罢废左右丞后，元代虽然在中书省设置了左右丞，却不再拥有监察之权。

（杜文玉，陕西师范大学历史文化学院教授）

---

① 《宋史》卷一六一《职官志一》，第 3788 页。另据《宋史》卷一六四《职官志四》载："监察御史六人，掌分察六曹及百司之事，纠其谬误，大事则奏劾，小事则举正，号六察御史。"第 3871 页。

唐朝的"给使小儿"

宁　欣

唐长孺先生在《山居存稿》"唐朝的内诸司使及其演变"一文开篇云:"唐代南北衙对立为中叶以后政局的关键性问题之一,为世所习知。唐代宦官专横,不仅中尉掌握了禁军,枢密使盗窃政柄,而且还有一个由宦官指挥的内诸司使行政系统。北衙的诸司使分布细密,组织庞大,与南衙以宰相为首的行政系统相互对立。这一点为历代所罕见。同样以宦官专权著称的汉、明两朝也没有这种现象。"

唐先生的研究成为学界对内诸司使系统研究之滥觞,后续的研究不仅有拓宽,也有延伸。[①] 但已有研究对内诸司使系统"小儿"群体在中晚唐内廷政争中所起的作用重视不够,其实,关于这点已知史料中给我们提供了很多重要线索。

一　"给使小儿"的出现

"小儿"的称谓我们并不陌生,它的本义是小孩,但通常也泛指青少年。可以是一种昵称,如邻家小儿、曹家小儿等。有时用作带有轻视含义的贬称,这时就超脱了年龄的限制。

---

① 杜文玉:《唐代内诸司使考略》,《陕西师范大学学报》1999 年第 3 期,第 27—35 页,从史籍墓志碑刻等中又搜检出至少 9 个内诸司使,对这些使职的设置、职能、沿袭诸问题进行了初步的考述,也对已有相关研究中的疏漏和讹误进行了补充研究。李军:《论五代内诸司使的变化》,《陕西师范大学继续教育学报》2002 年第 4 期,第 37—40 页,探讨了五代历朝对内诸司使从人员构成到范围职责的变化,以及最终成为"有名无实"而被淘汰的历史过程。此外,研究文章还有:贾艳红《试谈唐中后期的内诸司使》,《齐鲁学刊》1997 年第 4 期,第 103—106 页;赵雨乐《唐代内诸司使的构造》,《东洋史研究》50:4,1992 年,第 116—163 页;《唐代宦官机构衙署考》,《第四届唐代文化学术研讨会论文集》,成功大学,1999 年,第 621—636 页;等等。

据《太平广记》记载，窦乂闯荡长安，经营有方，成为有名的大商人。他曾在经营活动中，雇"长安诸坊小儿""小儿""两街小儿"等作为临时劳动力驱使。从事的工作有：拾槐子、拣麻鞋、掷瓦片等非重体力劳动①，说明这些"小儿"主要是指普通居民家庭中的青少年。

本文讨论的不是一般性称谓的"小儿"，而是随着唐代宦官内诸司使系统的膨胀，出现了这种用作某种身份称谓的特殊群体，往往统称为"诸司小儿"。但因有关"诸司小儿"的记载零散、含混，又因其地位低下，掩盖了这一群体的真实面目，也在一定程度上影响了对中晚唐内廷政争实态的认识。随着京城人口的膨胀，"小儿"称谓作为一个群体的出现频率也增加了，他们具有实际身份和职能，"小儿"在他们身上不是泛称，而是特指。

《资治通鉴》云："凡厩牧五坊禁苑给使者，皆谓之小儿"②；《日下旧闻考》云："唐时给役禁中多名为小儿。"③ 实际上，根据现有史籍统计的诸司"小儿"计有：宫苑小儿、飞龙④小儿、五坊小儿、内园小儿、鸡坊小儿、监牧小儿、六军小儿、内厩小儿、马家小儿、诸司小儿、识马小儿等，所属系统和职掌有所不同，称谓上也有重叠。唐朝中后期，内诸司使系统的"小儿"活跃于内外廷的政治舞台，他们的种种举动，对京城社会

---

① （宋）李昉等编：《太平广记》卷二四三《窦乂》，中华书局1961年版，第1877页。

② （宋）司马光：《资治通鉴》卷二一九"肃宗至德二载（757）春正月"："李辅国国有飞龙小儿（注：凡厩牧五坊禁苑给使者皆谓之小儿。李辅国以阉奴为闲厩小儿）"，中华书局1956年版，第7013页。《资治通鉴》卷二三六"顺宗永贞元年（805）春正月"："甲子，上御丹凤门，赦天下，诸色逋负，一切蠲免，常贡之外，悉罢进奉。贞元之末政事为人患者，如宫市、五坊小儿之类，悉罢之（注：宫市事见上卷贞元十三年。五坊，一曰雕坊，二曰鹘坊，三曰鹞坊，四曰鹰坊，五曰狗坊。小儿者，给役五坊者也。唐时给役者多呼为小儿，如苑监小儿、飞龙小儿、五坊小儿是也。五坊属宣徽院）"，第7610页。《资治通鉴》卷二四六"武宗会昌元年（841）十一月"："上颇好田猎及武戏［注：武戏，谓球鞠、骑射、手搏等，五坊小儿得出入禁中，赏赐甚厚）尝谒郭太后（注：郭太后妃宪宗，于上为祖母，时居兴庆宫以养），从容问为天子之道，太后劝以纳谏。上退，悉取谏疏阅之，多谏游猎。自是上出畋稍稀，五坊无复横赐。］"，第7957页。

③ （清）于敏中等编纂：《日下旧闻考》卷四二《皇城》："注：唐时给役禁中多名为小儿，如花蓝小儿、飞龙小儿、五坊小儿是也。五坊者，德宗所立，曰雕坊、鹘坊、鹞坊、鹰坊、狗坊。汉有狗监，正德中豹房，皆是此意。引自《谷城山房笔塵》（作者明人于慎行）"，北京古籍出版社1981年版，第656页。

④ 飞龙使，武则天万岁通天元年（696），置仗内六厩，其中之一为飞龙厩，以宦官充内飞龙使，掌内厩马匹。以宦官为之。玄宗天宝（742—756）时犹属闲厩使，代宗以后扩其权，闲厩御马职权皆归之。

造成很大影响，甚至关系到内廷政争的成败。

随着唐末宦官势力被藩镇与朝臣联手剪除，原有的内诸司使系统彻底崩溃，"给使小儿"作为能影响内廷政局的特殊势力也永远地从历史舞台上消失了。

二　内诸司使系统诸"小儿"

《宋史》卷一六八《职官志》云："唐设内诸司使，悉拟尚书省"①，因此，唐朝内诸司使有"二十四司"之称，但因史料阙如，不得以窥全豹。有学者搜寻出属于内诸司系统的使职有 50 多个②。唐长孺在《唐朝的内诸司使及其演变》一文中论及的宦官系统是：中尉掌兵，枢密参政，宣徽通知诸司使事，属于北衙的首领，他们属领的唐内诸司使有：1. 飞龙使（闲厩使）；2. 军器使；3. 弓箭库使；4. 鸿胪礼宾使；5. （内外）五坊使；6. 内园总监裁接等使；7. 中尚使；8. 染坊使；9. 内作使；10. 翰林使（非宦官充任）；11. 学士使；12. 阁门使；13. 教坊使；14. 如京使；15. 内庄宅使。共计 15 个，枢密使和宣徽使未计在内。杜文玉又考察了以下诸使：1. 牛羊使；2. 武德使；3. 内坊使；4. 酒坊使；5. 鸡坊使；6. 辟仗使；7. 洛苑使；8. 仗内使；9. 两街功德使。贾艳红的统计中③又多出若干，计有：十王宅使、官告使、进食使、监军使、梨园使、宣慰使、群牧使、铸钱使、长春宫使、观军容使、内射生使、闲厩使、园苑使、营田使、市舶使、筑城使、花鸟使、光禄使、告哀使、少阳院使、大盈库使、粮料使、馆驿使、巡边使、桥陵使、小马坊使、华清宫使、都监使、排阵使、御食使、丰德库使、客省使等。除此之外，史籍中，还见到的宫市使等没有提及④，因此，应该还有些没有搜检列举出的使职。

上述这些列举的内诸司使，有些属于重叠设使，如内外飞龙使和内外闲厩使等；有些属于分支使职，如五坊使、鸡坊使、小马坊使等；有些是合并称谓，如内园总监裁接等使，唐先生归为一使，贾艳红则分为两使；

---

① 《宋史》卷一六八《职官志》，中华书局 1985 年版，第 4003 页。
② 贾艳红：《试谈唐中后期的内诸司使》，《齐鲁学刊》1997 年第 4 期。
③ 有的使职唐、杜两人文章中也涉及，但没有单独列出。
④ 参见拙文《内廷与市场：对唐朝宫市的重新审视》，《历史研究》2004 年第 6 期。

有的具有临时性，可能职毕即撤，如筑城使、巡边使；有的情况不明，如花鸟使。

上述内诸司使中又可以析分为固定性使职和临时性使职，在固定性使职中，还可以分为核心使职与边缘性使职，核心使职中又可以分为内廷系统与外廷化系统两类，内廷系统还可以分为具有护卫功能（或具有武装性质）与非护卫功能两类。并非所有的内诸司使都有领属的"小儿"的记载，并非所有的执役"小儿"都具有护卫功能，因而也不是所有的"小儿"都能在内廷政争中发挥作用。

由此析分，通过节节剥笋的方式，才能探知为何以执役身份而地位低下的"给使小儿"能成为中晚唐内廷政争中的重要力量。下面将内诸司使与"小儿"关系列表如下：

使职名称	初见记载宦官领使	出处		隶属小儿	史书记载时间	出处
内诸司使（统称）				诸司小儿	文宗太和（827—835）	《唐会要》卷三一①
宫苑使	安史之乱后李辅国领使			宫苑小儿	玄宗天宝九载？	《资治通鉴》卷二一六②

---

① 《唐会要》卷三一《巾子》："（文宗）太和三年正月，宣令诸司小儿勿许裹大巾子入内。"中华书局1955年版，第579页。

② （唐）郑处晦：《明皇杂录·补遗》："天宝中，诸公主相劾进食，上命中官袁思艺为检校进食使，水陆珍羞数千，一盘之贵，盖中人十家之产。中书舍人窦华尝因退朝，遇公主进食，方列于通衢，乃传呵按辔，行于其间。宫苑小儿数百人奋梃而前，华仅以身免。"《唐宋史料笔记丛刊》，中华书局1994年版，第47页。《资治通鉴》卷二一六"玄宗天宝九载二月：时诸贵戚竞以进食相尚，上命宦官姚思艺为检校进食使，水陆珍羞数千盘，一盘费中人十家之产。中书舍人窦华尝退朝，值公主进食列于中衢，传呼按辔出其间，宫苑小儿数百奋梃于前，华仅以身免（注：宫苑小儿，宫苑使领之。）"，第6898页。《新唐书》卷二〇八《李辅国传》载，肃宗还京，"拜（李辅国）殿中监、闲厩、五坊、宫苑、营田、栽接总监等使，兼陇右群牧、京畿铸钱、长春宫等使，少府、殿中二监"。中华书局1975年版，第5880页。

续表

使职名称	初见记载 宦官领使	出处		隶属小儿	史书记载 时间	出处
五坊使	高祖武德九年已设置，安史之乱后始由宦官为使			五坊小儿	顺宗永贞元年（805）	《资治通鉴》卷二三六①"顺宗永贞元年春正月"
飞龙使（内飞龙使）	武则天万岁通天元年			飞龙小儿	天宝十载？	《旧唐书》卷一〇五《王鉷传》②
内园使	安史之乱时宦官领使			内园小儿	昭宗天祐元年（904）	《旧唐书》卷二〇上《昭宗纪》③
群牧使				监牧小儿	肃宗至德元载	《资治通鉴》卷二一八"肃宗至德元载"④
鸡坊使	玄宗开元初，以宦官领使			鸡坊小儿	玄宗开元初	《太平广记》卷四八五《东城老父传》

---

　　① 详见前注，《资治通鉴》卷二三六"顺宗永贞元年春正月"："甲子，上御丹凤门，赦天下，诸色逋负，一切蠲免，常贡之外，悉罢进奉。贞元之末政事为人患者，如宫市、五坊小儿之类，悉罢之（注：宫市事见上卷贞元十三年。五坊，一曰鵰坊，二曰鹘坊，三曰鹞坊，四曰鹰坊，五曰狗坊。小儿者，给役五坊者也。唐时给役者多呼为小儿，如苑监小儿、飞龙小儿、五坊小儿是也。五坊属宣徽院）。"则至少贞元已经有了。

　　② "须臾，骠骑大将军、内侍高力士领飞龙小儿甲骑四百人讨之"，第3231页。

　　③ "时崔胤所募六军兵士，胤死后亡散并尽，从上东迁者，唯诸王、小黄门十数、打球供奉内园小儿共二百余人。"第779页。

　　④ 《资治通鉴》卷二一八"肃宗至德元载五月"记载，哥舒翰驻潼关拒安史叛军，杨国忠惧哥舒翰手握重兵于己不利，惊恐万分，"乃奏：潼关大军虽盛，而后无继，万一失利，京师可忧。请选监牧小儿三千于苑中训练。上许之。注：时监牧五坊禁苑之卒，率谓之小儿"，第6966页。

续表

使职名称	初见记载宦官领使	出处		隶属小儿	史书记载时间	出处
内厩使	玄宗开元年间，命高丽人王毛仲领内外闲厩，安史之乱后李辅国领使			内厩小儿	玄宗开元（713—741）	《新唐书》卷二〇八《李辅国传》①
				六军小儿	玄宗开元初	《太平广记》卷四八五《东城老父传》②
内厩使				马家小儿		《新唐书》卷二〇八《李辅国传》③
教坊使				教坊梨园小儿	德宗建中（780—783）	《说郛》卷一八上》④
监牧使				识马小儿		《新唐书》卷四八《车府署》
教坊使				音声小儿	天宝十二载	《唐大诏令集》卷六〇
				花篮小儿		《钦定日下旧闻考》卷四二⑤

---

① 肃宗还京，"拜（李辅国）殿中监、闲厩、五坊、宫苑、营田、栽接总监等使，兼陇右群牧、京畿铸钱、长春宫等使，少府、殿中二监"。见前注。

② "帝（玄宗）出游，见（贾）昌弄木鸡于云龙门道旁，召入，为鸡坊小儿。"第3992页。

③ "李辅国，本名静忠，闲厩马家小儿。"见前注。

④ "建中贞元间，藩镇至京师，多于旗亭合乐。郭汾阳缠头彩，率千匹，教坊梨园小儿所劳，各以千计"，（元）陶宗仪编，上海古籍出版社1988年版，第867页。

⑤ （清）于敏中等编纂：《钦定日下旧闻考》卷四二《皇城》，北京古籍出版社1981年版，第656页。

续表

使职名称	初见记载宦官领使	出处	隶属小儿	史书记载时间	出处
内作使			户小儿		《新唐书》卷四六《百官一》
监军使			小使		《旧唐书》卷一五三《姚南仲传》

上表中，内诸司使中有领属"小儿"记载又符合固定、核心、内廷、护卫几大要素的有：宫苑使（宫苑小儿）、五坊使（五坊小儿）、飞龙使（飞龙小儿）、内厩使（内厩小儿、马家小儿）、内园使（内园小儿）、鸡坊使（鸡坊小儿，开元年间，三千人由六军小儿转调）。还有一些也属于内诸司使系统，缺少某个因素因此没有列在表中。表中有的使所领属的"小儿"未见有护卫功能，也不作为本文研究的重点，如教坊使属下的"小儿"。

三 "给使小儿"与内廷政争

有关"给使小儿"的记载中，透露了不少他们在内廷政争中的作用。
1. 飞龙小儿、内厩小儿、马家小儿
"飞龙小儿"属飞龙使，飞龙使①领飞龙厩②，置于武则天万岁通天

---

① 赵雨乐：《唐代的飞龙使和飞龙厩》，［日］《史林》第74卷第4号，1991年，第122—139页。

② （唐）李林甫等撰：《唐六典》卷一一《殿中省·尚乘局》："尚乘，奉御掌内外闲厩之马，辨其驫良而率其习驭直长为之贰六闲一曰飞黄，二曰吉良，三曰龙媒，四曰驹駼，五曰駃騠，六曰天苑。左右凡十有二闲，分为二厩，一曰祥麟，二曰凤苑，以系饲马［注：今（玄宗）仗内有飞龙、祥麟、凤苑、鵷鸾、吉良、六群等六厩，奔星、内驹等两闲仗，外有左飞、右飞、左方、右方等四闲，东南内西北内等两厩］。"三秦出版社1991年版，第25页。唐代的三宫，即太极、大明、兴庆宫旁皆有飞龙厩，详见赵雨乐《唐宋变革期之军政制度》，（台北）文史哲出版社1994年版，第29—31页。

元年。飞龙厩为仗内六厩之一，位于玄武门外①。但初设是否有领属"小儿"，未见记载。

"飞龙小儿"的记载最早见于玄宗朝。《旧唐书·王珙传》载：

> （天宝十一载，杨）国忠为剑南节度使，有随身官以白国忠曰："贼有号，不可战。"须臾，骠骑大将军、内侍高力士领飞龙小儿甲骑四百人讨之……②

杨国忠领剑南节度使在天宝十载，这是目前我们看到的给役内廷"飞龙小儿"最早的记载。

《资治通鉴》卷二一九"至德二载（757）春正月"载："李辅国本飞龙小儿。注：凡厩牧五坊禁苑给使者皆谓之小儿，李辅国以阉奴为闲厩小儿。"③ 李辅国的生卒年为704—762年，《旧唐书》卷一八四《李辅国传》中记载"天宝中，闲厩使王鉷嘉其畜牧之能，荐入东宫"④，王鉷是在天宝八载出任闲厩使，因此，至少在王鉷任闲厩使时，李辅国已经是"飞龙小儿"了。

飞龙厩是仗内六厩之一，主要负责饲养和管理最上乘的御用马匹，目前我们只看到六厩中的飞龙厩有"小儿"，因此，"飞龙小儿"也往往被称为"内厩小儿""马家小儿"⑤。

据潘炎所撰《高力士墓志铭》，高力士在天宝年间有"三宫内飞龙厩

---

① （宋）宋敏求：《长安志》卷六："玄武门外西曰飞龙院，又曰飞龙厩。"《丛书集成初编》第3209册，中华书局1991年版，第75页。但在政治中心转到大明宫后，飞龙厩的位置也发生了变化。

② 《旧唐书》卷一○五《王珙传》，中华书局1975年版，第3231页。《资治通鉴》卷二一六"天宝十载冬十一月"："丙午，以杨国忠领剑南节度使。"第6909页。

③ 同上。

④ 第4759页。

⑤ 《新唐书》卷一七九《王璠传》："出为河南尹，时内厩小儿颇扰民，璠杀其尤暴者，远近畏伏。"第5323页。《旧唐书》卷一八四《李辅国传》："李辅国，本名静忠，闲厩马家小儿。少为阉，貌陋粗知书计，为仆事高力士，年且四十余，令掌厩中簿籍。天宝中，闲厩使王鉷嘉其畜牧之能，荐入东宫。"第4759页。《新唐书》卷二四《车服志》："诸司小儿不服大巾。"第532页。这里应该指内诸司。但其他内厩并未见有以厩名称呼的"小儿"。

大使"的头衔①，而他本人也是"文武不坠"②，因此，率领着全副武装的"飞龙小儿甲骑"讨平内乱也是有备而来③。

关于飞龙使与闲厩使的设置与两者之间的关系，可参见赵雨乐《唐代飞龙厩和飞龙使》④和宁志新《唐朝的闲厩使》。

王璠在宪宗元和二年七月至十月任河南尹，因"内厩小儿颇扰民，璠杀其尤暴者，远近畏伏"⑤。这里的内厩小儿应该是统称。

2. 宫苑小儿、五坊小儿

"宫苑小儿"与"五坊小儿"从称谓上看，分别隶属于宫苑使与五坊使，但宫苑使和五坊使有一个从分到合的过程，因此，在两使合一后，"小儿"的称呼也时有重叠。五坊使最早见于高祖武德九年，开元时五坊使与宫苑使合为一使，"安史之乱"后，五坊宫苑使转由大宦官充任，首任者是有定鼎之功的李辅国，代宗宝应二年（763）"五坊使入隶内宫苑使。近又有闲厩使，兼宫苑之职焉"⑥。因此，又形成三使集于一身的局面。⑦

宫苑小儿。《资治通鉴》卷二一六"玄宗天宝九载"："时诸贵戚竞以进食相尚，上命宦官姚思艺为检校进食使，水陆珍馐数千盘，一盘费中人十家之产。中书舍人窦华尝退朝，值公主进食列于中衢，传呼按辔出其间，宫苑小儿数百奋梃于前，华仅以身免。"此条下有注释云："宫苑小

---

① 陶仲云、白心莹：《陕西蒲城县发现高力士残碑》，《考古与文物》1983 年第 2 期。唐玄宗于开元十二年十月率百官、贵戚及朝贡使，东至泰山封禅，据碑铭，高力士"兼充内飞龙厩大使"，对平定"王铣之乱"，碑文中也有交代："王铣之乱，辇毂震惊，禁军一举，玉石同碎。"

② 潘炎撰：《大唐故开府仪同三司兼内侍监上柱国齐国公赠扬州大都督高公墓志铭并序》："年未十岁入于宫闱。武后期壮而将之，别令女徒鞠育，将复公侯之庆，俾加扩羽之深，令受教于内翰林。学业日就，文武不坠，必也射乎。五善既闲，百发皆中，因是有力士之称。"吴钢：《全唐文补遗》第七辑，三秦出版社 2000 年版，第 59 页。

③ 有关事件见后述。

④ 赵雨乐文章见前注，宁志新文章见《中国社会经济史研究》1997 年第 2 期。

⑤ 《新唐书》卷一七九《王璠传》，第 5320 页。洛苑使：掌管东都宫苑，文宗时已经设置，《旧唐书》卷一六八《冯宿传》："太和二年，拜河南尹。时洛苑使姚文寿纵部下侵欺百姓，吏不敢捕。"

⑥ 关于两使的关系，本文引用和参照了唐长孺《唐代的内诸司使及其演变》和李锦绣《唐代财政史稿》（下卷）第一分册，第四章第二节"十、五坊使"，第 493 页。

⑦ 这种情况还不仅列举的三使，隶属的"小儿"也会有相应重叠的称呼。

儿，宫苑使领之。"①

数百挥舞着梃杖的"小儿"喧呼于宫城内的"中衢"，有武装而骄横，应该引起注意。开元时宫苑使尚不是由宦官充任，宫内如此嚣张的"宫苑小儿"似应由检校进食使宦官姚思艺领属。②

五坊小儿。五坊，即雕、鹘、鹞、鹰、狗等五坊，置五坊使以掌管之。顺宗永贞元年春正月即位后，将德宗贞元末年"政事为人患者如宫市、五坊小儿之类，悉罢之"③。可知，此前，这些"小儿"已肆虐多时。此后，五坊小儿并没有销声匿迹，《旧唐书》卷一七〇《裴度传》云："宣徽院五坊小使，每岁秋按鹰犬于畿甸，所至官吏必厚邀供饷，小不如意，即恣其须索，百姓畏之如寇盗。先是，贞元末，此辈暴横尤甚，乃至张网罗于民家门及井，不令出入汲水，曰：'惊我供奉鸟雀。'又群聚于卖酒食家，肆情饮啖，将去，留蚰一箧，诫之曰：'吾以此蛇致供奉鸟雀，可善饲之，无使饥渴。'主人赂而谢之，方肯携蛇箧而去。至元和初，虽数治其弊，故态未绝。"④ 可知，"虽数治其弊"，"五坊小儿（使）"到宪宗元和（806—820）初，继续为害京城。其实元和九年我们仍然看到"五坊小使"在皇帝的纵容下"恃恩恣横"⑤。

虽然"五坊小儿"没有见到武装的具体记载，但为害京城和地方，应该还是具备"战斗力"的。

3. 鸡坊小儿

唐朝五坊使下领属雕、鹘、鹞、鹰、狗等五坊，未见有鸡坊。鸡坊和"鸡坊小儿"的记载，仅见收录于《太平广记》中陈鸿所撰《东城老父传》⑥：

---

① 《资治通鉴》卷二一六"玄宗天宝九载"，同，"注：宫苑小儿，宫苑使领之"，第6898 页。

② 《资治通鉴》卷二六三"昭宗天复三年（903）"："以御食使第五可范为左军中尉。注：御食使，掌御膳，亦唐末所置内诸司使之一也。……是日，全忠以兵驱宦官第五可范等数百人于内侍省，尽杀之。"第8591、8594 页。第五可范以御食使转左军中尉，也可能仍兼御食使？或是朱全忠将其调离御食使职任而伺机消灭内廷掌握武装的宦官？进食使也就有可能掌控有武装力量的"宫苑小儿"。

③ 《资治通鉴》卷二三六，第7610 页。

④ 《旧唐书》卷一七〇《裴度传》，第4414 页。

⑤ 见后文。

⑥ 《太平广记》卷四八五《东城老父传》，中华书局1961 年版，第3992—3995 页。

　　玄宗在藩邸时，乐民间清明节斗鸡戏。及即位，泊鸡坊于两宫间，索长安雄鸡，金毫铁距高冠昂尾千数，养于鸡坊，选六军小儿五百人使驯扰教饲。上之好之，民风尤甚，诸王世家、外戚家、贵主家、侯家，倾帑破产市鸡以偿鸡直。都中男女以弄鸡为事，贫者弄假鸡。帝出游见昌弄木鸡于云龙门道旁，召入为鸡坊小儿，衣食右龙武军。……三尺童子入鸡群如狎群小，壮者、弱者、勇者、怯者，水谷之时，疾病之候，悉能知之。举二鸡，鸡畏而驯使令如人。护鸡坊中谒者王承恩言于玄宗，召试殿庭，皆中玄宗意，即日为五百小儿长加之，以忠厚谨密天子甚爱幸之。

　　鸡坊显然是专为斗鸡而设，其他朝代不见记载。文中提到的"六军小儿"，显然是指六军中的年少者，在本文中可以忽略。据杜文玉研究，鸡坊置于先天初，由宦官主掌，后设鸡坊使延续到唐末①。

　　可知，鸡坊小儿选自六军中的年少者，衣食在右龙武军，按照军队编制，设小儿长，应该还是颇具战斗力的。

　　4. 监牧小儿

　　"监牧小儿"的称谓在史书中的记载只关系到一件事。玄宗天宝十五载，安禄山以诛杨国忠为名起兵叛乱，哥舒翰因承担防守潼关重任而重兵在握，有人劝他仿效汉朝平七国之乱先杀掉杨国忠，"或说国忠：'今朝廷重兵尽在翰手，翰若援旗西指，于公岂不危哉?'国忠大惧，乃奏：'潼关大军虽盛，而后无继，万一失利，京师可忧。请选监牧小儿三千于苑中训练（注：时监牧五坊禁苑之卒率谓之小儿）'"②。

　　天宝十一载，高力士率领飞龙小儿讨平发生在宫里的叛乱时，杨国忠与其联手。后杨国忠接任了王鉷所有原任的使职。王鉷在天宝八载兼充闲厩使及苑内营田五坊宫苑等使，那么，杨国忠在天宝十五载选的三千监牧小儿应该是内外闲厩使所辖监牧的人员，只是从监牧系列转到苑内。从先

―――――

①《唐代内诸司使考略》，《陕西师范大学》1999年第3期。
②《资治通鉴》卷二一八"肃宗至德元载五月"，第6966页。

天起，内外闲厩使就兼监牧使①，控制了一批有武备的军事兵员，杨国忠将三千监牧小儿调入宫中，加以训练，成为直接在宫中执行护卫职能的武备力量。

5. 内园小儿

内园使是唐朝后期重要的内诸司使之一，大约在德宗朝正式设使，并由宦官充任，在《记室备要》中排序第七，仅次于神策、飞龙等掌握武备军事系统的宦官②。

但如果从内园小儿此后的行径看，恰恰是内园使下的"小儿"逐渐成为内廷最具武备的护卫力量，尤其是在唐末。

《旧唐书》卷一七上载："（敬宗）宝历二年六月……甲子，上御三殿，观两军、教坊、内园分朋驴鞠角抵戏酺，有碎首折臂者，至一更二更方罢。"③ 可见，内园小儿具有很强的格斗能力，并且有可能有意识地加以培养和训练。

僖宗因黄巢之乱逃往奉天，大宦官田令孜的哥哥陈敬瑄，时任西川节度使，敬瑄以兵三千护乘舆，"冗从内苑小儿先至，敬瑄知素暴横，遣逻士伺之"，借"诸儿"喧呼道路与宫中，捕杀五十人，抛尸诸衢，才真正控制了局面④。

唐末朱全忠与崔胤联手剿灭宦官势力时，首先对皇帝周围的"打球供奉内园小儿"以及"诸王小黄门"数百人以谋反罪悉数坑杀。⑤ 足以见对这些内园小儿忌惮之甚。

唐末，崔胤与朱全忠联手消灭宦官时，诛杀黄门内园小儿数百人。就

---

① 《旧唐书》卷一〇六《王毛仲传》："先天二年（713）七月，毛仲预诛萧岑等功授辅国大将军、左武卫大将军、检校内外闲厩兼知监牧使，进封霍国公，实封五百户。毛仲奉公正直，不避权贵，两营万骑功臣、闲厩官吏皆惧其威，人不敢犯。苑中营田草莱常收率，皆丰溢。"第3253页。说明领内外闲厩使并兼监牧使成为惯例，手中应该握有比较重要和有战斗力的护卫部队，因此，两营万骑等不敢犯。

② 详见赵和平《敦煌表状笺启书仪辑校》，录校唐人郁知言《记室备要》（伯3723）全文，江苏古籍出版社1997年版，第76—126页。

③ 《旧唐书》卷一七上《敬宗纪》，第520页。

④ 《新唐书》卷二二四下《陈敬瑄传》，第6406—6407页。

⑤ 《旧唐书》卷二〇上《昭宗》。《资治通鉴》卷二六四"昭宗天祐元年（904）四月"："自崔胤之死六军散亡俱尽，所余击球供奉内园小儿共二百余人，从上而东。全忠犹忌之，为设食于堀，尽缢杀之。豫选二百余人，大小相类者，衣其衣服代之侍卫。上初不觉，累日乃寤，自是上之左右职掌使令皆全忠之人矣。"《新唐书》卷二二三下《玄晖传》："全忠尽杀左右黄门内园小儿五百人，悉以汴兵为卫。"

此也为权力的最终转移扫清了最后的障碍。

　　6. 教坊小儿

　　教坊使武德年间已经设置，后置内教坊于禁中，以宦官为使。

　　《旧唐书》卷四三《职官二》："内教坊。注：武德（618—626）已来，置于禁中，以按习雅乐，以中官人充使。则天改为云韶府，神龙复为教坊。"①

　　《新唐书》卷四八："武德后，置内教坊于禁中。武后如意元年（692）改曰云韶府，以中官为使。开元二年，又置内教坊于蓬莱宫侧，有音声博士、第一曹博士、第二曹博士。京都置左右教坊，掌俳优、杂技。自是不隶太常，以中官为教坊使。"②

　　《新唐书》卷四八："凡金木齿革羽毛，任土以时而供。赦日，树金鸡于仗南，竿长七丈，有鸡高四尺，黄金饰首，衔绛幡长七尺，承以彩盘，维以绛绳，将作监供焉。击㧖鼓千声，集百官、父老、囚徒。坊小儿，得鸡首者，官以钱购或取绛幡而已。"③《事物纪原》卷三录此条，"坊小儿"为"教坊小儿"④，不知孰是，所指有很大的区别。

　　《画墁录》⑤"建中、贞元（785—805）间，藩镇至京师，多于旗亭合乐。郭汾阳缠头彩率千匹，教坊梨园小儿所劳，各以千计。"说明旗亭内地方很宽敞。

　　"教坊小儿"的用法延至宋朝。据《宋会要辑稿》：熙宁九年（1076）四月二日，阁门言："近制，大宴不用两军妓女队舞，只用教坊小儿之舞。"⑥

　　教坊小儿似乎也有被发展成宫内武备力量的可能。《旧唐书》卷一七上载："（敬宗）宝历二年（826）六月……甲子，上御三殿，观两军、教坊、内园分朋驴鞠、角抵。戏酣，有碎首折臂者，至一更二更方罢。"⑦

---

　　① 《旧唐书》卷四三《职官二》，第1854页。

　　② 《新唐书》卷四八《百官志·太乐署》，第1244页。

　　③ 《新唐书》卷四八《百官志·中尚署》，第1269页。

　　④ （宋）高承撰：《事物纪原》卷三，《四库类书丛刊》，上海古籍出版社1992年版，第72页。

　　⑤ （元）陶宗仪：《说郛三种》第三册，《说郛一百二十卷·卷十八》，上海古籍出版社1988年版，第867页。

　　⑥ （清）徐松辑：《宋会要辑稿·礼》四五之一四，中华书局1957年版，第1454页。

　　⑦ 《旧唐书》卷一七《敬宗纪》，第520页。

这种角抵戏，实际上是很残酷的格斗，伤亡很惨烈。不过，在政治斗争中，没有看到教坊小儿发挥作用。

内诸司小儿的数量，没有详细的记载，只有片断，例如，开元年间选六军小儿五百人入鸡坊；天宝九载，宫苑小儿数百为某公主"进食"开道；天宝十一载（752），高力士领飞龙小儿甲骑四百人在宫内平乱；天宝十五载（756），选监牧小儿三千于苑中训练；唐末，朱全忠诛杀宫内打球供奉内园小儿数百人①。因此，至少数百、多达数千的内诸司"小儿"，自天宝后，就成为环卫皇帝的核心武备力量。

综上所述，"诸司小儿""内诸司小儿"，即"给使小儿"，涵盖面很广，但对内廷政争能够发挥作用和影响的其实必须具备两个条件：一是接近皇帝；二是具有武备力量。符合这两个条件的恰恰是出现频率较高的飞龙、内厩、内园、宫苑、五坊等使职领属的"小儿"。"安史之乱"后，随着宦官势力的膨胀，内诸司小儿的人数增加，势力增强，日益恃宠而骄，气焰嚣张，为害一方，成为朝野抨击宦官专权的主要口实。

结论

唐初到唐末，内廷政争不断，比较重要的、涉及武力解决问题的至少有十次，分别是唐高祖时期的"玄武门之变"、武则天晚年的"五王之变"、中宗太子李重俊兵变、李隆基诛韦氏、太平公主与玄宗之争、天宝十一载高力士讨叛、顺宪更代、甘露之变、僖宗幸蜀、朱全忠尽诛宦官等。前五次，即玄武门之变到李隆基消灭太平公主势力集团，都发生在唐朝前期的玄宗开元以前（含开元），争夺的关键地点在禁苑和宫城之间的

---

① 《新唐书》卷五〇《兵志》："（昭宗）及东迁，唯小黄门打球供奉十数人，内园小儿五百人从。至谷水，又尽屠之，易以汴人，于是天子无一人之卫。"第1336页。《旧唐书》卷二〇上《昭宗本纪》："（天祐元年）闰四月乙未朔。丁酉，车驾发陕州。壬寅，次谷水行宫。时崔胤所募六军兵士，胤死后亡散并尽，从上东迁者，唯诸王、小黄门十数、打球供奉内园小儿共二百余人。"第779页。《旧唐书》卷一七七《崔慎由传附崔胤传》：天复三年（903）"胤与全忠奏罢左右神策内诸司等使及诸道监军、副监、小使、内官三百余人，同日斩之于内侍省。诸道监军，随处斩首以闻。"第4586页。《资治通鉴》卷二六四"昭宗天祐元年四月"："自崔胤之死，六军散亡俱尽，所余击球供奉内园小儿共**二百余**人，从上而东。全忠犹忌之，为设食于崿，尽缢杀之。豫选二百余人大小相类者，衣其衣服，代之侍卫。上初不觉，累日乃寤。自是上之左右职掌使令皆全忠之人矣。"第8631页。可知，对朱温所杀内园小儿的数目有500人、300人和200人不同记载。

宫城北门——玄武门，后五次则争夺的关键位置发生了变化。而这些围绕着宫廷核心权力在内廷发生的政争，基本都是用武力解决问题。宫苑使、闲厩使、神策军使等都有逐渐外廷化或虚衔化①的趋向，居中的"小儿"成为控制或保护皇帝的最后一道屏障。因此，谁掌握了具有武备力量的宫内"小儿"，谁就掌握了内廷事变中的主动权，这在文宗"甘露之变"中得到最好的体现。当皇帝已经沦为傀儡时，谁控制了皇帝谁就掌握了主动权。限于篇幅和时间，对上述问题将另文讨论。②

2010 年 6 月 2 日修改
2010 年 7 月 30 日再改

（宁欣，北京师范大学历史学院教授）

---

①　这个提法还可再斟酌。

②　陈弱水：《唐代长安的宦官社群——特论其与军人的关系》，《唐研究》第 15 卷，北京大学出版社 2009 年版，第 171—198 页。文中指出（第 195 页），"宦官与军人关系密切极重要的一个根源是军人子弟入侍宫中"，并举了刘奉芝、刘奉进、常无逸等人为例。由此可以考虑，内诸司"小儿"形成具有作风强悍的武备力量，是否和军人世家与宦官世家背景有一定关系。

明清方志记载的常山太傅韩婴籍贯新探^①

秦进才

什么是历史，"历史就是人类的生活并为其产物的文化"^②。那么，人就是历史的主体，历史人物是历史舞台上的重要角色，是智慧、勇敢、创造等品质的代表和化身，是辉煌历史的集中和浓缩，以人为本是中国史学的传统，人物传记在中国史志著述中占有重要的比例。纪传体的开山之作——《史记》一百三十篇中，有关人物的就有十二本纪、三十世家、七十列传，占全书总卷数的百分之八十六以上。光绪《畿辅通志》全书三百卷，主要记述人物的有封建、职官、选举三表二十五卷，宦绩录十卷，列传九十四卷，杂传十一卷，占全书总卷数的百分之四十六以上。明清时代的府县志书中，人物传记述本地人物的生平事迹，名宦、宦绩等记述在本地有建树官吏的建树政绩，选举志表记载进士、举人等人物资料，所记述的明清时代的人物资料，或来自政府档案，或来自碑刻墓志，或来自家谱族谱，或来自调查采访等，是省通志、全国一统志的人物传记资料的主要来源，是历史资料的提供者，在记述当代人物方面，具有不可替代的重要作用。而在记述先秦秦汉时代的历史人物方面，则显得有些力不从心相形见绌了。由于时代距离遥远，因为前人记载的简略笼统，方志编撰者不是依据亲身经历、亲眼见到、亲自听到的史料，而是向前人正史杂史、文集笔记等文献中寻找的第二手、第三手资料，或是根据民间传说，或是依据传说的坟墓、故居宅邸，或是来自同姓的谱牒等诸间接资料，造成了先秦秦汉时代的历史人物籍贯，在地方志中有多种不同的记载。譬如韩婴（约前200—约前130），又称韩

① 国家社会科学基金重大项目（13&ZD091）阶段性成果。

② 李守常：《史学要论》，河北教育出版社2000年版，第4页。

生、韩太傅。汉文帝时，为《诗经》博士。汉景帝时，为常山太傅。常山国都在今河北元氏县殷村镇故城村。司马迁《史记·儒林列传》和班固《汉书·儒林传》记述韩婴是"燕人也"。标明了籍贯所在地的国别——燕国，而没有详细记载郡县乡里，这种记述的好处是标明了国别，而坏处是不具体，留下了难以确定的籍贯问题，为后世对韩婴籍贯的争夺留下了余地。笔者不揣浅陋，收集明清以来方志中有关韩婴籍贯的资料，汲取今人有关韩婴籍贯研究的成果，略述自己的管窥蠡测之见，抛砖以引玉。

一　韩婴籍贯燕人说与明清两府一州三县说辨析

韩婴是"燕人也"，司马迁、班固这样记载；"燕人韩婴"，《汉纪》如此说[1]，两汉人没有异议。而燕国疆域则在经常变化中。汉初，燕国（都城在今北京城区西南）拥有广阳、渔阳、上谷、右北平、辽西、辽东等六郡。"吴楚时，前后诸侯或以适削地，是以燕、代无北边郡，吴、淮南、长沙无南边郡。"如淳曰："长沙之南更置郡，燕、代以北更置缘边郡，其所有饶利兵马器械，三国皆失之也。"《正义》曰："景帝时，汉境北至燕、代，燕代之北未列为郡。吴、长沙之国，南至岭南；岭南、越未平，亦无南边郡。"[2] 上谷、辽东等五个缘边郡改隶汉朝，燕国仅剩下了广阳一郡。汉武帝元朔元年（前128），燕王刘定国自杀，燕国改为广阳郡，后得中山、河间的侯国九，郡的辖区有所扩大。元狩六年（前117），复置燕国。元凤元年（前80），燕刺王刘旦自杀，国除为广阳郡。汉宣帝本始元年（前73），封燕刺王子刘德为广阳王。《汉书·地理志下》载：广阳国辖蓟、方城、广阳、阴乡四县。燕国由汉初的六郡变为四县，可见疆域处于经常变化当中。

班固记载："孝宣时，涿郡韩生其后也。"[3] 涿郡韩生是韩婴的后裔，燕人韩婴与涿郡有何关系？《汉书·地理志上》载："涿郡，高帝置。"涿郡位于汉初燕国与河间两诸侯国之间，地域包括了两国的各一部分。如

---

① （汉）荀悦：《汉纪》卷二五《成皇帝纪二》上册，中华书局2002年版，第435页。

② 《史记》卷一七《汉兴以来诸侯王表》，中华书局1982年版，第803页。

③ 《汉书》卷八八《儒林传·韩婴》，中华书局1962年版，第3613—3614页。

"赵广汉，字子都，涿郡蠡吾人也，故属河间"。颜师古注曰："言蠡吾旧属河间，后属涿郡。"① 可以证明涿郡中有原属于河间国的县。王国维以郡治所不当封侯为由，认为：郦商食邑涿五千户，号曰涿侯。高帝时，不得有涿郡②。实为真知卓见。周振鹤说："颇疑涿郡之置与燕国同时，武帝乃将扩大了的广阳郡一分为二，其涿县以西南置为涿郡，以东北则置为燕国。"时间在汉武帝元狩六年（前 117）③。此说持之有故，言之成理。按周振鹤所说的设立涿郡的时间看，此时韩婴已经去世了，按照汉朝人多是记载出生时的籍贯习俗看，不可能记载韩婴是涿郡人。从涿郡是由燕国与河间两国的各一部分构成来看，燕人韩婴与涿郡韩生在空间上不矛盾，因为涿郡有一部分应当是属于燕国的。但也应当看到，一般情况下，父子、祖孙籍贯相同，也有些家族的籍贯随着迁徙而变化，如鲍宣，本为勃海高城（治今河北盐山县小营乡故城赵村附近）人，迁徙到上党郡长子县后，人称为"上党鲍宣"④。其子鲍永，为上党屯留（治今山西屯留县李高乡古城村）人。其九世孙鲍勋，为泰山平阳（治今山东新泰市区）人。还有班固的"涿郡韩生"所说的是涿郡，涿郡辖二十九县，治所在涿县，即今河北涿州市区。因此，韩婴与涿郡韩生，既有都为涿郡人的可能，又有虽为一家人，而籍贯分别为燕国、涿郡的可能，也有是涿郡人，而不是涿县人的可能。

由于韩婴籍贯没有属于燕国何郡何县的直接、可靠的记载，因此，后人对韩婴的籍贯有多种多样的说法。在认同韩婴是燕人的前提下，宋朝人乐史把韩婴归为幽州人⑤，潘自牧称韩婴为燕山府路"郡人"⑥；明代李

---

　①　《汉书》卷七六《赵广汉传》，第 3199 页。

　②　王国维：《观堂集林》卷一二《汉郡考》，中华书局 1959 年版，第 545 页。

　③　周振鹤：《西汉政区地理》，人民出版社 1987 年版，第 68 页。

　④　《汉书》卷八六《何武传》与卷八八《儒林传·林尊》均作："上党鲍宣"（第 3487、3604 页）；《后汉书》卷二五《卓茂列传》说是"上党鲍宣"（中华书局 1965 年版，第 872 页）；《后汉书》卷八四《列女传》说是"勃海鲍宣"（第 2781 页）。当是因鲍宣迁徙到上党后，上党着眼于著籍，勃海着眼于祖籍。

　⑤　（宋）史乐撰：《太平寰宇记》卷六九《河北道十八·幽州》，中华书局 2007 年版，第 1397 页。

　⑥　（宋）潘自牧撰：《记纂渊海》卷二二《郡县部·燕山府路·燕山府》载："汉韩婴，郡人。"文渊阁《四库全书》，第 930 册，台湾商务印书馆 1986 年版，第 496—497 页。

贤等人把韩婴归为京师顺天府人①；清朝一统志、《畿辅通志》把韩婴归为顺天府人②。宋明清人的说法表面有所不同，实际上是一致的，幽州人、京师顺天府人、顺天府人等，都是着眼于州、府的行政区划来说，并且都是以西汉燕国国都所在地来说的，也就是根据宋代的幽州、明清顺天府的治所而言，这与韩婴燕人的说法是吻合的，局限在于范围大、宽泛而不具体。

明清时代，有两种府志、一种州志、三种县志把韩婴列为本地人。

两种府志是河间府、顺天府志。嘉靖《河间府志》卷二四《人物志·儒林》载"韩婴，燕人也。任丘，本燕地。今其地有韩婴墓见存"。万历《河间府志》卷十《人物志·儒林》载："韩婴，燕人也。任丘，故燕地，今婴墓在任丘。"康熙《河间府志》卷十四《人物·汉人物》载："韩婴，燕人也。……今其墓，在任邱。"嘉靖、万历、康熙《河间府志》都是以坟墓作为韩婴是任丘人的根据。万历《顺天府志》卷五《乡贤》载："汉韩婴，燕人，文帝时博士，作诗、易传与董仲舒齐名。"《光绪顺天府志》卷九十一《人物志·先贤一》载："韩婴，燕人也。"理由是"史传纪人物，多仅称郡国，年代既远，无从确考。燕、涿、渔阳、范阳、广阳，虽不尽今府地，而属府地者多。又其治皆在今府属，故凡古所称此诸郡国人者，今皆纂入"③。此种说法从年代久远无法确考历史人物的籍贯来看，有一定道理，但也有局限，这是以治所为依据，把韩婴作为顺天府的先贤，也是从大范围来说的。光绪《顺天府志》卷一百二十一《先贤表》把韩婴置于涿州，相对来说具体了些，也可以说编撰者认为韩婴籍贯在清代顺天府涿州辖区范围内。一部书有两种韩婴籍贯的说法，有相通之处，也有矛盾的地方。

---

① 天顺《明一统志》卷一《京师·顺天府》，文渊阁《四库全书》，第 472 册，第 28—29 页。

② 乾隆《大清一统志》卷八《顺天府五·人物》（文渊阁《四库全书》，第 474 册，第 169 页）；嘉庆《大清一统志》卷一〇《顺天府五·人物》（《四部丛刊续编》，上海书店出版社 1984 年版，第 16 册，第 1 页 A 面）。雍正《畿辅通志》卷七八《儒学·顺天府》文渊阁《四库全书》，第 505 册，第 867 页）；光绪《畿辅通志》卷一九四《列传二·汉·顺天府》（《续修四库全书》，第 637 册，上海古籍出版社 2002 年版，第 135 页）。这两种《大清一统志》和两种《畿辅通志》都是以《汉书·儒林传》为主，一方面说明韩婴，燕人。另一方面又把韩婴归为清代顺天府范围内。

③ （清）周家楣、缪荃孙等纂修：《光绪顺天府志》卷九一《人物志一·先贤一》，北京古籍出版社 1987 年版，第 4257 页。

　　一种州志是涿州志。康熙《涿州志》卷七《儒林》、乾隆《涿州志》卷十五《人物志四·儒林》、光绪《涿州志》卷十五《人物四·儒林》均根据《史记·儒林列传》《汉书·儒林传》的记载，把韩婴作为本州人。没有讲理由，当是因为本州是西汉涿郡治所而然。

　　三种县志是宛平、大兴、任丘三县志。康熙《宛平县志》卷五《人物·人才》、康熙《大兴县志》卷五《人物·人才考》等志书都是根据《史记·儒林列传》和《汉书·儒林传》的资料，记述汉韩婴，燕人，孝文时为博士，景帝时为常山王太傅。没有新的资料，没有说明收入本地方志的理由，或是因为本县为西汉燕国都城而然。乾隆《任邱县志》卷九《人物志上·儒林》收录的第一个人物就是韩婴，并说明"邑城南有韩太傅祠"。韩太傅祠和韩婴墓，成为了任丘是韩婴故里的理由。

　　顺天、河间两府志与涿州一州志和宛平、大兴、任丘三县志以韩婴为先贤的缘由，其实都是因为《史记》《汉书》记载得不具体而成为他们以韩婴为先贤的理由。作为顺天府来说，辖区范围比较大，以治所为理由，正确的概率比较高，缺陷在于不具体而已，因为燕人、幽州人、顺天府人，并不都是居住在国都、州府治所的人。《河间府志》以坟墓为根据，具体到任丘县，失误的概率会更大些，因为坟墓的真假很难确定，县的辖区比较小。清代涿州治所，亦是西汉涿郡的治所，到清初涿州领有房山县，雍正六年（1728）房山县隶属于顺天府，此后涿州不再领县，辖区变小，虽然州郡治所相同，但清代涿州不能与西汉涿郡辖二十九县相提并论。至于以县的治所来说韩婴籍贯的理由，因为县的辖区本身就比较小，没有其他的证据就更难以使人信服。

　　汉朝人没有详细具体地记载韩婴的籍贯，留下了后人争夺韩婴籍贯的余地，造成了明清顺天、河间两府，涿州一州，宛平、大兴、任丘三县都把韩婴作为先贤收入了当地方志。有些方志没有讲任何理由，就把韩婴作为本地先贤收入其中，有些方志说了些理由，主要是以燕国都城、涿郡治所、韩婴墓冢和韩太傅祠为理由的，不妨稍作考察。

二　韩婴冢墓的不同记载与籍贯关系考察

　　南朝吴郡吴县（治今江苏苏州市旧城区）人顾野王的《舆地志》

载："鄚县有韩婴冢。韩婴，燕人，汉为常山太傅，作诗内外传。"① 身处南朝的顾野王根据何种史料说"鄚县有韩婴冢"，现在已经不得而知。但其说法被宋人乐史撰《太平寰宇记》所引用传播。这是目前笔者所见比较早的记载，但距离韩婴生活的西汉时代已经过去了六百多年，说鄚县有韩婴冢而没有记载具体的乡里、方位等。宋代晏殊的《晏元献公类要》载："韩婴墓。在〔归信县〕西北五里。"② 宋代归信县的治所在今河北雄县雄州镇驻地，晏殊是以此为基点来记述韩婴坟墓的位置的。同样，晏殊也没有注明史料的来源。都是宋朝人的乐史与晏殊所记载的韩婴墓，分别在今河北任丘市与雄县雄州镇驻地。两者相比较，乐史所言前有顾野王的记载，有来源出处。而晏殊不仅记载了韩婴墓所在地雄州归信县的名称，而且明确了方位和距离——在今河北雄县雄州镇驻地西北五里，更详细更具体。这两种有关韩婴坟墓的记载，都没有与韩婴的籍贯联系在一起，反映了宋代还没有把名人作为当地的一种历史文化资源来看待。

元代刘因《乡先生汉韩太傅婴墓》诗曰："章句区区老益坚，百年轲死已无传。四诗今并毛公废，三策聊存董相贤。祀典曾闻乡社在，荒坟重为里人怜。弦歌燕赵今谁见，高咏《周南》独慨然。"③ 此诗抒发了作者的情感，记载了曾闻韩婴祭祀典礼与墓葬的存在。乡社，指乡里、故乡。而此诗没有具体说明韩婴乡社何在？韩婴墓的具体位置所在。刘因所言"乡先生"所指为何？《仪礼·士冠礼》曰："遂以挚见于乡大夫、乡先生。"郑玄注曰："乡先生，乡中老人为卿大夫致仕者。"《仪礼·乡射礼》："以告于乡先生、君子可也。"贾公彦疏曰："此即《乡饮酒》注云'先生，谓老人教学者。'"乡先生，既指辞官居住在乡里的卿大夫、士大夫，也指乡里任教的老人，还指在乡里以教授儒家经典、传播儒家伦理道德为己任，且德高望重者。刘因曰："尧山张仲贤，出金源名族，少尝为

---

① （清）王谟辑：《汉唐地理书钞》，中华书局 1961 年版，第 195 页。

② （宋）晏殊：《晏元献公类要》卷七《归信县》，《四库全书存目丛书》，子部第 166 册，齐鲁书社 1997 年版，第 400 页。

③ （元）刘因：《静修集》卷一五《乡先生汉韩太傅婴墓》，文渊阁《四库全书》，第 1198 册，台湾商务印书馆 1986 年版，第 605 页。

刀笔吏，乡先生道之"①；又说：皇甫巽"既长，误以予为乡先生"②；还说："予外祖杨公字勉之，实王氏之乡先生也。"③ 这三条资料所说的乡先生，从时代来看，均指生活在元朝的人，其身份与以上所说的乡先生三种含义基本吻合。至于刘因诗文所言"乡先生汉韩太傅婴"，与以上所言乡先生的称谓相同，但所指的是一千余年前的汉朝燕人韩婴，与前三人的时代不同，含义也不同，所指当为故乡的先贤而言。刘因所说故乡的范围，是指路府州县，还是指乡社村里，他没有说明，也就留下了解释伸缩的余地与产生歧义的可能。万历《河间府志》卷十四《艺文志》以《乡先生汉太傅韩婴墓》名义收录，乾隆《任邱县志》卷十一《艺文下》以《韩婴墓》名义收录，作为韩婴墓的诗文证据。现代《容城县志》根据刘因此诗，认为"可知韩婴即为容城人，但墓地已不可考"④。《汉书·地理志上》载容城隶属于涿郡。治所在今河北容城县容城镇北城子村。虽然，诗词可以证史，史也可以解诗，但仅凭着元朝人刘因"祀典曾闻乡社在"、墓地已不可考的诗文，依据没有明确记载乡社具体何在的资料，作为韩婴籍贯的证据，无疑是不充分的。

明清相关文献接着《太平寰宇记》继续记述韩婴墓⑤。天顺《明一统志》载："韩婴墓，在任丘县界。"⑥ 嘉靖《河间府志》载："汉韩婴墓，在县境上，今失其地"⑦；又载："韩婴，燕人也。任丘，本燕地。今其地有韩婴墓见存。"⑧ 同一种书而有两种不同的说法，本身互相矛盾，难免

---

① （元）刘因：《静修集》卷一一《送张仲贤序》，文渊阁《四库全书》，第1198册，第567页。

② 同上书，第576页。

③ （元）刘因：《静修集》卷一二《王景勉名字说》，文渊阁《四库全书》，第1198册，第577页。

④ 杨秉诚主编：《容城县志·人物卷》第三章《人物简介》，方志出版社1999年版，第558页。

⑤ 有的注明出自《太平寰宇记》，如乾隆《大清一统志》卷一六《河间府二·陵墓》载："韩婴冢。《太平寰宇记》在郑州"（文渊阁《四库全书》，第474册，第302页）。有些是抄录了《太平寰宇记》资料而未注明者。

⑥ 天顺《明一统志》卷二《河间府》，文渊阁《四库全书》，第472册，第62页。

⑦ 嘉靖《河间府志》卷三《古迹·任丘》，《天一阁藏明代方志选刊》，上海古籍书店1961年版，第15页A面。

⑧ 嘉靖《河间府志》卷二四《人物志·儒林》，《天一阁藏明代方志选刊》，第1页A面。

使人产生怀疑。万历《河间府志》亦载："汉韩婴墓，在县境上，今失其地。"① 明人吴琬辑录的《三才广志》亦载："韩婴墓，在任丘县。"② 康熙《河间府志》载："韩婴墓，在〔任邱〕县境上，今失其地。"③ 三种《河间府志》的古迹、墓田门类都记载了韩婴墓在任丘县界，具体地点失去了，只有人物志认为韩婴墓现存，记述有矛盾。康熙《畿辅通志》载："韩婴墓，在任邱县。"④ 雍正《畿辅通志》载："韩婴冢，在任邱县界。"⑤ 《古今图书集成》亦载："韩婴墓，在任邱丘县境上，今失其地。"⑥ 乾隆《河间府志》载："汉韩婴墓，在任邱县。今失其处。"⑦ 又称："韩太傅墓在任邱，古鄚县也。鄚，汉时属涿郡，婴当即鄚人矣"⑧。认为韩婴墓在鄚县，也就当为鄚县人。把墓地所在与籍贯所在地等同了起来。乾隆《任邱县志》载：韩婴墓，引《一统志》说"在县界，今失其地"。引庞雪崖诗《鄚城晚眺》言："草没韩婴墓，云低扁鹊祠。"⑨ 边连宝的《吾邱台赋》曰："韩婴之墓荒楚萋矣"⑩；其《韩婴墓》称："结发攻诗老未成，竭来展谒古先生。堂封五尺今何处，秋树斜阳空复情。"⑪ "堂封五尺今何处"，也就是找不到韩婴墓的具体位置了。无论是诗人感叹韩婴墓的荒芜，说"堂封五尺今何处"，还是方志所说韩婴墓"今失其地""失其处"等，表明韩婴墓的具体位置已经说不清楚了。光绪《畿辅通志》记载相同，并以按语说明"婴冢，已见顺天府宛平县，兹仍《一

　　① 万历《河间府志》卷二《田园陵墓志·任丘县》，万历四十三年（1615）刊本，第49页A面。

　　② （明）吴琬辑：《三才广志》卷八四三，《续修四库全书》，第1230册，第228页。

　　③ 康熙《河间府志》卷六《景胜志·墓田·任邱县》，康熙十七年（1678）刊本，第42页A面。

　　④ 康熙《畿辅通志》卷一〇《古迹》，康熙二十六年（1687）刊本，第51页A面。

　　⑤ 雍正《畿辅通志》卷四八《陵墓·河间府》，文渊阁《四库全书》，第505册，第103页。

　　⑥ （清）陈梦雷纂：《古今图书集成·方舆汇编·职方典》卷九〇《河间府部汇考八·河间府古迹考·坟墓附·任邱县》，中华书局1934年版，第70册，第39页B面。

　　⑦ 乾隆《河间府志》卷四《陵墓》，乾隆二十五年（1760）刊本，第26页A面。

　　⑧ 乾隆《河间府志》卷一〇《人物志上》，乾隆二十五年（1760）刊本，第3页A面。

　　⑨ 乾隆《任邱县志》卷一《舆地志·墓冢》，《中国地方志集成·河北府县志辑》第48册，上海书店出版社2006年版，第59页；又见同书卷一一《艺文下》庞垲《鄚城晚眺》，第48册，第404页。

　　⑩ 乾隆《河间府志》卷二〇《艺文志下》，乾隆二十五年（1760）刊本，第35页A面。

　　⑪ 乾隆《任邱县志》卷一一《艺文下》，《中国地方志集成·河北府县志辑》第48册，第418页。

统志》之旧编入"①。不过光绪《畿辅通志》的《陵墓一·顺天府·宛平县》部分未见有韩婴冢的记述②。由上述来看，从南朝顾野王记载鄚县有韩婴冢，至宋朝初年晏殊记载韩婴墓在归信城西北五里，乐史记载在任丘县界，明嘉靖年间以来方志就有不知其具体位置的记载，边连宝的《韩婴墓》诗只是感叹韩婴墓不可见，抒发思古之情了。现代《任丘市志》载："韩婴墓：位于鄚州镇韩家村东南，地名'韩家坟'。1966年平掉封土，现保存较好。"③ 明清人不清楚具体位置的韩婴墓，不知何时由何种机缘又找到了，应当详细说明其情况。再则，韩家坟可以有多处，一定就是韩婴墓吗？亦有人说：韩婴"其墓传说在鄚州城北，久废。"④ 志书、文章的作者都是当代任丘人，说法不同，何人所说为准？韩婴墓实际情况究竟如何，需要考古探查、发掘后才有可能得到准确的说法。

秦汉时代的陵墓，数量庞大，形制众多，从造墓的建材分，有崖墓、木椁墓、砖室墓、空心砖墓等。从墓葬的装饰分，有画像砖墓、画像石墓、壁画墓等。从墓葬的形制分，有回廊型、单玄室型、中轴线配置型等。从墓葬的类别分，有真墓、虚墓、疑墓、衣冠冢、迁葬墓等。还有一人多处有坟墓，更有后人记载错误的坟墓，还有的直接标明"空墓"⑤等，情况错综复杂，在没有考古探查、发掘以前很难证实。

一是记载一人有多处墓葬，譬如同是西汉人也姓韩的左冯翊韩延寿墓，乾隆《涿州志》卷四《建置志下·冢墓》载："韩延寿墓。旧志在州东巍头村。按：《畿辅通志》在文安县东南韩村。《明一统志》在宛平县西韩家山。《帝京景物略》在罕山南。《罕山志》云：有故碑剥落，今不

---

① 光绪《畿辅通志》卷一七〇《古迹·陵墓六》（《续修四库全书》，第636册，第134页）。民国《河北通志稿·地理志·古迹·陵墓上》载："韩婴墓"，所在地"任丘废鄚县"，备考说明"韩为燕王太傅。一在宛平"（北京燕山出版社1993年版，第660页）。"燕王太傅"应作"常山王太傅"为是。这里也把宛平有韩婴墓作为一说。

② 光绪《畿辅通志》卷一六五《古迹·陵墓一·宛平县》（《续修四库全书》，第636册，第2页）。康熙《宛平县志》卷一《地理·坟墓》记载最早的坟墓，是唐窦建德墓，而未记载汉韩婴墓（《中国地方志集成·北京府县志辑》第5册，上海书店出版社2002年版，第27页）。

③ 孙杰主编：《任丘市志》第十四编《文教科技》，书目文献出版社1993年版，第560页。

④ 任丘政协编：《任丘文史资料》第五辑，敬愚《任丘古代名人诗选注》，1997年，第241页。

⑤ 安志辉主编：《新河县志》第十九编《文化》第五章《文物》载：耿纯墓碑　明穆宗隆庆元年（1567）立，位于望腾乡护驾村东北一公里处，碑阳镌文："大汉勒封东光侯耿纯空墓。"方志出版社2000年版，第549页。该碑系护驾村耿姓为不混灭祖迹，于明代隆庆元年所立，以示耿纯其人确为本村耿姓先尊。已列为县级文物保护单位。

复存。又《燕都游览志》罕山汉左冯翊韩延寿墓在焉。未知孰是。"所谓罕山，即韩家山。一个韩延寿有四处坟墓，两处地名有其姓韩字，一处是罕山也是韩字的讹音。记载韩延寿墓者分别是全国地理总志、《畿辅通志》、州县志、山志、游览志等志书。《光绪顺天府志》卷二十六《地理志八·冢墓·宛平县》指出："《畿辅唐志·山川门》韩家山，在宛平县西二十六里。引《天府广记》云：山阴有汉左冯翊韩延寿墓，韩世居于此。而于《陵墓门》称韩延寿墓在文安县东南韩村。单文莫辨，歧异可疑。"《畿辅唐志》，指直隶总督唐执玉监修的雍正《畿辅通志》。记述韩延寿墓在四处的文献，还有很多，恕不一一列举。此外，还有康熙《三河县志》卷上《地理志·古迹》、乾隆《三河县志》卷六《乡间·坟墓》均载："韩延寿墓。在县北七十里。"康熙《畿辅通志》卷十《陵墓》亦载："韩延寿墓。在三河县北七十里。"《光绪顺天府志》卷二十六《地理志八·冢墓·三河县》亦载："韩延寿墓，在县北七十里。"近两千年过去了，西汉左冯翊韩延寿一人五处有其坟墓，没有考古探查、发掘，何处为真很难确定。诸如此类每个具有多处坟墓记载的历史人物的籍贯，都存在着发生争论的可能性。

二是地方志所记载的先秦秦汉人的坟墓有些是错误的。譬如汉景帝之子、汉武帝之兄中山靖王刘胜的坟墓。雍正《畿辅通志》卷四十八《古迹·定州》记载："中山靖王墓。在定州治永丰仓西，汉景帝子，名胜，冢高二丈许。明知州倪机开神道立石识之。"由此可知，汉中山靖王刘胜墓地在定州治所永丰仓西（今为定州市南城区街道办事处李家湾村西），至少在明正德十五六年间（1520—1521）知州倪机〔玑〕开神道树立碑刻标志之时①，已经得到了官方的认可，至今历时近五百年。乾隆《定州志》卷一《古迹·陵墓》、道光《直隶定州志》卷五《地理·古迹·陵墓》均记载中山靖王冢位置与明清知州修缮情况，还要"岁以春秋仲月

_____

① 倪机，雍正《畿辅通志》卷七〇《名宦·定州》作："倪玑，雁门人，进士。由给事中谪知定州"（文渊阁《四库全书》，第 505 册，第 705 页）。乾隆《定州志》卷五《职官》知州载：倪玑，雁门人，正德十五年任（乾隆刊本，第 8 页 B 面）。民国《定县志》卷九《文献志·职官篇·职官表》载：正德十五年、十六年雁门倪玑任知州（《中国地方志集成·河北府县志辑》，第 35 册，第 502 页）；卷一〇《文献志·职官篇·名宦》载：倪玑，雁门进士。由给事中谪知定州（《中国地方志集成·河北府县志辑》，第 35 册，第 516 页）。由上述可知"倪机"当作"倪玑"为是。

望日致祭，用少牢，行二跪六叩首礼"①。光绪《畿辅通志》卷一百七十四《古迹略二十一·陵墓十·定州》亦记载了汉中山靖王墓。民国《定县志》卷二《舆地志·古迹篇·祠墓》除延续清代方志记述外，还留下了汉中山靖王墓的照片。民国《河北通志稿·地理志·古迹·陵墓上》记载：中山靖王刘胜墓，"墓高约三丈，周八十余步，缭以短墙。清乾隆、道光间皆重修"。比前人记载得更详细。20 世纪二三十年代，到定县搞社会情况调查七年的李景汉说："定县境内本多王陵，可惜现在大多数不能考究。惟有中山靖王陵巍然存于城内，为世人所瞻仰。""陵在县治西二里余，高二丈上下。历岁既久，居民曾占为蔬圃。明嘉靖间，州牧倪玑开神道。清道光三十年（西元 1850 年），州牧宝琳又重修缭垣与墓门。"② 过程记载的更清楚，现状更接近现代。清代有些人到定州为官，撰写一些有关汉中山靖王墓的诗词③，有些学者途经此地，拜谒陵墓，以《汉中山靖王墓》或《中山靖王墓》为题赋诗撰文，载入诗文集④。乾隆四十三年（1778）六月，还在墓前树立了"汉中山靖王墓"碑。明清以来，有关中山靖王墓的记载前后相承，修缮、祭祀连续不断，流传有序，这一切看来似乎很真实，实际上也是"人传此是靖王居"⑤，"名城可是宗藩旧，高冢曾无片碣存"⑥，也是民间传说这个大墓是靖王坟墓，实际上并无片碣存在，并非有确实可靠的证据。1968 年，在河北满城县西南的陵山上发现了依山开凿的中山靖王刘胜夫妇墓，出土珍贵文物万余件，证明了清代《清大一统志》《畿辅通志》《保定府志》《定州志》，民国《河

---

① 道光《直隶定州志》卷一八《政典·祭祀下》，道光二十九年（1849）刊本，第 9 页 B 面。

② 李景汉编著《定县社会概况调查》第二章《历史·古迹》，上海人民出版社 2005 年版，第 74 页。

③ 如浙江山阴人、道光辛巳举人劳沅恩任直隶定州州同，撰写了《汉中山靖王墓》，刊载于潘衍桐辑录的《两浙輶轩续录》卷三〇，《续修四库全书》，第 1686 册，第 139 页。

④ 如，（清）钱载撰《萚石斋诗集》卷四一《汉中山靖王墓》（《续修四库全书》，第 1443 册，第 321 页）；（清）杜澍撰《湄湖吟》卷三《中山靖王墓》（《四库未收书辑刊》第 7 辑，第 22 册，北京出版社 2000 年版，第 293 页）；陈文和主编《嘉定钱大昕全集·潜研堂诗续集》卷五《中山靖王墓》第 10 册，（江苏古籍出版社 1997 年版，第 93 页）等。

⑤ 《湄湖吟》卷三《中山靖王墓》，《四库未收书辑刊》，第 7 辑，第 22 册，第 293 页。

⑥ 潘衍桐辑：《两浙輶轩续录》卷三〇劳沅恩《汉中山靖王墓》，《续修四库全书》，第 1686 册，第 139 页。

北通志稿》等志书记载的错误①。1969 年，在定县宋代寺院遗址发现了端拱元年（988 年）立的《创修净众院记》碑文，其中有对于净众院位置的记载，"东踞龟城，西临滱水，北枕慕容氏之高陵，南通皇都之大道"。据此认为："'慕容氏之高陵'，即传说中的靖王坟，在塔基的正北 200 米处，当是后燕慕容氏的陵墓。"② 所以又暂且增加了个新说法——所谓靖王坟，当是曾经在定州建国立都的后燕慕容氏陵墓。1995 年，发掘清理了方志记载的所谓中山靖王塚（亦称靖王坟、中山靖王墓、中山靖王陵等），出土了绿釉陶楼、龙首陶勺柄、陶狗、陶鼎、陶俑头等陶器，还有鎏金银饰件、铜饰、铜环、铜盖方帽等铜器，清理出数十块大理石制玉衣片，部分玉片孔内留有鎏金铜丝残段，以及碎玛瑙串饰等文物，"发掘清理进一步澄清此墓亦非慕容陵，据其墓室构造、规格及所出遗物分析，同时经省文物研究所专家鉴定，该墓应为东汉晚期墓，但墓主及其身份还有待进一步考证"③ 因此，笼统地称为中山汉墓。有人认为是汉代的列侯墓，有人根据墓室券顶装饰文字，"《春秋》、《尚书》律令"和"急就奇觚异众"之句，认为当是中山孝王刘兴墓。也有人认为定县八角廊村西南部的 40 号墓的墓主应当是中山孝王刘兴④，后又改为 40 号墓主是中山

---

① 除本文所列举的方志外，万历《保定府志》卷四《古迹志》载："顺王陵，在县西陵山南河，俗传为齐顺王陵"（明隆庆五年刻万历三十五年增修本，第 21 页 B 面），县，指满城县。康熙《畿辅通志》卷一〇《古迹·陵墓·保定府》载："〔周〕齐顺王陵，在满城县西三里"（康熙二十二年（1683）刊本，第 49 页 B 面）。乾隆《大清一统志》卷一〇《保定府》载："陵山，在满城县西南三里，形如巨舟，顶有一亩石，上有仙人迹，南面数大冢相传为齐顺王陵，故名"（文渊阁《四库全书》，第 474 册，第 209 页）。光绪《保定府志》卷一八《舆地略二·山川一》（《中国地方志集成·河北府县志辑》，第 30 册，第 330 页）与卷四三《古迹录三·陵墓》（《中国地方志集成·河北府县志辑》，第 31 册，第 42 页）亦有相似的记载。民国《满城县志略》卷四《建置二·古迹附陵墓》记载："齐顺帝陵，在县西三里陵山南阿。故老相传为齐顺王之陵。陵山，至元二年敕改灵山"（《中国地方志集成·河北府县志辑》，第 40 册，第 438 页）。民国《河北通志稿·地理志·古迹·陵墓》作：齐顺王墓，战国（第 656 页）。实际上，在满城县陵山发现的是中山靖王刘胜夫妇墓，而不是所谓虚无缥缈的齐顺帝陵或齐顺王陵。

② 定县博物馆：《河北定县发现两座宋代塔基》，《文物》1972 年第 8 期，第 45 页。

③ 定州市文物管理所：《定州市 35 号汉墓清理简报》（《文物春秋》1997 年第 3 期，第 72 页。）20 世纪 60 年代，将定州北平 M150 中山简王刘焉墓的 482 块石刻迁到了李家湾 M35 号汉墓周围，建立了北庄子汉墓石刻馆，很容易使一般人误认此处就是北庄子中山简王刘下来墓所在，笔者就是曾经误会者之一。

④ 河北省博物馆、文物管理处等：《定县 40 号汉墓出土的金缕玉衣》，《文物》1976 年第 7 期，第 59 页。这种看法被一些人所接受而广泛传播。

怀王刘修，定县陵北村规模最大的汉墓应当是刘兴墓①虽然李家湾汉墓的墓主为何人看法不一致，还可以继续探讨，等待将来新的文物发现，再做判断也不迟，但说明清以来多种志书所记载的中山靖王墓是错误的，亦是毫无疑义的。诸如此类的方志记载与事实不相符的坟墓并非只有两座，只是这两座汉诸侯王陵墓比较典型而且十分确切地证明了多种方志记载的错误而已。

由上述可知，宋元以来，各种方志所记述的先秦两汉古人的坟墓地址，资料前后相互沿袭陈陈相因，文字表述大同小异，多数并非编撰者自己亲自调查得来的资料，更非编撰者进行了考古探查、发掘考察，有的注明了资料的来源，有的没有交代资料的出处。因此，即使一人只有一处墓葬，即使是当地政府经常维护修缮、列入春秋祭祀范围的坟墓，即使古往今来有许多名人拜谒诗文的陵墓等，因为距离历史人物去世时间已经在千年以上，如果没有经过现代的考古探查、发掘考察，出现记载错误的可能性比较大，更何况有些是一个人而有多处陵墓的记载呢？同样的道理，韩婴墓，南朝人记载有任丘县一处，宋朝人记载有任丘县、归信县两处，元代刘因的《乡先生汉韩太傅婴墓》诗作被作为韩婴是容城人的根据，清代人认为宛平县也有韩婴墓，总体来看，随着时间的推移，称为韩婴墓者越来越多，先后有四处。明清以来，绝大多数志书认为已经不清楚其具体位置的任丘韩婴墓，现在又找到了，在任丘市鄚州镇韩家村。而"韩家村，建村于明朝。以姓氏命名为韩家村"②。明朝建村的韩家村为何有早已"失其地"的汉代常山太傅韩婴的墓，根据何在？何人如何找到的？这些基本的事情，说不明白，道不清楚，实在令人怀疑。因此，在没有经过考古探查、发掘清理所说的韩婴墓之前，很难作为韩婴籍贯的确证。即使诸多文献记述的四个韩婴墓中有某一个的确是真实的，还需要仔细考察，因为汉代并非每个人都安葬在故里③，坟墓与故里不画等号，坟墓所在地并不都是籍贯所在地。

---

①　河北省文物研究所：《河北定县 40 号汉墓发掘简报》，《文物》1981 年第 8 期，第 10 页。这种持法成为现在的主流认识。

②　古怀璞主编：《河北政区聚落地名由来大典·沧州市·任丘市》，河北人民出版社 2010 年版，第 2286 页。

③　详细理由，请参见拙作《赵云故居、故里辨证》中的"坟墓与历史人物的故里"部分，《石家庄学院学报》2015 年第 1 期，第 7—9 页，此处不再赘述。

三　韩太傅祠与韩婴籍贯关系探究

中国古代的祠堂起源很早，在中国古代社会盛行自然和祖先崇拜，形成祭祖祭天习俗，周代的宗庙开启了后世祠堂的先河。祠堂一词，在汉代正式出现，汉代的祠、祠堂，又称为祠室、祠庙、祠宇①、神祠②、食堂③等，多指在坟墓旁祭祀祖先或先贤的房屋。"汉世公卿贵人多建祠堂于墓所，在都邑则鲜焉。"④ "文翁终于蜀，吏民为立祠堂，岁时祭祀不绝。"⑤朱邑 "及死，其子葬之桐乡西郭外，民果共为邑起冢立祠，岁时祠祭，至今不绝"⑥。这是仕宦之地的吏民建立的循吏祠堂。"会国相王吉以罪被诛，故人亲戚莫敢至者。〔桓〕典独弃官收敛归葬，服丧三年，负土成坟，为立祠堂，尽礼而去。"⑦ 这是郡国部民建造的祠堂。霍光卒，"发三河卒穿复土，起冢祠堂"⑧；成义侯文齐死，"诏为起祠堂，郡人立庙祀之"⑨。安成孝侯刘赐卒，"帝为营冢堂，起祠庙，置吏卒"⑩。越巂太守张翕去世后，苏祁叟二百余人送丧归家，起坟祭祀，"诏书嘉美，为立祠堂"⑪。这是朝廷为大臣、贵族、高官等建立的祠堂。上述三种均可以归为祭祀先贤的范

---

① （汉）蔡邕著，邓安生编：《蔡邕集编年校注》卷一《王子乔碑》载："被绛衣，垂紫缨。呼孺子，告姓名。由此悟，感布惊。修祠宇，反几筵，馈饎进，甘香陈。"（河北教育出版社 2002 年版，第 104 页）祠宇，亦是祭祀的祠堂类建筑物。

② 神祠，既指祭神的祠堂，如（宋）洪适撰《隶释》卷二《殽阬君神祠碑》（中华书局1986 年版，第 32 页）；也指祭祀人的祠堂，如《隶释》卷五《梁相孔耽神祠碑》（第 59 页）；高文著《汉碑集释·宛令李孟初神祠碑》（河南大学出版社 1985 年版，第 181 页）等。

③ 《汉书》卷九八《元后传》载："堕坏孝元庙，更为文母太后起庙，独置孝元庙故殿以为文母篹食堂，既成，名曰长寿宫。以太后在，故未谓之庙。"（第 4034 页）不仅皇家设食堂，汉代画像石中也有建立食堂的题记，如《永建五年食堂画像石题记》《微山永和元年食堂画像石题记》《微山恒弄食堂画像石题记》《文叔阳食堂画像石题记》（分别见《汉碑全集》第二册，河南美术出版社 2006 年版，第 413、431、452、548 页）等，食堂、祠堂相通，汉代祠堂，是死者灵魂起居、饮食和官府、家人、后人等祭祀的场所，因此，又被称为"食堂"。

④ （宋）司马光：《司马光集》卷七九《文潞公家庙碑》，四川大学出版社 2010 年版，第1602 页。

⑤ 《汉书》卷八九《循吏传·文翁》，第 3627 页。

⑥ 《汉书》卷八九《循吏传·朱邑》，第 3637 页。

⑦ 《后汉书》卷三七《桓荣列传·桓典》，第 1258 页。

⑧ 《汉书》卷六八《霍光传》，第 2948 页。

⑨ 《后汉书》卷八六《西南夷列传·滇王》，第 2846 页。

⑩ 《后汉书》卷一四《宗室四王三侯列传·安成孝侯赐》，第 565 页。

⑪ 《后汉书》卷八六《西南夷列传·邛都夷》，第 2853 页。

围。京师贵戚、郡县豪家，"造起大冢，广种松柏，庐舍祠堂，崇侈上僭"①。"先考积善之余庆，阴德之阳报，乃于是立祠堂，假碑勒铭，式明令德，以示乎后。"② 这是贵戚、豪强建立的祠堂。汉成帝时，张禹年老，"自治冢茔，起祠室"③。这是自己在生前建立的祠堂。"兄弟暴露在冢，不辟晨夏，负土成墓，列种松柏，起立石祠堂，冀二亲魂零有所依止。"④ 这是儿子建立的祠堂。上述三种均可以归为祭祀祖先的范围。扬雄卒，"桓君山为敛赗，起祠茔"⑤。这是去世后朋友帮助建立的祠堂。汉朝建造祠堂者身份复杂，途径多种多样，数量众多。既有砖木结构者，也有石结构者。砖木结构者早已倾圮，石结构者有些保存到了现代，如山东嘉祥县的武梁祠、武荣祠、武斑祠、武开明祠等，统称为"武氏祠"等。从时代、身份与等级来说，常山太傅韩婴去世后，坟墓旁也应当建立有祠堂，但时过境迁，一千八百余年过去了，韩婴墓的祠堂，已经很难寻找。

魏晋以后，祠堂制度，在继承中向前发展，在发展中变革完善，向士庶化发展。既保留了祭祀祖宗或先贤庙堂的基本内容，又有所变化，祠堂位置由墓地迁移到居住地，家庙由贵族官僚的上层逐渐普及整个社会，宗族宗祠亦通称为祠堂，丰富了祠堂的内容。唐朝规定以官品为所祀世数之差建立私庙，私庙，就是后世所说的家庙。从此"百官家庙""群臣家庙"成为国家礼制的重要组成部分⑥。唐天宝十载（751）规定："天子七庙，诸侯五庙，大夫三庙，士一庙。今三品以上，乃许立庙，永言广敬，载感于怀。其京官正员四品清望官，及四品五品清官，并许立私庙。"⑦ 官员品级与家庙建立有着直接的联系。宋朝几经大臣上书建议、皇帝下诏，规定大臣可以建家庙。宋朝"大臣赐家庙者：文彦博、蔡京、

① （汉）王符著，（清）汪继培笺：《潜夫论笺》卷三《浮侈》，中华书局 1979 年版，第137 页。

② 《蔡邕集编年校注》卷二《郡掾史张玄祠堂碑》，第 499 页。

③ 《汉书》卷八一《张禹传》，第 3350 页。

④ 徐玉立主编：《汉碑全集》第三册《芗他君石祠堂石柱题记》，第 737 页。

⑤ （汉）扬雄著，张震泽校注：《扬雄集校注》附录一《扬雄佚事》，上海古籍出版社 1993 年版，第 428 页。

⑥ 《唐会要》卷一九有《百官家庙》的专项条目，《宋史》卷一〇九《礼十二》有《群臣家庙》的内容，《明会要》卷一〇《礼五》有《群臣家庙》的类目，《明史》卷五二《礼六》有《群臣家庙》的记述，（明）王圻撰《续文献通考》卷八六《群庙考》有《公侯以下家庙礼仪》的记载等。从这些记述中可知，百官、群臣家庙变得越来越重要，规定得越来越具体细致。

⑦ 《唐会要》卷一九《百官家庙》，上海古籍出版社 2006 年版，第 450 页。

郑居中、邓洵武、余深、侯蒙、薛昂、白时中、童贯、秦桧、杨存中、吴璘、虞允文、史弥远，凡十四人"①。明清时代，祠堂继续发展，尤其是嘉靖十五年（1536），礼部尚书夏言上书曰："伏望皇上扩推因心之孝，诏令天下臣民，许如程子所议，冬至祭厥初生民之始祖，立春祭始祖以下高祖以上之先祖，皆设两位于其席，但不许立庙以逾分，庶皇上广锡类之孝，子臣无禘祫之嫌，愚夫愚妇得以尽其报本追远之诚，溯源徂委，亦有以起其敦宗睦族之谊，其于化民成俗，未必无小补云。"② "上是之。"③ 夏言上书得到了嘉靖皇帝的支持，"十一月，诏天下臣民得祀始祖"④。这既是明嘉靖皇帝大礼议后更定祀典推广恩德的产物，也顺应了宋代以来民间祭祀祖先的需求，更为重要的是把实际存在的民间礼仪纳入朝廷规范的礼仪，实际上突破了"庶人祭于寝"⑤ "庶士、庶人无庙"⑥ 的规矩，形成家庙祭始祖的制度，开启了后来祠堂大普及的道路，促进了后世"宗祠遍天下矣"⑦ 格局的形成。

祠堂遍布各地，类型多种多样。粗略地可分为两大类。

一是宗族祠堂，有祠堂、宗祠、支祠、家祠等区别，多是一姓一祠，分支再建支祠，也有数姓合建一祠的。"祠堂是宗族中宗教的、社会的、

① （宋）罗大经：《鹤林玉露·乙编》卷五《大臣赐家庙》，中华书局 1983 年版，第200 页。

② （明）夏言：《夏桂洲先生文集》卷一一《请定功臣配享及令臣民得祭始祖立家庙疏》（《四库全书存目丛书》，齐鲁书社 1997 年版，集部第 74 册，第 528 页）。夏言上书，不见于《明实录·世宗肃皇帝实录》的相关部分，而见于（明）王圻撰《续文献通考》卷一一五《宗庙考·百官家庙》（《续修四库全书》，第 764 册，第 217 页）；（清）张廷玉等撰《明史》卷五二《礼六·群臣家庙》（中华书局 1974 年版，第 1342—1343 页）等书的引用。

③ 《续文献通考》卷一一五《宗庙考·百官家庙》（《续修四库全书》，第 764 册，第 217页）。《明史》卷五二《礼六·群臣家庙》作"从之"（第 1343 页）；（明）涂山辑《明政统宗》卷二四《世宗肃皇帝》亦作"从之"（《四库禁毁书丛刊》第一辑，史部第 2 册，北京出版社2000 年版，第 662 页）等，可证嘉靖皇帝采纳了夏言的建议。

④ （明）许重熙：《宪章外史续编》（又称《嘉靖注略》《嘉靖以来注略》）卷二嘉靖十五年（《续修四库全书》，第 353 册，第 44 页）。又见（明）雷礼、范守己辑《皇明大政记》（又称《皇明肃皇外史》）卷二三嘉靖十五年（《续修四库全书》，第 354 册，上海古籍出版社 2002年版，第 519 页）；（清）谷应泰撰《明史纪事本末》卷五一《更定祀典》（中华书局 1977 年版，第 780 页）等书的记载。

⑤ （清）孙希旦：《礼记集解》卷一三《王制》，中华书局 1989 年版，第 342 页。

⑥ 《礼记集解》卷四五《祭法》，第 1201 页。

⑦ （清）李元度：《天岳山馆文钞诗存·天岳山馆文抄》卷四《家庙碑》，岳麓书社 2009年版，第 91 页。

政治的和经济的中心，也就是整族整乡的'集合表象'（Collective Repre-sentation）。"① 涉及领域广泛，影响持久深远。

二是先贤祠堂，有专祠、合祠、群祠等区分。祭祀曾国藩的曾文正公祠②，属于专祠，这类祠堂的数量众多，人员身份复杂。祭祀湖南巡抚骆秉章、署湖广总督张亮基、湖南布政使潘铎的骆潘张三公祠③，属于合祠，二圣祠、双节祠、三忠祠、四公祠、七贤祠等都可以归入合祠的类别中。祭祀苏州府自周至清道光年间的五百七十余位先贤的五百名贤祠④，属于群祠，忠良祠、昭忠祠、显忠祠、忠烈祠、忠义祠、先哲祠、乡贤祠、名宦祠等，都属于群祠的范围。先贤祠堂表彰的是先哲事业和精神，为后人树立的楷模，体现了社会的主导意识，是国家表彰先哲、崇德报功、教化激励世人的载体。

作为一个著名的历史人物，往往既在宗族祠堂中有塑像、画像、神主等，作为宗族的标志性人物；又在先贤祠堂中有其形象、姓名，作为历史上先贤的代表。作为宗族的标志人物，记录在家谱、宗谱上，因为宗族住地的迁移、被拉来做祖宗等，家谱上作为始祖、先祖的人物籍贯与修家谱的地点不相吻合是经常的。作为先贤祠堂中的先贤代表，记载于正史、一统志、通志、府州县志书中，有些人不仅在籍贯所在地进入乡贤祠，而且在仕宦地列入名宦祠，还往往被收入多种先贤祠堂中，所以先贤祠堂所在地与历史人物的籍贯并不都是相吻合的。

常山太傅韩婴作为韩氏的历史人物⑤，究竟有多少韩姓的家谱、宗谱、总谱中，为了显示家族历史的辉煌、荣耀以其作为始祖、先祖等，笔者一时难以查阅清楚，暂且搁置不议。在地方志书的祠宇、祠庙、坛壝等门类中往往记述先贤祠堂的情况，为研究历史人物影响提供了资料线索。查阅天顺《明一统志》，康熙、雍正、光绪《畿辅通志》，嘉靖、万历、康熙、乾隆《河间府志》，万历、光绪《顺天府志》，康熙《宛平县志》，

---

① 林耀华：《义序的宗族研究》第二章《宗族组织的形式·祠堂的建立》，生活·读书·新知三联书店 2000 年版，第 28 页。

② 《天岳山馆文钞诗存·天岳山馆文钞》卷四《敕建曾文正公祠碑》，第 93—97 页。

③ 《天岳山馆文钞诗存·天岳山馆文钞》卷四《敕建骆潘张三公祠碑》，第 97—99 页。

④ 同治《苏州府志》卷三七《坛庙祠宇二》，《中国地方志集成·江苏府县志辑》，江苏古籍出版社 1991 年版，第 8 册，第 140 页。

⑤ 除了正史、方志记载韩婴外，韩崇义主编《韩氏历史人物志·秦汉三国》部分收录了韩婴，作"韩婴，西汉经学家，燕人（今北京市）"。山西古籍出版社 1999 年版，第 36 页。

康熙《大兴县志》，光绪、民国《容城县志》等书中的相关门类，均无韩婴祠或韩太傅祠专祠的记载，至于当地的乡贤祠等群祠中是否有韩婴的位置，也没有看到详细的资料。固然，没有记载的事情，不等于实际上不存在，但没有资料不便推测妄言，等待发现了资料再加评说。乾隆《容城县志》卷三《学校志》载："乡贤祠三楹在翰门右，列祀十一人。"至于有无韩婴的位置，也没有看到相关的资料。民国《雄县新志·法制略》载：乡贤祠祀位。明礼刑二部尚书都察院左都御史刘观等十一人，证明没有韩婴的位置。

有些志书把韩婴收入了乡贤祠，如乾隆、光绪《涿州志》卷三《建置志·祠庙》记载了设在学宫内的乡贤祠祭祀的先贤中有"汉韩婴"，这与其书的人物传记载是一致的。乾隆《大清一统志》载："韩太傅祠。在任邱县南十八里韩家铺之思贤村，祀汉太傅韩婴，乾隆二十六年建并修筑授经台，其旁建有行宫。皇上南巡驻此，屡有御制诗思贤村及授经台诗。"① 这是笔者目前所见具体说到韩太傅祠的具体位置与修建时间的史料。韩太傅祠，是一个"三间祠"②，在任丘县南的思贤村，乾隆二十六年（1761）修建，并修筑了授经台，也就是说在此之前没有韩太傅祠，也没有授经台。这个时间的说法是可信的。之所以说可信：

一是在于乾隆《任邱县志》，雕版完成于乾隆二十七年七月，印刷当在乾隆二十八年二月以后，所以才能够记载乾隆二十六年建造的韩太傅祠。

二是乾隆《任邱县志》卷二《建置志·坛壝》记载了扁鹊祠、长桑君祠、刘守真祠等，而没有记述在扁鹊之后、在刘完素之前的韩婴，有扁鹊祠、刘守真祠，而没有记述韩太傅祠，当是韩太傅祠尚未列入政府祭祀的专祠。

三是乾隆《任邱县志》卷四《礼乐志》乡贤祠祭祀"汉颍川太守征拜司空张敏，北魏赠尚书左仆射瀛州刺史谥文贞邢晏"等，而不见有韩婴之名，可知任丘县乡贤祠中也没有汉常山太傅韩婴的位置。

正因为如此，乾隆《任邱县志》把韩婴列于人物传的"儒林"类，

---

① 乾隆《大清一统志》卷一六《河间府二》，文渊阁《四库全书》，第 474 册，第 303 页。

② 徐世昌编：《晚晴簃诗汇》卷六永瑆《韩太傅祠》曰："下马肃容容，再拜三间祠"（中华书局 1990 年版，第 108 页）。民国《任丘县乡土地理》载："韩婴祠并其授经台，俱在思贤村南，清行宫之旁，架仅一楹"（《任丘文史资料》第 8 辑，《任丘县乡土地理》，2002 年，第 252—253 页）。楹是量词，是房屋的计量单位，屋一列或一间为一楹。无论是"三间祠"，还是"一楹"，都是说韩太傅祠规模不大。

在此处记述"邑城南有韩太傅祠"①。

　　乾隆《大清一统志》的"韩家铺之思贤村"的记述，疑有讹误之处。思贤村的前身是沙村，曾经分为东善村、西善村、南善村、北善村，合称为四善村，乾隆二十七年清高宗弘历改为思贤村。"韩婴故里，即韩庄铺，去香城屯三里。"② 韩家铺、韩庄铺当是清代同一村庄名称的不同写法，即现代的韩家村。从光绪《畿辅通志》卷四十九《舆地略·任邱县》图看，韩庄铺在任丘县城北，今属于任丘市鄚州镇韩家村；思贤村在任丘县城南，今属任丘市西环路街道办事处，从任丘城北的韩家村到城南的思贤村，有二十多公里的距离，不可能是一个村子，或是两个自然村合成的行政村，因此说，思贤村并非韩家铺之思贤村。

　　乾隆《任邱县志》列韩婴于"儒林"，说"邑城南有韩太傅祠"③，即韩太傅祠在任丘城南，具体位置在今任丘市西环路街道办事处思贤村。又说："韩婴故里，即韩庄铺，去香城屯三里。"④ 上面已经说过韩庄铺与思贤村并非在一地，也就是说乾隆《任邱县志》并不认为韩太傅祠与韩婴故里画等号，这是很有道理的。韩太傅祠是祭祀韩婴的场所，可以建在故里，也可以在其他地方建立；韩姓可以修建韩太傅祠以祭祀祖先，以显示宗族的荣耀，政府可以修建韩太傅祠以激励士人，以教化百姓。真正的韩婴故里只会有一处，而作为韩太傅祠，只要有人愿意出钱，有人愿意出力，有人愿意操办，并有地方就可以建筑，可以修建无数所。因此，韩太傅祠与韩婴故里两者并不画等号。

　　沙村、四善村、思贤村，所标示的是同一个村庄先后曾用过的名字⑤。

---

① 乾隆《任邱县志》卷九《人物志上》，《中国地方志集成·河北府县志辑》，第48册，第192页。

② 乾隆《任邱县志》卷一《舆地志·里》，《中国地方志集成·河北府县志辑》，第48册，第57页。

③ 乾隆《任邱县志》卷九《人物志上》，《中国地方志集成·河北府县志辑》，第48册，第192页。

④ 乾隆《任邱县志》卷一《舆地志·里》，《中国地方志集成·河北府县志辑》，第48册，第57页。

⑤ 黎仁凯主编《直隶义和团调查资料选编》五《〈义勇列传〉选·任丘段家坞教案》载："阳历6月29号，即阴历六月初三日，在沙村即思贤村郊外被拳匪撞见，问明了他是奉教人，就把他领到该村的大寺中把他杀害了"（河北教育出版社2001年版，第260页）。孙杰主编《任丘市志》第四编《政党群团》第三章《重大运动》载：1947年"12月，全县开始贯彻《土地法大纲》。县委首先在三区沙村（思贤村）、一区前长洋村搞了试点。为了掌握土改具体情况，及时指导工作，县委搬到沙村（思贤村）办公"（第188页）。这两条资料可证，沙村就是思贤村。

乾隆二十五年（1760），任丘知县刘统督修了沙村行宫①。乾隆二十六年，修建了韩太傅祠和授经台。乾隆二十七年（壬午年，1762），清高宗弘历南巡，前去与归来的正月庚戌（农历正月十三，公历 2 月 7 日）、四月壬辰（农历四月十七，公历 5 月 10 日），都驻跸于思贤村行宫，曾作诗曰："汉家太傅有遗祠，行馆于旁朴且宜。两字思贤易新号，千秋稽古藉先资。"自注曰："旧名四善村因易此名。"②又说："村名易思贤，所思因授经。……太傅兴是邦，津梁接后生。"自注曰："旧名四善村，壬午南巡驻此，以地有汉太傅韩婴祠，因易今名。"③ 也就是乾隆二十七年皇帝南巡，因行宫旁有韩太傅祠，清高宗弘历联想到韩婴传授经学，把四善村改名为思贤村。目前可知清高宗弘历九次驻跸于思贤村行宫④，又曾经六次撰写有关思贤村的诗篇⑤，可见清高宗弘历对思贤村的关切。

正是因为乾隆二十六年修建了韩太傅祠，后来有些人顾名联想，把韩太傅祠与韩婴籍贯联系在一起，从乾隆二十七年以后，至今不断。清朝有

---

① 乾隆《任邱县志》刘统《叙》曰："余自己卯下车后，爬梳剔抉"（《中国地方志集成·河北府县志辑》，第 48 册，第 6 页）。乾隆《任邱县志》卷七《官师志·宦绩传·刘统》载："己卯，服阕，补任丘令，办差一如在雄时，督修思贤村行宫，综核名实，裁减浮冒，吏胥不得缘以为奸"（《中国地方志集成·河北府县志辑》，第 48 册，第 159 页）；卷七《官师志·县职表》县令栏载：乾隆二十五年、二十六年，刘统，武威人，拔贡（《中国地方志集成·河北府县志辑》，第 48 册，第 149 页），由上述可知刘统当在乾隆二十四（己卯）年为任丘知县，思贤村行宫当是在乾隆二十五年修建。（清）高晋等编《南巡盛典》卷八三《名胜》载："乾隆壬午岁，仍旧字修葺为行宫"（《影印文渊阁四库全书》，第 659 册，第 310 页）。乾隆壬午岁，即乾隆二十七年，此书所载时间不可靠。因为清高宗在乾隆二十七年（壬午岁，1762）正月庚戌，"驻跸思贤村行宫"（《清实录·高宗纯皇帝实录》卷六五三乾隆二十七年，中华书局 1986 年版，第 17 册，第 308 页）。四月壬辰，"驻跸思贤村行宫"（《清实录·高宗纯皇帝实录》卷六五九乾隆二十七年，第 17 册，第 382—383 页）。乾隆二十七年，清高宗分别于正月、四月驻跸思贤村行宫，证明当时行宫已经修筑完毕，可以居住，如在乾隆二十七年修建，清高宗如何能够驻跸于思贤村行宫呢？

② 《御制诗三集》卷一八《驻跸思贤村行馆题句》，文渊阁《四库全书》，第 1305 册，第 540 页。

③ 《御制诗三集》卷四四《夕》，文渊阁《四库全书》，第 1306 册，第 20 页。

④ 清高宗九次驻跸思贤村，按照时间先后来排列：一是乾隆二十七年正月庚戌；二是同年四月壬辰；三是乾隆三十年正月丙寅；四是同年四月辛酉；五是乾隆四十五年正月乙未；六是同年五月辛巳；七是乾隆四十九年正月壬子；八是同年四月壬寅；九是乾隆五十五年二月癸酉。详见《清实录·高宗纯皇帝实录》的相关记载。

⑤ 分别是《驻跸思贤村行馆题句》《思贤村行馆迭旧作韵》《思贤村行馆再迭旧作韵》《思贤村上元后夕迭壬午诗韵》《思贤村行馆三迭旧作韵》《思贤村行馆四迭旧》等六首，详见《御制诗三集》《御制诗四集》《御制诗五集》。

人言："韩太傅祠，在任邱县南十里四善村，村即汉韩婴故居也。"① 此说不知有何根据，故居与故里有联系，也并不相等，故居可以有很多，既是故居又是故里者只有一个，仅靠乾隆二十六年修建的韩太傅祠就能够证明思贤村即是韩婴故居吗？资料还差得很多。乾隆年间于敏中曰："河间道中思贤村，旧曰四善，韩婴里也。"② 思贤村如何与韩婴故里建立联系，没有充分的史料为基础，恐怕只是一厢情愿罢了。同时的王昶亦言："故居今已作遗祠，功在儒林不朽宜。"自注曰："今祠即韩婴故居。"③ 须知任丘地处河北平原，河北平原是淤积平原，汉代文化层除了个别的高岗和城池等处之外，多数已经处在现代地表面以下二三米或四五米不等④，不是随便就能够看到的；汉代的建筑技术与材料无疑不如后代先进，乾隆二十六年修建的韩太傅祠，到民国初年，仅过了一百五十多年，就已经"矮狭不堪，倾已就圮，而村人无复修者"⑤。至今已经夷为农田。何况到清乾隆二十七年，已经历时一千八九百年的韩婴故居，清朝乾隆年间的人们怎会看到呢？因此，韩婴故居的说法无法使人相信。道光年间的李钧曰："汉韩婴，邑人……邑西沙村，其故里也，乾隆中赐名思贤村。"⑥ 现代人则更具体地说："韩婴（约前200—前130），汤郡鄚（今任丘市思贤村）人。"⑦ "汤郡"当是"涿郡"之误。李钧与现代人的看法直接把思贤村说成了韩婴故里，实际上距离事实更远了。

---

①　（清）高晋等编：《南巡盛典》卷八三《名胜》，文渊阁《四库全书》，第659册，第310页。

②　（清）董诰等辑：《皇清文颖续编》卷五三于敏中《圣驾南巡衢谣四十章·思贤谣》，《续修四库全书》，第1666册，第341页。

③　（清）王昶：《春融堂集》卷二〇《恭和御制思贤村行馆四叠旧韵元韵》，《续修四库全书》，第1437册，第559页。

④　衡水市文物管理处：《河北安平水泥管厂东汉墓》载："一号墓（M1）位于该院内的南侧，墓葬开口在距地表3.5米深处的汉代文化层上，墓道朝北，为正南北向。""二号墓（M2）位于M1西北12米处，墓葬开口距地表深3.5米，墓道朝南，由墓道、甬道、前室、中室、后室5部分组成"（《文物春秋》2005年第2期，第39—40页）。

⑤　《任丘文史资料》第8辑马合意提供《任丘县乡土地理》（2002年，第253页）。韩太傅祠，如果是韩姓家族早已经建筑的韩姓家庙，为何族大人多的韩姓无人主动维修，眼看着它倾倒呢？由此可见韩太傅祠是乾隆二十六年县衙门所修建的，所以韩姓不加维修护理。

⑥　（清）李钧：《转漕日记》卷四，道光十七年五月二十三日，《续修四库全书》，第559册，第806页。

⑦　程鸿飞主编：《河北地名文化志：千年古县·任丘市》，当代中国出版社2007年版，第537页。

　　总体来看，上述五种关于韩婴籍贯的说法，其时间都在乾隆二十六年修建了韩太傅祠之后，其之所以讹误，除上面所述理由之外，还有一些事情也可见其说法的讹误。

　　一是乾隆二十五年时督修思贤村行宫的知县刘统所编纂的乾隆《任邱县志》并没有把韩太傅祠与韩婴故里联系起来，在乾隆《任邱县志》中记述了韩太傅祠的位置在任丘城南，另把任丘城北的韩庄铺作为韩婴故里，因为他知道韩太傅祠如何修建起来的，清楚其中的关系。至于任丘城北的韩庄铺是否是韩婴故里那是另外一个问题，容当另论。

　　二是现代人顾恒敬主编的《思贤村志》，是目前搜集、整理思贤村资料最为丰富的著述，也没有把思贤村作为韩婴故里。顾恒敬早就关注韩婴问题，撰写了《韩婴》一文，发表在《河北学刊》1984 年第 4 期上，他把自己的大作放在《思贤村志》第十编《附记》第一章"诗文辑存"中。除了他认为："乾隆《任邱县志·人物志》把韩婴列为'儒林'第一位，并明确记载'邑城南有韩太傅祠。'任丘古为鄚县，西汉时属幽州之涿郡，诸侯争雄的战国时代属于燕国，所以说韩婴为任丘人不无道理"①之外，还因为在他主编的《思贤村志》中，记述了有关韩姓的情况："据该姓五世先人，明嘉靖间曾任山西大同府同知的韩煖'墓志铭'记载。该韩'世为任丘望族'。另据同族小北关韩氏族谱记载：'明永乐年间由旧总铺迁居任丘西白塔'，'从八世祖邦秀坟拔出，迁居思贤村。根派二门'。至今已传 25 世。此外，本村尚有该韩'四门'之后居住，已传十余世。现全村韩姓共有 187 户 800 人。"② 这些史料很具体，迁徙脉络清晰，也很可靠。

　　从这些资料可清楚以下几个问题：

　　首先是韩煖是嘉靖元年（1522）壬午科举人③，距韩婴去世也有一千五六百年之久，他是任丘该韩姓的五世先人，按照三十年一世计算，该韩

---

　　① 顾恒敬：《韩婴》，《河北学刊》1984 年第 4 期；又见《思贤村志》第十编《附记》第一章《诗文辑存》，2002 年，第 488 页。

　　② 《思贤村志》第二章《姓氏、宗族》，第 119 页。

　　③ 嘉靖《河间府志》卷二六《选举志·乡举·任丘县乡举》载："韩煖，偃师知县。以上俱嘉靖壬午科"（《天一阁藏明代方志选刊》，第 1 册，第 22 页 A 面）。光绪《畿辅通志》卷三八《选举表六》载：嘉靖元年壬午科，"韩煖，任丘人，山西大同府同知"（《续修四库全书》，第 629 册，第 460 页）。由上述资料可知韩煖是明嘉靖壬午科举人。

姓也是在明朝初年迁到任丘县白塔村的，所谓"世为任丘望族"①，也不会过二百年。即使该韩姓家谱或族谱上把韩婴列为始祖或先祖，世系前后不连接，也难免有强拉姓韩的历史名人做祖先的嫌疑。还有西汉有两个韩婴，即常山太傅韩婴和襄城哀侯韩婴，究竟是哪个韩婴呢？因为笔者没有亲眼看到该韩姓的族谱不敢妄言。

其次是"从八世祖邦秀坟拔出，迁居思贤村"的韩姓，时间当在明朝万历年间，距离韩婴去世已经过了一千六七百年，怎么能够证明迁居到思贤村的韩姓是常山太傅韩婴的后裔，《思贤村志》的编纂者都没有说这里是韩婴故居、韩婴故里，那些路过这里的官僚不过是顺口开河罢了。

最后是思贤村的原名是沙村、四善村，比较早的建村说法是"隋唐之际，沙村建村"②。怎么会该村从汉朝就与韩姓有关系呢？

乾隆《任邱县志》和现代《任丘市志》③《思贤村志》不把韩婴具体为思贤村人，相对秉持了实事求是的精神，比起清朝的军机大臣于敏中等人的看法来说更靠谱些。那些没有充分证据，就认为思贤村是韩婴故里的说法不可靠。

乾隆二十六年，在任丘县沙村修建韩太傅祠是真实的，虽然现在已经夷为农田，也不能否定乾隆二十六年以后曾经存在过一百多年。但因此而认为修建了韩太傅祠的思贤村，就是常山太傅韩婴的故里，是韩婴的故居，就有点太牵强附会了。

---

①　马合意编著《任丘金石文徵》卷三《明故奉政大夫山西大同府同知东谷韩君墓志铭》载："君讳煖，字子春，东谷其别号也，世为任丘望族"（2012 年，第 150 页），与《思贤村志》记载相同。韩煖墓志铭又载："明年甲辰四月初二日，其子圭等预卜葬于城西白酒村南原祖茔之次"（第 150 页）。乾隆《任邱县志》卷九《人物志上·政事》所载韩煖生平履历："韩煖，字子春，嘉靖壬午举人。初任济源教谕，升国学学正，改之安邑县，调偃师县，升大同府同知，所在有政声。墓在白塔村"（《中国地方志集成·河北府县志辑》，第 48 册，第 218 页），与韩煖墓志铭记载相同。韩煖墓志铭所记载的明嘉靖甲辰年时（二十三年，1544）的白酒村，即乾隆《任邱县志》的白塔村，亦是今任丘市西环路办事处的白塔村，由此可知韩煖同族小北关韩氏族谱记载："明永乐年间由旧总铺迁居任丘西白塔"，"从八世祖邦秀坟拔出，迁居思贤村。根派二门"是基本可靠的。

②　《思贤村志·大事记》（第 7 页）。《河北政区聚落地名由来大典·沧州市·任丘市》载：西环路街道办事处"［思贤村］建村于明朝初年"（第 2285 页）。两者说法不同，但不说西汉建村则是相同的。

③　孙杰主编：《任丘市志》第十七编《人物》第一章《人物传略》载："韩婴（约前 200—前 130），涿郡鄚（今任丘市）人"（第 638 页）。说到了任丘市，而没有具体为思贤村人。

四　余论

两千多年来，对汉常山太傅、韩诗学派的开创者韩婴籍贯的记述资料，在逐渐增加之中，地点也越来越具体。司马迁的《史记·儒林列传》记载："韩生者，燕人也。"说的是燕国。班固的《汉书·儒林传》在沿袭《史记》燕人的同时，又增加了"孝宣时，涿郡韩生其后也"的资料。这些成为后人说韩婴籍贯的原始性资料。南朝吴郡吴县人顾野王《舆地志》记载了："鄚县有韩婴冢。"开启了韩婴冢墓在鄚县（治今河北任丘市鄚州镇驻地）的先河。宋朝人晏殊的《晏元献公类要》记载："韩婴墓。在〔归信县〕西北五里。"宋代归信县的治所在今河北雄县雄州镇驻地，又增加了一个韩婴墓的资料。潘自牧的《记纂渊海》卷二二《郡县部·燕山府路·燕山府》载："汉韩婴，郡人。"把韩婴籍贯归于燕山府（治今北京市区），开始了韩婴籍贯由燕国向郡府县村庄具体化的历程。元朝刘因的《乡先生汉韩太傅婴墓》诗作，成为韩婴是容城人的根据。明清《顺天府志》把韩婴作为先贤，《河间府志》以韩婴墓在任丘也把韩婴作为先贤。清代的《涿州志》把韩婴作为本州人，并在先贤祠设立其牌位进行祭祀。清代的《大兴县志》《宛平县志》《任邱县志》也把韩婴列入了本县人才或人物的范围。乾隆二十七年以后，有些人认为韩婴故里、故居在今任丘思贤村，具体到了中国古代社会的基层单位。在实物史料方面，韩婴冢墓，有记载在任丘、雄县、宛平、容城者，共四处。祭祀韩婴的祠堂，涿州有群祠类的先贤祠，任丘有专祠类的韩太傅祠，共两处。至今，韩婴墓与韩太傅祠等仅保存在文献记载中，而实际上已经难寻踪影，韩婴墓再次出现也使人生疑。总体来看，韩婴籍贯由汉代的燕国人，逐渐落实到村庄，具体体现为明清顺天、河间两府，涿州一州，宛平、大兴、任丘三县以及现代容城县，也就是明清以来两府一州四县认为是韩婴籍贯所在地。

顺天府主要是以汉燕国都城所在地立论，与司马迁、班固的韩婴籍贯"燕人也"有吻合的一面，又有不具体的一面。大兴、宛平无疑是属于汉初燕国之地，但并不等于所有燕国人都是居住在燕国都城的人，一个人也不可能属于两个县。涿州、任丘、容城，在《汉书·地理志上》都属于涿郡，但韩婴是西汉初年燕国人，涿郡当是汉武帝元狩六年（前117）由燕国与河间国之间的部分县组合而成，还需要证实当地不仅属涿郡，而且属于汉初的燕国，需要使人信服的证据。

民国以来，政治制度发生了巨大变化，秦朝以来两千余年的皇帝专制制度推翻了，变成了中华民国，1949 年成立了中华人民共和国，传统的农业文明古国向现代化国家转变，经济制度、社会思想、风俗民情等随之发生了翻天覆地的巨变。地方志也随之开始由古代向现代的转化。编纂体例变了，编纂内容等多方面发生了变化。在韩婴籍贯问题上，也在悄悄地发生着变化。民国《北京市志稿》编纂者把韩婴作为北京人①，民国《涿县志》第六编第二卷《儒林》把韩婴作为涿县人。现代河北的《涿州志》、北京市的《大兴县志》不再把韩婴作为本地人士②，原属清代宛平县辖地的北京市各区志也没有把常山太傅韩婴作为本区的历史人物③，其他北京市城区志也未收录韩婴为本区的历史人物④，可知现在北京市城区

---

① 吴廷燮等纂：《北京市志稿·人物志》卷一一《儒林》，根据《史记·儒林列传》《汉书·儒林传》资料，撰写了韩婴传，收录入书中。北京燕山出版社 1997 年版，第 11 册，第 277—278 页。

② 史丽荣主编：《涿州志》第三十六篇《人物·人物传》与《人物录·历代名人录》记述历史人物都是从东汉卢植开始，而没有记述西汉常山太傅韩婴（方志出版社 1997 年版，第 746、748 页）。《河北地名文化志：千年古县·涿州市》的历代人物部分，亦如此记载（第 439 页）。王金富、张书领主编《大兴县志》第三十一编《人物》第一章《人物传》从晋代范阳方城人张华（其故里张华村现属大兴县）开始，也没有再记述西汉的韩婴（北京出版社 2002 年版，第 666 页）。

③ 宛平县，1952 年撤销其建置，现在北京市西城区、宣武区、丰台区、海淀区、石景山区、门头沟区等的全部或大部区域曾为原宛平县辖。现代的《北京市西城区志》第三十五编《人物》第一章《人物事略》从元代尼波罗国（今尼泊尔）人阿尼哥起记述（北京出版社 1999 年版，第 891 页）。《北京市宣武区志》第二十九编《人物》第一章《人物传略》第一个是战国的乐毅，第二个是北魏平恒（北京出版社 2004 年版，第 753 页）。《北京市丰台区志》第二十五编人物第一章《人物传略》从辽代名僧行均开始记述（北京出版社 2001 年版，第 713 页）。《北京市海淀区志》第三十四编第一章《人物传》从金代王郁开始记述（北京出版社 2004 年版，第 949 页）。《北京市石景山区志》第三十二编第一章《人物事略》第一个是燕昭王，第二个是三国时代的刘靖（？—254），也没有记述韩婴（北京出版社 2005 年版，第 856 页）。《北京市门头沟区志》第二十一编第一章《人物传》从唐代华严和尚开始记述（北京出版社 2006 年版，第 695 页）。从这现代六部北京市区志来看，作为宛平县的继承者都没有再把常山太傅韩婴作为本辖区的历史人物。

④ 北京市的市区，除上述各区外，尚有东城区、崇文区、朝阳区等。《北京市东城区志》第三十二编《人物》第一章《人物事略》记述的第一个人物是南宋的文天祥，"在柴市（今交道口一带）慷慨就义。明朝时，在兵马司狱故址建文丞相祠，以资纪念"（北京出版社 2005 年版，第 863 页）。《北京市崇文区志》第二十七编《人物》第一章《人物事略》记述的第一位人物是明代的杨慎，第二位是明代的袁崇焕（北京出版社 2004 年版，第 868—869 页）。《北京市朝阳区志》第三十四编《人物》第一章《传略》记述的第一位是蒯通，因为"死后葬于今南磨房乡南八里庄"。第二位是东汉的吴汉，第三位是元初的张弘纲（北京出版社 2007 年版，第 762 页）。这三个区都没有记述常山太傅韩婴为本区古代历史人物。

不再从北京城区是燕国都城、幽州治所等着眼，而把韩婴作为北京市的历史人物。《北京通史》等书收录燕人韩婴为北京秦汉时期的历史人物①，《河北省志·人物志》等把韩婴作为河北秦汉人物收录②，都是根据司马迁、班固所说的"燕人"而来，并非具体于某县市乡村，有笼统的毛病，相对有比较高的概率，因为范围相对大些。现代的《容城县志》《任丘市志》等都将汉常山太傅韩婴作为历史人物收入了方志。尤其是任丘市内部还有不同的意见，有主张韩婴是任丘人者，有主张韩婴是任丘市思贤村人者，有范围大小的区别。所谓与韩婴籍贯有关的韩婴墓、韩太傅祠，都存在着一些证据不足的弊端。

在引用资料方面，张之洞主张"引书用最初者"③。黄彭年的《重修湖北通志纂校章程》言："两书并见，取其最先。"强调要用原始性文献，或者说要用第一手材料，这是因为史实记载"远不如近，闻不如见"④。"时近则易真，地近则易核"⑤，越是原始性的文献，就越保存了比较多的真实因素。汉代人记述的汉代人物坟墓，有的经现代考古探查、发掘考

　　① 范瑾等主编《当代的中国北京·绪论》载："汉文帝时，燕人韩婴是传《诗》的三大名家之一，所著《韩诗外传》，至今流传于世"（中国社会科学出版社1989年版，第9页）。曹子西、王彩梅、于德源撰《北京通史》第一卷第七章《西汉时期的燕地蓟城》载："燕诗即以燕人韩婴为代表。燕人韩婴"（北京燕山出版社2012年版，第171页）。曹子西主编《北京史志文化备要》十二《人物纪略》作："韩婴燕人"（中国文史出版社2008年版，第651页）。曹子西主编《北京历史人物传·秦汉时期》载："韩婴，燕人"（北京燕山出版社2014年版，第19页）上述说法，都是依据司马迁、班固的记述来撰写，没有把韩婴具体为北京某县某区人。
　　② 孟繁清、秦进才主编：《河北省志·人物志·秦汉》根据《史记》《汉书》记载，以"燕（都今北京西南）人"收录的（人民出版社2005年版，第31页）。《河北历史名人传·古代卷上》亦如此记载（河北人民出版社1997年版，第98页）。吕苏生著《河北通史·秦汉卷》载："韩婴，燕人"（河北人民出版社2000年版，第283页）。王长华主编《河北文学通史》第一卷第二编《秦汉河北文学》亦作："韩婴，燕人"（科学出版社2010年版，第62页）。上述说法，都是以韩婴是燕人立说，而没有具体为河北某市乡村人。
　　③ 《张之洞全集》卷二八一《纂修〈顺天府志〉略例》（河北人民出版社1998年版，第10091页）。《光绪顺天府志》卷一三〇《序志》作："修书略例"（第6862页）。
　　④ 黄晖：《论衡校释》卷二九《案书篇》，中华书局1990年版，第1163页。
　　⑤ （清）章学诚著，叶瑛校注：《文史通义校注》外篇《修志十议》，中华书局1985年版，第843页。

察，证明了记载的真实性，如张骞墓就得到了证实①。秦汉简牍、帛书、碑刻、封泥、印章、画像石、画像砖等出土文献，不仅证实了《史记》《汉书》等史书的记载，而且能够起到"补史之缺，参史之错，详史之略，续史之无"②的作用。同样，证明韩婴籍贯的史料，无疑当以与韩婴同时代的司马迁记述的《史记·儒林列传》中韩婴的史料价值最高，当然这未必是原始性资料，但在目前来说无疑是所能够见到的最早的资料。虽然"燕人也"的记载笼统而不具体，但为历代人所认同③，并被一些方志所引用，是探讨韩婴籍贯的原始资料，是研究韩婴籍贯的基础和主要根据。固然，追求准确，探讨要求具体，使历史人物的籍贯，不仅具体到省市县区，而且具体到乡镇村庄，动机很好，追求没错。实际上，史学是通过史料媒介来研究人类社会的学科，运用分析、考辨、推理等方法的前提

---

① 《史记》卷一一一《卫将军骠骑列传》载：张骞"冢在汉中"（第 2944 页）。此处的汉中指的是汉中郡。《汉书》卷六一《张骞传》载："张骞，汉中人也。"颜师古注曰："陈寿《益部耆旧传》云：骞，汉中成固人也"（第 2687 页）。《南史》卷四一《齐宗室传·南丰伯赤斧》载："梁州有古墓名曰'尖冢'，或云张骞坟，欲有发者，辄闻鼓角与外相拒，椎埋者惧而退。〔萧〕敦谓无此理，求自监督。及开，唯有银镂铜镜方尺"（中华书局 1975 年版，第 1050 页）。南朝梁州辖境常变，治所屡迁，张骞故里城固县在其辖区内，所云张骞坟当为可靠。（宋）王存等撰《元丰九域志》附录《新定九域志》卷二《德州》载：有"张骞墓"（中华书局 1984 年版，第 567 页）。（元）于钦撰，刘敦愿等校释《齐乘校释》卷五《丘垅》载："张骞墓，平原县东北。骞尝穷河源，平原河所经，因附会耳"（中华书局 2012 年版，第 503 页）。此说言之有理。嘉靖《雍大记》卷一三《考迹》、嘉靖《陕西通志》卷一三《土地八·古迹下》、康熙《陕西通志》卷二八《陵墓·城固县》、雍正《陕西通志》卷七一《陵墓二·城固县》均记载：张骞墓，在城固县西二十三里。康熙《城固县志》卷二《陵墓》、嘉庆《汉南续修郡志》卷六《古迹邱墓·城固县》、道光《陕西志辑要》卷五《汉中府·城固县》均记载：博望侯张骞墓，县西八里。明清陕西通志、府县志所记载的张骞墓方位一致，距离不同。1938 年西北联大对张骞墓（位于今陕西城固县城西七里的饶家营村，地理坐标为 N33°09 31. 5″，E107°17 27. 8″）及墓前石兽的调查发掘，出土的汉代石兽、似封泥印字纹陶片、五铢钱等文物，证实了张骞墓的真实性，了解了张骞墓的墓葬形制（卜琳、白海峰、田旭东、梁文婷：《张骞墓考古记述》，《考古与文物》2013 年第 2 期；陈显远：《西北联大发掘张骞墓始末》，《文博》1998 年第 4 期），证实了《史记》记载的可靠与后来方志记载的正误。

② 章学诚：《章学诚遗书·章氏遗书补遗·修湖北通志驳陈熷议》（文物出版社 1985 年版，第 619 页）。

③ 在《文渊阁四库全书电子版原文及全文检索版》中输入"燕人韩婴"，正文中检索到二十六个匹配，注释中检索到六个匹配；输入"韩婴燕人"，正文中检索到十九个匹配，注释中检索到十个匹配。在《中国基本古籍库》中输入"燕人韩婴"，检索到记录五十五条，输入"韩婴燕人"，检索到记录四十九条。在读秀学术检索中输入"燕人韩婴"，显示相关条目有一千四百一十六条，输入"韩婴燕人"，显示相关条目四十九条。三种检索工具检索到一千六百三十条。固然其中难免有重复，但也可见人们对韩婴燕人的认同。

是史料，史料既是史学研究的基础，也是史学研究的对象，有时史学观点是随着史料的发现而变化的，至于韩婴籍贯要具体到县市乡村，目前限于历史资料，还很难办到①。明清以来，两府一州四县地方志记载的韩婴籍贯说法，有其合理性，但亦有大小不等的矛盾。韩婴籍贯在当地方志中前后承袭，有所记述，但在全国著述中，则认同度不高②。事实上，韩婴籍贯有可能属于西汉初年燕国的某个郡县乡里，但不可能是明清以来所认为本地是韩婴籍贯的两府一州四县都是其籍贯所在地，当然也不能绝对地排除某府某县是韩婴籍贯的可能性。探讨常山太傅韩婴籍贯，由于时间过去了近两千年，汉朝人没有留下详细的资料，没有新的汉代有关韩婴籍贯史料的发现，现代人是很难有作为的，也就是说要证明汉代常山太傅韩婴的籍贯问题，需要查阅汉代的传世文献资料，寻找出其资料与韩婴籍贯直接或间接的联系，从人所常见的资料中发掘韩婴籍贯的资料线索，需要新出土的有关韩婴籍贯的文物资料，无论是汉墓、瓦当、汉画像砖石等实物资料，还是简牍、碑刻、印章、封泥、陶文、铜器铭文等汉代文字资料，这些资料才是证明韩婴籍贯的重要资料，而不论是魏晋人，还是唐宋人等所

---

①　《史记》卷一二一《儒林列传》所载今文诗的三大家开山祖师，都是著录到国，"申公者，鲁人也。""清河王太傅辕固生者，齐人也。""韩生者，燕人也"（第3120、3122、3124页）。申公，名培，又称申培公，万历《兖州府志》卷四〇《乡贤列传·儒林》载："汉申培公，鲁人"（明万历刻本，第1页A面）。雍正《山东通志》卷一五《选举志·选举一》载："申培公，鲁县人，贤良科，大中大夫"（文渊阁《四库全书》，第540册，第4页）。《史记》的鲁人，指鲁国人，明清人具体为鲁县人。嘉靖《山东通志》卷三二《人物五·青州府》载："辕固，齐人，治诗"（明嘉靖刻本，第1页B面）。嘉靖《青州府志》卷一五《儒林》载："辕固，齐人"（明嘉靖刻本，第22页B面）。雍正《山东通志》卷九《古迹志·济南府·新城县》载："辕固故里，在县东北十八里，汉博士辕固所居，俗讹为牛堌"（文渊阁《四库全书》，第539册，第358页）。道光《济南府志》卷一二《古迹二·新城县》载："辕固故里。《通志》云：在县东北十八里，汉博士辕固所居，俗讹为牛堌。授经台。续志云：傅宬云：辕固冢，旧传为固授经台"（道光二十年刻本，第3页B面）；卷一八《祠祀·新城县》载："辕固祠，在县东北二十五里辕固村。授经台，前嘉庆十年建"（道光二十年刻本，第46页A面）。民国《新城县志》卷三《古迹》载："辕固故里，俗讹牛堌，在城东十八里，汉博士辕固故居也。有冢在庄南，旧传为授经台，后人即其地立太傅祠"（《中国地方志集成·山东府县志辑》，凤凰出版社2004年版，第28册，民国二十二年（1933）铅印本，第14页A面）。

②　如明清《河间府志》记述了韩婴生平和坟墓，《任邱县志》《任丘市志》也有记述，而认同者有：何炳武、刘宝才主编《陕西省志》第七五卷《黄帝陵志》载："韩婴（约前200—前130），涿郡莫（今河北任丘）人"（陕西人民出版社2005年版，第349页）。曹明周、赵辉远总编《黄陵文典·历史文献卷》载："韩婴（约前200—前130），涿郡莫（今河北任丘）人"（陕西人民出版社2008年版，第23页）。认同者有限，而有些关于韩婴籍贯的说法，则未被其他地方的学人所认同、所引用。

发现的都很有价值。明清人所树立的关于韩婴的碑刻，所建立的韩太傅祠，所撰写的有关韩婴的著述、方志、家谱等文献，也不是角色经常变化的诗歌、民谣、民间传说等，这类资料，不论是大学者，是府县州官，还是至高无上的皇帝所撰所言，都不具有第一手资料的价值，当然更不是现代人所建立的韩婴纪念设施。因此，韩婴籍贯的具体到县、市、乡村的问题，这不是计日程功的容易事①，也不是心想就成的如意事，更不是自说自话就能搞定的自家事，这是天下的公事。学术是天下的公器，需要的是真实而可靠的史料证据。在获得确切证据之前，不妨多说并存，各说各理。自动退出实属明智，主动加入亦属合理，相互之间展开讨论切磋，以促进韩婴籍贯研究的深化。同时，应当随时关注相关地域内有关常山太傅韩婴籍贯文物资料的出土，等待将来有确切可靠的实物资料与文献资料作为支撑，再把常山太傅韩婴的籍贯进一步具体化。

明清地方志中关于先秦秦汉时代的历史人物的籍贯记载，常山太傅韩婴仅仅是其中的一个，并非唯一的一个，其说法可以作为参考、作为假说，而不能作为最终的定论。

（秦进才，河北师范大学历史文化学院教授）

---

① 用名人形象，为当地增光添彩，不是中国的专利；名人故里之争，不仅古今有之，而且中外同风，解决起来都非易事。17世纪初年，西班牙作家塞万提斯以撰写《堂吉·诃德》而闻名于世，先后有十几个地方声称是塞万提斯的故乡，有：阿尔卡萨尔·德·圣胡安、孔苏埃格拉、塞维利亚、露塞纳、马德里德霍斯、埃伦西亚、马德里、托莱多、埃纳雷斯堡等。为了证实自己的观点，"有的收集了假证，有的翻遍了档案，更多的人在黄金国里迷了路"。在塞万提斯去世一百二十多年后，1743年在一个教堂里找到了塞万提斯的受洗记录，才最终确定塞万提斯的出生地是马德里附近的埃纳雷斯堡（参见［西］安德烈斯·特拉彼略著《塞万提斯传》，河北教育出版社2009年版，第3—6页）。16世纪出生的塞万提斯出生地寻找了一百多年有了结果，那么出生在公元前3世纪的韩婴籍贯的确定，其难度更大、需要时间更长也就可想而知了。

唐六尚长官考

黄正建

一　文章缘起

　　五十多年前，唐长孺师写了《唐代的内诸司使及其演变》一文（以下简称为"唐师文"）。文章指出，唐代"具有一个由宦官指挥的内诸司使行政系统。北衙的诸司使分部细密，组织庞大，与南衙以宰相为首的行政系统相互对立"，"自三省以至卿监，很多设有对口或相关的北衙诸司"。文章考证了除枢密使、宣徽使之外的二十四内司使，讨论了从飞龙使到内庄宅使共十五使的起源、职掌等，并兼及小马坊使、御厨使、客省使，以及丰德库使、辟仗使、诸院使、十王宅使、皇城使等，再次指出"唐代有一个极其庞大的北衙所属行政系统"，并进而考察了这些内诸司使从唐末以至北宋的演变，指出这些使"并没有随唐末宦官的诛戮而废除，经历五代直到北宋仍然存在"①。文章既有具体细微的考证，又有对唐宋官制的宏观把握，是关于这一问题的重要研究成果，给人以多方面启示。

　　笔者在读这篇文章时就想，在南衙诸省寺中，有一个专门负责皇帝生活的机构——殿中省。殿中省的职掌有没有被宦官侵夺呢？若被侵夺了的话，是在多大程度上被侵夺？是殿中省下属所有部门都被侵夺了呢，还是只有若干部门被侵夺？北衙诸司中是否存在一个和殿中省对口的行政系统？要回答这些问题，必须对殿中省下属各部门做具体的分析和研究，这其中首先就要研究殿中省下属的"六尚"及其长官。

　　写这篇文章的另一个原因是对皇帝生活的关注。笔者近年来研究社会

---

　　①　唐师文章后收入《山居存稿》，中华书局1989年版，第244、266页。

生活，其中对皇帝的生活和消费有些兴趣，曾写有《试论唐代前期皇帝消费的某些侧面——以〈通典〉卷六所记常贡为中心》一文①，而负责皇帝生活的殿中省六尚显然与皇帝生活息息相关，因此研究六尚职掌及其变化对研究皇帝生活还是有一定意义的。

众所周知，研究官制或职官职掌的演变，从考证某一类官员入手是一条重要途径。这方面有许多成果和成功经验，其中最重要的当然要数严耕望先生的《唐仆尚丞郎表》②。正是在搜集和考证了1116人、2680余任的基础上，严先生分析了尚书省六部与九寺职掌的不同，厘清了长期以来一直混杂不清的政务与事务的关系。除此之外，严先生还有《唐代州府僚佐考》和《唐代方镇使府僚佐考》③等。这些文章已经成了后来学者研究唐代官制和官制演变的必读文章。近年以来，这种搜集和考证某类官员，以及在此基础上展开讨论的论著时有所见。比如有郁贤浩的《唐刺史考全编》④，郁贤浩、胡可先的《唐九卿考》⑤，毛蕾的《唐代翰林学士》⑥、宁志新的《唐朝的闲厩使》⑦、赵贞的《唐五代星占与帝王政治——附录：唐五代所见太史局（司天台）官员略考》⑧等。这些论著特别是后三种，在搜集和考证某类官员的基础上发表了很好的议论。

以上论著搜集和考证了众多中央或地方官员，但对中央五省中的殿中省六尚官员，却迄今未见有人关注。这与在一般学者的心目中，六尚官员无关紧要似有关系。不过笔者认为，六尚官员的人员选择、入仕途径，以及职掌等，与皇帝生活密切相关。研究这些官员，不仅可以研究唐代官制的发展演变，更可以进而研究与皇帝生活相关的其他问题，因此是值得去考证和研究的。

鉴于以上理由，笔者选择了殿中省六尚长官作为本文探讨的主要内

---

① 黄正建：《试论唐代前期皇帝消费的某些侧面——以〈通典〉卷六所记常贡为中心》，《唐研究》第6卷，北京大学出版社2000年版。

② 严耕望：《唐仆尚丞郎表》，1956年台湾初版，1986年中华书局再版。

③ 均收入严耕望《唐史研究丛稿》，龙门书店1969年版。

④ 郁贤浩：《唐刺史考全编》，安徽大学出版社2000年版。

⑤ 郁贤浩、胡可先：《唐九卿考》，中国社会科学出版社2003年版。

⑥ 毛蕾：《唐代翰林学士》，社会科学文献出版社2000年版。

⑦ 宁志新：《唐朝的闲厩使》，载《中国社会经济史研究》1997年第2期。宁志新后来又出版了专书《隋唐使职制度研究（农牧工商编）》，中华书局2005年版。

⑧ 赵贞：《唐五代星占与帝王政治——附录：唐五代所见太史局（司天台）官员略考》，首都师范大学2004年博士学位论文。

容。文章以搜集和考证六尚长官为主，但从形式上说，这部分内容将作为附录放在最后，前面部分则是在考证所得结果的基础上，就六尚职掌和长官的特点及其发展变化发表一点不成熟的意见，有不妥处敬请批评指正。

二　六尚的职掌

所谓六尚，指殿中省下属的尚食、尚药、尚衣、尚舍、尚乘和尚辇六局，长官是"奉御"、副长官是"直长"（以下为方便起见，统一称长官和副长官为"长官"）。关于六尚的职掌，《唐六典》卷十一殿中省有详细记载。大致说来，尚食局掌"供天子之常膳"、尚药局掌"合和御药及诊候之事"、尚衣局掌"供天子衣服"、尚舍局掌"殿庭张设"、尚乘局掌"内外闲厩之马"、尚辇局掌"舆辇、繖扇之事"①。从这些规定看，六尚所掌职务均与皇帝生活密切相关，其重要性不言而喻。特别是其中的尚食奉御"当进食，必先尝"、尚药奉御"凡合和御药……先尝而进焉"，关系到皇帝本人的饮食和医药，也就是关系到皇帝的性命，重要性就更大了。

于是我们看到，在六尚的地位等级中，尚食和尚药高于后四尚，名列第一、第二位，长官的品级自然也高，即尚食和尚药奉御的品级为正五品下，直长为正七品上，而后四尚奉御为从五品上，直长为正七品下，各降一级。《新唐书》卷四七《百官志二》在写完尚食奉御和直长的品级分别是正五品下和正七品上后说："诸奉御、直长，品皆如之。"②这种说法不符合唐朝实际。③

尚食、尚药之外，其余四尚的顺序如何呢？从《唐六典·殿中省》正文的叙述看，其顺序应该是尚衣、尚舍、尚乘、尚辇，但在有关"殿中省"职掌的叙述中，却说殿中监"总尚食、尚药、尚衣、尚乘、尚舍、尚辇六局之官属"，置尚乘在尚舍前。新旧《唐书·职官（百官）志》在正文中均将尚舍置于尚乘前，但在叙述殿中监职掌时，则旧《志》置尚舍在尚乘前，而新《志》放尚舍在尚乘后。全部六尚的顺序，只在尚舍

---

① 《唐六典》，中华书局 1992 年版，第 323—332 页。
② 《新唐书》，中华书局 1975 年版，第 1218 页。
③ 或者这是《新唐书》的编者依据宋代情况做出的判断？

与尚乘的位置上发生了变化①，笔者认为这其中的原因可能与尚乘地位的变化有关。

尚乘局地位的变化，源于闲厩使的设立。关于闲厩使②的基本情况，主要见《新唐书》卷四七《百官志二》殿中省条，其中说道："圣历中，置闲厩使，以殿中监承恩遇者为之，分领殿中、太仆之事……开元初，闲厩马至万余匹……而尚乘局名存而已。"③ 这就是说，随着闲厩使的设立，尚乘局逐渐变得仅存虚名，其地位的下降就可以理解了。所以我们在唐玄宗以后几乎看不到有担任尚乘局长官的人员（见附录）。

闲厩使不属内诸司使系统，其职掌后来被飞龙使侵夺④。六尚中，尚乘局成了最早被侵夺职掌的机构。由前述可知，六尚中与皇帝性命最相关的是尚食和尚药。但是，首先被侵夺职掌的是尚乘局。这是需要注意的。它说明被侵夺的原因不在于皇帝对身边服务官员的不信任，而确实出于管理工作的需要⑤。

尚乘局名存实亡后，六尚实际变成了五尚⑥。所以我们在唐前期的墓志中看到称赞太宗贞观年间任尚乘直长者是"参荣五省，分华六尚"⑦，而到后期宣宗大中年间任尚食奉御者就只是"分五尚之职秩"⑧，"六尚"变成"五尚"了。到北宋元丰改制后，干脆取消了尚乘局，殿中省下属的六尚变成了尚食、尚药、尚酝、尚衣、尚舍、尚辇⑨。这一变化不仅反映了唐宋以来官名和机构的变化，而且可能还与皇帝生活的变化有些关系。比如是否宋代的皇帝喝酒更多（需酒量更大）、坐辇（轿）也更多呢？这是需要认真考虑的。

尚乘局之外，其他五尚的职掌是否被侵夺了呢？

先看尚食局。从现有资料看，在中宗、睿宗前后，已有窦希瑊"迁

---

① 从实际迁转看，从尚舍到尚乘和从尚乘到尚舍的两种情况都有。

② 参见宁志新《唐朝的闲厩使》。

③ 《新唐书》卷四七《百官二》，第 1217—1218 页。

④ 参见前引唐师文及宁志新文。

⑤ 宁志新文于此有很好的解释。

⑥ 关于这一点，李锦绣在《唐代直官制》中也提到了。李文载《唐代制度史略论稿》，中国政法大学出版社 1998 年版，第 29 页。

⑦ 周绍良、赵超主编：《唐代墓志汇编续集》咸亨〇〇五《斛斯政则墓志》，上海古籍出版社 2001 年版，第 187 页。

⑧ 《杜牧集》卷一九《韦谮除尚食奉御等制》，岳麓书社 2001 年版，第 261 页。

⑨ 《宋史》卷一六四《职官四》，中华书局 1977 年版，第 3880 页。

为太府少卿兼知尚食事"。这条资料出自滕王湛然撰《太子太傅窦希瓒神道碑》①，但行文可疑。因为文中先说"景云元年睿宗登极……除殿中尚食奉御"，接着却说"景龙元年，又迁为太府少卿兼知尚食事"。我们知道"景龙"是中宗年号，应该在"景云"之前，怎么会先有"景云"后有"景龙"呢？因此我们还不能确定是否真在此时有了"知尚食事"。更明确的记载是《旧唐书》卷八《玄宗本纪上》所记先天二年（712）七月庚辰，李令问以"定策功"为"殿中少监、知尚食事"②。为什么这时要以"殿中少监"来"知尚食事"，我们不清楚，难道也像设置"闲厩使"一样，是为了便于统一管理吗？《唐六典》卷四《尚书礼部》膳部郎中职掌有云："凡天下之珍异甘滋之物，多少之制，封检之宜，并载于尚食之职焉"③，则尚食之职与膳部之职有交叉；《唐六典》卷一一《殿中省》尚食奉御职掌中有云："凡元正、冬至大朝会飨百官，与光禄视其品秩，分其等差而供焉"④，则尚食之职与光禄寺的职掌也有交叉。以殿中少监来统一管理，也许是置"知尚食事"的原因之一？同时它与玄宗时代职官差遣化的大发展可能也有些关系⑤。不过从《旧唐书》卷六七《李令问传》看，他"虽特承恩宠，未尝干预时政……然厚于自奉，食馔丰侈"⑥，在此任上只会享受，好像不是个能统一领导诸部门一起干事之人。但是无论如何，这种以殿中少监知尚食的做法延续了下去，所以我们在代宗时仍能看到"殿中少监专知尚食李恕"的名字⑦。

后来出现了"尚食使"。关于尚食使，过去有一些研究⑧，最近的成果是李锦绣《唐代财政史稿》（下卷）⑨第一编第四章《理财的内诸司使》中的"尚食（御食、御厨）使"一节（以下简称为"李文"）。李文提出了一些观点，其中有些还值得商榷。例如关于尚食使出现的时间，李

---

① 《全唐文》卷一〇〇《太子太傅窦希瓒神道碑》，中华书局1983年版，第1024页。

② 《全唐文》卷二五三《加王琚等食实封制》记此官职为"殿中少监兼知尚食"，无"事"字。第2557页。

③ 《唐六典》卷四《尚书礼部》膳部郎中条，第128页。

④ 《唐六典》卷一一《殿中省》尚食奉御条，第324页。

⑤ 陈仲安在《唐代的使职差遣制度》一文中指出："玄宗时，使职差遣职大为发展。"载《武汉大学学报》1963年第1期，第91页。

⑥ 《旧唐书》卷六七《李令问传》，中华书局1975年版，第2482页。

⑦ 《册府元龟》卷一三三，代宗宝应元年五月丁酉条，中华书局1960年版，第1608页。

⑧ 例如有赵雨乐《唐宋变革期之军政制度》，台北文史哲出版社1994年版。

⑨ 李锦绣：《唐代财政史稿（下卷）》，北京大学出版社2001年版。

文在引用了师全介墓志中"其先惠超，皇任内外尚食知食使。随驾南朝，赐紫金鱼袋"① 后，认为德、宪宗时出现了内尚食使。但是笔者以为：第一，师惠超任职时间并不能确定；第二，何谓"内外尚食知食使"也不明确；特别是第三，"随驾南朝"为何？因此这条材料还需再做考证。李文又认为"尚食使完全侵夺了尚食局职权可能在敬宗时"，并引《册府元龟》卷四九七《邦计部·河渠二》宝历二年（826）七月敕云："鄠县汉陂，宜令尚食使收管。"但是同《册府元龟》卷四九八《邦计部·漕运》记宝历二年七月此事作"今以取汉陂属尚食"，并无"使"字②。《旧唐书》卷十七上《敬宗本纪》记此事作"敕鄠县滰陂尚食管系"同样没有"使"字③。因此从现有资料看，尚食使的出现可能要更晚一些，比较有把握的说法是在宣宗时④。

更为重要的是，在唐后期宪宗、文宗时期，尚食局仍在继续着它所负担的职务。我们看下面的史料：

《唐会要》卷六五《殿中省》云：元和三年五月，殿中省奏：敕当司尚食、尚衣、尚舍、尚药、尚辇等，共五局伎术直官，听在外州府官来直本司⑤。

《册府元龟》卷五〇七《邦计部·俸禄三》记元和九年十一月户部奏诸司食利本钱有云：殿中省（九百九十贯五百五十文）……尚食局（三百三十八贯文）、尚舍局（三百七十四贯三百文）、尚辇局（一百贯文）⑥。

《册府元龟》同卷同门记（太和元年）十二月殿中省奏：尚食局新旧本钱总九百八十贯文……伏乞……更赐添本钱二千贯文……敕旨赐本钱一千贯文⑦。

《唐会要》卷六五《殿中省》云：开成三年八月，殿中省奏：尚食局旧额，主膳八百四十人……今请条流，量闲剧，分为四番，每月

---

① 以下参见李著第484—487页。
② 《册府元龟》卷四九八《邦计部·漕运》，第5971页。
③ 《旧唐书》卷一七上《敬宗》，第520页。
④ 参见《牛维直墓志》，录文见《唐代墓志汇编续集》咸通〇一五，第1045页。
⑤ 《唐会要》卷六五《殿中省》，中华书局1955年版，1127页。
⑥ 《册府元龟》卷五〇七《邦计部·俸禄三》，第6085—6086页。
⑦ 同上书，第6069页。

敕二百一十人当上，即每日有主膳七十人①。

由上可知，在唐后期的宪宗到文宗时期，殿中省仍然管理着尚食局，尚食局仍有伎术直官、有数量众多的主膳、有自己的食利本钱。前述李文在解释这一现象时说：这"表明尚食使并非完全另起炉灶，而是用宦官充使、官等，其下编制，一沿尚食局之旧"，"由尚食奉御、直长等官员演变为尚食等宦官充任之使，其下主膳巧儿等，一仍其旧"②。但是如前所引，在宣宗大中年间还有尚食奉御韦谓的任命，因此李文所说推测成分很大。即使存在李文所指情况，也应该是宣宗以后的事情了。

尚食使之外，唐末还出现了御食使和御厨使。关于这三使之间的关系，李文认为"御食使为尚食使下分使，地位不高"，并同意赵雨乐的观点，"遗存的御厨使即尚食使"③。这一观点也值得商榷。首先，尚食使的品级如何，并无明证，因此说御食使地位比它低，证据不足。其次，说御厨使即尚食使也无证据。由于史料缺乏，现在很难就此问题做深入探讨，但我推测，由于尚食使后来所管事务繁多，不能专掌供御，所以从中分出了御食使。御食使的地位应该不低。到五代梁开平元年（907），"改御食使为司膳使"，与"尚食使"并置④，此后到北宋，尚食使一直存在（当然它成了武臣的阶官⑤），与之并置的不再是御食使或司膳使，而是御厨使，因此可知御厨使即使是代称，也只能是御食使的代称，而不会是尚食使的代称。从北宋初期有"御厨"⑥看，很可能从唐末开始，御厨使（御食使、司膳使）专掌供御饮食，而尚食使则又一次失职了。这与飞龙使逐渐变得比闲厩使更重要了是一样的。总之，从"知尚食事"到尚食使，从尚食使到御厨使（御食使），掌"尚食"的官员不断以他官充任进而以宦官充任。但至迟在宣宗朝，还任命了"尚食奉御"；殿中省（通过尚食奉御？）也还仍然管理着尚食局的工作。到唐代晚期，对尚食局而言，究竟是殿中省和"尚食使"双重领导呢，还是逐渐只由尚食使领导？专掌

① 《唐会要》卷六五《殿中省》，第1128页。
② 李锦绣：《唐代财政史稿（下卷）》，第485页。
③ 同上书，第486页。
④ 《五代会要》卷二四《诸使杂录》，上海古籍出版社1978年版，第388页。
⑤ 参前引唐师文。
⑥ 《文献通考》卷五七《职官考十一·殿中省》，中华书局1980年版，第513页。

供御饮食的御食（厨）使与尚食局是什么关系？仍然需要进一步研究。

现在看尚药局。据前引唐师文，"宫中医药本属殿中省，以后似归于翰林院"，"殿中省之医官虽不废，实际上已是翰林医官的加衔"，到会昌六年，有宦官刘遵礼"充监医官院使"，此职实际上"当即翰林医官院使"①。对这一观点，笔者可以有两点补充。其一，在翰林设有医官的时候，尚药局的医官不仅有加衔，也有实际工作。《唐会要》卷六五《殿中省》记贞元十五年（799）四月敕云："殿中省尚药局司医，宜更置一员；医佐加置两员，仍并留授翰林医官"②，即指"更置"和"加置"的医官为加衔，原有的名额似非加衔。同书同卷又记："（贞元十五年）十二月，殿中省初置奉御尚医四员，每月各给料钱二十五贯文，资品同詹事府丞。"③ 从料钱数目看，这新置的"奉御尚医"的地位高于"直长"低于"奉御"，但显然不是虚衔。又从前引尚食的资料看，在元和三年（808）时，尚药局仍有伎术直官。到宣宗年间，还有任"尚药奉御"者（见附录）。可见，虽然翰林医官日益重要，但尚药局似仍在从事着自己的工作，尚药局医官还不完全是加衔。其二，从现有资料看，除宦官刘遵礼外，还有宦官杨处絪"大中八年，入翰林监医官，十三年赐绿"④。由此可知，唐代晚期的宦官为"监医官院使"实际应是"监翰林医官使"⑤，这与宋代的"翰林医官院使"并不一样。由于医官是一个专门职业，宦官一般并不能承担此职，因此唐代的宦官充使只能"监"医官，本身并非医官，且品级甚低，杨处絪监了五年医官，方才"赐绿"就是证明。在宋代，"翰林医官院使"本身或即医官，这是与唐末不同的。总之，唐代在设置了翰林医官后，翰林医官有代替尚药医官的趋势，但尚药局也增置了"奉御尚医"（从名称看，也应该是直接为皇帝服务的御医），仍有长官、有直官，即仍在从事工作。宦官充使只是监翰林医官，是否领导翰林医官和尚药局，目前我们并不知道。

以上三尚职掌的变化实际为三个类型：尚乘局的职掌被闲厩使完全侵

---

① 唐长孺师：《唐代的内诸司使及其演变》，《山居存稿》，第 264 页。

② 《唐会要》卷六五《殿中省》，第 1127 页。

③ 同上。

④ 《唐代墓志汇编续集》咸通〇〇九，第 1040 页。

⑤ 关于此点，杜文玉在《唐代内诸司使考略》（《陕西师范大学学报》1999 年第 3 期）中已经提到了。

夺，尚乘局名实俱亡；尚食局的职掌基本未变，但其领导则由"知尚食事"可能向"尚食使"发展，后来供御饮食的职掌可能集中到了"御食（厨）使"手中；尚药局的职掌主要被翰林医官侵夺，但它也还保留了一些职掌，而与"监医官院使"好像不发生什么关系。

其他尚衣、尚舍、尚辇三局，不闻有其他机构侵夺其职掌①，因此这三尚的长官在唐后期都能见到。从前引尚食局的史料看，元和年间这三尚都还有伎术直官、尚舍局和尚辇局也都还有食利本钱。所以，这三尚在唐后期大概依然从事着自己的职事。

唐师文在提到飞龙使时说："知闲厩使设置之后，殿中省名存实亡。"② 这是一个重要判断。现在的问题是闲厩使出现后，是否承担了殿中省的全部事务呢？从以上的分析看，似乎并非如此。殿中省在宪宗时还管理着五局的伎术直官、有自己的食利本钱、在文宗时还管理着尚食局的食利本钱和主膳等人员。殿中省所属六尚中，彻底失去职掌的只有尚乘局。此外尚食局只是可能丢了领导权（御食或御厨使出现后又当别论）；尚药局则与翰林医官并存；其他三尚在闲厩使出现后似也依然各自从事着自己的职事。关于这一点，除前面在讨论尚食局职掌时已经提到的可证明尚食、尚舍、尚辇局在宪宗和文宗时仍有职掌的史料外，我们再举几条：

> 《新唐书》卷一八三《韩偓传》云：帝（昭宗）行武德殿前，因至尚食局③。

> 《旧唐书》卷十六《穆宗本纪》记元和十五年五月壬子诏：入景陵玄宫合供千味食，鱼肉肥鲜，恐致薰秽，宜令尚药局以香药代食④。

> 《白居易集笺校》卷五二《韩苌授尚辇奉御制》云：局分六尚，职奉七辇……可尚辇奉御⑤。

---

① 但《事物纪原》（丛书集成本）卷六东西使班部第二十九"仪銮"条引《宋朝会要》说"仪銮"来自唐"营幕使"。这就是说在唐后期可能由"营幕使"侵夺了"尚舍"的职掌。这一问题还需进一步探讨。

② 唐长孺师：《唐代的内诸司使及其演变》，《山居存稿》，第250—251页。

③ 《新唐书》卷一八三《韩偓传》，第5389页。

④ 《旧唐书》卷一六《穆宗本纪》，第478页。

⑤ 《白居易集笺校》卷五二《韩苌授尚辇奉御制》，朱金诚笺校，上海古籍出版社1988年版，第3065页。

《吴卓墓志》云：转殿中省尚衣奉御，仍赐绯鱼袋。足蹑烟霄，
手持御服，艺有十善，誉流京师①。

当然，随着闲厩使、尚食使、翰林医官等的出现，六尚地位的下降应该也
是事实。此外，六尚长官也有成为虚衔的迹象，例如在唐末乾符年间就有
"翰林待诏朝议郎守尚舍奉御柱国赐紫金鱼袋臣邢希言奉敕篆盖"② 的
署名。

总之从现有资料我们既不能说唐后期殿中省及下属的六尚（严格说
是五尚）完全失去职掌，都被纳入了内诸司使的行政系统，也不能说它
们持续和完整地保有着唐前期的职掌和地位。从总的历史发展看，六尚地
位的下降和六尚职掌的被侵夺都是大势所趋。但具体到被侵夺的程度如
何，历程如何，还需要继续研究。到北宋元丰改制前，六尚变成了："尚
食归御厨、尚药归医官院、尚衣归尚衣库、尚舍归仪鸾司、尚乘归骐骥院
内鞍辔库、尚辇归辇院，皆不领于本省。"③ 这一变化的源头应该在唐代，
但我们除了对尚乘、尚食和尚药的变化能理出点头绪外④，其他变化的源
或流就不大清楚了。这些也是今后要继续研究的问题之一。

三　六尚的长官

据《唐六典》，六尚的长官除龙朔二年（662）一度改名外，一直被
称作"奉御"，副长官被称为"直长"。从设置的人数看，各尚稍有不同。
六尚长官的"奉御"，各尚都设二人，"直长"则尚食五人、尚药四人、
尚衣四人、尚舍六人、尚乘十人、尚辇四人。从史籍和墓志中我们找到了
曾任六尚长官和副长官者共一百多人。总体来看，这些六尚长官集中在玄
宗以前。这与随着闲厩使、知尚食事、翰林医官出现后六尚地位的下降有
一定关系，也与唐后期资料的散失和出土墓志的减少有关。关于这些六尚

①　《唐代墓志汇编续集》元和○五五，第839页。
②　《唐代墓志汇编续集》乾符○一○，第1125页。但也可能是实职，只因书法好而待诏
翰林。
③　《文献通考》卷五七《职官考十一·殿中监》，第513页。
④　参见《事物纪原》（丛书集成本）卷六《东西使班部第二十九》，以及前面关于"营幕
使"的注。

长官的姓名、时代，以及资料出处，笔者将放在"附录"中，供大家查阅。分析这些六尚长官，我们可以发现有这样几个值得指出的特点。

（一）

受六尚职掌性质的影响，六尚长官的人员构成可以分为两大类。

我们知道，六尚是为皇帝生活服务的，有些需要专门的知识和技能，因此六尚长官中有一部分就属于这种有技术或有能力者。例如尚衣奉御阎立德，其父即"以工艺知名，立德与弟立本早传家业。武德中，累除尚衣奉御，立德所造衮冕大裘等六服并腰舆伞扇，咸依典式，时人称之"[1]；尚舍奉御韦岳是韦机之孙，"以吏干著名……勤干固有家风"[2]；尚乘奉御独孤思行"（历）尚乘直长……试尚乘奉御兼陇右西使……再任奉御，兼知北使"[3]。当然专业性更强的要数尚药局长官。他们大多是受到皇帝信任的名医。例如张文仲"久视年终于尚药奉御……自则天、中宗已后，诸医咸推文仲等三人为首"[4]；吴本立"医举及第，寻授太医监……神龙二年制授殿中尚药奉御……既擅誉于一时，遂践荣于六尚。非夫德侔扁子，名拟桐君，则何以允副宸怀，只膺重寄？"[5] 这个吴本立是标准的专业出身，由医举及第一直做到尚药奉御。

这样一些技术高明的能干者担任六尚长官，保证了皇帝的生活需求。没有这些专门人才，皇帝的生活质量必然会受到严重影响。因此这类官员是六尚长官的基础，是掌握实职者。到唐后期，即使六尚地位下降，当时任命的六尚长官，也应该主要是这一类人。

六尚长官中的另一类人，是皇帝的亲戚、亲信，或功臣名臣子孙，总之是皇帝信得过的人。这一点也很好理解。因为六尚所负责任关系到皇帝的性命，因此皇帝当然要用自己信任的人。此外可能还有一个原因，即当隋末大乱唐高祖李渊要夺取天下时，他的任职是殿内少监，与他过从甚密、曾为他相面说他有天子命的郭弘道，是他的下级尚食奉御[6]；而与他

---

① 《旧唐书》卷七七《阎立德传》，第 2679 页。
② 《旧唐书》卷一八五上《韦岳传》，第 4796 页。
③ 《唐代墓志汇编续集》开元〇七五《独孤思行墓志》，第 504 页。
④ 《旧唐书》卷一九一《张文仲传》，第 5100 页。
⑤ 《唐代墓志汇编续集》神龙〇一八《吴本立墓志》，第 419 页。
⑥ 《册府元龟》卷二一《帝王部·征应门》，第 225 页。

"深自结托"的宇文士及，也是他的下级尚辇奉御①。殿内（中）省以及六尚的重要，他深有体会。因此他即位后，对殿中省及六尚长官的选择自然就要以亲信为主了。

以下我们分别举一些例子②：

（1）皇亲。例如有睿宗窦皇后的弟弟窦希瑊、窦希球；窦皇后的外甥张去逸；高宗王皇后的哥哥王全信；武后的侄子武承嗣；玄宗王皇后妹婿长孙昕；王皇后的堂兄弟王嵩；王皇后的弟弟王守一；中宗的外甥王暕；玄宗皇太子（李瑛）的舅舅赵劻进等（以上为"奉御"）。又有高宗的族兄李冲寂；太宗子齐王的舅舅阴弘智；高宗的兄弟李戢；武则天的侄子武攸望等（以上"直长"）。至于尚主或尚主者的子孙就更多了。最有意思的是睿宗。睿宗有六个儿子，其中有四个儿子被安排为六尚长官，即第二子李成义（李㧑）为尚衣奉御、第三子李隆基为尚辇奉御、第四子李隆范（李范）为尚食奉御、第六子李隆悌为尚乘直长③。由于他们的任职都在中宗即位前，因此这种安排还可以间接反映出六尚长官的地位，即它们是唐前期安置皇子的很好位子，但并不握政治实权。它只是外在于政权中枢的、比较能亲近皇帝的重要位置而已。

（2）亲信。这是些皇帝喜欢或信任的人。例如有吴景达，曾为秦王祭酒，后为尚药奉御；高惩、于安远因平定越王李贞反事立功，分别被授予尚乘直长和尚食奉御；王崇晔助讨韦氏乱，被授尚衣奉御；杨元禧为"武后所信爱"为尚舍（食？）奉御；张易之是武后男宠，被任命为尚乘奉御；叶静能"为上（中宗）所重"，为尚衣奉御；姜皎为玄宗"见而悦之"，为尚衣奉御；张游恪睿宗时为尚乘直长，"亲信之臣也"；卢全操自尚辇直长升为尚乘奉御，"宸眷之极，朝廷荣之"；段文绚先待诏翰林，又待诏宣徽，后为尚药奉御等。皇帝将大量亲信或爱悦之人任命为六尚长官，不仅因为相信他们，而且因为六尚长官除第一类有技术的能干者外，大都属清闲之职：品级不低又无事可干，还能亲近皇帝，正好可与皇帝娱乐调笑，如姜皎、张易之辈即是如此。

（3）功臣名臣子孙。正是由于六尚长官品级高又清闲，所以它也成

---

① 《旧唐书》卷六三《宇文士及传》，第 2409 页。
② 此处只列名字，出处见文后的附录。
③ 李隆悌因为"早薨"，没能当上"奉御"。

为名臣子孙愿意获取的职位。例如唐俭之子唐河上；高士廉孙高某；宋之问侄宋昙；杜如晦子杜构、杜荷；李勣子李震；权万纪族孙权怀恩；程务挺子程齐之；郑仁泰子郑玄果；苏定方子苏庆节；李客师子李德晷；郭知运子郭英奇；源乾曜孙（姜皎妻弟）源光乘；张去逸（三戟张家）孙张国；哥舒翰子哥舒曜；王君㚟子王承荣；王君愕子王及善；杨执柔弟杨执一；姚崇之婿陶禹；武承嗣子武某；刘审礼子刘殆庶；窦怀贞从子窦兢等。其中程务挺、苏定方、哥舒翰子都是在其父立功的情况下被授予六尚长官的，可看作对功臣的褒赏。特别要指出的是，有些功臣名臣子很小岁数即被授予六尚长官。例如哥舒翰子年方八岁。此外还有王忠嗣，其父王海宾"死王事"，于是他九岁即授尚辇奉御，"养于禁中"，后来成为名将。

　　以上皇亲、亲信和功臣名臣子孙任六尚长官者占了现存六尚长官人员的一半以上。可知六尚长官确有它的特殊性，既品高职闲，又能亲近皇帝。但可能也正因为如此，使这一类官员逐渐无所事事，职掌遂被他人蚕食了。

（二）

　　六尚长官品高职闲，在当时人眼中是一种清选官，所谓"六尚清严"① 是也。担任此官是"早涉清阶"②。同时，由于此类官要接近皇帝，因此对其形象也有要求，"人才颖逸，地望清英"③ 是对任六尚长官者的一般赞语。六尚长官还常与通事舍人互转，因为通事舍人"风仪伟秀、词令清辩"④，也符合六尚长官的形象要求。

　　六尚长官又是"衣冠之任"⑤。担任其职的绝大部分是门荫起家，所谓"以贵游当选"⑥ 者不在少数。通过分析现存记载了出身途径的六尚长

---

　　① 《唐代墓志汇编续集》仪凤〇〇八《唐河上墓志》，第 233 页。
　　② 《唐代墓志汇编续集》永徽〇三三《张氏墓志》，第 73 页。
　　③ 周绍良主编：《唐代墓志汇编》长寿〇三四《张玄封墓志》，上海古籍出版社1992年版，第 857 页。
　　④ 《唐代墓志汇编》景云〇一四《卢玢墓志》，第 1126 页。
　　⑤ 《唐代墓志汇编续集》开元〇七五《独孤思行墓志》，第 504 页。
　　⑥ 《唐代墓志汇编续集》麟德〇二〇《李震墓志》，第 153 页。

官，我们发现在唐前期，其最主要的入仕途径是以门荫为千牛（备身）①，然后转直长。至于能否升到奉御则视情况而有所不同。以下我们举一些例子②。

陶禹：弱冠以资授右千牛，转尚食直长。

苏威：弱冠补左千牛，转尚食直长，累迁尚口奉御。

唐河上：释褐东宫千牛，授东宫通事舍人，转尚衣奉御。

崔瑶：弱冠尚主，授太子通事舍人，转尚衣直长，为尚衣奉御。

慕容曦晧：以强荫补千牛备身，授尚舍直长，超拜尚衣奉御。

元璹：弱冠补左千牛备身，转尚衣奉御、尚乘奉御。

杜构：自左千牛超迁为尚舍奉御。

李元谨：太子左千牛，尚舍直长。

皇甫慎：授左千牛，秩满回补尚舍直长，调任尚乘直长。

李震：授千牛备身，守尚乘奉御。

独孤思行：释褐授太子左千牛，历尚乘直长，试尚乘奉御。

卢全操：解褐右千牛备身，秩满迁尚辇直长，授通事舍人，转尚乘奉御。

房宣：解褐千牛，补尚乘直长。

达奚睿：太子左千牛，尚辇直长。

高某：解巾授千牛备身，又授尚辇奉御。

王师表：左千牛备身，迁尚辇直长。

李齐物：起家左右（？）千牛备身，历尚辇直长，除尚辇奉御。

其他以门荫补挽郎、斋郎、卫官、王府官员，然后为六尚长官者亦复不少，可见六尚长官在唐前期是门荫入仕进阶的一个重要途径。到唐后期，经科举以及由地方县级官员再入中央的多了起来。这不仅是六尚地位下降的表现，同时也意味着六尚官更趋于实用化了。

（三）

六尚长官的另一个特色是常有一个家族或宗族的人同任此职的现象。

---

① 千牛对形象也有要求，即所谓"仪形之选，膏粱之举也"（《唐代墓志汇编续集》开元〇七五《独孤思行墓志》，第504页），因此六尚长官常出自千牛。

② 以下所列官职，省略了与六尚长官无关者，但有"通事舍人"经历则列入，以见六尚长官与通事舍人的关系。

例如唐河上曾为尚衣奉御、奉膳大夫，其子唐从心任职尚食直长；窦希瑊任尚食奉御，其弟窦希球任尚乘奉御、尚舍奉御；杜构为尚舍奉御，其弟杜荷为尚乘奉御；武承嗣为尚衣（乘?）奉御，其子为尚舍直长；张去逸为尚舍奉御，其孙张国为尚辇奉御；姜皎为尚衣奉御，其妻弟源光乘为尚辇奉御等。这其中的原因可能还是因为六尚为门荫优途，靠门荫出身入仕者很容易走到这同一个机构中来。何况对皇帝来说，父子兄弟同在殿内，可能更加保险一些。另一个原因是六尚长官很多是技术性要求很高的职务，所以担任此职者往往出自一个世代从事此技术的家族。这在尚药奉御蒋孝璋一家的任职中可以看得很清楚。

按《旧唐书》卷四《高宗本纪上》永徽六年八月条记："尚药奉御蒋孝璋员外特置，仍同正"①，知永徽年间有尚药奉御蒋孝璋。查《新唐书》卷五九《艺文三》在记《本草》《图经》的撰者时说："显庆四年……尚药奉御许孝崇、胡子彖、蒋季璋……撰"②。这是说显庆年间有三位尚药奉御③，其中一个叫蒋季璋。到底是蒋孝璋，还是蒋季璋？从《唐会要》卷六七《员外官》《资治通鉴》卷一九九永徽六年（655）八月条看，都是蒋孝璋。特别是《唐代墓志汇编续集》景云〇〇三《蒋义忠墓志》，提到其父"孝璋……行尚药局奉御"④，可证《新唐书》错了。这个尚药奉御应该是"蒋孝璋"。如果此人果然名为"孝璋"，他的兄弟应该都是"孝"字辈，则《新唐书》上引《本草》等书的撰者中还有的"太子药藏监蒋季瑜……太医令蒋季琬"应该都是"蒋孝瑜""蒋孝琬"，都是"蒋孝璋"的兄弟。又从上引蒋义忠的墓志看，蒋孝璋的儿子叫蒋义忠，因此蒋家在"孝"字辈下应该是"义"字辈。因此，上引《新唐书》所记《本草》等书撰者中还有的"太子药藏……丞蒋义方"应该是蒋孝璋的侄子。此外，《全唐文》卷一六五有员半千撰《达奚君神道碑》，说达奚思敬的夫人"蒋氏，则尚药奉御岂之曾孙，太子门郎义安之女"⑤。这就是说，这位蒋夫人的父亲是蒋义安，应该是蒋家的"义"字辈成员，

---

① 《旧唐书》卷四《高宗本纪上》，第74页。《唐会要》卷六七《员外官》（第1176页）记为永徽五年八月，但《资治通鉴》卷一九九（第6289页）同《旧唐书》。

② 《新唐书》卷五九《艺文三》，第1570页。

③ 按《唐六典》的规定应该是两位。

④ 《唐代墓志汇编续集》景云〇〇三《蒋义忠墓志》，第443页。

⑤ 《全唐文》卷一六五，第1684页。

其曾祖为"蒋岂之",应该比"孝"字辈更高一辈。《唐代墓志汇编》长安〇六〇《刘氏墓志铭》说她丈夫是"尚药奉御蒋府君"①,又说她儿子叫蒋义弼,则其子是"义"字辈,其夫当为"孝"字辈,惜不能知其名字。总之,这个活跃在太宗、高宗、武后时代的蒋家,应该是一个医药世家,三代都有人从事医药工作、担任医药官员,其中有蒋岂之、蒋孝璋、蒋府君②两代三人曾担任过尚药奉御。

(四)

通过以上三点,可知六尚长官在唐代特别是唐前期是一种清选官。其中除去一部分能干或有技艺者外,很大一部分成了贵族子弟由门荫出身后进级的官职。又由于这些官的职掌是为皇帝服务,能亲近皇帝,所以常被授予皇亲、亲信或功臣名臣子弟。六尚长官的选择标准除政治上要可靠外,还要仪表清秀,善于辞令,能得皇帝欢心。同时,由于极少职事,这些由贵族子弟担任的六尚长官们往往为所欲为,有时就会做出些犯法的事情来。例如杜如晦的儿子杜荷"以功臣子尚城阳公主,赐爵襄阳郡公,授尚乘奉御。贞观中,与太子承乾谋反,坐斩"③;太宗子齐王祐"舅尚乘直长阴弘智(动员齐王)潜募剑士"④,是鼓动齐王反乱的谋士之一。特别是尚衣局长官。由于尚衣局比起其他五尚来,职事尤少⑤,因此其长官更多是以他事取悦于皇帝者。如叶静能、姜皎就都是尚衣奉御。另外还有一个尚衣奉御犯法的典型例子:《旧唐书》卷八《玄宗本纪上》开元四年正月条记"尚衣奉御长孙昕恃以皇后妹婿,与其妹夫杨仙玉殴击御史大夫李杰,上令朝堂斩昕以谢百官"⑥。

这些例子说明,贵族子弟担任六尚长官,看中的只是它的品高职闲。他们平时生活奢侈,无所事事,严重者就会违法乱纪。我们很难想象他们会真正去从事为皇帝服务的工作。因此,皇帝不得不寻求他人(比他们官更高或比他们更接近皇帝或更有实际经验者)代替六尚长官来领导六

---

①　《唐代墓志汇编》长安〇六〇《刘氏墓志铭》,第 1033 页。

②　这个蒋府君很可能是蒋孝瑜或蒋孝琬中的一位。

③　《旧唐书》卷六六《杜如晦传》,第 2469 页。

④　《旧唐书》卷七六《庶人祐传》,第 2657 页。

⑤　从《唐六典》看,如尚食局,除常设的长官,以及书令史、书吏、掌固外,还有食医、主食、主膳等数百人。其他几尚也略同。但尚衣局只另设有主衣十六人,可知职事不多。

⑥　《旧唐书》卷八《玄宗本纪上》,第 176 页。

尚人员为自己服务。这可能也是"知尚食事""闲厩使"等产生的原因之一吧。到唐后期，仍然担任六尚长官的人员，相信已不是贵族子弟，而都是些有技艺、能干事之人。六尚长官的性质已由"衣冠之任"变为技术之官；六尚（或五尚）也由贵族子弟入仕的美职变为单纯为皇帝生活服务的机构了。

附录：唐六尚长官人名简表

凡例：

一、本表所收为唐朝任职于六尚奉御和直长的人员。

二、本表以尚食、尚药、尚衣、尚舍、尚乘、尚辇局的顺序排列，先列奉御，后列直长。

三、每尚内的奉御和直长均以时代先后为序，个别附有对史籍记录的简单考证。一些考不出确切年代的长官，在时代后注明"（推测）"字样。

四、资料出处的简称为：旧——《旧唐书》，新——《新唐书》，通鉴——《资治通鉴》，会要——《唐会要》，唐文——《全唐文》，墓志——《唐代墓志汇编》，续集——《唐代墓志汇编续集》。其他均写全称。除墓志外，其他史籍（包括简称）后面的数字为卷数。

五、若一人在不同的"尚"任职（或有不同说法），则各自记录，但在人名后作＊标记。

六、此表只限于 2004 年 8 月前查书所得，此后会屡有发现，待适当时再一并补充①。

尚食

奉御：

萧季符	太宗时（推测）	唐文 259
元义端＊	高宗时（推测）	墓志长安 021
杨元禧＊	武后时②	旧 77

---

①　例如近几日查到崔望之在中宗时曾任尚辇奉御（《文物》1995 年第 8 期）。以后此类发现会更多。

②　本表所谓"武后时"，指武周时期及高宗死后至武周建立的这一段时间。

通鉴 207 同，但新 106 作尚舍奉御。

李范	武后时	旧 95
于安远	武后时	新 117、《朝野佥载》2
武□□	武后时（推测）	唐文 210
张恩恭	武后时	《朝野佥载》6
窦希瑊	睿宗时景云元年	唐文 100
程彦琮	中睿宗时（推测）	墓志开元 322
元□□	玄宗时（推测）	唐文 654
阳晟	德宗时	旧 144
韦谓	宣宗时	《杜牧集》19

直长：

梁玄敏	太宗时（推测）	墓志长寿 009
杨远 *	太宗时（推测）	墓志景云 019
唐从心	高宗仪凤三年	续集仪凤 008
杨执一	武后时	唐文 229
陶禹	武后时	墓志开元 320
苏威	武后末	墓志开元 537
辛璋	德宗时（推测）	续集会昌 027

尚药

奉御：

许胤宗	高祖时	旧 191
吕才	太宗时	《酉阳杂俎》续 6
吕奉御	太宗时	唐文 168、907

此吕奉御疑即吕才。

吴景达	太宗时	墓志久视 004
蒋岂之	太宗时	唐文 165
蒋孝璋	高宗初	旧 4
许孝崇	高宗显庆四年	新 59
蒋府君	高宗仪凤时	墓志长安 060
张文仲	武后久视年间	旧 191
吴本立	中宗神龙二年	续集神龙 018

李□□	中宗神龙三年	续集开元 021
宗处	玄宗开元十一年	唐文 993
段文绚	宣宗时	续集大中 020
梁新	懿宗后	《太平广记》219

直长：

| 蔺复珪 | 高宗显庆四年 | 新 59 |
| 许弘直 | 高宗显庆四年 | 新 59 |

尚衣

奉御：

阎立德	高祖时	旧 77
杨正道	太宗贞观初	旧 105
唐河上	太宗贞观廿三年	续集仪凤 008
王全信	高宗永徽年间	旧 51
白志善	高宗时（推测）	旧 166
武承嗣 *	高宗上元时	旧 183

通鉴 202 同，但旧 5 作尚辇奉御。

高□□ *	高宗末	唐文 215
姜皎	武后长安中	旧 59
刘行感	武后天授年间	旧 90

旧 186 上作刘行威。

李㧑	武后末	旧 95
王崇晔	睿宗景云元年	新 5、通鉴 209
宋昙	中宗时	《太平广记》263
叶静能	中宗时	通鉴 208
崔瑶 *	中宗初	续集天宝 057
长孙昕	玄宗开元四年	旧 8
王嵩	玄宗开元十年	唐文 264
王承荣	玄宗开元十五年	唐文 229
慕容曦晧 *	玄宗时（推测）	续集大历 008
元璒 *	玄宗时	续集大历 040
韦隐	代宗大历年间	《太平广记》358

吴卓	德宗初	续集元和 055
许□□	德宗时（推测）	唐文 597
田广	德宗末（推测）	续集大和 008
严士则	穆宗时	《太平广记》37
朱□□	文宗时（推测）	续集大中 029
殷琼 *	懿宗时	续集乾符 024

直长：

邓弘业	太宗时（推测）	墓志开元 195
封安寿	高宗初	唐文 215
源□□	高宗时	续集乾封 010
崔瑶 *	武后时	续集天宝 057
李华	玄宗时（推测）	墓志大历 057

尚舍

奉御：

杜构	太宗时	旧 66
郑孝德	高宗时（推测）	墓志开元 194
和世达	高宗时（推测）	墓志天宝 071
韦岳	武后时	旧 185 上
杨元禧 *	武后时	新 106

旧与通鉴均作尚食奉御。

卢玢	武后末	墓志景云 014
裴㧑	武后时（推测）	墓志开元 129
窦希球 *	中睿宗时	唐文 297
韦知止	睿宗时（推测）	墓志天宝 166
王暕	玄宗时	唐文 257
郑晖之	玄宗时	唐文 313
张去逸	玄宗开元十三年	墓志天宝 126
柳晟	肃宗乾元初	唐文 738
张怗	代宗时（推测）	墓志元和 123
韦说	代宗时（推测）	唐文 639
赵庭珍	代宗大历年间	续集大历 005

杜台贤	德宗建中年间	续集建中 007
李武	穆宗长庆年间	旧 196 下
邢希言	僖宗乾符四年	续集乾符 010

直长：

长孙祥	高祖时	墓志上元 008
张玄封	太宗时	墓志长寿 034
杨远 *	太宗时（推测）	墓志景云 019
崔□□	高宗时	唐文 145
李冲寂	高宗时	唐文 196
崔言道	高宗时	墓志开元 087
窦孝勔	高宗时（推测）	续集永隆 004
张之辅	武后时	唐文 235
武□□	武后时	唐文 246

此人是武承嗣子，疑是武延基，死于长安初。

薛府君	武后时	墓志开元 227
李思温	武后时（推测）	墓志贞元 028
李元谨	武后时（推测）	续集开元 029
乐永 *	睿宗时	续集开元 016
韦悦然	玄宗开元十二年	唐文 295
皇甫慎 *	玄宗初（推测）	墓志开元 324
慕容曦晧 *	玄宗时（推测）	续集大历 008
秦儒衡	德宗时（推测）	续集元和 067

尚乘

奉御：

杜荷	太宗时	旧 66
张万岁	太宗贞观十五年	会要 66
李震	太宗贞观廿三年	续集麟德 020
权怀恩	高宗咸亨年间	旧 185 上
元义端 *	高宗时（推测）	墓志长安 021
王及善	高宗初	续集永徽 033
张易之	武后神功元年	旧 78、通鉴 206

程齐之	武后时	旧 83
郑玄果	武后时	墓志开元 011
独孤思行 *	武后时（推测）	续集开元 075
窦希球 *	中睿宗时	唐文 297
王守一	玄宗开元元年	旧 183、通鉴 210
张景顺	玄宗开元初	唐文 253
长孙勖	玄宗开元廿四或五年	唐文 361
卢全操 *	玄宗开元时	墓志开元 421
郑希甫	玄宗开元时	续集天宝 108
元瓌 *	玄宗时	续集大历 040

直长：

斛斯政则	高祖至太宗	续集咸亨 005
阴弘智	太宗时	旧 76
赵诠	太宗时	墓志开元 032
刘殆庶	高宗仪凤三年	新 106
窦兢	高宗时	新 109
高隆基	高宗时	墓志长安 043
张志	高宗时	墓志长安 069
李隆悌	武后长安初	旧 95
武攸望	武后天授元年前	旧 183
高惩	武后时	墓志开元 318
独孤思行 *	武后时	续集开元 075
裴玄览	中宗时（推测）	墓志景云 018
张游恪	睿宗时	墓志景云 010
皇甫慎 *	玄宗时	墓志开元 324
王固己	玄宗时	墓志开元 471
房宣	玄宗时	墓志开元 505
裴瑾	玄宗时	续集开元 148

尚辇

奉御：

豆卢怀让	高祖或太宗时	墓志显庆 019

杨德祖	高祖时	《太平广记》30
薛万备	太宗贞观十八至廿二年	旧198、通鉴197、199
武承嗣*	高宗咸亨五年	旧5

通鉴202作尚衣奉御。

苏庆节	高宗时	旧83
高□□*	高宗末	唐文215
李德暮	高宗时（推测）	墓志开元321
李隆基	武后长安中	旧8
韦钧	中睿宗时	唐文295
王忠嗣	玄宗开元二年	旧103、通鉴211
哥舒曜	玄宗时	新135
王训	玄宗时	唐文100
郭英奇	玄宗时	唐文227
赵勋进	玄宗开元廿一年	唐文283、《唐大诏令集》31

《唐大诏令集》作"赵迥遵"。

李齐物*	玄宗开元时	唐文342
源光乘	玄宗开元中	墓志天宝105
任金	大燕圣武二年	续集圣武001
韩芪	穆宗初	《白居易集笺校》52
张国	文宗时（推测）	续集乾符004
罗士则	宣宗初	续集大中014
殷琼*	懿宗时	续集乾符024
王谦逢	僖宗乾符四年	续集乾符012

直长：

达奚睿	高祖时（推测）	唐文165
张孝雄	太宗时（推测）	墓志天宝215
裴皓	太宗时	续集龙朔028
王师表	高宗时	唐文193
王子麟	高宗时	墓志开元062
王大贞	武后长寿二年	旧186上、通鉴205
卢全操*	武后时	墓志开元421

李齐物 *	中宗时	唐文 342
崔□□	玄宗时	墓志开元 516
李戢	玄宗开元十三年	墓志天宝 116

统计一下上列人数，则有以下结果：

尚食奉御 12 人、直长 7 人共 19 人；尚药奉御 14 人、直长 2 人共 16 人。

尚衣奉御 26 人、直长 5 人共 31 人；尚舍奉御 19 人、直长 17 人共 36 人。

尚乘奉御 17 人、直长 17 人共 34 人；尚辇奉御 22 人、直长 10 人共 32 人。

共计 168 人。

在这 168 人中，有 13 人各有二任，其中杨元禧、武承嗣虽各有二任，但实际是史籍的差错，二者必有一误，所以二人只能各算一人一任，因此实际是 166 人中共有 11 人各有二任，除去这 11 任，则共有 155 人曾任六尚长官。因此以上简表统计了唐代六尚长官 155 人 166 任。

（附记：本文原载《魏晋南北朝隋唐史资料》第 21 期（武汉大学，2004 年），收入本书时改正了文字讹误；将注释改为脚注；并增补了若干史料出处。另外，因相关资料特别是墓志资料层出不穷，8 年后又撰写了《唐六尚长官考补——兼论李令问、井真成墓志》一文（载《隋唐辽宋金元史论丛》第 2 辑，上海古籍出版社 2012 年版）作为本文补充。由于本文涉及唐代闲厩使、尚食使等使职，而宁志新先生在隋唐使职研究领域成果斐然，因此重刊旧文以为宁先生贺寿。）

（黄正建，中国社会科学院历史研究所研究员）

"四王"建号与署置百官

——唐代割据藩镇政治诉求的制度表达

孙继民

"安史之乱"结束后，唐朝廷无力彻底消灭其余部，于是"君臣皆幸安，故瓜分河北地，付授叛将"①，把原安史集团所控制的地区划归安史旧将统治。广德元年（763），代宗任命李宝臣为成德节度使，田承嗣为魏博节度使，李怀仙为幽州节度使，永泰元年（765），又以李正己为淄青节度使，从此形成了四镇的割据状态。四镇"相与根据蟠结，虽奉事朝廷而不用其法令，官爵、甲兵、赋税、刑杀皆自专之"②，俨然成为唐王朝的国中之国。建中（780—783）间，唐德宗挟新登大宝之锐，试图扫除藩镇割据之弊，触动了四镇割据的最敏感神经，于是恒冀节度使王武俊、幽州节度使朱滔、魏博节度使田悦、淄青节度使李纳，相互勾结，先后发动了反对唐中央的叛乱。建中三年（782）十一月，四镇又仿效战国诸侯之制，建号立国，分别称为赵王、冀王、魏王和齐王，并建置百官，史称"四镇之乱"或"四王事件"。

一

唐代史籍有关"四王"建号立国、署置百官的记载主要有十一条，其中以《资治通鉴》卷二二七唐德宗建中三年十一月己卯条的记述最为简明而扼要："田悦德朱滔之救，与王武俊议奉滔为主，称臣事之，滔不可，曰：'恊山之捷，皆大夫二兄之力，滔何敢独居尊位！'于是幽州判

---

① 《新唐书》卷二一○《藩镇魏博序》，中华书局1975年版，第5921页。
② 《资治通鉴》卷二二五，大历十二年十二月，中华书局1956年版，第7250页。

官李子千、恒冀判官郑濡等共议：'请与郓州李大夫为四国，俱称王而不改年号，如昔诸侯奉周家正朔。筑坛同盟，有不如约者，众共伐之。不然，岂得常为叛臣，茫然无主，用兵既无名，有功无官爵为赏，使将吏何所依归乎！'滔等皆以为然。滔乃自称冀王，田悦称魏王，王武俊称赵王，仍请李纳称齐王。是日，滔等筑坛于军中，告天而受之。滔为盟主，称孤；武俊、悦、纳称寡人。所居堂曰殿，处分曰令，群下上书曰笺，妻曰妃，长子曰世子。各以其所治州为府，置留守兼元帅，以军政委之；又置东西曹，视门下、中书省；左右内史，视侍中、中书令；余官皆仿天朝而易其名。""四王"建号立国、署置百官的情况，一般通史和专著都有详略不等的介绍，人们似乎比较清楚，但实际上仔细推究起来，至少有三个具体问题需要进一步研究。

第一个问题是关于四王建号的性质，即必须明确"四王"之号是爵号还是国号。爵号是指唐王朝制度规定的爵位之号，国号是指先秦及以降"授土授民"的诸侯王、诸王王国之号。唐朝缀以"王"字的爵位有亲王、嗣王、郡王，亲王虽然有一套相应的官属和机构，甚至也可以称"国"①，但并无封土。自然也不可能治民。唐代的王爵，按制度规定本来只能授予皇室宗亲，外臣无缘厕身其中，唐德宗以后外臣始获封王爵。四镇首领称王这是明确的，但是否有国号，史籍记载不一致，而据《唐代墓志汇编》下册第 1833 页朱滔部将《宋俨墓志铭》称朱滔为"冀国王"，可知"四王"之称不同于一般意义上唐朝爵位制下的王号，它是追求与"授土授民"相联系的"国王"之号。既是王号也是国号，绝非唐王朝通常意义上的爵号。

第二个问题是关于朱滔的称号。《资治通鉴》卷二二七、《旧唐书·五行志》和《旧唐书·田承嗣传》均称朱滔为"冀王"，《旧唐书·德宗本纪》则称"大冀王"。究竟是"冀王"还是"大冀王"？据《资治通鉴》，田悦、王武俊在称王之前就曾拟议"奉滔为主，称臣事之"，称王之后，推"滔为盟主，称孤；武俊、悦、纳称寡人"，说明四人虽然共同称王，但其中有主次排序，朱滔既为盟主，称为"大冀王"完全在情理之中，且《旧唐书·朱滔传》中也有"十一月滔僭称大冀王，伪署百官，与李纳、田悦、王武俊并称王"等语，可以佐证朱滔的正式王号是"大

---

① 《旧唐书》卷四四称"亲王国"有国令、国尉、国丞等。

冀王"。这与其他史籍称他为"盟主"相一致,说明四王有主次之分,有盟主与从盟之分。

第三个问题是"四王"建号的起止时间。"四王"建号的开始时间,《新唐书·朱滔传》记载是"建中三年十月庚申,为坛魏西,祀天,各僭为王",十月庚戌为朔,庚申应为十月十一日。《旧唐书》的《德宗本纪上》《王武俊传》和《朱滔传》都记为建中三年十一月,而不载具体日期,只有《旧唐书·田悦传》有确切的时间,为"十一月一日",《资治通鉴》采用《旧唐书·田悦传》的记载,称"《旧·本纪》《朱滔》《王武俊传》皆云十一月,而无日,惟《田悦传》云'十一月一日',今从之"①。我们认为《资治通鉴》的说法比较可靠,"四王"建号的时间应为建中三年十一月一日。

"四王"建号的截止时间,各镇先后不一,首先废除王号的是恒冀镇和魏博镇。王武俊废除王号的时间,《旧唐书·德宗本纪上》和《旧唐书·王武俊传》明确记载为兴元元年(784)二月。其王号官制存续了一年零三个多月的时间。田悦是与王武俊同时归顺朝廷的,魏博镇的王号官制也只存在了一年零三个多月的时间。淄青李纳取消王号官制的时间稍晚于成德、魏博二镇,据《旧唐书·李正己传》和《册府元龟》卷四三六记载,李纳应于兴元元年四月归顺朝廷,其王号官制维持了一年零五个多月的时间。四镇中最后取消王号的是幽州镇,《旧唐书·朱滔传》将朱滔归顺唐廷置于兴元元年(784)六月之后,《资治通鉴》卷二三一则置于八月—十月之间,朱滔应于兴元元年(784)八月上章归顺废除王号,其王号官制维持了一年零九个多月的时间。"四王"建号存续时间最长的是幽州镇,为一年零九个多月,其次是淄青镇,为一年零五个多月,成德镇和魏博镇最短,为一年零三个多月。总体上看,四镇所建制度的存继时间都非常短暂。

二

四镇称王建号署置百官的指导思想是在效仿战国七雄的口号下建立世袭小朝廷,即"四国俱称王而不改年号,如昔诸侯奉周家正朔。筑坛同

---

① 《资治通鉴》卷二二七,建中三年十一月,第7336页。

盟，有不如约者，众共伐之"。这番话虽出自幽州判官李子千（或作牟）、恒冀判官郑濡等人之口，但最终能为四镇首领接受并奉为圭臬，显然代表了四镇统治集团的群体意识和集体意志，堪称四镇集团政治诉求的典型表述。那么，四镇集团政治诉求的内涵是什么呢？我们认为，这可以借用欧阳修《新唐书·藩镇传序》一句话来加以概括，就是"效战国，肱髀相依，以土地传子孙"。这个基本内涵由三个要素构成，就是"效战国""肱髀相依"和"以土地传子孙"。

所谓"效战国"，用《资治通鉴》的话说就是"如昔诸侯奉周家正朔"，用《旧唐书·田悦传》的话说就是"古有战国连衡誓约以抗秦，请依周末七雄故事，并建国号为诸侯，用国家正朔，今年号不可改也"，用《新唐书·朱滔传》的话说则是"古有列国连衡共抗秦。今公等在此，李大夫在郓，请如七国，并建号，用天子正朔"，三段话详略不同，重点有别，但模仿战国七雄建国称王的基本精神并无不同。不过，这种模仿至少包括有两个层面的内容，第一个层面的内容是对战国国号的模仿，即四镇称王的国号取自战国时期的七雄诸侯。我们知道，四王的建号分别是幽州镇的朱滔号称冀王，魏博镇的田悦号称魏王，成德镇的王武俊号称赵王，淄青镇的李纳号称齐王。其中的魏王、赵王、齐王三王的国号完全取自战国时期的魏、赵、齐三国，只有朱滔的冀国之号出自新创。实际上，四镇初议国号时，幽州镇本来也是拟以战国时期的燕国为国号的，但是朱滔反对，原因是他认为"禄山、思明皆起燕，俄覆灭，恶其名，以冀，尧所都，因号冀"①。朱滔是因为忌讳安禄山、史思明兵败身灭的"燕"之号才拒用的，可见四镇议国号之初本来是为幽州镇取燕国之号的，其名取意于战国的七雄之一燕国并无疑义。

第二个层面的内容是对战国诸侯与周天子关系的模仿，即所谓"不改年号，如昔诸侯奉周家正朔""用国家正朔，今年号不可改也"和"请如七国，并建号，用天子正朔"。两周时期，列国诸侯与周天子的关系是封臣与封主之间的关系，周天子是天下共主，列国诸侯接受周天子的分封而在各自封域内行使各项权力，周天子不能直接插手诸侯国内部的行政事务，列国诸侯对周天子负有朝觐、进贡和助征伐的义务；各国各有自己的

---

① 《新唐书》卷一五〇《朱滔传》，第5970页。

王位纪年，同时也兼用周天子的纪年①；尽管春秋以后周天子的权威日趋衰微，但直至战国时期，周天子依然是名义上的天下共主。周王朝与各诸侯国之间的关系，并不是单一制下中央与地方的关系，而是复合制下特殊的中央与地方之间的关系。所以，"不改年号，如昔诸侯奉周家正朔""用国家正朔，今年号不可改也"和"请如七国，并建号，用天子正朔"，就是四镇在形式上模仿战国诸侯与周天子的关系，在建号称王，署置百官的同时，继续奉行唐朝廷的正朔，继续使用朝廷的年号。当然，四镇继续奉行唐朝廷的正朔，不仅仅是一个使用什么年号的问题，也是一个对其最大政治对立面采取什么态度，实行什么政策的问题，亦即是否承认唐朝廷的正统地位，是否承认唐朝皇帝为"天下共主"的地位，事关是否尊奉朝廷"正统"地位的问题，是否确立四镇与其从属关系的重大原则问题。所以，"不改年号，如昔诸侯奉周家正朔""用国家正朔，今年号不可改也"和"请如七国，并建号，用天子正朔"，实际上是一种政治宣示，表明四镇在处理与唐朝廷的关系上，不挑战唐朝廷的"正统"和"天下共主"的地位，至少保持名义上和形式上对唐朝廷的从属关系。

所谓"肱髀相依"，"肱"本指手臂自肘至腕的部分，后引申指整个手臂，"髀"指腿骨、大腿，"肱髀相依"本意是说手足一体，不可分割，这里则是用以比喻藩镇结盟，组成利益共同体，相互依傍，共同应付对付中央朝廷的压力和挑战。《资治通鉴》所谓"筑坛同盟，有不如约者，众共伐之"，《旧唐书·田悦传》称四镇幕僚主张仿效"战国连衡誓约以抗秦"，在朱滔称冀王，田悦称魏王，王武俊称赵王，请李纳称齐王的基础上又推举朱滔"为盟主，称孤；武俊、悦、纳称寡人"，《新唐书·朱滔传》所说"古有列国连衡共抗秦"，主张"宜择日定约，顺人心，不如盟者共伐之"，都表达了四镇集团模仿春秋战国诸侯盟会和合纵连横，通过结盟对抗唐廷中央的理念。四镇集团不仅结盟意识强烈，而且在实际运作过程中非常注重结盟的合法性和协调联盟内部关系，他们通过于魏县西筑坛会盟，僭署告天，魏州功曹韦稔《益土颂》为盟会披上合法的外衣，以朱滔"为盟主"，号"大冀王"，自称为"孤"，田悦、王武俊、李纳

---

①　严格地说，四镇所谓"如昔诸侯奉周家正朔"并不正确，列国诸侯是各自王位纪年与周天子纪年同时兼用而以各自王位纪年为主，这只要看看《史记》的《十二诸侯年表》和《六国年表》即可了然。

分别称魏王、赵王、齐王，自称为"寡人"，来协调联盟的内部关系，甚至规定有败盟的惩罚措施，要求"不如约者，众共伐之""不如盟者共伐之"。由此可见，面对唐朝廷巨大的、不对称的军事政治压力，四镇集团具有一种强烈的联合力量对抗朝廷的结盟意识，"肱髀相依"堪称割据藩镇政治诉求的主要内涵之一。

所谓"以土地传子孙"，这里的"土地"，非指一般意义上的土地，而是指藩镇统治之下的属地，也可指藩镇的地方政权组织；"传子孙"就是藩镇首领追求对地方节度使权位的世代占有，实现藩镇最高权力的世袭化，实现藩镇集团对地方政权的长期独占；"以土地传子孙"实质上就是保持地方势力对藩镇政权的独占性，不允许朝廷对藩镇权力的染指。保持藩镇的独立性，实行藩镇割据或曰地方自治。这也是"效战国"更深一层政治含义的具体表现。我们已经说过，"效战国"第一个层面的含义是对战国国号的模仿，第二个层面的含义是对战国诸侯与周天子关系的模仿，除此之外，"效战国"还有第三个层面的含义，这就是对战国列国诸侯政权组成方式的模仿，追求藩镇最高权力的世袭化，亦即"依周末七雄故事，并建国号为诸侯"，将战国时期诸侯政权最高权力依据血缘关系而世代延续的传承方式拿来为藩镇所用。四镇"并建国号为诸侯"，分别建号称王，各改"妻曰妃"，"长子曰世子"，"子曰国公"，四镇官员对妃、国公，"下皆称臣，谓殿下"，建立一套与之相适应的礼制和官制，无不是围绕"以土地传子孙"这一实质目标也是最高目标而展开的。所以，"以土地传子孙"不仅是藩镇势力政治诉求的主要构成内容，而且也是藩镇势力政治诉求的最高目标。

以上"效战国""肱髀相依"和"以土地传子孙"三个方面，构成了割据藩镇政治诉求的基本内容，其中"效战国"体现的是处理藩镇与朝廷之间关系的指导原则，表达了奉行唐朝廷正朔、承认唐朝廷正统地位、臣属于唐朝廷的愿望；"肱髀相依"体现的是处理藩镇之间关系的指导原则，表达了相互依托、相互联结、共同应付外敌（主要是唐朝廷）压力的愿望；"以土地传子孙"体现的是处理藩镇内部政治关系的指导原则，表达了建立地方割据式或曰地方自治式政权模式的愿望。这三个方面密切相关，不可分割，既是割据藩镇政治诉求的基本概括，也是割据藩镇政治纲领的完整表述，"效战国"和"肱髀相依"可以视为割据藩镇为达到政治目标而采取的政策方针和策略手段，"以土地传子孙"可以视为割据藩镇通过采取政策方针和策略手段而确立的政治目标，其策略手段就是在形式上承认朝廷天子的正统地位，政治目标就是在实质上建立维护藩镇自身利益的自治政体，换言之，割据藩镇的政治诉求或曰政治纲领的完整表述，就是在尊奉朝廷的名义下保持藩镇的割据性，实行地方自治。归根结底一句话，割据藩镇政治诉求的实质，就是在尊奉朝廷的名义和形式之下，最大限度地追求以藩镇最高权力世袭化为主要目标的地方自治。

　　四镇称王建号署置百官持续的时间首尾不及两年，但割据藩镇政治诉求的精神实质——追求藩镇最高权力的世袭化，并没有随着王号官制的废除而改变，河朔藩镇事实上的割据地位或曰自治地位除元和末年外也基本没有改变，从这个意义上说，研究割据藩镇的政治诉求对理解整个唐代后期的藩镇尤其是割据型藩镇问题，无疑是一个独特的视角和颇有价值的课题。对割据藩镇，以往学者较多注意其与唐王朝的对立面和矛盾面，忽略其与唐王朝的联系面和共生面，突出强调它对中央政权的威胁和对国家统一的危害。20 世纪 80 年代以后，学术界已有一部分学者开始注意割据藩镇与唐王朝的共生和依存关系，使以往将割据藩镇片面化、绝对化、简单化的倾向得到一定程度的矫正，但此类"矫正"仍然稍嫌欠缺具体研究。本文对割据藩镇政治诉求的探讨，意在以文本阐释为基础，通过四镇集团之口以见四镇集团之意，揭示割据藩镇集团内心世界的真实意图和政治目的，从而反映割据型藩镇对唐朝廷既尊奉又背离的矛盾心态，最终为唐朝廷与割据藩镇既矛盾又共存的复杂关系提供一个生动的注脚。

（孙继民，河北省社会科学院研究员）

从社会救助视角审视汉宣帝中兴①

王文涛

宣帝在位期间（前 74—前 49），轻徭薄赋，重视吏治，平理刑狱，史称其为"中兴之主"，学界对此多有论说。从社会救助的视角重新审视汉宣帝的"中兴"措施，当可丰富对"昭宣中兴"的认识和理解。

一　汉宣帝社会救助表现突出的原因

《汉书·循吏传》说："及至孝宣，繇仄陋而登至尊，兴于间阎，知民事之囏难。自霍光薨后始躬万机，厉精为治。"汉宣帝社会救助措施表现突出的原因是多方面的，最主要的有两个：一是平民皇帝体察民情的坎坷经历。他从出生到即位前多次遭遇生命危险，在多位好心人的帮助下死里逃生，在民间长大，熟知民情，了解百姓疾苦，所以比其他帝王更加关心百姓。② 二是昭帝轻徭薄赋、与民休息的政策，为汉朝中兴做了开创性的奠基工作，也为汉宣帝实施社会救助在政治和经济上提供了条件。

汉宣帝刘询（前 91—前 49），武帝曾孙，戾太子刘据的孙子。宣帝生下来才几个月，就遇上了"巫蛊事件"，爷爷、奶奶、父亲、母亲都不幸遇害，他也被关入郡邸狱。廷尉监丙吉同情刘询的无辜遭遇，让两名女犯人轮流喂他奶，私下供给衣食。巫蛊事件几年都没有结案。望气者说长安监狱中有天子气，武帝下令，因巫蛊案入狱的在押犯，不论罪

---

①　国家社会科学基金项目"汉代社会保障制度的历史经验研究"（10BZS013）；国家社会科学基金重大招标项目"中国慈善通史"（11&ZD091）。
②　张烈《论汉宣帝中兴》说："如果汉宣帝没有早年那段复杂艰险痛苦的阅历和磨炼，那就很难想像他能成为历史上有名的'中兴之主'。"《长沙水电师院学报》1990 年第 1 期。

行轻、重，一律处死。在丙吉的保护下刘询逃过此劫。次日大赦，刘询被送到祖母史良娣家抚养。后来有诏将刘询送至"掖庭养视"。掖庭令张贺曾侍奉过戾太子，思念旧恩，怜悯刘询，"奉养甚谨"，供其读书，还为他娶许广汉之女为妻。刘询"高材好学"，"具知闾里奸邪，吏治得失"①。元平元年（前74）四月，昭帝崩，无嗣。大将军霍光请立昌邑王刘贺。不到一个月，刘贺因淫乱被废，18岁的刘询幸运地登上帝位。

武帝末年，因为长期用兵四夷，海内虚耗，户口减半。昭帝8岁即位，朝廷政事完全由霍光决断。在辅佐昭帝期间，霍光"知时务之要，轻徭薄赋，与民休息"②。"匈奴和亲，百姓充实，稍复文、景之业"③，汉朝再次步入社会安定、经济恢复发展的轨道。地节二年（前68），霍光病逝，23岁的宣帝亲政。

二　汉宣帝的社会救助措施

史称汉宣帝统治时期，"吏称其职，民安其业"。安民为本，是汉宣帝整顿吏治的指导思想。汉宣帝社会救助措施的主要体现有：灾害救助、轻徭薄赋、关心救助鳏寡孤独等弱势群体、赈济贫民、尊老养老，以及选贤任能，落实社会救助措施等方面。

（一）灾害与灾害救助

宣帝在位25年，平均两年多有一次灾害记录，是西汉的灾害低发期。宣帝时期的自然灾害记录次数不多，大部分都记载极其简略，有几次灾情十分严重，受灾范围广大，由于救助措施得力，并未造成大的危害。

"表1"所列灾害记录共10次，地震3次，旱灾2次，雹灾2次，水灾、疫病、蝗灾各1次。见于《汉书》的《传》和《五行志》的，都没有记载救灾措施。《宣帝纪》中的救灾措施详略不同，论述如下。

---

① 《汉书》卷八《宣帝纪》，中华书局1962年版，第237页。
② 《汉书》卷七《昭帝纪》，第233页。
③ 《资治通鉴》卷二三《汉纪十五·孝昭皇帝上》，古籍出版社1956年版，第760页。

表1　　　　　　　　　　　　宣帝时期灾害①

时　间	灾　情	史料出处②
本始元年（前73）四月庚午	地震	卷八，第241页
本始三年（前71）五月	大旱，东西数千里	卷八，第244页、卷二七，第1393页
本始四年（前70）四月壬寅	郡国四十九地震，或山崩水出，杀六千余人	卷八，第245页、卷二七，第1454页
地节三年（前67）九月	地震	卷八，第249页
地节三年（前67）夏	京师下冰雹	卷七八，第3273页
地节四年（前66）五月	山阳、济阴雨雹如鸡子，杀二十人，蜚鸟皆死	卷二七，第1428页
地节四年（前66）九月	郡国颇被水灾	卷八，第252页
元康二年（前64）	天下颇被疾疫之灾	卷八，第256页
神爵元年（前61）秋	大旱	卷二七，第1393页
五凤年间（前57）	河南有蝗虫	卷九〇，第3670页

　　本始元年（前73）四月的没有记载发生的具体地点、范围和灾情，造成的损害可能不太严重，因为应对之策是"诏内郡国举文学高第各一人"，没有言及其他救助措施。

　　本始三年（前71）夏五月的旱灾非常严重，《宣帝纪》记作"大旱"，《五行志》补充为"大旱，东西数千里"，是一次全国性的大旱灾。宣帝采取的救灾措施是"郡国伤旱甚者，民毋出租赋。三辅民就贱者，

---

　　①　本始二年（前72）冬匈奴地区的雪灾，表中没有统计。《汉书》卷九四上《匈奴传上》："匈奴天大雨雪，一日深丈余，人民畜产冻死，还者不能十一。"第3787页。
　　②　本表史料均出自中华书局1962年版《汉书》，不注书名，只注卷数和页码。

且毋收事，尽四年"①。受灾严重的郡国免除租赋。三辅地区的灾民免交租税，不服劳役，直到第二年底截止。这一年的旱灾影响很大，到次年春正月，宣帝又下诏强调农业生产的重要性，"农者，兴德之本也"，实行进一步的救灾措施。（1）减少财政开支。"令太官损膳省宰，乐府减乐人，使归就农业。"意思是说，令掌管皇室膳食的太官减少膳食，少宰牲畜，乐府裁减乐工，让他们回乡务农。太官岁费浩大，役使奴婢众多。为了更详细地了解宣帝此举减少财政开支以救灾的意义，有必要叙述太官和乐府一些相关情况。太官令亦称大官令。《汉书·百官公卿表》少府属官有太官令、丞。职掌皇室膳食，食具供膳及鱼肉瓜果菜蔬都管。东汉沿置。②《后汉书·和熹邓皇后纪》："旧大（太）官汤官经用岁且二万万。"《汉旧仪》："太官、汤官奴婢各三千人。"西汉乐府所辖乐人众多。桓谭《新论》说："余昔在成帝时为乐府令，凡所典领倡优伎乐，盖有千人。"哀帝初，乐府有器乐、歌舞演员 829 人。

（2）令京城官员捐献粮食帮助朝廷救灾。"丞相以下至都官令、丞，上书入谷，输长安仓，助贷贫民。民以车船载谷入关者，得毋用传。"③从丞相以下直至京师各官署的令、丞都要上报捐献粮谷的数额，交到长安仓，帮助朝廷救济贫民。为了方便更多的粮食运到京畿地区济贫，百姓用车船运粮谷进入函谷关，可以成不检验过关的凭证。

本始四年（前 70）四月壬寅的地震范围是空前的，波及 49 个郡国，接近当时汉朝行政区划的一半。《汉书·宣帝纪》说："郡国四十九地震，或山崩水出。"同书《五行志下之上》记载较详："地震河南以东四十九郡，北海、琅邪坏祖宗庙城郭，杀六千余人。"④ 宣帝下诏，采取了四项措施救灾：（1）令三辅、太常、内郡国举贤良方正各一人。（2）律令中有可以蠲除的事项能够用来安恤百姓的，逐条上奏。（3）遭受地震破坏严重者，"勿收租赋"。（4）大赦天下。

---

① 《汉书》卷八《宣帝纪》，第 244 页。

② 《后汉书》卷一一五《百官志三·少府条》：太官令，"六百石。本注曰：掌御饮食。……左丞主饮食。甘丞主膳具。汤丞主酒。果丞主果"第 3591 页。注引荀绰《晋百官表注》曰"汉制，太官令秩千石。丞四人，秩四百石"，与志不同。

③ 《汉书》卷八《宣帝纪》，第 245 页。

④ 《太平御览》卷八八〇《咎征部七·地震》所记与《汉书》不尽相同，未审何据，录此备考。"宣帝时，地震河南以东四十九郡，北海、琅琊坏宗庙城郭，杀人千余。后又京师地震，至北边郡国三十余，坏城郭，杀四百余人。"

地节三年（前67）九月的地震见于该年十月宣帝的"地震诏"，同本始元年四月的地震一样，没有记载地点和范围。救灾措施可以归纳为四条：（1）为了不再"久劳百姓"，罢车骑将军、右将军屯兵。（2）"池籞未御幸者，假与贫民。"就是说，皇帝未曾使用的池陂禁苑，全部借给贫民使用，樵采渔猎耕种。（3）各郡国的宫室馆舍，"勿复修治"，减少财政开支。（4）鼓励流民还乡，借给公田耕种，贷给种子、口粮，而且不出算赋，不服徭役。

地节四年的水灾，见于该年九月的宣帝"减盐贾诏"，救灾措施无特别之处，以"已振贷"三字交代。因为盐价太贵，影响到普通百姓的生活，于是下诏"减天下盐贾"。元康二年五月发生疫灾，救助措施是"令郡国被灾甚者，毋出今年租赋"。

除了上述救灾措施外，宣帝建立"常平仓"制度，也是中国古代防御自然灾害且影响深远的重要措施。国家粮食储备的观念源自三千多年前的西周。战国时期李悝在魏国推行平籴法，即政府在丰年购进粮食储存，以免谷贱伤农，歉年卖出所储粮食以稳定粮价。汉武帝时，桑弘羊发展了上述思想，创立平准法，在京师贱收贵卖以平抑物价。宣帝元康年间连年丰收，谷价低至一石五钱，"农人少利"。此时，"岁漕关东谷四百万斛以给京师，用卒六万人"。五凤年间，宣帝采纳大司农中丞耿寿昌的建议：在三辅、弘农、河东、上党、太原等郡买粮，供给京师所用，"省关东漕卒过半"。这一措施成效显著，耿寿昌又于五凤四年（前54）奏请在边郡普遍设置粮仓，"以谷贱时增其贾而籴，以利农，谷贵时减贾而粜，名曰常平仓。民便之"①。常平仓制度的创设意义重大，它具有三大功能：一是稳定粮食价格，保护农民利益；二是救灾，保证重大自然灾害发生时，国家开仓放粮，救济灾民；三是应对战争等突发事件。该制度在后世逐步完善，影响至今。

（二）轻徭薄赋，济民安民

汉宣帝继续奉行昭帝时期的轻徭薄赋政策，注意减轻百姓负担，赈济灾民，安辑流民，救助贫民，发展农业生产。宣帝"数申诏公卿大夫，务行宽大，顺民所疾苦"，目的是实现国家的繁荣昌盛，"配三王之隆，

---

① 《汉书》卷二四上《食货志上》，第1141页。

明先帝之德"①。

《汉书·宣帝纪》记载的以减免租赋、减少开支等措施来救济灾民、救助贫民的诏书多达十几道。"减免租赋"的内容前文已述，这里再次提及，并非有意重复，而是为了集中说明这个问题。本始元年（前73）五月，"凤皇集胶东、千乘。租税勿收"。本始三年（前71）五月，大旱，"郡国伤旱甚者，民毋出租赋。三辅民就贱者，且毋收事，尽四年"。本始四年（前70）春正月，下"振贷贫民诏"。诏书强调：农业生产十分重要，是"兴德之本"。今年粮食歉收，"已遣使者振贷困乏。其令太官损膳省宰，乐府减乐人，使归就农业"。夏四月壬寅，49个郡国地震，"律令有可蠲除以安百姓，条奏。被地震坏败甚者，毋收租赋"。地节元年（前69）三月，"假郡国贫民田"②。把国家苑囿或郡国的公田借给少地或无地的贫民耕种，帮助他们解决生活和生产上的困难。

地节四年（前66）"郡国颇被水灾"，下诏振贷。九月又下诏，关心百姓因失业而生计无着，"遣使者循行郡国，问民所疾苦"。降低全国的盐价。元康元年（前65）三月，诏命"所振贷勿收"。元康二年（前64）五月，"令郡国被灾甚者，毋出今年租赋"。神爵元年（前61）春正月，行幸甘泉，郊泰。三月，行幸河东，祠后土。诏曰："所振贷物勿收。行所过，毋出田租。"③ 五凤三年（前55），诏令减天下口钱。甘露二年（前52），令减收算赋钱，一算减30钱。甘露三年（前51），免除新蔡县的田租。

汉武帝时，大量自耕农和佃农破产沦为流民；遇上灾荒年景，灾民为了生存，背井离乡，也沦为流民。数以百万计的流民成为重大的社会问题。经过汉昭帝十三年的努力，"流民稍还"，但问题仍很严重。宣帝即位后，坚持以农为本，发展经济，加大了安辑流民的力度。地节三年（前67）十月，下诏救济九月壬申地震中的灾民，"流民还归者，假公田、贷种、食，且勿算事"④。所有回归原籍的流民，朝廷借给公田耕种，还借给口粮和种子，免除算赋和徭役等。这是自武帝以来，安辑流民条件最优惠、措施最具体的一项诏令。

---

① 《汉书》卷八《宣帝纪》，第273页。
② 本段引文依次见《汉书》卷八《宣帝纪》，第242、244、245、257页。
③ 同上书，第268、254、256、259页。
④ 同上书，第249页。

地方官对安置流民相当重视，政府常把治理流民的政绩作为对地方官奖励或升迁的一个标准，如汉宣帝时，胶东相王成因"流民自占八万余口"，"赐爵关内侯，秩中两千石"。

（三）关心救助鳏寡孤独高年

关心救助鳏寡孤独高年，是先秦以来的优秀传统，也是汉代帝王"仁政""德治"的表现。《孟子·梁惠王章句下》云："老而无妻曰鳏。老而无夫曰寡。老而无子曰独。幼而无父曰孤。此四者，天下之穷民而无告者。文王发政施仁，必先斯四者。""高年"，指老年人；年岁大的人，没有明确的年龄界定。汉宣帝在地节三年给二千石的诏书中说："鳏寡孤独高年贫困之民，朕所怜也。"桓宽《盐铁论·未通》说："扶不足而息高年。"就《汉书·宣帝纪》所见救助鳏寡孤独高年事项，列表如下：

从"表2"可见，汉宣帝赐物给鳏寡孤独高年者的诏书，均是特恩而非常制。西汉统治两百年，帝王赈贷鳏寡孤独的赐物诏书共有29道，而在位25年的汉宣帝一人就多达11道。赐钱一次，赐帛十次，九次数量不详，一次帛一匹。仅此而言，汉宣帝就可以称得上是西汉最关心鳏寡孤独者的皇帝。

在"表2"的11道诏令中，有七道诏令将救助鳏寡孤独与"高年"并提。汉代以孝治天下，宣帝认为："导民以孝，则天下顺。"[1] 宣扬孝道，提倡尊老养老，有利于家庭和睦与社会安定。地节三年（前67）十一月，颁布"举孝弟诏"。诏书引《传》曰："孝弟也者，其为仁之本与?"重申孝道是"为仁之本"的重要性。"令郡国举孝弟、有行义闻于乡里者各一人。"地节四年二月，下"丧不徭诏"。宣帝认为：现在有的百姓遭遇"衰绖凶灾"，可是地方官却要派他们为官府服徭役，使他们不能安葬亲人，这是"伤孝子之心，朕甚怜之。自今诸有大父母、父母丧者，勿繇事，使得收敛送终，尽其子道"[2]。五月，又颁布"子匿父母等罪勿坐诏"。诏书以为，父子之亲，夫妇之道，是人的天性。即使有患

---

① 《汉书》卷八《宣帝纪》，第250页。

② 同上。《后汉书》卷四六《陈宠传附子忠传》："元初三年有诏，大臣得行三年丧，服阕还职。（陈）忠因此上言：'孝宣皇帝旧令，人从军屯及给事县官者，大父母死未满三月，皆勿繇，令得葬送。请依此制。'太后从之。"据此旧令，记述较《宣帝纪》为详。

表 2　　　　　　　　　　　　汉宣帝救助鳏寡孤独高年

时　间	赐　物　令	原　因
元平元年（前 74）	赐诸侯王以下金钱，至吏民鳏寡孤独钱各有差	立皇后
地节三年（前 67）三月	加赐鳏寡孤独高年帛	赈济
元康元年（前 65）三月	加赐鳏寡孤独、三老、孝弟、力田帛	凤皇集，甘露降
元康二年（前 64）三月	天下鳏寡孤独高年帛	凤皇集，甘露降
元康三年（前 63）三月	鳏寡孤独高年帛	神爵数集泰山
元康四年（前 62）三月	鳏寡孤独帛各一匹①	神爵五采以万数集
神爵元年（前 61）三月	鳏寡孤独高年帛	神爵翔集
神爵四年（前 58）二月	鳏寡孤独高年帛	凤皇集，甘露降集京师
五凤三年（前 55）三月	加赐鳏寡孤独高年帛	天降嘉瑞
甘露二年（前 52）正月	鳏寡孤独高年帛	天降嘉瑞
甘露三年（前 51）三月	新蔡长吏、三老、孝弟、力田、鳏寡孤独帛各有差	凤皇集新蔡

祸，也会冒死保护亲人的性命。真诚的爱联结在心中，仁爱宽厚达到极致，又怎么能违背呢？"自今子首匿父母，妻匿夫，孙匿大父母，皆勿坐。其父母匿子，夫匿妻，大父母匿孙，罪殊死，皆上请廷尉以闻。"颜师古注："凡首匿者，言为谋首而藏匿罪人。"元康四年（前 62）正月，

---

① 汉代四丈为一匹，一丈十尺，一尺等于今 23.1 厘米，一匹等于今 9.24 米。

下"耆老勿坐罪诏"，减轻对高龄老人的刑事处罚。诏书认为："耆老之人，发齿堕落，血气衰微，亦亡暴虐之心"。现在有的触犯法令，被判刑下狱，不得善终，应当怜悯他们。下令："自今以来，诸年八十以上，非诬告杀伤人，佗皆勿坐"[1]。

（四）选贤任能，落实社会救助措施

从古至今，国家都是实施社会救助措施的责任主体，救助措施和政策能否得到贯彻落实，关键在于各级官吏能否恪尽职守。宣帝选贤任能，为社会救助措施的贯彻落实提供了组织保障。《汉书·循吏传》说："汉世良吏，于是（宣帝时）为盛，称中兴焉。……王成、黄霸、朱邑、龚遂、郑弘、召信臣等，所居民富，所去见思，生有荣号，死见奉祀，此廪廪庶几德让君子之遗风矣。"西汉一朝，二百余年，《汉书·循吏传》仅记六人，除文翁一人属景、武时期外，王成、黄霸、朱邑、龚遂、召信臣五人均出自宣帝朝。有些治绩，千百年来一直为人所传颂。

1. 选贤任能，务求安民。宣帝自称"夙兴夜寐，以求贤为右，不异亲疏近远，务在安民而已"。选用贤臣，主要目的就是安抚百姓。刺史守相在安定百姓、维护封建统治的长治久安方面，具有不可替代的作用。汉宣帝非常重视刺史守相的选任，"及拜刺史守相，辄亲见问，观其所繇，退而考察所行以质其言，有名实不相应，必知其所以然。常称曰：'庶民所以安其田里而亡叹息愁恨之心者，政平讼理也。与我共此者，其唯良二千石乎！'以为太守，吏民之本也，数变易则下不安，民知其将久，不可欺罔，乃服从其教化"。选任龚遂为渤海太守，就是突出的例子。"渤海左右郡饥荒，盗贼并起，二千石不能禽制。"丞相御史推荐了龚遂。龚遂认为，动乱是因为渤海郡远在海边，很少受到圣朝教化，百姓"困于饥寒而吏不恤"，"陛下赤子"被迫"盗弄陛下之兵"，并非有意犯上作乱。宣帝深以为然，给予他"一切便宜行事"的权力。龚遂发布文告，悉罢捕盗贼官吏，凡是拿锄头镰刀等农具的算良民，官吏不得追究；只有拿兵器的才算盗贼。听到这个文告，叛民"即时解散，弃其兵弩而持钩锄。

---

[1] 《汉书》卷八《宣帝纪》，第 258 页。《汉书·刑法志》与《宣帝纪》所载小异，并录之。"朕念夫耆老之人，发齿堕落，血气既衰，亦无暴逆之心。今或罹于文法，执于囹圄，不得终其年命，朕甚怜之。自今以来，诸年八十，非诬告杀伤人，它皆勿坐。"

盗贼于是悉平，民安土乐业。遂乃开仓廪假贫民，选用良吏"①。

2. 赏功罚罪，吏务廉平。宣帝认为，"有功不赏，有罪不诛，虽唐虞犹不能以化天下"。如果"吏不廉平，则治道衰"②。赏功罚罪，是封建君主驾驭臣下的重要手段。在宣帝的整顿和有效管理下，"自丞相已下各奉职而进"③。二千石的治理有成效，"辄以玺书勉厉，增秩赐金，或爵至关内侯"。胶东相王成"劳来不怠，流民自占八万余口，治有异等之效"④。宣帝升迁其官秩为中二千石，赐爵关内侯。王成之后，颍川太守黄霸、南阳太守召信臣等亦因"百姓归之""户口岁增"而获褒奖。尹翁归历任缑氏令、都内令、弘农都尉、东海大守，右扶风等职。为官公正廉洁，清正自守。以惩治黠吏豪滑为己任，所到之处，豪民不敢犯禁，皆大治。死后家无余财。元康四年（前62）八月，宣帝称赞尹翁归"廉平乡正，治民异等"。惋惜他"早夭不遂，不得终其功业"。赏赐其子黄金百斤，"以奉其祭祠"⑤。朱邑年轻时为舒桐乡啬夫，廉平不苛，仁爱于人，"存问耆老孤寡，遇之有恩，所部吏民爱敬焉"。后以治行第一入为大司农。他去世后，宣帝下诏称扬："大司农邑，廉洁守节，退食自公，亡强外之交，束脩之馈，可谓淑人君子。遭离凶灾，朕甚闵之。其赐邑子黄金百斤，以奉其祭祀。"⑥颍川太守黄霸，"以外宽内明得吏民心，户口岁增，治为天下第一"。宣帝"以（黄）霸治行终长者"，神爵四年（前58）四月下诏称扬：黄霸"宣布诏令，百姓乡化；孝子弟弟贞妇顺孙日以众多；田者让畔，道不拾遗；养视鳏寡，赡助贫穷；狱或八年亡重罪囚，吏民乡于教化，兴于行谊，可谓贤人君子矣"。赐爵关内侯，黄金百斤，秩中二千石。而颍川郡"孝弟有行义民、三老、力田"，也因为黄霸政绩突出，"皆以差赐爵及帛"⑦。

对勤劳政事的官吏，宣帝给予特别的奖励。元康元年（前65）三月，"赐勤事吏中二千石以下至六百石爵，自中郎吏至五大夫，佐史以上二

---

① 《汉书》卷八九《循吏传·龚遂传》，第3639页。
② 《汉书》卷八《宣帝纪》，第248、263页。
③ 《汉书》卷八九《循吏传·序》，第3624页。
④ 《汉书》卷八九《循吏传·王成传》，第3627页。
⑤ 《汉书》卷六七《尹翁归传》，第3209页。
⑥ 《汉书》卷八九《循吏传·朱邑传》，第3636页。
⑦ 《汉书》卷八九《循吏传·黄霸传》，第3631页。

级"。神爵元年（前61）三月，"赐天下勤事吏爵二级"①。工作不勤奋的官吏则不赐爵。

为了提高下级官吏的廉洁性和工作积极性，注意改善他们的薪酬待遇。神爵三年八月，颁"益吏奉诏"。诏书指出："今小吏皆勤事，而奉禄薄，欲其毋侵渔百姓，难矣。"②将百石以下小吏的月俸每个月增加十五钱。

在实施社会救助的过程中，宣帝一直都很重视对官吏的监察管理。本始元年（前73）正月，宣帝派使者持节传达诏命，各郡国的二千石官员管理好所辖地区的百姓，宣扬朝廷的德政。宣帝要求二千石在救助鳏寡孤独高年贫困之民时，要严格教育属吏"谨视遇，毋令失职"。前述受到宣帝褒奖的胶东相王成，"未及征用"，就病死了。后来宣帝下诏派丞相御史向郡国上计长吏守丞询问"政令得失"，查出来"前胶东相成伪自增加"回归乡土的流民人数，"以蒙显赏"③。为了提高官僚队伍的素质，令内地郡国举荐"贤良方正可亲民者"。元康二年正月，宣帝下诏表示要以周文王为榜样，严格执法，官吏如有违犯，决不宽恕。批评官吏在洁身自爱奉公守法方面做得很不好，"未有能称朕意"，非常忧虑。要求士大夫改正，"厉精更始"④。元康四年（前62）春，派大中大夫彊等十二人视察天下，抚恤慰问鳏寡，考察官吏政绩的得失。五凤四年四月，派丞相、御史掾二十四人循行天下，考察冤狱案件，检查擅自制定苛刻禁令，施政严峻刻薄，劝告无效不肯改正的官吏。黄龙元年（前49）二月，下"察计簿诏"，批评有些官吏"以不禁奸邪为宽大"，以"纵释有罪为不苛"，"以酷恶为贤"；"上计簿具文而已，务为欺谩，以避其课。三公不以为意"。致使"天下少事，繇役省减，兵革不动，而民多贫，盗贼不止"⑤。于是决定：以前奉命外出视察的官员可获得额外收益的规定全部停止执行。御史要严格审查各郡国上报的"计簿"，有疑问不实者，严加追究，不能让真伪不辨，是非不分。四月，下"毋得举六百石为廉吏诏"，调整选拔廉吏的范围。六百石级位居大夫之职的官吏，薪俸可以随着职位的提

---

①　《汉书》卷八《宣帝纪》，第254、259页。

②　同上书，第263页。

③　《汉书》卷八九《循吏传·王成传》，第3627页。

④　《汉书》卷八《宣帝纪》，第202页。

⑤　同上书，第273页。

升而上涨，这些条件足够他们施展才华，从今以后不再从这些官员中选拔廉吏。

三　余论

赦免、缓刑，不是现代社会救助的内容。但是，在中国古代的西周至清朝一直是"荒政"的重要事项。《周礼·地官·大司徒》曰："以荒政十有二聚万民。……三曰缓刑……十有二曰除盗贼。"贾公彦疏曰："三曰缓刑者，谓凶年犯刑，缓纵之。……十有二曰除盗贼者，凶年盗贼多，急其刑以除之。"缓刑是指法律规定在一定条件下，对犯人所判处的刑罚延期执行或不执行。"缓刑"与"尚德"紧密相连。刘向《说苑·贵德》说："孝宣皇帝初即位，守廷尉吏路温舒上书言尚德缓刑。"汉代在承袭前代赦免传统的同时，根据社会现实需要进行改革，逐渐建立起比较完善的包括大赦、特赦、赦免性减赎等类型的赦免制度。频繁颁布赦令成为汉代政治的一大特色。根据现有文献记载，两汉400多年，仅大赦一项，就颁布了140多次，平均约三年一次（见表3）。宣帝颁布赦诏之多，在汉代皇帝中也是很突出的，这与他本人就是赦诏的幸存者应当不无关系。

在皇帝即位、立后、立储、元服、灾异等事项上实行大赦，在汉代已经形成制度，而祥瑞大赦是宣帝时期的突出特色，次数几乎占了所颁大赦令的一半。此外，省刑轻罚，平理刑狱，强调和落实执法公正是宣帝政治的另一突出特点。武帝末年，严刑峻法，重用酷吏，冤狱遍地，民怨沸腾。归帝时，霍光仍"遵武帝法度，以刑罚痛绳群下"。宣帝亲政后即平狱缓刑，蠲除苛刑酷法。《汉书·刑法志》载：廷史路温舒上书，说"秦有十失，其一尚存"，那就是治理罪犯的官吏。宣帝在民间时就对此深有感触，在诏书中批评官吏滥用法律，舞文弄墨，量刑日益加重，判案不当，让有罪之人心生邪念，无辜者反遭杀戮。地节三年（前67）十二月，因派往地方鞫狱的廷尉史任务轻而俸禄薄，增设廷尉平四人，秩六百石。下令一定要公平处理案件，"以称朕意"。

地节四年（前66）九月，宣帝颁发"岁上系囚诏"。诏书指出：判死刑者不可复生，受肉刑者不能恢复，所以先帝特别重视刑罚，而有些执法官吏却不能体会其深意。现在有些在押犯或因遭受严刑拷打，或因饥寒折磨而瘐死狱中。"令郡国岁上系囚以掠笞若瘐死者，所坐名、县、爵里，丞相御史课殿最以闻。"①

表3　　　　　　　　　　　**汉宣帝颁布赦令**

序号	时间	颁布赦诏原因	赦免范围
1	元平元年（前74）九月	即皇帝位	大赦天下
2	本始元年（前73）五月	凤皇集胶东、千乘	赦天下
3	本始四年（前70）三月	立皇后霍氏	赦天下
4	本始四年（前70）四月	郡国四十九地震，或山崩水出	大赦天下
5	地节二年（前68）四月	凤皇集鲁，群鸟从之	大赦天下
6	地节三年（前67）四月	立皇太子	大赦天下
7	元康元年（前65）三月	乃者凤皇集泰山、陈留，甘露降未央宫	赦天下徒
8	元康二年（前64）正月	今吏修身奉法，未有能称朕意，朕甚愍焉。其赦天下，与士大夫厉精更始	赦天下
9	元康二年（前64）五月	今百姓多上书触讳以犯罪者，朕甚怜之。其更讳询。诸触讳在令前者，赦之	上书触讳以犯罪
10	神爵二年（前60）二月	正月乙丑，凤皇、甘露降集京师，群鸟从以万数	赦天下
11	神爵四年（前58）二月	乃者凤皇、甘露降集京师，嘉瑞并见	赦天下
12	五凤元年（前57）五月	正月，皇太子冠	赦徒作杜陵者
13	五凤三年（前55）三月	匈奴来降，鸾凤又集长乐宫东阙中树上	赦殊死以下
14	甘露二年（前52）正月	立皇子嚣为定陶王。乃者凤皇、甘露降集，黄龙登兴，醴泉滂流，枯槁荣茂，神光并见，咸受祯祥	赦天下

　　元康二年（前64）五月，宣帝下平法诏，对官吏执法不公提出了严厉的批评。诏书中说，国家刑狱关系到天下百姓的性命，用来禁暴止邪，保护百姓休养生息。正确执行法令，"能使生者不怨，死者不恨"。但是，

――――――――――

① 《汉书》卷八《宣帝纪》，第252页。

现在有些官员在执法时自作聪明，对律令文义竟然能做出正、反两种不同的解释，量刑不公，妄加不实之词，使人罪名成立。又不如实上报，上级也无从查明。导致"朕之不明，吏不称职"，天下百姓失去依靠。二千石级官员各自认真检察自己的下属，不得任用这类人。"吏务平法。"① 有的官员擅自征用民力，用美酒佳肴招待过往官员，以越职违法攫取名誉。这种行为犹如脚踩薄冰等待烈日，可谓危险至极！又颁布"更讳诏"。诏书说：闻知古代天子的名字，难以知道而容易避讳。如今百姓多有因为上书触讳而犯罪者，朕甚怜之。我现在更讳名"询"。"诸触讳在令前者，赦之。"②

汉代是中国传统社会救助思想和救助制度发展的重要时期，深受中国古代民本思想的影响。汉宣帝实施的一系列社会救助措施，是"仁政""德治"的表现，其"仁政"的内涵是以轻徭薄赋、量入为出的低成本统治策略为基本国策，在与民休息的同时，尽量减少不必要的财政开支，以政治的教化而不是武力镇压来维护社会秩序。宣帝中兴，在很大程度上保障了人民基本的生活和生产需求，缓和了社会矛盾，促进了社会经济的恢复和发展。《汉书·食货志上》说："宣帝即位，用吏多选贤良，百姓安土，岁数丰穰，谷至石五钱。"这是西汉一代最低的粮价。因谷物价格下降影响农民的收入，宣帝又采纳耿寿昌设立常平仓的建议。最低的粮价和常平仓的设置在汉代都是前所未有之举，应当给予充分的肯定。王夫之对"耿寿昌常平之法"有很高的评价，称其为"利民之善术也"③。应劭《风俗通义·正失第二》记有刘向对汉宣帝的评价："政教明，法令行，边境安，四夷清，单于款塞，天下殷富，百姓康乐，其治过于太宗（汉文帝）之时。"《汉书·宣帝纪》班固赞曰："孝宣之治，信赏必罚，综核名实……吏称其职，民安其业也。……功光祖宗，业垂后嗣，可谓中兴，侔德殷宗、周宣矣！"

当然，汉宣帝的这些社会救助措施也刻有汉代灾异政治的思想烙印。西汉时期"天人感应论"逐渐盛行，灾异发生，皇帝认为是上天对自己的惩罚，经常通过下罪己诏、着素服、举贤良等方式来应答上天的警戒，

---

① 《汉书》卷八《宣帝纪》，第255页。
② 同上书，第256页。宣帝原名刘病已，此时改名刘询。
③ （清）王夫之：《读通鉴论》卷四《宣帝》，中华书局1975年版，第102页。

祈求天神宽恕。《汉书·宣帝纪》中多次表达这样的观点。例如，宣帝本始元年四月（前 73）夏四月"庚午，地震。诏内郡国举文学高第各一人"。本始四年（前 70）四月壬寅，49 个郡国地震。宣帝诏首先将地震定性为上天的警戒，"盖灾异者，天地之戒也"。接着，检讨自己未能尽责，"朕承洪业，奉宗庙，托于士民之上，未能和群生"。然后问计于臣僚，"有以应变，辅朕之不逮，毋有所讳"。五凤四年（前 54）四月，下日食诏，"皇天见异，以戒朕躬，是朕之不逮，吏之不称也"。甘露元年（前 53）四月"甲辰，孝文庙火，上素服五日"。因畏惧天谴而关注民生，是汉代尚德仁政的重要表现形式之一。

（王文涛，河北师范大学历史文化学院教授）

后秦姚氏家族汉化与山东地区

黄寿成

有关十六国的学术研究论著颇多，可是对后秦以及其最高统治者姚氏家族的研究论述似乎不太多，特别是有关姚氏家族汉化问题的论著更少，近年来戴晓刚对姚氏家族汉文化修养的问题做了研究，发表了《后秦姚氏的汉文化修养》（刊于《社会科学辑刊》2008 年第 2 期）、《后秦姚兴的汉文化修养及其主要来源和历史影响》（刊于《甘肃社会科学》2008 年第 2 期）两篇论文，其中《后秦姚氏的汉文化修养》分别对后秦姚氏中的姚苌、姚兴、姚泓等人的汉化情况从行"德惠"之政、崇儒兴学、尊崇儒士、躬行孝道、恭惠孝友等方面做了叙述，可是该文却没有对后秦姚氏的汉文化修养的原因进行最深入的探讨。而《后秦姚兴的汉文化修养及其主要来源和历史影响》则是对姚兴的汉文化修养做了个案研究，将姚兴尊崇儒士、提倡儒学、布德惠、行孝道这些的汉文化修养分为崇儒兴学、布德行孝分别叙述，并对姚兴汉文化修养的主要来源和历史影响做了一些论述，但是对姚兴汉文化修养的渊源的分析上却仍然没有从根本上说明问题，因此笔者以为有必要进一步对整个姚氏家族汉化的渊源做一些更深入的探讨，而姚氏家族曾经在山东地区生活了相当长的一个时期，[①] 因为笔者以为姚氏家族的汉化应该与山东地区有着一定的关系，在此对这个问题略作述说，进而有助于更好地了解这一时期各少数民族的汉化进程。

---

① 这里指的山东地区则包括今之河南、河北、山东以及山西的大部分地区，即函谷关以东江淮以北的广大地区。

一

后秦姚氏家族《晋书》有传者的汉文化修养情况戴晓刚已做了叙述，并且得出了后秦姚氏"具备了较为丰厚的汉文化修养"的结论。①而且戴氏还认为姚兴汉化的原因在于商周以来羌族的汉化、姚羌他人的影响、姚襄姚显的影响、前秦等十六国少数民族政权统治者对汉文化的尊崇、姚兴本人对汉文化的尊崇，②但是仅从这几个方面来论证后秦姚氏整个家族基本上汉化的原因是很难说明问题的，特别是商周以来羌族的汉化只能说明有一些羌族部落接受了汉文化，却不能说明姚羌部落在进入山东地区之前已接受汉文化，也不能说明商周以来羌族的汉化与姚羌部落有何关联。因为一个文化相对落后的民族进入中国北方农耕地区这一文化先进的地区后，与该地区原来所居住的汉人杂居，同时不同的文化也就必然相互碰撞、相互交流、相互影响，而汉民族特别是汉士族的文化水准明显高于魏晋南北朝时期进入该地区的少数民族，由于人类总是向往文明，因此这些进入该地区的少数民族也就必然接受先进的汉文化，因此这些少数民族的汉化当然与他所生活的地区特别是在该地区所生活的汉民族的文化水准有很大关系。可是姚羌部落在姚弋仲率领下进入山东地区之前所生活的地区汉民族所占的比例不大，并且是氐羌等少数民族占优势的地区，汉文化的影响也就微乎其微。另外史籍中也看不到姚羌部落在那一时期已接受汉文化的记载。

为了进一步弄清楚姚羌部落在进入山东地区之前是否已经接受汉文化的问题，就要看该部落当时在哪些地区活动，据《晋书》卷一一六《姚弋仲载记》说姚弋仲"永嘉之乱，东徙榆眉，戎夏襁负随之者数万"，"刘曜之平陈安也，以弋仲为平西将军，封平襄公，邑之于陇上"。可见该部落在进入山东地区之前一直在关陇地区活动，那么他们是否在第一次离开关陇地区时就已经接受了汉文化，关陇地区的汉文化对该部族文化发展的影响深度如何？这就在很大程度上取决于这一地区人文历史的演变特

---

① 见戴晓刚《后秦姚氏的汉文化修养》，《社会科学辑刊》2008 年第 2 期，第 157—159 页。

② 见戴晓刚《后秦姚兴的汉文化修养及其主要来源和历史影响》，《甘肃社会科学》2008 年第 2 期，第 108—110 页。

别是当时该地区文化的发展，那么当时关陇地区的整体文化发展状况究竟如何？

关陇地区大致是指两汉时期的司隶校尉部及凉州，这一地区自秦统一以来虽经"焚书坑儒"事件，文化受到了一定程度的破坏，但是此后由于西汉王朝以这一地区的关中作为统治中心，叔孙通为汉高祖制定礼仪，于是该地区文化一度出现了繁荣的局面，正如卢云在《汉晋文化地理》一书中所说，西汉时期"关中一带汇聚了各家学说，经学、黄老学、文字学、文学都有一定程度的发展"①。东汉时期"与西汉时期相比，三辅文化发达区在地域上没有出现重大变动。长安虽然失去了国都的地位，但三辅一带，特别是右扶风与京兆尹，文化继续着发达的状态"②。西晋时期"雍州素有发达的学术文化传统，虽然在东汉和安之后，因长期的汉羌战争而有所衰落；但经三国直至西晋，由于许多世家大族的存在，文化仍保持着较为发达的状态"③。可是《隋书》卷二十九《地理志》却对两晋南北朝以至隋代关中地区的文化有一个总体的评价：

> ［雍州］京兆王都所在，俗具五方，人物混淆，华戎杂错。去农从商，争朝夕之利，游手为事，竞锥刀之末。贵者崇侈靡，贱者薄仁义，豪强者纵横，贫窭者窘蹙。桴鼓屡惊，盗贼不禁，此乃古今之所同焉。自京城至于外郡，得冯翊、扶风，是汉之三辅。其风大抵与京师不异。

可见《隋书·地理志》叙述的与卢云所论述的西晋时期雍州文化存在相当的差异，要搞清这个问题必须接着卢云所论述的加以考述，卢云认为西晋时期雍州文化保持着较为发达的状态是"由于许多世家大族的存在"，是指杜预、挚虞等学者文士的存在。④但是据《晋书》卷三十四《杜预传》记载，杜预的父祖及本人皆在关中以外的地区做官，当与关中本土联系不多，其学术也当与关中地区无太大关联。挚虞，据《晋书》卷五十一《挚虞传》说他是"京兆长安人也。父模，魏太仆卿。虞少事皇甫

---

① 见卢云《汉晋文化地理》，陕西人民教育出版社 1991 年版，第 50 页。
② 同上书，第 68 页。
③ 同上书，第 116 页。
④ 同上。

谧"，可是同卷《皇甫谧传》却说皇甫谧虽然是安定朝那人，但是"出后叔父，徙居新安"。又"就乡人席坦受书，勤力不怠"。可见挚虞的学术源自山东地区。而且据《挚虞传》记载挚虞入仕后一直在西晋京师做官，因此他的学术发展也与关中本土无关联。诚然该区域由于有一些世家大族的存在，在西晋时期汉文化仍然在持续发展，但是由于该区域没有产生像杜预、挚虞这样的大儒文士，因此说在西晋时期雍州文化保持着较为发达的状态就成问题。那么出现这种情况的缘由当与该地区自东汉以来长期的汉羌战争以及随之而来的氐羌大量涌入关中地区不无关系。此后五胡十六国时期氐、羌、匈奴、鲜卑等胡族割据关中，这样内忧外患使关中地区的汉文化元气大伤，整个关陇地区也都出现了《隋书·地理志》所说的"华戎杂错""连接山胡""杂有獠户""连杂氐羌"的现象以及"俗具五方，人物混淆""去农从商，争朝夕之利，游手为事""连接山胡，性多木强""地接边荒，多尚武节"的习俗。

因此，从整个中国北方农耕地区来看，在"永嘉之乱"之后关陇地区的文化发展是相对落后的，所以这一地区文化不至于对后秦姚氏汉文化修养产生重大的影响，而且《晋书》卷一一六《姚弋仲载记》姚弋仲在关陇地区的表现也只说"少英毅，不营产业，唯以收恤为务，众皆畏而亲之"。此外，姚羌部族成员在东迁山东地区前都没有接受汉文化的记载，这些都说明姚氏家族不太可能在离开关陇地区之前已经接受了汉文化。因此要弄清楚姚氏汉文化修养的问题就需要从其他方面考虑，特别是该部族东迁山东地区后的情况来加以分析。

二

后秦姚氏家族成员东迁山东地区时期是指在姚弋仲率领下离开关陇地区后到重返并割据关中之前的那一时期，而那一时期姚氏家族成员的经历如何，据《晋书》卷一一六《姚弋仲载记》说：

〔石〕勒既死，〔石〕季龙执权……弋仲率部众数万迁于清河，拜奋武将军、西羌大都督，封襄平县公。……季龙末，梁犊败李农于荥阳，季龙大惧，驰召弋仲。弋仲率其部众八千余人屯于南郊，轻骑至邺。……冉闵之乱，弋仲率众讨闵，次于混桥。……子襄之入关也，为符生所败，弋仲之枢为生所得……

可见石虎继位后姚弋仲就率姚羌家族东迁至清河，此后辗转于山东地区，并死于该地区。其子姚襄、姚苌的经历可见同卷《姚襄载记》说：

> 弋仲死，襄秘不发丧，率户六万南攻阳平、元城、发干，皆破之，杀掠三千余家，屯于碻磝津。……南至荥阳……单骑度淮，见豫州刺史谢尚于寿春。……乃据许昌，将如河东以图关右，自许遂攻洛阳，逾月不克。……襄寻徙北屈，将图关中，进屯杏城……战于三原。襄败，为坚所杀……

同卷《姚苌载记》也说：

> 随襄征伐，每参大谋。……襄之败于麻田也，马中流矢死，苌下马以授襄，……及襄死，苌率诸弟降于符生。

其他诸子在山东的活动史书大多阙载。此外《姚弋仲载记》还说"弋仲有子四十二人，常戒诸子'吾本以晋室大乱，石氏待吾厚，故欲讨其贼臣以报其德。今石氏已灭，中原无主，自古以来未有戎狄作天子者。我死，汝便归晋，当竭尽臣节，无为不义之事'。"这段话当是姚弋仲临终之前的遗言，因此说姚弋仲在离开关陇地区进入山东地区之后风俗观念发生了变化，以东晋王朝为正统，应该说他这时或多或少地接受了汉文化。也可推测他的这些儿子也随同他辗转迁徙于山东地区，其中姚襄、姚苌这两个儿子在山东地区的活动情况见于载记，特别是姚襄重返关中后随即战死，说明他长期在山东地区活动。

再从姚弋仲及其后代姚襄、姚苌、姚兴、姚泓汉文化修养的水准上略加分析，姚弋仲除了在迁居山东地区后，常告诫诸子归顺东晋王朝，此前在关陇地区且没有其他有关汉文化修养的记载。可是《晋书》卷一一六《姚襄载记》却说：

> [姚襄]以太原王亮为长史，天水尹赤为司马……太原薛赞、略阳权翼为参军。……少有高名，雄武冠世，好学博通，雅善谈论，英

济之称著于南夏。……招掠流人，众至七万，分置守宰，劝课农桑……

同卷《姚苌载记》说：

> 修德政，布惠化，省非急之费，以救时弊，间阎之士有豪介之善者，皆显异之。……立社稷于长安。……下书令留台诸镇各置学官，勿有所废，考试优劣，随才擢叙。

卷一一七《姚兴载记》说：

> 与其中舍人梁喜、洗马范勖等讲论经籍，不以兵难废业，时人咸化之。……令郡国各岁贡清行孝廉一人。……兴母虵氏死，兴哀毁过礼，不亲庶政。……天水姜龛、东平淳于岐、冯翊郭高等皆者儒硕德，经明行修，各门徒数百，教授长安，诸生自远而至者万数千人。兴每于听政之暇，引龛等于东堂，讲论道艺，错综名理。凉州胡辩，苻坚之末，东徙洛阳，讲授弟子千有余人，关中后进多赴之请业。兴敕关尉曰："诸生咨访道艺，修己厉身，往来出入，勿拘常限。"于是学者咸劝，儒风盛焉。给事黄门侍郎古成诜、中书侍郎王尚、尚书郎马岱等，以文章雅正，参管机密。……兴立律学于长安，召郡县散吏以授之。其通明者还之郡县，论决刑狱。……谦恭孝友……

卷一一九《姚泓载记》说：

> 博学善谈论，尤好诗咏。尚书王尚、黄门郎段章、尚书郎富允文以儒术侍讲，胡义周、夏侯稚以文章游集。……泓受经于博士淳于岐。岐病，泓亲诣省疾，拜于床下。自是公侯见师傅皆拜焉。

可见姚羌的这些首领人物大多引用汉人甚至汉士族充当幕僚，在建立割据政权后这些汉族士人则参与到其政权中，也说明这些姚羌部族首领人物接受了汉文化。可是，由于种种原因决定了他们的汉文化修养略有差异，如姚兴由于在位时间长，令郡国举孝廉，引用汉儒讲经论道，重用汉士人加入到政权中，完成了后秦政权的封建化即汉化进程。可是从汉文化修养上说，姚襄"好学博通，雅善谈论，英济之称著于南夏"。学识最高。连其弟姚苌也称赞道"吾不如亡兄有四：身长八尺五寸，臂垂过膝，人望而畏之，一也；当十万之众，与天下争衡，望麾而进，前无横阵，二也；温古知今，讲论道艺，驾驭英雄，收罗隽异，三也；董率大众，履险若夷，上下咸允，人尽死力，四也。所以得建立功业，策任群贤者，正望算略中一片耳"。这其中的第三点中就提到了姚襄的汉文化修养使得姚苌自叹不如。而姚襄之所以汉化程度如此之高，这当与他长期在山东这一文化发达地区生活有着相当紧密的联系，还有姚苌的汉文化修养也应该与他在山东地区生活了相当长的时间有关，当然姚兴、姚泓引用的一些儒士从籍贯上看是出身于关陇地区，可是《姚兴载记》中却说"苻坚之末，东徙洛阳，讲授弟子千有余人，关中后进多赴之请业"。因此姚兴、姚泓引用的出身于关陇地区的儒士很可能就是那一时期赴山东地区就学者，这又说明关陇地区汉文化的发展确实是受到了山东地区的影响。也说明后秦姚氏家族所接受的汉文化却是与山东地区密切相关。

再则，据《晋书》卷一一六《姚襄载记》说姚襄："为坚所杀，时年二十七，是岁晋升平元年也。"而东晋升平元年是公元 357 年，由此向前推算姚襄应该出生于东晋咸和六年，即公元 331 年，如果按照中国古代计算年龄的惯例则应该再向后推一年，应该是东晋咸和七年，即公元 332 年。但是姚弋仲率姚羌家族东迁至山东地区是在石虎继位后不久，据《通鉴》卷九五晋成帝咸和八年记载大致在这年的十月至十一月间，即公元 333 年，据此推算当时姚襄只有两三岁。同卷《姚苌载记》又说姚苌"以太元十八年死，时年六十四，在位八年"。东晋太元十八年就是公元 393 年，由此向前推算姚苌应该出生于东晋咸和五年，即公元 330 年。这样姚襄、姚苌的长幼就出现问题，此前也有学者注意到这个问题，认为是书中记载的姚襄被杀时年龄有问题，并推测姚襄被杀时年龄可能是 37 岁，不是史书中所记载的 27 岁。①可是即使这样姚襄离开关陇地区时的年龄是十二三岁，再加上前文所考当时就连关陇地区的文化中心关中的汉文化都遭到了很大的破坏，而且在西晋时期该地区汉文化根基也不够深厚，姚襄

————————

① 见邱敏《后秦姚氏兄弟生年献疑》，《安徽师范大学学报》1983 年第 4 期，第 86—87 页。

兄弟又生长在一个文化相对落后的羌族家庭，不太可能在离开关陇地区之前已经接受了汉文化，就算姚襄在离开关陇地区时已经接受汉文化，可能也只是皮毛而已，与他此后的汉文化修养当没有很深关系。姚苌离开关陇地区时的年龄则只有三四岁，那时就已经接受汉文化不太可能。姚襄又是姚弋仲第五子，是姚弋仲的 42 个儿子中比较大的，他离开关陇地区直至被杀前的二十多年都是在山东地区生活的，由此推断姚弋仲的 42 子大多当是在山东地区接受的汉文化，并将得益于山东地区的汉文化传之于后代子孙，也就是说姚羌家族成员的汉文化修养的不断提高与山东地区有很大的关系。

三

而当时山东地区的文化，由于《晋书·地理志》中无风俗文化的记载，只得比对此前的《汉书·地理志》和此后的《隋书·地理志》，而《汉书》卷二十八下《地理志》说：

> 河内本殷之旧都……故俗刚强，多豪桀侵夺，薄恩礼，好生分。
>
> 周人之失，巧伪趋利，贵财贱义，高富下贫，憙为商贾，不好仕宦。
>
> ［郑国］土狭而险，山居谷汲，男女亟聚会，故其俗淫。
>
> 陈国……妇人尊贵，好祭祀，用史巫，故其俗巫鬼。
>
> 颍川、南阳……宣帝时，郑弘、召信臣为南阳太守，治皆见纪。信臣劝民农桑，云末归本，郡以殷富。颍川，韩都。士有申子、韩非，刻害余烈，高仕宦，好文法，民以贪遴争讼生分为失。韩延寿为太守，先之以敬让；黄霸继之，教化大行，狱或八年亡重罪囚。南阳好商贾，召父富以本业；颍川好争讼分异，黄、韩化以笃厚。
>
> 赵、中山地薄人众，犹有沙丘纣淫乱余民。丈夫相聚游戏，悲歌慷慨，起则椎剽掘冢，作奸巧，多弄物，为倡优。女子弹弦跕躧，游媚富贵，遍诸侯之后宫。
>
> 邯郸北通燕、涿，南有郑、卫，漳、河之间一都会也。其土广俗杂，大率精急，高气势，轻为奸。
>
> 钟、代、石、北，迫近胡寇，民俗懻忮，好气为奸，不事农商，

自全晋时，已患其剽悍，而武灵王又益厉之。故冀州之部，盗贼常为它州剧。

定襄、云中、五原，本戎狄地，颇有赵、齐、卫、楚之徙。其民鄙朴，少礼文，好射猎。雁门亦同俗，于天文别属燕。

蓟，南通齐、赵，勃、碣之间一都会也。初太子丹宾养勇士，不爱后宫美女，民化以为俗，至今犹然。宾客相过，以妇侍宿，嫁取之夕，男女无别，反以为荣。后稍颇止，然终未改。其俗愚悍少虑，轻薄无威，亦有所长，敢于急人，燕丹遗风也。

[鲁地]今去圣久远，周公遗化销微，孔氏庠序衰坏。地狭民众，颇有桑麻之业，亡林泽之饶。俗俭啬爱财，趋商贾，好訾毁，多巧伪，丧祭之礼文备实寡，然其好学犹愈于它俗。

[宋地]其民犹有先王遗风，重厚多君子，好稼穑，恶衣食，以致畜藏。

卫地有桑间濮上之阻……宣帝时韩延寿为东郡太守，承圣恩，崇礼义，尊谏争，至今东郡号善为吏，延寿之化也。其失颇奢靡，嫁取送死过度，而野王好气任侠，有濮上风。

此后的诸史中则无有关风俗文化的记载，只有《隋书》继承了《汉书》的传统，在《地理志》中有对各地区风俗文化的记载，而且《隋书·地理志》实际梁、陈、北齐、北周以及隋五个朝代的《地理志》，也就是说《隋志》所记载的各地区风俗文化当然是对这五个朝代时期全面的叙述，从时间上看相距十六国时期相距不太远，因此十六国时期山东地区风俗文化应该与《隋志》所记载大致相同，据《隋书》卷三十《地理志》所说：

[豫州]洛阳得土之中，赋贡所均，故周公作洛，此焉攸在。其俗尚商贾，机巧成俗。故汉志云"周人之失，巧伪趋利，贱义贵财"，此亦自古然矣。荥阳古之郑地，梁郡梁孝故都，邪僻傲荡，旧传其俗。今则好尚稼穑，重于礼文，其风皆变于古。谯郡、济阴、襄城、颍川、汝南、淮阳、汝阴，其风颇同。南阳古帝乡，缙绅所出，自三方鼎立，地处边疆，戎马所萃，失其旧俗。

[兖州]东郡、东平、济北、武阳、平原等郡，得其地焉。兼得

邹、鲁、齐、卫之交。旧传太公唐叔之教，亦有周孔遗风。今此数郡，其人尚多好儒学，性质直怀义，有古之风烈矣。

[冀州] 信都、清河、河间、博陵、恒山、赵郡、武安、襄国，其俗颇同。人性多敦厚，务在农桑，好尚儒学，而伤于迟重。前代称冀、幽之士钝如椎，盖取此焉。俗重气侠，好结朋党，其相赴死生，亦出于仁义。故班志述其土风，悲歌慷慨，椎剽掘冢，亦自古之所患焉。前谚云"仕官不偶遇冀部"，实弊此也。魏郡，邺都所在，浮巧成俗，雕刻之工，特云精妙，士女被服，咸以奢丽相高，其性所尚习，得京、洛之风矣。语曰："魏郡、清河，天公无奈何！"斯皆轻狡所致。汲郡、河内，得殷之故壤，考之旧说，有纣之余教。汲又卫地，习仲由之勇，故汉之官人，得以便宜从事，其多行杀戮，本以此焉。今风俗颇移，皆向于礼矣。长平、上党，人多重农桑，性尤朴直，盖少轻诈。河东、绛郡、文城、临汾、龙泉、西河，土地沃少塉多，是以伤于俭啬。其俗刚强，亦风气然乎？太原山川重复，实一都之会，本虽后齐别都，人物殷阜，然不甚机巧。俗与上党颇同，人性劲悍，习于戎马。离石、雁门、马邑、定襄、楼烦、涿郡、上谷、渔阳、北平、安乐、辽西，皆连接边郡，习尚与太原同俗，故自古言勇侠者，皆推幽、并云。然涿郡、太原，自前代已来，皆多文雅之士，虽俱曰边郡，然风教不为比也。

[青州] 在汉之时，俗弥侈泰，织作冰纨绮绣纯丽之物，号为冠带衣履天下。始太公以尊贤尚智为教，故士庶传习其风，莫不矜于功名，依于经术，阔达多智，志度舒缓。其为失也，夸奢朋党，言与行谬。齐郡旧曰济南，其俗好教饰子女淫哇之音，能使骨腾肉飞，倾诡人目。俗云"齐倡"，本出此也。祝阿县俗，宾婚大会，肴馔虽丰，至于蒸脍，尝之而已，多则谓之不敬，共相诮责，此其异也。大抵数郡风俗，与古不殊，男子多务农桑，崇尚学业，其归于俭约，则颇变旧风。东莱人尤朴鲁，故特少文义。

《汉志》《隋志》两相比较，即可看出山东地区汉文化从整体上看在魏晋南北朝时期是在继续发展的，其中一些地区或由"薄恩礼，好生分"发展演变为"风俗颇移，皆向于礼矣"。或由"巧伪趋利，贵财贱义，高富下贫，熹为商贾"发展演变为"好尚稼穑，重于礼文，其风皆变于古"。

或由"俗俭啬爱财，趋商贾，好訾毁，多巧伪，丧祭之礼文备实寡"发展演变为"其人尚多好儒学，性质直怀义，有古之风烈矣"。或由"男女亟聚会，故其俗淫"发展演变为"好尚稼穑，重于礼文，其风皆变于古"。或由"作奸巧，多弄物，为倡优""高气势，轻为奸"发展演变为"人性多敦厚，务在农桑，好尚儒学"。或由"夸奢朋党，言与行谬""好教饰子女淫哇之音，能使骨腾肉飞，倾诡人目"发展演变为"男子多务农桑，崇尚学业，其归于俭约，则颇变旧风"。说明自西汉以来山东地区汉文化快速发展，进入十六国时期该地区汉文化仍保持着一个良好的发展趋势，而山东地区深厚的汉文化底蕴就使得姚羌部族进入该地区后迅速接受了汉文化，并不断提高该家族的汉文化修养。

综上所述，后秦姚氏家族接受汉文化当是该家族在姚弋仲率领下东迁山东地区之后，姚羌部族进入山东地区后曾长期在那里居住生活，和当地的汉族民众杂居，由此该部族本身所具有的胡文化必然与山东地区原有的汉文化相互碰撞、相互影响，在此过程中他们自然会选择文明程度更高的汉文化，接受了山东地区先进的汉文化，并且不断提高自己的汉文化修养。而当时的关陇地区汉文化水准远低于山东地区，因此姚羌部族接受先进的汉文化与该家族此后进入并割据关陇地区关系不大，也就是说姚羌部族的汉文化修养主要是受到山东地区所固有的先进汉文化的影响。

（黄寿成，陕西师范大学历史文化学院教授）

唐朝皇室祖籍问题辨正

邢　铁

在陈寅恪先生关于唐代政治史的经典论述中，影响最大的是"李唐一族之所以崛兴，盖取塞外野蛮精悍之血，注入中原文化颓废之躯，旧染即除，新机重启，扩大恢张，遂能别创空前之世局"①。陈先生的论证是从皇室李氏的祖籍问题入手的，否定了原来的"陇西说"，力主"赵郡说"，②进而认定为赵郡望族李氏的一支，所以代表"中原文化"。其实，作为陈先生立论基础的"赵郡说"是有问题的，有必要旧题重拾，再做些简要的梳理。

五代后晋修的《旧唐书·高祖本纪》和北宋修的《新唐书·高祖本纪》都把李渊的祖先追溯了七代：父亲李昞、祖父李虎、高祖李天赐、曾祖李熙、五世祖李重耳、六世祖李歆和七世祖李暠，都是以十六国时期西凉的武昭王李暠为始祖；前者说李渊是陇西狄道（今甘肃临洮）人，后者说是陇西成纪（今甘肃通渭）人，③沿用的也都是李暠的

---

①　陈寅恪：《李唐氏族之推测后记》，《金明馆丛稿二编》，上海古籍出版社 1980 年版，第303 页。

②　关于唐朝皇室祖籍问题的讨论始于 20 世纪 30 年代，除了陈寅恪先生的论著，还有刘盼遂《李唐为蕃姓考》，《女师大学术季刊》第一卷第四期，1931 年；王桐龄《杨隋李唐先世系统考》，《女师大学术季刊》第二卷第二期，1932 年；金井之忠《李唐源流出于夷狄考》，日本东北帝国大学文科会编《文化》第二卷第六号，1935 年。50 年代岑仲勉先生反驳过陈先生看法，见《隋唐史》，高等教育出版社 1957 年版，第 89—90 页。《中国大百科全书·中国历史》中胡如雷先生撰写的"唐高祖李渊"条沿用了陈先生的观点，中国大百科全书出版社 1992 年版，第1124 页；李兰珂先生《隆尧唐陵、光业寺碑与李唐祖籍》（《文物》1988 年第 4 期）和张金龙先生《李唐出于赵郡李氏说》（《历史研究》1993 年第 5 期）两文重申和补充了陈先生的论证。

③　《旧唐书》卷一《高祖本纪》，中华书局 1975 年版，第 1 页；《新唐书》卷一《高祖本纪》，中华书局 1975 年版，第 1 页。

籍贯，因为李暠的祖上在成纪，后来移居狄道。① 这是祖籍"陇西说"的来源。

陈先生否定"陇西说"，认为这是李虎更改过的籍贯，是"冒讬西凉后裔"。原来在西魏时期，宇文泰为了从精神文化入手完成统一大业，试图把关中作为中华文明的源头，以取代中原和江南，所以，让随他西征的中原将士放弃了原来的祖籍，把籍贯都改成了关中或陇西，陈先生称为"关中本位政策"，改籍贯的时候李虎正好赶上了。② 宇文泰确实曾"以关内诸州，为其郡望"③，更改过中原将士的籍贯；不过，宇文泰更改的只是中原西征的那些将领的籍贯，原来就是陇西或关中的，当然就不用改了，李虎和另一员大将杨忠就是这样。隋文帝杨坚是杨忠的儿子，始祖是东汉太尉杨震，《后汉书·杨震传》记载其籍贯是弘农华阴（今陕西华阴），《隋书·高祖本纪》记载杨坚也是弘农华阴人，④ 属于关中地区，其间没有更改过籍贯。李虎祖籍陇西，应该也是这样。

宇文泰给中原将士更改籍贯之后，还给这些人改了姓氏，杨氏改成了"普六茹"，李氏改成了"大野"，杨忠和李昞（李虎已经去世）都把姓氏改了。据《隋书·高祖本纪》记载，杨坚在北周后期掌实权的时候，下令"已前赐姓，皆复其旧"；《旧唐书·高祖本纪》也记载说"至隋文帝（在北周）作相，还复本姓"⑤，都把姓氏改了回去。值得注意的是，他们只改回了汉姓，没有提改回籍贯的事。陈先生解释说，这是因为其氏族发展阶段的限制，只改回了姓氏，没有来得及改回籍贯。⑥ 这个说法的难解之处在于：当初是先改籍贯，后改姓氏，为什么往回改的时候却先改姓氏呢？其实，没有把籍贯改回去的真正原因，在于他们就是本地人，祖籍本来就在关陇地区。

在唐初到唐中叶的一段时间里，皇室李氏自己曾经放弃了陇西，试图把祖籍改为赵郡。这是祖籍"赵郡说"的来源。其动机后面再说，先分

① 《晋书》卷八七《凉武昭王李玄盛传》，中华书局 1974 年版，第 2257 页。
② 陈寅恪：《唐代政治史述论稿》，生活·读书·新知三联书店 1956 年版，第 15—16 页。
③ 《隋书》卷三三《经籍志》谱系篇序，中华书局 1973 年版，第 990 页。
④ 《后汉书》卷五四《杨震传》，中华书局 1965 年版，第 1759 页；《隋书》卷一《高祖本纪》，第 1 页。
⑤ 《隋书》卷一《高祖本纪》，第 7 页；《旧唐书》卷一《高祖本纪》，第 1 页。
⑥ 陈寅恪：《唐代政治史述论稿》，第 16 页。

析一下更改祖籍的具体过程。

第一步是把始祖认定为李熙。唐朝刚建立的时候，李渊追尊祖先追到曾祖李熙，是按照"五世而斩"的传统行事，① 并不是说要以李熙为始祖；没有追尊前面的三代祖先，不等于不承认他们，如前面说的，无论是狄道还是成纪，都是沿用的李暠的籍贯，事实上是以李暠为始祖的。但是，从唐太宗开始，为了更改籍贯，却要以李熙为始祖了。到中宗的时候，专门负责祭祀礼仪的太常博士张齐贤说，按照皇家礼制应该建"七代之庙"，中宗是李渊的曾孙，中宗这一代不算，所以"七代之庙"是追尊到李熙为止。值得注意的是，张齐贤说追尊的最高一代"始祖即太祖，太祖之外，更无始祖"；还直接说"或有欲立凉武昭王为始者，殊为不可"②。到玄宗的时候，又有人提出立"九庙"③，尽管中宗和睿宗是亲兄弟，按帝位却是两代，仍然是到李熙，与张齐贤追尊"七代之庙"相同，也是要把最前面的三代放弃。

无论是五世、七代或九庙，都是从现在在位的皇帝算起，随着皇帝的代际更替，最高的"始祖"依次往后退延，不断更换，祖籍不应该随着"始祖"的更换而改变。唐高祖的时候还是这样，从唐太宗开始故意把二者混同，试图把更换始祖作为更改祖籍的前提和依据了。但是，这样做终归是不顺畅的，譬如据张齐贤说，不以李暠为始祖是因为时间太久远，已经"亲尽则迁"了；而且李暠的"勋业未广，后王失国，土宇不传"，以其为始祖"实乖典礼"④，也不光彩。只是否定了李暠做"始祖"的资格，并没有否认李暠是皇室的祖先，因此而放弃李暠的籍贯是没有道理的。

第二步是把李熙的祖籍认定为赵郡。在追尊李熙为始祖的同时，还在赵州广阿（即隆平）为李熙父子修建了陵墓，⑤ 成了皇室祖籍赵郡的最重

---

① 传统的"五世而斩"是把自己算作第一代，再往上推四代；张齐贤等说的"七代之庙""九庙"则是不算自己这一代，从父亲开始算起。

② 《旧唐书》卷二五《礼仪五》，第 946 页。

③ 《旧唐书》卷二六《礼仪六》，第 1003 页。

④ 《旧唐书》卷二五《礼仪五》，第 946—947 页。

⑤ 隆平又称广阿、象城、昭庆等，汉代开始置县，隶属巨鹿郡，后属赵郡。1947 年与尧山县合并为隆尧县。为简明起见，以下统称隆平。李熙父子的陵墓在今隆尧县魏家庄镇王尹村北 200 米，始建于唐太宗贞观二十年（646），中宗麟德元年（664）建成，初称"建昌陵"和"延光陵"，玄宗时改称"建初陵"和"启运陵"，习称"二帝陵"。

要的证据。问题是，李熙是李暠的四代孙，为什么与李暠的祖籍不同、改在了隆平呢？查阅最早的史书，有的只记载了已经建成的"二帝陵"的方位和规格，没有说此前这里的陵墓的情况；[①] 有的只记载祖籍在陇西成纪或狄道，没有提及赵郡或隆平。[②] 只有《新唐书·宗室世系上》的序言说，李渊的第三十代祖李昙在战国时期封"柏人侯"，死后"葬柏人西"[③]，柏人又作柏仁，即与隆平相邻的尧山。但年代过于遥远，难以作为信史。

陈先生认为，唐室李氏不是李暠的后裔，所以不是陇西人，祖籍应该在赵郡一带。为了找到皇家李氏与赵郡的关系，陈先生从李虎的封号入手，做了详细的考证。魏晋以来，望族李氏分布在山东（太行山以东）地区，其中的赵郡李氏名望最高。西晋年间，原在巨鹿郡（治今河北宁晋西南）的李楷一支迁徙到了赵郡的柏仁，与赵郡李氏混合了，陈先生推断，李熙父子应该是"赵郡李氏柏仁一支之子孙"[④]；李熙的孙子李虎被追封"唐国公"之前，曾封为"赵郡公"，就表明其属于赵郡李氏。陈先生还根据古代礼制分析说，本来应该由"赵郡公"晋一级，追封"赵国公"，但同时的李弼已经用了这个封号，只好另拟一个，在与赵郡或陇西有关系的古代国名中寻找。陇西只有"秦"，已经封了宇文直为"秦国公"，所以只能在与赵郡有关的"赵"之外的魏、中山、晋和唐之间选择，因为尧山在汉代属于中山国的唐县，所以就封为"唐国公"了，[⑤] 这也是在"暗示其与赵郡相关"[⑥] ……这些考证极见功力，他人难以企及。不过，李虎追封"唐国公"在北周初年，在西魏宇文泰更改祖籍之后，如果当初李虎真的改过祖籍，如今又用封号"暗示"提醒其原籍在赵郡，不在陇西，不合常理，因为北周是宇文泰的儿子宇文觉建立的，不应该与其父的"关中本位政策"

---

① 参见李吉甫《元和郡县图志》卷一七，中华书局 1983 年版；王溥：《唐会要》卷一《帝号》，中华书局 1995 年版。

② 参见《魏书》卷九九《凉王李暠传》，中华书局 1974 年版；《晋书》卷八七《凉武昭王李玄盛传》；《旧唐书》卷一《高祖本纪》；《新唐书》卷一《高祖本纪》；王钦若：《册府元龟》卷一《帝王部·帝系门》，凤凰出版社 2006 年版。

③ 《新唐书》卷七〇《宗室世系上》，第 1956 页。

④ 陈寅恪：《唐代政治史述论稿》，第 8—11 页。

⑤ 陈寅恪：《三论李唐氏族问题》，《金明馆丛稿二编》，第 306 页。

⑥ 陈寅恪：《唐代政治史述论稿》，第 8 页。

相抵牾。

陈先生所引用的多是间接的甚至是转了几个弯的史料，唯一的直接证据，是隆平"光业寺碑"中修建"二帝陵"的记载。① 陈先生千虑一失，过于相信碑文的内容了。

这是一方记事碑，不同于墓志，只记载了建陵的经过，没有追述墓主的先世和家族的"历史"，所以从中无法得到祖籍方面的信息。记载建陵经过的时候，也没有提及从哪一代祖先开始在这里安葬和原来的墓地状况，只是说奉朝廷的指令，州县官具体办理建陵事宜。细读碑文有一种感觉，尽管说是重建，开始的时候只是说在"邢赵二州"一带，并不知道具体位置；当时隆平属赵州，尧山属邢州，所以派使臣会同邢赵两州的官员一起"金谒茔域，画图进上"，而且是"累遣"使臣，来这一带反复"金谒"。碑文借用唐高宗的敕令说，"岂得含宏久大之业，尚阙郊歌；大蒸股荐之仪，有亏祀典？（所以）敬询故实，允迪鸿名"，透露出皇家茔域的祭祀已经亏、阙（缺）多时，现在才来弥补寻找。经过多次探访，终于"金绳界邢任之国，宝刹舞燕赵之衢"，把当初的"邢赵二州"细化为"邢任之国"了。所说的"任"是地名，应该写作"人"或"仁"，②即柏仁县，也就是与隆平相邻的尧山。经过"金绳"的这番"界"定，才把祖陵的具体方位最终确定了。

陈先生认为，"李熙、李天赐父子共茔而葬，即族葬之一证。光业寺碑颂词复有'维王桑梓'之语，则李氏累代所葬之地即其家世居住之地，绝无疑义，而唐皇室自称其祖留居武川之说可不攻自破矣"③。陈先生所说的"自称其祖留居武川"，是指李熙在北魏末年驻守武川（今内蒙古武川东北）的时候，曾在此"因家焉"，定居在此，④ 没有说李熙是从哪里来到武川的，所以，是否留居武川，包括是不是像陈先生认为

---

① 该碑全称"大唐帝陵光业寺大佛堂之碑"，在"二帝陵"附近的"光业寺"内，刻立于唐玄宗开元十三年（725）。现有残碑12块，存放在隆尧县碑刻馆；碑文存2959个字，见《续修四库全书》，上海古籍出版社2002年影印本，史部第636册，第285—286页。

② 唐代邢州有任县，在州治与尧山之间，所以不可能用"邢任之国"囊括中间的尧山。修建"光业寺"的时候曾由赵州刺史田再思等率领隆平、尧山和任县三县士民一同施工，可能碑文因此写串了。

③ 陈寅恪：《唐代政治史述论稿》，第8页。

④ 《旧唐书》卷一《高祖本纪》，第1页。

的，自称留居武川是"附会其家世与六镇有关"，① 都与祖籍何方没有直接关系。更重要的，是陈先生过于相信碑文所说的祖陵位置了。从实际的建陵过程看，与其说是探访旧址，更像是选定新址；② 相关的记载都是从"二帝陵"说起，这里原来有没有李熙父子的坟墓都是问题，③ 据此认定这就是其"累代所葬之地"，进而认定"即其家世居住之地"，前提是不可靠的。

张金龙先生补充陈先生的论证时说，"李氏既不可能也无必要去伪造其祖先之墓地，如要伪造则应该在陇西成纪（或狄道），而不应该在河北之广阿"④。对在隆平修建祖陵的动机，不能作为孤立的事件，应该与唐太宗重修《氏族志》结合起来分析，因为最早动议到这里修建祖陵的就是唐太宗。

我们知道，唐朝初期门阀士族还有一定的实力，尤其在观念和习俗上，士庶差别仍然很大。唐太宗重修《氏族志》，重新排定望族的姓氏秩序，就是为了抑制旧士族的势力，抬升皇家的地位。高士廉主持修成后，仍然把崔氏排在第一，唐太宗不满意，说他们已经"世代衰微，全无冠盖。……才识凡下，而偃仰自高。……我不解人间何为重之"，下令"不须论数世以前，止取今日官爵高下作等级"。皇室的"官爵"最高，当然应该把李氏升为第一了。尽管唐太宗遮掩说，自己"与山东崔卢李郑，旧既无嫌"⑤，不是出于私心，这样改动的妙处在于，既抬升了皇室李氏的地位，也提前了山东望族赵郡李氏的排名，不知不觉之间，皇室的"李"与赵郡的"李"混同等同了（顺便说一下，唐太宗这个公开的表白等于宣布：皇室的"李"与山东的"李"没有关系）。与此同时，还需要

---

① 陈寅恪：《唐代政治史述论稿》，第 16 页。

② 当初让邢赵二州共同"金谒"寻访，修建"二帝陵"的时候两州也都应该参与；尧山旧治在隆平旧治正西偏南，"二帝陵"在隆平旧治正南、尧山旧治东南，与两县旧治成相距 6 公里左右的等边三角形，正好在两县两州的结合部，选建在这里两边都方便。这也透露了临时选址的痕迹。

③ 陈先生在《唐代政治史述论稿》第 10 页说当初"李熙父子俱葬于广阿"，没有提出证据。据《册府元龟》卷一《帝王部·帝系门》第 11 页记载，李熙在北魏末年镇守武川的时候"终于位，因家焉"，死在了任所，子孙们才在武川定居的。据此推测，子孙们应该把李熙葬在了武川。

④ 张金龙：《李唐出于赵郡李氏说》，第 184 页。该文只提到了"二帝陵"，没有提及"光业寺碑"。

⑤ 《旧唐书》卷六五《高士廉传》，第 2443—2444 页。

进一步证明皇室李氏确实来自山东望族，所以才想到了去"燕赵之衢"的赵郡去寻找祖坟，才在隆平修建了"二帝陵"，并且用"光业寺碑"勒石为证——"维王桑梓，本际城池"，这就是我们李唐皇室"万代宗支"的发源地！

这是当时常见的攀龙附凤的习气，作为皇室也没能免俗。陈先生觉察到了这一点，所以说他们不是赵郡李氏的嫡系，只是从巨鹿迁徙过来的一支，而且怀疑他们"若非赵郡李氏的破落户，即是赵郡李氏的假冒牌"①。从血缘宗族的角度看，连"破落户"也够不上，只是个"假冒牌"。本来，修建"二帝陵"是重修《氏族志》的"配套工程"，是为了巩固《氏族志》的排序，但是，唐中叶以后旧士族衰落了，攀附已经没有意义，唐朝皇室对"二帝陵"的修建、对祖籍的更改也没有了兴趣，② 又恢复使用原来的祖籍了；所以，他们只是在唐初到唐中叶的一段时间内试图更改祖籍，此前此后都是沿用的陇西旧籍。两《唐书》等记载皇室祖籍依据的是"唐室自述其宗系之旧文"③，只说陇西，没提赵郡，原因就在于此。

如果以上的分析能够成立，祖籍"赵郡说"就应该放弃，因为这是不真实的，是攀附山东望族的结果；依据现有的资料来看，李唐皇室的祖籍应该以最初的李暠为准，在陇西的成纪或狄道。

附带说一下，在陈先生和20世纪30年代的相关论著中，"氏族"包括"祖籍"和"民族"两层意思，陈先生已经纠正了李唐皇室出身西北游牧民族的说法。④ 朱熹曾说"唐源流出于夷狄，故闺门失礼之事不以为异"⑤，是讲其祖上一直在西北，与"夷狄"混杂，沾染了游牧人的风习，不像是讲祖籍，也不是说李唐皇室是游牧人。宋人笔记中有唐太宗形象的描述，说他有明显的"胡人"特征，"虬须壮冠，人号髭圣"，即络腮胡

---

① 陈寅恪：《唐代政治史述论稿》，第11页。
② "二帝陵"建成61年后的开元年间立"光业寺碑"，由当地的一个"从九品下"的县尉杨晋撰写碑文，透露出此时朝廷对"二帝陵"的关注已经减退了。
③ 陈寅恪：《唐代政治史述论稿》，第2页。
④ 陈寅恪：《三论李唐氏族问题》，《金明馆丛稿二编》，第306页。
⑤ （宋）黎靖德编：《朱子语类》卷一一六《历代类》第8册，中华书局1985年版，第3245页。

须,① 而且胡须上翘,"虬须上可挂一弓"②。这可以从母系遗传上得到解释,因为他的祖母姓独孤氏,母亲姓窦(纥豆绫)氏,都是西北游牧民族的女子;从父系来说,是汉人无疑。

（原载《西部学刊》2015 年第 2 期）

（邢铁,河北师范大学历史文化学院教授）

---

① （宋）陶谷:《清异录》卷下《肢体·髭圣》,上海古籍出版社 2012 年版,第 67 页。
② （宋）钱易:《南部新书》卷癸,中华书局 1958 年版,第 122 页。

从关中旧族到吴越新望

——唐宋之际杜氏家族的南迁

王力平

　　唐代著名谱学家柳芳在论及中古南北士族序列时，曾将杜氏作为关中六大"郡姓"之一[①]；而在杜氏一姓内，又有众多郡望之别。林宝作《元和姓纂》时，共记载杜氏 14 郡望，其中杜氏的主体郡望，如京兆、濮阳、洹水等，都集中在北方黄河流域。然而，五代至宋以后，军阀混战，动乱频仍。受此政治、经济形势剧烈变动之影响，黄河流域及长江以北地区人口频繁迁移，杜氏家族诸郡望的旧有格局也不复存在，汉唐以来关中郡姓之余胤，又繁衍为享誉吴越的名门望族，这种跨越千年的巨大变故，历史意蕴是十分丰富的。

一　唐末动乱中的京兆杜氏

　　玄宗天宝末年安史之乱爆发，中原生灵涂炭，北方士族再受打击，纷纷举家南迁。战乱平定后，藩镇割据格局固化，北方士族的处境亦更加恶劣，军人势力与商贾形成两大压迫势力，导致北方士族地位日益卑下，如崔偡所说："衣冠者，民之主也。自艰难以来，军士得以气加之，商贾得以财侮之，不能自奋者，多栖于吴土。"[②] 北方士族之新一番移民大潮由此形成。杜氏家族的一些支系，也在这个时期开始南迁，如德宗贞元年间故世的刘府君杜夫人，就是在"中原盗贼奔突"的情况下，"避地东土"，

---

　　① 《新唐书》卷一九九《儒学·柳冲附柳芳传》。
　　② 《樊川文集》卷一一《银青光禄大夫检校礼部尚书兼御史大夫充浙江西道都团练观察处置等使上柱国清河郡开国公食邑三千户赠吏部尚书崔公行状》，文渊阁《四库全书》本。

以后遂称"句容人"①。又如《唐代墓志汇编》（下）大和023《唐郑府君故夫人京兆杜氏墓志铭并序》云：

> 夫人京兆杜陵人也。其先本杜伯之苗裔。夫人以幼齿，遭天宝末年，国有丧乱，至于土地分裂，衣冠沦坠，虽甲族大姓，未知厥所，于是夫人并不记三代官讳。夫人以道自乐，以真自保，虽单子茕立，而不失闺帷之志。

这位出自京兆望族的郑夫人杜氏，因幼年起即遭遇战乱，以至于"并不记三代官讳"。其实，像郑夫人杜氏这样颠沛流离的"甲族大姓"并非少见，检诸文献，自唐后期开始，属籍江南的杜氏人物确实逐渐增多，如杜牧《杜秋娘》诗中先为藩帅李锜妾、后被没入皇宫为乳母的金陵杜秋②；池州诗人杜荀鹤③；罗虬诗中沉沦为雕阴营妓的杜红儿④，以及光启中，乘江、淮大乱自为鄂岳节度留后的江夏伧人杜洪⑤、本贯京兆后移居浙中、号称天台人或括苍人的道教领袖杜光庭等⑥，其父祖辈都有可能是"安史之乱"后流徙江南的。

至于唐末京兆杜如晦家族子孙的命运，更与唐王朝的政治命运息息相关。

唐末僖宗广明元年至中和三年（880—883）间，黄巢占领了首都长安，屠灭滞留长安的李唐宗室子弟及宰相豆卢瑑等家族。至昭宗朝，宦官擅权，控制朝政，三川地方尽归藩镇，淮扬一带干戈扰攘，唐王朝已临土崩瓦解之势。昭宗为缓和藩镇兵临城下之危局，将宰相杜让能赐死，以求安一时，让能兄弟及宗族遂成为垂死皇朝之牺牲品⑦。让能子杜晓（字明远），以其父无辜被害，愤然不仕，"沉迹自废"将十载。直到天祐元年（904），朱温尽毁长安宫室民宅，强行迁昭宗于洛阳，判户部崔远等，又

---

① 周绍良主编：《唐代墓志汇编》（下）贞元066《唐故刘府君杜夫人墓志铭并序》，上海古籍出版社1992年版。
② 《唐文粹》卷一四下，文渊阁《四库全书》本。
③ 《旧五代史》卷二四《杜荀鹤传》。
④ 《全唐诗》卷六六六罗虬《比红儿诗》。
⑤ 《新唐书》卷一九〇《杜洪传》："洪，鄂州人。"
⑥ 《旧五代史》卷一三六《王建传附王衍》考异。《嘉定赤城志》卷三五《人物》。
⑦ 《旧唐书》卷二〇《昭宗纪》。

奏杜晓为巡官兼殿中丞，并以"嵇中散死，子绍埋没不自显，山涛以物理勉之，乃仕。吾子忍令杜氏岁时以铺席祭其先人，同匹庶乎"相劝勉，杜晓"乃就官"，入朱温政权，随之迁洛①。累迁膳部郎中、翰林学士、同中书门下平章事②。乾化二年（912），朱温子友珪弑父自立，宋州节度使袁象先等起兵讨伐友珪，纵兵大掠，杜晓为乱兵所杀③。

历经黄巢、朱温两番劫难，长安及城南杜氏乡里一片疮痍："甲第朱门无一半……昔时繁盛皆埋没，举目凄凉无故物。内库烧成锦绣灰，天街踏尽公卿骨。"④ 这是诗人韦庄寻访长安南郊故里樊川时的所见所感。夕阳衰草，满目凄凉，四邻凋谢⑤。韦、杜两族，向有"城南韦杜，离天尺五"之称，汉以来一直在韦曲、杜曲毗邻而居⑥，而此时韦曲、杜曲已凋敝若此。及北宋哲宗元祐元年（1086），张礼游长安城南樊川，这里的变化更令人惊讶：

> 范公庄，本唐岐国杜公佑郊居也……此庄向为杜氏所有，后归尚书郎胡拱辰。熙宁中，侍御史范巽之买此庄于胡，故俗谓之御史庄。中有溪柳、严轩、江阁、圃堂、林馆，故又谓之五居。

此时韦氏家族还有后裔居留在韦曲，只是已"家失其谱，不知为何房"⑦。而"杜城郊居"已频繁易主，不复为杜姓子孙所有。自汉以来，繁衍滋盛近千年的杜氏家族，枝叶飘零，将何所去从呢？

二 五代宋初浙中杜氏的兴起

几乎与北方京兆杜氏没落之同时，杜稜一支渐兴起于浙东一隅，成为唐宋之际吴越望宗。

---

① 《旧五代史》卷一八《杜晓传》。
② 《旧五代史》卷五《梁书·太祖纪》、《册府元龟》卷一八九、《旧五代史》卷一五。
③ 《新五代史》卷三五《唐六臣传》。
④ （唐）韦庄：《秦妇吟》，《全唐诗外编》第一编。
⑤ （唐）韦庄：《过樊川旧居》《过美陂怀旧》《浣花集》卷一〇，文渊阁《四库全书》本。
⑥ 《资治通鉴》卷二〇九，睿宗景云元年六月庚子条及胡注。
⑦ 《游城南记》，文渊阁《四库全书》本。

　　杜稜，字腾云，新城人①。关于杜稜的出身与家族，《十国春秋》卷
八四《杜建徽传》引方廉《杜将军庙记》云：

> 　　杜自汉御史夫夫延年起家。迨唐，稜为永嘉太守，五子分适他
> 郡，少子朋居钱塘，遂为钱塘人。后有仲明，仕水部员外郎，实
> 生稜。

据此可知，杜稜一支实系唐永嘉太守杜胤之后，胤有五子散居各地，少子
杜册居钱塘，子仲明、孙稜。又据宋人钱俨《吴越备史》卷四乾祐三年
二月条，也有杜建徽"祖仲明，不仕，赠水部员外郎。父稜"的记载，
与《十国春秋》所引《杜将军庙记》相吻合，可见杜稜之父即杜仲明无
疑②。又据《旧唐书》卷四二《职官志》，唐改州为郡，以刺史为太守一
事，在玄宗天宝元年；此时温州改为永嘉郡，但乾元元年即复为温州③。
因此从《杜将军庙记》记载杜胤为"永嘉太守"来看，杜胤任职也应在
天宝后。此后杜胤少子杜册定居钱塘，这一支杜氏完全脱离了旧籍，定居
江南。总之，综合《新唐书·田頵传》《新五代史·吴越世家》以及《十
国春秋》等记载可知，杜稜于僖宗乾符间，曾为钱镠所部"杭州八都"
之"新登都"的头目，乾宁二年（895），终于吴越润州刺史职上。杜稜

---

　　①　《旧唐书》卷四〇《地理志三》江南道条："杭州上隋余杭郡。武德四年……领钱塘、
富阳、余杭三县。"又《宋史》卷八八《地理志》新城："临安府，大都督府，本杭州余杭
郡……县九：钱塘，望。"

　　②　上海图书馆藏《岷北杜氏宗谱》杜幼节（南宋绍定五年进士，历秘书郎、著作佐郎等
职）淳祐四年（1244）所作《杜氏旧谱序》将杜稜作为杜晓之子，云：（杜晓死后）子孙避乱散
居，杜稜自汴州陈留县孝义乡徙居新城，仕吴越，迁武威将军，历官至尚书仆射。生四子：昭
达、仲达、必达、邦达，与《十国春秋》《新五代史》对杜稜先世的记载存在着很大分歧，而判
断谱序与史志孰是孰非的关键，在于杜稜是否为杜晓之子。按《新五代史》系北宋欧阳修撰修，
而《十国春秋》中有关杜氏家族的内容，则可能取自宋人钱俨所撰《吴越备史》（《四库全书总
目》卷六六史部九载记）。因此，从原始性来说，两史应较东阳杜氏宗谱南宋杜幼节序文略早或
大致相同。再从史实上看，宗谱称杜让能为杜稜祖父，不免牵强，理由是：1. 广明元年（880）
杜让能尚未为相时，杜稜已为钱镠所部"杭州八都"之一（《吴越备史》卷一）；2. 乾宁二年
（895）杜稜卒于润州刺史，时让能刚刚罹难，让能子杜晓尚且留在长安，说此时杜稜"自汴州
陈留县孝义乡徙居新城"，显然是不可能的；3. 如以杜建徽乾祐三年（950）卒、年八十八推算，
此人当生于唐懿宗咸通三年（862），与宗谱中的"曾祖"杜让能（840—893，开成五年—景福
二年）只差 22 岁，显然不合常理。总之，杜稜、杜建徽一支应当与唐末宰相杜让能、杜晓父子
无涉。

　　③　《旧唐书》卷四〇《地理志三》江南道温州条。

子杜建徽，"代为武安都将"，后为左丞相、诸军节度使，历仕吴越四主，乾祐三年（950）卒。杜稜的后代，史志不详，唯据上海图书馆藏《岘北杜氏宗谱》南宋淳祐四年（1244）杜幼节所作《杜氏旧谱序》：

> 　　（杜）稜裔孙昭达、仲达、必达、邦达。长居越，次居台，幼居金华、马海（？）。越之显者曰衍，字世昌，谥正献是也。台之显者曰范，号立斋，谥清献是也。显于金华者，贤良旃，字伯高……望族甲焉①。

据杜幼节此说，杜稜裔孙昭达、仲达、必达、邦达四子，分处越州、台州、金华等地，"越之显者曰衍"，即北宋宰相杜衍（世昌）；"台之显者曰范"，即南宋宰相杜范（成之）；而"显于金华者"，宋以后亦人物辈出，其中越州杜衍在北宋政治上的成就最著。

关于杜衍先世，欧阳修《太子太师致仕杜祁公墓志铭》云"杜公讳衍字世昌，越州山阴人……自曾、高以来，以恭俭孝谨称乡里"②，其他情况不详。据宋李光《庄简集》卷十八《杜府君（缜）墓志铭》称：

> 　　杜氏（杜缜），故京兆人。五世祖辇，唐末习《开元礼》，以本科出身，仕至太子少保、赠太师。五季之乱，南渡至会稽，乐其风土，因居焉。正献祁国公以直道相昭陵，清节照映一世，于君为伯祖。曾大父蓬，不仕；祖父式，右朝议大夫；父调，宣德郎，娶莫氏，遂为余杭人。

按此碑主为杜缜（字伯玉），碑中"正献祁国公"即北宋庆历朝宰相杜衍，为杜缜"伯祖"。据碑文，杜缜高祖一家是在五代动乱时南渡至会稽并定居下来的移民，因此可以推断，杜衍与杜缜一支为宗亲，也同为五代时南迁的移民。杜衍因"父早卒"，继父"不之容"，被迫出走，"往来孟

---

① 载上海图书馆藏《岘北杜氏宗谱》。按岘北即岘山之北，在浙江东阳县南。东阳唐为婺州东阳郡（治所在今浙江省金华县），宋以后亦延置。南宋杜幼节，进士，历秘书郎、著作佐郎、常州知府、朝散大夫等职。

② （宋）欧阳修：《文忠集》卷三一，文渊阁《四库全书》本。

洛间，贫甚，佣书以自资"。后为济源富豪相里氏看中，妻以女①。而杜衍"尤笃于学，擢进士甲科，改秘书省著作佐郎。……善为诗，正书、行、草皆有法"②。后在仁宗朝位至宰相，在文学和政治上均卓有成就。

金华杜范也是南宋声名显赫的政治家。杜范从祖杜烨，进士及第，师事朱熹十余年，号南胡先生，有《南胡文集》行于世。杜烨弟杜知仁，号方山，有诗文十五卷，于《礼》《易》《诗》多所论述③。杜范亦举进士，年少即从杜烨、杜知仁游，所传朱熹学，"至范益著"。杜范著述富赡，有古律诗歌词五卷，杂文六卷，奏稿十卷，外制三卷，《进故事》五卷，《经筵讲义》三卷等④，均见《清献集》。

除黄岩杜氏外，兰溪杜汝霖一族亦堪称文化世家。汝霖字仁翁，尝学于胡瑗，甚为李常所称。其孙杜陵传其家学⑤。杜陵有五子，皆博学，人称金华五子：杜旟（伯高），为吕祖谦门人，有《桥斋集》；杜旃（仲高），工诗；杜旞（季高），陵季子，善文章；杜方曾（幼高），有《粹裘集》十卷⑥。至杜旃子孙辈，文华益发，杜去非、杜去华、杜去轻、杜去伪兄弟数人，皆有名于时⑦。

此外，慈溪人杜醇，"隐约不求知，孝友称于乡里，耕桑钓牧，以养其亲，经明行修，学者以为模楷"。北宋庆历中，慈溪始建学，县令王安石请醇为之师，醇"谈《诗》《书》不倦，为诗质而清，当时谓学行宜为人师者也"。人称邑中文风之盛自醇始⑧。

除浙江外，常州无锡杜镐亦一文化世家。此支杜氏本出自京兆杜黄裳家族。据宋儒韩元吉（字无咎）撰《右通直郎知袁州万载县杜君（杜铎，字文振）墓志铭》记载：

> 宋朝衣冠姓系，惟杜氏谱录最远，自汉建平侯延年、晋当阳侯预，至唐京兆族望，皆有其传，而元和宰相宣献公之子有名胜者，尝

---

① （宋）江少虞：《宋朝事实类苑》卷一〇。
② 《宋史》卷三一〇《杜衍传》，第10192页。
③ 《嘉定赤城志》卷三三。
④ 《宋史》卷四〇七《杜范传》，第12279页。
⑤ 《宋元学案补遗》卷一。
⑥ 《宋元学案》卷一、卷六九。
⑦ 《宋元学案补遗》一卷。
⑧ （元）袁桷：《延祐四明志》卷四《慈溪杜先生》，文渊阁《四库全书》本。

为扬州租庸使，遂贯于阳之永正，今仪真郡也。三世仕南唐，徙家建
业，是生礼部尚书镐，以文学受知太宗、真宗。又再世，是生天章阁
待制杞，以才略事仁宗，任方面，皆号名臣①。

这里的"元和宰相宣献公"，即宪宗朝宰相杜黄裳，其子杜胜，曾经为官
"扬州租庸使"，此后遂定居永正（宋时仪征郡），从此京兆杜氏杜黄裳后
裔改变了籍贯。杜胜后人三代出仕南唐，又徙家建业，杜镐、杜杞等人活
跃于宋初太宗、真宗朝，成为宋元后吴越地区又一名门望宗。镐字文周，
幼好学，博贯经史。举明经。宋太宗即位，江左旧儒多荐其能，为国子监
丞、崇文院检讨。镐博闻强识，士大夫有所著撰，多访以古事。擅《春
秋》学，日治经史数十卷②。镐子杞，亦以博学闻③。

　　总之，自唐中叶以降至于五代十国、宋初，在长达两百余年的社会动
荡中，黄河流域及长江以北地区人口迁移频繁，原有的经济文化格局和社
会结构变动加剧，而在相对和平，兵燹之劫较少的江浙吴越地区，有许多
来自中原地区的世家大族蛰伏避难，并得以保全。但直到北宋社会局势稳
定之前，"蝉联珪组，世为显著"的京兆杜氏在朝廷尚"绝无闻人"④，
对此，宋儒苏洵有如下分析：

　　　　自唐之衰，其贤人皆隐于山泽之间，以避五代之乱。及其后，僭
　　伪之国相继亡灭，圣人出而四海平一，然其子孙犹不忍去其父祖之故，
　　以出仕于天下，是以虽有美才，而莫显于世。及其教化洋溢，风俗变
　　改，然后深山穷谷之中，向日之子孙乃始振迅，相与从，官于朝⑤。

去国怀乡，观望踌躇，不肯轻易出仕新朝，或许是隋唐高门旧姓的通常心
态与选择。南宋陈傅良也认为："方国家肇造之初，将相大臣多西北旧
族，而东南未有闻者。既而天下平，七八十载之间，而范公起吴，杜公起
越，欧阳公起庐陵，孙公起富春，盖汉一大郡之地，而二三公者皆极一时

---

① 《南涧甲乙稿》卷二〇，文渊阁《四库全书》本。
② 《宋史》卷四三一《杜镐传》，第9877页。
③ 《宋史》卷三〇〇《杜杞传》，第9963页。
④ （宋）王明清：《挥麈前录》卷二，文渊阁《四库全书》本。
⑤ 《嘉祐集》卷一四《族谱后录下篇》，文渊阁《四库全书》本。

之望,于是东南人物遂擅天下。"① 可谓确论。至北宋中叶,"杜公起越",与吴地范公,庐陵欧阳公,富春孙起同样,吴越诸杜已声誉鹊起,卓然而为浙右文化望宗,宋初那种京兆杜氏"绝无闻人"的局面至此已大大改变。

三　中古京兆杜氏郡望体系的消失

岑仲勉先生曾论及中古时代郡望与籍贯之别:

> ……故就最初言之,郡望籍贯是一非二。历世稍远,支胤衍繁,土地之限制,饥馑之趋迫,疾疫之蔓延,乱离之迁徙,游宦之侨寄,基于种种情状,遂不能不各随其便,散之四方,而望与贯渐分。然人仍多自称其望者,亦以明厥氏所从出也②。

但五代、宋以后,情况发生了很大变化,不仅"望与贯渐分","自称其望""以明厥氏所从出"的情况也有了很大改变,以杜氏为例,在陈振孙《直斋书录解题》著录的杜氏人物作品之下,许多作者的籍贯是唐五代以前所未曾出现过的,如雷泽、江阳、福建、金华、常州等,估计这些人物的父祖大多为唐宋之际南迁的移民。另据《宋人传记资料索引》中的有关统计,杜姓人物 142 人,其中属籍京兆者仅 5 人,只占 3.5%③。而宋代杜氏相对集中的地区有二:一在今河北,即定州杜氏;二在今浙江,即上文所述山阴等地的杜氏名族。值得注意的是,宋代定州杜氏的族源,也许与北朝的中山杜氏余胤有关。但在中古杜氏固有的郡望体系中,中山杜氏并非显要郡望,社会地位和影响都逊色于京兆等望。而宋初河北杜氏地位的显赫,实与外戚势力的强盛有关(宋太祖赵匡胤母昭宪杜太后为定州安喜人),故宋初河北地区的杜姓数目应做特殊情况看待④。据

---

① 《跋孙氏志述》,《止斋文集》卷四一,文渊阁《四库全书》本。

② 岑仲勉:《唐史余沈》卷四《唐史中望与贯》,中华书局 1960 年版。

③ 《宋人传记资料索引》,中华书局 1988 年影印台湾鼎文书局 1977 年增订版。

④ 宋初外戚杜氏纷纷进入权力中枢,因此体现在《宋人传记资料索引》中的定州杜氏自然要多些。定州杜氏并非文化世家,据《宋史》卷二二二《外戚传》、《宋史》卷二四二《后妃·昭宪皇后》等:杜太后父爽,史传无名。太后昆仲审琦等五人,"世居常山,以积善闻"。审琦仕后唐,为义军指挥使,太后夫家涿郡赵氏在唐也属低品武职。

现代学者的调查和统计，宋代南方地区（今江苏、安徽、浙江、江西、福建、湖北、湖南、广东、广西、四川）的杜姓人口，大约占全国杜姓总人口的 46.4％，而其中属籍浙江者，约占 11.83％①。这说明，中古时期杜姓诸望中京兆杜氏的主体地位已不复存在，历史上存在近千年之久的士族郡望体系已经瓦解。这一结论还可从得到这样两个方面的佐证：

其一，据现存的福建杜氏族谱，杜氏在闽的始迁祖如京兆杜仁、汉阳杜浒、南阳杜浚等，移居福建的时间均为宋代②。

其二，从现今浙东地区存世的族谱来看，《杜氏族谱》达数十种之多③，而《美国家谱学会中国族谱目录》共收藏了七件明清以来的杜氏家谱，皆来源于江浙地区④。这些情况，与史传中杜氏主体家族南迁江浙的记载亦大致吻合。

伴随着唐末士族的南迁，中古时代世家大族杜氏的余胤，得以在新的社会文化土壤中，重新繁荣滋长。宋、明以来，浙江地区杜氏人物辈出，仅金华杜氏"宋南渡后"，"用才学起家、文武进士第者，十人焉。珪组蝉联，声华煊赫，蔚为东南望宗。入元朝，能以儒自奋而有禄食者，犹不乏人"⑤。由此可见，秦汉以来，世家大族的迁徙流动的过程，蕴含着丰富的历史讯息，包括文化传统的兴替、地缘文化的变化、政治力量的消长等。至于宋、元以后杜氏家族各支系又经历了怎样的发展历程，应别为一题，再作探讨。

（附记：原载拙作《中古杜氏家族的变迁》[商务印书馆 2006 年版]，本文有删改）

（王力平，南开大学历史学院教授）

---

① 袁义达、金锋、张诚、斋藤成也：《宋朝中国人的姓氏分布与群体结构分化》，载《遗传学报》1999 年第 3 期。

② 陈支平：《福建族谱》，福建人民出版社 1996 年版。

③ 《中国家谱综合目录》，中华书局 1997 年版。

④ 《美国家谱学会中国族谱目录》，台湾成文出版社 1983 年版。

⑤ 上海图书馆藏明洪武七年杨苕所作《岘北杜氏旧谱序》。

三方新公布的武氏家族后裔墓志铭考释

拜根兴

前　言

据笔者考察，与武则天家族及其后裔关联的墓志铭，现了解到有《攀龙台碑》《武懿宗墓志铭》《武嗣宗墓志铭》《唐故昭武校尉延州金明府折冲上柱国武君（龙宾）墓志》《大唐左卫高思府果毅都□长上谯国公夫人武氏墓志》《唐朔方军节度副使金紫光禄大夫行光禄卿上柱国五原公燕王慕容公故妻太原郡夫人武氏墓志铭》《顺陵杨氏碑》《贺兰敏之墓志铭》《故河东节度散将守左金吾宁州三会府左果毅都尉员外置同正员上柱国武府君墓志铭》《唐故节度散将骑都尉试左金吾卫大将军兼奉诚军押衙太原武府君墓志并序》《贺州刺史武府君墓志铭》《武希玄墓志铭》《维大唐武公墓志并序》《唐故武君之铭》《唐故寿阳武君墓志铭并序》《武恭之墓志》《武文瑛墓志》① 等。对这些墓志资料，先学同好梁恒唐②、马志强③、杜文玉④等先生依据现存文献史料，或者专文论述，或者不同程度涉及，比较清晰地勾画出武氏家族的繁衍、发展兴衰脉络。下文将针对三方新公布的武氏家族人士墓志铭，即《大唐故武夫人墓志并序》《故沛郡夫人武氏墓志铭并序》《大周故特进太子太保赠太尉并州牧魏王（武承嗣）墓志铭并序》，希望通过征引其他资料考证志文，为研究武则天家

---

① 这两方墓志收录于毛阳光、余扶危主编《洛阳流散唐代墓志汇编》，国家图书馆出版社2013 年版。至今似还未见有人做过研究。

② 梁恒唐：《谈武氏家族的起源与繁衍》，收入《武则天研究论文集》，山西古籍出版社1998 年版。

③ 马志强：《大同出土唐代武氏墓志铭略论》，收入《武则天与咸阳》论文集，三秦出版社 2001 年版。

④ 杜文玉：《武则天家族渊源考》，《陕西师范大学学报》2001 年第 2 期。

族提供新的见解①。

一　《大唐故武夫人墓志并序》

《大唐故武夫人墓志并序》拓片照片发表于赵君平编《邙洛碑志三百种》②一书。据该书前言及笔者考察，此墓志铭为首次面世，其他著作也有著录涉及③。墓志铭撰写书丹者不明。长、宽均为645mm，厚13mm，共有23行，每行23格，全文共有483字，其中包括年、月、日、天、载、初等武周时期所造字。

墓主武夫人，不言其名，为"圣母神皇之堂兄，淄州刺史之长女"，按，武则天之父武士彟兄弟四人，即武士稜、武士让、武士逸、武士彟，武士彟年龄最小。杜文玉教授依据《新唐书宰相世系表》《元和姓纂》等书研究，武士让生四子，即武怀亮、武守官（字惟良）、武怀道、武弘度（字怀运），而武弘度官淄州刺史④。就是说，墓主为武则天二伯父武士让的小儿子武怀运的长女。

关于武怀运其人，史书记载武士彟死后，武则天的同父异母哥哥武元庆、武元爽，以及堂兄武惟良、武怀运"皆不礼于杨氏，杨氏深衔之"⑤。武则天为皇后，其母杨氏"置酒，酣，谓惟良曰：'若等记畴日事乎？今谓何？'对曰：'幸以功臣子位朝廷，晚缘戚属进，忧而不荣也。'夫人怒，讽后伪为退让，请惟良等外迁，无示天下私。繇是，惟良为始州刺史；元庆，龙州；元爽，濠州，俄坐事死振州"⑥。乾封元年（666），惟良、怀运兄弟参与高宗封禅仪式来到泰山脚下，后从至京师长安。此时唐高宗宠爱韩国夫人之女贺兰氏，并封其为魏国夫人，武则天妒忌并想解除此祸患，恰好惟良、怀运兄弟向皇帝献食，则天密令放毒药于贺兰氏食中，贺兰氏因此暴死。

---

①　笔者曾收集学界已公布的26篇武则天家族及其后裔石刻墓志史料，期待有更多的相关石刻墓志资料出土，为初唐政治史的研究提供新的资料。

②　赵君平：《邙洛碑志三百种》，中华书局2004年版。

③　杨作龙、赵水森等编著：《洛阳新出墓志释录》，北京图书馆出版社2004年版；张乃翥：《龙门区系石刻文萃》，国家图书馆出版社2011年版。

④　杜文玉：《武则天家族渊源考》，《陕西师范大学学报》2001年第2期。

⑤　《资治通鉴》卷二〇一唐高宗乾封元年（666），第6349页。

⑥　《新唐书》卷七六《则天武皇后》，第3476页。

　　这样，惟良、怀运兄弟成为替罪羊。高宗下令诛杀武氏两兄弟。依据《唐律疏议》卷十八记载，"诸以毒药药人及卖者，绞；即买卖而未用者，流二千里"。可见，武则天假惟良、怀运兄弟之手，不仅解除了逐渐滋生的威胁，而且武氏兄弟也受到应有的惩罚，取得一箭双雕的效果。当然，事情并没有结束。武则天鼓动朝臣们上奏，唐高宗忍无可忍，改惟良、怀运兄弟姓"蝮"氏。又由于武怀运长兄武怀亮妻善氏此前"尤不礼于荣国，坐惟良等没入掖庭，荣国令后以他事束棘鞭之，肉尽见骨而死"①。史书没有记载武怀运妻子对待杨氏的态度，但从上述史料看，表现不好是肯定的，但程度可能与善氏有别，因而受到惩罚亦当是肯定的。武怀运的妻子受到惩罚，他的女儿的情况如何呢？

　　按照墓志铭记载，作为武怀运之女的武夫人咸亨三年（672）死亡，享年26岁，而其父乾封元年（666）年被杀，当时武夫人已经20岁了。依据唐人女子结婚的总体年龄结构，已经二十岁的武氏应当已经出嫁，如此受其父亲的影响相对应小一些。墓志铭云："夫人幽闲恒性，婉□含芳，容德兼修，贞坚独谅。弄瓦之岁，早闻紃组之工，在□之年，即明箕帚之礼。洎作嫔君子，为鲁夫人，便偶德于梁鸿，□和鸣于陈凤。端庄自肃，浣濯斯勤。侍巾幨而不渝，饬兹綖而匪怠。固以羽仪内闱，领袖中闺。钟法□礼之风，姆训妇容之德。而彼苍不憖，中路多违，涕琼之梦俄交，分剑之悲□及。"就是说，墓志验证了我们的推测，武氏出嫁鲁氏。但从整个墓志铭看，此鲁氏何许人？与武氏结婚后是否生育？墓志没有提及，在此也只好存疑。按照一般的情况，其父母"犯罪"，而且引起皇帝震怒，下令改姓出籍，这在当时是非同寻常的事情，作为罪犯的长女，虽然已经出嫁，但受到各种各样的牵连当是肯定的。武氏在其父被杀事件发生六年后去世，尽管没有确切的史料证实武氏之死和其父被杀事件是否有牵连，但可以肯定其中或许有一定的关系。墓志铭又载曰："粤以咸亨三年五月十日奄捐私馆，春秋廿有六。呜呼哀哉！即以载初元年壹月十八日迁窆于城南龙门原，礼也！"也就是说，咸亨三年武氏死亡，载初元年（690）迁葬到洛阳城南龙门原。墓志铭中提到的"私馆"在何处？死后埋葬在哪里？铭文中没有说明，查阅其他史书也不得其解。但从墓志铭文中没有标明"洛阳"或"东都"，只是说出"城南龙门原"字样判断，

---

①　《资治通鉴》卷二〇一，高宗乾封元年（666），第6350页。

武氏死亡后所埋葬地点应该就在洛阳龙门附近。天授元年，武则天"太后享万象神宫，赦天下。始用周正，改永昌元年十一月为载初元年正月，以十二月为腊月，夏正月为一月"。① 虽然现在已不能看到这次大赦所发布的大赦文，但却正是这次大赦天下，作为武氏家族人士，曾经是"罪人"的武怀远长女，才有可能得到批准迁葬。墓志铭铭词曰："瑶台之英，宝魄之精。兰□桂馥，月炯霜明。幽闲夙著，婉顺天成。有容有礼，载芳载贞。言配其德，寔和其鸣。泣琼留梦，分剑伤情。俄沉夜户，几变春荣。天长人游，地久陵倾。方迁旧域，即厝新茔。却背金涧，前临鼎城。郊原日晚，丘陇烟平。鸣笳此送，泪下霑缨。"

上述铭词中有"方迁旧域，即厝新茔"字样，可见原来埋葬的地方可能是武氏的原来仓促的掩埋地；因为罪人的缘故，武氏安葬在夫家祖坟的可能性不大，其安葬地点要么临时处置于一个地方，要么仍然葬于武氏祖坟，而后一种可能性要大一些。这是因为武氏死亡已是六年以后的事情了，此时武则天已经完全掌握朝局，被朝野称为"二圣"之一，似乎没有必要把已经了结的旧账，重新祭出来算在已经死亡数年"罪人"长女身上。

查阅武氏家族墓葬情况，武士彟死后葬在故乡山西文水，武则天掌权后称为昊陵。武则天的母亲杨氏咸亨元年（670）死亡，葬于咸阳之洪渎原。"顺陵残碑"石共九块收藏于咸阳市博物馆；"梁王武三思镇墓石盖"亦发现于顺陵封内，现藏咸阳市博物馆，即武三思葬于顺陵附近。埋葬于顺陵封域内的魏王武承嗣墓近十年前被盗掘，墓志现藏于北京中国农业大学博物馆内。又有武嗣宗及其女儿也葬在这里。武懿宗坟墓在"京城南旧墓"，说明作为亲兄弟的武嗣宗并没有和其兄武懿宗同葬于长安南旧墓②。就是说，虽然武氏有家族墓地，但由于当时各种原因，武氏家族男丁埋葬并非在一处，而是分布在不同地点。当然，除武士彟夫妇之外，作为武氏家族重要人物，上述诸人均是武周以后死亡并埋葬的，可能与死于咸亨三年（672），迁葬于载初元年（690）的武氏具体情况不同。另外，武氏迁葬或许也有可能和其夫家有关。

---

① 《资治通鉴》卷二〇四，武周天授元年（690），第6462页。

② 武懿宗、武嗣宗兄弟死亡时间相近，具体来说只差一年，但埋葬地点却不同。两人的墓志铭均为开元初著名文人官僚苏颋撰写。参《全唐文补遗》第2辑，第14—15页；第7辑，第25—26页。

二　《故沛郡夫人武氏墓志铭并序》

此墓志铭见于三秦出版社出版的《全唐文补遗》千唐志斋新藏专辑①之中。该书收集了 20 世纪 90 年代以后在洛阳周围收集的墓志铭,为学界提供了新的研究史料;由于《全唐文补遗》一书体例所限,我们不知道此墓志铭何时出土乃至何时为千唐志斋收藏,墓志铭的长宽及每行字数、多少行,有否墓志盖等,这是十分遗憾的事情。然而,除过上述要素外,墓志铭也为学界提供了许多珍贵资料,有助于武氏家族关联研究的深入。

墓志铭撰者为翟均,题为"前进士"。查阅《全唐文》《唐文拾遗》《唐文续拾》《全唐诗》《全唐诗补遗》,以及《全唐文补遗》(1—9)、《唐代墓志汇编》(上下)、《唐代墓志汇编续集》等书,均未见翟均其人事迹。因而,现在只知道翟均曾中进士②,其他事迹不得而知。至于他能为永和县主撰写墓志铭,虽然开元末武氏势力已经式微,但仍能说明此人在当时还是具有一定的影响力的。

统计上述《全唐文补遗》录文,沛郡夫人武氏墓志铭共有 387 字。墓志铭云:"夫人姓武,即太原人也。昔唐祚方兴,周德间起,故以阴祇叶运。太后临朝,广树懿亲,为国藩翰。"很明显,武氏既是武则天的外孙女,又是堂侄孙女,其当然属于武氏家族人士。"夫人故周定王驸马都尉攸暨太平公主第二女,封永和县主。"

据史料记载,武攸暨为武则天伯父武士让的孙子,天授年间封为千乘郡王,赐爵实封三百户;后其为右卫中郎将,尚太平公主,授驸马都尉。沛郡夫人武氏就是武攸暨与太平公主所生的第二个女儿。武攸暨后又进封定王,不久又改安定郡王。神龙年间,复封定王,实封满一千户;延和元年武攸暨死亡,赠太尉、并州大都督,追封定王。但由于发生太平公主谋逆事件,唐朝廷平毁武攸暨坟墓。众所周知,太平公主永隆年间出嫁薛绍,"假万年县为婚馆,门隘不能容翟车,有司毁垣以入,自兴安门设燎

---

① 吴钢等主编:《全唐文补遗》(千唐志斋新藏专辑),三秦出版社 2006 年版,第 174—175 页。

② 查阅(清)徐松著,赵守俨点校《登科记考》,亦未见翟均其人事迹,故他是哪一年中进士也无从知道,不过,此墓志铭可为《登科记考》提供新的资料。

相属，道橛为枯"①。可见当时婚礼规模之大。史书又载薛怀义原名冯小宝，武则天"又以其家寒微，令与驸马都尉薛绍合族，命绍以季父事之"②。只是垂拱四年（688）薛绍被诬告与唐宗室联合反叛被诛杀，武则天竟杀掉其堂侄武攸暨的发妻，进而嫁寡居的女儿太平公主给武攸暨。

史载：太平公主"神龙元年，预诛张易之谋有功，进号镇国太平公主，相王加号安国相王，并食实封通前五千户，赏赐不可胜纪。公主薛氏二男二女，武氏二男一女，并食实封"③。又载太平公主"预诛二张功，增号镇国，与相王均封五千，而薛、武二家女皆食实封"④。后者未说明到底太平公主给薛、武两家共生有几个女儿。鉴于此，这里姑且以前者为准，即太平公主与薛绍生两男二女⑤，与武攸暨生两男一女。然而，墓志铭明确记载武氏"故周定王驸马都尉攸暨太平公主第二女，封永和县主"。也就是说，墓志铭可补正正史记载的错误，太平公主与武攸暨至少应该生有两个女儿。

墓志铭载：永和县主武氏开元二十五年（737）终于京兆万年县之兴宁里第，享年五十四岁；依时间推算，武氏应当生于683年。当武氏的母亲太平公主被赐死之时（713），永和县主已经三十岁了，其是否也受到牵连，现存文献史料未见提及，其具体情况不得而知。但是，新见《唐故光禄卿崔公（瑶）墓志铭》⑥提供了具体翔实的史料。崔瑶其人就是永和县主的丈夫，墓志载崔瑶"年甫弱冠，尚永和县主，特拜朝散大夫，授太子通事舍人"。墓志铭又载云："亲累贬忠州别驾，稍改资州别驾。骥足将骋而还绊，天门始登而又落。虽万人称枉，而二国不空。否有极而必享，明无忧而不烛。特诏褒雪，光复旧官。……属天择良守，朝出名臣，除宣州刺史。"就是说，永和县主夫妇确实受到太平公主事件的连

---

① 《新唐书》卷八三《诸帝公主·太平公主传》，第3650页。
② 《资治通鉴》卷二〇三，垂拱元年（685）十一月条，第6436页。
③ 《旧唐书》卷一八三《外戚·太平公主传》，第4738页。
④ 《新唐书》卷八三《诸帝公主·太平公主传》，第3650页。
⑤ 《大唐故万泉县主薛氏墓志铭》，见《全唐文补遗》第1辑，三秦出版社1995年版。墓主万泉县主为太平公主与薛绍所生第二女，嫁与豆卢氏，其死于景云元年，享年24岁。另外，据《旧唐书》卷一八三记载，太平公主阴谋败露后，"公主遽入山寺，数日方出，赐死于家。公主诸子及党羽死者数十人"。《新唐书》卷八三又载，太平公主"三子：崇简、崇敏、崇行，皆拜三品"，似乎和上述记载四个儿子存在差异。在此，结合《资治通鉴》卷二〇记载，姑且认为太平公主的几个儿子除薛崇简之外，"崇敏、崇行"等人亦被赐死。
⑥ 《唐故光禄卿崔公（瑶）墓志铭》，见《全唐文补遗》第6辑，三秦出版社1999年版。

累，被贬离京城，但不久就特诏褒雪，恢复了原来官职，后来又出任地方长官。这说明永和县主夫妇并未参与太平公主逆谋，其所以被贬离京城，应该是受到连坐的缘故。武氏死于京兆万年县兴宁里，此处应该是他与崔氏丈夫居住的地方之一，因为崔瑶天宝八载（749）九月"感疾暴薨"的地方为"东京鼎门之南别业"，就是说，崔瑶在京师长安与东都洛阳均有居处或购置田产。崔瑶享年 72 岁，如此可推算其生年当为公元 678 年，也就是说，崔瑶长永和县主五岁。另外，从墓志铭得知，墓主武氏有三个儿子，分别是"前洛阳县丞杰，前左卫兵曹仪，前右清道仓曹侗等"，看来，其三个儿子均为下层小官，而且，似乎在武氏去世当时三人均离任赋闲，因为三人的官职前都加有"前"字。参照武氏去世时的年龄 54 岁，她的三个儿子一般应该是三十多岁了，按照唐人历官的大致情况，此时应该是正当做官迁转的重要时期，他们为什么离任？无从知晓，是否是唐人"内忧"或"丁忧"礼制所致？① 而崔瑶墓志铭中记其曾经任宣州、睦州刺史，由于治理有方，获得朝廷的赞赏，迁任"右卫将军副守东京通摄左厢诸卫，迁金吾将军②，加云麾将军，封魏县开国侯"。后来又官拜光禄卿，这是崔瑶最后所任官职。然而，崔瑶其人"雅尚谦静，不好浮荣。当国秉均，同游自昔。累将启荐，固请退闲。孔北海之宾朋，常欣满座，陆大夫之宴喜，不□西都"。崔瑶去世当时，"长子杰，朝散大夫、著作郎。次子仪，河清丞"，墓志铭没有提及第三个儿子，当然，经过十多年时间，崔杰、崔仪兄弟的官职都有所升迁。不过，天宝九载四月，长子崔杰因父丧悲痛过度，患病而亡③。

永和县主武氏死亡七个月后，即开元二十五年十一月十二日，其后人将其尸骨"迁殡于河南之龙门北原"。武氏死于长安，最终迁葬至洛阳龙门。如上文所论，武氏家族在长安附近有几处葬地，其中也不乏武氏女儿

---

① 《大唐故朝散大夫秘书省著作郎清河崔公（杰）志文并序》载："公弱冠，以门荫补一子长上，迁左金吾兵曹。守官用戒，环宵以肃。迁左拾遗。……除洛阳丞。无何，丁永和县主忧，去职。服阕，除秘书郎，转大著作，加朝散大夫。"从永和县主长子崔杰墓志铭文看，他离职确实是因为"丁忧"的缘故。墓志铭见《全唐文补遗》（千唐志斋新藏专辑），三秦出版社 2006 年版，第 217—218 页。

② 永和县主墓志铭中载其丈夫崔氏官职为"有唐右金吾卫将军"，此与文中所引崔瑶墓志铭所载官职有所差异。

③ 上引《大唐故朝散大夫秘书省著作郎清河崔公（杰）志文并序》，《全唐文补遗》（千唐志斋新藏专辑），三秦出版社 2006 年版。

葬于祖坟的先例。但作为女眷，而且此时太平公主早已作为罪人为人所弃，武氏家族势力亦衰微不振，故永和县主迁葬应该是与其丈夫家族坟地在洛阳有关。天宝八载十月二十三日、天宝九载四月二日，永和县主的丈夫崔瑶、长子崔杰就是"权殡于龙门北原"或"权厝于河南龙门里"的。

永和县主武氏何时因何故被封为沛郡夫人？上述永和县主墓志，崔瑶、崔杰父子的两篇墓志铭中均未见明确记载，其中崔瑶墓志铭提到曾被封为魏县开国侯，似与沛郡关系不大。永和县主墓志铭词有"宠因外戚，贵由主第。荣华当代，冠盖如云"句，从其中"初封县赋，后锡邦君"句看，可能是永和县主自己开元年间被封为沛郡夫人，应当与其丈夫崔瑶无关。这里的沛郡可能与武氏的先祖有关联。

三 《大周故特进太子太保赠太尉并州牧魏王墓志铭并序》

众所周知，武承嗣事迹集中记载于《旧唐书》卷一八三《外戚·武承嗣传》，《新唐书》卷二〇六《外戚·武承嗣传》两书，《资治通鉴》卷二〇三也有提及。然而，新出土的武承嗣墓志铭文多达两千余字，应该说是迄今见到有关武承嗣其人最为详细的史料。《中国国家博物馆馆刊》刊登了曹建强先生的考释论文①，使学界对这方墓志有了较为清晰的认识。

曹先生论文涉及改"墓志及铭文，墓主生平及历任官职，志文言及的历史人物"三个方面问题，并多有创获，如对武三思其人为文水平，武承嗣墓志的总体评价等，就值得向学界推崇。当然，论文中也有笔误出现，例如将武承嗣的儿子武延基夫妇与懿德太子李重润"私议二张"事件，说成武延基夫妇与章怀太子李贤；论文题目为"唐魏王武承嗣墓志考略"，并将武承嗣作为唐代的"异姓王"均存在问题，武承嗣的发迹以及死亡亦在武周政权执政时段，似应写为"武周"或"大周"才好。除此之外，下文对和墓志关联的另外三个问题试做论述。

其一，有关该墓志的出土等问题，上述曹先生论文虽有点滴涉及，但有些问题还应进一步论证。其实，早在 2007 年洛阳师范学院举办武则天

---

① 曹建强：《唐魏王武承嗣墓志考略》，《中国国家博物馆馆刊》2012 年第 6 期。

国际学术研讨会之时，就有洛阳学者指出曾见过该墓志的拓片，而且认定是数年前从陕西盗掘之后贩卖到洛阳。单从志文"粤以圣历三年壹月十一日陪葬顺陵，礼也"记载看，武承嗣墓应该就在唐顺陵封域之内，即今陕西咸阳市底张湾镇陈家村一带。顺陵为武则天母亲杨氏的陵墓，据现存史料记载，陪葬唐顺陵的还有景龙年间被杀的武三思其人墓。按照唐及武周时代京师长安的丧葬习俗，作为杨氏顺陵的陪葬墓，身为堂兄弟的武承嗣、武三思两人墓应同在顺陵封域之内，并一定相距不远。至于武承嗣墓被盗掘后，墓志铭如何被盗运到洛阳，又如何在洛阳，或者在北京被中国农业大学博物馆收买或者转藏？顺陵所在的陈家村周边是否发现有盗掘墓葬的痕迹？是否咸阳文物管理乃至公安当局注意到这些事情？如果注意到这些事情是否采取了相应的措施和行动？这些问题有关新闻报道和在上述论文中并未有相应的叙述，近十年来陕西文物考古相关部门，以及公安当局也默默然未见有点滴关注这件事情，这在古墓盗掘盛行的现在似乎并非什么重大的事情，但这却正是关心文物考古新发现的研究者需要了解的重要问题。相信随着武承嗣墓志相关内容的公布，这方面的消息也会逐渐公开，使得武承嗣墓志涉及的诸多问题真相大白。

其二，武承嗣死亡与庐陵王李显返回洛阳间的关系。墓志载云：

> 圣历元年七月，内迁太子太保。于时年惊辰巳，疹积膏肓。将缠止优之祆，向及□鸡之岁。皇慈特轸，睿念偏钟；中使相望，名医接影。秋方金电，希除逝水之灾；徙秩铜楼，冀免颓山之酷。不谓蛇杯，未悟鹤极来征。埋玉树于泉中，瘗金芝于地下。其年八月十日薨于神都行修里之私第，春秋五十。圣上罢朝七日，痛伤之甚今古莫俦。其月廿日恩制赠太尉，并州牧。仍令营缮大匠刘仁景监护丧事，守雍州司马苏珦副焉。丧事所须，并令官给，赐东园秘器，朝服一袭，遣内史吊祭。上自制祭文，仍赋悼亡诗一首。……

很显然，墓志铭中提到武承嗣的死亡，其撰写者武三思秉承为亲者讳，为亡者讳的行文原则，并未实际提及武承嗣死亡的真正原因，即没有和庐陵王李显被迎回洛阳，并立为皇太子联系起来，这种情况在现存唐代其他墓志铭中也常常出现，故无可厚非。那么，武承嗣死亡的真正原因如何？不妨引用文献史料：

　　　　承嗣以不得立为皇太子，怏怏而卒，赠太尉、并州牧，谥曰宣。①

　　　　初，后擅政，中宗幽逐，承嗣自谓传国及己，武氏当有天下，即讽后革命，去唐家子孙，诛大臣不附者，倡议追王先世，立宗庙。……密谕后党凤阁舍人张嘉福，使洛州人上书请立己为皇太子，以观后意。后问岑长倩、格辅元，皆执不宜。承嗣不得已，奏请责谕嘉福等，不罪也。怨长倩等，皆以罪诛。以特进罢。未几，复同凤阁鸾台三品。承嗣为左相，而攸宁为纳言，故皆罢。又与三思同三品，不及月俱免，复拜特进。后决意还太子矣。久之，迁太子太保，不得志，鞅鞅愤死，赠太尉、并州牧，谥曰宣。②

　　　　三月己巳，托言庐陵王有疾，遣职方员外郎瑕丘徐彦伯召庐陵王及其妃、诸子诣行在疗疾。戊子，庐陵王至神都。……八月甲午，太子太保魏宣王武承嗣，恨不得为太子，意怏怏，戊戌，病薨。③

　　上引三条史料，可证明武承嗣之死和庐陵王李显被迎回神都洛阳，武则天听从狄仁杰、李昭德、吉顼等人的劝告，以及突厥势力对唐朝的追念，最终放弃确立武承嗣为皇太子有关④。就是说，对武则天迎回庐陵王李显，并立其为皇太子，作为武氏家族的代表人物，可能的武氏家族皇位第一继承人武承嗣此前的努力化为泡影，故而怨气攻心、猝发疾病，并不治而亡。当然，墓志铭提供了武承嗣七月发病，八月十日死亡的事实。同时，对武承嗣的发病，武则天特别重视，不仅派人不时慰问，而且还指示御医前去诊病。只是武承嗣心力交瘁、病入膏肓，尽管名医良药无微不至，但最终难逃死亡的命运。也就是说，因为是女皇帝的缘故，武周政权在皇位继承问题上出现了难以解决的问题。立子还是立侄? 结果武则天选择了确立儿子继承皇位，抛弃此前想立武氏子弟的打算，这无疑是将延续武周政权千秋万代，作为自己终身使命的武承嗣所无法面对的事情，故而武承嗣的死也就无法避免，亦成为一个无解的选择。当然，此也可用武承嗣其人

---

　　① 《旧唐书》卷一八三《外戚·武承嗣传》，第 4729 页。
　　② 《新唐书》卷二〇六《外戚·武承嗣传》，第 5837 页。
　　③ 《资治通鉴》卷二〇六，则天后圣历元年（698），第 6532 页。
　　④ 拜根兴、樊英峰：《永泰公主与永泰公主墓》，三秦出版社 2004 年版。

的执着性格来解释，因为处于同样境地的堂弟武三思，他就没有如此强烈的反应。在七八世纪之交的中国，这不仅是武氏家族的悲剧，当然也是整个武周政权与生俱来不可回避的终结。

其三，武承嗣的子孙后代问题。结合文献史料，墓志铭亦记载武承嗣武周圣历元年（698）八月十日病逝于神都洛阳，享年50岁。同时，墓志提到武承嗣"子延基等悲开桂剑，涕对楹书，毕地无追，终天永隔"。按照一般墓志铭的写法，武延基应该是武承嗣的长子或者嗣子，现存文献史料也证实了这一点。除武延基之外，武承嗣至少还有两个儿子，只是墓志文中并未提及武承嗣的其他儿子。依据文献资料，下文试做爬梳。

次子武延秀。其实，就在同一年的圣历元年六月，即就是武承嗣发病前一个月，武则天发诏书令"淮阳王武延秀入突厥，纳默啜女为妃；豹讨卫大将军阎知微摄春官尚书，右武威郎将杨齐庄摄司宾卿，赍金帛巨亿以送之"①。这里的淮阳王武延秀，就是武承嗣的次子。对前往遥远并充满未知数的突厥和亲，武延秀本人的态度如何？因没有史料涉及，不得而知；但这是担负国家重要使命，个人的好恶无疑都是无关紧要的事情。也就是说，从其父亲武承嗣发病到死亡的一个多月时间，武延秀因肩负国家使命前往突厥，并未在神都洛阳；也许到长安四年（704）返回神都洛阳之前，武延秀仍懵懂不知家庭的大变故，即父亲已不在人世的消息。现存史书多记载武延秀行事荒唐，一般均是指其从突厥返回之后，这是否与其家庭重大变故有关？他的母亲来自朝鲜半岛②，少年时节在家庭的境遇如何？从现有记载难得其实况；当其出发突厥之前，父亲虽然郁郁寡欢但仍位高权重，同父异母哥哥武延基无忧无虑，如果其母亲在世的话亦应有很好的待遇。但经过艰难惊险的六年异域生活之后，武延秀回到洛阳，他的父亲、兄长均已不在人世，还有可能因家庭败落为亲戚及时人冷落耻笑；家庭往日的荣光已黯淡不存，堂叔武三思能否靠得住他亦没有很大的把握。但他有在突厥学到的歌舞绝技，以及沾染的胡风美俗的强大吸引力，

---

① 《资治通鉴》卷二〇六，武则天圣历元年（698）六月，第6530页。

② 《新唐书》卷二〇六载："延秀母本带方人，坐其家没入奚官，以姝慧，赐承嗣。"即武延秀的母亲来自朝鲜半岛百济国，其很可能是百济灭亡后移住唐朝的移民后裔。因为其家庭罹罪，被连坐没入内侍省奚官局为奴婢。又因其长相漂亮、为人聪慧，故被赐予武承嗣为妾。依据武延秀698年前往突厥和亲，其年龄有18岁左右推算，其出生当在680年上下。如此，其母亲大概在680年前被赐予武承嗣为妾。参拜根兴《入乡随俗：墓志所载入唐百济移民的生活轨迹——兼论百济移民遗迹》，《陕西师范大学学报》2009年第4期。

更有经过艰难险阻锻炼出来的求生愿望和适应力，故而很快就和希望了解异国风尚，并已丧偶的安乐公主一拍即合①，成就并延续了数年荒唐绝顶但却引领时尚的贵族生活。

三子武延寿。现存《旧唐书》《新唐书》《资治通鉴》诸书并未提及武延寿其人，他的踪迹似在文献史料中难以寻觅，具体原因不明。只是在《唐朔方军节度副使金紫光禄大夫行光禄卿上柱国五原公燕王慕容公故妻太原郡夫人武氏墓志铭并序》中，记载墓主武氏为"则天大圣皇后之侄孙女。夐极天孙，分辉若木，峻岳疏趾，长源演流。祖承嗣，周朝中书令魏王；父延寿，皇朝卫尉卿"。这位武氏夫人开元二十三年（735）病亡于长安延福里，享年 33 岁。以此类推，其出生当为长安三年（703）。也就是说，武承嗣的儿子武延寿在 703 年，也就是他的二哥返回之前就已结婚生子了。当然，为什么《旧唐书》《新唐书》"外戚传"，以及《资治通鉴》等史书提到武承嗣的儿子时，只记载武延基、武延秀两人，而没有涉及另一儿子武延寿？是武延寿为庶出，还是有其他原因？不得而知，但武承嗣的这个儿子当是确实存在的。不管如何，在父亲武承嗣怨望愤愤而亡，二哥武延秀衔命北上突厥和亲，两年后长兄武延基夫妇又被杀，作为武承嗣一支的实际掌门人，武延寿的日子肯定也不会好过。好在可能是女皇或者堂叔武三思的恩典惠顾，武延寿很快结婚，延续了武承嗣一支的香火，并在此后为唐朝民族关系的和谐做出贡献。武延寿曾经官任唐朝卫尉卿，似并未在李唐王朝复辟后受到过多的牵连，此大概和其本人的生活态度低调有关。

总之，曹先生公布武承嗣墓志铭文，并做了初步扎实的考释，其开创之功不可磨灭。相信随着相关史料的进一步公开，对武承嗣其人及其武氏家族关联问题的研究会更加深入。

结　语

据笔者考察，文献资料并未记载武怀运的子女，以及太平公主与驸马武攸暨所生女儿诸情况，《大唐故武夫人墓志铭》《故沛国夫人武氏墓志

---

① 参见孟宪实《唐安乐公主墓志考释》，西安碑林博物馆编《纪念西安碑林建馆 920 周年华诞国际学术研讨会论文集》，文物出版社 2008 年版。

铭》的发现公布弥足珍贵；《大周故特进太子太保赠太尉并州牧魏王墓志铭并序》则是不可多得的考古资料，不仅可补文献记载的不足，而且为研究武氏家族关联问题提供新的史料依据。上文对这三方墓志做了一定的考论，相信随着时间的推移，西安、洛阳等地及其两地周边和武氏家族关联的碑刻墓志资料还会不时出现，这些都是应当引起重视的事情。另外，一些已经存在，但并没有引起人们注意的武氏关联碑刻资料亦不容忽视。其一，《豳州应福寺武氏造像题记》[1] 载云："大周长安二年岁次壬寅七月丁卯朔十五日庚辰，皇堂侄女彭城县主敬造等身像三区，千佛藏铺。"与此同时又有《石像铭》，具体记载彭城县主武氏，与其丈夫通议大夫行豳州司马柱国汉川郡开国公陇西李齐敬造释迦牟尼像、观音菩萨像、势至菩萨像等众多佛像事迹。此彭城县主是谁的女儿？《石像记》中还提到彭城县主之女丈夫杨玄道，按照当时一般贵族女子成婚年龄推算，长安二年（702）县主的年龄应当是三十多岁。此金石资料应当引起注意。其二，永年县主武氏，嫁与裴昭，裴氏死于韦氏之乱[2]。此永年县主又是谁的女儿，她当时有多大年龄？不得而知。还有一武氏家族出身女士，遁身佛门，死于"开元廿（缺）日"，墓志铭镌于开元二十六年，可推定此人死于开元二十年至二十六年间。只是墓志录文缺失太多，故很难探究其出自何支[3]。其三，李峤所作《为纳言姚璹等贺破契丹表》、陈子昂《为建安王与辽东书》，以及《为建安王贺破贼表》几篇表文，其中提到高仇须其人为建安王武攸宜的外甥，也就是说，武攸宜的姐妹中曾经有人远嫁辽东高句丽遗民上层[4]。对此，岑仲勉、黄约瑟等前辈专家在其著作中曾有所提及，但至今未见专文论及。其四，近年来新出土的《大唐故赠使持节汝州诸军事汝州刺史武府君墓志铭并序》《唐武攸宜夫人李氏墓志铭并

---

① 《豳州应福寺武氏造像题记》，见《全唐文补遗》第 4 辑，三秦出版社 1997 年版。

② 《大唐故右金吾卫中郎将裴府君（昭）墓志铭并序》，《唐代墓志汇编》景云 018，上海古籍出版社 1992 年版。

③ 《大唐都景福寺威仪和上龛塔铭》，《唐代墓志汇编》开元 479，上海古籍出版社 1992 年版。另参见拜根兴《大唐都景福［寺威仪］和上□□铭》相关问题考析：有关威仪和上灵觉出自的再考察》，《唐史论丛》第 14 辑，陕西师范大学出版社 2012 年版。

④ 从《唐朔方军节度副使金紫光禄大夫行光禄卿上柱国五原公燕王慕容公故妻太原郡夫人武氏墓志铭》中可知武承嗣第三子武延寿之女远嫁至慕容氏，死后埋葬于今宁夏境内。那么，此前武攸宜的姐妹出嫁辽东高句丽遗民也是可能的事情。参见拜根兴《高句丽百济遗民关联问题研究的现状与展望》，《中国历史地理论丛》2006 年第 2 期。

序》《大唐故益州行台左丞始州刺史六安县开国公武府君夫人琅邪县君诸葛氏墓志铭》①等，虽然已经有学者做过考释，但其中的一些问题随着新的史料的公布，仍有进一步探讨的必要。总之，有关武氏家族关联问题，其中可足深挖探索的问题仍然不少，而搜集整理新发现的金石墓志资料，是解决上述问题的重要途径，期待研究者获得更加优异的成果。

（拜根兴，陕西师范大学历史文化学院教授）

---

① 参见洛阳市文物考古研究院《唐武攸宜夫人李氏墓发掘简报》，《洛阳考古》2013 年第 3 期；傅清音《新见武则天堂兄〈武思元墓志〉考释》，《文博》2014 年第 6 期；西安文物保护考古研究院《西安航天城两座唐代壁画墓发掘简报》，《文博》2015 年第 2 期。

押蕃舶使、阅货宴与唐代的
海外贸易管理

李锦绣

一　押蕃舶使

唐代史籍中记载了一种管理海外贸易的使职——"押蕃舶使"。对此，中外学者多有论述。日本学者藤田丰八最早指出，"所谓押蕃舶使若是指统制与此等西南海国通商上的官吏，则即为市舶使"，"市舶使即押蕃舶使，当时是宦官所任之职"①。桑原骘藏则认为："市舶使之称，唐人记录已有之。当时又称押蕃舶使，或监〔市〕舶使。"② 中国学者有沿袭此说者。如邓端本认为，押蕃舶使就是市舶使。③ 陆韧认为市舶使除称押蕃舶使、监舶使外，还称结好使。④ 王杰也认为桑原说是"史学界业已公认之事实"⑤。

20 世纪以来，出现了反对藤田、桑原之说的声音。林萌指出，市舶使"又称押蕃舶使"的说法不准确。他将押蕃舶使和市舶使设置和职掌分开，认为押蕃舶使是设置于岭南节度府内的重要官职，似仅次于节度使，职掌应包括海外各国的使节往来和经济贸易等方面；市舶使则是设置于州的市舶官，和押蕃舶使可能有隶属关系。⑥ 王冠倬也认为押蕃舶使和

---

　　① ［日］藤田丰八：《宋代之市舶司与市舶条例》，魏重庆译，商务印书馆 1933 年版，第12 页。
　　② ［日］桑原骘藏：《蒲寿庚考》，陈裕菁译，中华书局 1954 年版，第 6 页。
　　③ 邓端本：《唐代广州市舶管理的几个问题》，《岭南文史》1987 年第 1 期；杨万秀主编，邓端本、章深著：《广州外贸史》上册，广东高等教育出版社 1996 年版，第 71—79 页。
　　④ 陆韧：《论市舶司性质和历史作用的变化》，《海交史研究》1988 年第 1 期。
　　⑤ 王杰：《唐岭南市舶使人选补正》，《中国史研究》1993 年第 4 期。
　　⑥ 林萌：《关于唐、五代市舶机构问题的探讨》，《海交史研究》1982 年第 4 期。

市舶使不同，市舶使负责官吏商人们经营的海外贸易，而押蕃舶使负责接待由海路来广州的各国的贡使。①

将押蕃舶使与市舶使分开，是明确押蕃舶使职掌的第一步。但仅仅是区分二者，离唐代海外贸易管理的真实情况还有一段距离。1997 年，宁志新发表了《唐代市舶制度若干问题研究》一文，该文最主要的贡献是肯定了押蕃舶使由节度使兼任。② 吴廷燮《唐方镇年表》中，已将押蕃舶使作为岭南节度使的兼职③，但没有展开论证。宁文结合唐代节度使兼押蕃落制度论证，不但使相关论述更为深入，而且为这一结论一锤定音。该文也奠定了押蕃舶使、市舶使及海外贸易管理研究的基础。其后，黎虎更进一步指出："押蕃舶使与市舶使是两个不同序列、不同性质的使职。押蕃舶使是与押蕃使同一序列、同一性质的使职，是由边境地方长官兼任以负责外交、外贸管理的使职；市舶使是与市马使、市珠玉使等同一序列、同一性质的使职，是朝廷派往各地负责采购特定商品的一种专使。但由于市舶使到唐后期有了自己的机构并相对长驻岭南，又与纯属临时差遣的市马使、市珠玉使等有所不同，而与押蕃舶使则有所交叉、融通，此又其特点也。"④ 李庆新在《濒海之地：南海贸易与中外关系史研究》一书中，也修正旧说，认为押蕃舶使由岭南节度使兼领。⑤关于市舶使与押蕃舶使的争论可以告一段落了。

本文重提押蕃舶使，试图在中外学者，主要是宁志新先生研究的基础上，从唐代海外贸易管理的角度，对唐代押蕃舶使的史料进行分析，并补充一些押蕃舶使相关的历史细节。

唐代押蕃舶使的史料共两条，都出自柳宗元笔下。第一条为《岭南节度飨军堂记》。其文云：

> 唐制，岭南为五府，府部州以十数。其大小之戎，号令之用，则听于节度使焉。其外大海多蛮夷，由流求、诃陵，西抵大夏、康居，

---

① 王冠倬：《唐代市舶司建地初探》，《海交史研究》1982 年第 4 期。

② 宁志新：《唐代市舶制度若干问题研究》，《中国经济史研究》1997 年第 1 期；《隋唐使职制度研究（农牧工商编）》，中华书局 2005 年版，第 284—296 页。

③ 吴廷燮：《唐方镇年表》，中华书局 1980 年版，第 1019 页。

④ 黎虎：《唐代的市舶使与市舶管理》，《历史研究》1998 年第 3 期；《汉唐外交制度史》，兰州大学出版社 1998 年版，第 508—525 页。

⑤ 李庆新：《濒海之地：南海贸易与中外关系史研究》，中华书局 2010 年版，第 58 页。

环水而国以百数，则统于押蕃舶使焉。内之幅员万里，以就（执）秩拱玉稽，时听教命；外之羁属数万里，以译言赞宝，岁帅贡职。合二使之重，以治于广州。故宾军之事，宜无与校大。且宾有牲牢饔饩，嘉乐好礼，以同远合疏。军有犒馈宴给，劳旅勤归，以群力一心，于是治也。闾闳阶序，不可与他邦类，必厚栋大梁，夷庭高门，然后可以上充于揖让，下周于步武。今御史大夫扶风公廉广州（元和八年御史大夫扶风郡公马总为岭南节度使），且专二使。增德以来，远人申威，以修戎政，大给宴合乐，从其丰盈。先是为堂于治城西北陬，其位公北向，宾众南向，奏部伎于其西，视泉池于其东。隅奥庳仄，庭庑下陋，日未及晡，则赫炎当目，汗眩更起，而礼莫克终。故凡大宴给、大宾旅，则寓于外垒，仪型不称。公于是始斥其制，为堂南面，横八楹，纵十楹，给宴之位，化为东序，西又如之。其外更衣之次，膳食之宇，列观以游目，偶亭以展声，弥望极顾，莫究其往。泉池之旧，增浚益植，以暇以息，如在林壑。问工焉取，则师舆是供；问役焉取，则蛮隶是征；问材焉取，则隙宇是迁。或益其阙，伐山浮海，农贾拱手，张目视具。乃十月甲子克成，公命给于新堂。幢牙葺纛，金节析羽，旆旗旟旐，咸饰于下。鼓以藄晋，金以铎铙。公与监军使肃上宾，延群僚，将校士吏，咸次于位。卉裳鬝衣，胡夷蛮蛮，睢盱就列者，千人以上。铡鼎体节，燔焘截炙，羽鳞狸互之物，沉泛醲盎之齐，均饫于卒士。兴王之舞，服夷之伎，楔击吹鼓之音，飞腾幻怪之容，寰观于远还迩。礼成乐遍，以叙而贺，且曰："是邦临护之大，五人合之，非是堂之制不可以备物，非公之德不可以容众。旷于往初，肇自今兹，太和有人，以观远方，古之戎政，其曷用加此！"华元，名大夫也，杀羊而御者不及；霍去病，良将军也，余肉而士有饥色。犹克称能，以垂到今。矧兹具美，其道不废，愿勒于金石，以永示后祀。遂相与来告，且乞辞。某让不获，乃刻于兹石。①

岭南节度使与押蕃舶使，"合二使之重，以治于广州"。元和八年（812），马总为岭南节度使，"且专二使"，表明岭南节度使兼押蕃舶使，兼统内

---

① 《柳宗元文集》卷二六，中华书局1979年版，第706—709页。

外。押蕃舶，是岭南节度使的一项职掌。

另一条史料见《唐故岭南经略副使御史马君墓志》，其文云：

> 元和九年月日，扶风马君卒。命于守龟，祔于先君食。卜葬明年某月庚寅亦食。其孤使来以状谒铭，宗元删取其辞曰：君凡受署，往来桂州、岭南、江西、荆南道，皆大府。凡命官，更佐军卫、录王府事、番禺令、江陵户曹、录府事、监察御史，皆为显官。凡佐治，由巡官、判官至押番舶使（舶音白，蛮夷泛海舟曰舶）、经略副使，皆所谓右职。凡所严事，御史中丞良、司徒佑、嗣曹王皋、尚书胄、尚书伯仪、尚书昌，皆贤有劳诸侯。其善事，凡管岭南五府储时，出卒致谷，以谋叶平哥舒晃，假守州邑，民以便安。殄火讹，杀吏威，海盐增算，邦赋大减，所至皆用是理。年七十，不肯仕，曰："吾为吏逾四十年，卒不见大者。今年志虑耗，终不能以筋力为人赢缩。"因罢休以经书教子弟，不问外事。①

关于"岭南经略副使御史马君"所任押蕃舶使，还值得深论。首先，马某最高职掌为岭南经略副使，柳宗元所列举他的职掌，"凡佐治，由巡官、判官至押番舶使、经略副使"，可见其所任押蕃舶职掌比经略副使地位低。这里的"押蕃舶使"，可能是押蕃舶副使之误。因为据《岭南节度飨军堂记》，押蕃舶使由岭南节度使兼任，马某的职任，显然比岭南节度使还差一大截。

马某任岭南押蕃舶副使的时间也可以推测。从柳宗元所列，"凡所严事，御史中丞良、司徒佑、嗣曹王皋、尚书胄、尚书伯仪、尚书昌"。这里的"伯仪"，指的是岭南节度使张伯仪。据《旧唐书》卷一二《德宗纪》，建中三年（782）三月戊戌，"以岭南节度使张伯仪检校兵部尚书，兼江陵尹、御史大夫、荆南节度等使；以容管经略使元琇为广州刺史、岭南节度使"。马某应是在张伯仪手下任职。值得注意的是，建中三年，接任张伯仪为岭南节度使者是元琇，但柳宗元所列其"所严事"之人并没有元琇，而马某"受署"的有荆南道，很显然，马某随张伯仪去了江陵。这表明马某深得张伯仪信任。马某可能是张伯仪手下的押蕃舶副使。当时

---

① 《柳宗元文集》卷一〇，第257—259页。

兼押蕃舶使的，就是张伯仪。

张伯仪的官称、署名，见于 1989 年西安市西郊沣登路南口（原唐长安城义宁坊）出土银铤，这件银铤上有铭文四行，如下：

1. 阿达忽□频陁沙等纳死波斯伊娑郝银壹铤，伍拾两。官秤。

2. 银青光禄大夫，使持节，都督广州诸军事，广州刺史，兼御史大夫，充岭南节度、支度、营田、五府经略、观

3. 察处置等副大使，知节度事，上柱国，南阳县开国子，臣张伯仪进。

4. 岭南监军、市舶使，朝散大夫，行内侍省内给事，员外置同正员，上柱国，赐金鱼袋，臣刘楚江进。①

张伯仪官职，《旧唐书》卷一一《代宗纪》作：大历十二年五月"甲戌，以前安南都护张伯仪为广州刺史，兼御史大夫，充岭南节度使"②。《本纪》有所省略。据银铤，知其职事官及使职为："使持节，都督广州诸军事，广州刺史，兼御史大夫，充岭南节度、支度、营田、五府经略、观察处置等副大使，知节度事。"张伯仪实际上是以副大使身份掌领岭南节度事的。名誉上的岭南节度大使，是代宗的第四子睦王李述。

睦王述，代宗第四子。大历九年……大臣奏议请封亲王，分领戎师，以威天下。十年二月，诏曰："述可封睦王，充岭南节度、支度、营田、五府经略、观察处置等大使……"是时，皇子胜衣者尽加王爵，不出阁。③

---

① 对此银铤的研究，见王长启、高曼《西安西郊发现唐银铤》，《中国钱币》2001 年第 1 期；金德平《唐代笏形银铤考》，载中国钱币学会编《中国钱币论文集》第 5 辑，中国金融出版社 2010 年版，第 109—120 页。拙著《西安出土波斯胡伊娑郝银铤考》，《丝瓷之路：古代中外关系史研究》第 2 辑，商务印书馆 2012 年版，第 250—273 页；《唐与波斯海交史小考——从波斯胡伊娑郝银铤谈起》，《中西文化交流学报》5 卷 1 期，2013 年；《从波斯胡伊娑郝银铤看唐代海外贸易管理》，《暨南史学》第 8 辑，广西师范大学出版社 2013 年版，第 88—106 页。
② 《旧唐书》，中华书局点校本，第 312 页。
③ 《旧唐书》卷一一六《肃宗代宗诸子传》，第 3392 页，参同书卷一一《代宗纪》，第 306—307 页。

岭南节度使全称为岭南节度、支度、营田、五府经略、观察处置等大使，押蕃舶使是其职掌，使名省略的"等"字之中。

唐代押蕃落使，多有成为固定使名由节度使兼任者，如朔方节度使兼使中，就有"押诸蕃部落"①。最为显著的是押两蕃使。大历十年（775）二月，"以平卢淄青节度、观察、海运、押新罗渤海两蕃等使"李正己检校尚书左仆射②；兴元元年（784）八月，"淄青节度使承前带陆海运、押新罗渤海两蕃等使，宜令李纳兼之"③；元和二年（807）十一月，"平卢军节度使，淄、青、登、莱、棣等州观察处置，兼押新罗、渤海两番等使"康至睦检校尚书左仆射④。可见，押新罗、渤海两蕃使为平卢节度使的固定使额，与观察处置使并列。贞元元年（785）九月，刘济为"幽州卢龙节度、观察、押奚契丹两蕃等使"⑤；长庆元年（821）三月，"以幽州卢龙军节度副大使、知节度事、押奚契丹两蕃经略等使"刘总检校司徒。⑥ 这表明押奚契丹两蕃使为幽州节度使固定兼使。但岭南的押蕃舶使并没有像押两蕃等使一样，成为岭南节度使兼任使额。唐代海外贸易在开元以后，尤其是安史之乱后陆上丝绸之路不通后才日渐重要，唐后期岭南节度使在职掌上兼押蕃舶，但押蕃舶使并没有固定为使额，岭南官名改易的滞后性值得注意。是否与岭南长期属于"南选"范围有关，尚待研究。

关于押蕃舶使的职掌，柳宗元记载为："外之羁属数万里，以译言赟宝，岁帅贡职。"押蕃舶使掌海外交通和海外贸易，正如韩愈在《送郑尚书序》中指出的：

> 其海外杂国若躭浮罗、流求、毛人、夷亶之州，林邑、扶南、真腊、干陀利之属，东南际天地以万数，或时候风潮朝贡，蛮胡贾人，舶交海中。若岭南帅得其人，则一边尽治，不相寇盗贼杀，无风鱼之灾，水旱疠毒之患，外国之货日至，珠香、象犀、玳瑁、奇物溢于中

---

① 《旧唐书》卷一二《德宗纪》大历十四年闰五月条，第320页。

② 《旧唐书》卷一一《代宗纪》，第307页。

③ 《旧唐书》卷一二《德宗纪》，第345页。

④ 《唐大诏令集》卷六〇《王智兴等加官爵制》，商务印书馆1959年版，第327页。

⑤ 《旧唐书》卷一二《德宗纪》，第351页。

⑥ 《旧唐书》卷一六《穆宗纪》，第487页。

国，不可胜用。故选帅常重于他镇。①

韩愈列举了与唐进行海外贸易的东南亚诸国。柳宗元在《岭南节度飨军堂记》中，也指出押蕃舶使掌唐与东南亚至西亚近百个国家的外贸。因而"环水而国以百数"，由押蕃舶使一以统之。虽未固定为使额，押蕃舶是岭南节度使的重要职掌，这一职掌使岭南节度使职权高于其他方镇。

　　唐代官方诏敕中没有押蕃舶使额，但并不表明在岭南没有设置押蕃舶使下官员和机构。首先，有押蕃舶副使，如上引卒于元和九年（814）的马某即为押蕃舶副使。押蕃舶副使地位低于〔五府〕经略副使，这可能是因为五府经略使是岭南节度使的固定使额，而押蕃舶只是岭南节度使兼掌职务的缘故。

　　除了副使外，岭南节度掌管的押蕃舶职务下，可能还有专门的巡官、判官之设。元和十五年（820）七月，"平卢军新加押新罗、渤海两蕃使，赐印一面，许置巡官一人"②。押两蕃使下，增设了巡官。而《李少赞墓志》记载：

　　　　宝历元年，左仆射康公承恩出镇，奏请公为两番判官。③

可见押两蕃使刚有印不久，又增设了两蕃判官，而判官额并未像巡官一样由中央诏敕准设。据此推测，押蕃舶职掌下，也应有押蕃舶判官、巡官之设。押蕃舶职掌的管理体系应为：岭南节度使—押蕃舶副使、押蕃舶判官、押蕃舶巡官。构成了自上而下的管理机构。

　　节度使府从事中，也有偏重押蕃职掌者。《唐故监察御史河南府登封县令吴兴沈公（师黄）墓志》④ 记载：

---

　　①　《韩昌黎文集校注》卷四，马其昶校注，马茂元整理，上海古籍出版社1986年版，第284页。

　　②　《旧唐书》卷一六《穆宗纪》，第479—480页。

　　③　胡戟、荣新江主编：《大唐西市博物馆藏墓志》405《唐故潮州刺史上柱国李府君夫人会稽县君康夫人合墓志铭并序》，北京大学出版社2012年版，第874—875页。

　　④　《唐代墓志汇编》大中084，上海古籍出版社2001年版，第2313—2314页；《全唐文补遗》第1辑，三秦出版社1994年版，第360—361页。图版见《千唐志斋藏志》，文物出版社1984年版，第1125页；《隋唐五代墓志汇编》洛阳卷，天津古籍出版社1992年版，第14册第44页。

卢司空钧重其名，请为从事，同去南海。宾席三年，事皆决请。尝戏曰：沈书记不面货舶之风，无歠贪泉之水。府罢，唯葛衣藤屦，轻装而归……及岭南从命，万里来帆，束身而登，指顾皆得。

开成元年（836）十二月至五年（840）末，卢钧任岭南节度使。① 据《旧唐书·卢钧传》，"钧性仁恕，为政廉洁，请监军领市舶使，已一不干预"②。卢钧将和市蕃舶之权拱手让给市舶使，其下任掌书记的沈师黄保持廉洁，"束身而登"，表明沈师黄所任与蕃舶有关。沈师黄"不面货舶之风"，表明他的职掌偏重于市舶。节度使与押蕃舶使，一主内政，一主外蕃。节度使一身二任，其下从事职掌，则井然有别。卢钧欣赏沈师黄廉洁，正表明沈师黄职掌蕃舶，与其下偏于内政的掌书记不同。据此可知，岭南节度使下，也有侧重蕃舶管理的掌书记。

押蕃舶副使、判官、巡官、掌书记，是押蕃舶系列的官员设置。官员之下，当有大量胥吏。《新唐书》卷一六三《孔戣传》记载：

蕃舶泊步有下碇税。始至有阅货宴，所饷犀琲，下及仆隶。③

这里的"仆隶"，可如字面理解为节度使及岭南官员的家仆、家奴，也可理解为胥吏。《新唐书·孔戣传》直接抄录韩愈所撰《唐正议大夫尚书左丞孔公墓志铭》（详见下论），韩愈文求典雅，"仆隶"一词含胥吏在内。押蕃舶官员之下有胥吏具体司掌外贸事务，经海路入唐的蕃商才会向这些胥吏行贿。也正因为这些胥吏隶属岭南节度使，孔戣才能禁止蕃商行贿，禁绝胥吏受贿。孔戣的德政，正是唐代岭南节度使下置有管理海外贸易胥吏的证明。

综上所论，唐代在岭南设有海外贸易管理机构。岭南节度使例兼押蕃舶职掌，内政外贸并重；在节度使下，设有押蕃舶副使、押蕃舶判官、押蕃舶巡官，并有专司蕃舶的掌书记。官员之下，还有数量不小的胥吏。从

---

① 见郁贤皓《唐刺史考全编》，安徽大学出版社 2000 年版，第 3174 页。
② 《旧唐书》卷一七七，第 4591—4592 页。
③ 《新唐书》，中华书局点校本，第 5009 页。

岭南节度使被冠以押蕃舶使名，到副使、判官、巡官之设，再到专掌蕃舶的掌书记和相关胥吏，可见唐代管理海外贸易的体系是严密的，官吏逐级设置，各有所司，配置完整。虽然押蕃舶使未固定为岭南节度使使额，但仅节度使一系，海外贸易管理机构已经比较完备了。这是节度使系统管理海外贸易的情况。

二　阅货宴

岭南节度飨军堂的修建，可能和阅货宴有关。

上引《岭南节度飨军堂记》记载，岭南节度使飨军堂建成宴设时，"卉裳闃衣，胡夷蜑蛮，睢盱就列者，千人以上"。可见参加宴会的有各色外蕃，而且人数众多。由于外蕃多达千人，宴设场所必须扩大规模，否则难以容纳。之前的"凡大宴飨、大宾旅，则寓于外垒，仪型不称"，正表明没有固定的宴设场所，与岭南节度押环海百余国蕃舶地位不相称。飨军堂扩建，名为飨军，实际上则是为让数以千计的外蕃参与。[①] 柳宗元记载了宾礼规模："且宾有牲牢饔饩，嘉乐好礼，以同远合疏。"宾礼排在军礼之前。据此可知岭南飨军堂的扩建，主要不是为了行军礼，而是为了行宾礼。而宾礼之大者，就是阅货宴。

关于阅货宴的史料，《新唐书》卷一六三《孔戣传》记载：

> 蕃舶……始至有阅货宴，所饷犀珄，下及仆隶。戣禁绝，无所求索。

《新唐书》本传的史料来源于韩愈撰写《唐正议大夫尚书左丞孔公墓志铭》，其文云：[②]

> （元和）十二年，自国子祭酒拜御史大夫，岭南节度等使……蕃舶之至泊步，有下碇之税，始至有阅货之燕，犀珠磊落，贿及仆隶，

---

① 此点黎虎《唐代的市舶使与市舶管理》一文已指出，见《历史研究》1998年第3期。
② 《韩昌黎文集校注》卷七，马其昶校注，马茂元整理，上海古籍出版社1986年版，第531页。

公皆罢之。

为孔戣所罢的阅货宴，顾名思义，就是海外蕃舶初至广州，官府举行的检查货物兼招待外蕃之宴。黎虎指出，对蕃舶的检查和款待是地方长官管理市舶的第二、三个环节。① 这在《中国印度见闻录》中有记载：

> 海员从海上来到他们的国土，中国人便把商品存入货栈，保管六个月，直到最后一船海商到达时为止。他们提取十分之三的货物，把十分之七交还商人。这是政府所需的物品，用最高的价格现钱购买，这一点是没有差错的。每一曼那的樟脑卖五十"法库"，一法库合一千个铜钱。这种樟脑，如果不是政府去购买，而是自由买卖，便只有这个价格的一半。②

阅货宴有两个目的，一为招徕海商，接风洗尘，二为确定市舶物品，首先满足官府市舶之需。结合阿拉伯商人的记载，海外蕃舶到广州后，唐将商品登记保管，待全部海船到达后，要辨其名物，即按蕃商名物簿籍检验货物，各国蕃商陆海珍藏货物均现场展示，并同时举行大宴会，即阅货宴。阅货地点，当距宴设场所即节度使院不远。

入唐胡人有宴设聚会时斗宝的风俗。③《太平广记》卷四〇三"魏生"条引《原化记》就记载了一次"宝会"，其文略云：

> 尝因胡客自为宝会。胡客法：每年一度与乡人大会，各阅宝物，宝物多者，戴帽居于坐上，其余以次分列。召生观焉。生忽忆所拾得物，取怀之而去。亦不敢先言之，坐于席末。食讫，诸胡出宝。上坐者出明珠四，其大逾径寸。余胡皆起，稽首礼拜。其次以下所出者，或三或二，悉是宝。至坐末，诸胡咸笑，戏谓生："君亦有宝否？"生曰："有之。"遂所出怀以示之，而自笑。三十余胡皆起，扶生于座首，礼拜各足。

---

① 黎虎：《唐代的市舶使与市舶管理》，《历史研究》1998 年第 3 期。
② 穆根来、汶江、黄倬汉译：《中国印度见闻录》，中华书局 1983 年版，第 115 页。
③ 参见蔡鸿生《唐代九姓胡与突厥文化》，中华书局 1998 年版，第 37 页。

这则故事记载了胡人斗宝的情景，宝会上的座次依所有宝物的价值而定，生动有趣。

岭南举行阅货宴设之时，根据胡人斗宝习惯，可能也让蕃商"各阅宝物"，根据宝物决定蕃商在宴会上的座次。也正因为宴会时的依胡俗"阅货"斗宝，这种"奉宣皇化，临而存之"①的款待蕃商之宴，被称为"阅货宴"。"阅货"，即胡俗的"各阅宝物"，称货而不称宝者，因为海商携带的除珠宝等高级奢侈品外，还有大量日常生活用品，故而以"货"概括之。阅货宴显系唐与外来文化交汇结合的产物：既符合蕃胡以"财多为贵"②的心理，又能在胡人争强示宝的过程中，方便岭南节度使和市舶使管理，从而顺利确定市舶定额，完成进奉任务。

阅货宴的风习，其来已久。笔者认为张鷟《龙筋凤髓判》的一条判目，记载的就与阅货宴有关。

《龙筋凤髓判》卷二"主客"条云：

> 波斯、昆仑等舶到，拟给食料。已前隐没不付，有名无料，虚破官物，请停。③

张鷟卒于开元中④，《龙筋凤髓判》之作，可能早于开元。根据判目可知，开元时，海外蕃舶入唐，制度规定给食料，但实际上"有名无料，虚破官物"。这条判目应是主客曹实际案例，不是虚构。张鷟此条判文有错简，不知所云，更使此判目难解。因为唐代对入唐外国使者接待，有严格

---

① 《进岭南王馆市舶使院图表》，《全唐文》卷五一五，中华书局 1983 年版，第 5235 页。《文苑英华》卷六一三作"进岭南馆王市舶使院图表"（中华书局 1966 年版，第 3180 页），误，应据《全唐文》卷五一五。进表之人《文苑英华》缺，《全唐文》署名为王虔休，误。黄楼已辨其非，见黄楼《〈进岭南王馆市舶使院图表〉撰者及制作年代——兼论唐代市舶使职掌及其演变等相关问题》，《中山大学学报》2009 年第 2 期。但笔者不认为此表是开元二十七年（739）由市舶使韦光闰撰，因为"圣恩以军府交代之际，委臣在镇，不获捧图陈荐，拜舞天庭"一句，表明上表之人为岭南监军，在岭南节度使易时，留在岭南。而称岭南为"军府"、为"镇"，不太可能在开元时期，应是唐后期的事。

② （唐）玄奘、辩机著，季羨林等校注：《大唐西域记校注》，中华书局 1985 年版，第 72 页。

③ （唐）张鷟撰，田涛、郭成伟校注：《龙筋凤髓判校注》，中国政法大学出版社 1996 年版，第 62 页。

④ 《旧唐书》卷一四九《张鷟传》，第 4023 页。

规定。① "蕃客在馆，食料五等。蕃客设食料、蕃客设会料，各有等差。"② 其具体接待情况，如《新唐书》卷四六《百官志》"主客郎中"条记载：

> 殊俗入朝者，始至之州给牒，覆其人数，谓之边牒。蕃州都督、刺史朝集日，视品给以衣冠、袴褶。乘传者，日四驿；乘驿者，六驿。供客食料，以四时输鸿胪，季终句会之。客初至及辞设会，第一等视三品，第二等视四品，第三等视五品。蕃望非高者，视散官而减半。参日设食。路由大海者，给祈羊豕皆一。西南蕃使还者，给入海程粮；西北诸蕃，则给度碛程粮。③

《唐会要》卷一〇〇《杂录》记载：

> 证圣元年九月五日敕："蕃国使入朝，其粮料各分等第给。南天竺、北天竺、波斯、大食等国使，宜给六个月粮。尸利佛誓、真腊、诃陵等国使，给五个月粮。林邑国使，给三个月粮。"④

蕃客在馆食料、设食料、设会料分别是唐蕃使的每日常食、初见辞宴给食及参加大朝会时的配食，入海和度碛程粮是使还归国途中的粮料。可见海外蕃舶食料从初至到归国都有严格规定，不可能出现"有名无料，虚破官物"的情况，而被请求停止供给。

笔者以为，"波斯、昆仑等舶到……有名无料，虚破官物"的情况，不是指入朝的外蕃使人，因为这些人被严格选择，送到中央的，如《新唐书》卷四八《百官志·鸿胪寺》所记：

> 海外诸蕃朝贺进贡，使有下从，留其半于境。繇海路朝者，广州择首领一人、左右二人入朝。所献之物，先上其数于鸿胪。凡客还，

---

① 详见拙著《唐代财政史稿》上卷，北京大学出版社1995年版，第956—964页。

② （唐）李林甫等撰：《唐六典》卷四"膳部郎中员外郎"职掌条，陈仲夫点校，中华书局1992年版，第129页。点校本原文作"蕃客在馆设食料五等"，"设"字疑为衍文。

③ 《新唐书》，第1196页。

④ 《唐会要》，中华书局1955年版，第1798页。

鸿胪籍衣赍赐物多少，以报主客给过所。①

可见由海路入京朝贡者只有首领一人、左右二人有这样的荣幸。而"波斯、昆仑等舶到，拟给食料"，则是广州给所有蕃舶外商的食料。蕃商不是使臣，唐朝主客"掌诸蕃朝聘之事"②，为招徕远国，鼓励外商来华贸易，唐初规定给初至外商食料。但实际上这种供蕃舶食料在唐前期一直有名无料，因而开元前后广州上报主客，拟废除这种有名无实的食料供给。这条判目反映的就是这种情况。

唐后期丧失河陇后，国家对海外贸易更为倚赖，招徕蕃舶成为岭南节帅的重要政绩，蕃舶初至给食料制度才真正名实相符，并进而发展成为阅货宴。按照唐后期财政制度，阅货宴的经费可能在岭南节度使的办公行政经费——诸色公用③中支出。有名有料，阅货宴得以大规模举行了。也正因为阅货宴费用由岭南节度留使经费支给，是岭南节度使的自主行为，因而它也能被节度使取消。元和十二年（817），节俭、廉洁的孔戣充任岭南节度使，就否定了柳宗元在《飨军堂记》中大为称赞的宾礼，取消了阅货宴。

不过阅货宴的取消是暂时的。开成元年（836）十二月，卢钧为岭南节度使，④"海道商舶始至，异时帅府争先往，贱售其珍，（卢）钧一不取，时称洁廉"⑤。卢钧之前的岭南节帅"争先往"，即在阅货宴上捷足先登，贱价购买蕃商货物。大中三年（849）韦正贯任岭南节度使，⑥"先是海外蕃贾赢象犀贝珠而至者，帅与监舶使必搂其伟异，而以比弊抑偿之。至者见欺，来者始绝。公悉变故态，一无取求，问其所安，交易其物，海客大至"⑦。"帅与监舶使"也正是出席了阅货宴，才能够将蕃商宝物低价占有。通过描写卢钧与韦正贯廉洁的文字，可以看到被孔戣取消的阅货宴

① 《新唐书》，第1257—1258页。
② 《唐六典》卷四"主客郎中员外郎"职掌条，第129页。
③ 关于道、州诸色公用的支用，见拙著《唐代财政史稿》下卷，北京大学出版社2001年版，第1121—1125页。
④ 《旧唐书》卷一七下《文宗纪》，第567页；参见吴廷燮《唐方镇年表》卷七，第1034页。
⑤ 《新唐书》卷一八二《卢钧传》，第5367页。
⑥ 吴廷燮：《唐方镇年表》，第1037页。
⑦ 《文苑英华》卷九一五，萧邺撰：《岭南节度使韦公神道碑》，第4817—4819页。

很快又被恢复了，岭南节度使与市舶使利用阅货宴索取蕃商珍宝的行径，也死灰复燃。卢钧与韦正贯特立独行，一无所取，则成了廉政的典范了。

《岭南节度飨军堂记》记载宾礼举行之时，"公与监军使肃上宾，延群僚，将校士吏，咸次于位"。这里的监军就是市舶使。韦正贯之前的"帅与监舶使必搂其伟异"，"监舶使"即市舶使，由岭南监军充任。柳宗元和萧邺文中，都将岭南节帅与市舶使并列，表明二者不但共同参加主持阅货宴，而且大而言之，唐代海外贸易是由岭南节度使与市舶使共同管理的。

与监军一样，市舶使主要行监督之责，因而又称"监舶使"；而节度使实际上兼押蕃舶使，成为岭南海外贸易的总主掌者。唐代管理海外贸易实行岭南节度使与市舶使双重组合制，构成了海外贸易管理的二重格局。阅货宴是岭南节度使与市舶使共同主掌一项活动，主要目的是招徕外商与完成定额市舶，其本身也具有唐徕远和蕃胡斗宝双重文化色彩。阅货宴增加了我们对唐代海外贸易管理细节和中外文化交流多样性的认识。

（附记：宁志新先生在唐代使职研究领域，多有创获，其押蕃舶使的考证，厥功至伟。在宁先生论文的基础上，笔者撰此小文，以为宁先生寿）

（李锦绣，中国社会科学院历史研究所研究员）

20世纪90年代以来大陆
唐吏部铨选研究述论

毛 蕾

　　唐吏部铨选，是指由尚书省吏部所主持的六品以下文官的选授和任用。唐制举、选分离，举指科举，唐前期由吏部考功员外郎主持，开元二十四年（736）后改由礼部侍郎负责。参加科举考试者仅获得出身。唐人入仕途径，大致有科举入仕、门荫入仕、流外入流、杂色入流等，都须经吏部的铨试方可注拟授官（指文官而言），此即铨选。铨选有流内、流外之分。

　　吏部铨选作为唐代职官制度中的一个重要问题，一直受到学术界的重视，相关研究成果颇多。尤其是20世纪90年代以来，颇多学术价值很高的论著问世，研究也日益深入。

一　唐吏部铨选研究现状

　　关于铨选制度，专著方面，大陆较早的专著是北京师范大学宁欣《唐代选官研究》。① 该书是作者在博士论文的基础上修改出版的，探讨了"唐代选官中的铨选、荐举、辟署、门荫诸问题，论述了它们在唐朝的发展、唐前后期在选官体系中的不同作用和地位"。书中以"唐代的铨选制"为一章，讨论了唐代的选人与官阙，唐代铨选制的完善和流弊，唐代铨选制的衰微及变通等问题。作者从铨选过程中选人与官阙的矛盾入手，以"安史之乱"为界，分析了唐前后期解决矛盾的措施，"前期主要采取的是逐步确立和完善铨选制度，同时适当截流，扩大分流等措施……后半期则是采取逐步承认多元化、多层次、多方位的选官方式，适当加以

---

　　① 宁欣：《唐代选官研究》，台北文津出版社1995年版。

限制，并对铨法加以改造"。作者更用相当篇幅，分章讨论了唐代的荐举、唐代的辟署制和唐代的门荫制，以及它们在唐后期选官体系中的作用。作者"力图将整体选官制度作为一个不断变化的动态过程，置于具体的政治环境之中，即将静态的制度与动态的人结合起来进行研究"的努力，值得肯定。① 另一部专论唐代铨选问题的专著是兰州大学王勋成《唐代铨选与文学》。② 全书共 9 章：关试与春关，及第举子守选，考课，六品以下官员守选，铨选，册授及其他，制举，科目选，选举制，铨选与文学的关系。作者非常详细地概括了举子及第后必经的一系列过程，尤其花相当篇幅讨论了及第举子以及六品以下称为旨授的官员在每一任考满后的守选问题，包括守选缘由，守选期限，守选与循资格的关系，以及不守选、减选、殿选等例外情况。关于铨选程序，作者细致地概括了三铨、南曹、废置、格式、甲库等与铨选事务相关的机构名称的含义，并从前期的颁布选格，冬集，锁曹磨勘，长名留放，到后期的取保锁铨，铨试，注拟，送省过官，旨赐告身等一系列铨选的具体操作环节都做了详细的介绍，不仅使枯燥的制度和名词变得生动和鲜活，也是真正从唐铨选制度的实际运作出发，力求复原其运作过程的积极有益的尝试。对守选问题的分析是全书的核心和亮点，例如，从及第举子守选的角度观察，作者指出，如李绅、韩愈、皮日休等"及第后入幕府为幕僚……实际上仍属守选期间的活动"，"及第举子入幕府并不象罢职的前资官将幕府作为仕进的跳板……他们多是待够守选年限就入京参加冬集，因为他们只有通过吏部铨选才能改变前进士的身份，成为国家的正式官员，在劳考中取得更高一级的品级"（第 79—80 页）。正如评论者所说，因"转换视角"而使得对铨选制这样的传统问题的研究"收到豁然开朗之效"③。作者还从守选这一核心观点出发，讨论了与铨选相关的如制举、科目选等问题，因为制举和科目选都是对常规铨选体制的补充，是应选者可以突破守选年限，加快仕途迁转进程的出路之一。整体而言，该书虽名为铨选与文学，但更多侧重在探讨铨选的程序、运作过程等制度性的问题，是关于唐代铨选制问题的

---

①　刘后滨：《宁欣〈唐代选官研究〉书评》，《唐研究》第 3 卷，北京大学出版社 1997 年版，第 523 页。

②　王勋成：《唐代铨选与文学》，中华书局 2001 年版。

③　陈明光：《中国古代制度史研究的视角转换——评王勋成〈唐代铨选与文学〉》，《中国史研究》2002 年第 3 期。

一部重要著作。尽管作者论证过程中还存在着诸如解读史料不慎的问题，个别论点也有待商榷，但动态地研究制度史的研究方法，还是十分值得肯定的。除此之外，吴宗国《唐代科举制度研究》也是研究唐代铨选制度不可忽视的一部著作。① 该书主要是从考试制度选拔人才的角度探讨唐代科举制的发展和变化，但由于唐代礼部、吏部均有各类考试科目，因此吴著中有相当篇幅论述了与吏部铨选相关的制举、科目选问题，不少有建设性的观点，都具有启发意义。刘海峰《唐代教育与选举制度综论》将人才的培养、选拔到任用作为一个整体，来研究唐代的教育、科举和铨选这三种制度之间相互依存和制约的关系。作者多从宏观置论，且侧重综合研究，但亦有专章探讨了唐代科举出身与铨选入仕的关系，以及唐后期铨选制度的演进，文官铨选"身言书判"标准的渊源及流变等问题，对讨论唐代铨选制度，也是值得关注的一部著作。② 金滢坤《中晚唐五代科举与社会变迁》一书也有专门章节讨论这一时期科举出身与铨选的关系。

　　关于研究唐铨选制度的论文，20 世纪 90 年代以来也有相当数量。较有影响的论文，如刘后滨《唐代文官铨选制度的改革与完善——从"长名榜"到"循资格"的历史考察》，从通过考试选拔官员的选官原则出发，分析了唐初到开元时期针对官阙少选人多的现实矛盾而进行的铨选制度的一系列调整，其目的就是既保证对平常之士有合理稳定的循资授任的制度，也给真正的才学之士通过不限资次、不限选数的制举、平判人等、科目选等特色途径加以选拔，"既要保证选官制度中对一般官员的以资历任用，又要选拔真正的才学之士充实到高级官员的行列，这就是唐代考试选官的真正合理之处"③。除此之外，近年来利用新近出土的敦煌、吐鲁番文书与传世文献结合来考察唐铨选制度的演变，要以史睿《唐代前期铨选制度的演进》最具代表性。作者主要从 2004 年最新出土的吐鲁番文书《唐调露二年东都吏部尚书符》入手，分析唐前期吏部铨选的运作程序是如何进行改进和完善的。作者指出，新获吐鲁番出土的《唐调露二

---

①　吴宗国：《唐代科举制度研究》，辽宁大学出版社 1997 年版。

②　刘海峰：《唐代教育与选举制度综论》，台北文津出版社 1991 年版。

③　刘后滨：《唐代文官铨选制度的改革与完善——从"长名榜"到"循资格"的历史考察》，《中国考试史专题论文集》，高等教育出版社 1999 年版，第 514—528 页。在吴宗国主编的《盛唐政治制度研究》第九章为刘后滨撰写"唐朝前期文官的出身与铨选"，内容涉及才学标准与考试原则在各种出身途径中的贯彻、分层考试的铨选体系、唐前期文官铨选制度的确立、循资格与科目选等，基本观点与前文一致。上海辞书出版社 2003 年版，第 339—361 页。

年东都吏部尚书符》以全新的数据提示我们调露二年可能已开始在全国范围内开展常规性阙员的统计。因为阙员统计是铨选程序的重要环节,是铨选必须掌握的重要数据,每年注拟官员需依据阙员数量,有阙员方可定留放和注拟。调露二年的阙员统计可能是高宗朝其后针对选人与阙员比例关系的讨论和一系列调控措施的开始,并最终以每年订立和颁布选格的形式确定下来。同时,阙员统计的实现和完善,也有赖于从西魏、北周以来不断发展的统计技术,以此可见制度与技术的相互依存关系。另外,刘海峰《唐后期铨选制度的演进》、宁欣《唐代铨选制度的完善与流弊》等文均为其博士论文的部分章节,此不赘述。[1]

　　以上是就讨论唐代铨选制度的相关论著的整体概括和介绍。就铨选制度中的一些具体问题,如科目选、守选、判入等问题,20 世纪 90 年代以来大陆学者们也都展开了有益的讨论,既丰富了对这些问题的认识,也大大地推动了对唐代铨选制度的理解。

二　唐吏部铨选研究中的几个主要问题

(一) 科目选

　　吏部科目选是吏部设置的考试科目,用以对优秀的人才实施超资授官。开元十八年,侍中裴光庭在其父裴行俭设置"长名榜"审查选人参选资格的基础上,制定了"循资格",规定"凡官罢满,以若干选而集,各有差等,卑官多选,高官少选,贤愚一贯,必合乎格者乃得铨授。自下升上,限年摄级,不得逾越。"[2] 这是将资历作为参选条件的制度化的开始。同时,为了保证优秀的选人能够脱颖而出,不受按部就班的制度的束缚,吏部设置了博学宏词科和书判拔萃科等考试科目,选人可以在未满守选年限的时候就提前参加,考中即可授官,即"选未满而试文三篇,谓之宏词;试判三条,谓之拔萃。中者即授官"[3]。

　　吏部科目选问题一直是研究唐铨选制度的学者所关心的内容之一,其中最有影响力的观点是吴宗国《唐代科举制度研究》中对吏部科目选的归

　　① 刘海峰:《唐后期铨选制度的演进》,《厦门大学学报》1991 年第 1 期;宁欣:《唐代铨选制度的完善与流弊》,《北京师范学院学报》1991 年第 4 期。

　　② (唐)杜佑:《通典》卷一五《选举三·历代制下》。

　　③ 《新唐书》卷四五《选举志下》,第 1172 页。

纳和界定。作者认为，"科目选和吏部科目虽然有着相通之处，但也有着严格的区别。举凡吏部主持的科目，诸如宏词、拔萃、平判人等以及后来设立的三礼、三传、三史等，皆可称之为吏部科目。而平判人等是从选人所试判中评出佳者登于科第，选人是通过正常的铨选程序参加试判的，因此不能称之为科目选。只有不到应选年限，提前申请试文、试判的宏词、拔萃，以及唐朝后期设立的有官有出身人按科目选例到吏部赴选的三礼、三传、三史、五经、九经、开元礼等科目，才可以称之为科目选"。而科目选与科举在唐朝也是有明确区分的，"科目选是由吏部主持的，是选官制度的一部分，而科举则是由礼部主持的，是出身资格的考试。三礼、三传等科则既是吏部的科目选，同时也是礼部的贡举科目。只有有出身、有官者才能赴科目选。白身人只能参加科举"①。吴著从是否提前参加铨选、是否有出身或有官者、是吏部还是礼部主持等方面，对吏部科目、吏部科目选以及礼部贡举科目做了较为详细的界定。学界此后的论著中，一般在使用吏部科目、科目选概念时都沿用吴著的观点，足见其对学界的影响。

关于吏部科目选的始设时间。学者对拔萃科始设时间有不同看法。黄正建《唐代吏部科目选》一文认为始设于大足元年。②吴宗国考证认为大足元年拔萃试作为制科而加以记载的，说明其时拔萃科仍是制科的一种，未独立出来。作为科目选的拔萃科是出现在开元十年。王勋成根据唐独孤及《唐故朝议大夫高平郡别驾权公（彻）神道碑铭》，认为拔萃科应设置于开元十八年冬。然经笔者考证，王勋成对权彻《神道碑铭》理解有误，所引"初，选部旧制，每岁孟冬以书判选多士，至开元十八年乃择公廉无私工于文者，考校甲乙丙丁科，以辩论其品"乃指平判人等的制度化在开元十八年，非指拔萃科。③刘后滨在该问题上选择了模糊处理，只说"大抵在开元初年以后，逐渐为科目选的科目之一"。宏词科，学者均指其始设于开元十九年。至于其他开元礼、三礼、三传、三史等吏部科目选，则设置时间更迟，大致都在贞元二年以后。

（二）守选问题

关于守选问题，大部分讨论唐代铨选制度的论著都会涉及，但将守选

---

① 吴宗国：《唐代科举制度研究》，第 97 页。
② 《史学月刊》1992 年第 3 期。
③ 毛蕾、张萍：《颜真卿与平判人等》，《厦大史学》第 3 辑，厦门大学出版社 2010 年版。

当作一项贯穿唐代始终的明确实行的制度，这是在王勋成《唐代铨选与文学》中明确提出的观点。应该说，守选是作者全书的核心观点，作者力图通过"守选"将唐铨选制度的运作过程完整地串联起来。该书的主要观点，包括及第举子、六品以下前资官都必须守选，作者认为这项制度从唐初一直到五代都存在。其原因就是为了缓和官阙少而选人多的社会矛盾。而关于守选年限，作者也认真进行了梳理，指出进士及第的守选年限一般是三年，明经科及第后的守选问题较为复杂，明二经及第者守选年限应为七年。其他诸如童子科、明法科、学究一经科、三礼、三传、三史科及第者守选年限，作者也根据相关材料做出了界定。尽管细节方面还有讨论的空间，不过作者在守选问题上的贡献仍是十分重要的。从及第举子必须守选的观点出发，对"前进士""前明经"的称谓，作者指出这就是及第举子在守选期间的专称，一旦释褐授官，就不能再称前进士前明经了。而举子及第后入幕府为幕僚，其实仍是属于守选期间的活动，是以前进士的身份供职的，并不是入仕的快捷方式。其入幕府的目的，主要是解决家庭生计问题，并锻炼自己的行政能力。而一到守选年限便入京参加冬集铨选，因为只有通过吏部铨选才能改变其前进士的身份，成为朝廷的正式官员。除了及第举子，六品以下的文官在任满之后，也要停秩罢官，在家守选。守选年限根据其考满罢秩时的官职大小来定，大致畿县令守选三年，其他诸州县令要守选五年。守选期满，他们就以"前资官"的身份参加吏部冬集铨选。王勋成并据及第举子存在守选制的观点专撰两文，对诗人王维、岑参的生平提出新看法。[①] 在王勋成提出及第举子必须守选的观点后，陈铁民、李亮伟撰文对此提出质疑，认为尽管有材料显示贞观时及第明经已有守选制，但并不能推出同时期的及第进士也实行了这一制度。进士守选三年的制度大抵在中唐以后存在，却并不符合初、盛唐的实际。[②] 对此王勋成另外撰文《初盛唐是否存在守选制说》，对陈、李文中所提出的质疑一一进行了反驳。王文仍主张初、盛唐时包括进士、明经在内都实行守选制。只是初唐时进士及第先授散当番，期满才定冬集，即守选年限；而盛唐时是直接定冬集。实际上，由于没有明确的材料说明初唐时进士实行守

---

① 王勋成：《王维进士及第与出生年月考》，《文史哲》2003 年第 2 期；《岑参入仕年月与生年考》，《文学遗产》2003 年第 4 期。

② 陈铁民、李亮伟：《关于守选制与唐诗人登第后的释褐时间》，《文学遗产》2005 年第 3 期。

选制，争论的双方都是基于仅有的一条有关唐守选制最早的文献而做出的推测。① 总的来讲，对中唐以后守选制的存在，学界已有共识，而对唐前期的情况，究竟什么时候开始形成守选的制度，还有进一步的讨论空间。

（三）平判入等

关于平判入等问题，学者论著中歧义较大。黄正建《唐代吏部科目选》一文指平判入等是吏部科目选之一，"考试内容大约也是试判……从所授官看，平判入等与宏词、拔萃相同"②。王勋成也认为平判科是为时人所看重的吏部科目选之一，试判两道，其设置比书判拔萃科要迟，"可能是因为宏词、拔萃取人严峻，而且取人又少（一般为三人），于是就又设置了平判一科，作为书判拔萃科的补充"。但究竟同属于吏部科目选的书判拔萃科与平判科到底有何不同？是试判三条与试判两道的区别，还是录取标准的难易有别，王著含糊其辞，说"由于数据匮乏，不得而知，可存疑待考"③。与前两位学者观点不同，明确指出平判入等不属于吏部科目选的，是吴宗国《唐代科举制度研究》里的观点，他认为平判入等是从选人试判发展而来的，"是从试判者中挑出佳者，给以科第，也就是平判入等"。而对平判入等形成的脉络，吴著指出，早在高宗武后时期，就曾经实行将选人所试之判入等，即"糊名试判，临时考等第奏闻"，大致在玄宗开元十八年至二十四年间形成正式的制度。吴著并对平判入等与书判拔萃做了明确的区分，指出二者虽然在考试内容上都是试判，并都由吏部主持，但"一是应试者的情况不同，拔萃科是选限未至者，平判入等则是在应选者之中选拔。前者主动权在自己，后者主动权在吏部。二是试判道数不同，拔萃科'试判三条'，而平判入等所试即铨选时所试之判，故为二道"④。之后，刘后滨在吴著观点的基础上有所发挥，认为"平判入等是指在常选试判之后，另派一些文学之士对选人判文加以考校，定为等第，其判入高等

---

① 资料原文为："贞观九年五月敕：自今已后，明经兼习《周礼》并《仪礼》者，于本色内量减一选"，见《唐会要》卷七五《贡举上·帖经条例》。近见新疆师范大学杨向奎 2009 年硕士学位论文《唐代守选起始时间考》专门针对此条材料进行辩证，并引《唐大诏令集》卷一〇六《条流习礼经人敕（贞元）》，从敕文内容互相比勘，认为前引资料中"贞观九年"实为"贞元九年"之误。据此，贞观时期应不存在守选制。
② 黄正建：《唐代吏部科目选》，《史学月刊》1992 年第 3 期。
③ 王勋成：《唐代铨选与文学》，第 299—300 页。
④ 吴宗国：《唐代科举制度研究》，第 99—102 页。

者予以升奖。考试是在正常的铨选过程中进行的，试判二道……这是在正常铨选考试的基础上进行优等生的选拔"①。

关于平判入等的解释，笔者以为吴宗国所述较为准确。但仍有一些需要梳理的问题，比如唐文献中"平判"与"平选"所指是否为同一事？关于"平选"，与韩愈同在贞元八年进士及第的欧阳詹，说自己"四试于吏部，始授四门助教"，并注云"某两应博学宏词不受，一平选被驳，又一平选授助教"②，清人王鸣盛认为"平选疑即书判拔萃举"，刘海峰及王勋成著作中均已指出王鸣盛所说不确。两人都认为"平选"就是选人按部就班地参加的吏部常规的平调铨选，但"平选"是否就是"平判"，刘海峰未言，王勋成则直指"平选"与"平判"不同，平选不是科目，而平判则是不同于书判拔萃科的吏部科目选之一。③ 笔者以为有必要明确指出，所谓"平选""平判"，在唐人眼中所指均为一事，就是吏部常规的身言书判的铨选试判。根据是：唐人赵匡《举选议》所言"选人条例"云，"宏词、拔萃以甄逸才，进士、明经以长学业，并请依常年例。其平选判入第二等，亦任超资授官"④。其"平选判入第几等"，应该正可以算是"平判入等"的完整表述。因此，所谓"平判"即"平选试判"的简语，即指选人达到规定的守选年限后参加吏部常规的身言书判的铨选试判。而其中成绩优异者被评定为"入等"，可以给予"升奖"，即超资授官，这便是"平判入等"的来历。据此，王勋成书中刻意区分"平选"与"平判"便没有必要，而"平判（入等）"也很明显不是科目选的一科。

平判入等作为针对守选期满的选人而设的一种可以与宏词、拔萃一样有超资授官机会的一项铨选改革的措施，其真正实现常规化是在玄宗开元十八年，更完整地说，在玄宗开元时期，循资格制度、宏词拔萃科考试、平判入等的常规化，几乎都在差不多的时间段完成。⑤ 这反映出玄宗这一

①　刘后滨：《唐代文官铨选制度的改革与完善——从"长名榜"到"循资格"的历史考察》，教育部考试中心编：《中国考试制度史》，高等教育出版社1999年版，第514—528页。

②　（唐）欧阳詹：《欧阳行周文集》卷八《上郑相公书》，文渊阁《四库全书》本。

③　见刘海峰《唐代教育与选举制度综论》，第114—127页；王勋成《唐代铨选与文学》，第298—300页。

④　见《通典》卷一七《选举五·杂议论中》。

⑤　据吴宗国《唐代科举制度研究》的分析，作为科目选的拔萃科开始于开元十年，宏词科开始于开元十九年。而裴光庭制定"循资格"制度在开元十八年。平判入等也在开元十八年至二十四年间规范化和制度化。见吴著，第98—104页。

时期对铨选制度做了较为全面的调整。关于平判入等这一措施的意义，刘后滨笼统地说是为了"体现择优的原则和精神"①。笔者以为，从制度设计者以及应考选人这两个角度来说，平判入等都可以算是具有积极意义的措施。我们可以设想一下，从每年赴京参加铨选的选人的角度，他们对开元之后的铨选制度的感受如何？真正有才能的人能否通过考试的途径脱颖而出？事实上，中唐以后的选人，只要个人经济条件允许，在及第或考满罢秩后，每年都可以赴京参加吏部的考试（未满守选年限的年份，可以选择考宏词科或拔萃科，得中即可"不拘限而授职"。达到守选年限时，参加平选试判，一般合格者可授官，而其中之佳者即平判入等，亦可得"升奖"）。欧阳詹进士及第后"四试于吏部，始授四门助教"便是很好的说明。② 因此从制度设计的角度，真正优秀的人才是有多重的机会可以脱颖而出而不至于被埋没的。吴宗国认为"拔萃科是选选限未至者，平判入等则是在应选者之中选拔，前者主动权在自己，后者主动权在吏部"③，笔者认为，从制度设计的出发点来说，宏词、拔萃、平判入等的目的都一样，都是在循资格和守选制的外壳下，给应选的优秀选人更多的脱颖而出的机会（或者说希望）。因此对吏部、对应选者而言，都是一种积极的制度。从贞元十九年（803）拔萃登科的白居易和平判入等的元稹、崔玄亮同时被授予秘书省校书郎，④ 更可看出，平判入等是尤其对应选者具有积极意义的措施，因为宏词拔萃作为科目选，其初衷就是为超资提拔特别优秀的人才而设置的，而作为达到守选年限正常参加吏部铨选的应选者，试判"佳者"便可以平判入等的身份，和科目选登科者得到同等的超资授

---

① 刘后滨：《唐代文官铨选制度的改革与完善——从"长名榜"到"循资格"的历史考察》，第 522 页。

② 据欧阳詹自述，"詹两应博学宏词不售，一平选被驳，又一平选授助教"，则欧阳詹进士及第后，每年都参加了吏部的考试，未到守选时间的两年，考博学宏词科，未中。第三年达到守选时间参加常规铨选，仍未中，第四年又参加平选，授国子监四门助教。

③ 吴宗国：《唐代科举制度研究》，第 101—102 页。

④ （唐）元稹：《酬哥舒大少府寄同年科第》（《全唐诗》卷四一一）诗云："前年科第偏年少，未解知羞最爱狂。九陌急驰好鞍马，八人同着彩衣裳。"元稹此句之下自注曰："同年科第，宏词吕二炅、王十一起，拔萃白二十二居易，平判李十一复礼、吕四颖、哥舒大烦、崔十八玄亮逮不肖，八人皆奉荣养。"据此，知白居易拔萃、元稹、崔玄亮等平判在同一年。而白居易《养竹记》（《白居易集笺校》卷四三，上海古籍出版社 1988 年版）："贞元十九年春，居易以拔萃选及第，授校书郎。"元稹《同州刺史谢上表》（《全唐文》卷六五〇）云："年二十四，登（吏部）乙科，授校书郎。"白居易《唐故虢州刺史赠礼部尚书崔公（玄亮）墓志铭并序》（《白居易集笺校》卷七〇）："解褐补秘书省校书郎。"据上，知白居易、元稹、崔玄亮同授秘书省校书郎。

官的机会，这无疑是对达到守选年限正常参加铨选的应选者的莫大激励。而元稹诗中"八人同着彩衣裳"，以及诗中自注"同年科第……八人皆奉荣养"，以及白居易和崔玄亮诗中以"云间事""为是蓬莱最后仙"来指称同登科第的盛况，① 都反映出在唐人自己心目中，平判入等是可以和拔萃宏词等科目选同等视之不相上下的。

（四）南选问题

"南选"是唐朝中央在岭南、黔中等地区实行的一种特殊的选官制度。张泽咸《唐代的南选及其产生的社会前提》一文从汉唐岭南等地区社会经济的发展探讨南选实施的社会背景以及南选的程序，认为南选制度与唐代民族政策和地区发展不平衡有密切关系，江淮地区南选未成定制，但黔中、岭南地区南选制度则终唐一朝都在实行。② 受此文的启发，王承文《唐代"南选"与岭南溪洞豪族》一文利用一些新发现的隋唐碑刻材料对南选制度实施的具体背景和直接原因、南选实施的范围以及对岭南溪洞社会的影响等问题做了较为深入的探讨，指出岭南地区南选的目的是将岭南地方官员的选举权收归中央，从而替代以同豪族相妥协为特征的地方都督府除授制。至唐后期，随着延续几个世纪的岭南豪族走向衰灭，南选逐渐失去了最初遏制打击岭南豪族的政治意义，而向一般意义的铨选转化。③ 段承校《唐代"南选"制度考论》则认为"南选"是唐代在江淮以南，特别是黔中、岭南地区实施的集铨选和举士合一的政治制度，有别于中央科举举士和铨选举官的选官方式是其最大特点。④ 另外，戴显群也对唐的南选制度做了综合考察。⑤

（五）流外铨

所谓流外官，是相对于流内官而言的，专门针对流外官的铨选制度称

① （唐）元稹：《酬哥舒大少府寄同年科第》（《全唐诗》卷四一一）。白居易《得湖州崔十八使君书喜与杭越邻郡因成长句代贺兼寄微之》（《白居易集笺校》卷二三）云："贞元科第忝同年"，又云"为是蓬莱最后仙"。注云："贞元初同登科，崔君名最在后。当时崔自咏云：'人间不会云间事，应笑蓬莱最后仙。'"

② 张泽咸：《唐代的南选及其产生的社会前提》，《文史》第 22 辑，中华书局 1984 年版。

③ 王承文：《唐代"南选"与岭南溪洞豪族》，《中国史研究》1998 年第 1 期。

④ 段承校：《唐代"南选"制度考论》，《学术论坛》1999 年第 5 期。

⑤ 戴显群：《唐代的南选制度》，《福建师大学学报》（哲社版）1998 年第 3 期。

为"流外铨"。唐制规定流外铨由吏部郎中负责，"凡未入仕而吏京司者，复分为九品，通谓之行署。其应选之人，以其未入九流，故谓之流外铨，亦谓之小铨。其校试铨注与流内铨略同"①。任士英以唐代流外官问题为主题，撰写了硕士论文《唐代流外官制度研究》，内容涉及流外官称谓释义、流外官溯源、唐流外官的设置与职掌、唐流外官的铨选制度（"流外铨"）、唐流外官的考课制度。其中关于唐"流外铨"部分，详细讨论了流外铨设置时间、流外铨的铨选对象、铨选程序、流外铨的弊病。并对唐入仕途径之一的"流外入流"从入流资格、条件、流外出身人的叙职及其政治地位，都做了细则的分析。② 根据吴宗国的研究，实际上唐朝每年科举入仕者在所有入仕者中的比例仅占十分之一左右，③ 包括流外入流、杂色入流、门荫入仕（唐前期较多）。从数量上来看，其实比科举入仕更为普遍，因此也是值得关注的群体。除任士英外，所见涉及唐流外铨问题研究的，还有王永兴《通典载唐开元二十五年官品令流外官制校释——唐流外官制研究之一》《关于唐代流外官的两点意见——唐流外官制研究之二》两文，讨论了流外官的铨试和迁转，流外官入流以及入流后的升迁以及流外官在行政事务中的作用等问题。④

三　关于唐吏部铨选研究的若干思考

　　吏部铨选关涉六品以下文官的选任和迁转，是唐职官制度研究中的一个基础问题。尽管学界相关的研究成果已相当丰富，但笔者以为仍有未尽之处和值得深入探究的空间。兹略论如下。

　　关于拓展吏部铨选问题的研究视角：我们注意到，学术界的研究趋

---

　　① 《唐六典》卷二《吏部郎中员外郎》，中华书局 1992 年版。

　　② 其硕士论文《唐代流外官制度研究》分别在《唐史论丛》第 5 辑、第 6 辑发表，陕西人民出版社 1990 年版、1995 年版。在其硕士论文基础上任士英也发表了讨论唐代流外官的系列论文，包括《唐代流外官名例试释》（《烟台师范学院学报》1989 年第 4 期）、《唐代"流外出身人"叙职考》（《烟台师范学院学报》1993 年第 1 期）、《唐代流外官的管理制度》（《中国史研究》1995 年第 1 期）、《隋唐时期流外官与明清时期吏员的渊源关系》（《河北学刊》2003 年第 1 期）。

　　③ 吴宗国：《唐代科举制度研究》，辽宁大学出版社 1997 年版，第 23—24 页。

　　④ 见《北京大学学报》1990 年第 2 期、《文史》第 35 辑（中华书局 1992 年版）。二文均收入《陈门问学丛稿》，江西人民出版社 1993 年版。

向，多以铨选结合科举，或曰更多关注的是铨选过程中与科举有相同之处的考试形式，强调以考试形式加强对优秀选人的甄选，体现了选官制度的不断进步。由于进士、明经等科举考试科目在唐朝发展很快，科举考试成为唐朝尤其是中后期进入仕途的主要途径，在宰相等高官以及升迁快速的重要部门，科举及第者的比例也越来越大。而相应的在吏部主持的铨选过程中，也出现为了"克服论资排辈带来的贤愚混杂"，使真正的才学之士能够脱颖而出的吏部科目选制度，通过加大考试难度（"试文三篇""试判三条"）来给未到守选年限的优秀选人特别提拔的机会，同时在常规的参加身言书判铨试的选人中，通过"平判入等"的措施，将其中试判成绩优异者特别甄别出来加以提拔任用。所有这些措施，都是体现政策制定者通过考试择优选拔人才的意图和精神，无疑是值得肯定和研究的。

　　然而，吏部铨选的主体是六品以下的文官（包括地方官员），他们位于唐官僚体系金字塔的下端，数量相当庞大。在这些中低级官员中，能通过宏词拔萃等吏部科目选、制举等非常规的考试途径得到超资升迁的人数毕竟是少数，即便是针对守选期满正常参加铨选试判的选人而设的平判入等，每年能够获益的人数也十分有限。① 因此，绝大多数循规蹈矩、按部就班地在官僚机器运作体系中生存的资质平平的中下级官员，制度设计上是如何考虑的，他们的出路如何，也是研究者需要注意的问题。从这个角度看，考课与铨选的关系或许值得关注。在文献中，尤其是在中唐裴光庭设立"循资格"之后，关于六品以下官员减选的记载是相当多的。即如《唐会要》卷七十四《选部上·论选事》记载："太和七年五月敕节文：县令、录事、参军，如在任绩效明著，兼得上下考及清白状、陟状者，许非时放选，仍优与处分。其余官见任，得上下考，与减三选"，其所涉及的内容就涵盖了对县级地方官在任期间的课绩表现优异者，可以减少守选时间，或不受守选制度的限制，随时参加冬集铨选（"非时放选"），这表明政策制定者也有鼓励中下级官员勤于政事并在铨选时有所考虑的决策意图。也就是说，文学才能卓越者通过吏部科目选、制举等形式可以减少守选年限，快速得到升迁，而吏干杰出者以在任之政绩表现也有减少守选年

---

① 据元稹诗《酬哥舒大少府寄同年科第》（《全唐诗》卷四一一）自注，贞元十九年平判入等者为 5 人。天宝二年"判入等者凡六十四人"（《新唐书》卷一四〇《苗晋卿传》），是目前所见人数最多的一年。一般推测每年以平判入等者数量或不超过 10 人。

限的机会，这或可视为一种政策上的平衡吧。文献中也有关于边远州县官员可以减选等各类记载，都可以看作决策制定者将考课与铨选相结合，用政策手段调整和引导选人的决策意图。因此，在学界已较多关注了六品以下文官中优秀人才如何快速向上提拔升迁的背景下，颇有必要将研究视角转向中下层文官群体中（尤其是地方官群体），将铨选问题研究与考课制度、与基层文官、社会变迁等研究相结合。台湾学者赖瑞和在研究唐代县尉时注意到，中、下县尉"一生多在各中、下县迁转，无法到达京城任京官。他们默默无闻……的确是比较平庸的一群，没有什么仕途前景。而且他们的人数最多，可能占唐代二千四百多个县尉的大部分"①。基层文官这一庞大的群体是如何在唐代的考课和铨选制度环境下生存的，他们的出路究竟在哪里？许多具体的问题或许都仍有进一步探查的必要。

关于制度条文与实际运作之间的关系问题：近年来，北京大学邓小南教授一直致力于"活"的制度史的研究，"官僚政治制度不是静止的政府形态与组织法，制度的形成及运行本身是一动态的历史过程，有"运作"、有"过程"才有"制度"，不处于运作过程之中也就无所谓"制度"②。对制度条文与现实的关系，她指出"制度本身即'规范'与'人事'折中的结果；制度所试图提供、试图规约的，基本上是行为的模式。而特定的官方行为模式在历史上存在与否，取决于它是否曾经通过运行过程体现出来"③。近年来这种关注制度的实际运作及运行机制的变迁的动态研究趋向，给传统制度史研究带来了新鲜活力。吴宗国主编《盛唐政治制度研究》以盛唐时期政治体制的运作为中心，探讨唐代政治体制的演变，强调要"着重研究各个时期实际运行的制度，而不是停留在有关制度记载的条文上，以便真实地掌握唐朝前期政治制度的实际情况和政治体制发展变化的脉络"④。刘后滨《唐代中书门下体制研究——公文形态·政务运行与制度变迁》一书，从公文形态、政务运行的角度入手，考察了三省制转变为中书门下体制的过程。可以说，关注制度的运行，关

---

① 赖瑞和：《唐代基层文官》，中华书局 2008 年版，第 133 页。

② 邓小南：《走向"活"的制度史——以宋代官僚政治制度史研究为例的点滴思考》，《浙江学刊》2003 年第 3 期。

③ 邓小南主编：《政绩考察与信息渠道：以宋代为中心》（前言），北京大学出版社 2008 年版，第 3 页。

④ 吴宗国主编：《盛唐政治制度研究》，上海辞书出版社 2003 年版。

注作为过程的制度史，已经成为学术界研究的一种最新趋势。

邓小南在《课绩与考察：试谈唐代文官考核制度的发展趋势》一文中，分析了唐朝考课制度的变迁和调整，所谓的四善二十四最的考课标准，由于宽泛含混而无从核验，于是在实际操作过程中逐渐演变成一套切实可行的规则，即在"善"状评定中突出"清白"，而"最"绩的审核则落实到诸如户口、垦田、征科赋役等具体的政绩。但是课绩制度在实际运作过程中发展起日益严重的程序化倾向，官员的"年资"与其"课绩"共同构成了被查核的两项因素。作者指出，"使得唐代考课制度出现严重程序化倾向的决定性因素，正是铨选中日益强调'年资'的做法"①。邓小南对唐代考课制度的动态研究，以及考课与铨选的关系的揭示，也为我们进一步深入研究吏部铨选的实际运作提供了有益的借鉴。从制度条文与实际运作的关系，我们认为探讨制度制定者的决策意图，以及运作过程中受该制度直接规约的官员群体的感受和直接应对策略，以及制度如何在这种"关系"中发展演进，从而将研究置于活动的场景之中，加深对相关问题研究的立体认识，是我们今后研究应该努力的方向。

（毛蕾，厦门大学历史系副教授）

---

① 邓小南主编：《政绩考察与信息渠道：以宋代为中心》，第3—37页。

实证研究的经典之作

——《隋唐使职制度研究（农牧工商篇）》读后

黄纯艳　陈双燕

唐代中后期，国家政治、经济和军事等领域中都出现了大量的使职，其数量之大、领域之广都是空前的。这一现象的出现是与唐代中后期政治、经济和军事领域所发生的巨大变革相伴生的。它本身也是唐代中后期所发生的社会变革的一个方面。因而使职制度寓含和透视着唐代社会变革诸多因素的重要问题。自20世纪前期以来就有不少学者关注唐代使职的研究，刊布了一批重要论文，对一些重要使职进行了深入研究。其中，尤以何汝泉先生着力最著。但是，迄今为止仍有大量的使职尚无学者论及，更没有一部全面、系统，从整体上考察隋唐使职的专著。

宁志新教授近十余年来潜心研究隋唐使职制度，自20世纪90年代以来，先后发表了一系列关于隋唐使职制度的论文。[①] 在此基础上，宁志新教授于2005年2月在中华书局出版了他的新著《隋唐使职制度研究（农牧工商篇）》（以下简称《隋唐使职制度研究》）。该书选择了唐代使职中数量最多、最为重要的经济类使职中的"农牧工商"类作为研究对象，在前三章中分别论述了"使职的由来、命名方式和基本特征""两汉三国魏晋南北朝时期的使职""隋朝的使职"，逐一研究了两汉至隋朝的57种使职，总结了各个时期使职制度的发展特点。唐朝的使职制度是该书研究

---

① 据不完全统计，作者已发表的关于隋唐使职制度的论文有：《试论唐代市舶使的职能及其任职特点》，《中国社会经济史研究》1996年第1期；《两唐书职官志"招讨使"考》，《历史研究》1996年第2期；《唐代市舶使设置地区考辨》，《海交史研究》1996年第2期；《唐代市舶制度若干问题研究》，《中国经济史研究》1997年第1期；《唐朝营田使研究》，《厦门大学学报》1997年第2期；《唐朝的闲厩使》，《中国社会经济史研究》1997年第2期；《唐代使职若干问题研究》，《历史研究》1999年第2期；《隋朝使职研究》，《河北师范大学学报》1999年第3期。

的重点，书中分门别类地探讨了唐朝农业生产类、畜牧业生产类、手工业生产类和商业贸易类等四大经济门类的 54 种使职，总结了唐朝使职制度分类方法、渊源、特点，以及机构设置等。《隋唐使职制度研究》堪称迄今为止关于隋唐使职制度研究最为全面、系统的研究著作，具有突出的学术价值和鲜明的学术特点。

一

　　《隋唐使职制度研究》与此前的研究相比，在很多方面实现了新的突破，有力地推动了隋唐使职问题的研究。择其大而要者，主要有以下两个方面：

　　一是著者通过大量的实证研究，爬梳史料，对隋唐，特别是唐代的使职数量进行了新的统计，补充了 175 个前人未统计出的唐代使职。正如该书所说："有唐一代，究竟设置过多少使职是十分重要的问题，也是国内外学术界长期以来不曾弄清楚的一个问题。"① 何汝泉先生对唐代的使职做过检寻，统计出 142 种使职，② 如果计入他已做合并的同职异名或职务相近的使职，实际共统计出 168 种使职。《隋唐使职制度研究》又补充了户部使、押蕃舶使等 175 种使职。③ 使职数量的统计是使职研究的基础，没有尽可能完全的统计，就无从谈到最全面系统的研究。因此，《隋唐使职制度研究》所做的工作具有十分重要的意义，是对唐代使职研究的一个巨大贡献。这一贡献来之不易。从该书的资料来源可以看到，著者除了翻检唐代几乎所有重要史籍外，还查寻了大量墓志和文书上的有关使职的记载，如监和籴使、市马使、羊牧使等的记载就是从敦煌文书中寻得的，得于出土墓志的使职记载更是不少。在统计出来的使职中，学者们做过深入研究的使职不过节度使、转运使、庄宅使、市舶使等十多种，而《隋唐使职制度研究》则对汉唐时期 110 多种使职做了专门的研究，其中逐一做了专门研究的唐代使职有 54 种，研究范围较以前推进了一大步。

　　二是考察了汉唐时期使职制度的沿革演变，将隋唐使职制度置于使职

　　①　宁志新：《隋唐使职制度研究》，中华书局 2005 年版，第 88 页。

　　②　何汝泉：《唐代使职的产生》，《西南师范学院学报》1987 年第 1 期。

　　③　宁志新：《隋唐使职制度研究》，中华书局 2005 年版，第 89—90 页。

制度的演进历程中加以探讨。前此的唐代使职的研究几乎都是对唐代一朝的情况做独立的研究，更无全面考察汉晋南北朝使职的成果。但是，只有长时段地考察使职的产生、发展和演变，才能更深入、更清晰地把握各个时期使职发展的背景和特点。《隋唐使职制度研究》探讨了汉至唐代使职的由来、命名方式、基本特征等，总结出了汉唐时期使职命名的六种方式、以使为名的官职及因事而设的使职的基本特征等使职制度发展的若干总体特点。在论述使职制度沿革时，著者特别重视对各个历史时期使职发展特点及不同时期差异性的比较研究。如该书通过对两汉 21 种使职的细致研究，总结出两汉使职"称谓不够规范""主掌经济事务的使职很少""在边疆地区设置了管当地军政事务的使职"等特点。① 通过对魏晋南北朝时期 23 种使职的研究，总结出了这一时期使职"称谓仍不够规范""以区域方位命名的使职大量出现""经济类使职明显增多""出现个别使名长期沿用的现象""内地出现了主管当地军政、民政事务的使职"等特点②，通过对隋朝 13 种使职的研究，总结出了隋朝使职"使职的规范性明显增强""军事管理类使职比例较大""出现了以'使'作为某一机构长官称谓的现象""某些使职出现了久设不废的趋向""使职之间相互兼任的情况开始出现"等特点，③ 而唐朝的使职不仅数量剧增，称谓规范，而且正如唐人李肇所说"大抵生于置兵，盛于兴利"④，财政经济类使职占据了最大比重。这就为我们清晰地描述出了使职由少至多，由不规范到规范，随着经济的发展，经济类使职日益增长的发展趋势。著者对两汉以来使职制度沿革的论述对认识和揭示唐代使职制度的特点具有十分重要的意义。

二

《隋唐使职制度研究》对前此研究的突破远不止于上述两点。如对唐代使职产生原因和历史作用，对唐代营田使、盐铁使、市舶使等以前已有

① 宁志新：《隋唐使职制度研究》，中华书局 2005 年版，第 39 页。
② 同上书，第 57—59 页。
③ 同上书，第 75—77 页。
④ （唐）李肇：《唐国史补》卷下，"内外诸使名"条，上海古籍出版社 1979 年版，第 53 页。

学者涉猎的使职的研究，该书不仅更为系统，而且在诸多方面都提出了新见。除了具体内容上的突破以外，《隋唐使职制度研究》在总体上还表现出两个鲜明的学术特点。

特点之一就是该书所体现的近年来日显珍贵的扎实朴素的实证研究风格。对唐代使职做过深入研究的多是有着深厚考据学学养的前辈学者，如唐长孺、何汝泉、陈仲安等先生及日本学者加藤繁、砺波护等先生，在他们的工作的基础上，再补充170多种唐代使职，没有"上穷碧落下黄泉"的功夫是做不到的。该书进行了专门研究的汉唐时期110多种使职，著者都最大限度地做到了综合运用所能利用的各种史料，尽可能详尽地考析了每一种使职的兴废时间、设置情况、任职人员等内容。如该书对唐代盐铁使的研究，系统探讨了盐铁使的始设时间、设置原因、设置情况、盐铁使职能、组织结构等问题，特别是深入地论证了院和监为两级盐业管理机构，考订了可以确认担任过盐铁使的62名官员的任职情况，逐一做了列表说明。在探讨唐代营田使时，著者对州（军）置、道置、诸道置等三级四类营田使的设置情况逐一进行了深入的考证。在研究闲厩使时，著者不仅系统地探讨了闲厩使的始置时间、闲厩使的职能、设置特点和设置原因等，特别是还翔实地考证了历任闲厩使的任职情况。该书对劝农使、群牧使、市舶使等的研究无不体现了著者实证研究的风格和功力。即使一些史料很少的使职，著者也都尽力弄清它的设置情况。如对稻田使、草马使、押蕃舶使等的研究即是如此。

特点之二是重视对各种使职的发展所寓含和反映的变化的考察。使职的大量出现本身就是社会变革的一个表现。使职取代原有机构和职官、使职由临时向常设的转变、使职职责的变化等都体现着政治军事制度和社会经济结构的变迁，从一个角度代表了唐宋时期社会变革的趋势和方向。例如，盐铁使的设置反映了唐朝中期随着均田制和租庸调制的瓦解，国家必须寻求新的财税来源，盐铁使的设置反映了盐铁等农业税以外的课利收入在国家财政重要性的提高，也反映了在财政依赖于农业收入时期盐业和其他手工业管理的不健全。盐铁使建立从中央到地方的垂直管理系统则反映了唐朝中后期中央和地方关系的变化，中央力图最大限度地将地方政府排斥在盐利分配之外，改变地方垄断财源的状况。著者在对盐铁使设置原因、职能和设置情况的论述中充分地阐明了盐铁使所反映的这些变化。对市舶使的论述也如此。唐朝前期及以前仍然是西北陆上贸易占据主导地位的时代，对外贸易管理机构只有管理西北贸易的互市监。市舶使的设置和变化反映了海上贸易地位的不断上升。该书论述了市舶使从设置之初无实际职权、多由中官担任，逐步向有固定衙门，可以独立行使职权的管理海外贸易官员身份发展的过程。这一使职的设置寓含了海上贸易占据主导地位的时代到来的新趋势。该书反映社会变革的这一特点在重要使职的论述中都得到了体现。这也说明，该书是以社会变革的宏观视野考察隋唐的使职制度，在立意上高屋建瓴。

（本文原载《中国社会经济史研究》2006 年第 1 期）

（黄纯艳，云南大学教授；陈双燕，《厦门大学学报》编辑部编审）

唐代妇女婚姻地位研究

陈 丽

妇女作为社会成员的一个重要组成部分，目前学界对她们的研究越来越深入，多数学者从妇女的政治地位、文化生活、法律地位、婚姻等各个方面进行论述，认为唐代妇女同前代和后代妇女相比是较自由、较开放、较少束缚的一群，她们在整个中国女性发展史上处于非常显著的地位。由于以往的研究大都是从历史的角度通过前后对比的方式进行分析，这自然是可取的，但这种分析通常是以男性为主的社会对女性的要求作为判断标准，而非从女性自身发展的要求来分析妇女问题，所以仍难以客观、公正地反映唐代妇女问题的全面。笔者不揣浅陋，试图在前人研究的基础上，对唐代妇女的婚姻地位问题做些有益的探索。作为研究对象，笔者将唐代妇女划分为上层妇女和下层妇女两个群体，我们将上层社会妇女界定为后妃、公主、外命妇、官僚的妻女和一些旧日士族的妻女，尽管这些旧日士族没有官职，由于他们在当时的社会地位较高，也被我们列入上层社会妇女的行列中来；而将非官员、非贱民出身的普通百姓列入下层社会。通过对唐代妇女在婚姻关系中的比较分析，在关乎妇女健康、幸福的婚育问题上，这种"开放""自由"的结论，则须下得非常谨慎，本文拟就此问题阐述自己的看法以求教于学界师友。

一

因为上承胡汉文化融合的南北朝，这使得唐代社会既承续了汉民族固有的文化风俗，同时又不可避免地吸收了若干其他民族的风俗，从而给人以活泼、开朗、豪放的印象。这一特点在唐代婚姻制度上也有明显的反映，这使唐代婚姻呈现以下特点：

1. 继承了中国传统的婚姻观点，认为婚姻是以家族的发展为中心的，而非男女间个人的事情，婚姻只是旧家庭的延续和扩大，而非新家庭的建立和发展。

2. 婚姻双方家族间的门当户对观念依然非常重要。尽管隋末农民大起义使得士族势力遭到沉重打击，科举制度的发展产生了许多新贵，但上至皇亲国戚，下至文武百官都以与士族联姻为荣，士族间通婚之风依然盛行，即使皇帝下诏严禁，仍不能阻止。

3. 婚姻双方间等级界限非常分明。唐代禁止良贱通婚的法律则较前代更加完备，即使在本等级内部各阶层之间也存在着明显的界限。

4. 礼法观念的淡漠。唐代佛、道二教的盛行，士族门阀势力的消融，加以与北方少数民族通婚，许多氏族社会旧礼俗被保留下来，使得唐代礼法观念不是很严格。

唐代婚姻制度的这些特点在妇女的婚姻中都有体现。

（一）婚姻对象的选择范围

妇女婚嫁选择的空间范围的大小，是我们分析唐代妇女婚姻自主程度大小的一个重要指标。在古代社会里，承嗣延业、维系宗庙是至高无上的事情，结婚的目的仅在于"上以事宗庙而下以继后世也"①。自由的理性创造和美妙的个性追求被完全融于族嗣利益之中，男女婚配只能在父母的界定范围内进行。父母之命、媒妁之言依然是主要的选择方式，只是在敦煌、吐鲁番下层社会妇女在婚姻对象的选择上有些不同于上层社会的方面。敦煌、吐鲁番下层社会妇女的婚姻状况，除较多的不同民族间相互通婚外，大体可以反映全国下层社会妇女的婚姻状况。为了便于说明问题，作者将出土文书《敦煌社会经济文献真迹释录》（简称《释录》）、《吐鲁番出土文书》（简称《文书》）、《敦煌资料》作为主要调查范围；以夫妻小家庭为统计对象，而非以户为统计对象；夫妻年龄不详者不计。共统计了79户夫妻家庭。

由于敦煌和吐鲁番地处西北边陲，与内地相距甚远，又是多民族杂居之地，因此，在我们统计的79个百姓家庭中，有王、翟、安、阴、董、张、杨、余、杜、马、郭、李、孙、赵、宋、曹、索、汜、解、郑、刘、

---

① 《礼记·昏义》。

侯、程、常、白、茹、画、卑、薛、孟、令狐、任、孔、傅、唐、陈、康、石、冯、毛、姜、荆、高、贺、梁、何、韩、史、龙等 49 个姓氏，据《五—十世纪敦煌的家庭与家族关系》一书的统计，除了当地传统的张、王、李、赵、索、氾、宋等姓氏外，还有一些是晋以后出现的汉族姓氏，如公孙、淳于、施、苗、曾、谈、卑、阳、解、桑、程等。而从北魏到唐代后期，新出现的少数民族姓氏有：赫、竹、卢、朱、刘、元、达、浑、姚、苻、彭、杨、白、斛斯、呼延、滑、尹、康、安、石、何、曹、史、支、苏、裴、米、慕容、尚、荆、鄯、烧、目、黑、触、勃浪、钳、价、遁、浪、茹、龙、鞑靼、大野奴等。①从上我们可以看出，在婚姻对象的选择上，既有汉族妇女与少数民族男性联姻，也有少数民族女性与汉族男性联姻的情况以及少数民族之间互相通婚的情况。这种不同民族之间通婚的现象，使各民族的婚姻习俗对整个地区的婚姻习俗都会产生一定的影响。

唐代妇女在选择婚姻对象时，等级观念依然牢固。魏晋南北朝直到唐代，各朝的法律多有良贱不婚，士庶不婚的规定，良贱不婚始终严格，而随着士族地位的衰微，士庶不婚的限制则有所松弛，但无论是在上层社会或是下层社会，人们依然强调"门门相对，户户相当"的婚姻观念。

在现实生活中，百姓也确实较少与贱民婚配。《太平广记》中载有一位商人与乐工之女联姻的事情："衡山隐者，不知姓名，数因卖药，往来岳寺寄宿。……会乐人将女诣寺，其女有色，众欲取之，父母求五百千，莫不引退。隐者闻女嫁，邀僧往看，喜欲取之，乃将黄金两挺，正二百两，谓女父曰：'此金直七百贯，今亦不论，付金毕将去。'乐师时充官，便仓卒使别。"②但即使是商人与乐户之间的联姻，在唐代也是比较少见的。唐令规定工、乐、杂户、官户也应"当色为婚"，他们与贱民的联姻也在禁限之内。在敦煌、吐鲁番主要以下层百姓之间婚姻为主，以临近县乡之间的男性为择偶对象，下层社会的百姓也很难同上层社会的家庭实行联姻。

而在唐代上层社会的情况又有不同。众所周知，魏晋南北朝是士族的隆盛时期，为保障他们在政治和社会上的特权，严格实行士庶不婚的制

---

① 参见杨际平等著《五—十世纪敦煌的家庭与家族关系》，岳麓书社 1997 年版，第 5 页。

② 《太平广记》卷四五《衡山隐者》，中华书局 1961 年版，第 283 页。

度，这种现象一直残存到唐代。因此，唐代上层社会妇女在婚姻空间范围的选择上是少有自由可言的。《唐代墓志汇编》收集了唐代近 300 年来几千块墓志，这些墓志比较清楚地反映了唐代社会的，特别是中上层社会的生活情况，有较高的史料价值。我们将其中反映上层社会妇女择偶范围的情况汇集于"唐代上层妇女夫妻籍贯一览"表中。

编号	妻之姓氏	籍　贯	夫之姓氏	籍　贯	资料来源
1	李氏	陇西	王氏	太原	乾封 039
2	郑氏	荥阳	李爽	陇西	总章 020
3	李氏	赵郡	张祖	南阳	咸亨 050
4	薛氏	河东	李志	陇西	咸亨 073
5	王氏	太原	张贞	南阳	咸亨 109
6	孟氏	邹县	王式	琅琊	仪凤 021
7	孙氏	京兆	王歧	太原	文明 008
8	李氏	陇西	许坚	高阳	垂拱 034
9	王氏	太原	郭皓	太原	证圣 003
10	马氏	扶风	牛高	陇西	万岁通天 001
11	李五娘	陇西	刘氏	弘农	万岁通天 025
12	王氏	琅琊	许氏	高阳	圣历 006
13	屈突氏	河南	崔玄籍	清河	圣历 010
14	李氏	赵郡	房逸	清河	圣历 020
15	王氏	琅琊	许枢	高阳	久视 005
16	长孙氏	河南	王美畅	太原	长安 054
17	崔严爱	博陵	卢招	范阳	大历 015
18	卢梵儿	范阳	崔浑	博陵	大历 058
19	崔氏	清河	李皋	陇西	贞元 094

续表

编号	妻之姓氏	籍贯	夫之姓氏	籍贯	资料来源
20	李氏	陇西	崔千里	清河	贞元 125
21	郑氏	荥阳	李汇	陇西	元和 025
22	李贞	陇西	崔氏	清河	大和 010
23	郑氏	荥阳	崔氏	清河	大和 040
24	崔氏	博陵	郑氏	荥阳	大和 049
25	卢氏	范阳	郑氏	荥阳	大中 033
26	卢氏	范阳	崔氏	清河	咸通 015
27	李氏	陇西	崔氏	博陵	乾符 006
28	卢氏	范阳	崔植	清河	乾符 021

（注：该表内容均取自周绍良主编的《唐代墓志汇编》，上海古籍出版社 1992 年版。夫妻一方籍贯不详者不列。）

上表所列墓志材料中范阳卢氏，陇西、赵郡李氏，博陵、清河崔氏，太原王氏，荥阳郑氏等姓氏之间互通婚姻的占 53.5%，其次是上述七姓与其他姓氏通婚的占 32.2%，其他姓氏间通婚的占 14.3%。唐代虽不像前代士、庶界限那么严格，但士、庶族望观念仍然十分强烈。尽管从太宗、高宗到中宗曾三令五申禁止这些士族大姓之间互为婚姻，然而从上面表格可以看出，这些士族之间的通婚并不曾终止过，他们希望以此来维护门阀族望及政治地位。当然，唐代士庶通婚也并非没有，贵族官僚主动与士族联姻，魏徵、李勣如此，李敬玄更是"前后三娶，皆山东士族，又与赵郡李氏合谱"[1]。他们以与士族通婚为荣耀。至于酷吏来俊臣娶了太原王庆诜之女为妻，吉顼逼娶崔敬之女，这被当时一些士族视为国耻。受这种观念影响，一些士族家中的女性也以下嫁庶族为耻，有些甚至终老家中，而绝不与庶族为婚。这使得一些上层社会的女性为此牺牲了终身的幸福。至于许多文章中常提到的宰相张嘉贞以红线为女择婿，亦不过是父母所定，其女何来自由选择。李林甫让女隔窗挑婿，使其女多了一点自由选择的余地，但前提是要选择与家庭有交情的贵族子弟。女性婚姻完全自主

---

① 《旧唐书》卷八一《李敬玄传》，第 2755 页。

的例子只有在唐代的一些文学作品中有所反映，如《聂隐娘传》中的聂隐娘本是魏博大将军之女，少从一尼姑学法术，回家后，拒绝了父母为她选定的婚事，自己做主嫁给了一位没有地位的磨镜的小伙子。但这种情况在现实生活中并不多见。

（二）婚嫁的年龄

婚姻研究领域重要的一点是结婚的年龄，尤其是妇女的初婚年龄的大小，因为它不仅与社会经济的发展和思想观念的变化有着密切联系，而且对女性自身的发展则更为重要。

《周礼·地官》下说："男三十而娶，女二十而嫁。"这是汉儒对婚龄的一种理想构思。事实上，人们总是根据自己所处的历史时期的实际情况来选择婚龄。西魏大统十二年（546）诏："女年不满十三以上，勿得以嫁。"[①] 说明社会上女子年不满十三而嫁已成风气，以至于政府不得不出面干预。到北周武帝建德三年（574）则明确规定："自今已后，男年十五，女年十三已上，爰及鳏寡，所在军民，以时嫁娶……"[②] 从法律上规定了早婚的年龄限定。魏晋南北朝由于社会动荡，战争频仍，人口大量减少，为了增加纳税人口和兵源，政府都鼓励早婚，所以当时社会早婚现象非常普遍。

唐代在女子的婚嫁年龄问题上仍然沿习南北朝的早婚习俗。贞观元年（627）二月四日诏："其庶人男女无室家者……男年二十，女年十五以上……并须申以婚媾，令其好合。"[③] 而同书同卷开元年间又做了新规定，"开元二十二年二月敕：男年十五，女年十三以上，听婚嫁。"贞观元年诏令指示的结婚年龄是男子二十，女子十五以上"须婚媾"，到开元二十二年敕令又改早为男年十五，女年十三以上"听婚媾"，其中原因虽未说明，根据推测，可能是自贞观至开元年间，男年十五，女年十三以上常有结婚的，政府为迁就事实而再下诏令。

唐代下层社会女性的结婚年龄的统计由于资料的缺乏很难进行，但我们根据出土文书的一些文字材料也可略知一二。敦煌文书《秋胡》中说：

---

① 《北史》卷五《魏本纪》，中华书局1974年版，第179页。
② 《周书》卷五《武帝纪上》，中华书局1971年版，第83页。
③ 《唐会要》卷八三《嫁娶》。

"郎君，儿生非是家人，死非家鬼。虽门望之主，不是耶（爷）娘检校之人。寄养十五年，终有离心之意。女生外向，千里随夫，今日属配郎君，好恶听从处分。"此为十五岁成婚之例。《韩朋赋》云："忆母独注（住），胡娶贤妻，成功素女，始年十七，名曰贞夫。"此为十七成婚之例。实际生活中，早婚现象虽然依然存在，但已有一些新的变化。我们从下表的分析中可窥其一二。

表2　　　　　　　敦煌文书所见妻子及子女人数年龄一览

编号	时期	妻名及年龄	子女人数及年龄	资料来源
1	永昌元年（689）	史女辈 36	[3]那你盆9（亡）、迦勒13（女、亡）、谷施14（女）	《资料》，第132页
2	载初元年（690）	赵 52	[4]宁和才14、和贞22（女、亡）、罗胜15（女、亡）、和忍13（女）	《文书》第7册，第414—421页
3	同上	安 22	[1]邹胜3（女）	
4	大足元年（701）	薛 62	[2]张玄均34、思寂24	《释录》第1辑，第133页
5	开元三年（715）	季小娘 48	[1]白小尚18（女）	《资料》，第135页
6	开元四年（716）	张 56	[1]董思勖22	《释录》第1辑，第140—143页
7	同上	阴 36	[2]乾昱8、娘子12（女）	同上
8	同上	王妙智 56	[1]杨王18	同上
9	同上	杨王 18	无	同上
10	同上	马 57	[2]是是26、法子22（女）	同上
11	开元十年（722）	李 50	[6]思宗22、思楚17、伏力19（女）、小小14（女）、无上9（女），娘娘9（女）	《释录》第1辑，第145—152页
12	同上	王 60	[1]杨思祚37（开元九年亡）	同上

编号	时期	妻名及年龄	子女人数及年龄	资料来源
13	同上	孙　44	[4] 守忠25、大绚20、守言12、面面6	同上
14	同上	王　63	[4] 元祚3、妙介35（女）、阿屯31（女）、花儿3（女）	同上
15	同上	宋　41	[1] 慈观19（女）	同上
16	同上	张　48	[3] 崇30、崇瓌5、明儿19（女）	同上
17	开元十年（722年）	张　65	[2] 白树合24、伯药25（女）	《释录》第1辑，第155页
18	开元年代	张　54	[2] 氾惠意25、面丑10（女）	《释录》第1辑，第157页
19	天宝三载（744）	解　60	[1] 妃尚39（女）	《释录》第1辑，第159页
20	天宝六载	辛　66	[4]（?）仁明41、进娘47（女）、妃娘44（女）、伏介35（女）	《释录》第1辑，第160页
21	天宝六载	氾　39	[6] 嗣方18、王王11（女）、罗娘11（女）、罗娘10（女）、妃娘6（女）、罗妃2（女）	《释录》第1辑，第161—187页
22	同上	程　67	[4] 郑恩养43、胡娘48（女）、娘娘38（女）、妙尚31（女）	同上
23	同上	张　58	[6] 令璋18（亡）、娘娘31（女）、妙音21（女）、妙仙17（女）、进进15（女）、尚真13（女）	同上
24	同上	索　49	[4] 刘智新29、知古17、仙云29（女）、王王7（女）	同上

续表

编号	时期	妻名及年龄	子女人数及年龄	资料来源
25	天宝六载	齐　46	[3] 阴承光 29、承俊 25、惠日 20（女）	同上
26	同上	马　48	[2] 徐庭芝 17、仙仙 27（女）	同上
27	同上	白　73	[5] 程思楚 47、思忠 39、思太 35、回子 40（女）、沙门 31（女）	同上
28	同上	张　37	[4] 老生 10、水娘 9（女）、老生 2（女）	同上
29	同上	程　52	[10] 卑二郎 29、仙昭 19、妙尚 31（女）、无碍 27（女）、姜姜 23（女）、妃子 23（女）、药药 16（女）、罗察 22（女）、妙好 10（女）、妙子 7（女）	同上
30	同上	白　53	[5] 庭俊 4、仙鹤 3、妙妙 32（女）、思娘 21（女）、口楚宾 16	同上
31	大历四年（749）	孟　69	[5] 光明 20（女）、明鹤 36、思祚 27、明奉 26、如玉 24	《释录》第 1 辑，第 189—206 页
32	同上	令狐　55	[3] 张可曾 24（女）、妹妹 15（亡）、履华 14（亡）	同上
33	同上	氾　59	[1] 索游鸾 37	同上
34	同上	张　38	[1] 齐岳 12	同上
35	同上	张　47	娘娘 16（女）	同上
36	同上	屈　47	[6] 安大忠 26、金苟 16（亡）、桃花 23（女、亡）、胡胡 20（女）、妃妃 21（女）、仙仙 12（女）	同上
37	同上	张　44	[1]（令狐娘子 25）	同上

续表

编号	时期	妻名及年龄	子女人数及年龄	资料来源
38	同上	孔　49	[1] 秀章20（亡）	同上
39	大顺二年（891）	阿马　20	[1] 再成8	《释录》第2辑，第475—476页
40	同上	阿张　43	[2] 范保德15、进达10	同上
41	同上	阿张　32	[1] 咄子11（女）	同上
42	年代不详	阿陈　25	[1] 优柔2（女）	《释录》第2辑，第471页
43	同上	阿阴　31	文达9、娇子5（女）、最子4（女）	同上
44	同上	阿张　47	惠安11、自在9（女）	同上
45	同上	问　41	[5] 元敬14、元振11、元兴6、元德5、德娘2（女）	《资料》第114—119页
46	同上	康　41	[2] 大娘21（女）、乞德6（女）	同上
47	同上	刘　31	[7] 进通16、日通12、进贤10、进玉7、太平5、娥娘11（女）、宠娘2（女）	同上
48	同上	张　41	[3] 九娘9（女）、什娘6（女）、什一娘2（女）	同上
49	同上	马九娘　38	[4] 惟贤14、惟振12、觥觥6（女）、莘莘3（女）	同上
50	同上	徐　36	[3] 王子进15、娇娘9（女）、美娘5（女）	同上
51	同上	石　33	[6] 什二娘11（女）、毛毛9（女）、妃娘15（女）进兴6、娘子4（女）、进光1	同上
52	同上	赵　36	[5] 底底11（女）卿卿8、太平5、谈谤2、汉信1	同上
53	同上	荆　21	[1] 性娘1（女）	同上
54	同上	贺　36	[2] 英岳4、满娘1（女）	同上

续表

编号	时期	妻名及年龄	子女人数及年龄	资料来源
55	年代未详	翟 34	[3] 丑丑 9（女）、进业 5、相相 1（女）	同上
56	年代未详	安 35	[3] 承俊 6、美娘 4（女）、君君 1	同上
57	年代未详	韩 31	[2] 11（女）、善奴 1	同上
58	年代未详	王 33	[2] 皈娘 9（女）、嗣加 4	同上
59	年代未详	史 31	[1] 美美 3（女）	同上
60	唐（年代不详）	安 41	海隆 6	《文书》第 4 册，第 12—13 页
61	同上	令狐 23	[1] 伯晕 3（女）	《资料》，第 114—119 页
62	同上	康 20	无	同上
63	同上	安 25	[1] 英女 5（女）	同上
64	同上	安 16	无	同上

注：《资料》，即《敦煌资料》第 1 辑，中华书局 1961 年版；《文书》即《吐鲁番出土文书》，第 4 册、第 7 册分别由文物出版社 1983 年和 1986 年出版；《释录》，即唐耕耦、陆宏基编《敦煌社会经济文献其迹释录》，第 1 辑，为书目文献出版社 1986 年版，第 2 辑为全国图书馆文献缩微复判中心 1990 年出版。

上表中的年龄仍以虚岁计算。由于本表是以户籍簿统计资料为依据，无法确知初婚年龄，但我们可以根据所生子女的年龄差来推算女性大致的婚龄。根据上表的统计数字，女性初婚不晚于 20 岁的有 21 人，占 32.95%，其中 17 岁以下的仅有 5 人；不晚于 21—30 岁的有 33 人，占 51.56%，其中 25 岁以下的 25 人；不晚于 31—40 岁的有 10 人，占 15.63%。尽管唐政府提倡早婚，只有少数家庭出于其他原因而选择幼女为妻，这有敦煌、吐鲁番地区的特殊原因。由于这一时期，敦煌、吐鲁番的男女人口比例中，女性居多，在男女比例失调的情况下，女性出嫁的年龄往往会受到其他因素的影响，例如彩礼的多少和男方娶妻的主要目的。如果男方娶妻是为了尽快增加人口和劳动力，他们会理智地选择比较成熟的女性为妻，而女方家庭则由于嫁女需要准备大量的彩礼，这对本不富裕的家庭是一个不小的负担，也需要一定时期的积累，这些因素的共同作用使当地的女性的婚嫁年龄普遍较其他地方的女性高。尽管这可能不符合当时女性的愿望，却使敦煌、吐鲁番普通女性在婚嫁年龄上更符合女性自身的发育情况。正是由于男女比例差别较大，在敦煌、吐鲁番地区的家庭中自然也不可避免地出现夫妻年龄失衡的现象。

　　至于唐代上层社会女性的初婚年龄，笔者根据《旧唐书》《新唐书》《资治通鉴》《全唐文》《唐代墓志汇编》《千唐志斋藏志》《唐文拾遗》、诸唐人《文集》《金石萃编》《金石续编》《八琼室金石补正》等材料中符合本文界定条件的 133 位女性的初婚年龄情况进行了统计，（说明：抽样对象为婚龄记载确切者，对"笄年"的笄字，按古训和习俗，应是 15 岁加笄，但也有不是 15 岁而称笄年的，《唐代墓志汇编》（贞观 057）刘夫人"二九早笄，聘归陈氏"，同上书（大顺 003）李氏"年 16，笄于杨公"。不能说笄年必是 15 岁，而应是 15—20 岁这一年龄段，因此，本文未将 91 位是"笄年"的女性列入统计对象中。现分析唐代上层社会女性初婚年龄示例如下：

年龄	人数	比例　%		平均年龄
11	2	1.5	3.0	11.5
12	2	1.5		
13	12	9.0	81.9	16.5
14	12	9.0		
15	10	7.5		
16	15	11.3		
17	15	11.3		
18	18	13.5		
19	21	15.8		
20	6	4.5		
21	7	5.3	15.1	23
22	7	5.3		
23	1	0.7		
24	2	1.5		
25	3	2.3		
总计	133	100		17

从此表的统计数字来看，唐代上层社会女性平均初婚年龄在 17 岁左右，与现代女性的初婚年龄相比是比较低的，未成年结婚者居多。11—12 岁，人数很少，因为这时年龄太小，女性发育尚未成熟，她们甚至无法照顾自己，却被父母和家人嫁出去，这种以牺牲女性的健康和幸福来维护家族的声誉和地位的行为，实在是很不人道。13—20 岁，这一组人数最多，其中 16—19 岁形成高峰。尽管政府法令和社会风俗都鼓励女性在这个年龄段结婚，但从现代医学观点来看，这一年龄段仍属于早婚。21—25 岁，随着年龄的增大，人数在递减，这一年龄段是现代医学认为较适合女性婚育的时期，在当时已被认为"晚婚"了，造成这些女性"晚婚"的原因多是由于家庭和其他人为因素，而并非出于女性的自愿。

唐代女性早婚现象产生的原因是多方面的。在我国封建社会，人口的多寡与国家的兴衰常常密切相关，政府税收、开荒辟土、兴建工程、进行战争无不需要大量的人力承担，这些都已为史学界所充分论述，此不再赘。人口问题是影响这一时期婚龄的最重要的因素。而在唐代上层社会中盛行的子孙满堂的家庭宗法观念则是影响这一时期婚龄的又一重要因素，[1] 只有实行早婚，缩短两代人之间的年龄间隔，才有可能实现四世、五世同居的愿望。另外，唐代的早婚现象也与当时女性的寿命有直接关系。据统计资料来看，唐代人口的平均寿命是 27.5 岁，[2] 即使医学上认为女性的平均寿命高于男性，唐代女性的平均寿命也不会超出很多。唐代又是很讲孝悌的，无后历来被认为最大的不孝，为了在自己短促的一生中完成社会和家族的传宗接代的任务，女性也被动地接受了选择早婚的道路。她们根本没有自己决定婚嫁年龄的自由。

(三) 婚嫁的形式

在唐代社会鼓励家庭同居，甚至把同居法律化，当时把祖父母、父母在，而子孙别籍、异财列为十恶之一，概不赦免。[3] 人们认为同居便于子孙尽孝道，有利于增进手足之情，也有利于儿媳伺候公婆，男女婚姻完全以家族利益为中心，只有这样才是合乎礼法。而在现实生活中，一夫一妻

---

① 该问题请参见雷巧玲《唐人的居住方式与孝悌之道》，《陕西师范大学学报》1993 年第 3 期。

② 杨际平、郭锋等：《五—十世纪敦煌的家庭与家族关系》，岳麓书社 1997 年版。

③ 《唐律疏议》卷一《十恶》，中华书局 1983 年版。

的核心家庭仍占主导地位，在私有制父系家长制社会里，妇女在婚嫁的形式上多采取从夫族而居的方式，唐人笔记小说及敦煌写本唐代书仪中都有关于女性招婿入赘的记载，这种婚姻形式比较适合于"贫而有子"和"富而有女"的家庭。在唐代社会女性中，这种情况并不多见。但唐代公主一族却是例外。

唐代公主在同驸马成婚后，便自立府第，与驸马在自己的豪宅中独立生活，只有襄城公主等极少几位随夫家同住。长期的宫廷生活，使她们养成了高人一等的心理和桀骜不驯的性格，她们根本无视当时一般妇人所尊从的妇道，在家庭生活中骄横跋扈，对丈夫呼之若仆，在自己的家中真正充当着主妇的角色。这与当时社会礼敬舅姑，顺从丈夫的世风格格不入，公主们被认为不懂礼法、妇道之流，社会上甚至出现了士族男子畏尚公主的情况。这是封建等级制度在婚姻关系上的体现，并不能说明妇女地位的提高。

因此，唐代妇女在婚姻的范围、初婚年龄和婚嫁形式的选择上，上层女性和下层女性的情况就有明显的不同。上层女性是难有多少自由的。在选择婚姻对象上，往往带有很浓厚的政治色彩和门第观念，很少考虑女性的个人情感，这就给男女双方的婚姻埋下不和谐的种子。在婚姻年龄问题上，女性必须服从国家的诏令和家族的要求。而国家确定婚姻年龄是根据国家需要增加人口数量，增加纳税对象的角度去考虑，家族则是从传宗接代的角度来考虑。总之，都不是从女性生理发育的实际情况来考虑，致使一些上层女性十四五岁就当上妻子，甚至是继母，她们自己还是个孩童，就要承担起做母亲的职责。而下层社会的女性则受彩礼等因素的制约，往往会在成年后方才出嫁，至于贫女则难嫁。在婚嫁的形式上，上层社会的女性多是从夫而居，极少有招赘女婿的。唯有公主一族婚后可以另住别宅，在自己的家中真正充当起主妇的角色，这是封建等级制在婚姻关系中的体现。

二

在唐代社会中，婚姻关系中的男尊女卑和等级观念十分明显，并构成这一时期的主流，它集中表现在以下几个方面：

1. 男子广蓄妻妾是官方承认的合法行为。在唐代上至皇帝，下至达官贵人多是蓄妾的。皇帝是多娶妻妾的带头人，唐制规定，在皇后之下，有贵妃、淑妃、德妃、贤妃各一人，为夫人，正一品；昭仪、昭容、昭媛、修仪、修容、修媛、充仪、充容、充媛各一人，为九嫔，正二品；婕妤九人，正三品；美人九人，正四品；才人九人，正五品；宝林二十七人，正六品；御女二十七人，正七品；采女二十七人，正八品。① 九品以下数以千计。上行下效，唐代皇帝以下，亲王得娶孺人二人，媵十人；嗣王郡王及一品官员可娶媵十人；以下递减，五品官员还可娶媵三人。连文人名士也以种种方式和借口广置媵妾，韩愈、白居易也不能免俗。这种一夫一妻多妾制是对妇女的一种残酷压迫，在这种制度下，嫡妻媵妾共同生活在一起，势必会造成争宠夺爱的局面。

2. 丈夫和妻子在家庭中的地位不同，整个家庭要以丈夫的意志为转移。

3. 在夫妻双方享受的权利上，丈夫的地位优于妻子。夫妻法律地位悬殊，如夫背妻逃亡，不受处分，而且其妻需在三年之后方能改嫁。若是妻背夫逃亡，就构成犯法。"即妻妾擅去者，徒二年。"在诉讼行为上，夫妻相为容隐，特别规定妻不能告发丈夫，若告发丈夫，如同告发期亲尊长一样，"虽得实，徒二年"，若属诬告，"加所诬罪三等"②。

4. 婚姻关系中，宗法等级观念很强。一家之长拥有绝对的权威性。妻媵妾地位也不平等，"诸以妻为妾，以婢为妾者，徒二年。以妾及客女为妻、以婢为妻者，徒一年半，各还正之"③。而在皇帝家族的婚姻关系中，与皇室女子缔结婚姻只能称"尚"公主，"尚"含有以卑事尊之意，封建等级观念更加凸显。

然而，上述这一切只是问题的一个方面——尽管是最重要的一面；但唐代毕竟是封建社会高度发展的时期，多种因素相互作用的结果导致了另一个方面的存在，即唐代妇女在婚姻关系中的地位与前代和后代有许多的不同之处。

1. 妻子可以在一定条件下主动提出离婚，这些条件是：

丈夫操行不良。如书生崔涯因对妻雍氏之父不敬，被妻父迫令离

---

①　《旧唐书》卷五二《后妃传》，第 2162 页。
②　《唐律疏议》卷一二《户婚》。
③　同上。

异;① 丈夫患有恶疾，如左兵卫萧敏因"心疾乖忤"，其妻与其离异;② 丈夫家中生活极为贫困，不能共同生活，如秀才杨志坚嗜学而家贫，其妻杨氏到官府请求改嫁;③ 因男方坐罪而要求离婚的，如李德武妻裴氏结婚一年，德武坐罪岭表，妻父户部尚书裴矩，"奏请德武离婚"，帝许之。④ 而这种行为在当时为法律所认可。

2. 母亲对子女婚姻的决定权虽比不上父亲，但却远远超过儿子。武则天时，李迥秀之妻因无意中训斥媵婢，引起李母不满而被赶出家门。曲丽卿初嫁刘纾，"纾为贵公子，无所爱惜。迫于太夫人之命，不得已礼娶他室"⑤。

3. 如果女方家庭有权有势，其在婚姻中的地位就会较高。公主一族傲视驸马便是最好的例证。

由于唐代是中国封建社会发展的高峰，生产力活跃，社会物质生产取得了较大的进步，社会精神生产也有了较大的发展。民族融合的不断加强和外来民族道德风尚的传播渗透为唐代婚姻道德观念的转变提供了强劲的冲击力，也削弱了世人对婚姻道德观念更新的舆论压力，加以唐代法律的某些调节活动成为这一时期婚姻道德观念变革的社会保障。唐代妇女在婚姻中的地位同样具有明显的时代性。

（一）妇女婚姻的质量

著名社会学家费孝通在其《生育制度》一书中论及婚姻的本质时提到，自古至今社会如果单为满足男女之间的情爱和两性关系的话，是不需要婚姻与家庭的，只要有当事者个人意愿就可以了。社会之所以要有婚姻，还要建立家庭是因为要通过一种特殊的人际交往（男女两性交往）去完成一些社会功能，其中心是生育和抚育功能，以及与此相关的其他功能。从婚姻的社会性出发，评判婚姻质量既应当是主观，也应当是客观的，应当是个人感受与社会标准相结合。由于唐代社会婚姻的缔结在很大程度上是基于经济、政治，甚至社会地位的考虑，个人情感不被重视，门

---

① 《云溪友议》卷五《辞雍氏》。
② 《旧唐书》卷一八《武宗纪》，第609页。
③ 《云溪友议》卷一《颜鲁公》。
④ 《旧唐书》卷一九三《列女传》。
⑤ 《唐代墓志汇编》大中一六零《唐故留守李大使夫人曲氏墓志铭》。

第、等级以及年龄在夫妻双方的婚姻生活中形成了一道道阻隔，双方情感沟通出现障碍。而许多女性被迫接受这种现实，压制自己的个人情感，去完成社会赋予自己的传宗接代、照顾家庭、抚育子女的重任。对那些敢于冲破封建礼教束缚，追求个人生活幸福的女性来说，一种方式是通过婚姻家庭以外的男女私情来实现。另一种方式是努力保持对婚姻的独占性，从而维护自己在婚姻中的地位。因此，在唐代上层社会妇女中，上至后妃公主，下至勋吏妻子，"自荐枕席"、婚外私通之事常有发生。而妒妇现象也屡见不鲜。

关于唐代上层社会女性妇女私通行为的记载，我们从下表中便可略知一二。

编号	姓　氏	婚姻对象	私通对象	资料来源
1	张婕好	李渊	李建成、李元吉	《旧唐书》卷六四《隐太子建成传》
2	尹德妃	李渊	李建成、李元吉	同上
3	韦氏	李显	武三思、杨均、马秦客	《旧唐书》卷五二《中宗韦庶人传》
4	上官婉容	李显	武三思	同上
5	合浦公主	房遗爱	辩机、智勖、惠弘、李晃	《新唐书》卷八三《合浦公主传》
6	安乐公主	武崇训	武延秀	《新唐书》卷八三《安乐公主传》
7	郜国公主	萧升	李万、萧鼎、韦恽、李昪	《新唐书》卷八三《郜国公主传》
8	襄阳公主	张克礼	薛枢、薛浑、李元本	《新唐书》卷八三《襄阳公主传》
9	虞氏（继室）	许敬宗	许昂（许敬宗子）	《旧唐书》卷八二《许敬宗传》
10	李氏	张亮	张慎几（李氏收为养子）	《旧唐书》卷六九《张亮传》
11	永嘉公主	窦奉节	杨豫之	《旧唐书》卷六二《杨恭仁传》

　　除以上两《唐书》所记载之外，其他唐人笔记、文集中仍有一些这方面的记载，元稹《莺莺传》中的莺莺，《太平广记》卷三〇六《达奚盈盈传》中的达奚盈盈等亦与他人偷情。这些材料说明，在唐代上层社会中，由于家庭对婚姻的功利性太强，促使一些女性（尽管她们只占全体女性中很小一部分）通过偷情和私通来满足自己的情感需求。虽然这种行为为礼教人士所不齿，但也没有出现人人口诛笔伐的程度，女性追求情爱在唐代前期还是较自由的。只是到了唐朝后期，随着儒教的再度提倡，人们对女性的压制又有所强化，强调"女人之德，雅合慎修，严奉舅姑，夙夜勤事，此妇人之节也"①。即使皇族女性也不得例外，"夫妇之际，教化之端……起自今以后，先降嫁公主、县主有儿女者，并不得再请从人。如无儿者，即任陈奏，宜委宗正等准此处分"②。从礼教的提倡发展到政令的限制，"门第"和"礼法"观念的束缚进一步加强。

　　与那些借助婚外恋情来满足自己情感需求的女性不同，另一些女性则通过激烈的言辞和过激的行动努力捍卫自己在婚姻中的合法权益。由于她们的言行同样违背了封建社会的伦理道德，也不为社会所容，而被称为"妒妇"。史书中有关唐代妒妇的记载较多，其中最典型的便是武则天和中宗皇后韦氏，使得皇帝在她们面前亦不敢有异议。士大夫以下，此类记载就更多，以致段成式在《酉阳杂俎》中说："大历以前，士大夫之妻多妒悍者。"《隋唐嘉话》卷中即载宰相房玄龄夫人（也有记载说是管国公任瑰之妻的事）"宁妒而死"，也决不在丈夫纳妾问题上妥协，即使在皇帝面前也毫不掩饰自己的真实意图。同书同卷又有杨弘武因慑于妒悍之妻韦氏，竟无故将官职授予他人。更有甚者，在《朝野佥载》卷四中，桂阳令阮嵩受妒悍之妻所累而丢了官。至于正妻虐待婢妾之事比比皆是，如房孺复妻崔氏对新买婢女，宜城公主对驸马的外宠等。尽管这些唐人的笔记小说不可尽信，但多少反映了当时的社会现状。

　　唐代妒妇现象之所以如此突出，主要是源于封建社会男女不平等的一夫一妻多妾制的婚姻制度。女性在婚姻的选择上必须服从家族的利益，而不能有个人的好恶，这本已使她丧失了婚姻的自主权。成婚之后，家庭和社会要求她嫁鸡随鸡，嫁狗随狗，要从一而终，自己稍有不是就有可能被

---

①　《全唐文》卷八〇《万寿公主出降诏》。
②　《唐会要》卷六《大中五年四月》。

赶出家门。但她的丈夫则可以一娶再娶，还要让她与丈夫的其他妾室相处一室，与她们共同分享、争夺丈夫的那一点点情爱和性爱（这其中还不包括丈夫在外的寻花问柳），使她失去了对婚姻的独占性，这"自然激发起人类在两性关系中'妒'的本能极大膨胀，因此必然产生出夫妻之间、妻妾之间尖锐的矛盾和冲突"①。这使得一些不愿逆来顺受的女性，凭着自己的一点优势（这种优势可能是政治上的，也可能是经济上的，抑或是社会地位上的）愤而站出来，以维护自己的婚姻地位和家庭幸福。尽管她们在维护自身权利的过程中的一些行为有些偏激，甚至还严重地伤害了另一些女性，但在当时的社会环境下，她们无法，也不可能改变这种局面，她们只能以这种并不理智的方式来维护自己在婚姻中的地位，即使这样她们也必须拿出相当的勇气和决心，这既是她们的可贵之处，又是她们的可悲之处。

有关下层女性这方面的材料记载缺乏，这一问题暂且不论。

（二）女性的离婚

自古以来，合法成亲的夫妇双方是可以因某些因素而离异的。但自儒家思想传播并达到独尊地位后，片面要求女子不改嫁或不失身的贞洁观念使女性离婚和再嫁成为难事。隋文帝曾下诏："九品以上妻、五品以上妾，夫亡不得改嫁。"② 然而在唐代，这种情况又略有改观，法律上也为离婚提供了一定的依据，女性离婚也不再受到世人的非难。

唐律中规定夫妻解除婚姻关系的方式可以分为三种：一为协议离婚。"若夫妻不相安谐而和离者，不坐。"③ 法律条文规定"不相安谐"即可离婚，这在前代是罕见的。这在离婚问题上给予女方一定的自由，尽管这仍不是完全的自由。二为仲裁离婚。根据《礼记》规定的七条出妻理由，即"七出者，依令：'一无子，二淫泆，三不事舅姑，四口舌，五盗窃，六妒忌，七恶疾'……三不去者，一，经持舅姑之丧；二，娶时贱后贵；三，有所受无所归……'若犯恶疾及奸者，不用此律'，谓恶疾及奸，虽有三不去，亦在出限"④。只要妻子触犯了其中的任何一条，男方均可强

① 高世瑜：《唐代妇女》，三秦出版社 1988 年版，第 157 页。
② 《北史》卷一《隋本纪上》，第 420 页。
③ 《唐律疏议》卷一四《户婚》。
④ 同上。

制离婚。唐律在保护女性的基本权益上也提出三不去的规定，但同时又规定犯恶疾和奸，即使属三不去之列，也必须出妻。这是丈夫用仲裁的方式离弃妻子，离婚权掌握在男方手中。三是强制离婚。《唐律·户婚》"妻无七出而出之"条疏议曰："义绝，谓'殴妻之祖父母、父母及杀妻外祖父母、伯叔父母、兄弟、姑、姊妹，若夫妻祖父母、父母、外祖父母、伯叔父母、兄弟、姑、姊妹自相杀及殴詈夫之祖父母、父母，杀伤夫之外祖父母、伯叔父母、兄弟、姑、姊妹及夫之缌麻以上亲、若妻母奸及欲害夫者，虽会赦，皆为义绝。'妻虽未入门，亦从此令。"①"义绝"是指夫对妻族，或妻对夫族的殴非罪、奸非罪和谋害罪。因发生了一定的危害事实，夫妻情分已尽，经官府认定为犯有"义绝"之罪，便以法律的名义强制夫妻离婚。这是以官方裁定为准，没有个人意志自由。是一种法定的强制离婚。在现实中，唐代上层社会女性因各种原因而离异的情况，我们通过下表可略知一二。

编号	妻之姓氏	夫之姓氏	离婚理由	资料来源
1	郑氏	魏升	夫死	《大唐新语》卷三
2	夏侯碎金	刘寂	父疾失明需照顾	《旧唐书》卷一九三《列女传》
3	吕氏	萧敏	敏有心疾	《旧唐书》卷一八《武宗纪》
4	慎氏	严灌夫	无子	《云溪友议》卷一
5	曲丽卿	刘纾	无所爱惜	《唐代墓志汇编》大中一六〇
6	王氏	唐德宗	被出	《宾客嘉话录》，《唐代丛书》第9帙
7	南平公主	王敬直	王敬直以累斥岭南	《新唐书》卷八三《南平公主传》
8	新城公主	长孙诠	长孙诠获罪	《新唐书》卷八三《新城公主传》
9	崔氏	房孺复	崔氏犯罪	《旧唐书》卷一一一《房绾传》
10	王氏	源休	因小忿	《旧唐书》卷一二七《源休传》
11	王氏	李元素	王氏无子，元素贵	《旧唐书》卷一三二《李澄传》
12	卢氏	张绍	嬖惑女奴，蔑侮妻室	《全唐文》卷六八二
13	尔朱氏	李德武	前妻守节	《旧唐书》卷一九三《列女传》
14	李氏	令狐建	恶其妻	《旧唐书》卷一二四《令狐彰传》

① 《唐律疏议》卷一四《户婚》。

续表

编号	妻之姓氏	夫之姓氏	离婚理由	资料来源
15	韦氏	唐顺宗	韦氏母与人私通，又厌祷，韦氏被出	《旧唐书》卷一二五《萧复传》
16	薛国公主	王守一	王守一被诛	《新唐书》卷八三《薛国公主传》
17	韩氏	李汉	李汉性耿直，屡遭贬	《全唐文纪事》卷三六

（注：本表只取离异夫妻双方姓氏及离异理由明确者，一方姓氏不明者不录。未离成者不录。下层女性不做收录对象。）

　　尽管搜集的材料很不全面，但从表 5 中我们可以看出，唐代法律对夫妻双方离婚条件有了较明确的规定，但在上层社会妇女中，真正实践者并不多。以公主一族为例：在已嫁的 130 位公主中，离婚者仅占 3 例，是已婚公主的 2.3%。而在《唐代墓志汇编》中，仅有 1 例。离婚率是很低的。造成这种现象的原因，笔者认为，唐代虽然在法律上给予妇女一定的保护和一定的自由决定权，但这一切仍必须以宗法家族和丈夫的意志来决定，即使是协议离婚，妻子提出离婚，也需要丈夫的同意（这其中自然有自愿和被迫之分），女性主动离婚并不容易。至于女性被迫离婚则更是情非得已，如无子被出便是最为无奈。当今稍有一点医学常识的人都知道，生育与否，并不完全由女方决定。但在男尊女卑的社会里，女性是无法为自己辩白的。只要女性达不到敬事舅姑、传承宗庙和和睦家庭的要求，男方及其家庭长辈就有权出妻。三不去的规定，虽说可以保护女方的基本权益，一旦男方执意出之，而女方又无力诉讼，女方仍难逃脱被弃的命运。另外，离婚在当时也并不是什么值得炫耀的事，不是迫不得已，女方绝不会主动离婚。"意重莫若妾，生离不如死。誓将死同穴，其奈生无子。商陵迫礼教，妇女不能止。"① "夫婿轻薄儿，新人美如玉……但见新人笑，哪闻旧人哭。"② 唐人的许多诗句就道出了她们的心声。

　　在唐代下层社会女性的离异问题中，则出现了与上层社会不同的情况。最能说明问题的是敦煌出土文书中的放妻书。业师杨际平先生认

---

① （唐）白居易：《和微之听妻别鹤操》。
② （唐）杜甫：《佳人》。

为，传统礼教认为："婚姻者，合二姓之好，上以事宗庙，下以继后世"（注：《礼记·婚义》），完全忽视了夫妇间的性爱与感情需求。敦煌出土的七件放妻书则与此相反，十分强调夫妻间的性爱与感情。而在导致解除婚姻关系方面，主要也是因感情不和而导致婚姻家庭的破裂。各件离婚书都强调夫妻感情业已破裂因而除了离婚，别无他法。并将造成婚姻、家庭关系紧张的责任分摊夫妻双方而绝不单方面指责某一方。值得一提的是，在七件离婚样书中都强调宿世姻缘，既然如此，其出路也就只能是冤家宜解不宜结，好说好散。因此，在离婚之际，对女方或对男女双方又都有最美好的祝愿，如云"愿妻娘子相离之后，重梳蝉鬓，美扫娥媚，巧逞窈窕之姿，选聘高官之主"，或云"相隔之后，更选重官双职之夫，弄影庭前，美逞琴瑟合韵之态。……伏愿娘子千秋万岁"。或者是"夫觅上对，千世同欢；妇聘亳宋，鸳鸯为伴"，或者是"夫则任卺贤失，同牢延不死之龙，妻则再嫁，良媒合卺契长生"。即使是最朴素、最平淡的祝愿词，也还是"愿妻再嫁富贵，得高夫厶……一似如鱼德（得）水，壬（任）自波游，马如将纲（岗）壬（任）山丘"①。将原本不和谐的婚姻关系，最后又以极其和谐的方式告终，这似乎有点令人难以置信，但敦煌所出的离婚样书的基调却正是如此。这些温情的话语和少了功利的语调，或许正是一些上层社会人士所慨叹自己不如生在寻常百姓家的一个重要原因吧。

（三）妇女的再嫁

妇女再嫁又分离异后再嫁和寡居后再嫁。对妇女的再嫁问题，历来有两种观点，一种是《礼记》所主张的"信，妇德也，一与之齐，终身不改，故夫死不嫁"。另一种也是唐代以前比较普遍的一种观点，即"虽不如不嫁，圣人许之"。并不把再嫁看成失礼之事。唐代，唐太宗为了增加户口曾鼓励鳏寡者再婚，但又规定对"鳏夫六十、寡妇五十、妇人有子若守节者勿强"②。是在尊重个人意愿和符合礼教的前提下鼓励再嫁。唐前期，即使唐代帝王立后册妃，也不嫌弃已婚之女。如太宗纳亡弟元吉妻为妃；高宗立太宗才人武则天为后；玄宗纳子寿王妃为己妃。只是到了唐

---

① 参见杨际平《敦煌出土的放妻书琐议》，《厦门大学学报》（哲社版）1999 年第 4 期。

② 《新唐书》卷二《太宗纪》，第 27 页。

宣宗时，朝廷又下诏令"起今日以后，先降嫁公主县主。如有儿女者，并不得再请从人……"① 对公主县主的再嫁有了较为严格的限制，一般妇女只要服完三年夫丧，便可改嫁。正是由于唐代从法律到社会舆论对妇女再嫁都持较宽松的态度，因此，唐代妇女改嫁的现象相对较多，上层社会的女性亦是如此。我们先看看唐代公主的再嫁情况。

公　主	关　系	初嫁丈夫	再嫁丈夫	三嫁丈夫
1. 高密公主	高祖女	长孙孝政	段纶	
2. 长广公主	同上	赵慈景	杨师道	
3. 房陵公主	同上	窦奉节	贺兰僧伽	
4. 安定公主	同上	温挺	郑敬玄	
5. 襄城公主	太宗女	萧锐	姜简	
6. 南平公主	同上	王敬直	刘玄意	
7. 遂安公主	同上	窦逵	王大礼	
8. 晋安公主	同上	韦思安	杨仁辂	
9. 城阳公主	同上	杜荷	薛瓘	
10. 新城公主	同上	长孙诠	韦正矩	
11. 太平公主	高宗女	薛绍	武攸暨	
12. 安定公主	中宗女	王同皎	韦濯	崔铣
13. 长宁公主	同上	杨慎交	苏彦伯	
14. 安乐公主	同上	武崇训	武延秀	
15. 薛国公主	睿宗女	王守一	裴巽	
16. 息国公主	同上	薛儆	郑孝义	
17. 常山公主	玄宗女	薛谭	窦泽	
18. 卫国公主	同上	豆卢建	杨说	
19. 真阳公主	同上	源清	苏震	
20. 宋国公主	同上	温西华	杨徽	
21. 齐国公主	同上	张泊	裴颖	杨敷
22. 咸宜公主	同上	杨洄	崔嵩	

① 《唐会要》卷六《大中五年四月》。

公主	关系	初嫁丈夫	再嫁丈夫	三嫁丈夫
23. 广宁公主	同上	程昌胤	苏克贞	
24. 万春公主	同上	杨朏	杨锜	
25. 新平公主	同上	裴玲	姜庆初	
26. 萧国公主	肃宗女	郑巽	薛康衡	英武威远可汗（回纥）
27. 郜国公主	同上	裴徽	萧升	

注：本表引自牛志平《唐代婚丧》中《肃宗以前公主再嫁、三嫁一览表》，西北大学出版社
1996 年版，第 88 页。

从上表中我们可以看到，公主中二嫁者 27 人次，三嫁者 3 人次，再
嫁者共 30 人次，占全部已婚公主（共 130 人）的 23%，比例较高。唐前
后期，公主再嫁的比例相差很大，中唐以前，二嫁者 25 人次，三嫁者 2
人次，占再嫁者的 90%，中唐以后，二嫁者 2 人次，三嫁者 1 人次，占
再嫁者的 10%。宪宗以后，由于史书记载不详，没有公主再嫁的记录了。
这一方面说明唐朝前期一些公主凭借自己的权势和地位在符合上层社会婚
姻法则的基础上可以有较多的选择余地；另一方面也说明当时社会并不贱
视再嫁之人。而到了宣宗颁令限制有儿女的公主再嫁之后，妇女守节的观
念有逐渐增强的趋势。但从整体来看，公主改嫁者固然不少，而不再嫁者
明显地多于改嫁者，这也说明大多数公主仍然是很注意节制自己，重视贞
操的。

而在唐代下层妇女中，我们可以从敦煌、吐鲁番出土文书和《唐代
墓志汇编》的材料中窥其一斑。

其他一些文字材料也谈到了离婚、改嫁的问题。如书生杨志坚的妻
子，因不能忍受跟只知读书的丈夫过清贫的日子，而主动提出离婚，尽管
被时人认为有伤风化而受到鞭打，但其妻的勇气依然是难能可贵的。《舜
子变》云："……解事把我离书来，交我离你眼（远）去。"[1] 再如，《蚵
书》云："新妇乃索离书，废我别嫁可会？夫婿翁婆闻道色（索）离书，
忻忻喜喜，且与缘房衣物，更别造一床毡被，乞求趁却，愿更莫相值。新

---

[1] 周绍良主编：《敦煌文学作品选》，中华书局 1987 年版。

妇道辞便去，口里咄咄骂詈，不徒（图）钱财产业，且离怨家老鬼。"①无论是舜子后母还是婦妇，她们提出离婚的目的，是想要挟丈夫满足她们的某种要求，而并非真要离婚。下层女性之所以如此的一个重要原因，是由于她们所受的教育不多，三从四德的传统礼法观念和嫁鸡随鸡、从一而终的社会习俗对她们的影响往往会因家庭和个人性格不同而异，因此，她们当中尽管也有主动争取婚姻平等的女性，但更多的下层妇女还是安于现状。她们中的多数选择了侍奉舅姑，鞠育子女的寡居生活，虽然日后有母以子贵受到朝廷旌表的，但大多数女性则在默默无闻中了却一生。

从以上分析中我们可以看出，在唐代这个世俗并不以再嫁为耻的社会环境下，无论是上层女性还是下层女性，"从一而终""夫死靡他"的贞洁观念依然强烈。出现这种现象的原因，笔者认为，这一方面是由于寡妇守节可以养老抚孤，使一个家庭不致因为男子的死亡而濒于破产，这种行为从社会安定的角度看是可取的，因此，寡妇守节被赋予了与忠孝同等的道德意义，因而得到了统治者的奖励。政府的行为往往会在社会上产生一定的效果，使一些女性趋之若鹜。从另一方面也反映出，封建礼教、贞洁观念在社会上已经根深蒂固，女性无法认识自身受奴役、受压迫的社会根源和阶级根源，使她们无法从封建礼教的束缚中解脱出来，无法实现女性人格的自由。

综上所述，唐代上层社会女性的婚姻由于带有太多的功利色彩，门第、等级在女性的婚姻中形成了一道道障碍，特别是一夫一妻多妾制的不平等的婚姻制度，使其婚姻质量难尽如人意，大多数女性逆来顺受，不做任何反抗，但也有一些大胆女性站出来维护自己的权利，她们或是通过婚外恋来弥补自己感情上的空虚，或是以"妒"的形式来维护自己婚姻的独占性；而下层女性的家庭中，由于夫妻是通过共同的劳动生活来维系家庭的存在，他们的婚姻关系则相对稳固。在离婚问题上，尽管唐代从法律上规定了三种方式，甚至还提出了"夫妻不相安谐"便可以离婚，但唐代在离婚问题上始终是以家族和男性的意志为转移的，即使女方提出离婚，也要经过男方同意（这其中自然有主动和被动之分），因此，在唐代妇女中因各种原因离婚的人确有人在，但离婚率并不高。在妇女的再嫁问

① 参见高国藩《敦煌民俗学》，上海文艺出版社1989年版。

题上，唐代采取了较前代和后代宽松的态度，在不违反法令和父母长辈之命的前提下，守节和再嫁多尊重女性自己的选择，这给了唐代女性较大的自由选择婚姻道路的余地。但除了唐代公主们饱暖思淫欲使再婚率较高外，其他女性的再婚率仍然很低。这说明唐代女性仍然无法摆脱封建礼教的束缚，自觉地站出来为维护自己的独立人格，维护自己在婚姻中的合法权益与封建社会不合理的婚姻制度作斗争。这是时代的悲剧。

（附记：本文是在宁志新老师指导的硕士论文《唐代妇女婚育研究》的基础上修改完成的。谨以此文恭贺宁先生 70 华诞）

（陈丽，河北师范大学历史文化学院教授）

从"岁尽增年"到"岁初增年"

——中国中古官方计龄方式的演变[*]

张荣强

现代中国人常用的年龄计算方法有两种：周岁是以出生时为零岁，每过一次公历生日增一岁；虚岁是出生当年为一岁，每过一个农历新年即我们通常说的春节就增加一岁。除了始生计数的差异外，两者最大区别就是增年时间节点不同；由于计龄方法不同，周岁与虚岁往往相差一至两岁[①]。在现行法律制度下，无论是户籍档案还是其他官方文书中，原则上民众登录的都是周岁；但在民间尤其是农村，虚岁使用的场合也非常普遍。因此谈到中国人的年龄问题时，不仅外国人如堕五里雾中，中国人往往也大伤脑筋。[②]

但年龄问题不仅是个人私事，它关涉到国家和社会生活的方方面面，尤其是在面临节点的时候，年龄的意义显得更为突出。举一个明显的例子。我国《义务教育法》第十一条规定，凡年满六周岁的儿童才能入学；所以教育部下令只有当年 8 月 31 日年满六周岁的儿童可以报名就读小学一年级，即使 9 月 1 日出生的，差一天不满六周岁也要等到下一年方能入学。在现实社会中，大到国家有关入学、结婚、参军、退休、刑事判决等法律文件，小到教育部门各类评奖规定，都对年龄有具体要求。

---

　　* 本文为教育部新世纪优秀人才支持项目"孙吴乡里社会研究——以走马楼吴简为中心"（16710221）的阶段性成果。文章草成后，承杨际平、王素、牟发松、侯旭东等先生及匿名外审专家提出宝贵修改意见，谨致谢忱！

　　① 实际上，虚岁与周岁没有严格的对应关系。就同一人来说，在一年不同时段里，其虚岁与周岁的对应关系是在不断变动的。春节前后出生的人在个别时段，甚至会出现虚岁与周岁相同或者虚岁比周岁大 3 岁的现象。

　　② 张培瑜专文讨论过今人计龄的问题，参见《关于历史年代计数的规范化问题》，《历史研究》1991 年第 4 期。根据百度搜索的结果，网上有成千上万个帖子在讨论诸如"周岁与虚岁的区别""周岁、虚岁怎么算"等问题。

现代如此，古代更是这样。在中国中古时期①，无论是国家的政治统治由以实现的名籍户版制作，还是被视为"国家存在的经济体现"②的赋税徭役征发，编民的年龄都是不可或缺的要素和考量标准。如西嶋定生所谓"皇帝对民众实行个别人身支配"的秦汉时期③，其赋役包括算赋、口赋在内的人头税和兵役、力役的征发，几乎完全以年龄为标准。即使到了中古后期，在两税法实施之前以丁身为本的赋役体系中，年龄仍是最基本的征发依据。职是之故，探讨中国中古时期与人身控制、赋役征发密切相关的官方年龄的确定及其变化，对研究这一时期的政治和经济制度具有重要意义。遗憾的是，这一问题并未引起学界充分重视。中国古代的官方年龄与民间年龄是否一致？如果不一致，两种年龄方式是如何计算的？各自增年的时间节点是什么？其间又有怎样的发展变化？本文拟对上述问题一一做出探讨。

一　"岁尽增年"与周岁、虚岁之争

明末顾炎武（1613—1682）最早提出古代"岁尽增年"的说法，但并未引起时人重视；偶有学者谈起这种说法，也往往将其误认为周岁或虚岁的一种。因此，在讨论这个话题之前，我们有必要先就古代是以虚岁还是周岁计年的问题做出说明。

现代的周岁以公历生日作为增年时间节点，自然是近代西历传入中国后的产物。中国古代实行的农历是阴阳历，一年的天数并不固定，平年有354—355天，闰年是383—384天。但这并不妨碍古代也会产生以农历某个具体时间点到下一个同样时间点为一周岁的观念。事实上，我们在唐代后期的确见到了以"周岁"称呼过一岁生日小孩的事例④。那么，中国古

---

① 本文的"中古时期"，指的是秦汉魏晋南北朝隋唐时期。

② 《马克思恩格斯全集》第4卷，人民出版社1958年版，第342页。

③ ［日］西嶋定生：《中国古代帝国的形成与结构——二十等爵制研究》"序章　关于中国古代社会结构的特殊性质的问题"，武尚清译，中华书局2004年版，第34页。

④ （唐）白居易《金銮子晬日》一诗云："行年欲四十，有女曰金銮。生来始周岁，学坐未能言。"参见朱金城笺校《白居易集笺校（一）》卷九《金銮子晬日》，上海古籍出版社1988年版，第480页。此诗作于元和五年（810）。"周岁"作为一个时间概念出现得更早，《魏书》卷二一《献文六王·北海王传》元详向孝文帝上疏中，就有"谨寻夺禄事条，班已周岁"一语；同书卷五九《刘昶传》记载刘辉与兰陵长公主离婚后，亦谓"公主在宫周岁"云云。（《魏书》，中华书局1974年版，第560、1312页）

代究竟是否存在以阴历生日为增年时间节点的周岁计年呢？关于这个问题，从清代的学者开始就有激烈的争论。如清人钱大昕①、俞樾②就以贾逵所载孔子享年为例，认为古代有周岁计年的现象；但近人钱穆质疑钱大昕的说法，并举多例说明古人是以"相距之年"也就是我们说的虚岁计年③；吕思勉则折中两说，认为在上古时代流行周岁计年的现象，"历法通行后稍弃之，皆以相距之年计矣"④。

　　远古时代的人是否有周岁计年的习惯，我们不得而知。但是从秦始皇十六年"令男子书年"⑤开始，直到清溥仪宣统三年（1911）颁布《户籍法》之前，官府的户籍和档案只记载民众的生年或年龄，不记出生的月和日。⑥所以从制度上说，中国古代两千多年里不可能出现周岁计年。官方层面如此，民间习俗又怎样呢？生日计年的前提是民众普遍有了生日记忆尤其是重视生日的意识。有关古人过生日的问题，古今学者已有充分论述⑦；大致说来，南北朝后期民间已经有庆祝生日的现象，到唐玄宗之后生日过寿的风气流行开来。按道理说，随着生日祝寿的盛行，民间也应该出现生日增岁的观念。但事实上，唐宋之后的绝大多数民众只是将生日

----

　　①　（清）钱大昕：《十驾斋养新录》卷二"绛县人七十三年"条、"孔子生年月日"条，陈文和、孙显军点校，江苏古籍出版社 2000 年版，第 37、43 页。

　　②　（清）俞樾：《九九消夏录》卷九"孔子生年"条，崔高维注释解说词，中华书局 1995 年版，第 94 页。

　　③　参见钱穆《先秦诸子系年》卷一《孔子卒年考》，中华书局 1985 年版，第 58—59 页。

　　④　《吕思勉读史札记》甲帙"先秦·古人周岁增年"条，上海古籍出版社 1981 年版，第 226—269 页。近年也有学者如周国林、王佳伟等对古人周岁计年的问题进行过讨论，但基本上是沿袭前人说法，既无新证，也无新意。（周国林：《古代计岁法略说》，《历史档案》1988 年第 4 期；王佳伟：《古人年龄都是以虚岁算的？》，《阅读与写作》2011 年第 1 期）一些治秦汉史的学者也认同当时有周岁计年的做法，如睡虎地秦墓竹简整理小组根据云梦秦简《编年记》"今元年，喜傅"的记载，指出"据简文，本年喜十七周岁"，（参见睡虎地秦墓竹简整理小组《睡虎地秦墓竹简》，文物出版社 1990 年版，"释文·注释"，第 9 页）而高敏、黄今言推测喜傅籍时的年龄是十五周岁。（高敏：《关于秦时服役者年龄问题的探讨——读〈云梦秦简札记〉》，收入《云梦秦简初探（增订本）》，河南人民出版社 1981 年版，第 16—25 页；黄今言：《秦代租赋徭役制度初探》，《秦汉史论丛》第 1 辑，陕西人民出版社 1981 年版，第 61—82 页）张金光则对"秦人周岁说"提出了批评，参见张金光《秦制研究》，上海古籍出版社 2004 年版，第 211—212 页。

　　⑤　《史记》卷六《秦始皇本纪》，中华书局 1959 年版，第 232 页。

　　⑥　侯旭东：《秦汉六朝的生日记忆与生日称庆》，《中华文史论丛》2011 年第 4 期。

　　⑦　最新研究成果参见侯旭东《秦汉六朝的生日记忆与生日称庆》，《中华文史论丛》2011 年第 4 期，有关生日问题的研究史，亦可参看文中相关论述。

作为个人的节日,在这一天庆生祝贺,并没有把生日作为增年的节点。①所以,除了特指刚满岁的婴儿外,我们在明清文献中偶尔见到的以周岁计年的事例,适用的对象也都是小孩②。与之相反,以虚岁计龄的现象则是常态,即如下面提到的顾炎武、陈澧等学者,甚至否认当时有生日计年的现象存在。而民国教育部1930年下发的《就旧历虚岁推算国历实足年龄用表》中,第一句话就说"我国旧习,计算年岁,都用旧历,所以所说的年岁,都是虚的,不是实足的"③。

明白了古人的计年方式,我们再来看顾炎武的命题。顾炎武在《日知录》卷三十二《岁》中提到了古人"岁尽增年"的说法,他说:

> 今人以岁初之日而增年,古人以岁尽之日而后增之。《史记·仓公传》:"臣意年尽三年,年三十九岁也。"④

---

① 今天在占据绝大多数人口的农村中仍是如此。

② "周岁"最初可能只是特称。据颜之推《颜氏家训》卷二《风操》记载,南朝时民间已经有父母在小孩满周岁时,举行"试儿"的风俗;(王利器撰:《颜氏家训集解(增补本)》卷2《风操》,中华书局1993年版,第115页)唐宋之际,这一风俗流行大江南北,俗称"试周"。(叶寘撰:《爱日斋丛抄》卷一,孔凡礼点校,中华书局2010年版,第25页)大概在此前后,民间就出现了称满岁的小孩为"周岁"的说法。但在"周岁"之前冠以"一"以上的数词来称呼不同年龄段的小孩,我们目前所见最早的是15世纪初刊印的《普济方》。该书卷三七三《婴孩惊风门》提到乳麝丸的用量时,说"三周岁以下小儿一饼,一周岁下半之"。(参见朱橚等编《普济方》,人民卫生出版社1958年版,第446页)明朝晚期用"周岁"的记载就多一些,如,邓原岳给门人舒孺立的信中写道"小儿生已十二周岁,顽钝懒散,酷似其父"。(《西楼全集》卷一八《尺牍·与门人舒孺立编修》,明崇祯元年(1628)邓庆采刻本,第4页)冯梦龙讲的《杨八老越国奇逢》故事,说杨八老入赘檗家,"二月檗氏怀孕,期年之后生下一个孩儿……不觉住了三年,孩儿也两周岁了。"(冯梦龙编:《古今小说》卷一八《杨八老越国奇逢》,许政扬校注,人民文学出版社1958年版,第258页)民间之所以出现儿童用周岁计龄的事例,我想,除了受"抓周"之类风俗的影响外,恐怕也和他们正处于快速生长阶段,虚岁难以反映其个体生理、心智水平的实际差异有关。随着年龄的增长,这种差异越来越小,人们就又回到用虚岁计龄的习惯上来了。现在河北、河南农村,人们称三四周岁以内的小孩也经常用周岁,过了这个年龄就不再用了。

③ 《就旧历虚岁推算国历实足年龄用表》,《浙江省教育行政周刊》1930年第36期。20世纪50年代,姜亮夫修订的《历代人物年里碑传综表》收录上古至1919年以来12000人,其在《订补历代人物年里碑传综表序例》中也指出,"碑传书年及生卒常例都用虚数,生的那年即算一岁"。(参见姜亮夫纂定《历代人物年里碑传综表》"订补历代人物年里碑传综表序例",陶秋英校,中华书局1959年版,第6页)即如他举出的可能是使用"实岁"即周岁的几个特例,事实上用的也是虚岁。

④ (清)顾炎武著,黄汝成集释:《日知录集释》,栾保群、吕宗力点校,上海古籍出版社2006年版,第1811页。

淳于意是西汉初年有名的医生。汉文帝下诏询问他一些问题，他向文帝上书中提到了自己的年龄，说他"年尽三年，年三十九岁"。顾炎武仅据淳于意一语，就得出了古人"岁尽增年"的结论，可谓卓识。但钱大昕（1728—1804）不同意顾炎武的说法：

> 绛县人生于文公十一年，至襄公三十年，当为七十四年。而传称七十三年者，古人以周一岁为一年。绛县人生正月甲子朔，于周正为三月，至是年周正二月癸未，尚未及夏正月朔故也。仲尼生于襄廿一年，至哀十六年卒，亦是七十四年，而贾逵《注》云"七十三年"，正以未周岁故，与绛县人记年一例。《史记·仓公传》："臣意年尽三年，年三十九岁也。"盖仓公生于冬末。顾亭林谓古人以岁尽之日而后增年，亦无它据。①

钱大昕举出绛县老人和孔子年龄的例子，认为古代实行周岁计年，怀疑淳于意也属于此类。绛县老人和孔子的年龄问题，是古人周岁计年一说的主要论据。"绛县老人疑年"的典故出自《春秋左传·襄公三十年》，传称绛县人"不知纪年"，只知自己"生之岁，正月甲子朔，四百有四十五甲子矣，其季于今三之一"。师旷推算出他生于"鲁叔仲惠伯会郤成子于承匡之岁"即文公十一年（前616），时年73岁。绛县老人出生的日期比较特殊，他的生日"正月甲子朔"即夏正的岁首。这样，周岁、虚岁的增年节点在同一天；但在计龄上，周岁因为不算出生的这一年，就比虚岁少一年。到鲁襄公三十年（前543）二月，表面上已经过了岁首和绛县老人的生日，但当时行的是周正，三十年二月即夏正的二十九年十二月，实际上距岁首和绛县老人的生日还差几天。所以按照周岁算，绛县老人只有72岁；师旷说的73岁正是虚岁即加上出生那一年的算法②。至于孔子的年龄，古今学者分歧都很大。孔子的生年有两说，

---

① （清）钱大昕：《十驾斋养新录》卷二"绛县人七十三年"条，陈文和、孙显军点校，第37页。

② 北周时期的数学家甄鸾在《五经算术》卷下《推绛县老人生经四百四十五甲子法》中对绛县老人的年龄做过详细推算，算出的结果是差3天不到73岁，并解释说"算法，半法以上收成一，为七十三年。据多而言也"。（参见《算经十书》，钱宝琮点校，中华书局1963年版，第479页）甄鸾用数学方法推算年龄，算出的只能是周岁；而其又以四舍五入法来弥合"七十二岁"和"七十三岁"的差异，更不合常识。

《春秋公羊传》《春秋谷梁传》谓生于襄公二十一年（前552），《史记·孔子世家》的记载晚一年。目前学术界更倾向于司马迁的说法①，谓孔子生于襄公二十二年（前551），则至哀公十六年（前479）卒，也正好是虚岁73。

钱大昕认为"古人以周一岁为一年"即周岁计年，没有说明什么理由。我想，这恐怕和他所处的时代盛行生日祝寿有关。② 时代稍后的陈澧（1810—1882）就谈到了生日祝寿和周岁计年的关系，他在《东塾集》卷四《与人论祝寿书》中说：

> 自唐以来，以生日祝寿，澧尝推其故，当由尔时人之纪年以生日为增一岁，故于是日行此礼。今人既不以生日增一岁，则此礼不必于生日行之。今京官多择日为亲寿者，不知起自何时？近者平定张穆为《亭林年谱》，考亭林之母六月二十六日生日，而称觞乃在五月朔，盖即生日不受贺之义。然则亭林固已择日为母寿矣。③

陈澧，字兰甫，是清代中后期的著名学者。按照他的说法，清代的人没有生日计岁的习惯，甚至当时存在着择日祝寿的现象。这种说法也和前引顾炎武"今人以岁初之日而增年"相呼应。但是陈澧怀疑唐代之所以兴起生日做寿，是由当时生日计岁的做法导致的。我们知道，唐代中期朝野上下开始流行生日祝寿，主要是受了唐玄宗设立诞节的影响；从逻辑上说，生日计岁也只能是在民众有了生日祝寿的活动后出现的，不可能相反。无论是唐代还是此前，我们在官方或民间的记载中都见不到生日计岁的做法。所以，同时代的文廷式（1856—1904）对陈澧的说法提出质疑：

---

① 如现代一些学者提倡的"孔历"即以鲁襄公二十二年作为元年，近来每年一度的祭孔大典都在公历9月28日举行，也是根据孔子生于鲁襄公二十二年的说法换算来的。但也有学者坚持认为，孔子生于襄公二十一年，参见毕宝魁《孔子生年生日详考》，《辽宁大学学报》2011年第2期。

② 有关明清江南做寿之风，参见邱仲麟《诞日称觞——明清社会的庆寿文化》，《新史学》2000年11卷3期，后收入蒲慕州主编《台湾学者中国史研究论丛·生活与文化》，中国大百科全书出版社2005年版，第451—494页。

③ 黄国声主编：《陈澧集［壹］》，上海古籍出版社2008年版，第158页。

　　　　陈兰甫师《东塾文集·与人论祝寿》一篇……云自唐以来以生
　　日祝寿，澧推其故，当由尔时人之纪年以生日为增一岁，则恐未然
　　也。《魏志·朱建平传》云夏侯威为兖州刺史，年四十九，十二月上
　　旬得疾，念建平之言，自分必死。至下旬转差，垂以平复，三十日日
　　昃，请纪纲大吏设酒，曰"吾所苦渐平，明日鸡鸣，年便五十，建
　　平之戒，真必过矣。"疾动，夜半遂卒，是古人岁尽增年之证。白香
　　山《七年元日对酒诗》云："众老忧添岁，余衰喜入春，年闻第七
　　秩，屈指几多人。"元微之《除夜酬乐天》云："莫道明朝始添岁，
　　今年春在岁前三。"是唐人亦以岁尽增年也。①

文廷式举的朱建平例子，见于《三国志》卷二十九《方技·朱建平传》。
传称朱建平预言夏侯威 49 岁有劫，但如果能顺利度过这一年，就可以活
到 70 岁；结果夏侯威死在了 49 岁最后一天（即十二月三十日的半夜），
最终没能熬到 50 岁（即第二天元旦鸡鸣时分，相当于凌晨 1—3 点）。这
是三国时期的例子。元稹、白居易的酬唱进一步表明，即使唐代后期的人
也是以元日作为增年的节点。奇怪的是，无论是《魏志·朱建平传》还
是白居易、元稹的诗，明显说的都是"岁初（首）增年"；但文廷式全部
将它们视作"岁尽增年"的例证。大概在他的意识中，当年年末和第二
年岁初首尾衔接，所以就把"岁尽增年"和"岁初增年"混为一谈了②。
但顾炎武说的"岁初"和"岁尽"是就同一年的岁首、年末而言，这就
不是相邻的时间段，而是差了一年的时间。

　　看来，无论是顾炎武的批评者还是赞成者都没有真正理解"岁尽增年"
的说法，"岁尽"的含义到底指什么？遗憾的是，顾炎武没有做出进一步解
释。

---

　　①　（清）文廷式：《纯常子枝语》卷三，《续修四库全书》，上海古籍出版社 2002 年版，第
1165 册，第 75 页。
　　②　事实上，即使在岁末年初首尾相连的情况下，在以元日为增年时间节点时两者仍有实质
区别，所以民俗对除夕之夜有"一夜连双岁，五更分二年"的形象说法。

二 "岁尽增年"与"著籍增年"

钱大昕批评顾炎武仅以淳于意的例子立说，没有其他证据。2009 年，陈松长在介绍湖南大学岳麓书院收藏的秦简时，披露了一枚编号为 0552 的简文："爽初书年十三岁，尽廿六年年廿三岁。"① 简 0552 的说法与淳于意的表述如出一辙。陈伟根据这枚简的内容，确认了《史记·秦始皇本纪》十六年"初令男子书年"记载的准确性。② 我们感兴趣的是，爽在秦始皇十六年 13 岁；按照传统的算法，其进入二十六年（前 221）就是 23 岁，简文为什么要说"尽廿六年，年廿三岁"呢？

"尽"，《小尔雅·广言》："止也"，《玉篇·皿部》："终也。"其常与日、月、年等时间词连用，表示一个时间段的结束。这种用例在秦汉简牍中极为常见，如睡虎地《秦律十八种·仓律》：

1. 有米委赐，稟禾稼公，尽九月，其人弗取之，勿鼠（予）。
2. 隶臣田者，以二月月稟二石半石，到九月尽而止其半石。
3. 日食城旦，尽月而以其余益为后九月稟所。城旦为安事而益其食，以犯令律论吏主者。

减春城旦月不盈之稟。

睡虎地秦简和张家山汉简的《金布律》中，均有"以四月尽六月"授夏衣、"九月尽十一月"授冬衣的规定。这里的"尽月"、尽某月，都是到月底的意思。而里耶秦简"卅年十月尽九月，群往来书已事仓曹□笥"（简 8—1777 + 8—1868）③，居延汉简"肩水候官地节三年十月以来尽四年九月吏卒稟食名"（简 13·1）、"建昭元年十月尽二年九月大司农部丞簿录簿算及诸簿十月旦见"（简 82·18B）④ 诸如此类记载，

---

① 陈松长：《岳麓书院所藏秦简综述》，《文物》2009 年第 3 期。
② 陈伟：《岳麓书院秦简考校》，《文物》2009 年第 3 期。
③ 该简出土时断为两截，此处录文据陈伟缀合的结果，参见陈伟主编《里耶秦简牍校释（第一卷）》，武汉大学出版社 2012 年版，第 389 页。
④ 谢桂华、李均明、朱国炤：《居延汉简释文合校》，文物出版社 1987 年版，第 20、145 页。

正是秦汉"计断九月"即以当年十月初至来年九月底为一财政年度的直接体现。

　　淳于意"年尽三年"的"三年",顾炎武提出原文脱"十",应该是汉文帝十三年(前167)①;梁玉绳坚持就是汉文帝三年(前177)②。无论如何,这条材料与简0552都是秦始皇统一全国(前221)之后到汉武帝改定太初历(前104)之前这段以十月为岁首的事。十月为岁首,"岁尽"应该指九月或与之相近的时间。对当时人来说,这一时间段有着什么样的特殊意义呢?

　　古代官府是通过户籍掌握民众年龄的,户籍上的年龄原则上先由民众自行申报。根据早期帝国的法律,民众并非随时,而只有在每年造籍的时候向官府申报年龄。张家山汉简《二年律令·户律》说:"民皆自占年。小未能自占,而毋父母、同产为占者,吏以□比定其年……产子者恒以户时占其□。"又说:"恒以八月令乡部啬夫、吏、令史相杂案户,户籍副臧(藏)其廷。""户时"也就是每年的八月。民众申报年龄后,官府经过核实再登到户籍上。这是西汉初年的史料,但八月造籍的做法显然是沿承秦代,睡虎地《秦律十八种·仓律》就有:"小隶臣妾以八月傅为大隶臣妾,以十月益食。""傅"即傅籍,"言著名籍,给公家徭役也"。③ 这里还是说奴婢的著籍时间,《里耶秦简〔壹〕》公布的简8-731:

　　　　□八月□□□
　　　　□春乡户计。□
　　　　　　(背):
　　　　□以邮行,不求报,敢言之。□④

里耶简中常见"贰春乡"。推测简文的意思,当是贰春乡在八月造籍结束后,向县署呈报民户的户口数。里耶秦简的年代在秦始皇二十五年

---

　　① 顾炎武著,黄汝成集释:《日知录集释》卷二七,栾保群、吕宗力点校,第1527页。
　　② 梁玉绳:《史记志疑》卷三三《扁鹊仓公列传》,中华书局1981年版,第1368—1369页。
　　③ 《汉书》卷一上《高帝纪》,中华书局1962年版,第38页。
　　④ 录文据陈伟主编《里耶秦简牍校释》,第211页。

（前 222）至秦二世二年（前 208）。① 而根据《史记》卷六《秦始皇本纪》的记载："十六年九月……初令男子书年。" 如下所说，官府造籍通常要持续两个月的时间，秦始皇之所以在九月下令，恐怕也与此时国家正在编造户籍有关。这样看来，八月造籍的制度甚至可以追溯到战国时期。②

上引张家山汉简说"户时占其▨"，同出《户律》又说"八月书户"。造籍是一个复杂的过程，包括民户占年、官府案比、编定户籍等一系列活动，八月不过是编造户籍的起始时间。什么时候结束造籍呢？我们知道秦汉"计断九月"，计簿记载的包括户口统计在内的各种数据截至当年的九月，为计簿提供户口数字的造籍作业就必须在九月底前完成。③ 下文第五节所引里耶秦简 8—183 + 8—290 + 8—530 提到第二年年初（10 月 4 日），迁陵县已经做好上一年的户计；另一枚走马楼汉简也说本年年末（9 月 17 日）审核完了当年都乡的户计，皆可以证明这一点。秦及汉初八月造籍，九月结束，其时已经到年终岁尾，所以《管子·度地》篇引述当时的造籍法令，说"常以秋岁末之时，阅其民，案家人比地，定什伍口数"④，径自将造籍时间说成"秋岁末之时"。

如果以上论证仅能说明"岁尽"与造籍时间重合，未能确证两者就是同一件事的话，我们不妨再来看睡虎地《仓律》的规定："小隶臣妾以八月傅为大隶臣妾，以十月益食。"秦代按身高标准将刑徒分为"小""大"两种课役身分，并据此发放不同的口粮数，同出《仓律》就有"小城旦、隶臣作者，月禾一石半石""小妾、舂作者，月禾一石二斗半斗""隶臣月禾二石，隶妾一石半"的规定。"八月傅为大隶臣妾"，就是说小隶臣妾并非在岁初，而是要等到八月著籍后，在官府看来才算完成了向大

---

①　湖南省文物考古研究所编著：《里耶发掘报告》，岳麓书社 2007 年版，第 179 页。

②　这显然和当时的计帐年度有关。有迹象表明，战国时期就已采用"计断九月"的制度，参见拙文《从计断九月到岁终为断——汉唐财政年度的演变》，《北京师范大学学报》2005 年第 1 期；收入《汉唐籍帐制度研究》，商务印书馆 2010 年版，第 187—221 页。计簿所载的各种数据截至当年的九月，八月开始编造户籍，九月底造完，正好可以保证户口数及时而准确地反映到当年的计簿上。

③　参见拙文《长沙东牌楼东汉"户籍简"补说》，《中国史研究》2008 年第 4 期，收入《汉唐籍帐制度研究》，第 67—88 页。

④　秋季与岁末相连，可见这条法令讲的就是秦始皇统一中国至汉武帝太初年间的事。

隶臣妾身份的转换①。以身高为标识的战国时代如此，到了以年龄为标识的秦汉时期也是这样。《续汉书·礼仪志》"案户条"："仲秋之月，县道皆案户比民。年始七十者，授之以王杖，餔之糜粥。八十九十，礼有加赐。""案比"就是造籍。高年授王杖、廪米的制度，至少可以追溯到汉代初年②。"年始七十"云云，也明确说的是将著籍作为增年之始。

我们知道，户籍登录的各种数据反映的是一个特定时间点的情况。秦汉八月造籍，八月就是造籍的标准时间③，亦即民众要以当年八月的户口数据为标准，将之申报并经官府案实后登录到户籍上。而从官方操作的层面上看，这些数据也只有在著录户籍后，才能成为官府征免赋役、定罪量刑、赐廪养老的依据。前引睡虎地《仓律》《续汉书·礼仪志》说的都是这个意思。这样，著籍时间事实上就成为官方年龄的增年节点。也就是说，官方年龄的增年节点不是以传统的岁首为标志，过了这一天就增一岁；而是以著录到户籍上的时间，也就是造籍的标准时间作为一岁的开始，④ 简言之即以著籍为增年的标志。在每年造籍的情况下，民众的一岁实际上就成了两个相邻著籍时点之间的时段⑤。

汉代八月造籍的说法，除上引《二年律令》外，也见诸汉人注疏以

---

① 睡虎地《封守》篇有"子小男子某，高六尺五寸"的记载。按照秦律的规定"隶臣、城旦高不盈六尺五寸""为小"；换言之，六尺五寸就应该称为"大"了。这里将"六尺五寸"仍称为"小"的做法，以往学者习惯上将之归结为平民和刑徒傅籍的标准不同；但在以身高为傅籍标准的情况下，平民和刑徒能否有如此细致的区分，大有疑问。这名男子之所以仍被称为"小"，更可能是其身高达到了成年人的标准但还未到傅籍时间。

② 张家山汉简《二年律令·傅律》就记载了官府根据爵位对老年人廪米、授杖的规定，见张家山二四七号汉墓竹简整理小组：《张家山汉墓竹简［二四七号墓］（释文修订本）》，文物出版社 2006 年版，第 57 页。这里的"二年"，学界通常认为指吕后二年（前 186）。

③ 本文所用"标准时间"，借鉴的是现代人口统计学上的术语。如第六次全国人口普查的标准时间是 2010 年 11 月 1 日零时，就是说此次登记的人口及各种特征反映的都是 2010 年 11 月 1 日零时的情况。通过这个时间，所有普查员普查登记完成后，经过汇总就可以得到 2010 年 11 月 1 日全国人口的总数和各种人口状况的数据。古代当然不可能这么精确，不过具体到月罢了。

④ 造籍与著籍是一件事物的两面，对官府是造籍，民众就是著籍。实际操作中，每个民户具体著籍时间也会有差异，早的在八月初，晚的可能要到九月了。这里说的著籍时间指的也是造籍的标准时间。

⑤ 《里耶秦简［壹］》收录了一枚编号 8—550 的简："嬭晳色长二尺五寸年五月典和占 浮晳色长六尺六寸年卅岁典和占"。（参见陈伟《里耶秦简牍校释》，第 178 页）里典占民众时，既登记年龄，又登记身高。而嬭的年龄被占为五个月，其意恐在强调年龄与身高的对应关系，但户籍正式登录时只能注"一岁"。

及东汉时期的史料。看来，整个两汉时期官府都在八月造籍。① 秦及汉初以十月为岁首的这段时期，造籍时间在八九月，故民众是"岁尽增年"。汉武帝改定太初历后，造籍时间没有变化；但正月成了岁首，就不能再说"岁尽增年"了。

三　古代礼俗上的"岁首增年"

中国古代官方年龄因应户籍制度的设计，采用的是著籍增年的方式；《史记·仓公传》记录的是淳于意向皇帝的上书②，岳麓简 0552 提到的"爽"应该是一位官吏③，所说的年龄都是官方的算法。但在民间习俗乃至国家礼仪层面上，并非如此。

户籍上的年龄来自民众"自占"，民间计年当然出现得更早。按照《礼记·曲礼下》的说法，上古时代在问及"天子""国君""大夫之子""庶人之子"年龄时，人们还经常借用所穿衣服的尺寸、掌握的技能、能承担的工作等回答来间接表示各自的年龄④；但既然有问年龄的习惯，说明这一时期的人至少贵族阶层已经有了年龄的概念。而前述绛县老人的故事中，人们之所以"有与疑年，使之年"，想让绛县老人报出自己的年龄，说明当时的民众也普遍有计年的习惯。有了计年，就一定有增年的节点。我们知道，上古时代的先民在没有掌握历法知识之前，通常是根据自然景物的变换尤其是农作物的成熟、收获周期来纪年的。所以卜辞中的"年"从禾从人，《说文》训为谷孰（熟）⑤，其表示一个时间周期也是"取禾一熟"之意⑥。这在上古时代的文献中也有反映。《诗经·豳风·七月》描写十月的风俗时，说"嗟我妇子，曰为改岁，入此室处"，又说此

---

①　相关论述，参见拙文《〈前秦建元籍〉与汉唐间籍帐制度的变化》，《历史研究》2009年第 3 期，后收入《汉唐籍帐制度研究》，第 222—266 页。

②　《史记·仓公传》"臣意"云云，"臣某"为古代臣民向皇帝上书的自称，相关论述参见尾形勇《中国古代的"家"与国家》第二章《从自称形式看臣民关系》，中华书局 2010 年版，第 91—116 页。

③　根据陈松长介绍，岳麓秦简中另有两枚简记载"爽"在秦始皇二十四、二十五年先后担任"司空史""令史"，参见陈松长《岳麓书院所藏秦简综述》，《文物》2009 年第 3 期。

④　《礼记注疏》，阮元校刻：《十三经注疏》，中华书局 1980 年影印本，第 1268 页上栏。

⑤　（东汉）许慎：《说文解字》卷七上《禾部》，中华书局 1963 年版，第 146 页。

⑥　《太平御览》卷一七《时序·岁》引《尔雅》郭璞注，中华书局 1960 年影印本，第 1 册，第 88 页上栏。

时"朋酒斯飨，曰杀羔羊。跻彼公堂，称彼兕觥，万寿无疆"。对华北黄河流域来说，这个时节农作物全部收获完毕，旧的农业生产周期已经结束，新的生产周期即将到来。所以当时的人们把十月作为一岁之始，举行盛大的节日仪式，大家互相祝贺长命百岁。这种饮酒贺岁的热闹场面和后世元旦的情景几无二致。

《诗经》反映的是上古的情况，随着历法知识的普及，增年的节点就与天文历法联系起来。按照《史记》卷二七《天官书》的说法，在秦汉尤其汉武帝以后的岁时节日中，有四个与岁首有关的日子："岁始或冬至日，产气始萌。腊明日，人众卒岁，一会饮食，发阳气，故曰初岁。正月旦，王者岁首。立春日，四时之始也。"冬至日、腊明日、正月旦以及立春日都可以视为一岁之始。按照阴阳五行的说法，冬至是阴阳交替、昼夜消长的关键，是历法之始。腊明日即腊日的第二天，汉武帝之后的腊日是冬至后的第三个戌日[1]；应劭说"腊者，接也，新故交接，故大祭以报功也"[2]，故腊日的第二天称为"初岁"或"小新岁"（也就是民间说的"小年"）。立春作为二十四节气之首，也是一年四季的开始。立春日更多情况下是官方举行祭祀、迎春活动[3]，民众在冬至、腊明日也会"进酒尊长，及修刺谒贺君、师、耆老"[4]，但节日的热闹、隆重程度远比不上"正月旦"。崔寔《四民月令》"正月"条详细记载了正日的习俗：

> 正月之旦，是谓"正日"。躬率妻孥，洁祀祖祢……及祀日，进酒降神。毕，乃家室尊卑，无小无大，以次列坐于先祖之前；子、妇、孙、曾，各上椒酒于其家长，称觞举寿，欣欣如也。

西晋周处的《风土记》亦云"正元日，俗人拜寿，上五辛盘、松柏颂、

---

① （东汉）许慎：《说文解字》卷四下"腊"条，第88页。
② （东汉）应劭撰：《风俗通义校注》卷八《祀典·腊》，王利器校注，中华书局1981年版，第379页。
③ 根据《淮南子·时则训》及《续汉书·礼仪志》的记载，立春之日，天子要亲率三公九卿大夫"迎岁于东郊"。
④ （东汉）崔寔：《四民月令校注》"十一月""十二月"条，石声汉校注，中华书局1965年版，第71、74页。

椒花酒、五熏炼形"①。传统节日的核心内容无非就是祭祀祖先、饮酒祝寿等，但元日饮酒的方式非常独特，崔寔描写了当时场景："进酒次第，当从小起，——以年少者为先。"② 《李膺家录》记载了一个具体事例："膺坐党事，与杜密、荀翊同系新汲县狱，时岁日翊引杯曰：'正朝从小起。'"③ 年少先饮、年长者后饮的做法，显然不合尊老敬长的传统礼仪。为什么元日有这种特殊习俗呢？西晋时人董勋有个解释，《太平御览》卷二九《时序·元日》引《时镜新书》：

> 晋海西公又问董勋曰："俗人正日饮酒，先饮小者，何也？"勋云："俗人小者得岁，先酒贺之，老者失岁，故后与酒。"

元日对老、少群体有着不同含义：对年轻人来说是年龄增长一岁，对老年人就是寿命减少一岁。年少先饮的做法体现的是对年轻人成长的羡慕与庆祝；但无论先饮、后饮，都反映了时人对岁首增年的认识。

汉代民间有元旦贺岁的风俗，朝廷元日的礼仪更为隆重。《太平御览·时序部》引应劭《汉官仪》卷下："元日朝贺，三公璧殿上，献寿觞。"《续汉书·礼仪志》记载更为详细："每岁首【正月】，为大朝受贺。其仪：夜漏未尽七刻，钟鸣，受贺。及赞，公、侯璧，中二千石、二千石羔，千石、六百石雁，四百石以下雉。百官贺正月。二千石以上上殿称万岁。举觞御坐前。"

朝廷在元日举行盛大庆典的初衷，无非是为了给皇帝献酒贺岁。④ 因为朝野上下都有元日增岁的习俗，汉代的冠礼通常也是在正月举行⑤。

汉武帝改定太初历后，以正月为岁首，民间实行的是以元旦为增年的

---

① （宋）陈元靓：《岁时广记》卷五《元旦上》"五辛盘"条引，《丛书集成初编》，中华书局1985年影印本，第1179册，第54页。

② 按《太平御览》卷二九《时序·元日》引《四民月令》，记腊明日习俗时亦有"进椒酒从小起"之语。石声汉指出，此系《太平御览》转引自《荆楚岁时记》，而后者在抄引《四民月令》时将"元日""腊明日"内容相混致误的结果。（崔寔：《四民月令校注》"十一月"条，石声汉校注，第71页）

③ 《太平御览》卷二九《时序·元日》引《李膺家录》，第1册，第138页下栏。

④ 东晋的成帝就说，元日之礼"事之大者，不过上寿酒，称万岁"。（《晋书》卷二三《乐志下》，中华书局1974年版，第718页）

⑤ 《续汉书·礼仪志上》，《后汉书》卷九四，第3104页；《四民月令校注》"正月"条，第6页。

节点。在此之前，很难说就不是这样。我们知道，在秦统一至汉初这段时期，以十月为岁首，但没有改变正月。《史记·天官书》称元旦为"四始"①，在这一天通过占风卜问一岁之美恶；睡虎地出土的《日书》揭示当时人仍是在正月朔日卜问年景、有无战争②；前引《左传·襄公三十年》记载的故事中，绛县老人出生的时间正好是正月初一。种种迹象表明，以元旦为增年的习俗可能要追溯到更早。

无论如何，从汉武帝太初年间以后长达两千多年的岁月里，元旦作为年首大节，一直是以民间增年时间节点的形象出现的。无论是南北朝时期庾信元日赋诗"正旦辟恶酒，新年长命杯"③ 时的喜悦，还是唐代白居易除夕夜发出"火销灯尽天明后，便是平头六十人"④ 的感慨，都是这方面的真实写照。旧时民间除夕贴挂"天增岁月人增寿"的对联一直沿用到现在⑤。

四　唐代的手实申报与岁首增年

古代官方年龄采用的是著籍增年，但不同朝代造籍时间，准确地说是造籍的标准时间不同，官方增年的时间节点也会随之发生变化。

魏晋南北朝史籍中，很少有户籍制度的记载。前引《三国志·朱建平传》提到夏侯威的事可以作为岁首增年的例证，但我们知道占卜本就是民间流行的方术，这种增年方式恐怕仍属民间的习俗。除此之外，《三国志》卷三《明帝纪》载曹叡享年36岁，裴松之对此提出异议：

> 魏武以建安九年八月定邺，文帝始纳甄后，明帝应以十年生，计至此年正月，整三十四年耳。时改正朔，以故年十二月为今年正月，可强名三十五年，不得三十六也。

---

① 司马贞《史记正义》谓："正月旦岁之始，时之始，日之始，月之始，故云'四始'。"《史记》卷二七《天官书》，第1340页。

② 如"正月以朔，善，毋（无）兵"，"正月以朔，旱，又（有）小兵，毋（无）大兵"等。参见《睡虎地秦墓竹简·日书甲种》，第185页。

③ （清）倪璠注：《庾子山集注》卷四《正旦蒙赵王赉酒》，许逸民点校，中华书局1980年版，第343页。

④ 朱金城笺校：《白居易集笺校（三）》卷二八《除夜》，第1971页。

⑤ 相传此联为明代嘉靖年间的状元林大钦所作，参见顾鼎臣、顾祖训《明状元图考》卷三"状元林大钦"条，汉阳叶氏平安馆藏本，第8页。

曹叡生于建安十年（乙酉，205），死于景初三年（己未，239）[①] 正月，粗算起来享年 35 虚岁。但明帝景初元年改以建丑月为正，三年正月实为夏正的二年十二月，严格计，其享年不过 34 岁。有关魏明帝享年的差异可置不论，我们注意到，裴松之在讨论增年时都是以岁首为节点计算的。但我们不确定这是南朝官方还是民间的做法。

　　北朝史籍涉及造籍日期的记载有两处。一是根据《魏书·高祖纪下》的说法，北魏孝文帝改制时编制户籍的时间在二月，这显然是指整个造籍程序起动的时间。二是《隋书·食货志》载开皇年间，文帝接受高颎的建议，"每年正月五日，县令巡人，各随便近，五党三党，共为一团，依样定户上下"。如下所述，诸如貌阅（团貌）、定户等都是基于民户所报手实进行的，则民户申报手实的时间至少是在正月初，更可能是上一年的年末。传世文献之外，我们见到十六国时期注明造籍日期的户籍实物有三件：《前秦建元廿年（384）籍》是三月造籍[②]，《西凉建初十二年（416）籍》正月造籍[③]，《北凉承阳二年（426）籍》十一月造籍[④]。这几件户籍中标注的日期也都指的是造籍的标准时间。魏晋南北朝时期政权更替频繁，制度的制定又有其偶然性，但就以上有限材料推断，这一时期的造籍日期基本上是围绕着岁末年初这段时间来进行的。

　　关于唐代的造籍日期，史籍有明文规定。《唐六典》卷三"户部郎中、员外郎"条：

> 　　每一岁一造计帐，三年一造户籍。县以籍成于州，州成于省，户部总而领焉。（诸造籍起正月，毕三月，所须纸笔、装潢、轴帙皆出当户内，口别一钱）。

---

　　① 　由于大小月天数、正朔及置闰的不同，皇帝年号与公元纪年并非一一对应，有时一个皇帝年号可以对应两个公元纪年，反之亦然。本文在讨论具体的日期差异时，往往会在帝王年号后标注公元纪年的同时，再注干支纪年。

　　② 　荣新江、李肖、孟宪实主编：《新获吐鲁番出土文献》，中华书局 2008 年版，第 176—179 页。

　　③ 　录文参见池田温《中国古代籍帐研究·录文》，龚泽铣译，中华书局 2007 年版，第 3—5 页。

　　④ 　录文见 T. Yamamoto and Y. Dohi（eds.），*Tun - huang and Turfan Documents concerning Social and Economic History*, Supplement：（A）Introduction& Texts, Tokyo：The Toyo Bunko , 2001, p. 9。

《唐会要》卷八五《籍帐》记载更详细：

> 开元十八年十一月敕："诸户籍三年一造，起正月上旬，县司责手实计帐，赴州依式勘造……三月三十日纳讫，并装潢一通送尚书省，州县各留一通。所须纸笔装潢，并皆出当户内口，户别一钱。"

唐前期户籍三年一造，编造时间从造籍年的正月初开始，三月底结束。我们注意到一个细节。《唐六典》《唐会要》"造籍起正月"云云，这里的"正月"是指县司赴州正式造籍的时间，和前面说的汉代八月造籍是从民户自占年算起不一样。我们知道，唐代从民户报手实后，还要经过里正汇总上报，县令貌阅核实、定户等……一系列基础作业，才能进入正式造籍的环节。如果正月上旬正式造籍，民户报手实的工作至少要提前到上年年末完成，所以《新唐书》卷五十一《食货志》就说：

> 凡里有手实，岁终具民之年与地之阔狭，为乡帐。乡成于县，县成于州，州成于户部。

学者对"乡帐"的性质有争论，但对岁末报手实这点并无异议。这里的"岁终"也是个笼统的说法，有迹象表明，民户申报手实的时间甚至要早到十一月份。2010 年中央民族大学博物馆入藏一批吐鲁番文书，其中一件整理者命名为《十一月十五日交河县帖盐城为入乡巡貌事》，根据张铭心的介绍：

> 《十一月十五日交河县帖盐城为入乡巡貌事》是交河县下发给盐城的一件关于"入乡巡貌"的帖式（下行）文书。所谓"入乡巡貌"，就是隋唐时期实行的检查户口的"大索貌阅"制度中的一个程序。文书中首先书写了八十名需要被核实户口的人名，然后书写了命令城主于当月十七日"火急点检排比，不得一人前却，中间有在外城逐作等色，仍仰立即差人往追"等内容。[①]

县令十一月十七日到盐城貌阅，显然民户此前已经报完手实。县令在貌阅

---

①　张铭心：《敦煌学·吐鲁番学研究新资料》，《光明日报》2010 年 12 月 16 日，第 11 版。

手实后，接着要做的工作就是定户等。日本《令集解》引唐令说："收手实之际，作九等定簿。"① "九等定簿" 就是唐代的户等簿。《唐六典》卷三十 "京畿及天下诸县令" 条说："所管之户量其资产，类其强弱，定为九等。其户皆三年一定，以入籍帐。"定户等的时间，《唐六典》卷三 "户部郎中、员外郎" 条也有明确规定："每定户以仲年（子、卯、午、酉），造籍以季年（丑、辰、未、戌）"，县令必须在造籍的前一年完成定户等的工作。而阿斯塔那 509 号墓出土的《唐开元二十一年（733）西州蒲昌县定户等案卷》② 表明，蒲昌县定完户等的时间在十二月十五日。可以反推，民户申报手实的工作至少十二月上旬就完成了。

由此产生一个问题。通常情况下，民户申报手实的时间也就是造籍的标准时间；唐代的手实要在上年年末申报，那以此为基础编造的户籍不就是以上年年末为标准登录的？这不又成"岁尽增年"了吗？当然不是。我们看吐鲁番所出《唐残手实》，其牒尾曰：

3. 牒 被 责当户来年手实，件通如前，无有加减；若后虚妄，求依法□罪。谨牒。③

残片拆自阿斯塔那 152 号墓内女尸纸鞋，其中有纪年者为唐贞观十九年（645）。在两件明确为贞观年间的手实中，也有类似的保证词，《唐贞观年间（640—649）西州高昌县手实一》：

11 ⬚⬚⬚⬚⬚⬚⬚来年手实，具注如前，并皆依实⬚⬚⬚

《唐贞观年间西州高昌县手实二》：

8 □□通当户来年手实，具 注如前，并皆依 实，

9 □妄，依法受罪。谨牒。

---

① ［日］黑板胜美、国史大系编修会编：《令集解》卷一四《赋役令·应役丁条》，东京吉川弘文馆 1982 年版，第 423 页。

② 中国文物研究所、新疆维吾尔自治区博物馆、武汉大学历史系编：《吐鲁番出土文书》图录本（肆），文物出版社 1996 年版，第 311—312 页。

③ 中国文物研究所、新疆维吾尔自治区博物馆、武汉大学历史系编：《吐鲁番出土文书》图录本（贰），文物出版社 1994 年版，第 146 页，文书编号：72TAM152：327（a）、34（a）。

　　　　　　　　　　　　　　贞□□□年　月　　日户①

文书说得很清楚，年末申报的手实上登录的不是当时数据，而是预报的来年情况。所以唐代户籍仍应视作以正月为标准登录的。

　　但我们也见到了正月报手实的例证。唐前期有两件手实②注明了民户申报时间，其中《武周载初元年（690）西州高昌县宁和才等手实》末尾标明的时间为：

　　　　载初元年一月　　日③

宋家钰认为这里的载初元年一月实际上应是正月，也就是永昌元年的十一月④。但我根据武则天《改元载初敕》的记载，并结合诏书从洛阳传至高昌需要的时间，指出《宁和才等手实》所署的载初元年一月，只能理解成诏令中所说的"来年正月"即载初改元之后的第三个月（庚寅年正月，公元 690 年 2 月 15 日至 3 月 15 日），绝不会是载初元年正月即永昌元年十一月（己丑年 11 月，公元 689 年 12 月 18 日至 690 年 1 月 15 日）⑤。近年出土的《唐秦举墓志》中也有"载初元年岁次庚寅一月己卯朔四日壬午"的记载，⑥ 而载初元年正月（永昌元年十一月）是庚辰朔，⑦ 此年的第三个月即庚寅年正月才是己卯朔。这可以进一步证实笔者的观点。为什么这件手实是正月申报的呢？前文提到，唐代前期"造

----

　　① 参见中国文物研究所、新疆维吾尔自治区博物馆、武汉大学历史系编《吐鲁番出土文书》图录本（叁），文物出版社 1996 年版，第 56 页，文书编号分别为 69TKM39：9/6（a）与 69TKM39：9/9（a），9/5（a），9/1（a）。

　　② 另一件《唐贞观十四年（640）西州高昌县李石住等户手实》注明申报的时间是九月，该件手实申报的背景比较特殊，下文也有分析。

　　③ 《吐鲁番出土文书》图录本（叁），第 498—516 页。原文书用武周新字，径改。

　　④ 宋家钰：《唐朝户籍法与均田制度研究》，中州古籍出版社 1988 年版，第 98—101 页。孟宪实也赞成宋家钰的说法，参见孟宪实《论唐朝的佛教管理——以僧籍的编造为中心》，《北京大学学报》2009 年第 3 期。

　　⑤ 参见拙文《唐代造籍日期辨正》，《河北学刊》2010 年第 1 期；后以《也谈唐代的造籍日期问题》为题，收入《汉唐籍帐制度研究》一书。

　　⑥ 赵君平、赵文成编著：《秦晋豫新出墓志搜佚》，国家图书馆出版社 2011 年版，第 1 册，第 278 页。

　　⑦ 《旧唐书》卷二二《礼仪志二》："载初元年冬正月庚辰朔"，（中华书局 1975 年版，第 864 页）《资治通鉴》卷二〇四亦载永昌元年"十一月庚辰朔"。（第 6462 页）

籍以季年（丑、辰、未、戌）"。载初元年为庚寅，是非造籍年；既然年末报手实是为了赶上第二年正月造籍的提前作业，而这一年无须造籍，本应以正月为标准登录的手实自然就不用提前申报了。也正因为《宁和才等手实》是年初申报的，所以这件文书第 8 片第 4 行有"男思安年壹岁"等字样，而这在唐代户籍中是不可能出现的①。这个问题后面还要谈到。唐代三年一造籍，每年都要报手实，从工作频率上讲，毋宁说正月报手实才是常态。②

　　唐代不仅民户籍，其他特殊身份的籍也是以正月为标准登录的。当时有官奴婢籍，据大历十四年（779）八月都官上奏："伏准格式：官奴婢，诸司每年正月造籍二通，一通送尚书，一通留本司，并每年置簿，点身团貌，然后关金、仓部给衣粮。"③ 池田温对比日本保留下来的养老令条文，指出早在永徽年间，官奴婢以及官户就是正月造籍④。《唐会要》卷 49《僧籍》也提到僧籍的编造，"每三岁，州县为籍，一以留州县，一以上祠部"。2004 年吐鲁番巴达木 113 号墓出土了一件定名为《唐龙朔二年（662）正月西州高昌县思恩寺僧籍》的文书，龙朔二年是壬戌年，也是官府编造民籍的年份；其注记的"正月"云云，说明唐代编造僧籍的时间也是以正月为准。⑤户籍制度的设计是著籍增年，唐代造籍的标准时间是正月；看来从唐代开始，官方的增年方式已经变成"岁初增年"，制度

---

　　① 《唐贞观十四年（640）西州高昌县李石住等户手实》中也有一岁的登录：第 5 片第 9 行"男屈知年壹　黄男"，第 6 片第 1 行"女端莫年壹　黄女"（《吐鲁番出土文书》图录本贰，第 46、47 页）。该手实是在贞观十四年八月唐朝攻灭高昌国之后不久，为对高昌旧境实行有效管辖而进行的人口统计。民户申报的时间是在九月，其所申报的数据为当时的情况；既非年末申报，亦非为来年造籍服务。

　　② 金代的户籍制度仿照唐代，《金史》卷四六《食货志》载："凡户口计帐，三年一籍。自正月初，州县以里正、主首……诣编户家责手实，具男女老幼年与姓名，生者增之，死者除之。正月二十日以实数报县，二月二十日申州，以十日内达上司，无远近皆以四月二十日到部呈省。"（中华书局 1975 年版，第 1032 页）这里虽然说的是手实与计帐的关系，也可以看出在非造籍年，手实都是正月上报的。

　　③ 《唐会要》卷八六《奴婢》，上海古籍出版社 1991 年版，第 1860—1861 页。

　　④ ［日］池田温：《中国古代籍帐研究》"概观"，第 102 页。

　　⑤ 参见孟宪实《吐鲁番新发现的〈唐龙朔二年西州高昌县思恩寺僧籍〉》，《文物》2007 年第 2 期。这件僧籍标明的"正月"，与前举《前秦建元籍》《西凉建初籍》及《北凉承阳籍》一样，指的也是造籍的标准时间。正常情况下，其与申报手实的时间是一致的。2006 年，新疆吐鲁番地区阿斯塔那 607 号墓出土了一件唐神龙三年（707）高昌县开觉寺的手实，其申报的时间就是在正月。（参见《唐神龙三年［707］正月高昌县开觉等寺手实》，收入荣新江、李肖、孟宪实主编《新获吐鲁番出土文献》，第 53 页）

与礼俗最终实现了统一。

五　秦汉与唐代官方年龄及户籍记载上的差异

无论是秦汉还是唐代，其赋役征除、赐廪养老、定罪量刑等都是以年龄，准确地说，以官方年龄为据①。唐代的著籍时间与民间的增年节点一致，无所谓官方年龄与民间年龄的差异，但秦汉时期就不同了。

秦汉时期户籍上的年龄来自民众自占，但民间是岁首增年，官方是八月著籍增年，这就使官府掌握的民众年龄比民间的虚岁"慢一拍"。我们看一下新生儿的著籍情况。按照民间计岁的习惯，小孩出生就为一岁，如果是八月以前出生的，他在当年著籍时被注为一岁；若是八月以后出生，赶不上当年造籍，一转年他就两岁，该年八月著籍时记为两岁。直到下一年再造新籍，官方才掌握并使用新一轮年龄数据。如果不考虑新生儿的情况，官方与民间因增年时间节点导致的年龄差异就是：在每年八月造籍前，官方掌握的年龄比民间的虚岁小一岁；八月造籍后，官方与民间就统一了。明白了官方年龄与民间年龄的差异，我们就可以解释史籍中有关汉人年龄记载的一些疑问了。例如，《魏志·文帝纪》注引曹丕《典论·自叙》曾提到他自己的早年经历，说建安二年（197）张绣反叛，"时余年十岁，骑马得脱"。徐绍桢《三国志质疑》提出疑议："据本纪，文帝生于中平四年冬，而张绣既降复反，事在建安二年春，上距中平四年已十一年，而《典论》自云十岁者，盖自中平四年之冬距至建安二年之冬，始实周十岁也。"② 但张绣反叛的时间是在春季，没有到曹丕的十月生日，其说的十岁显然不是指周岁。《典略》是曹丕的自述，他记自己的年龄不应该有错。如何理解曹丕这里说的十岁呢？曹丕生于中平四年（187）冬，第二年八月他完成第一次著籍时是两岁；到建安二年春，当年的著籍

---

① 即使官方户籍上登录的年龄有问题，原则上也要以官方年龄为准。一个有名的例子就是《宋书》卷九一《孝义·何子平传》，传载何子平母亲户籍上的年龄不实，当时人劝何子平无须恪守错误的记载而辞官回家侍养母亲，但何子平说："公家正取信黄籍，籍年既至，便应扶侍私庭，何容以实年未满，苟冒荣利"。（中华书局1974年版，第2257页）

② 张舜徽编：《二十五史三编》，岳麓书社1994年版，第4册，第945页。

时间还未到，按照官方的统计标准，曹丕就应该是十岁。①

表面上看，秦汉时期官方八月增年，民间岁首增年，官方年龄只比民间年龄晚了八个月。但正如上文所说，八月仅是民众申报年龄的开始，官府只有等到造籍结束才能确认民众年龄，并据此开展一系列活动。所以睡虎地秦简《仓律》谓"八月傅为大隶臣妾，以十月益食"，官府按照户籍上的年龄赐给廪食只能是十月之后的事了。这样，从实际操作的角度上讲，秦汉的官方年龄就比民间年龄差了将近一岁（十个月）。对比一下汉人和唐人的处境，即使汉代和唐代规定的各种权利、义务的年龄一致，汉人享受权利、承担义务的时间也要比唐人晚了将近一年。

秦汉和唐代同样是著籍增岁，但由于造籍时间不同，这就使得二者户籍上登录的年龄数据有不同含义，记载形式也有区别。

秦汉时期民户自占的时间在八月，这也是造籍的标准时间，所以户籍上登录的年龄就是当时的数据。这可以纠正笔者一个错误认识。笔者以前根据睡虎地《仓律》"小隶臣妾以八月傅为大隶臣妾，以十月益食"的记载，结合吐鲁番出土的唐代手实牒尾"责当户来年手实"之语，推测秦汉户籍中记载的年龄不是当年八月的数据，可能是下一年的预计。② 这种解释似乎疏通了《仓律》的文意，实际上带来了更大的困惑。如果户籍预报的是来年数据，那么在此基础上做成的各种户口统计也只能是来年的情况了。但新近江陵松柏 1 号墓出土一批汉武帝时期的简牍，其 48 号木牍为：

---

① 需要说明的是，秦汉史籍中记载人物的享年不存在"著籍增年"的方式。按道理说，人一旦死亡，就不再涉及国家规定的权利和义务问题，也就不存在所谓的官方年龄了。这一点也可以从户籍制度方面做出解释：秦汉法律规定每年八月造籍，新生儿只有在造籍时才能被登录到户籍上；但对人口死亡，因为涉及蠲除赋税（主要是每月征收的人头税）、徭役的问题，就需要及时地上报官府，所以在孙吴户籍类简中，人的死亡时间被详细注上了月、日，例如"台佰子男唐适年卅九给限佃客以嘉禾三年九月十日被病物故"（简［叁］3053）、"口父意年七十以 嘉禾三年正月九日被病物故"（简［叁］3074）、"平阳里户人公乘黄监年五十 六年三月廿三日物故死訾 五十"。（简［叁］4298）等。（参见长沙简牍博物馆、中国文物研究所、北京大学历史学系"走马楼简牍整理组"编著《长沙走马楼三国吴简·竹简［叁］》，文物出版社 2008 年版，第 789、817 页）这样，官府往往能够很早，无须等到造籍就能掌握民众死亡的年龄。退一步说，即使官府造籍时才得知民众已死亡，其登记到户籍上的年龄也是民间报的虚岁。

② 张荣强：《孙吴户籍结句简的"事"》，载长沙简牍博物馆、北京吴简研讨班编《吴简研究》第 1 辑，崇文书局 2004 年版；收入《汉唐籍帐制度研究》，第 144—162 页。

（上栏）·二年西乡户口薄

　　　　　户千一百九十六

　　　　　息户七十

　　　　　耗户卅五

　　　　　相除定息卅五户

　　　　　大男九百九十一人

　　　　　小男千卅五人

　　　　　大女千六百九十五人

　　　　　小女六百卅二人

（下栏）息口八十六人

　　　　耗口卅三人

　　　　相除定息口卅三

　　　　·凡口四千三百七十三人①

"息户（口）""耗户（口）"分别指与上年相比，繁衍滋生和减耗的户、口数。除此之外，安徽天长出土的西汉中期某县《户口薄》②、朝鲜平壤贞柏洞出土的《乐浪郡初元四年县别户口多少 集 簿》③ 以及江苏尹湾汉墓出土的《集簿》④ 中也有诸如"多前""少前""如前"等统计。这些数据只能解释为当年相比上一年的户口增减情况，不可能是来年的预计情况。新公布的里耶秦简中也有县署向上级呈报户计的实例：

---

　　① 朱江松最早公布这枚木牍的图版，（《罕见的松柏汉代木牍》，载荆州博物馆编《荆州重要考古发现》，文物出版社 2009 年版，第 211 页）彭浩对其进行了释读。（《读松柏出土的西汉木牍（二）》，2009 年 4 月 4 日，http：//www. bsm. org. cn/show_ article. php？id＝1013，2013 年 5 月 6 日）

　　② 天长市文物管理所，天长市博物馆：《安徽天长西汉墓发掘简报》，《文物》2006 年第 11 期。简报推测《户口薄》属于东阳县之物，胡平生提出不同意见，见《天长安乐汉简〈户口薄〉"垣雍"考》，2010 年 2 月 3 日，http：//www. bsm. org. cn/show_ article. php？id＝1215，2013 年 6 月 22 日。

　　③ 尹龙九：《平壤出土〈乐浪郡初元四年县别户口薄〉研究》，《木简与文字》［韩国］第 3 号，2009 年；杨振红、尹在硕：《韩半岛出土简牍与韩国庆州、扶余木简释文补正》，《简帛研究 2007》，广西师范大学出版社 2010 年版。

　　④ 连云港市博物馆、东海县博物馆、中国社会科学院简帛研究中心、中国文物研究所编：《尹湾汉墓简牍》，中华书局 1997 年版，第 77—81 页。

卅四年十月戊戌朔辛丑，迁陵守【丞】说敢言之：上卅三年黔首息耗八牒。敢言之。（简 8－183＋8－290＋8—530）①

此时十月为岁首，戊戌朔，辛丑是 4 日。这是第二年年初呈报上一年户计的例子，而西林昭一披露了长沙走马楼出土的一枚汉简：

五年九月丙辰朔壬申，都乡胜敢言之，狱移劾曰：复移五年计口口四千二百廿七，案阅实四千二百七十四，其卅九口计后。②

胡平生指出，这里的"五年"应是长沙王纪年，大致相当于汉武帝元朔五年（前 124）。③ 丙辰朔，壬申是 17 日。这两个例子中，迁陵县三十四年年初呈报的是三十三年（前 214）户计，长沙县都乡五年年底呈报的是"五年计"，并非笔者原来推想的来年即"三十四年计"或"六年计"。

明白官方著籍增年的做法后，就能澄清所谓预计的问题了。在秦始皇统一全国到汉武帝改定太初历这段时期，十月为岁首，编定户籍又在岁末，两者首尾衔接，很容易给人以预先造籍的假象；真实情况恰恰相反，是这一时期官府登记、确认民众年龄的时间比我们预想的晚了将近一年④。也正因为秦汉户籍中的年龄是以当年八月的数据为标准登录的，所以我们在承汉制而来的孙吴户籍类材料中，可以见到诸如"休女弟土年一岁"（简［壹］7639）、"鼠弟仕伍口年一岁"（简［贰］2081）、"悬男侄猜年一岁"（简［肆］518）⑤ 这些新生婴儿的记载。

唐代情况就不同了。唐代造籍的标准时间是在正月，但为了能赶上县令正月上旬赴州正式造籍，民户申报手实的工作需要在上一年年末进行。职是之故，唐代为造籍做准备的手实上申报的是来年数据，这就导

---

① 陈伟主编：《里耶秦简牍校释》，第 106 页。
② 《简牍名迹选》2《湖南篇二》，东京二玄社 2009 年版，第 34—35 页。原释文有误，此处参考胡平生《新出汉简户口簿籍研究》一文，见《出土文献研究》第 10 辑，中华书局 2012 年版。
③ 前揭胡平生《新出汉简户口簿籍研究》一文。
④ 秦及汉初岁首十月，如果当时民间也以十月增岁，官方年龄就比民间年龄差整整一岁。
⑤ 参见《长沙走马楼三国吴简·竹简［壹］》，第 1052 页；《长沙走马楼三国吴简·竹简［贰］》，第 759 页；《长沙走马楼三国吴简·竹简［肆］》，第 632 页。

致这一时期户籍上登录的最小年龄只能是两岁，不可能出现一岁。所以我们在唐代户籍中，可以见到许多登载两岁的例子；① 但见不到一例登载一岁者。如果这一现象尚不足以说明问题，我们再来看唐代户籍中登录的"四岁"年龄的注记，《唐天宝六载敦煌郡敦煌县龙勒乡都乡里籍》"程智意"户：

185 女妙光载肆岁　　小女　　天宝三载籍后附空②

《唐开元四年（716）西州柳中县高宁乡籍》"索住洛"户：

35 男仁惠年肆岁　　小男　　先天贰年帐后新生附③

《唐开元四年西州柳中县康安住等户籍》第 2 片不知名户：

7　女修戒年肆岁　　小女　　先天贰年帐后新生附④

《唐开元廿九年（741）西州天山县南平乡户籍》不知名户：

4 男惠一年肆岁　　　小男开元贰拾陆年帐后新生附⑤

先天二年（713）干支癸丑，是造籍年，目前也发现了这一年的户籍

---

① 如在《唐天宝六载（747）敦煌郡敦煌县龙勒乡都乡里籍》中，我们可以见到"郑恩养""程思楚""程什住""程大忠""程大庆""程智意"以及某不知名户等至少 7 户有登载两岁者。其中，"程思楚"户甚有两例。见唐耕耦、陆宏基编《敦煌社会经济文献真迹释录》第 1 辑，书目文献出版社 1986 年版，第 160—181 页。

② 唐耕耦、陆宏基编：《敦煌社会经济文献真迹释录》第 1 辑，第 181 页。

③ ［日］池田温：《中国古代籍帐研究·录文与插图》，第 102 页。

④ T. Yamamoto and Y. Dohi（eds.），*Tun - huang and Turfan Documents concerning Social and E-conomic History*，Supplement：（A）Introduction& Texts，2001，p. 31. 原文书整理者将其定名为"《唐开元二年（714）帐后西州柳中县康安住等户籍》"，见《吐鲁番出土文书》图录本（肆），第 128 页。

⑤ 北京大学图书馆、上海古籍出版社编：《北京大学图书馆藏敦煌文献②》，上海古籍出版社 1995 年版，图版见 227 页，录文见"附录"29 页。并参见荣新江《〈唐开元二十九年西州天山县南平乡籍〉残卷研究》，《西域研究》1995 年第 1 期。

实物。① 但从开元二十三年（735）开始，形成一个新的造籍年次（寅、巳、申、亥）；开元二十六年（738）干支戊寅，也是造籍年②。所以，文书注称的"先天二年（开元二十六）帐后"也就是"先天二年（开元二十六）籍后"③。户籍注记有严格的书写规范，凡作"籍后漏附"指未在规定的造籍之年登录，前籍有脱漏者；而作"籍后附"则指新生儿在造籍之年的正常登录④。唐代三年一造籍，四岁均注"籍后附"或径作"新生附"，亦可反证唐代户籍不可能登录一岁之事实。

汉唐造籍日期的变化，固然是因应民间习俗的做法，也是这一时期社会经济制度变化的结果。我们知道，秦汉时期因应黄河流域主谷的收获时间，官府采用"计断九月"之制；为了能及时而准确地掌握户口数据并将其记入当年的计簿中，编造户籍的时间只能放在八九月。随着江南经济地位的上升以及中央制定政策的倾向性的变化，南朝以后财政年度"岁终为断"，转而采用自然年度⑤。但唐代或者此前的朝代为什么没有在同为财政年度之末的十一二月造籍而是改为正月造籍呢？除了民间增年节点的影响，至少要考虑两方面因素。一是赋税制度的变化。秦汉时期基于人身的口、算赋是每月征收⑥，而魏晋时期租调制确立之后，以绢帛粟米为代表的实物都是在特定时间段征收⑦，所以这一时期的户籍不必局限在上一财政年度末，只要在赋税征收前造好就可以了。

---

① P. 2822 号《唐先天二年（713）沙州敦煌县平康乡籍》，《敦煌社会经济文献真迹释录》第 1 辑，第 135—137 页。

② 荣新江：《〈唐开元二十九年西州天山县南平乡籍〉残卷研究》。

③ 池田温指出，敦煌与吐鲁番户籍的书式有所不同："沙州（敦煌）于造籍之年，在户口异动注记中写作'某年籍后'，其他则记为'某年帐后'；相反，西州（吐鲁番）则全部使用'某年帐后'。"参见池田温《中国古代籍帐研究》"概观"，第 95 页。

④ 也有一个特例，《唐天宝六载敦煌郡敦煌县龙勒乡都乡里籍》第 3 片第 67 行："忠男元　奉载叁（三）岁　　黄男　天宝四载帐后漏附空"。元奉三岁本是新生儿新附，却被注为"漏附"。但如果对照本件第 63 行"女妃妃载叁岁　黄女　天宝四载帐后附空"的记载，就可以确定第 67 行的"漏附"是误书。事实上，此"漏"字旁边有一墨点，看来校籍者也注意到这一错误。

⑤ 参见拙文《从计断九月到岁终为断——汉唐间财政年度的演变》，《北京师范大学学报》2005 年第 1 期；收入《汉唐籍帐制度研究》，第 187—221 页。

⑥ 学者对此已多有揭示，最新研究成果见拙文《再论孙吴简中的户籍文书——以结计简为中心的探讨》，《北京师范大学学报》2014 年第 5 期。

⑦ 《通典》卷六《食货六·赋税下》对唐代征收租庸调的时间有详细规定：庸调在八九月征收；租粟"准州土收获早晚"，大约在七八月征收；"稻麦随熟即输"，水稻十月成熟，小麦五月成熟，民众最早交租税的时间也要在五月之后。（中华书局 1988 年版，第 109 页）

二是户籍功能的变化。秦汉时期的户籍是每年一造，户籍直接为征收赋役提供依据；有迹象表明，至少南朝时期户籍就开始三年一造，户籍作为政府掌握的基础台账，征收赋役有专门的账簿。① 正是这些方面的变化，为唐代甚至前朝的造籍日期以及相应官方增年方式的转变提供了可能。

结　语

中国古代尤其中古时期，不存在周岁计年的方式，但有官方年龄与民间年龄的区别。我们以往谈到官方年龄时，会不自觉地将其与民间年龄等同起来，认为如果没有民众弄虚作假或官吏上下其手，官方年龄与民间年龄应该保持一致。但实际上，官方年龄与民间年龄是两种不同的计年方式，两者的分合也有一个长期的发展过程。由于官府掌握的户籍中的年龄原则上是由民众自行申报，官方年龄与民间年龄在始生计数（增年起点）时一样，但在增年的时间节点上有很大差异。最迟从汉武帝时代开始，民间年龄就固定以岁首元日为增年的时间节点，每过一个春节增一岁。但官方年龄不同，按照户籍制度的设计，其是以民众每年的著籍时间，换句话说，就是官府造籍的标准时间为增年的时间节点。秦汉时期，官府造籍标准时间在八月，官方年龄的增年时间节点也在八月。明乎此，我们就可以理解为什么秦及汉初的人说"岁尽增年"以及睡虎地秦简、《续汉书·礼仪志》谓八月著籍才是官府认可的课役（优免）身份转换的节点了，由此也就能更好地把握秦汉户籍上登录的年龄数据的真实含义。经过魏晋南北朝时期的调整，最迟到唐代，官府造籍的标准时间确定在了正月。在非造籍年，唐代民众可以正常在正月申报手实；而到造籍年，为了能赶上官府制作户籍的时间，就需要提前在上一年年末预报手实。所以唐代户籍中登载的最小年龄是两岁，没有一岁的事例。分析官方年龄增年时间节点的演变，就成为我们观察中古户籍制度的一个新视角。唐代造籍标准时间的调整，使官方与民间增年的时间节点合二为一，从而改变以前官方年龄较诸民间年龄"慢一拍"

---

① 参见拙文《〈前秦建元籍〉与汉唐间籍帐制度的变化》，《历史研究》2009 年第 3 期，收入《汉唐籍帐制度研究》，第 222—266 页。

的弊端；这种调整不仅是古代造籍制度的一大变化，也是统治者日益加强对民众控制的必然结果。

（附记：该文原刊于《历史研究》2015年第2期，因篇幅所限，发表时有删节。此是未删前的版本）

（张荣强，北京师范大学古籍与传统文化研究院教授）

范仲淹的家国情怀

——对宋代出身基层的士大夫精神世界的探寻（之一）

谷更有

　　唐宋之际处在社会的大变革时期，政治格局发生了很大变化，科举制的不断强化，使唐至宋期间完成了从贵族政治到官僚政治的大变化；其间围绕"专制—集权"政体，也逐渐经历了从"三省六部制""中书门下体制"直至宋代中书门下与枢密院文武分途的"二府制"。政局的变化对士大夫官员们的政治主体性影响很大，他们用实际行动（比如期间所集中出现的现象：家训从出现到日益普遍、乡约与义庄的出现等）来反映其内心世界，稍加留心就会从中读出其行为中的家国情怀和公私情结。本文试图以唐宋政局的变化为背景，从家国的角度解读一下范仲淹的精神世界。

　　范仲淹活着的时候是孤独的，大部分时间是在颠沛流离和铁马羌笛中度过的。终其64岁的一生，朋友多于知己，政敌多于朋友。他死后，被谥以"文正"，被天下人奉为"楷模"并流芳后世，泽被及范氏后族。"先天下之忧而忧，后天下之乐而乐"，这句在他一生中最失意时所发出的慨叹，成为流传后世文人士大夫的人格世范。

　　范仲淹2岁而孤，随母改嫁，改姓名为朱说。继父对仲淹视同己出，支持其读书志学。仲淹幼年的物质生活条件，其实本不差，但在山东长山醴泉寺读书时却"断齑画粥"，以苦立志，之后进入享有盛名的睢阳书院读书，深受书院创始人戚同文的精神感召力，强化出一种"以天下为己任"的文化自觉。随着范仲淹步入朝堂，不断亲身实践这种理想，带动了一大批追随者，从而将"以天下为己任"的文化自觉升华为一种时代精神。

　　范仲淹终其一生都在为实现理想而奋斗，但正是由于其对理想的过于执着，在实践中往往会因此碰壁，甚至头破血流。范仲淹的悲壮就在于其不断地坚持，而越坚持其悲壮色彩越浓厚。范仲淹为官言事曾遭"三黜"，且一次比一次惨。

　　"初为校理，忤章献太后（仁宗养母，此时太后主政）旨，贬倅河中。""后为司谏，因废郭后，率谏官、御史伏阁争之不胜，贬睦州。""后为天章阁、知开封府，撰《百官图》进呈，丞相怒，奏曰：'宰相者，所以器百官。今仲淹尽自抡擢，安用彼相？臣等乞罢。'仁宗怒，落职贬饶州。"①

　　范仲淹三次遭贬，曾三次受少数有气节官员的褒扬，史称"三光"。

　　首次忤章献太后遭贬，"僚友饯于都门曰：此行极光"；再次忤仁宗皇帝遭贬，"僚友又饯于亭曰：此行愈光'；再次忤吕丞相遭贬，"时亲宾故人又饯于郊曰：'此行尤光！'范仲淹笑谓送者曰：'仲淹前后三光矣，此后诸君更送，只乞一上牢可也。'"②

　　仲淹的"三光"之笑实为苦笑，人情冷暖，世态炎凉，当人在落难时，感触最深。在最后一次遭贬时，饯送之人寥寥，即使前往送别之人，大多也多是为应景，真心以钦佩之心惜别的只有王质一人。在前往饶州的途中，"泊水道之官，历十余州，无一人出迎者"。但范仲淹还在坚持，其间应好友滕宗谅（子京）之约，赴岳州会友，写下名篇《岳阳楼记》，以此明志："先天下之忧而忧，后天下之乐而乐。"尽管如此，此时的范仲淹不再是年少气盛的年岁，已值暮年，大半生颠沛流离的官宦生涯，越来越使心境回归理性和现实。晚年范仲淹回到了家乡姑苏为官，在此他做了一个惊世之举，在苏州首创了"义庄"。

---

　　① （宋）文莹：《湘山野录·续录》，《范文正公以言事凡三黜》，中华书局1984年版，第77页。
　　② 同上书，第77—78页。

　　　　及归姑苏日，有绢三千四，尽散与闾里、亲族、朋旧，曰："亲
　　族乡里，见我生长，幼学壮行，为我助喜，何以报之？祖宗积德百余
　　年，始发于我；今族众皆祖宗子孙，我岂可独享富贵？"乃置田数千
　　亩为义庄，赡贫族。①

　　范仲淹办义庄之举，历来为史家所乐道，不吝美辞以褒扬。其实，对
此事还真有细品的必要。范仲淹办义庄资赡族人，为何到晚年才想到做这
事？联想范仲淹的身世，对其付诸深恩的并非祖家，而是其继父朱氏。可
贵的是，范仲淹始终像亲父兄一样事养父兄。先祖范氏宗亲虽对其施恩不
多，但范仲淹将其发达归究于祖宗百余年的积德。以此类推，范仲淹办义
庄之举，在为后世子孙积德，之后其子范纯仁、四世孙范成大为相的事
实，似乎都在印证着这种逻辑。不过联想到范氏义庄的开创之举，之后士
大夫纷纷效仿，但他们当中的大多数人的积德行为，并未为后世赢得显
达。因此，笔者总觉得范仲淹的晚年行为中，有官场感悟的难言之隐。
　　也许以往的研究者过于把范仲淹塑造成一个完美、不食人间烟火的圣
人了。现在大家所了解的范仲淹是一个抽象的范仲淹。历史上实际的范仲
淹应当是一个心理负担极重的一个人。幼年生父早逝，随母改嫁朱家，尽
管继父对他很好，但随着范仲淹年龄的增长、读书的增多、对身世越来越
清楚，会渐渐有一种做事谨小慎微的顾虑。早年范仲淹在醴泉寺读书时，
其继父家的家庭条件并不差，但其仍故意过"断齑画粥"的日子，以苦
明志。后来做官后，毅然恢复范姓的举动，史载是因其母规劝的结果。实
际的原因，恐怕是范仲淹长期以来埋藏在心中的一个心愿。
　　幼年的范仲淹似是一内向之人，只顾埋头读书，很少说话；科考中举
做官后却一改幼年寡言少语的性格，不仅敢言，而且敢于犯上而言，从犯
颜顶头上司——知州到反对主政之章献太后、抗辩仁宗皇帝，直至与当朝
宰相作对；从写万言书到上奏《答手诏条陈皇帝十事》，推动庆历新政改
革。可以说自范仲淹做官后每一次言事都惊天动地，每一次都不惜将自己
置之死地。尽管由于赵宋有不杀言官的祖训，可以使范仲淹免以一死，但

---

　　① （宋）俞文豹：《清夜录》，载（元）陶宗仪：《说郛三种》之一二〇卷本，卷三八版，
上海古籍出版社 1988 年版，第 1738 页。

他也并未因"置之死地"而"后生"。

范仲淹的一生无不因言而颠沛流离，大半生是在过做贬官的生活。范仲淹是当时官场中的另类。当时的官场和所有时代的官场一样充满着尔虞我诈，充斥着明争暗斗。笔者相信大部分读书人初入官场后还是充满着一颗事业心的，但渐渐地熟悉了官场规则后，渐渐会消磨棱角，变得圆滑世故。诚如时任丞相吕夷简与范仲淹谈话中所讲的那样：范仲淹问丞相，韩琦力主对西夏主元昊主动进攻，结果大败，而丞相当时明知韩琦之策必败无疑，可却不加制止之，这是为什么呢？吕丞相答道，韩将军年少气盛，当时劝是无益的，等到他不断碰壁，直到头破血流，到时不用劝，自然他就安稳了。果然后来韩琦成为王安石变法的强烈反对者。

范仲淹曾对吕夷简的话半信半疑，做事仍然锋芒毕露。可从他晚年的举动看，"先天下之忧而忧，后天下之乐而乐"更像是他勉励后人的一句格言。《岳阳楼记》毕竟是一部公众作品，不像日记或书信那样带有一定的私密性。只有私密性的东西才会真正去反映个人心灵深处的东西。范仲淹其实也有两面性，一个是官员身份的范仲淹，另一个是作为常人的范仲淹。作为常人的范仲淹也有七情六欲，对同父异母的兄长范仲温书信往来，备尽手足之情；对养父母尽报抚养恩德，甚至于范仲淹还有情意绵绵的红颜知己。

　　范文正公守鄱阳，喜乐籍。未几召还，作诗寄后政（魏介）曰："庆朔堂前花自栽，为移官去未曾开；年年忆著成离恨，只托春风管领来。"①（魏）介买送公。王衍曰："情之所钟，正在我辈。以范公而不能免。"② 到京，以绵胭脂寄其人，题诗云："江南有美人，别后长相忆。何以慰相思。寄汝好颜色。"③

范仲淹在《渔家傲》也曾表露心迹："浊酒一杯家万里，燕然未勒归无计。羌管悠悠霜满地。人不寐，将军白发征夫泪。"其中透露的可是人之常情——思乡之情，而不是宣传作品所鼓吹的报国之情。其时范仲淹与

---

① （宋）姚宽：《西溪丛语》卷下，中华书局 1993 年版，第 93 页。
② （宋）俞文豹：《吹剑录外集》，文渊阁《四库全书》本。
③ （宋）姚宽：《西溪丛语》卷下，中华书局 1993 年版，第 93 页。

好友韩琦、尹洙一同在西近御夏，韩琦因力主不当地进攻战略，自取好水川大败之辱。范仲淹力主积极和防御战略，颇有成效，但因私与西夏主元昊通书，被人诬陷，再受重责。后虽再被起用，但其时心境已不再平静。在范仲淹复给韩琦的信中写道：

> ……邸报云，某有恩命，改职增秩。贫儒至此，诚为光宠，奈何朝廷本欲吾辈来了边事，今泾原全师败殁，邻道无应援之效，而特进爵，天下岂无深议耶？又今将佐不思报国，惟望侥恩，吾辈频时进改，岂能伏其心？何言责他实效？候文字到，须以此削章，乞朝廷裁酌。今日闻阁下复旧职，改大谏职可复矣。官莫须陈让，使诸将知吾辈无侥幸之意。当此之际，如得朝廷责怒，则吾辈可责将佐之功矣。某昨赴邠州，设御捍之势，实惧自己路分内放过寇马，入挠关中，其责如何。诚以避罪，岂足为功，以邀渥泽也。惶恐惶恐！寇谋渐炽，皆由将帅无谋，入贼策中。吾辈须日夜经营，以备将来……①

从此信中不难体会到，此时范仲淹对朝廷虽有微辞，但仍以进取为念。但之后从战场回调京师，拜枢密副使，因建言《条陈十事》，倡行新政，即史上有名的"庆历新政"，因反对势力过多，竟因事败而终。此事对范仲淹打击甚大，其心态在一点点变化。同样在与韩琦的通信中表露道：

> "已乞罢使名，改蒲、同、襄、邓一郡，必有谕旨。孤平蹇剥，所得已多，须求便安，以全衰晚。……"又："蒙诘以念念其退之非，盖年向衰晚，风波屡涉，不自知止，祸亦未涯，此诚惧于中矣。"又："某孤平有素，因备国家粗使，得预班列。今庶事逾涯，复得善郡。每自循揣，曷报上恩？愧幸愧幸！公与彦国，青春壮图，宜精意远略，行复大用，乞自重自重。"②

其失落、消极情绪跃然纸上。在这之前，范仲淹虽也屡遭贬放，但胸怀天

---

　　① （宋）范仲淹：《范文正公尺牍》，卷中《交游·韩魏公》，载李勇先、王蓉贵点校《范仲淹全集》，四川大学出版社 2002 年版，第 671 页。
　　② 同上书，第 674—675 页。

下之志却依然坚定。这在与同熟识同道的书函中也体现得很明显。在复书于谢安定屯田的信中写道：

> 某早以孤贱，荷国家不次之遇，夙夜不遑，思所以报，故竭其诚心，自谓无隐尔，非有出入于人也。今被罪而来，尚有民人，是亦为政，岂敢怠哉！①

又，与胡安定屯田的书函中写道：

> 某念入朝以来，思报人主，言事太急，贬放非一。然仆观《大过》之象，患守常经。九四以阳处阴，越位救时……思不出位者也。吾儒之职，去先王之经，则茫乎无从矣，又岂暇学人之巧，失去故步？但惟精惟一，死生以之。②

以上十分粗略地对范仲淹一生的心路历程做了一个分析，从一个常人的视角对范仲淹做了一个重新认识。其实范仲淹的境遇和心态变化不是偶然的。与他同时代以及后时代的士大夫如欧阳修、苏轼、王安石等，也有着和范仲淹相似的人生经历和心路历程。以及范仲淹首创"义庄"后，士大夫们的纷纷效仿，加之"家训"现象普及和"乡约"现象的出现，无不体现出唐宋时期以皇权至上为基础，以科举考试为手段所形成的士大夫政治下的君臣关系的新特点。这样一种政治格局对士大夫的精神世界产生着重要影响。

中唐以后中枢体制变化后，士大夫政治逐渐形成，即北宋名臣文彦博所言的"皇帝与士大夫共天下"，其实不然。专制—集权的政治体制的不断强化，在很大程度上造成了皇帝与大臣的离心离德，从权力与势力层面会形成国家与社会的分野。宋太祖、太宗年间，士大夫官员们有"伴君如伴虎"之叹！两宋期间大部分官员几乎都经历了上上下下的宦海沉浮，包括一些重臣、名臣在内的如赵普、寇准、范仲淹、欧阳修、王安石、苏轼等。北宋时发生在士大夫身上的家训的普遍性、创办义庄、编定乡约等

---

① （宋）范仲淹：《范文正公尺牍》，卷下《交游·谢安定屯田》，第692—693页。
② 同上书，第693页。

现象，尤值得深思。这些现象对后来的家族—宗族及乡绅的形成起着极大的推动作用。通过上述史实，我们可以梳理出唐宋期间政治格局与士大夫之间的变迁的互动性，从而在二者的互动性中来把握士大夫的内心世界。

（谷更有，河北师范大学历史文化学院教授）

唐宋国有土地制度变迁的
经济分析[*]

姜 密

　　唐宋处于我国封建社会的鼎盛时期，农业、手工业、商业都发展到了一个新的水平。就农业中的土地制度来说，唐宋时期的一个显著变化就是国家从政策上逐渐改变土地产权，变国有为私有，其中第一步便是改变经营模式。经营方式的变化会给国家带来怎样的收益？本文就是想通过量化分析来探讨制度变迁所带来的收益变化，从而证实新制度经济学中的相关理论在古代社会经济发展中存在一定的适用性。

一　唐宋国有土地的经营方式和产权变化

　　唐代前期，具有完整意义上的国有土地的最大部分应该是屯营田。据《文献通考》卷七《田赋考七·屯田》记载："唐开军府以捍要冲，因隙地置营田，天下屯总九百九十二，司农寺因屯三顷，州镇诸军每屯五十顷，水陆腴瘠播殖地宜与其功庸烦省，收率之多少，皆决于尚书省。"虽然分为军屯和民屯，但是除了为安置流民而置的非军事性屯田外，大多数军屯，其目的在于供应戍边驻军的军粮。经营方式主要是军队直接经营，即士兵在战争之余进行耕垦。

　　唐中期以后，随着均田制和府兵制的破坏，屯营田发生了很大变化。逐渐由国家直接经营向租佃经营方向转化。对屯营田的变化，胡三省曾指

　　* 本课题是河北省社会科学基金项目（HB09BFX010）和河北省教育厅科研基金项目（S090108）系列成果之一。

出："营田之名，盖缘边多隙地，蓄兵镇戍，课其播殖以助军需，谓之屯田。其后中原兵兴，民户减耗，野多闲田，而治财赋者如沿边例开置，名曰营田。行之岁久，不以兵，乃招致农民强户，谓之营田户。复有主务败阙犯法之家，没纳田宅，亦系于此。自此诸道皆有营田务。"① "安史之乱"以后，更多的农民经营营田，到宪宗末"天下营田皆雇民或借庸以耕"②，之后有屯田处，官"假之牛犁粟种与食"，招民承佃③的情况逐渐增多，这就意味着，唐中后期屯营田从经营方式上逐渐由国家直接经营向租佃经营方向转化，且在转化的同时，它的产权亦随之变迁——即许民为永业（具有了一定的私有性质）。如穆宗即位后诏令"耕官地者，给三之一以终身"④。会昌元年后"仰县司召人给付承佃，仍给公验，任为永业"⑤。

五代租佃经营和产权变更亦如唐末。《资治通鉴》卷二九一，"后周太祖广顺三年（953）记事"载："乙丑敕：'悉罢户部营田务，以其民隶州县，其田庐、牛、农器，并赐现佃者为永业。悉除租牛课。'是岁，户部增三万余户。民既得永业，始敢葺屋植木，获地利数倍。"

如果说唐末五代只是在局部或是在屯营田等几种主要类型的官田产中出现经营方式变化（变为租佃经营为主），并时而伴随着产权关系转化（国有转为私有）的话，那么，到宋朝这种转化所涉及的范围（包括地区和官田产种类）则更加广泛，尤其是许民承佃在官田产经营中较为普遍实行，佃久则为永业者也屡见不鲜。有关"系官田产"实行租佃经营的记载在宋代文献中比比皆是，此不赘述。

我们说，唐中期以来，历经五代至宋之所以由国家直接经营转为租佃经营，封建中央政府决策的初衷决不是为了让百姓取得私有产权，而是从自身的财政利益出发，考虑更多的应该是国有田产的经济收益。正如赵俪生先生所言："从经营、核算、成本、利润等方面来抓具体的经济利益，从经济利益中去体现'最大的政治'。"⑥

---

① 《资治通鉴》卷二四八，大中三年（849）八月条注。
② 《新唐书》卷五三《食货志》，第1373页。
③ 《旧唐书》卷一八五下《薛珏传》记述韶州刺史徐申招民屯垦。
④ 《新唐书》卷五三《食货志》，第1373页。
⑤ 《唐会要》卷八五《逃户》，第1566页。
⑥ 赵俪生：《中国土地制度史》，齐鲁书社1984年版，第123页。

二　国有土地政策变化的量化分析

在阶级社会里，一项制度的变更，可能更多的是围绕着统治阶级的利益，当然也离不开期望获得经济增长的目的。促使经济增长的因素是多方面的，美国经济学家和经济史学家道格拉斯·诺思和罗伯特·托马斯在《西方世界的兴起》等著述中提出："经济增长的关键在于制度因素，一种提供适当的个人刺激的有效的制度是促使经济增长的决定性因素，而在制度因素之中，财产关系的作用最为突出，无论是封建庄园制度的兴起和衰落，还是近代产业革命的发生，都与私人财产地位的变革有直接的关系。"[①] 他们指出了制度因素是经济增长的关键，而在制度因素中，产权制度的变化起着重要作用。所谓"经济增长"，当代经济学家一般解释说："经济增长指国民收入或国民生产总值的总量或人均量的上升。"[②] 或者说"经济增长指一国的人均生产（国内生产总值）或人均收入（国民生产总值）的增加"[③]。"经济增长是指社会财富即社会总产品量的增加。它一般是用实际的国民生产总值（GNP）或国内生产总值（GDP）的增长率来表示。"[④] 在中国古代，由于流民较多，这种实际的 GNP 或 GDP 是难于计算的，所以我们不妨采用"经济增长特指更多的产出"[⑤] 的概念，来粗略衡量一下我们拟探讨的国有田产的经济增长。

促使唐宋时期某一时期或某一地区的经济增长的原因可能有很多种，比如生产力（尤其是生产技术）的进步会大大促进经济增长。郑学檬先生在《中国古代经济重心南移和唐宋江南经济研究》[⑥] 一书中已较详细地论述了唐宋农业生产中技术进步的情况。同时，产权制度中之经营权的变

---

①　[美] 道格拉斯·诺思和罗伯特·托马斯《西方世界的兴起》中译者厉以平、蔡磊在《经济增长与制度因素》中的话。

②　吉里斯、波金斯等：《发展经济学》，英文第 2 版，第 7 页，1987 年版。转引自谭崇台《发展经济学》，山西经济出版社 2001 年版，第 6 页。

③　哈根：《发展经济学》英文版，第 9 页，1983 年版。转引自谭崇台《发展经济学》，第 7 页。

④　郭熙保主编：《经济发展：理论与政策》，中国社会科学出版社 2000 年版，第 16 页。

⑤　B. 赫立克、C. 第·金德尔伯格：《经济发展》英文第 4 版，第 21 页，1983 年版。转引自谭崇台《发展经济学》，第 6 页。

⑥　郑学檬：《中国古代经济重心南移和唐宋江南经济研究》，岳麓书社 1996 年版。

化对促进唐宋经济增长也会起重要作用。

唐宋时期国有土地政策最大的变化就是将大部分的国有土地逐渐转为私有，转变的第一步就是经营方式的改变——由国家直接经营转为租佃经营。唐宋政府之所以作如此的政策调整，直接原因来自屯营田大多"入不敷出"的现实。同时，随着均田制和府兵制的破坏，原来的赋税体制、征兵方式以及筹措军饷的办法均已发生了重大变化，作为统治者必须面对和解决最重要的土地"入不敷出"问题，这时不管他们作出怎样的决断无疑都离不开经济收益的考量。本文主要透过唐宋时期土地产权制度的一部分——经营权的改变，来分析其对增加国有田产经济收入方面所起的作用。

下面以屯营田为例，量化分析政府土地政策变化之———经营方式改变，分别对唐宋国家经济收益的影响。

（一）唐代屯营田经营方式变化前后国家的支出和收入比较

唐朝中后期国家直接经营屯营田，导致许多地方"入不敷出"的史实，此不赘言。这里只对租佃经营中屯营田的支出和收入作一粗略的换算分析。我们选择一处营田作为参照，《资治通鉴》卷二三九，"宪宗元和七年（812）十一月"记事中载："李绛奏：振武天德左右良田可万顷，请择能吏开置营田，可以省费足食。上从之。绛命虞坦经度用度，四年之间，开田四千八百顷，收谷四千余万斛（胡三省注：'千'当作'十'），省度支钱二十余万缗。"田 4800 顷，收获谷 40 万斛（硕）。根据李翱《进士策问》载："初定两税时，钱直卑而粟帛贵，粟一斗价盈百，帛一匹价盈二千……故国用皆足而百姓未以为病，其法弗更及兹三十年……钱直日高，粟帛日卑，粟一斗价不出二十，帛一匹价不出八百。"[1] 建中元年（780）实行两税，三十年后即元和五年（810），粟约 20 文/斗，即 0.2 贯/斛，那么 40 万斛 = 40 万 × 0.2 贯 = 8 万贯，这相当于国家直接经营不计成本的总收入。而在直接经营中，国家不仅要提供耕种的一切所需，而且还要负担耕作者的工酬、食宿，更要提供大量的官员的管理费用，如果遇到贪官，所剩将难以想象，"入不敷出"在所难免。那么，与之相比，租佃经营的话，国家的支出和收入的情况如何？

---

[1]　（唐）李翱：《李文公集》卷三《进士策问第一道》。

1. 租佃经营中，国家的支出部分

租佃经营中，一般是按照国家提供的条件按比例分成，比如，徐申在韶州营田，"募百姓能以力耕公田者，假之牛、犁、粟种与食，所收其半与之，不假牛、犁者三分与二"[1]。也就是说，国家的支出和收入分两种情况，一种是国家不提供任何生产资料和生产工具（除了提供土地外，没有支出），国家只是收租，或是租税兼收，这种情况无疑比国家直接经营（尤其是军屯）增加了净收入（租税部分），其纯收入应该是 8 万贯 × 1/3 = 2.7 万贯。另一种情况是国家有支出，包括借给佃种者耕牛、种子、农具、灌溉工具等生产资料和生产工具，待秋收后，与租佃者对分。那么，振武军营田的不计成本的收入是 8 万贯 × 1/2 = 4 万贯。若将耕牛、种子、农具等作为国家的支出的话，这些支出具体有多少？其纯收入又有多少？我们试着推算一下。

（1）耕牛的价值

《通典》卷二《食货二·屯田》载："诸屯田应用牛之处，山原川泽，土有硬软，至于耕垦用力不同，土软处每一顷五十亩配牛一头，强硬处一顷二十亩配牛一头；即当屯之内有硬有软，亦准此法。其稻田每八十亩配牛一头。诸营田若五十顷外更有地剩配丁牛者，所收斛斗皆准顷亩折除。其大麦、荞麦、干萝卜等，准粟计折斛斗，以定等级。"土软处每 150 亩配牛 1 头，强硬处 120 亩配牛 1 头，平均 135 亩配牛 1 头，那么 4800 顷应配牛 3555 头，根据《朝野佥载》卷五载："卫州新乡县令裴子云好奇策，部人王敬戍边，留犍牛六头于舅李进处养，五年，产犊三十头，例十贯以上。"按照王仲荦先生对此件事情的排序，时间大概在建中至太和年间（约782—829）所以，元和七年（812）正是在此时间段限内。三十头牛价在十贯以上，一头牛至少值 0.3333 贯，4800 顷地所配牛的价值至少相当于 3555 头 × 0.3333 贯 = 1184.88 贯。官借给耕牛在宋代一般是五年还官[2]，可以推知唐代至少也应是五年，这样五年内平均一年牛价为 237 贯。

（2）种子

我国古代较权威的农书当属《齐民要术》，一般认为，其序言之后、

---

[1]　（唐）李翱：《李文公集》卷一一《徐公行状》。

[2]　孝宗乾道年间知泰州李东召佃二百余顷闲田，规定："人户请佃一顷，与借给耕牛一头，及农具种粮随田多寡假贷，计元价以五年还官，更不收息。"《宋会要辑稿》食货六之二十。

卷一之前的《杂说》篇是唐人加上去的，其中载："谷，小亩一升下子，则稀穊得所。"一小亩地需要谷种一升，那"小亩"是多少亩？据《文献通考》卷二《田赋考二·历代田赋之制》记载："唐兴，只因元魏北齐制度而损益之，其度田之法：阔一步，长二百四十步为亩，百亩为顷，一夫受田一顷。周制：乃是百步为亩，唐却是二倍有余。"其中指出按照周制一亩是一百步，而唐代一亩是二百四十步，所以《齐民要术·杂说》中所说的"小亩"应该是一百步。以"小亩一升下子"推知：唐代一亩（二百四十步）需要谷种2.4升（即0.24斗）。那么，4800顷田需要谷种4800顷×100亩×0.24斗＝115200斗，（以粟价0.2贯/斛）折合11520斛×0.2贯＝2304贯。

（3）农具

关于农具都包括什么，我们在唐代的史料中，没有找到较完整的记载。不过在宋代文献有此类记述，孝宗乾道五年（1169）徐子寅言楚州在空闲官田上招归正人屯田时有："每种田人二名，给借耕牛一头，犁、耙各一副，锄、锹、镢、镰刀各一件。每牛三头用开荒剟刀一副。每一甲（五家）用踏水车一部、石䃡辘轴二条、木勒泽一具。"[①] 唐代农具应该与宋代相仿，我们以较简单的农具配置——犁、锄、镰、锹、镢、斧头等，这些农具的价格，《大谷文书》上有一些可参考的记载：

《大谷文书》3082号[②]：

锄一孔　上直钱五十五文　次五十文　下四十五文。

《大谷文书》3100号：

斧一孔重三斤　上直钱一百一十文　次一百文　下九十文
钢镰一张　上直钱五十五文　次五十文　下四十五文。

按韩国磐先生的考证，这些价格反映的当是玄宗天宝年间交河郡的物

---

① 《宋会要辑稿》食货三之十七。
② 《大谷文书》材料引自《敦煌吐鲁番社会经济资料》下集。

价①。我们取其中等价，锄（50 文）、镰（50 文），锹、镢均以锄、镰的价格计算（即各 50 文），四件总共是 200 文，以五年计，四件每年平均40 文。从上文中看，锄、镰、锹、镢与牛的数量是一样的，若千顷之田需牛 3555 头的话，锄等工具也要 3555 件，总共 3555 × 40 = 142200 文（即 142.2 贯）；斧头以每件 100 文计，五年折旧后，每年的价直是 20 文，三头牛用一件共约需 3555 ÷ 3 × 20 = 1185 文（即 1.185 贯）。以上几件农具每年的开销共是 143.385 贯。至于耕犁的价格，没有直接的文献记载，只能以其他资料相参照。清代姜皋在《浦泖农咨》（九）中说："曰农具，于水车之外，耙最贵，其价须三四千文。……犁价一千文，以木为之。"清代木犁价是 1000 文。3555 副（同耕牛的数量）则需 3555 × 1000 文 =3555000 文（即 3555 贯）。五年计的话，一年合 711 贯。这是按照清代的情况得出的价格，要想知道唐代犁价是多少，必须将其作一换算。根据《浦泖农咨》（一四）记载："今此即遇丰年而元气仍苦，不复也。……百物腾贵，油盐日用之类，价倍于前，而一石之米，设仅直钱二千，吾恐业户佃户相率而竭，蹙不遑遑也。"一般地，米与粟的比例是 1:2②，清代 1石（斛）米 2 贯，即粟 1 斗 100 文，711 贯折合粟 7110 斗。要将其折成唐代的粟数，也必须用唐清度量衡的比率折算。根据丘光明先生的《中国古代度量衡》③ 中的记载：唐代 1 升约合 600 毫升，因为丘光明先生没有将清代的升折合成今毫升数，所以唐代的情况，我们用丘先生的数据（1 升合 600 毫升），而清代的情况，权且用梁方仲先生的折算数据（1 升合今 1035.5 毫升）④，则清代与唐代每升的比率约是 1.72∶1 。借此，清代粟 7110 斗相当于唐代粟约是 4133.72 斗，折合 82.674 贯（唐元和五年粟 20 文/斗），即为唐代需要支出的犁价。几件农具的总费用是 143.385贯 + 82.674 贯 = 226.059 贯。

　　根据上面的折算，4800 顷田一年所用的直接支出费用至少为：237 贯（耕牛）＋2304 贯（种子）＋226.059 贯（农具）= 2767.059 贯，即可

　　① 韩国磐：《唐天宝时农民生活之一瞥》，载《隋唐五代史论集》，生活·读书·新知三联书店 1979 年版。

　　② 蒙文通：《中国历代农产量的扩大和赋役制度及学术思想的演变》，载《四川大学学报》1957 年第 2 期。

　　③ 丘光明：《中国古代度量衡》，商务印书馆 1996 年版。

　　④ 梁方仲：《中国历代户口、田地、田赋统计》附录二"（乙）中国历代升之容量标准变迁表"，上海人民出版社 1980 年版，第 545 页。

作为经营方式改变后国家年支出的一个参考标准。

2. 租佃经营中，国家的收入部分

振武军营田租佃经营时，国家借给佃种者耕牛、种子、农具、灌溉工具等生产资料和生产工具，待秋收后，与租佃者对分。前文述及其不计成本的收入是 8 万贯 × 1/2 = 4 万贯。其支出成本包括耕牛、种子、农具等至少是 2767.059 贯，除去支出部分，振武军营田租佃经营时的纯收入大概是 4 万贯 – 2767.059 贯 = 37232.941 贯。

通过上述的粗略计算，可以大体反映出：在正常情况下，唐朝中后期，国家对屯营田实行租佃经营时，收入上不至于"入不敷出"，尤其以提供生产资料时的收入为多。

那么，到宋代，情况又会怎么样？

（二）宋代国有土地经营方式变化前后国家的支出和收入比较

第一，国家直接经营中屯营田的支出和收入比较

这里选用一些当时人说的数据，略作说明。

1. "仁宗天圣四年（1026）九月诏废襄、唐二州营田务，令召无田产人户请射，充为永业。"原因是"襄州务自兴置已来至天圣三年，所得课利都计三十三万五千九百六石九斗二升，依每年市价纽计钱九万二千三百六十五贯，将每年所支监官耕兵军员请受及死损官牛诸色费用凡十三万三千七百四贯十三文，计侵用官钱四万一千三百四十二贯四十六文。唐州务自兴置至天圣三年所得课利计六万四千九百三十一石四斗六升，依每年市价纽计钱共二万五千九百六十八贯五百三十四文，将每年所支本务军员监官请受及死损官牛诸色费用，计侵用官钱万四千三百六十八贯一百一十四文"①。

2. 孝宗乾道三年（1167）"六月十三日太府寺丞总领淮西江东军马钱粮兼提领措置营田叶衡言：本所有营田五军庄计田二百七顷六十五亩，岁收夏料大麦四千一硕，小麦一千三百余硕，秋租禾稻一万八千一百余硕充马料，以时价估计共可直钱二万贯省。而所差使臣，军人各五百八十四人掌管，岁请钱四万七千七百余贯，米六千五百硕，绢二千二百余匹，绵三千四百余两，纽约用钱七万五千余贯，所得不能偿所费之半，兼差去使

---

① 《宋会要辑稿》食货二之二。

臣，军人皆是癃老及官职稍高之人。……从本所召募农人耕种"①。

3. 淮东营田并扬州、滁州屯田三顷，所费"比之收到物斛钱大，请过官中钱一十一万六千七百余贯"②。

4. 乾道九年（1173）太平州营田官庄所入"校之不及官中所支官兵两月请给，委是大段亏损官课"③。

上面显示，无论是北宋还是南宋，国家直接经营的屯田、营田收效甚微，甚至面临入不敷出的窘境，难怪各地纷纷要求罢屯营田。既然如此，政府也只有另辟蹊径。于是租佃经营便成为屯田、营田的主要经营方式。

第二，租佃经营中屯营田的支出和收入比较

我们以熙宁三年秦凤路营田的有关数据作参照。北宋神宗熙宁三年（1070）二月管勾秦凤路经略司王韶言："渭源城下至秦川沿河五六百里，良田不耕者何啻万顷，但自来无钱作本，故不能致利，欲每岁常于秦州和籴场预价钱三五万贯作本，择田之膏腴者，量地一顷，约用钱三十千，岁收不下三百硕，千顷之田三万贯，收三十万硕，以十万为人牛粮用外，岁尚完二十一万硕。"④　千顷之田岁收粟 30 万硕⑤，根据蒙文通先生的说法，米与粟的比例是 1:2⑥，则 30 万硕粟折合成米约为 15 万硕。又据《温国文正公文集》卷四三《乞不添屯军马》载："况去年（熙宁三年）陕西经夏大旱，入秋霖雨，五谷例皆不熟，即今每斗白米价钱一百文足。"以白米计，1 斗 = 100 文，即 1 硕 = 1 贯，15 万硕 = 15 万贯，国家经营总收入是 15 万硕（贯）。那么租佃经营中国家的支出和收入是多少呢？

支出部分：

租佃经营中，有的地方没有国家支出部分，国家只是收租，或是租税兼收。这种情况无疑比国家直接经营（尤其是军屯）增加了净收入（租税部分）。正如哲宗元符二年（1099）九月河北转运司所言："屯田务陆

---

① 《宋会要辑稿》食货三之一六。

② 同上。

③ 《宋会要辑稿》食货三之二一。

④ 《宋会要辑稿》食货一之二八至二九。

⑤ 宋代虽然亩产量提高了，但是一般是二石，只有两浙等发达地区的亩产量达三石以上。（参见漆侠《宋代经济史》（上），第 134—138 页）如果以米计，西北地区不可能达到三石；况且陕西一带又是以粟为主的地区，所以，引文中的 10 万硕和 30 万硕应是指粟而言。

⑥ 蒙文通：《中国历代农产量的扩大和赋役制度及学术思想的演变》，《四川大学学报》1957 年第 2 期。

田，许人赁佃，所得皆净利。"① 其经济收益是显而易见的。有的地方国家支出部分包括借给佃种者耕牛、种子、农具、灌溉工具等生产资料和生产工具，待秋收后，佃种者要有所补偿。若将耕牛、种子、农具等作为国家的支出的话，这些支出具体有多少？

（1）耕牛的价值

《续资治通鉴长编》卷三七记载太宗至道元年（995）正月戊申朔德音中载道："发下军散卒及募民以充役。每千人给牛一头，治田五万亩。"按此处五十亩地给牛一头②，千顷田应给牛 2000 头。2000 头牛的价值是多少？据《宋会要辑稿》食货二之一九载：绍兴六年（1136）十月二十二日都督行府言："乞令提领江淮等路，营田司于见寄养牛内，就近支拨三百头，付寿春府一百头……委孙晖及定远知县借给归业人户耕种……每牛一头，止令纳钱一百贯省。"以此价（100 贯/牛③），2000 头牛需要 20 万贯。又《建炎以来系年要录》卷八八，绍兴五年（1135）夏四月显谟阁待制知湖州李光言："前政汪藻将本州军粮每月四千四百余石尽抛在民间籴买，人户无得脱者。官给价钱每斗不过三百文……近来两浙米价倒长，街市每斗已七百文，民情遑遑。"我们以市场价（700 文/斗米）计，20 万贯约略等于 2.9 万硕米，也就是说千顷田在绍兴初的江淮地区需要耕牛的价值相当于 2.9 万硕米的价值，而以 1∶7 的比例折算成熙宁三年陕西白米约为 4143 硕，以五年计，每年约为 829 硕。

（2）种子

《宋会要辑稿》食货三之十七载：孝宗乾道五年（1169）正月十七日徐子寅言楚州在空闲官田上招归正人屯田，"每名给田一顷……每种田人一名借种粮钱十贯文省"。可知一亩地给 100 文的种粮钱。又根据《宋会要辑稿》食货一之四五的记载：乾道六年二月浙西、江东、淮东诸处主管官梁俊彦等言："承佃其所纳米斛……如愿折钱，以米一斗，折钱三百；小麦每斗，折钱一百五十。"以米价（300 文/斗）计算，一亩地 100

---

① 《续资治通鉴长编》卷五一六，哲宗元符二年（1099）九月，中华书局 1993 年版，第 12270 页。

② （清）姜皋：《浦泖农咨》（八）记曰："曰耕牛，用水牛、黄牛二种，……计一牛之力，除车水外，可耕田五六十亩。"（《续修四库全书·976·子部·农家类》，上海古籍出版社 2002 年版，第 217 页）

③ 在租佃经营过程中，一般是国家借给耕牛，所以在计算国家支出时我们也按照国家借给时的折价。

文的种粮钱合 3.3 升米。以麦价（150 文/斗）计算，100 文种粮钱合 6.6 升麦。那么千顷之田南宋乾道年间需种米 3300 硕，折算成熙宁三年陕西的白米（以 1∶3 的比例）约为 1100 硕，麦则倍之，即约 2200 硕。

（3）农具

由于材料缺乏，从宋代文献记载中只知道种田者使用了哪些农具，如上引孝宗乾道五年（1169）徐子寅言楚州在空闲官田上招归正人屯田时有："每种田人二名，给借耕牛一头，犁、耙各一副，锄、锹、镢、镰刀各一件。每牛三头用开荒刷刀一副。每一甲（五家）用踏水车一部、石碌碡辖轴二条、木勒泽一具。"[1] 然不知其价格。所以，这里我们只能仍用唐代的农具价格相参照：

《大谷文书》3082 号[2]：

锄一孔　上直钱五十五文　次五十文　下四十五文。

《大谷文书》3100 号：

斧一孔重三斤　上直钱一百一十文　次一百文　下九十文
钢镰一张　上直钱五十五文　次五十文　下四十五文。

按韩国磐先生的考证，这些价格反映的当是玄宗天宝年间交河郡的物价[3]。我们取其中等价，锄（50 文）、镰（50 文），锹、镢均以锄、镰的价格计算（即各 50 文），四件总共是 200 文，以五年计，四件每年平均 40 文。从上文中看，锄、镰、锹、镢与牛的数量是一样的，若千顷之田需牛 2000 头的话，锄等工具也要 2000 件，总共 2000×40＝80000 文（即80 贯）；开荒用的刷刀以斧头计，为每件 100 文，五年折旧后，每年的价钱是 20 文，三头牛用一件共约需 2000÷3×20＝13333 文（即约 13 贯）。以上几件农具每年的开销共是 93 贯。93 贯折合成当时的粮食是多少？根据伯希和敦煌文书 3348 号背面《唐天宝四载（745）河西豆卢军和籴会

---

① 《宋会要辑稿》食货三之十七。
② 《大谷文书》材料引自《敦煌吐鲁番社会经济资料》下集。
③ 韩国磐：《唐天宝时农民生活之一瞥》，《隋唐五代史论集》，生活·读书·新知三联书店 1979 年版。

计牒》记载："壹万肆佰伍拾伍硕肆斗壹胜捌合粟（斗估廿七文）计贰阡捌佰贰拾贰贯玖佰陆拾贰文捌分。""粟壹佰贰拾硕（斗估卅二文）计叁拾捌贯肆佰文。"① 当时敦煌地区每斗粟的最高价是 32 文，最低价是 27 文，平均是 29.5 文。93 贯文折成粟约是 315 硕。315 硕粟相当于米约是 158 硕（以米：粟 = 1：2 计算）。又根据丘光明先生的《中国古代度量衡》②中的记载：唐代 1 升约合 600 毫升；宋代 1 升约合 585 毫升左右。则宋代与唐代每升的比率约为 1：1.025，按此比率，唐代 158 石（15800 升）米相当于宋代约 154 石。至于犁、耙、水车等的价格宋代亦无文献记载，无法直接计算，也只能以其他资料相参照。清代姜皋在《浦泖农咨》（九）中说："曰农具，于水车之外，耙最贵，其价须三四千文。……犁价一千文，以木为之。"耙以 3500 文计，犁、耙各一副是 4500 文。2000 副（同耕牛的数量）则需 2000 × 4500 文 = 9000000 文（即 9000 贯）。除了犁、耙之外，"每一甲（五家）用踏水车一部"，一甲即一庄（五顷地），千顷之田需要 200 部踏水车。《浦泖农咨》（八至九）载："曰水车，有牛打、人踏两种，然惟上车异而下车同也。上车用车盘、用车棚、用眠轴，其价至少十余千，小者曰荷叶车，不过四五千而已。下车亦各不同，近水者车幅不过八十余练，头如之若岸高者，百四五十练不止。车筒须价三四千文。练每十六文。"可知一部踏水车（下车，车幅以 80 练计，车筒以 3500 文计）需要 80 × 16 + 3500 = 4780 文。200 部水车是 200 × 4780 文 = 956000 文（即 956 贯）。犁、耙、水车使用期限均以五年计算，一年的费用合（9000 + 956）÷5 = 1991 贯。《浦泖农咨》（一四）载："今此即遇丰年而元气仍苦，不复也……百物腾贵，油盐日用之类，价倍于前，而一石之米，设仅直钱二千，吾恐业户佃户相率而竭，蹙不遑遑也。"1 石米 2 贯文，1991 贯文约合 996 石米。要将其折成北宋的米数，也必须用宋清度量衡的比率折算。因为丘光明先生没有将清代的升折合成今毫升数，所以宋代仍用丘先生的数据（1 升合 585 毫升），而清代的情况，权且用梁方仲先生的折算数据（1 升合今 1035.5 毫升）③，则清代与宋代每升的比率约是 1.77：1，那么，清代 996 石（99600 升）米折合成宋代的米约为

① 见王仲荦《金泥玉屑丛考》六《唐西陲物价考》，中华书局 1998 年版，第 190、192 页。
② 丘光明：《中国古代度量衡》，商务印书馆 1996 年版。
③ 梁方仲：《中国历代户口、田地、田赋统计》附录二"（乙）中国历代升之容量标准变迁表"，上海人民出版社 1980 年版，第 545 页。

563 石。除了上面这些农具以外，还有"石轴辘轴二条、木勒泽一具"，由于资料缺乏，暂不计算在内。

根据上面的折算，千顷之田一年所用的直接支出费用大体为：829 硕（耕牛）＋1100 硕（种子）＋717（154＋563）硕（农具）＝2646 硕（米），即可作为经营方式改变后国家年支出的一个参考标准。

收入部分：

租佃经营中国家按比例收租，一般是"官收四分，客户六分，次年以后，即均分"①。千顷之田岁收粟三十万硕，第一年按"官收四分，客户收六分"，官收粟 12 万硕（合米 6 万硕），客户收粟 18 万硕（合米 9 万硕）。但是客户 9 万硕的收入要除去牛租，北宋真宗时湖南"营田户给牛，岁输米四斛"②，南宋绍兴五年"诏诸路营田司官给种粮者每一耕牛岁课毋得过十石"③，所以牛租一般是在 4 石至 10 石之间，我们取其均数 7 石计，2000 头牛要交纳米 2000×7＝14000（石），若除去国家支出的部分（2646 硕），则国家的净收入米是 60000－2646＋14000＝71354 硕。若第二年以后以"均分"计，国家的净收入米可达到（300000÷2）÷2－2646＋14000＝86354 硕（均不计佃户偿还种子和农具的数额）。不管是均分还是四六分，比起国家直接经营时"入不敷出"的局面，可谓是大大扭亏为盈了。

虽然租佃经营比国家直接经营政府的收益大大提高，但是租佃经营也出现了诸多弊病。常见的有招佃中官吏抑勒百姓，致使民困而被迫废止营田。如仁宗庆历三年（1043）七月范仲淹等言陕西营田"其近襄州县官吏，不能体朝廷之意，将远年瘠薄无人请佃逃田，抑勒近邻人户分种，或令送纳租课……使之重困"。于是诏罢陕西内地军营田。④ 南宋绍兴元年（1131）也有"无人愿就，又勒元业人承佃"或"抑勒邻保及产业相邻人"，使"其贫乏下户，虽有佃名，实无所得，缘此亦致逃移，延及催科保长甲头，逐年代纳租课，为害不细"⑤。所以，对国家而言，租佃经营

---

① 《宋会要辑稿》食货三之一〇载"孝宗隆兴元年（1163）五月十七日臣寮言"。

② 《宋史》卷三二四《李允则传》，第 10479 页。

③ 《建炎以来系年要录》卷八八，绍兴五年（1135）四月，文渊阁《四库全书》，第 326 册，第 253 页。

④ 《续资治通鉴长编》卷一四二，仁宗庆历三年（1043）七月，中华书局 1985 年版，第 3402 页。

⑤ 《宋会要辑稿》食货五之二一。

虽然可能大大提高"系官田产"的收益，但是由于存在管理不完善，尤其是官吏作弊或苛剥百姓的情况，一些地方的租佃经营也会面临窘境。宋政府有时不得不多次重申要"依法召人承佃"①，"契勘诸路营田，官给钱粮牛具，招募佃户耕种，不得抑勒骚扰，其所收子利依例分给"②。甚至在法律上对禁止抑勒邻保作出明确规定："诸税租应开阁减免除放，而不为开阁减免除放，或令人代输及非逃亡户绝而不追究欠人理纳，致户长手力代输者（逃田税役辄勒邻保代输同），各杖一百（一时指挥放免拖欠诸色窠名钱物而官司辄复催理者准此），计所纳赃重者坐赃论，即抑令人请佃承赁官田宅者准此，并许人户经监司越诉。"③ 但是法律规定并不能阻止违法行为的继续发生。

为了解决租佃经营中的弊病，出卖"系官田产"就成为臣僚们提出的另一种选择办法。然而出卖毕竟使国家失去了土地产权，况且如有的臣僚所言："苟目前之利废长久之策，厚赏滋奸民以烦扰，豪强兼并，佃户失业，东南阙于上供，瘠薄弃而不售，以义理财。"④ 朝廷又不得不令"其田宅却拘收入官，元佃赁人户愿依旧佃赁者听"⑤。实际上又恢复租佃经营。可以说，租佃经营始终是宋代"系官田产"的主要经营方式。

总之，自唐代中后期直到两宋，国家逐渐改变对部分国有土地的经营方式，即从国家直接经营转为租佃经营，后来宋朝又从出卖土地恢复到租佃经营，国家无不是以减少对国有田产（宋代为"系官田产"）的投入为前提，以增加收益为最终目的。

如果说，制度变化对增加收益以及经济的发展有促进作用的话，唐宋事情国有田产之经营制度的改变，确实使国家的经济收益发生了很大变化。当然，就宋代来说，尽管从数量仅占宋代垦田面积总数的 4.57%—4%⑥的官田（如果将逃田、户绝田、没官田等田产加上，可能比例略有上升）的某些制度变化来推断宋代的经济发展与否，未免有失偏颇，但是，经营权的变化使经济收益随之发生变化，这是没有疑问的。

---

① 《宋会要辑稿》食货五之二二"绍兴四年（1134）九月赦文"。
② 《宋会要辑稿》食货三之三"绍兴十九年（1149）十月十四日南郊赦"。
③ 《庆元条法事类》四七《赋役门一·阁免税租》，中国书店 1990 年版，第 339 页。
④ 《宋会要辑稿》食货一之三二。
⑤ 同上。
⑥ 漆侠：《宋代经济史》（上），上海人民出版社 1983 年版，第 340 页。

上面的量化分析表明，经营制度（包括政策、法规）的变化促进了国有田产的经济增长。所以，从国有田产的经营方式变化过程中，我们虽然不能说制度变迁是唐宋经济增长的关键因素，却可以说它确实为经济增长增加了原动力。

（姜密，河北师范大学法政学院副教授）

由一通摩崖造窟碑记看北朝厍狄氏的
起源及其早期活动

宋燕鹏

《文物春秋》1998 年第 1 期发表了孙钢先生《河北唐县"赛思颠窟"》一文。在此文的结语中，孙先生对北齐厍狄干所开凿的"赛思颠窟"的摩崖造窟碑记所反映的历史事实作了初步的结论。但笔者多数不敢苟同，故翻检史书，以发孙先生未发之覆，从而补史书之缺。为了分析方便，兹将碑记有关部分移录如下：

> ……然公（指厍狄干）先祖出于北口口弱水，子孙绍位，郡若国主，十有余世大单于人也。后移河西夏州是也，统酋百姓，共赫连并酋，径由六世公太祖越豆口见赫连起口，率领家宗诸族万有余家，口彼移渡河北，居口五原是也，口附大魏，股肚万代。道武皇帝知太祖忠诚，赐部落主如故，封王怀朔镇，子孙世袭第一领民酋长，统领六世……

由上引碑记文字我们可以推测出厍狄氏的发源地，并可以结合史书来推断厍狄部的早期活动。

一　厍狄氏的发源地

由于厍狄部在当时政治舞台上并未产生多大影响，以致各书对其姓氏发源地的记载都有问题。《元和姓纂》《通志·氏族略五》《古今姓氏书辩证》都认为厍狄氏是鲜卑段匹磾之后（厍即库，见姚薇元先生所论①）。

---

① 姚薇元：《北朝胡姓考》，科学出版社 1955 年版，第 184 页。

段氏是分布于辽西的一个鲜卑族部落。古今皆有此种看法，盖由正史中唯一记载库狄氏起源的《北史》而来。《北史》卷六十九《库狄峙传》："其先辽东人，本姓段，匹䃅之后也，因避难改焉。"这只能说明库狄峙本人的祖先是段氏后裔，而不能以一推而广之，认为所有库狄氏俱发源于辽西段氏。姚先生在其所著《北朝胡姓考》中，先是"疑'库狄'为'赤狄'之转讹，即高车种类之狄氏也"，[①] 而后又认为"非库狄氏皆为匹䃅之裔也，《姓纂》诸书皆误"[②]，川下引北齐库狄干被高欢称为"鲜卑老公"，就又认为库狄干"当亦段氏之裔"[③]。在此碑记发现之前，姚先生的推测不能说是错误的。碑记的发现，正如孙钢先生所云，可以明确说明：库狄干的祖先发源于弱水，而不是段匹䃅后裔。碑记云："然公先祖出于北口口弱水。"弱水在《辞源》上的解释有多种，但地点俱在今中国西北部，并未在东北的辽西地区，所以库狄干的祖先并非段匹䃅后裔。孙钢先生认为弱水为今陕西北部洛河上游支流，但笔者认为弱水应在《中国历史地图集》（谭其骧主编）第四册中所标的位置，即今天内蒙古境内黑河的上游弱水。理由如下：第一，东汉后期檀石槐统一鲜卑诸部后，分为三部，西部大人中就有拓跋部的献帝邻，"驻牧地当在蒙古西部的西偏"，"其间又有匈奴、丁零、高车诸族的牧地"[④]。到其子洁汾时南迁至所谓"匈奴之故地"，"亦即汉代五原郡的境内"[⑤]。这说明弱水曾在其活动范围之内。第二，《魏书》卷一百一十三《官氏志》："神元皇帝时，余部诸姓纳人者……库狄氏，后改为狄氏。"（神元帝于220—277年在位，当三国时）说明其时库狄部在拓跋部领导之下。第三，唐代一元氏的墓志述其始祖时曾云："立号鲜山，降居弱水。"[⑥] 证明拓跋部早期曾在弱水活动。从拓跋部的活动范围曾在弱水，并且库狄部曾在其控制之下，可推断出拓跋部所居之弱水亦当为库狄氏所居之弱水，而内蒙古西部的弱水正在拓跋部活动范围之内。故笔者认为，弱水在此应指内蒙古西部黑河的上游弱水，而不是陕西北部洛河上游支流。

---

① 姚薇元：《北朝胡姓考》，科学出版社1955年版，第185页。
② 同上书，第186页。
③ 同上。
④ 马长寿：《乌桓与鲜卑》，上海人民出版社1962年版，第243页。
⑤ 《魏书》卷一《序纪》，中华书局1974年版，第2页。
⑥ 《大唐故史部常选元府君墓口铭并序》，周绍良主编《唐代墓志汇编》（上），上海古籍出版社1992年版，第1178页。

段氏后裔改姓库狄也并非不可能。至于为何要改姓库狄，而不改其它姓，当为段匹磾被杀后，其后裔向西逃到库狄部内，改姓加人库狄部，但其后人仍依稀记得其远祖。库狄干被称为"鲜卑老公"，只是因为同高欢一样已被鲜卑族同化了而已。所以说库狄氏的真正发源地在今内蒙古西部的弱水附近，并且很可能如姚先生所假设的为高车别种。

二　库狄部的早期活动

库狄部的早期活动早已湮没无闻，碑记为我们提供了它在 5 世纪前的活动路线，填补了史书的空白。笔者以之结合史实，对其活动过程作一大概描述。据碑记所载，库狄部的早期活动可分为三个阶段。

第一阶段是在弱水时期。这时期库狄部在拓跋部领导之下，"郡若国主"应是指自己部落的半独立状态。

第二阶段是在河西夏州时期。此河西是指南流黄河的西部地区。夏州，据《魏书》是在太和十一年（487）设置，[①] 回此处应是追述之辞，并非库狄部到达时的政区情形。设置后的夏州包括今内蒙古伊克昭盟及陕西北部地区，而孙钢先生仅指出其治所及曾为赫连氏建都的统万城，却忽略了夏州的设置时间。拓跋部迁到五原地区，库狄部也应随之迁到河套黄河以南之地，此时"共赫连并酋"，所以赫连部到达此地的时间，也是库狄部到此地时间的下限。孙钢先生认为此赫连为赫连屈丐（即赫连勃勃），笔者却认为"赫连"亦为追述之辞，应指赫连部的前身，即匈奴铁弗部。铁弗部原居山西中部，西晋末年铁弗部首领刘虎先臣服拓跋部，后叛逃被击败，西渡黄河，到达今黄河以南之地，即朔方地区，时间在317年（即平文皇帝二年）。这一年应是库狄部到达河西（即以后的夏州地区）的最晚时间。

第三阶段为移渡河北，居五原时期。建国三十九年（376）拓跋什翼键死，前秦苻坚分其部为东、西二部，自河以西属刘虎之孙刘卫辰，自河以东属刘库仁。刘库仁在击败刘卫辰之后，"西征库狄部，大获畜产，徙其部落，置之桑乾川"[②]。由前述，笔者以为库狄部在弱水即与拓跋部有

---

① 《魏书》卷一〇六下《地形志下》，第 2625 页。
② 《魏书》卷九五《铁弗刘虎传孙卫辰附传》，第 2054 页。

密切关系，并随之东迁。拓跋什翼键既死，它可能有意投靠苻坚及刘卫辰。刘卫辰世代与拓跋部为仇，双方经常打仗。而匈奴独孤部的刘库仁则世代与拓跋氏联姻，他本人又是什翼键的女婿。所以他对厍狄部的转向很不满，故征服它并将它置于自己所居的桑乾川，加以控制。但是他似乎没有将厍狄部全部迁到今山西境内，应还有一部分留于今内蒙古准格尔旗及陕北神府地区。这一部见拓跋部的复起，便如碑记所云，"移渡河北，居口五原是也"，这便是厍狄干的六世祖越豆眷所领导的一部，又投靠了拓跋部（而非如孙先生所云因赫连屈丐于 407 年称帝事而北迁）。登国六年（391）十一月，刘卫辰遣子直力鞮侵犯拓跋部的南部，拓跋硅（即道武帝）"大破之于铁岐山南，乘胜追之，自五原金津南渡，径人其国……遂至卫辰所居悦跋城"，卫辰大惊，仓皇奔逃而死，遂灭其国。卫辰如此迅速被灭，当有其原因。笔者以为并非卫辰自身的原因令其命亡，而是厍狄部的缘故。魏兵进攻神速，不仅是因其本身的缘故，更重要的是很可能有厍狄部为其做向导，从而会兵到悦跋城下，卫辰竟然不知。厍狄部的一支加速了卫辰的灭亡，这从此部居五原，而道武帝拓跋硅恰由五原金津南人这样的巧合也可推测。史书云厍狄干"曾祖越豆眷，魏道武时，以功割善无之西腊汗山地区百里以处之"①。按碑记，越豆眷应为厍狄干六世祖而非曾祖，笔者分析，此功当指厍狄部的导路之功。由此可知刘卫辰被灭后，越豆眷这一支厍狄部也迁到山西大同西南，于是厍狄部全部迁到了山西境内。碑记云："赐部落主如故，封王怀朔镇，子孙世袭第一领民酋长。"② 我们可以知道越豆眷这一支厍狄部又到怀朔镇。这次也就是史书所说的"率部落北迁，因家朔方"，而不是孙先生所说指越豆眷第一次到五原地区，这次是第二次到五原地区。此后厍狄部便逐渐分布在恒州、朔州和怀朔镇境内。③

　　综上所述，厍狄部的早期活动大致为：约在 1 世纪发源于西北的弱水地区。④ 最晚在 317 年迁到今河套黄河以南地区，70 多年后，一支迁到山

---

① 《北史》卷五三《厍狄干传》，中华书局 1974 年版，第 1956 页。

② 同上。

③ 厍狄氏诸人：厍狄干是善无人，厍狄伏连为代人，厍狄昌为神武人，厍狄迥洛为朔州部落人（见《考古学报》1979 年第 3 期第 395 页墓志铭图版），厍狄盛是怀朔人，自称原姓段的厍狄崎也居代。据《魏书·地形志上》，善无、代郡属恒州，神武属朔州。故知厍狄部大部分分布于恒、朔二州及怀朔镇，姚先生对此有所论述。

④ 按一世 20 年计算，十余世为 230 年左右，故于 317 年往前推测，应在公元 1 世纪内。

西恒州境内，另一支迁到黄河北部的五原地区。刘卫辰被消灭后，五原地区的一支也迁到今山西西北部，后又迁到怀朔镇。这就是 5 世纪之前库狄部的活动。

（附记：本文发表于《文物春秋》2001 年第 3 期。1999 年下半年硕士一年级选修宁志新老师的"隋唐官制"课程，同年级的七位同门和宁老师的五位弟子一起听课。在历史系二楼听课的场景，时隔 16 年还历历在目。本文 2001 年曾参加学校的研究生科研活动周，宁老师非常热心写了推荐语。值宁老师 70 寿辰，谨以此文为先生寿，感谢老师授业之恩）

（宋燕鹏，中国社会科学出版社历史与考古出版中心副编审）

下　编

论唐人对道信的接受

——以对文人士大夫的影响为中心

冯金忠

  道信为中国禅宗四祖，当今学界对道信的研究已形成一股热潮①，这既有学界考镜源流、追根溯源的因子在，但更多的还是随着新资料，特别是敦煌文书中有关道信资料的公布和发掘，道信在中国禅宗史的地位越来越被学界所认识的缘故。但纵观学界对道信的研究，大多是对道信本身（生平经历、禅学思想等）的研究，是一种静态的、共时性的研究，而相对忽略了时人及后人对道信接受史的研究，忽略了读者的接受在道信思想演变、传播过程中的作用。因此，从接受史的角度进行研究，对道信的接受轨迹进行动态的、历时性的考察很有必要。

  根据现代阐释学的原理，人们对道信的研究不可能回到文本中的道信，只能根据时代的变化，探究被后世读者不断解读的道信。这是因为理解是相对的，存在着诸多不确定因素，会因人、因时、因地、因情境等的不同而不同。加之各时代对道信所掌握的资料不同，因此，人们对道信的接受不可能是一蹴而就的，而是经历了一个不断变化的过程。道信本身所蕴含的多元意义经过历代受众的不断解读才逐步得以释放，同时在这历史的层累过程中，道信的形象也被赋予了更多的时代色彩。具体到唐代而言，唐人对道信的接受，从接受主体而言大致包括两个层面：一是僧侣徒众。由于他们的身份职业特点，他们对道信比较熟悉，也更容易接受道信；二是普通民众；三是文人士大夫。文人士大夫具有知识分子和官员的双重身份，是社会的精英，位居社会的上层，具有较强的社会影响力。深厚的文化素养也使他们同普通民众相比具有相当的理性和思辨思维，具有

---

① 参见麻天祥主编《黄梅四祖寺与中国》，湖北人民出版社 2006 年版。

一定的思想独立意识。他们对道信的认可度、接受度，可以较真切地反映道信在世俗社会的影响力和传播度。文人士大夫阶层对道信的接受是逐渐展开的，有一个从小到大、从表及里不断深入的过程。以下主要探讨这个阶层对道信的接受史。但僧侣徒众与文人士大夫对道信的接受不是截然分开的，许多时候相互交织，相互促进。因此，探讨文人士大夫对道信的接受，不可能不涉及僧侣阶层。

现存关于道信的最早史料当属道宣的《续高僧传》。《续高僧传》"自序"云此书所载"始距梁之初运，终唐贞观十有九年，一百四十四载"，止于唐贞观十九年（645）。但事实上，从书中内容来看，在贞观十九年后的亦不乏其人。当是成书之后，之后又有所补充。① 道信传，见于卷二十一，据学者考证，道宣其始并未为道信立传，今传为后来所补。道信卒于唐高宗永徽二年（651），《续高僧传》第一次编纂完成时，道信仍然健在。可能那时候道宣认为道信还不是那么重要，但后来可能是社会情况和宗教方面的变化，使他觉得为道信立传已有必要。②

道宣，乾封二年（667）卒，与道信大约同时代，加之道宣为律宗南山宗的代表人物，佛学造诣很深。《续高僧传·道信传》无疑是研究道信的第一手资料，具有很高的史料价值。道宣为道信补写传记，反映了道信影响力的提升，道宣已经不能无视其存在。这与禅宗二祖慧可、三祖僧璨"行无辙迹，动无彰记"③ 相比，是一个巨大的变化。但细研此传，有几点颇值得注意。

首先，道信的籍贯和师承。据《续高僧传》云道信"未详何人"。而后出的《传法宝纪》《历代法宝记》云为河内人。《祖堂集》卷二云道信"本居河内，迁止蕲州"。《景德传灯录》则云"世居河内。后徙于蕲州之广济县"。此后先居河内，后迁蕲州广济县的说法遂为定说。

据《续高僧传》，道信在 7 岁时经事一僧，因不满其僧戒行不纯，得知有二僧"入于舒州皖公山，静修禅业"，"闻而往赴，便蒙受法，随逐

---

① 陈垣：《中国佛教史籍概论》卷二，中华书局 1977 年版，第 29 页。
② ［日本］中嶋隆藏：《〈楞伽师资记·道信传〉管窥》，《佛学研究》1994 年 00 期，第193 页。
③ 杜朏：《传法宝纪》"论曰"，转见杨曾文校写新版敦煌新本《六祖坛经》附编（一），宗教文化出版社 2005 年版。

依学，道经十年"①。此二僧，《续高僧传》未言何人。《传法宝纪》首先确指二僧就是僧璨和定禅师。以后《历代法宝记》《祖堂集》《景德传灯录》等均认定道信师承于僧璨，从而成为定说。值得注意的是，《续高僧传》卷二五《法冲传》也曾提到禅宗早期传袭法脉，云"达磨（摩）之后，有惠（慧）可、惠育二人。……可禅师后，粲（璨）禅师、惠禅师、盛禅师、那老师、端禅师、长藏师、真法师、玉法师……专以楞伽命家"。其中言及达磨（摩）——惠（慧）可——僧粲（璨）的传承，而唯独没有提到道信。

其次，道信的形象。在《续高僧传》中重点写了道信的行迹及神通：隋末吉州退贼，在蕲州黄梅为猛兽授戒，圆寂后大地震动、云雾四合，三年后坐化的龛门自行打开、容貌俨如平生等。根据佛教的说法，修习安般法门可以得到五神通，即天耳通、天眼通、如意通、他心通、宿命通等。道安即把禅法看作"升仙之奥室"②。他曾说从一数到十，从十数到一，无非期于"无为"和"无欲"，以得到最高的"寂"，而显神通。慧皎也曾云禅之最高境界，在于得神通，他在《高僧传》论"习禅"时云，"禅用为显，属在神通。故使三千宅乎毛孔、四海结为凝酥，过石壁而无雍，擎大众而弗遗"。在《高僧传》《续高僧传》中因坐禅而致神通的例子不胜枚举。与此相比较，道宣笔下的道信还是一个传统的禅僧形象，并没有多少特异卓绝之处，特别是对其禅学思想未置一词，与后世的道信形象大迥异趣。

以上种种，可能是唐初道宣时代对道信的资料搜集尚不完备（比如其籍贯阙如）。但更大可能则是认识的问题。当代人写当代史，由于时间接近，许多材料来自亲身经历或者耳闻目睹，特别是有当时的体认感。此为有利的一方面。但不利的一方面则是，由于距离太近，许多思想还来不及沉淀和消化吸收，从而影响了人们对人事的客观评价。道宣尽管为一代名僧，学问渊博，当时罕有出其右者，但他作为律学僧人，对禅学认识却较为肤浅，因此对道信的认识和评价，远非客观和公正，没有认识到道信思想的精髓所在，没有发现道信在禅法上的新贡献。这固有时代的局限

---

① （唐）道宣：《续高僧传》卷二一《道信传》，文渊阁《四库全书》本。

② （晋）道安：《道地经序第一》，《出三藏记集》卷一〇，见《大正藏》第55册《目录部》。

性，但也正是看似歪曲、片面的记载，一定程度上代表了时人对道信的认知程度。[①] 可以说，道宣是较早接受道信者，但远非知音。

一　唐初崔义玄、杜正伦等文人士大夫对道信的接受

隋末，道信为吉州城民解围，避免了一场兵燹之灾，受到了吉州民众的敬仰。特别是在黄梅双峰山的三十余年间，声名大振，影响日隆。《续高僧传》云："自入山来三十余载，诸州学道无远不至。刺史崔义玄，闻而就礼。"黄梅，唐属蕲州，文中所云"刺史崔义玄"，从上下文来看，崔义玄所任当为蕲州刺史。郁贤皓先生《唐刺史考全编》根据此材料，即将崔义玄系于蕲州刺史下，并将时间系于贞观中。[②] 按，崔义玄，新、旧《唐书》有传，贝州武城人。贞观初，历左司郎中，兼韩王府长史，行隰州府事。永徽初，累迁婺州刺史。显庆元年（656），出为蒲州刺史。寻卒，年七十一，赠幽州都督，谥曰贞。从史籍来看，崔义玄自始至终根本没有任职蕲州。如果《续高僧传》中崔义玄所任不是蕲州刺史，而是新、旧《唐书》所记载的婺州刺史，也有扞格难解之处。蕲州，唐属淮南道[③]，而婺州属江南东道，两地相隔悬远，崔义玄似乎不可能以堂堂刺史之尊，千里迢迢"闻而就礼"。

崔义玄，出身山东士族，以经学名世，史称其"少爱章句之学，《五经》大义，先儒所疑及音韵不明者，兼采众家，皆为解释，傍引证据，各有条疏"[④]。而没有崇奉佛教的行迹。另外，崔义玄与道信之交往亦只见于此书，此后的《传法宝纪》《历代法宝记》《祖堂集》《五灯会元》等均未提到崔义玄。尽管有层层疑云，但在现有的资料条件下，《续高僧传》中崔义玄尊礼道信的记载仍不宜遽然否定。崔义玄是受道信感召的第一位留下明确姓名的文人士大夫，说明在僧俗信众的影响下，地方官界

---

① 日人中嶋隆藏根据《续高僧传》没有记载道信师承于僧璨，也没有记载其禅法内容，从而认定《菏泽神会禅师语录》和《楞伽师资记》的《道信传》可能是《续高僧传》以后的凭空捏造，"有人根据这个捏造，勾出他的思想，所以并不是有真凭实据的传记。"（见《〈楞伽师资记·道信传〉管窥》，《佛学研究》1994 年 00 期，第 194 页）不免偏激，很难使人信服。

② 郁贤皓：《唐刺史考全编》第 3 册，安徽大学出版社 2000 年版，第 1790 页。

③ 《旧唐书》卷四〇《地理志三》和《新唐书》卷四一《地理志五》均言蕲州属淮南道。而李吉府《元和郡县图志》卷二七系于江南道，误。

④ 《旧唐书》卷七七《崔义玄传》，第 2689 页。

也开始接受了道信。虽然这种接受可能并非是因为道信卓绝孤拔的禅法思想，而带有一定的盲目性和现实功利性，很可能是为民间广为流传的有关道信神通法术所吸引。

黄梅双峰山远离两京，僻居一隅，于偏僻山区传法的道信虽在地方上具有一定的知名度，门徒一度达到五百余人，但对其影响力仍不宜估计过高。他的事迹在官方史料中没有留下任何记载。《旧唐书》为一些名僧立传，但没有道信。《传法宝纪》载道信每劝人说"努力勤坐，坐为根本。能坐三五年，得一口食塞疾疮，即闭门坐，莫谈经，莫共人语"。道信倡导农禅并重，不依赖官府供给或檀越施舍来解决生计问题。特别是他为了营造一个良好的坐禅环境，乃至要求门徒"莫共人语"，试图切断与外界之联系。在此较为封闭的自然环境及人为追求的自我封闭的社会环境中，其与文人士大夫的联系自然不会很多。这也是其生前禅法主要在下层民间流传，而不腾誉于世的主要原因。

另外，唐初文人士大夫在道信接受上受限制，与禅宗发展初期，自二祖以来的历代禅师的生存状态以及刻意与朝廷保持距离有很大关系。二祖慧可死于北齐成安县令翟仲品之手。"菩提流支党徒告可大师云妖异"，慧可悲愤地自认妖异，结果"乃杀慧可，经一宿重活，又被毒药而终"[1]。三祖僧璨四处游方，与官府从不接触，长期隐于山中，与世隔绝。直至五祖弘忍时仍然坚持栖神幽谷，远避嚣尘，养性山中。《楞伽师资记》记载了一段门人和弘忍的对话："（门人）又问：学道何故不向城市聚落，要在山居？（弘忍）答曰：大厦之材，本出幽谷，不向人间有也。以远离人故，不被刀斧损斫，一一长成大物后，乃堪为栋梁之用。故知栖神幽谷，远避嚣尘，养性山中，长辞俗事。目前无物，心自安宁。从此道树开花，禅林果出也。"

道信，永徽二年（651）圆寂。《传法宝纪》《神会语录》《历代法宝记》《祖堂集》均有道信圆寂后，杜正伦为道信撰写碑文的记载。《神会语录》云"其碑见在山中"[2]。神会卒于唐肃宗上元元年（760），一说乾元元年（758），说明至少唐玄宗开元天宝间此碑尚存。其中《传法宝纪》记载较详，云道信圆寂后三年四月八日，"石户自开，容貌俨如生日。门

---

① 葛兆光：《中国禅宗思想史》，北京大学出版社 1995 年版，第 59 页。

② 杨曾文编校：《神会和尚禅话录》，中华书局 2008 年版，第 108 页。

人遂加漆布，更不敢闭，刊石勒碑，中书令杜正伦撰文颂德"。以此来看，杜正伦碑文，撰于道信圆寂三年之后，即永徽五年（654）。中书令杜正伦为道信撰碑的记载，为唐宋以后的灯录僧传等诸书所袭用，流传极广。以下对此稍加考辩。

　　杜正伦，新、旧《唐书》有传，相州洹水人。隋仁寿中，与其兄正玄、正藏俱以秀才擢第。贞观十年（636），授中书侍郎，赐爵南阳县侯，仍兼太子左庶子，辅佐太子承乾。太宗怒其教导太子不力，出为谷州刺史，又左授交州都督。承乾被废，又受牵连，配流驩州。贞观末、永徽之际，杜正伦仕途偃蹇不得意，连续遭贬，长期于地方为官，直至显庆元年（656），才授黄门侍郎，寻同中书门下三品。二年，兼度支尚书，仍依旧知政事。俄拜中书令，兼太子宾客、弘文馆学士，进封襄阳县公。① 也就是说，杜正伦官拜中书令是在唐高宗显庆二年（657）之后。道信圆寂后三年，杜正伦撰写碑文时根本不是什么中书令，而是正值配流驩州的任上，不过是一个贬谪之客。驩州，唐属岭南道，治安人县（今越南安城县）。辖境相当今越南演州及安城县一带。此与道信所在的淮南道蕲州黄梅，相距千里。在交通很不发达的古代，杜正伦是如何得知道信圆寂的音讯，并为之撰写碑文呢？其中颇有一些不可解之处。另外，《传法宝纪》《历代法宝记》《祖堂集》诸书均成于唐玄宗开元年间及之后，在提到杜正伦撰碑之事时，均无异辞，称其为中书令。中书令为杜正伦仕途达到的最高官位，而并非撰写碑文时的官职，这一点是需要指出的。诸僧籍刻意强调杜正伦的中书令身份，并对此津津乐道，显然是为了渲染道信的影响力及在当时所受重视程度。

　　杜正伦所作碑文，唐时由日本求法僧人圆珍收录于《禅门七祖行状碑铭》中，称为《双峰山信禅师碑》。② 此碑已轶，今仅存一些片段，如"远方高士，异域高人，无惮险阻，来至宝所"③。杜正伦崇信佛教，为道信撰写碑文，有其思想基础。史称杜正伦"善属文，深明释典"，对佛教

---

　　① 《旧唐书》卷七〇《杜正伦传》。

　　② 《祖堂集》卷二《道信和尚》后所附录注释，中华书局 2007 年版。

　　③ 转见［日本］忽滑谷快天著，朱谦之译《韩国禅教史》，中国社会科学出版社 1995 年版，第 73 页。

颇有造诣。在太宗、高宗两朝，屡次参与译经工作。① 此铭作于道信去世不久，其时间甚至早于《续高僧传·道信传》，在禅宗诸祖的碑铭中，亦以此为最早。特别是它出于文人士大夫之手，更显出了不同于《续高僧传》的其独特价值。杜正伦很可能是受道信弟子门人之托而撰此碑。他以地方大员的身份为道信撰写碑铭，对道信赞誉有加。特别是他以后官至中书令，位极人臣，更加速了道信的名声传播。

无论是崔义玄，还是杜正伦，当时的身份都是地方大员，这反映道信的影响力主要限于地方，特别是在他长期活动的南方一带。此时他可能还没有得到朝中权贵，特别是皇帝的注意。《历代法宝记》《传法正宗记》《五灯会元》《景德传灯录》《隆兴编年通论》诸书均记载了唐太宗几次诏请道信入京，但为道信严词拒绝之事。但此事不见于《续高僧传》《传法宝纪》等书。唐太宗李世民虽然扶植佛教，但远未到佞佛的程度，而且贞观初年，对佛教加以种种限制，曾下敕私度者处以极刑。② 因此，唐太宗数次诏请道信的记载恐出于后人伪托粉饰。道信受朝廷征召的记载虽然很可能不是事实，但他拒绝征召的态度，也并非全无事实的影子，这正契合禅宗初期禅师与朝廷之间张力的存在。

二　武则天及开元时期道信四祖地位的确立及时人对其接受

《旧唐书》卷一九一《方伎传》云："达摩传慧可……慧可传璨；璨传道信；道信传弘忍。"此为正史中对中国禅宗统系的首次明确表述。虽然没有明确道信的四祖地位，但已经肯定了道信师承于僧璨，授衣钵于弘忍的事实。《方伎传》所列名僧有玄奘、神秀、一行等。因神秀传而附列慧能、弘忍、普寂、义福等。至于其前的道信则语焉不详。只云"弘忍姓周氏，黄梅人。初，弘忍与道信并住东山寺，故谓其法为东山法门"。道信"身后名"的获得主要是由于其再传弟子神秀的努力。

神秀是弘忍弟子，弘忍以咸亨五年（674）卒，神秀乃往荆州，居于

---

① 唐太宗时期，波颇译经，东宫庶子兼崇文馆学士杜正伦与仆射萧瑀和其兄太府卿萧璟等监阅详定。唐高宗时，玄奘法师在慈恩寺译经，高宗又令杜正伦与薛元超、李义府等协同译经。

② 《续高僧传》卷二五《法冲传》。

当阳山玉泉寺。武则天闻其名，追赴京都，肩舆上殿，亲加跪礼，敕当阳山置度门寺以旌其德。时王公已下及京都士庶，闻风争来谒见，望尘拜伏，日以万数。中宗即位，尤加敬异。中书舍人张说曾向神秀问道，执弟子之礼，退谓人曰："禅师身长八尺，庞眉秀耳，威德巍巍，王霸之器也。"① 神秀往来于长安、洛阳两京间，备受朝野尊崇，号称"两京法王，三帝（谓武则天、中宗、睿宗）国师"。

神龙二年（706），神秀圆寂，士庶皆来送葬，有诏赐谥曰大通禅师，又于相王旧宅置报恩寺。岐王范、张说及征士卢鸿一均为其撰写碑文。弟子普寂，开元二十七年（739）终于都城兴唐寺，时都城士庶曾谒者，皆制弟子之服，有制赐号曰大照禅师。及葬，河南尹裴宽及其妻子，并衰麻列于门徒之次，士庶倾城哭送，闾里为之一空。普寂死后，朝命于其河东旧宅扩寺建塔追福，李邕为之撰《大照禅师塔铭》。神秀另一个弟子义福死后，制谥号曰大智禅师，葬于伊阙之北，送葬者数万人，中书侍郎严挺之躬行丧服若弟子。

据《楞伽师资记》记载，神秀应诏入京，武则天问曰，"所传之法，谁家宗旨？"神秀答曰，"禀蕲州东山法门"。又问："依何典诰？"答曰："依《文殊说般若经》一行三昧。"可见"一行三昧"为东山法门的根本。而"一行三昧"即由道信首先倡导的。因此，李知非为净觉的《注般若波罗蜜多心经》所作《略序》中就说："蕲州东山道信禅师，远近咸称东山法门。"② 《宋高僧传》卷八《神秀传》中也说，"忍与信俱住东山，故谓其法为东山法门"。在神秀时，东山法门走出了深山，完成了从地方到朝堂的转变。从此在以长安、洛阳为中心的两京地区，在官僚权贵中拥有了广泛的影响，也获得了朝廷上层的支持。武则天在接见神秀时，对东山法门推崇有加，"若论修道，更不过东山法门也"③。

中国向有师以徒尊、母以子贵的传统。在佛教诸派中，禅宗特重师承谱系。禅宗制造宗谱，始于弘忍的诸大门徒。④ 所谓达摩传慧可，慧可传僧璨，僧璨传道信，道信传弘忍这一传承世系是在弘忍之后追溯而成的，而且南宗、北宗均予以承认。现存河南省嵩山会善寺遗址的《唐中岳沙

---

① 《旧唐书》卷一九一《方伎传》，第5110页。
② 方广锠：《般若心经译注集成》，上海古籍出版社1994年版，第336页。
③ 净觉：《楞伽师资记》，《大正藏》第85册，第1290页。
④ 杜继文、魏道儒：《中国禅宗通史》，江苏人民出版社2007年版，第18页。

门释法如禅师行状》碑，立于唐永昌元年（689），此为目前所知对禅宗传法世系最早的记载。文中曰："南天竺三藏法师菩提达摩，绍隆此宗……入魏传可，可传粲，粲传信，信传忍"，忍传如。① 神龙二年（706）张说所撰《荆州玉泉寺大通（神秀）禅师碑铭并序》也有类似的记载，"自菩提达摩天竺东来，以法传慧可，慧可传僧粲，僧粲传道信，道信传弘忍。继明重迹，相承五光"。上述两碑所记成为后世"东土六祖"的祖本。唐开元二十年（732）《嵩山会善寺故景贤大师身塔石记》记载："大师讳景贤，菩提大通法胤也……始先祖师达磨西来，历五叶而授大通。"② 大通即神秀谥号。此碑在达摩之后，用"五叶"一笔带过其他诸人，省去了中间的几祖。以此来看，东土诸祖的传法世系至晚在开元后期已经深入人心，成为时人的集体记忆。

其后记载此世系的，还有严挺之《大智禅师碑铭》（《全唐文》卷二八〇），李邕《嵩岳寺碑》（《文苑英华》卷八五八），《大照禅师（普寂）塔铭》（《全唐文》卷二六二），《净藏禅师身塔铭》（《金石萃编》卷八七），李华《故左溪大师（玄朗）碑》（《文苑英华》卷八六一）、《润州鹤林寺故径山大师碑》（《文苑英华》卷八六二），慧空《神会塔铭》③，《大证禅师（昙真）碑》（《金石萃编》卷九五）、独孤及《镜智禅师（僧璨）碑》（《全唐文》卷三九〇）、李朝正《重建禅门第一祖菩提达摩碑阴文》（《全唐文》卷九九八），白居易《传法堂碑》《圭峰定慧禅师传法碑》（《金石萃编》卷一一四）等。

道信四祖地位的确立虽然导源于其再传弟子神秀等人的倡导，是唐代禅宗大发展，开始得到朝廷重视尊崇背景下的产物。但文人士大夫在禅宗流行的社会环境中接受禅宗，并加以揄扬也是至关重要的因素。

唐代奉行儒释道三教鼎立的政策，社会风气较为开放，在这个社会环境中濡染的士大夫知识结构不同于前代的士大夫，全然不是前代醇儒的面貌和风格。④ 由于佛教知识在社会上的广泛普及，佛教已经成为文人士大

---

① （清）陆耀遹：《金石续编》卷六，中国书店 1985 年版。

② 《全唐文》卷三六二羊愉《嵩山会善寺故景贤大师身塔石记》。

③ 《洛阳出土历代墓志辑绳》，中国社会科学出版社 1991 年版。相关文章见洛阳文物工作队《洛阳唐神会和尚身塔塔基清理》，《文物》1992 年第 3 期；李学勤：《禅宗早期文物的重要发现》，《文物》1992 年第 3 期等。

④ 郭绍林：《唐代士大夫与佛教》（增补本），三秦出版社 2006 年版，第 51 页。

夫生活的重要部分。在佛教诸宗派中，特别是禅宗与士大夫之间的关系尤为密切，学者对此已多有论述。① 道信奠基创立的"东山法门"统一了心、佛，建立起基于人的本性圆满具足的全新的解脱观，把对外在佛性的追求转变为自性修养功夫。这一新的禅观，无论是在内容，还是在修持方法上，都更加适应在家文人士大夫的要求。其之所以能够迅速弘传，很大程度得力于唐初文人士大夫阶层的支持。当时的文人士大夫从这一新的佛教宗派汲取思想资料，又按自身的理解与需要加以发挥和发展。同时，这一新宗派又不断从文人士大夫阶层吸收信众，从而也就不得不改变自身的面貌。② 当时社会弘奖佛法，文士乐与僧人交游，柳宗元即曾说，"昔之桑门上首，好与贤士大夫游"③。唐代著名诗僧皎然著有《儒释交游录》，即僧人与文人士大夫交游的记录。

这些文人士大夫，不乏官僚显贵和文坛巨擘，或者两者兼之。例如，张说，武后时策贤良方正，年才弱冠，对策第一，授太子校书。累官至凤阁舍人。在睿宗、玄宗朝官至宰相，封燕国公。张说与苏颋（封许国公）齐名，掌朝廷制诰著作，人称"燕、许大手笔"。李华，开元进士，官至吏部员外郎。其诗辞采流丽，长于散文，被公认为唐代古文运动的先驱。李邕，唐代著名学者李善之子，"早擅才名，尤长碑颂。虽贬职在外，中朝衣冠及天下寺观，多赍持金帛，往求其文。前后所制，凡数百首，受纳馈遗，亦至钜万"④。这些文人士大夫利用他们的官员身份和文化特长，撰写碑铭，为禅宗僧人树碑立传，充当了由僧侣阶层到普通民众之间的传播者的角色。在这传播过程中，对他们而言也是一次佛教知识文化的再教育过程，加深了对道信的理解和认识，从而一步步接受了道信。

在对道信的接受史上，《传法宝纪》的撰者杜朏为一个关键性的人物。杜朏，京兆（府治今陕西西安）人，字方明。关于他的事迹，史书上没有专门记载。唐严挺之《大智禅师碑铭》（《全唐文》卷二八〇）中有一"朏法师"，神秀弟子义福曾从之学习大乘经论。另外，日本僧人圆

① 主要有郭绍林《唐代士大夫与佛教》和孙昌武《文坛佛影》（中华书局 2001 年版）及《续集》（宗教文化出版社 2008 年版）等。

② 孙昌武：《"东山法门"和唐初文人佛教》，见麻天祥主编《黄梅四祖寺与中国》，湖北人民出版社 2006 年版，第 201 页。

③ 柳宗元：《柳河东集》卷二五柳宗元《送文畅上人登五台遂游河朔序》，上海人民出版社 1974 年版。

④ 《旧唐书》卷一九〇《文苑中·李邕传》第 5043 页。

仁（794—864）入唐求法所带回的书中有《南岳思禅师法门传》二卷，在其《日本国承和五年入唐求法目录》中题为"卫尉丞杜朏撰"；在《慈觉大师在唐送进录》中题为"清信弟子卫尉丞杜朏撰"。① 杨曾文先生对"朏法师"和"卫尉丞杜朏"与《传法宝纪》的作者杜朏究竟是否一人持相当谨慎的态度，但亦指出《传法宝纪》的作者杜朏与神秀一系的人是有密切关系的。② 不过从《传法宝纪》作者杜朏的题衔来看，称曰"京兆杜朏字方明撰"应是一个在俗的身份，或者至少在撰写此书时尚未出家。

《传法宝纪》，一卷，撰于开元四年（716）至二十年（732）之间，在年代上略晚于《楞伽师资记》③，是继《续高僧传》和《楞伽师资记》之后关于道信的又一部重要文献。而且与前两部出于僧人之手不同的是，《传法宝纪》的作者杜朏是一个文人士大夫，这对研究当时社会对于道信的接受史也许更有意义。此书一度流传甚广，传至敦煌地区。但随着南宗的崛起，北宗的式微，这些北宗禅籍逐渐散佚，甚至中原内地现存的一切书籍中都没有提及此书，幸赖敦煌藏经洞在西陲一隅得以保存。20 世纪30 年代从敦煌遗书中被发现，才得以重见天日。从《传法宝纪》内容来看，杜朏对佛法有深切了解，已深得达摩一系禅法的真昧。在"序"中，他言"真如门，乃以证心自觉而相传耳"，"唯是一心，故名真如"。并言"岂夫系执因果，探究句义者，所能入乎？""自达摩之后，师资开道，皆善以方便，取证于心，随所发言，略无系说。"这里对"心"的突出，强调不重文字言说，息其言语、离其经纶，取证于心是与道信以来的禅法思想颇相契合的。

《楞伽师资记·道信传》记载，道信著有《菩萨戒记》和《入道安心要方便法门》，而且《入道安心要方便法门》篇幅约占全书的 2/5。④ 但《传法宝纪·道信传》对此两部著作均未提及，仍称道信禅法不传，"虽择地开居，营宇玄象，存没有迹，旌榜有闻，而犹平生授受者，堪闻大法，抑而不传"。⑤ 似乎杜朏并未见到并参考《楞伽师资记》，《传法宝

---

① 《大正藏》第 55 册，卷一《目录部》。

② 杨曾文：《唐五代禅宗史》第四章，中国社会科学出版社 1999 年版，第 141 页。

③ 同上书，第 141 页。

④ 同上书，第 72 页。

⑤ 杜朏：《传法宝纪》"论曰"。

纪》是在独立状态下撰写而成的。其中的道信传，取资于《续高僧传》，但与《续高僧传》相比，内容有较大的扩展和丰富。有以下几点值得注意：

第一，明确了道信与僧璨之间的师承关系。其中插入了一个细节，在僧璨门下八九年后，僧璨欲往罗浮山，道信请求随同前去。僧璨曰："汝住，当大弘益。"这一预言为此前诸书所无，应为著者所添加。他借僧璨之口表示了对道信的推崇和期许，为以后道信在双峰山"再敞禅门"预作伏笔，更是作者对道信现实地位的肯定。

第二，阐述了道信的禅学思想。据《传法宝纪》载，道信每劝人曰："努力勤坐，坐为根本。能作三五年，得一口食塞疾疮，即闭门坐，莫谈经，莫共人语。""作"即作务、作役，泛指一切生产劳动。他身体力行，率领僧众开荒种地，使禅众的生活方式发生了重大转变，为确立中国禅宗"禅农并重"的发展道路指明了方向。至马祖道一的法嗣百丈怀海时，更是将自食其力定为丛林规制，主张"一日不作，一日不食"。在这一完全中国化的农禅思想形成史上，道信有筚路蓝缕之功。①

第三，记载了道信向弘忍付法中的波折冲突。根据《传法宝纪》，道信弟子有荆州法显、常州善伏等人，皆在道信门下北面受法，但道信似乎对他们并不满意，表示"善伏辟支根机，竟未堪闻大道"。而弘忍"性木讷沉厚，同学颇轻戏之"②。在诸弟子中并不具有人望。但道信却对弘忍十分赏识。在他临终之际，众弟子间为争法嗣，冲突终于表面化，"门人知将化毕，遂谈究锋起，争希法嗣"。这争法嗣事件表明，道信将衣钵传于弘忍，并非一帆风顺，而是其中潜藏着诸弟子之间的矛盾与斗争。这似乎是日后弘忍去世后，以神秀、慧能等诸弟子争立的预演。不知《坛经》等书中在争嗣事件时是否受到了《传法宝纪》的影响？

总之，从《传法宝纪》来看，道信的形象愈益丰满，特别是补入了禅学思想的部分，弥补了唐初道宣的缺漏，在道信接受史上迈出了很大的一步。但杜朏对道信禅法思想虽有涉及，但记述甚简，特别是没有参考利用成于其前的《楞伽师资记》，对体现道信禅法精髓的《入道安心要方便

---

① 魏琪：《农禅一系及其对禅宗的意义》，见麻天祥主编《黄梅四祖寺与中国》，湖北人民出版社 2006 年版。

② 杜朏：《传法宝纪·弘忍传》。

法门》完全没有提及。这反映唐玄宗开元时代文人士大夫对道信的接受仍有相当的局限。

三　唐后期文人士大夫对道信的接受及其局限性

慧能去世后，众弟子四出弘法，南禅影响扩大到全国。特别是在神会的努力下，取得了唐朝廷及官僚上层的支持。贞元十二年（796），唐廷敕命慧能为六祖，神会为七祖，在朝廷的支持和政治干预下，南宗最终取代北宗，获得了正统地位。朝廷为达摩以来诸祖追谥，文人墨客、官僚士大夫等也纷纷为之撰写碑铭。唐代宗大历年间，唐廷赐三祖僧璨谥号为镜智禅师。郭文毐《黄山三祖塔铭并序》、张彦远《三祖大师碑阴记》、独孤及《舒州山谷上方禅门第三祖璨大师塔铭》均为三祖僧璨所撰碑铭。敦煌文书 S. 1776 为弘忍碑文，题曰"学士阁□□撰碑之"，年代不详。《敦煌遗书总目索引》定名为《颂唐朝第五祖弘忍禅师叙》，《敦煌遗书总目索引新编》则定名为《唐朝第五祖弘忍禅师传（拟）》。王维、柳宗元、刘禹锡三人都曾为六祖慧能撰写碑铭。[①] 关于道信的碑铭则有《唐蕲州双峰山释道信踪由》，此文也已遗失。[②] 正是在此社会背景下，道信被上至朝廷、文人士大夫，下至草野仆隶广泛接受，影响日隆。

唐后期大历年间，道信被追谥为"大医禅师"，此为最高当局对道信的褒奖。除了代宗赐谥外，牛头宗一派也自称出于道信。这一说法由于李华、刘禹锡等文人的如花之笔日益深入人心。李华《润州鹤林寺故径山大师碑铭》和刘禹锡《牛头山第一祖融大师新塔记》记述了道信印证法融的故事。这一传说是牛头宗自己提出来的。文中说"（达摩）东来中华，华人奉之为第一祖。又三传至双峰信公，双峰广其道而歧之：一为东山宗，能、秀、寂其后也；一为牛头宗，严、持、威、鹤林、径山其后也。分慈氏之一支，为如来之别子。咸有祖称，粲然贯珠。""信门人达者，曰融大师，居牛头山，得自然智慧，信大师就而证之……于是无上觉路，分为此宗。"刘禹锡文中说，"贞观中，双峰过江，望牛头，顿偈曰：

---

① 王维《六祖能禅师碑铭》、柳宗元《曹溪第六祖赐谥大鉴禅师碑》、刘禹锡《曹溪第六祖大鉴禅师第二碑》。

② 〔日本〕圆珍：《禅宗七祖行状碑铭》。

'此山有道气，宜有得之者'乃东，果与大师相遇"。《祖堂集》卷三承用了此说法，并且更加敷演为一大段故事。如此一来，在禅宗的谱系中，四祖道信的传人除弘忍外，还横出了一支旁系：法融、智岩、法持、智威、慧忠，即所谓的牛头六祖。这些记载晚出，均不见于早期诸籍，疑出于牛头宗弟子对道信的攀附伪托。而他们之所以选择道信，无疑看重的正是道信的影响力。

"安史之乱"后，文人士大夫与佛教的关系，较之"安史之乱"前，发生了很大的变化。儒释交游广泛展开，以不同层次的士大夫和成分繁杂的僧人交往为特点，就其内容的主要方面来说，表现在世俗生活方面和文化方面。① 具体到道信而言，唐后期文人士大夫对道信的接受，主要体现在四祖道信时时出现于文人墨客的笔端，成为他们创作的重要题材。

黄梅双峰山风景宜人，破额处流下的一道涧溪，凌空而下，蔚为壮观。宜人的自然风光，加之作为禅宗祖庭，双峰山四祖寺成为文人士大夫时常光顾流连之地。今聊举数例：

杜甫经世济民，孜孜于致君尧舜，以儒术为立身的典范，但他同样既信佛又崇道。他曾自述，"许生五台宾，业白出石壁。余亦师粲可（即僧璨、慧可），心犹缚禅寂"②。表白自己曾师法二祖慧可和三祖僧璨的禅法。他晚年在夔州所作一诗，更进一步表白了对道信所代表禅法的崇拜，"身许双峰寺，门求七祖禅"③。

包佶，天宝六载（747）进士及第，后累官谏议大夫、汴东两税使、迁刑部侍郎、秘书监等。他天才赡逸，气宇清深，长于诗歌，与刘长卿、窦叔向为莫逆之交。在《双山过信公所居》一诗中云："遥礼前朝塔，微闻后夜钟。人间第四祖，云里一双峰。积雨封苔径，多年亚石松。传心不传法，谁可继高踪。"④ 以"传心不传法"来概括道信禅法特点。"谁可继高踪"的感慨，对道信可谓推崇备至。

柳宗元被贬柳州，但对双峰山和四祖寺仍念念不忘，诗曰："破额山前碧玉流，骚人遥驻木兰舟。春风无限潇湘意，欲采频花不自由。"⑤

---

① 郭绍林：《唐代士大夫与佛教》，第63页。
② 《全唐诗》卷二一六杜甫《夜听许十一诵诗，爱而有作》。
③ 《全唐诗》卷二三〇杜甫《秋日夔府咏怀奉寄郑监审李宾客之芳一百韵》。
④ 《全唐诗》卷二〇五。
⑤ 《全唐诗》卷三五二柳宗元《酬曹侍御过象县见寄》。

　　贾岛早年为僧，后在韩愈的建议下还俗。还俗后仍多与僧众往还交游，宗教情结仍很重，在诗中他也多次提到双峰山和四祖道信。"蟋蟀渐多秋不浅，蟾蜍已没夜应深。三更两鬓几枝雪，一念双峰四祖心。"①

　　赵嘏，唐末著名诗人，他在《四祖寺》一诗中写道："千株松下双峰寺，一盏灯前万里身。自为心猿不调伏，祖师原是世间人。"②《大日经·住心品》分析六十种心相，其中之一为"猿猴心"，谓躁动散乱之心如猿猴攀缘不定，不能专注一境。在佛家看来，此心是妄心，为入定修道的障碍。诗中的"祖师"即四祖道信，借调伏心猿说明了道信禅法对"心"的重视，也抓住了道信禅法的主要特点。

　　一首无名氏所作诗中写道："翠合鸡山树，峨峨祖岫松。凝霜分五叶，含雪振双峰。月迥金河内，珠添玉镜中。飕飗传细离，天下播真宗。"③"双峰"即双峰山。

　　唐后期以来在道信接受史上一个重要特征是文人士大夫以群体，而非以个体的形式发现并接受了道信，显示出道信在当时知识阶层、官员阶层心目中地位的提高。众所周知，接受的过程一方面是主体对客体接受、消化、征服的过程，另一方面也是客体对主体逐渐影响的过程，它们是同一过程的两个方面。文人士大夫在接受道信的同时，道信的禅学思想，特别是注重心性的思想同时也给予他们以重要影响，扩展了他们的创造题材，丰富和充实了作品内容，开拓出创作的新意境，提升了他们的文学创作。

　　禅宗的南北宗之争，是唐代佛教史上的重大事件。虽然无论是南宗，还是北宗，在初期诸祖上意见并无二致，都承认道信的四祖地位。但南北宗之争，却客观地阻碍了道信禅法思想的传播。据现有资料来看，唐代较完整记载道信禅法的著作主要有《传法宝纪》和《楞伽师资记》，这两部著作无一例外都是倾向于北宗的。随着"安史之乱"后南宗的得势，被定为正统，北宗遭到打压，这些北宗著作成书不久就逐渐散失了。唐朝后期，可能大部分文人士大夫根本无缘接触到《传法宝纪》和《楞伽师资记》等书，当然对道信禅法思想主体《入道安心要方便法门》更无从了解了。因此，尽管许多文人士大夫了解到"心"在道信禅法思想中的重

---

①　《全唐诗》卷五七四贾岛《夜坐》。

②　《全唐诗》卷五五〇。

③　陈尚君辑校：《全唐诗补编》卷三五《颂·四祖双峰松》，中华书局1992年版。

要地位，已经触摸到道信思想的精髓，相比唐初有了很大的进步，但此时期文人士大夫对道信的接受并不是完整的，很大程度上道信只是成为了一个符号，一个象征。相比开元时代反而有所退步了。直至 20 世纪初，随着敦煌藏经洞被发现，《传法宝纪》《楞伽师资记》等一大批北宗禅籍得以重见天日，道信的禅法思想才较完整地呈现于世人面前，重新得到学界重视，道信作为禅宗奠基人乃至创立者的地位才得以最终确立。以此为标志，对道信的接受史也进入了一个新时代。

（冯金忠，河北省社会科学院《河北学刊》杂志社研究员）

唐代范阳卢氏的新籍及籍贯迁移初探

李国强

　　《新唐书·宰相世系表》载："卢氏出自姜姓。齐文公子高，高孙傒为齐正卿，谥曰敬仲，食采于卢，济北卢县是也，其后因以为氏。田和篡齐，卢氏散居燕、秦之间。秦有博士敖，子孙家于涿水之上，遂为范阳涿人。"① 这段话叙述了范阳卢氏的姓氏来源，更具体地叙述了卢氏先祖曾先后居住于几个地方，最后形成了范阳这个郡望。这说明，早在卢氏发展初期，就曾有过几次迁徙。那么，在汉以后到唐末这一段较长的时期内，由于种种原因，家族成员也肯定有迁徙的，籍贯也相应随之改变。本文以唐代为例对范阳卢氏迁移的趋向及新籍贯做了一些探索。

　　本文所研究的范阳卢氏，界定为以范阳为郡望的卢氏，这其中既包括一部分仍家居范阳一带的卢氏，也包括一部分迁居他处的卢氏。这里面就涉及望贯分离的问题。岑仲勉先生对望贯分离有过精辟论述："自西汉废姓存氏，于是郡望代起，良以公孙之称，遍于列国，王子之后，分自殷周，称其本郡，所以明厥氏所从出也。故就最初言之，郡望、籍贯，是一非二。历世稍远，支胤衍繁，土地之限制，饥馑之驱迫，疾疫之蔓延，乱离之迁徙，游宦之侨寄，基于种种情状，遂不能不各随其便，散之四方，而望与贯渐分，然人仍多自称其望者，亦以明厥氏所从出也。延及六朝，门户益重，山东四姓，彭城三里，簪缨绵缀，蔚为故家，此风逮唐，仍而未革，或久仕江南而望犹河北，或世居东鲁而人曰陇西，于后世极糅错之奇，在当时本通习之习……余按唐人称属籍，每举郡望，下迄五代，余风未泯。"② 岑先生的论述明析了从望贯合一到望贯分离的历史过程，指出了造成这种

---

① 《新唐书·宰相世系表》卷七三上，中华书局 1975 年版，第 2884 页。
② 岑仲勉：《唐史余沈》卷四《杂述》，上海古籍出版社 1979 年版，第 229—233 页。

情况的各种原因，并精当地剖析了一些实例，给人以很大启发。

毛汉光先生在《从士族籍贯迁移看唐代士族之中央化》一文中，对包括范阳卢氏在内的十姓十三家进行了研究，指出他们多向两京地区迁移，并具体指出了他们的新贯，其中范阳卢氏"八个著房支，六个在河南府、一个在河中府"。毛先生的研究主要依据正史与墓志，把范围界定在"四房卢氏"内。在毛先生研究的基础上，笔者试着做一些补充。

就笔者所搜集到的材料而言，唐代范阳卢氏有十个左右的新籍，即河南府、京兆府、相州、河中府、绛州、晋州、河间、兖州、袁州、寿州、南海等地。这些新籍遍布各地，反映了范阳卢氏家族成员在唐代迁徙的大致情况，其中以河南府最为重要。

1. 河南府

从众多墓志来看，范阳卢氏多以河南府为归葬地。① 这说明河南府是其最重要的新籍，如若不然，范阳卢氏家族成员也不会举家归葬那里了。

史书上也有明确的记载证明河南府是范阳卢氏的新籍。如开元时期的宰相卢怀慎，"滑州灵昌人。其先家于范阳，为山东著姓。祖哲，为灵昌令，因徙焉"②。大概是在其爷爷卢哲时迁移到了灵昌。还有卢坦，"字保衡，河南洛阳人，其先自范阳徙焉"③。也是由范阳迁移到了河南。

2. 京兆府

长安是唐朝都城，是当时全国政治、经济、文化中心，全国人才汇聚于此。由于各种原因，范阳卢氏居住于长安的也应不会太少。但从现有材料看，却远不及在河南府的多。先来看范阳卢氏落籍于长安的例子。

属于范阳卢氏第一房的卢峻和卢士琼，他们二人都葬在了长安附近。卢士琼稍为特殊一些，他于大和元年（827）"葬于龙首原东北"④。由《辞海》可知，"龙首山，古山名。一名龙首原。在今陕西西安市旧城北"。据此可知，卢士琼已葬于长安了。"葬于龙首原东北"，极有可能是已属籍于长安了。卢峻的情况较为特殊，他"解褐参京兆军事，历尉泾阳、万年，入曲台为博士……乾宁甲寅岁六月……权窆于芙蓉园南宁安乡

---

① 参见周绍良主编之《唐代墓志汇编》，上海古籍出版社 1992 年版。（以下简称为《汇编》）

② 《旧唐书》卷九八《卢怀慎传》，中华书局 1975 年版，第 3064 页。

③ 《旧唐书》卷一五三《卢坦传》，第 4091 页。

④ 《汇编》大和 006《唐故河南府司录参军卢府君墓志铭并序》，第 2099 页。

三赵村"①。芙蓉园是唐代长安的一个景点，它是皇家的御园，唐称南苑。从卢峻的仕宦经历来看，一生都在长安，死后又埋在了那里，但不知以后是否又曾有过迁葬。

有确证落籍于长安的当是卢虔和卢从史父子二人。卢虔曾上表请求属籍京兆，中央所作的答复如下："卿男从史，为国重臣，自领大藩，厥有成绩……昨又请移乡贯，愿隶京邑。家声益振，臣节逾章。虽清望标门，崇冠山东之族，而丹心恋阙，耻为关外之人。"② 这里应是准许了卢虔的请求。

3. 相州

这方面的材料有一条，卢从愿"相州临漳人，后魏度支尚书昶六代孙也。自范阳徙家焉，世为山东著姓"③。

4. 河中府

第四房的卢简辞"范阳人，后徙家于蒲"④。实则在他父亲卢纶那时就已为"河中蒲人"了⑤。附于简辞传的还有简能、弘正、简求、知猷、贻殷、玄禧、虔灌、嗣业、汝弼、文纪等人，他们的籍贯也应为河中蒲州。

5. 龙门、晋州

本文前面提到了卢虔的例子，他后来属籍京兆，以前曾有过其他籍贯。《元和姓纂》卷三《卢氏》："龙门。唐左常侍卢虔状云：'偃子阐后，又徙晋州，子从史。'"这里所提的"龙门"在唐代绛州，盖指卢虔或其祖辈居住地，而"晋州"则为新徙之地。卢从史"其先在元魏时为盛族，后徙籍不常"⑥。这证明卢从史一支从范阳始，至少已迁徙了两个地方：龙门和晋州。

6. 河间

卢逢时妻李氏墓志云："近代称李河内、卢河间为门户之际，□人物之津梁。陇西李夫人即河内公禧之六代孙也……归葬于河南府河南县伊汭乡尹樊里端公（卢逢时）之茔。"⑦ 李氏归葬位于河南的卢逢时之墓，从

---

① 《汇编》乾宁001《卢峻墓志》，第2530页。

② 《白居易集》卷五七《答卢虔谢赐男从史德政碑文并移贯属京兆表》，中华书局1979年版，第1214页。

③ 《旧唐书》卷一〇〇《卢从愿传》，第3123页。

④ 《旧唐书》卷一六三《卢简辞传》，第4268页。

⑤ 《新唐书》卷二〇三《卢纶传》，第5785页。

⑥ 《新唐书》卷一四一《卢从史传》，第4660页。

⑦ 《汇编》咸通029《卢逢时妻李氏墓铭并序》（系补），第2400页。

这一点看，卢逢时的籍贯可能已在河南了。但从"李河内、卢河间"的提法看，至少卢氏在河间已形成新的郡望，也必曾设籍于那里。

7. 寿州安丰

《因话录》卷二载："范阳卢仲元，家于寿之安丰。"① 他赴调时经洛中，受妻兄崔即遗嘱，"遂罢选，持金鬻于扬州。时遇金贵，两获八千。复市南货入洛，为崔孤置田宅，兼为剖分家事，既毕而归。逾年方选"②。从这段记载看，他极有可能落籍于寿州安丰。

8. 南海

《太平广记》载："唐永真（贞）年，南海贡奇女卢眉娘……本北祖帝师之裔，自大足中，流落岭表……至元和中……遂度为道士，放归南海。"③ 从这段记载看，卢眉娘的先人不知何故流落岭南，已以南海为籍，否则不会于元和时返回去的。

9. 虔州

据麻田卢氏始祖宗泰公墓碑及《宁都麻田卢氏族谱》载，唐朝开元癸丑卢宗泰（674—737 年，唐德宗时为吉州刺史）偕三子公明、公达、公显因安禄山造反由幽州（河北范阳）经湖南桃源抵虔化县洛口清音里韶坊，公明居南岭、公达居麻田、公显居下沽（后裔迁南康唐江）。

卢宗泰的子孙，自此落籍于当时的虔州虔化县，也就是现在的江西省宁都县，其后并很快进一步播迁到福建的附近地区，为江西客家卢姓公认的始祖。④

综上所述，范阳卢氏的新贯有以洛阳为中心的河南府、京兆府、相州、河中府、绛州、晋州、河间、寿州、南海等地。再结合归葬情况看，其中最主要的是以洛阳为中心的河南府。这是有历史原因的。

就洛阳本身而言，它是我国文化古都，自周起，曾有东汉、曹魏、西晋、北魏、隋、唐在此建都或作为陪都。北魏孝文帝迁都洛阳，实际上就将许多山东旧族包括卢氏在内带到了洛阳。隋统一之后，又曾大规模迁徙士族入洛阳。北魏、隋朝的士族政策应该对范阳卢氏的迁移产生了一定影响。毛汉光先生认为："自北魏定都洛阳，以迄隋唐之发展，洛阳已成为

① （唐）赵璘：《因话录》卷七二，上海古籍出版社 1979 年版，第 88—89 页。
② 同上。
③ （宋）李昉编：《太平广记》卷六六，中华书局 1961 年版，第 413 页。
④ 赖启华主编：《早期客家摇篮——宁都》，中华国际出版社 2002 年版。

当时文人会聚之所，是一个最重要的社会中心。"① 笔者认为这里面很重要的原因在于大士族的累世仕宦。

一则卢夫人墓志云："夫人姓卢讳子玉，厥先范阳人也。昔因仕孟津，其来积代，故成桑梓于河阳焉。"② 这是典型的因仕宦而造成籍贯迁移的例子。还有前面提到的卢怀慎，"滑州灵昌人。其先家于范阳，为山东著姓。祖哲，为灵昌令，因徙焉"。其他家族的例子也可为佐证，一则崔氏墓志记载："夫人姓崔氏，博陵安平人也。自命氏已降，史谍足征，近代缨绥，咸居雍雒，今为洛阳人也。"③ 崔夫人祖辈多在洛阳做官，因此便属籍那里了。

由以上例子可知，范阳卢氏等大士族累代在洛阳附近为官，久而久之便属籍那里了。他们的仕宦成功度是极高的，因此仕宦是籍贯迁徙之最重要因素。

仕宦是一个主要因素。战乱也是一个不容忽视的重要因素。宋自昌墓志载："顷隋季交会，天下鼎沸，枝派流散，子孙从风而止，遂为衮州金乡县人焉。"④ 隋末唐初，山东士族因动乱迁徙的当不在少数，范阳卢氏也不应例外。"安史之乱"的影响也非常大，从卢宗泰的迁移可以窥豹一斑。

此外，迁徙的原因还与贬官流放、饥荒等诸多因素有关，在此不再细加探讨了。

总之，范阳卢氏自兴起开始，家族居住地就一直处于变动之中。到了唐代，形成了以两京为重点，南到南海，北到范阳，在东西、南北一横一纵二线上又有多点的籍贯分布。造成这种局面的原因首推仕宦，同时也存在战乱、饥荒等原因。

（李国强，河北地质大学社科部副教授）

---

① 毛汉光：《中国中古社会史论·从士族籍贯迁移看唐代士族之中央化》，台北联经出版事业股份有限公司 1988 年版。

② 《汇编》大中 075《唐东都留守宴设使朝散大夫检校太子中允上柱国朱敬之亡妻范阳卢夫人墓志铭并序》，第 2306 页。

③ 《汇编》咸通 087《唐故光州刺史李府君博陵崔夫人墓志铭并序》，第 2447 页。

④ 《汇编》会昌 054《唐沧州节度押衙弓高镇兵马使银青光禄大夫检校太子詹事广平宋府君墓志铭并序》，第 2250 页。

福善寺与恭王府的关系

郝 黎

本文所说的福善寺，位于北京市西城区柳荫街 26 号、28 号，与恭王府仅一街之隔。有些人认为，福善寺是恭王府的家庙。经考证，笔者认为这种说法不正确。不过种种迹象表明，福善寺产权应已归属恭王府，恭王府为福善寺提供日常运营的一应费用。

名称由来

全国多地如浙江景宁、浙江灵岩、江苏宜兴、中国台湾云林都有名为福善寺的寺院，北京除了柳荫街外，在花市大街、崇文门也有同名的寺院。

这么多寺院都喜用"福善"二字不是偶然的。《尚书》说"天道福善祸淫"，又说"惟上帝不常，作善，降之百祥；作不善，降之百殃"；《周易》说"积善之家，必有余庆；积不善之家，必有余殃"，又说"善不积，不足以成名；恶不积，不足以灭身"。传统文化经典的这些说法和佛教中所讲的因果轮回是一致的。笔者认为，寺院取福善为名，就是希望人们能够认识到积德行善，就会获得好报的道理进而身体力行。

福善寺现状

2011 年 7 月，福善寺被西城区政府公布为区级文物保护单位。据西城区文化委员会 2012 年所立标牌上写明：始建于清代，该寺坐北朝南，现存建筑七处，包括前殿及西耳房、东西配殿、后殿及东西配殿。其主体建筑为卷棚顶、灰筒瓦。院内现存由恭亲王奕䜣撰写碑文的石碑。

经实际踏勘，现该院为居民居住的大杂院，院内横七竖八私搭乱建了很多住房。虽然有几所建筑还保留着古建屋顶，显得鹤立鸡群，但室内也均为居民住房，与古建屋顶格格不入，极不般配。主体的大殿比较高大，然而木构件油漆彩画已褪尽。福善寺的内部已被居民按照生活需要进行改造，再不采取有力的保护措施，连外貌也极可能难以保持，福善寺将名存实亡。

恭亲王奕䜣修缮福善寺

福善寺与恭王府的渊源可追溯到恭亲王奕䜣时期。恭亲王的文集载有《重修福善禅林碑记》：

> 于居邸西有僧伽蓝，乃诸天栖神清净，湮久不治。为佛之邻者，竟陌而不恤，则德恐成孤立已。爰命都料，循其旧规庋为整理，非徒尚观瞻已也，并系以偈曰，有古佛刹在居之西，大放光明曜我璇题。阿育王塔八万四千，一夜成造兹何拟焉。将膺多福，厥维至善，名以铭心，禅宗重阐。①

恭亲王的记载可说明以下问题：

1. "居邸西""在居之西"，说明福善寺在恭王府西侧。

2. "湮久不治""古佛刹"说明福善寺年久失修，具体建造时间则无从得知。

3. 恭亲王为什么要对福善寺进行修缮呢？原因有二：如果对王府的近邻福善寺的荒败视而不见，"则德恐成孤立已"，如何还能称为有德之人？于良心上说不过去。另外，"将膺多福，厥维至善"表明是为了通过修缮福善寺这一善举，祈求多福。

4. 福善寺的修缮是"循其旧规庋为整理"，按现在的说法就是修旧如旧。

5. 根据以上内容，结合重修福善寺的标题，说明恭亲王并不是福善

---

① （清）奕䜣：《乐道堂文续抄》卷一《重修福善禅林碑记》，恭王府主编：《清代王府文献资料汇编一》，西泠印社 2010 年版，第 29 页。

寺的建造者，只是修缮者。

今26号院曾遗有石碑一方，碑文标题为"重修福善寺碑"，内容为"重寻胜业到春城，修葺今番喜落成。福地何须问双树，善缘应许遍群生。禅衢偏少缁流杂，林影还分禁水清。碑碣千秋昭景仰，记诗聊证妙明情"。此为一首藏头诗，每句诗的第一个字组合在一起即为"重修福善禅林碑记"，与标题相呼应；下钤两枚印章，分别是恭亲王宝、为善最乐。印章说明了此石碑藏头诗题诗的作者就是恭亲王，落款"同治癸酉清和下浣重修福善寺落成纪事"。

石碑是恭亲王修缮福善寺的实物证据，与恭亲王文集的上述记载互相印证，再综合26号院的现存古建筑结构、残存彩画、碑座遗迹等，今26号院即福善寺可确定无疑。此外碑文补充了福善寺修缮完毕的时间为同治十二年农历四月（或二月，清和俗称四月或二月）下旬。

需要提到的是，在恭亲王上述文集中，《重修古佛殿宇碑记》紧邻《重修福善禅林碑记》其下，从内容上看，亦是重修佛殿，但没有佛殿名称。笔者怀疑和前篇是姊妹篇，记载的是同一件事情。其中谈道"小集版筑之役，大倡珠玉之捐，再拓鸡园重光鹫岭"，不仅安排人员进行修缮，还捐献金银珠宝，使佛殿重现荣光，为的是"接既往之绪，结将来之缘"。

恭王府另有家庙

我国传统社会重视对祖先的祭祀。国之大事，在祀与戎。祭祀祖先是重要的文化现象之一。《论语》称"慎终追远，民德归厚矣"。家庙即家族为祖先立的庙，庙中供奉神位等，依时祭祀。《礼记·王制第五》记载："天子七庙，诸侯五庙，大夫三庙，士一庙，庶人祭于寝。"自天子至庶人，都立有家庙，只是不同阶级的人所立家庙规格有别而已。

清代亲王都是皇帝的兄弟子侄，他们建有家庙吗？经检索，学界对此方面少有深入的研究。笔者发现，随着时间的推移，清代对此的典章制度不是一成不变的，亦在发展变化之中，而且是否设立家庙是由最高统治者一手掌控的。

清初崇德元年定，"宗室封王者，立家庙致祭"，而到了顺治五年定"宗室封王无嗣者，于太庙后殿两庑祔祭。有嗣者令其子孙立庙致祭"。

明确只有有后嗣的、封王的宗室才可立家庙，并且对家庙的规制做了详尽的规定。其实，有子嗣只是一个必要而非充分的条件，"令"说明是由皇帝来决定亲王郡王是否设立家庙，王府不能自行决定。顺治五年，"庄亲王立一庙，礼亲王巽亲王谦郡王共立一庙，肃亲王立一庙，饶余郡王端重亲王共立一庙，颍亲王顺承郡王共立一庙，豫郡王立一庙。克勤郡王衍禧郡王共立一庙"。以礼亲王为例，巽亲王、谦郡王都是其子，这三位王爷是父子或者兄弟的关系，因此共立一庙。其他共立一庙的情形与此类同。顺治十年议定"郡王以上祀追封祖父于家庙，贝勒以下祀追封祖父于坟墓，又以诸王皆在京师离坟墓近可随时亲诣致祭，其京城内各立家庙令停止"，就是说只有亲王、郡王才能设立家庙，此前的家庙被叫停。雍正九年，雍正皇帝感念尽心辅佐自己的怡贤亲王，"怡贤亲王立一庙"[1]。

考察醇王府立家庙的情形，更能得出王府是否设立家庙是由最高统治者决定这一结论。光绪十六年，"钦奉懿旨，醇贤亲王庙著于新赐邸第建立。所有庙中殿宇及正门瓦色中用黄色琉璃，殿脊四围及正门四围均用绿色琉璃。其祀典应照天子之礼。立庙后，每岁时享，著于四仲月朔举行。由承袭王承祭"[2]。醇亲王奕𝗑是咸丰皇帝之弟、慈禧太后的妹夫，光绪皇帝的生父，他一生谨小慎微终得以荣显未遭蹉跌，死后被谥为贤。他故后，慈禧太后命令在新赐的醇王府为其建立家庙，且仪式按天子之礼遇："正殿七楹，东、西庑殿，后寝室，各五楹。中门三。门内焚帛亭、祭器亭，其外宰牲亭、神库、神厨。大门三。殿宇正门中覆黄琉璃，殿脊及门四周上覆绿琉璃。其祀仪、乐舞、祭器、祭品视天子礼。凡时飨以四仲月朔，袭王承祭。帝亲行，则袭王陪祀。诞辰、忌日，帝亲诣行礼。"[3] 醇王府家庙仿照天子，规格要高于一般的亲王家庙。

据《清史稿》记载"凡亲王世子、郡王家祭，建庙七楹，中五为堂，左右墙隔之为夹室。堂后楣北五室，中奉始封王，世世不祧。高、曾、祖、祢依序为二昭二穆，昭东穆西，亲尽则祧。由昭祧者，藏主东夹室，升二昭位于一室，以二室奉升祔主。由穆祧者，藏西夹室，升祔亦如之。南为中门，又南庙门，左右侧门，庭分东、西庑，东藏衣冠，西则祭器、

①　《清会典事例》卷四五五《礼部·家祭》，中华书局1991年版，第149页。
②　同上书，第149—150页。
③　《清史稿》卷八六《礼五·吉礼五·醇贤亲王庙》，中华书局1977年版，第2588页。

乐器。庙重檐，丹楹，采桷，绿瓦，红垩壁。门内焚帛炉。外刲牲房，西向。岁以四时仲月诹吉，仲春出祧主合食"。详细记载了家庙的建筑布局，还有祭祀的时间、具体礼仪。①

由于皇帝也是有着七情六欲的人，在立家庙方面，自然免不了有额外施恩的情形。康熙十七年，"孝昭皇后崩，遏必隆为后父，降旨推恩所生，敕立家庙，赐御书榜额"。为皇后之父遏必隆立家庙，是康熙皇帝发布的命令，遏必隆本人在康熙一朝的所作所为实际上并无可称道之处。②

家庙有多个名称。睿亲王后代金寄水先生在回忆中多次提到祠堂，祠堂又称家庙③；"我家的祖先堂，称作家庙（即宗祠），也叫影堂，是一处庄严肃穆的所在……前后两殿供奉十代亲王，另有小影堂二处。每一代都有福晋、侧福晋其数不等，祭品人人有份，这个数字就很可观了。"④ 可知家庙又名祠堂、宗祠、影堂、祖先堂。之所以称为影堂，是因为内中悬挂供奉祖先的遗像遗容。

家庙在王府中的位置如何？据金寄水先生介绍，神殿北面通称后楼，这里有"遗念殿"等建筑，专门供奉先帝先后生前穿戴之衣帽等物品的。也有的将遗念设置于小殿，而将后楼变为库房之用。各王府对规制内的殿堂，除神殿和银安殿外，其所用不同。睿亲王府的家庙位于中路的东北角⑤。在王府建筑规制中，中路主要用于重要的、典礼性质的殿堂，如银安殿、神殿，家庙位于中路表明了其在王府中的重要地位。无独有偶，醇亲王后代载涛记载，醇王府神殿后院为遗念殿，佛堂、祠堂皆在此院内。⑥ 王府家祭是男先女后，未及十龄的儿童，则不能入家庙⑦。恭王府如有家庙，结合恭王府的老地图描绘各建筑及位置的情形，笔者推测位置当在后罩楼，由于佛楼位于正中，家庙当与其相距不远。

据资料所见，蒙古亲王家庙祭祖的情形更为详细。那王虽然是外蒙古王爷，但久居京城，百多年来的福晋、少奶奶都是满族王公的格格，嫁出

① 《清史稿》卷八七《礼六·吉礼六·宗室家庙》，中华书局 1977 年版，第 2609 页。
② 《清史稿》卷二四九《遏必隆传》，中华书局 1977 年版，第 9680—9681 页。
③ 金寄水、周沙尘：《王府生活实录》，中国青年出版社 1988 年版，第 30 页。
④ 同上书，第 46 页。
⑤ 同上书，第 10 页。
⑥ 载涛、恽宝惠：《清末贵族生活》，文安主编：《大清王府》，中国文史出版社 2004 年版，第 56 页。
⑦ 金寄水、周沙尘：《王府生活实录》，中国青年出版社 1988 年版，第 72 页。

去的女儿也大多是宗室王公贵族，传进了大量清室王公贵族的礼节。① 那王府除夕晚十点多钟，凡是府里的男子在十岁以上的，先到影堂拜祖辞岁。影堂中有六代影像，画工精致，都没有福晋。大家按辈分作前后两排，向各影像依次叩二拜六叩。每个影像前有景泰蓝的香炉、烛扦及五碗月饼和五碗五尺高的蜜供。初八日撤供后，由管事处把月饼及碎蜜供分给各屋里吃，表示祖上食余之物留福后人之意。② 由此可见，那王府家庙祭祖和睿王府至少有两点不同：那王府祖先不供福晋，而睿王府则供奉；那王府只有十岁以上的男子祭祖，而睿王府则十岁以上的男女都要参加，顺序是男先女后。

醇亲王奕𫍯之孙溥杰记载自家家庙祠堂里有一个老太监和两三个"苏拉"（最基层的勤杂人员）。每逢初一、十五，他们要摆供上香和洒扫祠堂内外。逢年按节的祭祖祀神和祖先忌辰的烧香上供等，更是他们的主要任务。③ 溥杰结婚的第三天，在其父的率领下先到祠堂内祖宗前行三跪九叩礼，然后更到神祠佛殿、天地四方前大叩了一顿头。④

王府后人是很重视祠堂的，辛亥革命后，定王府日子困难，将王府售出，但由于宗教观念，祠堂没卖，每逢年节还给祖先设供，一直维持到解放前夕。⑤ 载振在天津的庆王府是一所东西合璧的楼房，原先连地窖共三层，买后又加盖四楼一层，作为影堂（祖先堂），可见在庆亲王子孙后代心目中家庙是必须有的，而且地位崇高。⑥

具体到恭王府主人恭亲王奕䜣，他一生命运多舛，后期虽不为慈禧太后所用，但他以自己对大清王朝的耿耿忠心终于赢得慈禧太后的认可。他患病期间，光绪皇帝三次到恭王府探望。光绪二十四年四月初十，恭亲王去世，慈禧太后、光绪皇帝亲临恭王府，授予其"忠"的谥号，入祀贤

---

　　① 祺克泰、孟允升：《蒙古亲王那彦图》，文安主编：《大清王府》，中国文史出版社2004年版，第311页。

　　② 同上书，第316页。

　　③ 溥杰：《醇亲王府的生活》，文安主编：《大清王府》，中国文史出版社2004年版，第126页。

　　④ 同上书，第157页。

　　⑤ 恒如馨：《定慎郡王·毓朗·定王府》，文安主编：《大清王府》，中国文史出版社2004年版，第257页。

　　⑥ 溥铨：《我的家庭"庆亲王府"片断》，中国人民政治协商会议全国委员会文史资料研究委员会编：《晚清宫廷生活见闻》，文史资料出版社1982年版，第282页。

良祠，配享太庙。① 由于恭亲王的后代没有关于自家生活的详细回忆录，以至于时至今日，恭王府的家庙扑朔迷离。

《清恭王府折档汇编》记载了恭王府光绪二十四年至宣统三年府内各处日常用度的经济状况，其中有关于影堂即家庙的记载如下：光绪三十一年八月初五日饭房领影堂前供饭用钱五十吊文②，八月十六日御容影堂前供膳用钱三百吊文③，光绪三十三年五月初六日饭房领御容影堂前供膳用钱二百五十吊文④，十二日饭房领御容影堂前供膳用钱五十吊文⑤，光绪三十四年七月十日饭房领御容前供膳用钱五十吊文⑥，七月十六日饭房领御容影堂前供膳用钱三百吊文⑦。在汇编中，恭王府的家庙只出现了这6次，有4次称御容影堂，称影堂、御容各1次，而且都抬头书写，以示尊崇。御容是指皇帝的容貌，可引申为皇帝的画像，如乾隆皇帝称"如寿皇殿安奉圣祖仁皇帝世宗宪皇帝御容"⑧。按照前述清史稿所记，亲王家庙正中应该供奉"始封之王"，恭王府家庙显然应该自恭亲王奕訢供奉。御容与影堂并称令人费解。

奕訢虽然被封为世袭罔替的亲王，但子嗣不昌，虽然生育有四个儿子，但长子载澄死于28岁⑨，死在恭亲王之前，且无子嗣，三子四子夭折。二子载滢被过继，其所生的长子溥伟以载澄之嗣的身份继承王爷爵位。光绪三十一年至三十四年出现影堂的时间段内，恭王府只传承了四代（小恭王溥伟之子嶙阿哥、岏阿哥已出生），去世的为两代，难以达到影堂规定的五代（始封王、高、曾、祖、父）要求⑩，因此笔者怀疑亦供奉了先皇，因此出现了御容与御容影堂的名称。

恭亲王家庙的主要活动是供膳，将影堂的供膳时间列表后，可发现其

---

① 《德宗实录》卷四一八，中华书局1987年版，第474页。
② 《清恭王府折档汇编》第2册，全国图书馆文献缩微复制中心2004年版，第556页。
③ 同上书，第602页。
④ 同上书，第805页。
⑤ 同上书，第814页。
⑥ 《清恭王府折档汇编》第3册，全国图书馆文献缩微复制中心2004年版，第906页。
⑦ 同上书，第915页。
⑧ 《乾隆实录》卷之一〇二七，中华书局1986年版，第767页。
⑨ 载滢：《云林书屋诗集》卷一《大兄园寝奠祭述怀》，恭王府主编：《清代王府文献资料汇编一》，西泠印社2010年版，第10页。
⑩ 彭林：《论清代王府祭祀制度中的中原文化因素》，恭王府管理中心编：《清代王府及王府文化国际学术研讨会论文集》，文化艺术出版社2006年版，第253页。

规律性。

时间	名称	资金	备注
光绪三十一年八月初五日	影堂	五十吊文	
八月十六日	御容影堂	三百吊文	中秋节后一天
光绪三十三年五月初六日	御容影堂	二百五十吊文	端午节后一天
五月十二日	御容影堂	五十吊文	
光绪三十四年七月十日	御容	五十吊文	
七月十六日	御容影堂	三百吊文	中元节后一天

在重要的节日，如八月十五中秋节、五月初五端午节、七月十五中元节（民间称为鬼节，佛教徒称为盂兰盆节，道教徒则称为中元节）后一天，影堂的供膳资金较大，而且在该节日前后的同月之内还伴有小资金的供膳。鉴于资料相对匮乏，恭王府家庙有待资料的发掘及进一步研究。

影堂是否就是福善寺呢？笔者认为非也，理由有二：其一，福善寺在行文中和其他机构无别，而影堂、神房因地位尊贵，每次出现时总是抬头书写；其二，在以上影堂出现的六个时间段，因折档保留的记录不全，福善寺在光绪三十一年九月、光绪三十四年七月初六这两个最接近的时间段煤炭库的记载中出现，且与平时的经济活动并无差异。综上可判断，福善寺与影堂为独立的两个机构。

福善寺与恭王府的经济往来

前面论述了恭王府自有家庙，福善寺并非恭王府家庙，恭亲王奕訢对福善寺进行过修缮，那么此后二者还有无联系？是怎样的联系？我们发现，在《清恭王府折档汇编》这部记载恭王府后期经济生活的原始资料中，福善寺无一遗漏地出现在煤炭库、司房等部门的记载中，反映了二者密切的关系。

光绪二十四年闰三月初五日，煤炭库放府内各行煤炭羊烛月例，其中，福善寺更房煤炭名列其中，为七吊零四十文，说明恭王府已经把福善寺视为"府内"——产权已归属恭王府，作为恭王府名下的资产了①。经过比较，以首领太监二十二处为代表的大部分处所，如管事处、档案房、佐领处、银钱库、大宫门、鞍库、关防营、回事处、外茶房、煤炭库、神房、东栅栏门、东跨所、厅事处、庄园处、内司房、挑水、花匠、仓上、马圈、中所更头屋内、剃头人屋内、北山更房，每处煤炭钱均为三吊五百二十文，车上二处、书房二处、随侍处二处、执灯处二处、南庄更房二处等为七吊零四十文，每一处平均也是三吊五百二十文。挑水家伙只有二吊一百文。个别地方煤炭钱要略高，如西跨所煤炭羊烛、书房羊烛均为四吊文，外更房每处煤炭钱四吊二百八十文。内更房每处煤炭钱、多福轩后东更房、西更房、多福轩屋内更房、东套殿后更房、巡更处屋内煤炭均六吊三百文。除福善寺更房煤炭为七吊零四十文，看花园、西所亦是如此。东阿斯哈门、花园铁门坐更煤炭分别为十三吊五百二十文、十五吊，而浆洗房、大水房煤炭羊烛达二十吊，内坐更二处煤炭羊烛为二十四吊，大爷水房煤炭羊烛为六十吊，厨房为九十吊。水房、厨房所用煤炭羊烛非常多，估计是因为日常烧水、做饭都需要大量消耗煤炭羊烛。其他房屋为什么所需煤炭不同呢？更房因负责打更，夜里也要工作，故标准较一般地方高，需要注意的是，同样是更房，不同地方的煤炭金额又分为几个类别，可能与房间规格高低或者面积大小、使用时间长短有关。

光绪二十四年七月初五日②与三月初五日煤炭库开列情况基本一致，十二月初五日③因冬季需要取暖，故部分房间比平时加领煤炭。

光绪三十年三月初五日④、五月初五日⑤、六月初五日⑥、七月初五日⑦、九月初五日⑧、十一月初五日⑨、光绪三十一年九月⑩、光绪三十二

---

①　《清恭王府折档汇编》第 1 册，全国图书馆文献缩微复制中心 2004 年版，第 23 页。
②　同上书，第 31—41 页。
③　同上书，第 47—59 页。
④　同上书，第 327 页。
⑤　同上书，第 343 页。
⑥　同上书，第 359 页。
⑦　同上书，第 373 页。
⑧　同上书，第 389 页。
⑨　同上书，第 409 页。
⑩　同上书，第 630 页。

年闰四月①、光绪三十四年七月初六日②、光绪三十四年八月③、光绪三十四年十月初十日④、光绪三十四年十一月⑤放福善寺更房煤炭均为七吊零四十文，其他处所基本与光绪二十四年闰三月初五日的情况相同，因此可以推测，煤炭库的发放情况多年沿袭几乎没有变化。

恭王府除了为福善寺提供更房煤炭，还提供香供钱。司房详细记载每天开支的流水账，为了说明问题，兹把福善寺的开支情况与宗教生活相关的佛堂、花神等进行类比：光绪二十四年十二月初五日花园小供钱九吊文、花神供钱十一吊文⑥，佛堂、后佛堂分别领香供钱四百十五吊六百二十文、一百二十四吊五百文⑦，二十五日佛堂、后佛堂分别领香供钱五百三十二吊三百文、六十八吊七百文⑧，花园小供钱九吊文、花神供钱十一吊文⑨，二十九日福善寺领香供钱十六吊二百文⑩。可以看出，福善寺虽然领香供钱，但频率较佛堂、后佛堂、花园、花神低，恭王府对佛堂、后佛堂极为重视，费用开支大。此外，花园、花神的供钱都比福善寺高，说明了前二者在恭王府的地位较福善寺要高。

恭王府还为福善寺提供月例钱。银库逐日记载每日收入和支出情况，光绪二十四年十二月初五日发放月例钱，其中福善寺月例钱五十吊文⑪，时隔20天后，再次发放月例钱。⑫光绪二十五年三月初五日，银库记载福善寺月例钱五十吊文⑬与去年十二月情况相同。

恭王府还为福善寺提供扫帚钱。光绪三十年三月初五日银库分月折记载，福善寺领一个月扫帚钱三吊文⑭，一个季度当用九吊，而鉴园春季扫

①　《清恭王府折档汇编》第 1 册，全国图书馆文献缩微复制中心 2004 年版，第 715 页。
②　《清恭王府折档汇编》第 3 册，全国图书馆文献缩微复制中心 2004 年版，第 992 页。
③　同上书，第 1031 页。
④　同上书，第 1049 页。
⑤　同上书，第 1038 页。
⑥　《清恭王府折档汇编》第 1 册，全国图书馆文献缩微复制中心 2004 年版，第 86 页。
⑦　同上书，第 88 页。
⑧　同上书，第 145 页
⑨　同上书，第 148 页。
⑩　同上书，第 163 页。
⑪　同上书，第 189 页。
⑫　同上书，第 224、226 页。
⑬　同上书，第 272 页。
⑭　《清恭王府折档汇编》第 2 册，全国图书馆文献缩微复制中心 2004 年版，第 433 页。

帚钱四十吊文①。扫帚用钱多少当与面积大小呈正相关，如果福善寺由恭王府供应全部扫帚钱的前提成立，当可以推断福善寺面积要比鉴园面积要小。

在这里，我们有必要介绍一下鉴园的情况。清代王府的产权并不归属于王爷，而是由国家掌握。一旦王爷被革职或降爵或者后嗣级别低于亲王，王府可能就会被收回。一生命运坎坷的恭亲王，在恭王府附近为自己营造了鉴园一座，以做退路。据曾进入其中的朱家溍先生说，鉴园面积不小。②

恭王府还为福善寺提供煤油钱。光绪三十四年八月初五日福善寺领一月扫帚钱三吊文、领一月煤油钱六吊文，鉴园领一月煤油钱八吊文③。据载涛说，夜晚用以照明用的红色羊油蜡逐渐被煤油灯取代。④ 煤油用量当与使用人数有关，鉴园煤油钱比福善寺煤油钱略多，估计鉴园常住人口较福善寺常住人口要略多。

恭王府还为福善寺提供菜钱。光绪二十七年仅存正月、十二月各行菜钱册，其中列举神房官一名、鉴园三名、福善寺一名⑤；光绪二十八年（缺正月、十二月）、三十三年（仅缺十二月）、三十四年、宣统元年（缺九月）保留下来的银库资料较全，神房一直分为头班、二班各六名；光绪二十八年鉴园为三名，此后一直为四名；福善寺一直为一名。福善寺显然不会只有一个人，笔者估计是恭王府驻福善寺的特派人员，享有在府内开支菜钱的待遇，其他僧众则由社会供养，这反映了福善寺仍然为社会提供宗教服务，相对独立的一面。

此外，据流失到美国的《恭王府修缮工料汇总》记载，光绪年间恭王府进行府邸大修，施工方兴隆木厂详细记载了各处用料、人工情况，福善寺又榜上有名，"府西墙外，福善寺内糊饰各座窗心二十余间，勾抹渗漏房间墙垣泊岸等项活计"。

综上所述，目前我们所能见到的上述时间段，恭王府均负担福善寺的

---

① 《清恭王府折档汇编》第 2 册，全国图书馆文献缩微复制中心 2004 年版，第 435 页。
② 朱家溍：《北京城内旧宅园闻见录》，《文物》1990 年第 6 期。
③ 《清恭王府折档汇编》第 3 册，全国图书馆文献缩微复制中心 2004 年版，第 1092 页。
④ 载涛：《清末贵族生活》，文安主编：《大清王府》，中国文史出版社 2004 年版，第 58 页。
⑤ 《清恭王府折档汇编》第 3 册，全国图书馆文献缩微复制中心 2004 年版，第 1130、1133 页。

煤炭羊烛、香供钱、月例钱、扫帚钱、煤油钱、菜钱，可以说恭王府内的各房间享用的待遇，福善寺也利益均沾，只是相对较少。

结　论

福善寺虽然最初不是由恭王府修建，也不是恭王府的家庙，但列名于恭王府的名下，产权已归属恭王府，享受在府内开支的各种待遇。

《民间寺观的转香火问题——关于什刹海观音庵契书的考察》一文，描述了什刹海观音庵由尼庙僧寺转为民间私产，最终并入醇亲王府家庙的演变过程，认为民间寺观的转香火，具有卖、典（老典）、租（长租）、抵押（指房地借银）、施舍、馈赠等多种形式；交易双方，则有僧人之间、僧人与民人（或僧人与旗人）之间、民人之间、民人与旗人之间等不同范围。在寺观产业流入民间的同时，民间不动产也在不断地转为寺观之产，这种跨越僧（道）俗两界的财产对流，应是清代社会中司空见惯的现象。① 由于没有发现福善寺与恭王府之间的契约，无法确定福善寺以何种方式建立与恭王府的经济联系，抑或是恭王府收购了福善寺？

那么恭王府是否就是福善寺的供养人呢？供养人的概念是指因信仰某种宗教，通过提供资金、物品或劳力，制作圣像、开凿石窟、修建宗教场所等形式弘扬教义的虔诚信徒。今天也指那些出资对其他人提供抚养、赡养等时段性主要资助的个人或团体。笔者认为，用供养人不足以概括福善寺与恭王府密切的关系。

福善寺是历史上恭王府一个重要的组成部分。今日福善寺历经风雨得以保存下来实属不易，目前的状况岌岌可危，不容乐观。恭王府呼吁对福善寺进行腾退保护，收回恭王府统一管理，有利于恢复恭王府古建群的真实性、完整性，希望能够得到相关部门的支持。

（郝黎，文化部恭王府管理中心公共教育部副研究员）

---

① 刘晓萌：《民间寺观的转香火问题——关于什刹海观音庵契书的考察》，《北京社会科学》2013 年第 2 期。

漫漫人生路　难忘恩师情

郝　黎

　　柳青说："人生的道路虽然漫长，但紧要处常常只有几步，特别是当人年轻的时候。"对我而言，正是如此，我有着一般人没有的深刻体会。没有一个人的生活道路是笔直的，有些岔路口，譬如事业上的岔路口、个人生活的岔路口，走错一步，可以影响人生的一个时期，甚至影响一生。有幸的是，在我人生的关键之处，我得到了恩师宁志新的鼎力相助，是他指导我完成了学业，还在生活上给了我切实的帮助，从而改变了我人生的轨迹。

　　我考取硕士的经历是比较坎坷的，在这个关口，是老师拉了我一把。说来话长，我自小成绩很优异。高中分文理科时流行一句话，学好数理化，走遍天下都不怕，就是说学理科就业范围广。当时我的各科成绩都很好，自然就选择了理科。但自从分科后，数理化成绩开始下滑、拖后腿。两次高考均以十分之差而名落孙山，只好上了委培的专科。报考专业时，我既不了解各专业的工作性质，又不清楚个人所长及兴趣爱好，听说建筑专业热门，便选择了这一专业。毕业后回老家工作，很快就下岗了。东奔西走四处找工作，将近一年而未果，后来应聘到一家私立的中学教英语，但这也并非长久之计。记得那个暑假，我去看望一个初中同学，她刚刚考取苏州大学历史专业的研究生，我才获知大专可以报考研究生这一重要信息。文科始终是我的强项，由于不熟悉其他学科，于是我也只得选择历史，边工作边准备考研。

　　经过艰苦备考，成绩下来了，收到了复试通知书。虽然过了录取分数线，但我的总成绩及各科成绩都不高，能不能考上没有把握。很多人劝我去找导师疏通关系，增加保险系数。但是，对学校和导师人地生疏的我，怀着对上学的渴望，硬着头皮，和爸爸来到了河北师范大学，去拜访我所报考的中国古代史隋唐史专业的宁志新导师。老师的和蔼可亲，逐渐消除了我的紧张和不安。得知我坎坷的遭遇，和我坚定的求学信念，宁老师非常同情，给我很多肯定。他勉励我好好学习，报答父母，改变自己的命运。临别之时，为了表达一点心意，我按照人情来往坚持留下了准备好的礼物。入学后，我再次去宁老师家时，师母把之前我们送的礼物原封不动退还给了我。原来为了使我安心考试，他们才暂时收下，早就打算好了过后退还。老师说："我们当老师的，绝不能收学生的礼物。你们好好学习，有出息，就是给我们的最好的回报。"在那一瞬间，我泪如泉涌。在此后的日子里，我时时感念宁老师收留我这个跨专业的学生，我才能回到阔别三年之久的校园，弥补高考失利的人生缺憾，再续学业梦想，结束了漂泊不定的生活。客观地说，像我这样跨专业的学生基础相对薄弱，老师能够收下我，也是承担了风险的。

我清楚地记得，在入学第一堂课上，宁老师告诉我们要严格遵守学术规范，要多读书勤思考、多动笔勤写作，争取在三年研究生期间多发表论文，以利于将来的毕业及找工作。在我求学的三年里，导师付出更多心力进行指导。他推荐我向河北省社会科学院的孙继民老师请教，在孙老师的悉心指导下，我的一篇论文得以发表。河北师范大学首次为各系研究生出版论文集，宁老师鼓励我把握机会，并多次修改与推荐，使我关于童子举的文章得以刊发。我牢记老师的教诲，在硕士期间，共发表了三篇论文，赢得了河北师范大学的孝廉奖学金。值得一提的是，正是因为有宁老师的严格要求，在 98 级历史系的研究生中，获得奖学金的都是我们专业的学生。后来在读博期间，我不忘宁老师教导的朴素的那句话，争取多发表论文，也发表了三篇论文，两次获得学校的三好学生称号。

后来还有两个关口，如果没有老师的帮助，难以预料我会去向何方。

硕士毕业之际，面临工作还是继续考博的双重选择。宁老师积极鼓励我考博，条分缕析给我讲明理由：一是工作后，极可能还要继续攻读学业。那时候，既有工作的压力，又面临结婚生子拖家带口更重的心理及生活负担。不如一鼓作气，一步到位；二是博士学位获得者相对稀缺，能够大大增加后续找到相对满意工作的筹码。因他毕业于厦门大学，熟悉该校，他很乐意向我们推荐厦门大学的博士生导师。一番话，让我豁然开朗，于是我下定考博的决心。我最初想改换专业，选择的是高等教育研究所，报考教育史专业。宁老师积极帮我联络该系毕业于历史系的导师。后来情况有变，我只得继续攻读本专业，宁老师不厌其烦，再次把我推荐给隋唐史专家杨际平老师。我们很多同学一同备考，每天在教室复习直至熄灯为止。当时学生宿舍的大门都关了，我们从铁栅栏的缝隙里挤过去。由于种种原因，最后正式考取博士的只有我一人。至此，三年的硕士生涯圆满地画上了一个句号，我也终于舒了一口气，我以自己的实力证明，这个跨专业的学生没有给老师丢脸。

厦门大学久负盛名，教学质量高，有"南方之强"的美誉，位居国家高校"985、211"名校之列。又依山傍海，景色殊丽，是全国有名的花园式的学校。感谢宁老师为我们铺平了求学的道路，我们才能如此顺利地来到这么优秀的高等学府读书。在撰写博士论文、压力山大的那个夏天里，我每天傍晚去海边散心小憩，支撑我攻读下了博士学位。

宁老师对学生的提携，并不限于自己的门生。只要是学生找到他，他都积极参谋选择专业，推荐、联络导师，落实考试相关事宜。在宁老师的大力帮助下，河北师范大学成为向厦门大学输送学生的一处重要据点，考取厦门大学的硕士、博士者越来越多。

博士毕业后再次面临找工作。我这次想选择北京去发展，因为只有毕业之际去北京，才能解决至关重要的户口问题，否则再无机会。但是，作为一个外地学生，进京工作何其困难！自己有了想法，没有可行的目标和方向，犹如大海捞针。于是，我又向千里之外的老师求助。我把这个想法和宁老师沟通，他很支持我，仔细筛选在北京的人脉资源后，让我联系他在北京文物系统工作的师弟。后来我顺利地来到北京工作。

宁老师有一次来北京出差，还特意抽空到我的单位看望我，鼓励我好好发展。说来惭愧，由于时间匆忙，弟子都没来得及请他老人家吃顿饭。后来我又调动工作，原来的单位不同意放行，前后一年之久，颇费周折，我的精神压力很大。彷徨苦闷之际，我向宁老师倾诉，他了解事情的来龙去脉后，对我给予精神上的坚定支持。可以说，对我这个学生，老师真是操碎了心。老师就是这样，他和我们这些学生语言交流并不多，极少冠冕堂皇地说教，却以高尚的人品、感人的行动对我们施以潜移默化的影响，给我们以切实的帮助。从老师身上，我感受到了什么叫言传身教。

从1998年与宁老师结缘，我有幸得到恩师的关照，顺利地度过了考取硕士、博士以及找工作，这三步至关重要的人生关口，改变了自己一生的命运。当年那个苦闷彷徨的小丫头，一步步踏入了首都北京，逐渐成为一名优秀的文博工作者。工作后，我多次承担重要课题的研究，在国家核心期刊发表多篇论文。在恭王府成功申报旅游景区的最高级别——国家5A级旅游景区以及国家二级博物馆中，发挥了核心骨干作用。作为民主党派人士，目前我担任民革北京市委文史委委员、丰台区政协委员、民革丰台区工委委员。这些年来，我相继获得单位优秀个人、优秀政协委员、民革北京市委先进个人、民革丰台区先进个人等称号。这些成绩的取得，与我始终牢记老师多出成果的教诲密不可分。

　　感恩您，亲爱的恩师，您是火种，点燃了学生的理想之火；您是石级，承载着学生一步步踏实地向上攀登；您是拐杖，助我们踏过坎坷崎岖。感谢您一字一句不辞辛苦地教导我们；感谢您一点一滴不辞辛苦地为我们奉献；感谢您当我们偏离轨道时对我们的矫正。感恩老师，感恩您为我们所作的一切！在老师七十大寿将至之际，学生郝黎谨以此诗为您祝寿：

　　　　七十阳春岂等闲，几多辛苦化甘甜。
　　　　曾经沧海横流渡，亦赖家庭内助贤。
　　　　师表才情堪敬仰，桃李不言下成蹊。
　　　　如今且祝康且健，当信人生二百年。

　　　　五代及隋唐，卅载润新芳。
　　　　仰止乃希声，烁目洞古今。
　　　　桃李自成蹊，杏坛常鼓琴。
　　　　稷下弟子拜，不敢忘师恩。

师恩最难忘

——贺宁志新老师七十寿辰

杨月君

2015 年 5 月份，师兄冯金忠告知明年导师宁志新 70 岁大寿，建议我作为导师的唯一的博士生为导师写点啥，说起博士生，在学术上我有愧于先生的教导，比起其他的硕士同门，更是有些汗颜。倒是先生的言传身教使我终生受益。与宁老师认识的点点滴滴浮现在眼前。

我是 1994 年考入河北师范学院历史系读本科，当时宁老师还在厦门大学读博士，对宁老师的了解仅限于上课教师的提及和系里关于师资方面的介绍，在此期间有一件事给我印象深刻，就是宁老师在读博期间破格评上了教授，使我暗自佩服和敬仰。转眼大学时光流逝，接近报考研究生的日子，我留恋历史系，也喜欢中国古代史，不愿意离开培养我四年的河北师范学院。从系主任孟繁清老师那里得知，宁老师已经完成博士学业，即将回来任教，而且招收隋唐史方向的研究生，我心里一阵狂喜，暗自下定决心，要师从宁老师，为此我努力学习专业知识，为实现自己的理想而努力——求知，求实。

撰写本科毕业论文时，有幸得到了宁老师的指导。初次撰写毕业论文，我脑中一片雾水，不知该如何下手，宁老师在了解情况后，根据个人的专长制定了大致的写作范围。我几次写不下去时给老师打电话，每次不管多晚，老师多么繁忙都不辞辛苦予以认真答疑解惑并详细指导我如何查阅资料。在导师的悉心指导下，自己又历经多次修改，毕业论文答辩时获得答辩老师的充分认可，被评为优秀毕业论文，并摘出一部分公开发表，这也是我第一次在本科期间在正规期刊上发表文章，这也激发了我进一步修读学位的信心。

读硕集中学习期间，老师给我们讲授主要课程之一是胡如雷先生的

《中国封建社会形态研究》，宁老师与平时讲大课一样，仍然那么认真备课讲授。特别是讲授中央与地方关系时，系统、深入，内容丰富，很多是他潜心研究隋唐史的一些体会，老师把这些心得拿来与我们分享。此境界足以体现宁师为培育后学的无私精神。

三年期间，我们仰取俯拾，宁老师的眼疾逐渐加重，但为了我们几个弟子，没请过一天假，没耽搁过一次课。我们5个硕士生的论文都经过他的反复修改，大到论文题目、结构框架，小到语句、标点、错别字，老师都一一提出修改意见。我们当时有点担心老师的眼睛，可每次老师都说会自己照顾好自己的。他把全部身心都投入指导我们学习中。这种细致严谨、诲人不倦的精神至今令我难忘。

毕业后我们师兄妹几个各奔东西，我和老师虽然同在石市，但因怀孕生子，见面的机会也比较少。但老师的严谨治学精神一直深深感染着我。我也一直想寻找机会重新成为老师的弟子。又一次的机会来临，2007年老师所从事的隋唐史研究方向开始在历史文化学院招收博士研究生。我终于可以实现自己的心愿。2008年经过层层考试，我有幸成了老师的第一届博士生，因为老师年龄问题，我又是老师的最后一位博士生。

在读博的日子里，虽然辛苦，但很快乐，再一次感受了宁师严谨治学。诲人不倦、"蜡炬成灰泪始干"的精神在老师身上得到充分体现。在第一学年里，老师把自己获得的成就以及从何处得到的灵感，都毫无保留地启迪于我，我也仔细研读老师作品，倾听老师的教诲，努力想得到老师的真传，无奈天生愚钝，只学到老师治学的一些皮毛，但老师的谆谆教导时刻铭记在心。

老师从来没有因为眼疾和身体问题耽搁我们一次课，读书期间感人之事也有很多，不再一一列举，在老师七十大寿之际，谨祝老师福如东海，寿比南山。

（杨月君，河北经贸大学副教授）

宋朝青苗法与唐宋常平仓制度比较研究

王文东

常平仓制度是我国古代社会一项较为重要的仓储制度，其设置的最初目的是调控粮价、稳定市场。但到唐后期，它的社会职能发生了一些转变，先是在广德、大历年间被纳入朝廷的敛财轨道，接着在元和以后又兼有了义仓的赈济功能，[①] 社会救济色彩逐渐加重。后世的常平仓基本承袭了上述变化，只是在宋神宗熙丰变法时，常平仓制度曾一度被称为"常平新法"的青苗法所取代。

虽然常平仓制度和青苗法有着制度上的沿革关系，但在青苗法推行后，这两种制度却引起了变法派和反对者之间的激烈争论。在后世的研究中，二者受到的评议也有很大的差异。本文拟在前人研究的基础上，从制度的运行方式、制度本身的缺陷和制度安排下的农户负担三个方面入手，对二者做进一步探讨，以较其优劣。

一 两种制度运行方式的比较

常平仓设置的初始目的是为平抑粮价，是一项政府干预粮食市场的法律。运行起来较为简单：政府利用分散于全国各地的常平仓储，根据当时市场中粮食的供求关系，通过"市肆腾踊，则减价而出；田穑丰羡，则增籴而收"的方法，对市场中的粮食价格进行调节，从而达到"公私俱济，家给人足，抑止兼并，宣通壅滞"的目的。[②] 通常情况下，常平仓的籴、粜活动每年都要举行，"上熟籴三而舍一，中熟籴二，下熟籴一，此

---

① 参见张弓《唐朝仓廪制度初探》，中华书局 1986 年版，第 113—117 页。

② 《旧唐书》卷四九《食货下》，第 2122 页。

无岁不籴也；下饥则发小熟之敛，中饥则发中熟之敛，大饥则发大熟之敛，此无岁不粜也"①。这样，常平仓制度之下的政府和农民在自愿的基础上形成一种经常性的贸易关系，政府以商人的身份出现在公众面前。由于季节性差价的存在，这种简单的籴、粜活动，却能使常平仓粮不至于亏本，常平活动也可以持久运行。

作为维护统治的一项制度，常平仓的职能在唐后期发生重大转变。除政府干预市场的功能有所保留外，由于它具有营利性，因而被处于财政困境中的唐政府纳入敛财轨道；同时它还和义仓一样具有了一定的社会救济功能。

职能的转变又导致运营方式的改变。当时刘晏的经济改革就包括常平仓运行方式的改革。他扩大常平的内容，建立了一个覆盖全国的商情网络，使"四方物价之上下，虽极远不四五日而知"②，然后通过政府对物资的调拨，赚取粮食的区间差价，"朝廷获美利而天下无甚贵甚贱之忧"。这次改革给危机中的唐王朝带来了一定的财政收益，短时期内常平仓储粮总数就达到"三百万斛"③。

由于唐后期的常平仓与用于赈济的义仓逐步合二为一，它也兼有了赈济的功能。于是常平仓粮开始用于赈济和借贷，这是其运营方式的另一个转变。如宪宗元和七年（812）二月曾下诏，令"京畿百姓宜赈给粟三十万石，内八万石以京府常平义仓粟充之，其余太仓支给"；在太和六年（832）正月，文宗又命"京兆府诸县宜以常平义仓斛斗量事赈恤，仍先从贫下户给"④。上举史实表明常平仓粮可以用于赈济。而在宪宗元和六年（811）二月京畿地区青黄不接时，则把常平义仓储粮直接贷给百姓。"常平、义仓粟二十四万石贷借百姓。诸道州府有乏少粮种处，亦委所在官长，用常平、义仓米借贷。"⑤ 关于唐朝常平仓的借贷方式，吐鲁番出土的五件广德三年（765）二月的借贷契约为我们提供了实证，其中第（五）件的录文是：⑥

---

①　（宋）董煟：《救荒活民书》卷中《常平》，文渊阁《四库全书》本。

②　《旧唐书》卷一二三《刘晏传》，第 3515 页。

③　《新唐书》卷一四九《刘晏传》，第 4798 页。

④　《册府元龟》卷一〇六《帝王部·惠民二》，中华书局 1960 年影印本。

⑤　《旧唐书》卷四九《食货下》，第 2126 页。

⑥　转引自张弓《唐朝仓廪制度初探》，第 120 页。

（五）

（交河县之印）

保头苏大方请粟叁硕付大方领　[残]

保内康虔实请粟壹硕付妻王领　[残]

保内曹景尚请粟两硕付身领

保内杨虔保请粟两硕付身领

保内卫草请粟两硕付身领　草束

问得状上件粟至十月加参（叁）分纳利者。仰答□

保内有人东西逃避，不办输纳，连保之人能代□（输）纳□否者。

但大方□□（等保）知上件人所请常平仓粟［残］如至［残］均摊代纳。被问□□□□（代实谨牒）

广德□□□（三年二）月　　日

从这件借贷文书中不难看出，常平仓仓粮用于借贷时的"五户结保""十月还纳"以及"纳时加息"等规定，同后来的青苗法运行规则已非常相像，只不过贷出的不是货币，而是谷物而已。

宋代是在太宗淳化三年（992）开始设置常平仓的。① 宋初的常平仓除财政上的考虑有所减弱外，其平抑粮价、赈济②和借贷的功能同唐后期的常平仓区别不大，运行方法也大体相同。

虽然唐朝常平仓可以用于籴粜、赈济和借贷，其运行方式在逐渐增多，但惠众区域并没有因此而扩大，原因在于常平仓设于州县治所，大量远离州县治所的农户在籴、粜仓粮时无疑会因距离所限，受惠极小。常平仓的这一弱点在宋代受到许多指责，批评者认为"常平、广惠之物，收藏积滞，必待年俭物贵然后出粜，所及者不过城市游手之人"③；"常平籴

① （清）徐松：《宋会要辑稿·食货》五三之六，中华书局1957年影印本。

② 宋代的用常平仓粮赈济的事例很多，甚至在青苗法推行的熙、丰年间常平仓粮也会用来赈济。在《宋会要辑稿·食货》五七之八、五七之九中就有元丰元年河北路和元丰七年河东路用常平仓粮赈济的记载。

③ 《宋史》卷一七六《食货上四》，第4279页。

巣，其弊在于不能遍及乡村";① "（常平仓）此惠不过三十里内耳，外乡远民势岂能来?"② 再加上官吏渎职、籴粜非时等现象的存在，熙丰新法时，常平法成为改革的对象之一，取而代之的就是青苗法。

同常平仓相比，宋神宗熙宁二年（1069）九月颁行的青苗法更多是出于财政的考虑。虽然在青苗法建制之初，言事者宣称它可以"通一路有无，贵发贱敛，以广蓄积，平物价，使农人有以赴时趋事，而兼并不得乘其急。凡此皆以为民，而公家无所利其入，是亦先王散惠兴利、以为耕敛补助之意也"③。与常平仓的功能基本一致；而且青苗钱也是由"诸路常平、广惠仓钱谷"转化而来；④ 其运营方法与此前常平仓粮用于借贷时的方法也大体相同。⑤ 然观其改制之初衷，却在于当时常平、广惠仓"敛散未得其宜，故为利未博"⑥；而且改革的倡导者王安石也从未掩饰自己的"富国"主张，认为"百姓所以养国家也，未闻以国家养百姓也"。⑦ 在此思想的指导下，以借贷为主要手段的青苗法开始施行，其具体运行程式在《宋会要辑稿》中有较详尽的描述，现引录于下:⑧

> 其给常平、广惠仓钱，依陕西青苗钱法，于夏秋未熟已前，约逐处收成时酌中约价，比定预支每斗价，召民愿请，仍常以半为夏料，半为秋料。诏常平、广惠等见钱，依陕西出俵青苗钱例，取当年以前十年内逐色斛斗一年丰熟时最底实直价例，立定预支。召人户情愿领，五户以上为一保，约钱数多少，量人户物力，令佐躬亲勒耆户长识认，每户须俵及一贯以上。不愿请者不得抑配；其愿请斗斛者，即以时价估作钱数支给。即不得亏损官本，却依见钱例纽斛斗送纳。客户愿请者，即与主户合保，量所保主户物力多少支借。如支与乡村人户有剩，即亦准上法支俵与坊郭有抵当人户。

---

① （宋）董煟：《救荒活民书》卷中《常平》。

② 《宋史》卷四三七《儒林七·刘清之传》，第 12953 页。

③ 《宋史》卷一七六《食货上四》，第 4280 页。

④ 同上书，第 4279 页。

⑤ 参见刘秋根《唐宋常平仓的经营与青苗法的推行》，《河北大学学报》1989 年第 4 期。

⑥ 《宋史》卷一七六《食货上四》，第 4279 页。

⑦ （宋）王安石：《王文公文集》卷二《再上龚舍人书》，上海人民出版社 1974 年版，第 32 页。

⑧ 《宋会要辑稿》食货四之一七。

为了保证青苗法的正常运行，特别是避免"亏损官本"，政府又推出一些限制性条款。首先，借贷户结保时必须是贫富相保，并由富者充"甲头"，承担起贷款户逃亡后借贷无法追回的风险。其次，按户等规定借贷限额，第五等户和客户不得超过一贯五百文，第四等户不得超过三贯文，第三等户不可超过六贯文，第二等户则不超过十贯文，第一等户的贷款被限制在十五贯文以内。如果青苗钱尚有余额，再酌情贷给第三等以上人户。最后，在还纳贷款时须交纳百分之二十到百分之三十的息钱。由于一年有两次借贷，总的贷款利率将达到百分之四十到百分之六十。① 可是事实证明这些规定未能保证青苗法的正常运转，在青苗法为政府带来财政收益的同时，也成为熙丰新法中争议最大的一项改革措施。②

从青苗法的制度规定和相应的保障措施不难看出，当时的政府已经放弃原来常平法对市场粮食价格的调控，专意放贷，一心为国敛财了。

二　青苗法与常平仓的制度缺陷

众所周知，在熙丰变法时，无论是旧有的常平仓制度还是新推行的青苗法都受到了对立方的责难，我们认为这些指责主要是由两种制度本身的缺陷引发的。南宋人朱熹曾指出青苗法的几种失误，认为青苗法"立法之本意固未为不善也。但其给之以金而不以谷，其处之也以县而不以乡，其职之也以官吏而不以乡人士君子，其行之也以聚敛亟疾之意而不以惨怛忠利之心"③。这正是青苗法被质疑的几个主要方面，下面将分别予以讨论，同常平法相关的内容将一并提出。

首先是"给之以金而不以谷"。青苗法取代常平仓制度以后，借贷物由谷物变成钱币，农户要想获得谷物，必须到市场上去购买，增加了一个市场购买的环节。我们不否认大量的货币流入市场可以调节物价，并推动商品经济的发展。但更不应被忽视的是：在商品经济不发达的古代，"市

---

① 参阅《宋会要辑稿》食货四之二三、二四。

② 据宋人李焘《续资治通鉴长编》卷三三二记载：元丰六年敛散青苗钱数分别是一千三百九十六万五千四百五十九贯、石、匹、两，和一千一百零三万七千七百七十二贯、石、匹、两，年收入约为三百万贯、石、匹、两。

③ （宋）朱熹：《朱熹集》卷七八《婺州金华社仓记》，四川教育出版社 1996 年版，第4116 页。

场中的农民，在价格竞争中总是处于劣势"①。同常平仓可以直接获得谷物相比，农民要获得满足生活、生产需要的谷物就必须支付额外的交易费用。这点将在随后分析农户负担时再作探讨。

至于青苗钱因借贷取息而备受时人和后人诟病的问题，我们认为同当时官方规定私人借贷"每月取利不得过六分"②的利率相比，青苗钱取息并不为高。

其次是"处之也以县而不以乡"。仓址设于州县治所而无法惠及远民，本是常平仓制度的弱点所在，也是变法者主张推行青苗法的理由之一。可惜新法并没有做出改进，青苗钱贷纳的权限都在州县，致使借贷农户"自散青苗以来，非请即纳，非纳即请，农民憧憧来往于州县"，不但耗费农时，而且可能诱使农户"辞耕田力作之业"③，这对以农业为本的封建社会的发展同样不利。④

再次是"其职之也以官吏而不以乡人士君子"。救济工作由官方主持，是常平仓制度和青苗法的共有特点。然而一旦官吏执行不力，必将背离制度的初衷甚至会产生完全相反的结果。比如青苗法"本为民间不足而贷之，则所谓下户者理合先贷，而下户憔悴苟活，易于结请，难于输纳。州县之吏厄以诏条与曩曰监司之威，既不敢不散，又虑散而难纳，故少俵下户，多与上等，利其易于催纳"，致使"下户贫穷，义当周恤而势不敢遍；上户自足，无假官钱而强与之使出息"⑤。执行官吏为完纳青苗钱强行贷给本不需借贷的上户，已经违背"自愿请贷"的原则；而许多急需借贷的下户贫民却因"难于输纳"贷不到应得款项，青苗法也就很难起到"散惠兴利""耕敛补助"的效果。

常平仓米在赈粜时"公吏非贿赂不行，或虚增人户，或镌减实数，致奸伪者得以冒请，饥寒者不沾实惠"。以及因出粜米的价格较"市价低小，既粜者不分等第、不限口食，则公吏仓斗家人等多立虚名盗籴，遂使官储易于匮乏"⑥。这些现象也表明，官吏的渎职行为不但使饥民得不到

---

① 龙登高：《宋代东南市场研究》，云南大学出版社 1994 年版，第 47 页。
② （宋）窦仪等撰：《宋刑统》卷二六《杂律·出举债负》，中华书局 1984 年版，第412 页。
③ （宋）毕仲游：《西台集》卷五《青苗议》，文渊阁《四库全书》本。
④ 可参阅叶坦《富国富民论》，北京出版社 1991 年版，第 80 页。
⑤ （宋）毕仲称：《西台集》卷五《青苗议》。
⑥ 《宋会要辑稿》食货五七之二一。

有效救济，官方也会因此而蒙受损失。

最后来看"其行之也以聚敛亟疾之意而不以惨怛忠利之心"。显然这是对推行新法的基层官吏进行的抨击。虽然变法者声称青苗法"皆以为民，而公家无所利其入"，但其制度规定及相关的保障措施已经证实它的确是一种为国敛财的手段。而且青苗钱的增亏已成为当时基层官吏考课的参数之一。"诸路提举官散敛常平物可自行法，至今酌三年之中数，取一年立为定额，岁终比较增亏。"① 这种考课制度无形中给各地基层官员立下一个青苗钱敛散的具体指标，超出者有可能获得升迁机会，亏损者则有被贬降的可能。既然青苗钱的敛散关乎自己的政治前程，于是多数基层官吏就很难再有"惨怛忠利"之心，而是要迎合上司敛财的心理，强行抑配青苗钱、督责贷款。史籍中的此类记载俯拾皆是，毋庸赘述。

上述几种现象可以归结为两种制度在执行中的技术性失误，我们认为在这些失误背后还有更深层次的制度缺陷值得探讨。

社会救济不但要为处于饥荒中的民众提供生活保障，还要为他们提供生产保障。但这两种救济方式是有所区别的，生活救济多采用赈济的方式，而生产救济则偏重于借贷，原为平抑粮价的常平仓制度在唐后期同时具有了这两种运营方式。但此时的常平仓已经被纳入政府的敛财轨道，统治者希望借常平仓的盈利来缓解财政压力；与此同时，常平仓还要救济饥荒中的民众，本应提供更多的无偿赈济，于是在制度内部就形成敛财需求和无偿赈济之间的矛盾。这一矛盾在财政危机时显得尤为突出，成了财政危机中的政府面临的两难选择。熙丰新法时青苗法取代常平制度，其实是敛财需求占据主导地位的结果。但是常平仓制度的赈济功用已为世人认可，作为它的替代制度，青苗法却只保留借贷的运营方式，突出敛财功能，引起广泛争议在所难免。

常平仓粮自唐玄宗开元年间开始借贷，② 就有无息和有息之别。③ 宋哲宗元祐元年（1086）十一月二十八日，左司谏王岩叟上言："赈济人户必待灾伤，放税七分以上方许借贷，而第四等以下方免出息，殊非朝廷之

① 《续资治通鉴长编》卷三三二，神宗元丰六年正月壬寅记事，第3093页。
② 参见张弓《唐朝仓廪制度初探》，第119页。
③ 参见刘秋根《唐宋常平仓的经营和青苗法的推行》。

意。乞如旧法，不限灾伤分数，并容借贷；不均等第，均令免息。"① 由此可见，宋代常平仓粮的出贷也有一个从无息到有息的变化过程。在唐王朝全盛之日，统治者有可能采用"无息借贷"的方式以显示其仁政惠民；在宋代常平仓初设时，为收揽民心，也可能采取"无息借贷"的方法。"无息借贷"体现的是常平仓对饥民的赈济功能。然而在唐宋时期，有息借贷才是常平仓粮的主要借贷方式。这是政府在经营常平仓时财政考虑增加的结果。无息或有息借贷也是常平仓制度内部财政需求和赈济需要之间矛盾的反映。

在常平仓制度下，"坊郭有物力户未尝零籴常平斛斗"②，政府和农户之间结成了自愿性的贸易关系。青苗法虽然也声称让农户自愿请贷，但不同等级的贷款限额以及"贫富相保"的规定已经把本不用借贷的富者也纳入借贷范围，青苗法的制度细则出现矛盾。此外，青苗法把借贷无法追回的风险强加给富户，如果"贫者无可偿，则散而之四方"，而"富者不能去，必责使偿数家之负"③；同时"贫富相保"也使贫下户对同保中富人的依赖性增加，因为在生存危机面前，"一旦农民依赖亲属或保护人而不是靠自己的力量，他就让渡了对方对于自己的劳动和资源的索要权"④，这就给富人依其他方式盘剥贫下户提供了可能。此结果和"使农人有以赴时趋事，而兼并不得乘其急"的制度预期相距甚远。制度细则的矛盾、制度预期和实施结果的差距是政府制度设计失误造成的。

社会保障制度逐步成熟是近代的事情，受社会发展程度的制约，两种制度存有缺陷无可厚非。但是与青苗法相比，同时拥有籴粜、赈济和借贷功能的常平仓制度无疑更容易被世人接受。

三　两种制度下的农户负担分析

既然青苗法和常平仓都具有社会救济的功能，那么在这两种制度安排

---

① 《宋会要辑稿》食货五七之一〇。
② 《宋史》卷一七六《食货上四》，第 4284 页。
③ 《宋史》卷三三六《司马光传》，第 10766 页。
④ ［美］詹姆斯·C. 斯科特：《农民的道义经济学：东南亚的反叛和生存》，译林出版社 2001 年版，第 35 页。

之下（排除其他因素的干扰），一般农户要想安然度过每年的青黄不接时期该付出多少代价呢？为此我们需要了解在青黄不接时农民的最低粮食需求量，以及粮食的季节性差价和高利贷的利率。

据漆侠先生估算，宋代一个典型的五口之家每年所需"口粮共28.8石"①，每月则需2.4石，这应是正常情况下一般农户的粮食平均需求量。在《续资治通鉴长编》里有官府于饥荒时按"人日三合"米为赈济标准的记录②；也有"中等户以下，户一斛"的情况③；此外还有常平仓赈济时每人给米"日一升"的记载。④ 如以"日三合"计，每人每月需粮9升，五口之家一月只需粮食4.5斗。这可能是用于维持生命的用粮最低记录，但是，即使在青黄不接的时候，农家仍要从事生产，4.5斗的用粮量显然太少。而"户一斛"的记载没有时间断限，亦不足取。如按"日一升"来计算，每人每月需要3斗粮，五口之家共需1.5石。此结果虽然低于漆侠先生的结论，考虑到农民对举债的畏惧心理，他们平日里节衣缩食，在青黄不接时，更会尽量降低对粮食的消费量（此时老人、孩子的用粮量可能会减至最低点），以避免过多借债，我们认为拿"1.5石"作为农户的最低用粮标准来讨论是可行的。⑤

至于熙丰时期粮食的季节性差价问题，史籍并无明确记载。现试推演如下：

[熙宁三年（1070）二月，判大名韩琦言]：……去岁河朔丰熟，

---

① 漆侠：《宋代经济史》，上海人民出版社1987年版，第377页。

② 《续资治通鉴长编》卷八九，真宗天禧元年三月丁巳记事，第2050页。

③ 《续资治通鉴长编》卷一一四，仁宗景祐元年二月癸巳记事，第2663页。

④ 参见《续资治通鉴长编》卷一〇一，仁宗天圣元年八月记事，第2332页；卷一一四，仁宗景祐元年正月乙丑记事，第2662页。

⑤ 《宋会要辑稿》食货四之二八中记载："盖自来常平仓遇岁不稔、物价高，合减元价出粜之时，乡村则下诸县，取逐乡近下等户姓名，印给关子，令执赴仓，每户粜与两石或三石，坊郭则每日粜与浮居户，每口五升或一斗。故民受实惠，甚济饥乏。"虽然在这段材料中给出了常平仓在"饥乏"时每户的粜粮量——"三石或两石"，但并未说明依靠这些粮食要度过的"饥乏"时间有多长，从随后"浮居户"每人每日可粜粮"五升或一斗"来看，"三石或两石"尚不足每户的一月用粮。加之本文要讨论的是农民在青黄不接时的最低粮食需求量，我们认为此数值同样不可取。日本学者斯波义信在其《宋代粮食消费与生产水准之探讨》（见邓广铭、漆侠主编《国际宋史研讨会论文选集》，河北大学出版社1992年版，第17—36页）一文中，认为宋代一般人均两餐谷物消费标准为一升。如按此标准，在青黄不接时农户的粮食的消费量还应该稍低一些。

常平仓籴米，斗钱不过七十五至八十五……①

况去年（熙宁三年，1070）陕西经夏大旱，入秋霖雨，五谷例皆不熟，即今每斗白米价钱一百文足。②

以上分别是熙宁二年（1069）河北地区丰熟时的粮食价格和熙宁四年（1071）陕西饥歉时的粮价。由于分处不同年代和不同地区，本不具有可比性，幸运的是，宋仁宗宝元二年（1039），吏部流内铨为制定各地官员职田的收入量，对各地粮价有一番比较性的概括介绍：

旧选人并以有无职田注官，而州县所上顷亩多不实，今以诸路物价贵贱定为三等，京东西、河北、淮南、两浙、江南幕职、令录，以岁收百五十石，判、司、主簿、尉、百石；陕西、河东、荆湖、福建、广南幕职、令录以二百石，判、司、主簿、尉以百五十石；益、梓、利、夔路幕职、令录以百石，判、司、主簿、尉五十石，并为有职田。③

上引文表明，在宋代，任职于河北的官员一百五十石的收入同在陕西的官员收入二百石折算成钱后基本相同。由此可知，河北和陕西的物价比大体为 4∶3，那么熙宁二年（1069）陕西地区丰熟时的价格应是河北粮价的四分之三。取河北每斗粮价"七十五至八十五"的中间数为 80 文，陕西每斗粮价约是：80 文 × 3/4 = 60 文。如果没有其他突发因素干扰，一个地区的物价在短时期内的变化不会太大。司马光所奏"每斗白米价钱一百文足"的情况是在"经夏大旱，入秋霖雨，五谷例皆不熟"之后出现的，在一般的年份应稍低一些。今取 60 文至 95 文作为熙宁年间陕西地区

①　《宋会要辑稿》食货四之二○。《宋史》卷一七六《食货上四》记为："去岁河朔丰稔，米斗不过七八十钱。"

②　（宋）司马光：《温国文正公文集》卷四三《乞不添屯军马》；转引自王仲荦遗著，郑宜绣整理《金泥玉屑丛考》，中华书局 1998 年版，第 253 页。

③　《续资治通鉴长编》卷一二三，宝元二年二月癸亥记事，第 2895 页；《宋会要辑稿》职官五八之三七也有类似记载。可参阅程民生《宋代地域经济》，河南大学出版社 1992 年版，第 115 页。

的粮食季节性差价。①

宋代的高利贷"没有形成全国一致的利率，不同地区有不同的利率"②。既然要分析制度安排下的农民负担，在具体讨论时，我们将选用官方所定"每月取利不得过六分"的利率。

青苗法每年分两次借贷，一为"夏料"，一为"秋料"③。每一次借贷都是为帮助农民度过一次青黄不接时期。假定在春夏之交——即每年的第一个青黄不接时期——陕西的农户有一个月的粮食是必须购买的，他需要向政府贷款的数额是：95 文/斗 × 15 斗 = 1425 文（与政策规定的"客户和第五等户不得超过一贯五百文"的贷款限额大体相当）。到丰熟后应偿还的数额则是：1425 文 + 1425 文 × 20% = 1710 文。为偿还这笔贷款，农户需要卖出的粮食数为：1710 文 ÷ 60 文/斗 = 28.5 斗。由于两次的贷纳程序大体相当，农户"秋料"的付出也应约略相同。也就是说，陕西地区的每户农民为渡过困难时期，每年需要为此额外支付（28.5 斗 – 15 斗）× 2 = 27 斗的粮食。

如果按照 30% 的利息率计算，农户每年的额外支付额应是：

2 × ［（95 文/斗 × 15 斗 + 95 文/斗 × 15 斗 × 30%）÷ 60 文/斗 – 15 斗］≈ 32 斗

那么在常平仓制度之下，陕西的农户又需要额外支付多少粮食才能渡过难关呢？在唐玄宗朝，常平仓收籴时每斗的价格同市场价相差约为两三

---

①　《续资治通鉴长编》卷四五一有记：十月壬子，（苏）轼又言："见今浙西诸郡米价虽贵，然不过七十文足。窃度来年青黄不交之际，米价必无一百以下。"另外宋人陈襄在《古灵集》卷六《知河阳县乞抛降和籴小麦价钱状》（文渊阁《四库全书》本）中指出"本州每岁抛降和籴小麦万数，多是过时收籴，每亦斗官支价钱不下九十文，以上至一百二十文，比之民间麦熟之时所直市价常多三四十文"。这两处的季节性差价与推算出的陕西粮食的季节性差价大体相当。

②　刘秋根：《试论两宋高利贷利息问题》，《中国经济史研究》1987 年第 3 期。

③　虽然青苗法规定每年分两次借贷，而且规定了贷、还的时间。但在具体执行时并不一定如此。《续资治通鉴长编》卷二一〇熙宁三年四月乙酉记事：然今诸路丰时早晚，夏秋所获多少，及民间所须缓急，所在不同，恐不可为一定之法。欲令有司因民缓急，量入为出，各随其时，不拘与数；卷二一一熙宁三年五月丁未记事：青苗钱委诸路转运、开封界界提点、提举司，每年相度留钱谷，以备非时赈济出籴外，更不限时月，止作一料一散，却作一料或两料送纳，以便人情；如愿分两料请者，亦听；卷二一七熙宁三年十一月丙午记事：提举河北常平司言："大名府等州军今秋薄熟，乞依旧法作两料青苗钱，及许灾伤州军豫支。"从之，仍令诸路散青苗料次，自今提举官专体量相度指挥。

文,① 出粜时的价格要低于市场时价十文左右。② 宋代的货币经济更加发达,常平价同市场价的差额应该稍大一点,今只以"5 文"为准,③ 这样陕西地区常平仓籴、粜粮食的季节性差价就是 65 文至 90 文。

如果农户只是在每年两次青黄不接时进行短期借贷,每次一月后即偿还,那它每次额外支付的粮食量是:

（90 文/斗 × 15 斗 + 90 文/斗 × 15 斗 × 6%） ÷ 65 文/斗 − 15 斗 ≈ 7 斗

每年只需额外支付 14 斗粮食,远低于使用青苗钱需支付的数额。

如果贷款期限是十个月（与两次青苗钱的使用期大体相当）,这时农户一年只需完成一次存有季节性差价、对自己非常不利的粮食交易。但是减少一次粮食交易,只能为农户节省 7 斗粮食,仍无法度过第二次青黄不接的时期,所以在借贷时需要多一些贷款,以弥补另外 8 斗的欠缺。由于钱已由自己事先掌管,农户在购买这 8 斗粮食的时候就有了一定的自主权,会选择粮价较低时在市场中购买,约需钱 60 文/斗 × 8 斗 = 480 文。于是,农户额外支付的粮食数额就是:

［（90 文/斗 × 15 斗 + 90 文/斗 × 15 斗 × 60%） + 480 文 + 480 文 × 60%］ ÷ 65 文/斗 − 15 斗 − 8 斗 ≈ 22 斗

仍然低于使用利息率是 20% 的青苗钱需支付的 27 斗。

如果借款期限是一年,农户需多支出的粮食量应为:

［（90 文/斗 × 15 斗 + 90 文/斗 × 15 斗 × 72%） + 480 文 + 480 文 × 72%］ ÷ 65 文/斗 − 15 斗 − 8 斗 ≈ 25.5 斗

还是比使用青苗钱的支付额要低。

史籍中也有很多高利贷年息"一倍"的记载,甚至还有"两倍""三

---

① 参阅《旧唐书》卷四九《食货下》,第 2123、2124 页。
② 参阅《全唐文》卷三三《玄宗皇帝·平粜诏》,第 370 页。
③ 《宋史》卷一七六《食货上四》记载:仁宗皇祐年间淮南、两浙体量安抚陈升之等言:"灾伤州军乞粜常平仓粟,令于元价上量添十文、十五文,殊非恤民之意。"乃诏止于元价出粜。如果按照这种方法来运行,就像无息借贷一样,显然已经背离了常平制度的初衷,不取。宋人董煟《救荒活民书》卷中《常平》里记载常平仓在丰年收籴时,应"视岁上中下熟,一依民间实价直,宁每升高于时价一二文以诱其来",这样收籴时每斗的价格就要高出时价十文至二十文。张弓认为:"籴则加价十之二,粜则减价十之二,有可能是玄宗时常平仓实行平准的常规的增减价幅度。"（请参阅张弓《唐代仓廪制度初探》,第 109 页。）如果按照这个比例来推算,宋代陕西常平仓粮的季节性差价应是 72 文至 78 文。这几种情况将更有利于本文最终的结论。

倍"的情况出现。[①] 但根据"积日虽多，不得过一倍"的法律规定，[②] 农户在这种情况下的额外支付数额应是：

$$(2 \times 90 \text{ 文/斗} \times 15 \text{ 斗} + 2 \times 480 \text{ 文}) \div 65 \text{ 文/斗} - 15 \text{ 斗} - 8 \text{ 斗} \approx 33 \text{ 斗}$$

高于使用利息率为 20% 的青苗钱需支付的 27 斗，与使用利息率是 30% 的青苗钱额外支付的粮食量相差无几。

唐宋时期常平仓粮都可以直接出贷。在这种情况下，要度过每年两个青黄不接的时期，农户须一次性借贷 3 石粮食，如果按照前引文书中出现的"叁分纳利"来计算，农户只需额外支付 9 斗的利息。而常平仓粮用于无息借贷或赈济时，将更有利于帮助一般农户渡过困难时期。

在常平仓制度下，由于农民借贷和偿还的都是粮食，从而可以避开市场交易，额外支付的仅是借贷的利息。青苗法推行以后，借贷物由粮食变成货币，农民要获得满足生活或生产所需的粮食必须去市场中购买，此时一般是在青黄不接时期，市场上的粮食供给量相对较少，价格偏高，作为买方的农民在交易中处于劣势；等还贷时又要到市场上出卖粮食，以换取足够的货币，此时往往是收获季节，粮价偏低，作为卖方的农民同样处于劣势。农民这种"非理性"行为绝非出于自愿，而是青苗法制度安排下的无奈选择。由于借贷物的变更使农民不但要支付贷款利息，还要负担这种"非理性"市场交易带来的经济损失。因此，推行青苗法给一般农户带来的负担才会重于常平法的制度安排。

避免在青黄不接之际出现"兼并之家乘其急以邀倍息"[③]的局面，是青苗法推行的目的之一，但事与愿违，青苗法反而加重了农民的负担。这也能反映出青苗法是政府制度设计的失误。

四　结论

通过对青苗法和常平仓制度的运行方式、制度的缺陷和制度安排下农户负担的比较分析，我们认为可以用于籴粜、赈济和借贷的常平仓制度比只能借贷的青苗法在运行方式上更加灵活、也更为多样化。尤为重要的是

---

① （宋）欧阳修：《欧阳修全集》卷六〇《原弊》，中华书局 2001 年版，第 871 页。
② 《宋刑统》卷二六《杂律·出举债务》，第 412 页。
③ 《宋会要辑稿》食货四之一六。

作为一种社会保障制度，虽然常平仓制度也有缺陷，但在当时的市场和社会环境下，它为处于生存危机中的一般农户提供的社会保障要明显优于青苗法。也许这就是常平仓制度自建制以后，虽然间或中止，却能延续长久，而青苗法从神宗熙宁二年（1069）九月设立，到哲宗元祐元年（1086）二月遭废，后虽有反复，最终在南宋高宗朝退出历史舞台的主要原因吧。①

（王文东，河北师范大学法政学院）

---

① （宋）李心传：《建炎以来朝野杂记》甲集卷一五《财赋二》中载有高宗言："青苗敛散，永勿施行。"中华书局 2000 年版，第 315 页。

汉魏西晋管理东北地区的体制演变

乔凤岐

　　东北地区自古就是多民族聚居区，有多个民族在这里生息繁衍，他们
为东北地区的开发和发展做出过重大贡献。汉魏时期，"中原封建王朝除
了对东北地区各民族实行传统的分封朝贡制的统辖方式之外，又开始在民
族地区推行郡县制度，设置统辖、管理边疆民族事务的地方机构和具有民
族特点的地方行政建置。这些新的特点，正是我国统一的多民族中央集权
国家建立后，中央王朝对边疆少数民族的统辖制度由分封朝贡制向民族区
域设置制的发展、转变的初始时期"①。两汉时期，中原皇朝在东北地区
及朝鲜半岛对当地民族采用分封朝贡制度的同时，也采用了郡县制管理体
制，这一区域内的郡县归属幽州刺史部统辖，东北各少数民族也在一定程
度上分属不同的郡县。册封作为一种政治手段，在汉魏两晋时期的东北地
区广泛存在，"是国内处理民族关系形式的对外延伸，把周边国家封为外
臣，确立以中国为中心的国际关系秩序"②。从东汉末年公孙度专制辽东
时起，曹操于襄平（今辽宁省辽阳市）设置东夷校尉，作为辽东地区的
最高军事长官。东夷校尉设置之初，可能由公孙氏兼任，东北地区各少数
民族事务主要由州郡官员出面，东夷校尉的作用并没有凸显出来。西晋时
期，虽然设平州于襄平，但对东北地区少数民族事务的管理则是以东夷校
尉为主，由东夷校尉负责各民族的朝贡事宜，出面调停彼此之间的纷争，
郡县官吏主要管理的是辖区内的编户齐民，形成一种职责相对明确的二元
管理体制。

---

① 程尼娜：《汉魏时期东北地区的民族设置与治理》，《北方文物》2001 年第 4 期。
② 韩昇：《论魏晋南北朝对高句丽的册封》，《东北史地》2008 年第 6 期。

一　两汉时期的册封与郡国并存的管理体制

先秦时期，东北和朝鲜半岛的少数民族居住区大致沿袭着西周时期天子与诸侯间的以朝贡为基础的藩属关系。东北古称"孤竹国"，①殷商灭亡之际，贵族箕子率领宗族迁至辽西一带建立，西周初期得到了西周天子的认可，后因周武王"封箕子于朝鲜"，又称朝鲜侯国，朝鲜作为西周的外邦之国，需要定期朝拜西周天子。《史记》记载："其后箕子朝周，过故殷虚，感宫室毁坏，生禾黍，箕子伤之，欲哭则不可，欲泣为其近妇人，乃作《麦秀之诗》以歌咏之。"②说明东北地区从西周开始已经接受中原王朝的册封，双方保持朝贡藩属关系。这种模式大概也是春秋战国时期燕国与东北各族关系的主流，并一直持续到西汉前期。《史记·朝鲜列传》载：

> 朝鲜王满者，故燕人也。自始全燕时，尝略属真番、朝鲜。为置吏，筑鄣塞。秦灭燕，属辽东外徼。汉兴，为其远难守，复修辽东故塞，至浿水为界，属燕。燕王卢绾反，入匈奴，满亡命，聚党千余人，魋结蛮夷服而东走出塞，渡浿水，居秦故空地上下鄣，稍役属真番、朝鲜蛮夷，及故燕、齐亡命者王之，都王险。会孝惠、高后时天下初定，辽东太守即约满为外臣。保塞外蛮夷，无使盗边；诸蛮夷君长欲入见天子，勿得禁止。以闻，上许之，以故满得兵威财物侵降其旁小邑，真番、临屯皆来服属，方数千里。③

关于朝鲜国的变迁与属国地位，《魏略》又云：

> 昔箕子之后朝鲜侯，见周衰，燕自尊为王，欲东略地，朝鲜侯亦自称为王，欲兴兵逆击燕以尊周室。其大夫礼谏之，乃止。使礼西说燕，燕止之，不攻。后子孙稍骄虐，燕乃遣将秦开攻其西方，取地二

---

① 《隋书》卷六七《裴矩传》，中华书局1973年版。
② 《史记》卷三八《宋微子世家》，中华书局1959年版。
③ 《史记》卷一一五《朝鲜列传》，中华书局1959年版。

千余里，至满番汗为界，朝鲜遂弱。及秦并天下，使蒙恬筑长城，到辽东。时朝鲜王否立，畏秦袭之，略服属秦，不肯朝会。否死，其子准立。二十余年而陈、项起，天下乱，燕、齐、赵民愁苦，稍稍亡往准，准乃置之于西方。及汉以卢绾为燕王，朝鲜与燕界于浿水。及绾反，入匈奴，燕人卫满亡命，为胡服，东度浿水，诣准降，说准求居西界，收中国亡命为朝鲜藩屏。准信宠之，拜为博士，赐以圭，封之百里，令守西边。满诱亡党，众稍多，乃诈遣人告准，言汉兵十道至，求入宿卫，遂还攻准。准与满战，不敌也。①

朝鲜国作为朝贡体制下的属国，虽然在秦汉之际被燕人卫满所取代，但仍然接受汉朝的册封，保留着外臣的地位，接受辽东太守的管理。

汉武帝灭卫满朝鲜以后，于朝鲜半岛增设了乐浪、临屯、玄菟、真番四个边郡。由于边疆地区民族管理的复杂性，郡县以及民族区域又经过不断调整。以乐浪郡、玄菟郡为例，汉武帝元封三年（前108）置，昭帝始元五年（前82）郡县调整以后，"自单单大领已东，沃沮、濊貊悉属乐浪。后以境土广远，复分领东七县，置乐浪东部都尉"②。汉武帝、昭帝时期，对东北地区的管理是在少数民族聚居区设置县级行政单位，并派出官员出任县令，在郡太守的领导下管理少数民族事务，"实现了西汉王朝对朝鲜半岛北部的直接统治"③。

西汉时期，东北地区的郡县官员在管理少数民族时期各有侧重。在今辽宁省东北部和吉林省东南部的鸭绿江、浑江流域的深山大谷之中，主要是高句丽人的聚居区，汉朝便"以高句丽为县，使属玄菟"④。在对高句丽民族的管理上，郡县也有分工，高句丽部族首领"常从玄菟郡受朝服衣帻"，而由"高句丽令主其名籍"⑤。这项记载说明汉代在东北地区设置的郡有负责少数民族的朝贡、抚慰等责任，当地各族人民的户口等事宜归县级政府直接管理。

始建国元年（9），王莽代汉建立新朝以后，以为"天无二日，土无

① 《三国志》卷三〇《魏书·东夷·韩传》裴注引，中华书局1959年版。
② 《后汉书》卷八五《东夷·濊传》，中华书局1965年版。
③ 赵红梅：《朝鲜半岛到辽西——汉晋之际乐浪郡变迁》，《学术交流》2010年第12期。
④ 《后汉书》卷八五《东夷·高句骊传》，中华书局1965年版。
⑤ 《三国志》卷三〇《魏书·东夷·高句丽传》，中华书局1959年版。

二王，百王不易之道也。汉氏诸侯或称王，至于四夷亦如之，违于古典，缪于一统"。于是颁布诏令："其定诸侯王之号皆称公，及四夷僭号称王者皆更为侯。"①王莽的政策导致了边疆地区政局的动荡，关于这一时期东北地区的局势，刘子敏先生曾有过深刻论述：

> 由于王莽篡权后执行了一条错误的民族政策，伤害了高句丽人的民族感情，激化了民族矛盾，使高句丽向着叛逆的道路愈走愈远。据《丽纪》载，在公元12年以后，高句丽"寇汉边地愈甚"，并于公元14年"西伐梁貊，灭其国（实为征服），进兵袭取汉高句丽县。"自此，汉玄菟郡的大部分辖区已为高句丽控制，玄菟郡全部内徙于长城以内的辽东郡境。及高句丽第三代王大武神王时，首先于公元4年击败了夫余国。夫余国的王弟逃到鸭绿谷（今鸭绿江上游地区）杀海头王而自立国于曷思水（鸭绿江一支流），是为曷思王。夫余王从弟亦率万余人投奔高句丽，高句丽封之为王并将其安置于掾那部。又于公元26年冬十月"王亲征盖马国……以其地为郡县"，于同年12月句荼国王又"举国来降"，高句丽"由是拓地浸广"。自琉璃王迁都国内城开始，高句丽利用国内地区土地肥美、物产丰富、山水深险、易守难攻的绝好条件，不断向周边发展割据势力，它的南界已达萨水（今清川江）北岸。②

两汉交替之际，由于王莽采取一些有碍民族团结的举措，不仅造成了东北地区少数民族的反对，也引发了一系列的民族间的争斗与整合，东汉建立后不得不重新调整对东北地区的管理体制。"建武六年（30），省都尉官，遂弃领东地，悉封其渠帅为县侯，皆岁时朝贺。"③譬如玄菟郡，"武帝灭朝鲜，以沃沮地为玄菟郡。后为夷貊所侵，徙郡于高句骊西北，更以沃沮为县，属乐浪东部都尉。至光武罢都尉官，后皆以封其渠帅，为沃沮侯"④。东汉建立后，撤销西汉时期设立于少数民族聚居区的一些县级行政建制，推行以册封为主的封建管理制度，封少数民族首领以"县

---

① 《汉书》卷九九中《王莽传》，中华书局1962年版。
② 刘子敏：《高句丽疆域沿革考辨》，《社会科学战线》2001年第4期。
③ 《后汉书》卷八五《东夷·濊传》，中华书局1965年版。
④ 《后汉书》卷八五《东夷·东沃沮传》，中华书局1965年版。

侯"的爵位并将之纳入朝贡体制之下,成为东汉时期东北管理体制下的重要措施之一。

郡国并存是汉代行政制度的重要方面,"国"通常是具有王、公爵位之人的封地,内地的郡与国是级别相当的行政单位。边疆地区设置属国,大致可以看作少数民族中具有较大势力的首领的封地,与内地不同的是属国多在沿边郡县临近之地或在郡县之内。颜师古说:"凡言属国者,存其国号而属汉朝,故曰属国。"①属国的设置,在较大程度上保留了少数民族的习俗以及其首领的特权,亦即"因其俗为属国","不改其本国之俗而属于汉"②。汉代的辽东属国:"故邯乡,西部都尉,安帝时以为属国都尉,别领六城。"③汉代辽东属国所辖六县,是从辽东、辽西两郡各划出三个县而来。辽东属国下辖有县,也说明这一机构是和内地的郡具有类似的职责。

在对属国的管理上,汉朝虽然保留了少数民族原有的习俗和特权,但也选派一些官员进入属国管理具体事务,"他们(各少数民族)又在汉政府的直接管理、统辖之下,可以保留自己的民族习俗不变,有自己的生产、生活方式"。这种边疆地区的建制机构,"具有一定的自主、自治权力"④。与唐代的"羁縻州府"性质有些类似。《汉书·百官公卿表七上》载:"典属国,秦官,掌蛮夷降者。武帝元狩三年昆邪王降,复增属国,置都尉、丞、候、千人。属官,九译令。成帝河平元年省并大鸿胪。"东汉时,"每属国置都尉一人,比二千石,丞一人"。其中"属国都尉,主蛮夷降者"⑤。典属国是中央官,是属国的管理机构;属国都尉和丞等均为属国的官员,是朝廷选派的地方官。辽东属国都尉的职权、俸禄与内地的郡太守相当,且多出了管理辖区内各少数民族具体事务的责任,和东北各郡太守的职权并无太多的区别。东汉时期,辽东属国曾一度撤销,曹魏正始五年(244),"九月,鲜卑内附,置辽东属国,立昌黎县以居之"⑥。曹魏时期再次设立辽东属国,主要是"安置、管理内附的鲜卑部众"⑦。

---

① 《汉书》卷六《武帝本纪》颜师古注,中华书局1962年版。
② 《汉书》卷五五《霍去病传》,中华书局1962年版。
③ 《后汉书》卷一一三《郡国志五》,中华书局1965年版。
④ 张国庆:《东汉"辽东属国"考略》,《历史教学》1990年第2期。
⑤ 《后汉书》卷一一八《百官志五》,中华书局1965年版。
⑥ 《三国志》卷四《魏书·齐王芳本纪》,中华书局1959年版。
⑦ 张国庆:《东汉"辽东属国"考略》,《历史教学》1990年第2期。

汉代虽然在东北少数民族聚居区设置郡、县，但没有按照内地的行政体制进行管理，依然保留着非常典型的册封朝贡制度。"东北亚封贡体制以多种形式建构，可分为郡县区内的封贡关系、郡县和护乌桓校尉等管理的塞外封贡关系、朝廷直接掌管的塞外封贡关系等三个层次，不同层次之间不是一成不变，变化最为显著的是封贡体制下靠近郡县地区。"①东北地区的郡县划分进行过多次调整，有些郡县的治所也有过多次迁徙，所以有些民族的主管郡县也出现过变化，如："夫余本属玄菟，献帝时，其王求属辽东。"②夫余在东汉末年所属的郡虽然有所变化，但由州郡直接管理的体制没有改变。两汉时期，高句丽、夫余、沃沮、濊貊等民族大都由当地郡县直接管理，属大汉皇朝直接管理下的编户齐民，这也是汉代东北地区和朝鲜半岛各郡县户口较多的原因。

到了晋代，由官方掌管的东北地区各郡国的户口数目与汉代相比大量减少，平州"统县二十六，户一万八千一百"，其中辽东国"户五千四百"，乐浪郡"户三千七百"，玄菟郡"户三千二百"③。而在西汉时期，辽东郡"户五万五千九百七十二"，乐浪郡"户六万二千八百一十二"，玄菟郡"户四万五千六"④。经过数百年的繁衍生息，西晋东北各郡县户口反而出现锐减，仅有西汉时期的十分之一左右，其主要原因是管理体制在魏晋时期出现了重大变化，少数民族聚集区的户口已经不归当地的郡县管理。

二　曹魏管理东北地区的二元体制的创立与管理特点

东汉末年，公孙度割据辽东以后，分辽东郡为辽西、中辽、辽东三郡，设平州于襄平（今辽宁省辽阳市），自任州牧，统领辽东、辽西、中辽、玄菟、乐浪五郡。公孙康之时，势力发展到朝鲜半岛的中南部，并在这一地区设立带方郡，平州辖境扩大为六郡。按照《朝鲜史略》的记载，作为地名的平州出现于西汉，该书卷一"二府"条云："汉昭帝以平那、玄菟郡为平州都督府，临屯、乐浪郡为东府都督府。"汉代平那郡和平州都督府的治所及辖区已不可考，辽东太守公孙度自立平州、自领平州牧，

---

①　程尼娜：《汉代东北亚封贡体制初探》，《学习与探索》2010 年第 3 期。

②　《后汉书》卷八五《东夷·夫余传》，中华书局 1965 年版。

③　《晋书》卷一四《地理志上》平州条，中华书局 1974 年版。

④　《汉书》卷二八下《地理志下》，中华书局 1962 年版。

很可能是沿用了汉昭帝所创的"平州"之名。州下辖郡，州郡县共管各少数民族事务是对汉代管理体制的继承。

在公孙度设置平州以后，曹魏政府"置东夷校尉，居襄平"①。东夷校尉的具体设置时间及其职责，《三国志》没有详细记载。在边疆少数民族地区设置校尉始于汉代，其职责是专门管理少数民族事务，曹魏设置东夷校尉要比汉代的辽东属国都尉的职权大得多，可能是专门管理东北地区与朝鲜半岛的各少数民族事务。②由于史书中没有明确记载曹魏最初以何人担任东夷校尉，所以现在的学术界对东夷校尉的最初设置时间存在诸多争议，甚至怀疑曹魏时期根本没有设置。③ 程尼娜先生认为："曹魏政权立刻面临接替公孙氏政权统辖东北东部少数民族政权和诸部的问题，由于平州撤销，辽东、玄菟、带方、乐浪诸郡合入幽州统辖，此时东北东部的高句丽政权正处于上升时期，寇抄边郡的事件时有发生，幽州地远对统辖、控制东北东部边疆少数民族确实有些鞭长莫及，为此在襄平设置统辖、管理东北东部各少数民族的机构护东夷校尉府是顺理成章的。"④东夷校尉的设置，表明曹魏在东北地区的管理体制上发生了重大变化，将汉代由郡县直接管理东北地区和朝鲜半岛少数民族事务的部分权力划归东夷校尉，是曹魏管理体制的一项变革。

从当时的东北情况来看，公孙度名义上接受了曹操给予的官职爵位，是中原政权在东北地区的最高行政长官。为达到自立割据的目的，公孙度假借中原皇朝的名义，"东伐高句丽，西击乌桓"，凭借政治优势和军事力量"威行海外"⑤。东北地区和朝鲜半岛的各族人民长期处于汉朝郡县

---

① 《晋书》卷一四《地理志上》平州条，中华书局 1974 年版。

② 《后汉书》卷一一八《百官志五》（中华书局 1965 年版）记载："使匈奴中郎将……主护南单于"；"护乌桓校尉……主乌桓胡"；"护羌校尉……主西羌"。以此论之，"东夷校尉"大概主管东夷各民族事务。

③ 日本学者池内宏则认为曹魏于 238 年灭公孙氏政权以后，便在襄平（今辽宁省辽阳市）设置羁縻东夷诸部的机构护东夷校尉府（池内宏：《曹魏の东方经略》，《满鲜史研究》上世第一册，吉川弘文馆 1979 年）；张国庆认为护东夷校尉设置的年代不在曹魏时期，而是在西晋武帝太康元年（280）（张国庆：《西晋至北魏时期"护东夷校尉"初探》，《中央民族学院学报》1989 年第 3 期）；三崎良章认为护东夷校尉设置的年代应在太康三年至五年（282—285）之间（三崎良章：「東夷校尉考——その設置と"東夷"への授與」，『東アジア史の展開と日本』，山川出版社 2000 年版）等。

④ 程尼娜：《护东夷校尉考》，《北方文物》2004 年第 4 期。

⑤ 《三国志》卷八《魏书·公孙度传》，中华书局 1959 年版。

的直接管理之下，所以各少数民族首领大都对公孙度俯首听命，公孙度则征调少数民族的军队在东北各地东征西讨。①公孙康继任以后，仍然以军事打击的方式遏制各少数民族势力的发展。譬如高句丽："自伯固时，数寇辽东，又受亡胡五百余家。建安中，公孙康出军击之，破其国，焚烧邑落。"②史籍中虽然难以找到曹魏时期担任东夷校尉之人，但金毓黻推测是由公孙康兼任此职。金毓黻先生的理由是："盖魏于公孙氏开置带方郡之后，因立平州，授康以刺史之官，俾领辽东等五郡，且令兼领东夷校尉，观五郡之次第，以辽东为首，而东夷校尉，又居襄平，可知必以康兼其事也。"③东汉末年，公孙氏家族割据辽东已经成为事实，曹魏将东夷校尉的官号送给公孙康以达笼络之目的也是有可能的，公孙氏以地方行政官员的身份东征西讨，这大概也是东夷校尉难以见诸史籍的原因所在。

公孙康攻破高句丽都城以后，高句丽统治集团发生内讧，拔奇与涓奴部大加各将下户三万余口向公孙康投降，还住沸流水上，不仅使高句丽人口减少三分之一左右，其土地面积可能也减少了许多，这也是高句丽自建国以来受到的第一次沉重打击。公孙康击破高句丽以后乘胜南进，不仅控制了乐浪郡，同时也遏制了三韩势力的发展。韩人分布在朝鲜半岛南部，分为马韩、辰韩、弁韩，所以又被称为三韩。《三国志》记载："桓、灵之末，韩濊强盛，郡县不能制，民多流入韩国。建安中，公孙康分屯有县以南荒地为带方郡，遣公孙模、张敞等收集遗民，兴兵伐韩濊，旧民稍出，是后倭韩遂属带方。"④带方郡设立以后，倭、韩等民族事务归其管理，对控制朝鲜半岛中南部局势起到了积极作用。

公孙渊执掌辽东以后，公然走上了与曹魏政权分庭抗礼的道路，"自立为燕王，置百官有司。遣使者持节，假鲜卑单于玺，封拜边民，诱呼鲜卑，

---

① 《三国志》卷三〇《魏书·东夷·高句丽传》（中华书局1959年版）记载："公孙度之雄海东也，伯固遣大加优居、主簿然人等助度击富山贼，破之。"《三国史记》卷一六《高句丽本纪（四）》新大王（讳伯固）条记载："五年（169），王遣大加优居、主簿然人等，将兵助玄菟太守公孙度，讨富山贼。"两书记载该事件的时间不同，《三国志》记载公孙度任辽东太守是在汉灵帝中平六年（189）至汉建安九年（204）。

② 关于公孙康攻打高句丽的具体时间，《三国史记》卷一六《高句丽本纪第四》山上王条云："十三年（209），冬十月，王移都于丸都。"公元209年，乃汉献帝建安十四年，公孙康于建安九年（204）执掌辽东，至此已经有五年之久。以此而论，公孙康攻打高句丽的时间应该不晚于公元209年。

③ 金毓黻：《东北通史》，五十年代出版社1981年翻印。

④ 《三国志》卷三〇《魏书·东夷·韩传》，中华书局1959年版。

侵扰北方"①。公孙渊的分裂活动为曹魏政权所不容，司马懿于魏明帝景初
二年（238）二月率军东征，八月壬午（23 日）斩杀公孙渊父子，东北郡
县又归于中原政权的统治之下。同时，魏明帝"密遣带方太守刘昕、乐浪
太守鲜于嗣越海定二郡，诸韩国臣智加赐邑君印绶，其次与邑长"②。辽
东、带方、乐浪、玄菟四郡被平定以后，陈寿说："而后海表谧然，东夷屈
服。"③此时，各少数民族的册封、赏赐事务仍由各郡太守负责，仍然不见东
夷校尉的踪影，说明郡级行政官员仍是各少数民族事务的主要管理者。

　　又据《晋书》卷一四《地理志上》记载，司马懿平定辽东以后，平
州所辖州县并入幽州，"有东夷校尉，居襄平"。说明东夷校尉衙门依然
存在，但东北地区重大民族事务仍由幽州刺史负责。三国时期，高句丽在
东北地区各少数民族中实力较为强大，与中原皇朝争夺东北地区管理权的
斗争也最为频繁，高句丽王位宫的扩张政策引发了曹魏军队的两次东征，
征伐事宜均是在幽州刺史的主持下进行。《三国志》记载："正始中，（毋
丘）俭以高句骊数侵叛，督诸军步骑万人出玄菟，从诸道讨之。……俭
遂束马县车，以登丸都，屠句骊所都，斩获首虏以千数。……宫单将妻子
逃窜。俭引军还。"④ 魏军西撤之后，位宫并没有停止向外扩张的军事活
动，于公元 245 年"冬十月，出师侵新罗北边"⑤。汉魏之际的新罗，是
三韩之一的辰韩人在朝鲜半岛东南部建立的国家，被曹魏政权称之为韩濊
人。公孙康南征朝鲜半岛设置带方郡后，三韩之地隶属于带方郡管辖。位
宫南侵新罗，引发毋丘俭第二次东征，高句丽几乎国灭。《三国志·毋丘
俭传》对此事记载较为简略："六年（245），复征之，宫遂奔买沟。俭遣
玄菟太守王颀追之，过沃沮千有余里，至肃慎氏南界，刻石纪功，刊丸都
之山，铭不耐之城。诸所诛纳八千余口，论功受赏，侯者百余人。"⑥

　　程尼娜先生认为东夷校尉设置之初，"是中央王朝监领统辖东北东部

　　① 《三国志》卷八《魏书·公孙度传》，中华书局 1959 年版。
　　② 《三国志》卷三〇《魏书·东夷·韩传》，中华书局 1959 年版。
　　③ 《三国志》卷三〇《魏书·东夷传》，中华书局 1959 年版。
　　④ 《三国志》卷二八《魏书·毋丘俭传》，中华书局 1959 年版。
　　⑤ ［朝鲜］金富轼著，孙文范等校勘：《三国史记》卷一七《高句丽本纪第五》东川王十
九年（245）条，吉林文史出版社 2003 年版。
　　⑥ 关于此役，《三国志·齐王芳本纪》亦有记载："七年（246）春二月，幽州刺史毋丘俭
讨高句骊，夏五月，讨濊貊，皆破之。"但在时间上与《毋丘俭传》有些差异。

诸少数民族事务的官属机构"①，虽然具有一定的道理和可信度，但也存在值得推敲的地方。例如，曹魏正始年间（240—248），幽州刺史毋丘俭率军攻打高句丽时，随行的官员有玄菟太守王颀、②乐浪太守刘茂、带方太守弓尊，③并未见到东夷校尉随军征伐。以此而论，从公孙度割据到曹军平定辽东和朝鲜半岛这段时间内，虽然不能否定东夷校尉的存在，但在处理东夷各族事务中东夷校尉的活动史籍没有明确的记载，说明行政管理和军事征伐活动主要由郡县负责，东夷校尉可能只是州郡的附庸，只起一些辅助作用。

曹魏时期各少数民族的朝贡事宜，仍由郡级行政官员负责也是资料可以证明的。《晋书》记载："宣帝之平公孙氏也，其（倭国）女王遣使至带方朝见，其后贡聘不绝。"④公孙渊被杀以后，曹魏政权撤销了平州这一建制，但倭国的朝贡事宜仍由带方郡负责，说明作为地方行政机构的郡县可能依然担负着管理辖区内少数民族的部分权力。东北地区的郡县官吏领导当地居民"穿山灌溉"⑤，发展农业生产，对该地区的开发和居民生活水平的提高起到了积极影响。

曹魏对辽东各郡县及其辖区内的少数民族部落（或者说民族政权）的管理，虽然一开始就试图采用双重体制，但由于起初是公孙氏专制辽东，东夷校尉可能也由其担任，所以对东北地区的管理制度大概只是形式上的二元体制。曹魏后期，专门负责各少数民族具体事务的东夷校尉坐镇辽东，说明东北少数民族可能处于郡县和东夷校尉的双重管理之下，仍由当地郡县行使主要管理职责。

三　晋代对东北地区少数民族的管理，以东夷校尉为主

晋武帝泰始十年（274）二月，"分幽州五郡置平州"⑥，治所设在襄

---

①　程尼娜：《护东夷校尉考》，《北方文物》2004 年第 4 期。
②　《三国志》卷二八《魏书·毋丘俭传》，中华书局 1959 年版。
③　《三国志》卷三〇《魏书·东夷·濊传》，中华书局 1959 年版。
④　《晋书》卷九七《东夷·倭人传》，中华书局 1974 年版。
⑤　《三国志》卷二八《魏书·毋丘俭传》，中华书局 1959 年版。
⑥　《晋书》卷三《武帝本纪》，卷一四《地理志上》平州条，中华书局 1974 年版。

平（今辽宁省辽阳市），可能以傅询为第一任刺史。①西晋的平州，大概沿用了公孙氏割据之时的建置。由于东北地区的郡县和少数民族较多，本文以玄菟郡辖境的高句丽民族为例来探讨西晋对东北地区的管理模式。西晋时期的玄菟郡下辖三县：高句丽、望平、高显，共有三千二百户居民。《三国志·高句丽传》记载，高句丽在曹魏时期已有"户三万"，西晋时期，高句丽县依然在玄菟郡境内，玄菟郡所领户数仅有三千余户，说明高句丽人的户籍不是由玄菟郡和高句丽县管理。这一时期，濊貊、辰韩、马韩、夫余、鲜卑、肃慎等民族的户籍大都脱离了当地郡县，所以平州各郡户口不足两汉时期的十分之一。

《晋书》卷九七《东夷传》记载："（晋武帝）太康六年（285），（夫余）为慕容廆所袭破，其王依虑自杀，子弟走保沃沮。……有司奏护东夷校尉鲜于婴不救夫余，失于机略。诏免婴，以何龛代之。明年（286），夫余后王依罗遣诣龛，求率见人还复旧国，仍请援。龛上列，遣督邮贾沈以兵送之。廆又要之于路，沈与战，大败之，廆众退，罗得复国。"②武帝太熙元年（290），马韩"诣东夷校尉何龛上献"③；裨离等十国"各遣正副使诣东夷校尉何龛归化"④。这些记载说明，西晋时期的东夷各族事务主要由东夷校尉管理，负责调解、干预各国之间的纠纷以及各部的朝贡和归附问题，负有维持各民族和平共处的责任。

西晋时期的平州刺史有时兼任东夷校尉，因处理事务的性质不同所代表的身份有异。晋武帝太康二年（281）十一月，"鲜卑寇辽西，平州刺史鲜于婴讨破之"⑤。鲜于婴集平州刺史与东夷校尉于一身，以东夷校尉身份处理各民族之间纷争和朝贡事宜，各少数民族与当地郡县发生冲突则以刺史身份出面解决。

西晋末年，东北地区的各级官员勾心斗角，相互倾轧。永嘉（307—313）初年，辽东太守庞本以私愤杀东夷校尉李臻，致使辽东大

---

① 关于晋代平州设置时间，《武帝本纪》记为"泰始十年（274）二月"，《地理志》记为"咸宁二年（276）十月"，今从《武帝本纪》。关于平州的第一任刺史，《武帝本纪》记载：咸宁二年（276）十二月，"以平州刺史傅询、前广平太守孟桓清白有闻，询赐帛二百匹、桓百匹"。又，《地理志》记载："平州初置，以慕容廆为刺史。"大概为误记。今从《武帝本纪》。

② 《晋书》卷九七《东夷·夫余国传》，中华书局1974年版。

③ 《晋书》卷九七《东夷·马韩传》，中华书局1974年版。

④ 《晋书》卷九七《东夷·裨离等十国传》，中华书局1974年版。

⑤ 《晋书》卷三《武帝本纪》，中华书局1974年版。

乱。"附塞鲜卑素连、木津等托为臻报仇，实欲因而为乱，遂攻陷诸县，杀掠士庶。太守袁谦频战失利，（东夷）校尉封释惧而请和。连岁寇掠，百姓失业，流亡归附者日月相继。**廆子翰言于廆曰**：'求诸侯莫如勤王，自古有为之君靡不杖此以成事业者也。今连、津跋扈，王师覆败，苍生屠胲，岂甚此乎！竖子外以庞本为名，内实幸而为寇，封使君以诛本请和，而毒害滋深。辽东倾没，垂已二周，中原兵乱，州师屡败。勤王杖义今其时也。单于宜明九伐之威，救倒悬之命。数连、津之罪，合义兵以诛之。上则兴复辽邦，下则并吞二部，忠义彰于本朝，私利归于我国，此则吾鸿渐之始也，终可以得志于诸侯。'**廆**从之。是日，率骑讨连、津，大败斩之，二部悉降，徙之棘城，立辽东郡而归。"①东夷校尉虽然掌握有一定数量的军队，但由于封释的怯懦，导致了东北局势失控。

　　怀帝永嘉五年（311），幽州刺史王浚"以妻舅崔毖为东夷校尉"②。崔毖后来兼任平州刺史，召集流民，但他在中原移民和东夷各族中并没有多大威信，所以很少有人归附。《资治通鉴》记载："东夷校尉崔毖请皇甫岌为长史，卑辞说谕，终莫能致；**廆**招之，岌与弟真即时俱至。辽东张统据乐浪、带方二郡，与高句丽王乙弗利相攻，连年不解。乐浪王遵说统帅其民千余家归**廆**，**廆**为之置乐浪郡，以统为太守，遵参军事。"③崔毖对辽东各郡及东夷各族的管理不力，加剧了各民族之间的纷争和当地民族势力与郡县之间的战争。

　　张统、王遵从乐浪郡撤离以后，意味着平州失去了对乐浪郡的管理。美川王十四年（313）冬十月，高句丽"侵乐浪郡，虏获男女二千余石（'石'，疑误，应改为'口'字）"④。可能在此后不久，乐浪郡即被高句丽占领，并以乐浪郡之地为继续南进的基地。美川王十五年（314）九月，高句丽开始"南侵带方郡"⑤，平州可能在此之后也失去了对带方郡的控制权。从此之后，高句丽与立国于朝鲜半岛东南部的新罗和立国于半

　　①　《晋书》卷一〇八《慕容廆载记》，中华书局1974年版。

　　②　《资治通鉴》卷八七，怀帝永嘉五年（311）十二月条，中华书局1956年版。

　　③　《资治通鉴》卷八八，愍帝建兴元年（313）四月条，中华书局1956年版。

　　④　［朝鲜］金富轼著，孙文范等校：《三国史记》卷一七《高句丽本纪第十七》，吉林文史出版社2003年版。

　　⑤　同上。

岛西南部的百济接壤，三国渐成鼎立之势。

两晋之际，中原皇朝不仅失去了对朝鲜半岛的统治，对辽东各郡县的管理也力不从心。鲜卑慕容廆以平原人刘赞为东庠祭酒，大兴儒学，慕容廆之子皝令前燕国中贵族子弟受业读书。慕容廆览政之暇，亲临听之，于是路有颂声，礼让之风大兴。慕容廆政事修明，爱重人物，吸引了大量流民归附，为此与崔毖结下很大矛盾。"毖意廆拘留，乃阴结高句丽及宇文、段国等，谋灭廆以分其地。大兴初（318），三国伐廆。"①崔毖兼任东夷校尉，虽然能够调动高句丽、宇文、段国的兵马，但在对前燕作战之时不能消除三国之间的隔阂。慕容廆以反间之计，起初闭门不战，然后送牛酒犒劳宇文，致使三国相互猜疑，最终同盟瓦解。东晋元帝太兴二年（319）十二月，"崔毖奔高句骊"②，辽东被前燕占领。燕国从复立辽东的功臣，转变为辽东郡县的占有者。

西晋时期，东北地区设置有平州刺史和东夷校尉两套管理体制。作为地方行政长官的平州刺史，主要负责当地的郡县行政系统；东夷校尉主要负责东夷各部的朝贡事务、调停各民族之间的纷争。平州刺史和东夷校尉虽然各有自己的权限，在涉及辽东各郡县与当地民族之间的纷争之时，东夷校尉和平州刺史以及当地郡县均有维护地区安定的责任。"东晋初期，以平州刺史兼领护东夷校尉，前燕与北魏也以镇守东北地区的地方要官兼任护东夷校尉。这样一来，东北地区郡县内军民事务与郡县内外各少数民族事务均由东北地区最高行政长官掌管，这强化了王朝对郡县内少数民族的统辖，但对郡县外少数民族事务的管理则有所松弛。"③魏晋时期，平州刺史有时兼任东夷校尉，集东北行政大权于一身，因处理事务的性质不同而代表着不同身份。和曹魏时期相比，西晋时期的东夷校尉在东北地区的责任更为重大。

（本文原载《河北学刊》2015 年第 4 期）

（乔凤岐，许昌学院魏晋文化研究所副教授）

---

①　《晋书》卷一〇八《慕容廆载记》，中华书局 1974 年版。

②　《晋书》卷六《元帝本纪》，中华书局 1974 年版。

③　程尼娜：《护东夷校尉考》，《北方文物》2004 年第 4 期。

远古訾尧战争与訾族的北美移民

——"羿射十日"神话的再解读

顾乃武

美国著名华裔学者张光直认为，同一祖先的后代在不同时代、不同地点，创造了中国文明与中美洲文明[1]，但并未指出这两大文明共祖的具体情况。中国文明与中美洲文明的相似性，集中体现在殷商文明与玛雅文明的共性上，商人的某一祖先亦即玛雅人之祖。那么，从商族上古历史发展的过程看，在商族的哪位先祖时期或其族发展的哪个阶段，商之先族大体分裂为两大部分，并且其中一部分迁往美洲？从羿射十日神话的基本内容、反映的历史实质及事件发生的真实性看，这则神话可能揭示着四千多年前訾族统治末期，尧族对訾族发动战争及訾族战败分裂后，部分訾族群体徙往北美地区，为形成两大同源文明创造历史机遇之事[2]。

一 羿射十日神话的基本内容

中国古代文献中的羿射十日神话有多种版本，这些版本中较为完整者存录于《淮南子·本经训》。《本经训》记载了羿射十日神话发生的时间（尧之时）、原因（十日并出，大旱民饥，怪兽为害）、人物（尧、羿）、

---

[1] 张光直：《考古学专题六讲》，文物出版社 1986 年版，第 21 页。

[2] 学术界对羿射十日的研究，主要包括神话文本之源及寓意两大方面，如月朗《从气象学看"后羿射日"神话形成的根据》（《民族文学研究》1989 年第 3 期）、何丙郁《古籍中的怪异记载今解》（薄树人编：《中国传统科技文化探胜》，科学出版社 1992 年版）、李忠华《羿射日除害神话探源》（《思想战线》1993 年第 1 期）、闫德亮《论后羿射日神话的产生与演变》（《中州学刊》2002 年第 3 期）、高福进《射日神话及其寓意再探》（《思想战线》1997 年第 1 期）、李飞《信仰·仪式·神话——"产翁"与"射日"习俗解析》（《贵族民族研究》2012 年第 1 期），但对羿射十日反映的訾尧战争、訾族的分裂与一部徙往美洲问题尚无探讨。

过程（羿杀怪兽、射十日）、结果（尧为天子）等"事件"梗概：

> 尧之时，十日并出，焦禾稼，杀草木，而民无所食。猰貐、凿齿、九婴、大风、封豨、修蛇，皆为民害。尧乃使羿诛凿齿于畴华之野，杀九婴于凶水之上，缴大风于青丘之泽，上射十日而下杀猰貐，断修蛇于洞庭，禽封豨于桑林。万民皆喜，置尧以为天子。于是天下广狭、险易、远近，始有道里。①

这则记载虽然说明羿射十日的故事，发生在"尧之时"即尧的时代，但羿射十日始发生之时，尧尚未拥有"天子"的地位，似仅为势力强大的一方部落。在五帝神话传说中，尧是继帝喾为帝的，那么羿射十日的神话传说，也可以说是发生在帝喾统治的末期，更确切地说是发生在喾尧二族的兴替之际。《淮南子·本经训》仅仅记录了"尧之时"，站在尧的角度记录这次事件，重要"人物"限于尧、羿二"人"，而略去喾为天子的这一历史事实，当是引述尧族族人对这一"事件"的追述。

尧族代喾族的时代背景，也是尧命羿除凶的原因，似是在喾族统治末期，十日并出，大旱民饥，"怪兽"为害。这是天谴帝喾，降灾于民，喾失天命，天命将革的表现。其结果则是尧"应天命"，济民于涂炭，德被天下，"民"置尧为天子。尧就是上应天命，下顺民心的古代帝王的典型。这应是喾尧之际敬天文化存在与发展的产物。但尧为天子本质上是通过"暴力"实现的。不论这种"暴力"的对象是什么，尧族"暴力"活动的最终结果，是尧（族）取代喾（族）成为天子（部落联盟之主），暴力活动是以取代喾为指向的；喾族亦是阻碍当时天下交通、地理认知的重要因素，因而在其势衰后引发了地理认知的大发展。

在远古神话传说中，伏羲、女娲、蚩尤等人类先祖，大多有过半人半"兽"的"怪物"形象。半人半"兽"之名应是这些人或部族之号。如果猰貐、凿齿、九婴等亦为部落之称，尧在剪除这些部落之后方取代喾为天子，那么这些部落可能就是原喾族的羽翼部落，尧取代喾成为天下共主就是以暴力为基础的"禅代"，喾尧兴替也是以暴力为基础的部族兴替，喾尧禅让可能仅是一种理想化的传说。在文字体系尚未发展到足以记录先

---

① （汉）刘安撰，高诱注：《淮南子注》卷八《本经训》，第80页。

祖历史，在口耳相传式的记诵先祖故事的过程中，历史事实被道德化应属正常的文化现象。

二　羿射十日反映着誉尧战争

远古时期的十日是一个谜一样的概念，但谜团背后应反映着特定的历史真实。解开远古十日之谜，应是释读羿射十日神话的前提。文献所见"十日"记载以《山海经》较早，《山海经》中的十日指汤谷十日。《山海经·海外东经》："下有汤谷。汤谷上有扶桑，十日所浴，在黑齿北。居水中，有大木，九日居下枝，一日居上枝。"[1] 这十日应是羲和所"生"："羲和者，帝俊之妻，生十日。"[2] "汤谷上有扶木，一日方至，一日方出，皆载于乌。"[3] 中国古文字具有图画的特点，"其结构皆社会事状之反映"[4]，"解释一个汉字常常就是作一部中国文化史"[5]。与远古十日故事的古籍记载相校，这一故事在先秦官方文字中也有反映。

甲骨文之"十"写作"╎"，金文大多写作"╽""╽"，秦篆则写作"╋"[6]。金文中的"·"在秦篆中写作"一"。甲骨文之"干"写作"╂"[7]，下部"十"字中的"一"写作"⊙"（日）字，因而金文、秦篆"十"字中的"·""一"可有表日之意。"·""一"表"日"意蕴的存在，"╽""╋"应是"日"数的专指，是十"日"为十之意。十日"居住"在扶桑树上，"╎"可能就是扶桑树的"图画"。在扶桑树干"╎"上加一"·"，扶桑树上十日为十的意蕴更为明晰，那么"·""一"就是"╎"的指事性符号。

在史事口耳相传、文字尚未成熟的时代，"╎"类远古文字可能本是助忆符号，在其成为成熟文字之时仍保留着记事的特点，解释一个汉字即

---

① 袁珂校注：《山海经校注》卷四《山海经海经新释·海外东经》，上海古籍出版社 1980 年版，第 260 页。

② 《山海经校注》卷一〇《山海经海经新释·大荒南经》，第 381 页。

③ 《山海经校注》卷九《山海经海经新释·大荒东经》，第 354 页。

④ 朱芳圃：《殷周文字释丛·叙言》，中华书局 1962 年版，第 1 页。

⑤ 沈兼士：《陈寅恪先生来函》，《沈兼士学术论文集》，中华书局 1986 年版，202 页。

⑥ 刘兴隆：《新编甲骨文字典》，国际文化出版公司 1993 年版，第 382 页。

⑦ 同上书，第 115 页。

为作一部中国文化史是有道理的。但能作口耳相传式文化传播载体者，应是氏族社会中特定的氏族成员，能够得以传播之事也是当时社会"真实"发生过的大事。经历"学在官府"时代保留下来的《山海经》，应当具有深刻的"官方"历史文化背景，《山海经》更似一部以山海为经、史事为纬的官藏史地文献。那么，《山海经》与甲骨文之"｜"反映的不仅仅只是一个太阳起源的神话，而且是一个有官方认定背景的"历史真实"，有着相当强的时代神圣性。

在万物有神的远古时代，天体之日与日神是不可分的。古人认为阳乌为日神①。古文"⊖"（日）形"盖象中有乌"②，是日的轮廓与乌的合字，"○"为形而乌为神，反映的就是"○"（天体之日）、乌（日神）为"日"的理念。十日"皆载于乌"，"尧命羿仰射十日，中其九日，日中九乌皆死，坠其羽翼"③ 反映的也是这一理念。那么，古文"日"实可兼具天体之日与日神之意，某些甲骨文之日仍保留着这种表意特点④。"甲乙为干。干者，日之神。"⑤ 甲骨文之"甲"亦写作"┿"⑥，甲与"十"等同为一字，日神与天体之日也是一体的。有学者认为，先秦时期的十日即十干是较为中肯之论。⑦

神话大多来源于现实世界，是对现实世界的扭曲反映。在太阳是万物主宰的太阳崇拜时期，万物的生长、人类生产生活应当是由太阳掌控的。《史记·律书》将十天干与万物生长的十个阶段联系在一起。⑧《礼记·月令》十天干反映的季候与生产生活关系也大体如此。⑨ 这很可能反映着远古人类在特定的文化发展阶段，存在着万物具有十个生长期或生长季节，而十日神各司一生长期、生活期的文化观。这应是十日文化产生的重要的

---

① （唐）欧阳询：《艺文类聚》卷一《天部上·日》引《广雅》，上海古籍出版社 1985 年版，第 4 页。

② （汉）许慎撰，（清）段玉裁注：《说文解字注·七篇上·日部》，上海古籍出版社 1981 年版，第 302 页。

③ （明）陈耀文：《天中记》卷一《日》，文渊阁《四库全书》本。

④ 刘兴隆：《新编甲骨文字典》，第 382 页。

⑤ 徐复主编：《广雅诂林》卷九上《异祥》，江苏古籍出版社 1992 年版，第 728 页。

⑥ 徐中舒主编：《甲骨文字典》卷一四，四川辞书出版社 1990 年版，第 1535 页。

⑦ 陈久金：《天干十日考》，《自然科学史研究》1988 年第 2 期。

⑧ 《史记》卷二五《律书》，中华书局 1959 年版，第 1243—1248 页。

⑨ 杨天宇：《礼记译注·曾子问》，上海古籍出版社 2004 年版，第 172—219 页。

社会生产生活根源。从这一意义上看，"十日"亦是反映十个生产生活周期的"十日历"。当然，现实天象中存在的"幻日"，也是影响十日观形成的重要因素。

十日崇拜在氏族社会时期应相当盛行，其时某些部落即以十日为徽志。如《山海经·海外东经》记载："（雨师妾）在十日北，为人黑身人面，各操一龟。"① 这里的"十日"即为远古氏族部落之称。诸日皆载于"鸟"，日鸟即"阳鸟"，阳鸟即日神。帝誉名夋、俊、夒等，其部族以凤鸟为图腾，凤即背负一日之鸟②，属于崇拜"太阳"的"日"族，凤本身就是一只载日神"鸟"。"羲和者，帝俊之妻，生十日。"帝誉族可能就是十日神之族。商人之祖契是帝誉之"子"，商族就是崇拜太阳、以十天干（日）纪王序的氏族③，各代商王就是各日神（干）的代表，商族仍保留着誉族十日崇拜的文化传统。

这在很大程度上说明，"十日"似是誉族部落的标志，誉族是"十日"在人间的代表，也是掌握十日历法的神族，誉族的势力和影响是相当大的。然而，"十日并出"，天下大乱，自然也是誉族之过。明人陈耀文《天中记》引《淮南子》："尧时十日并出，草木焦枯。尧命羿仰射十日，中其九日，日中九乌皆死，坠其羽翼。"④ 在誉族以十日为徽志，为十日神代表的条件下，羿射十日实为尧族对誉族的惩处。远古之人对特定指向的神加以惩处，应是通过特定的巫术活动实现的，羿射十日可能是尧族战败誉族后，尧族举行的兼具禳灾意蕴的庆祝胜利的巫术活动。⑤

三　誉尧战争发生的真实性

前述先秦十日观的内涵，在商代就已经明显分化，出现专表日神之意的"干"字，甲骨文之"甲"在写作"╋"之外，更多地使用"⊕"

---

① 《山海经校注》卷四《山海经海经新释·海外东经》，第 263 页。

② 王大有、王双有：《图说中国图腾》，人民美术出版社 1997 年版，第 107 页。

③ 王晖：《殷商十干氏族研究》，《中国史研究》2003 年第 3 期。

④ （明）陈耀文：《天中记》卷一《日》。

⑤ 李飞：《信仰·仪式·神话——"产翁"与"射日"习俗解析》，《贵州民族研究》2012 年第 1 期。

"**？**" 等字形①，十的意蕴趋向于专指天体之日，天体之日与日神的联系与区别日益明显。甲骨文天干之"干"写作"**丫**""**丫**""**丫**"②，日神与天体十日的异同同样较为突出。就此而言，商代应是天体之日与日神概念分化，是十日文化变迁的一个转折点。秦汉以前出现天仅一日之说："天无二日，土无二王。"③ 这应是春秋战国以来王权、皇权深入发展的产物，天体之日与日神的一体化关系已经解体。

适应汉代大一统政治的需要，西汉成书的《礼记·月令》中"甲乙日"等天干称谓的存在，更似十日历与十二月历季候的比照④，甲乙更似一种顺序符号，很难说甲乙具有日神的性质。至东汉时期，儒者与"工伎"多认为仅有一日（天体之日）。"世俗又名甲乙为日，甲至癸凡十日"，但此十日已指天体十日，而非十日神之十日了。天有一日还是十日（天体之日），"通人谈士，归于难知，不肯辨明"⑤，已惑于甲乙十干的日神之意。东汉人释日为君之象⑥，坚持的就是一日观，天有一日的影响是相当大的。商周以来王权、皇权政治的发展，应是十日文化蜕变的根本原因。

中国古代日、十日含义的演变，要求我们应以特定时代的十日观为参照，科学地理解文献中特定的十日的概念。"尧命羿仰射十日，中其九日，日中九乌皆死，坠其羽翼"中的"十日"，应是天体十日与十日神一体概念的十日，十日并出亦是十日神的并出。十日并出之时，往往天下大旱。如"尧之时，十日并出，焦禾稼，杀草木，而民无所食"⑦。"女丑之尸，生而十日炙杀之"，也应是十日并出、天下大旱，女丑热死之事⑧。武王伐纣，"十日乱于上"⑨，黄河断流，"河竭而商亡"⑩。女娲之世曾发生过火灾，火灾可能也是由"十日并出"引起的，所以有灾后"女娲补

---

① 徐中舒主编：《甲骨文字典》卷一四，四川辞书出版社1990年版，第1535页。
② 刘兴隆：《新编甲骨文字典》，第115页。
③ 杨天宇：《礼记译注·曾子问》，第230页。
④ 同上书，第172—219页。
⑤ （汉）王充《论衡》卷一一《说日》，文渊阁《四库全书》本。
⑥ 《后汉书》卷三七《丁鸿传》，中华书局1965年版，第1265页。
⑦ 《淮南子注》卷八《本经训》，上海古籍出版社1989年版，第80页。
⑧ 《山海经校注》卷二《山海经海经新释·海外西经》，第218页。
⑨ 《淮南子注》卷一五《兵略训》，第163页。
⑩ 徐元诰撰，王树民、沈长云点校：《国语集解·周语上第一》，中华书局2002年版，第27页。

天，射十日"之说①。

中国古代很早就有观测太阳黑子的记录，阳乌即太阳黑子当是日神之本。当太阳黑子大量增加时，太阳的亮度会有所增强，黄河流域的雨量减少，十日并出、天下大旱似乎首先就是超强黑子活动的结果。其次，十日并出时天空亮度也是超强的。如《庄子·齐物论》："昔者十日并出，万物皆照，而况德之进乎日者乎！"②《高士传》："许由字武仲，尧舜皆师之，与啮缺论尧而去，隐乎沛泽之中。尧舜乃致天下而让焉，曰：'十日并出而爝火不息其光也，不亦难乎？'"③十日并出时天空另增九个幻日（见下文），但九幻日是无法增强天空亮度的。这也从一个侧面表明，十日并出与太阳黑子活动关系的密切。

太阳黑子活动具有周期性，黑子活动的周期大约为 11 年，誊尧兴替之际发生黑子异常现象的概率是相当高的，出现超强黑子活动的现实性也是非常大的。"尧之时，十日并出"可能直接反映着尧时发生过强烈的太阳黑子活动，太阳亮度超前地强化，并且黄河流域出现大旱。可能就是在太阳黑子活动加剧的形势下，天空形成了九个幻日、产生十日并出的假象，并由此造成先民对十日并出与大旱关系的误读。发生十日并出现象的天气条件和机会相当苛刻④，超强的太阳黑子活动与远古特殊的气候环境，也许是形成十日并出幻象的重要因素。

清吴任臣《山海经广注》引《冠编》记载："羲和为黄帝日官，锡土扶桑。扶桑后君，生十子，皆以日名，号十日，而九日为凶，号九婴，分扶桑之国为十，用兵不止，求实无已。"⑤《冠编》所述羲和"生十子"与《山海经》所云"羲和者，帝俊之妻，生十日"为同一内容的不同版本。"求实无已"是指九婴争立，而九婴可能就是誊族中的九日部落。《左传·昭公元年》记载，高辛氏二子阏伯、实沉，"居于旷林，不相能

---

① （宋）罗泌：《路史》卷三二《女娲补天说》引《尹子·盘古篇》，文渊阁《四库全书》本。

② （清）郭庆藩撰，王孝鱼点校：《庄子集释》卷一下《齐物论第二》，中华书局 1985 年版，第 89 页。

③ （晋）皇甫谧：《高士传》卷上，文渊阁《四库全书》本。

④ 何丙郁：《中国科技史论集·古籍中的怪异记载今解》，辽宁教育出版社 2001 年版，第155—159 页。

⑤ （清）吴任臣：《山海经广注》卷七《海外西经》引《冠编》，文渊阁《四库全书》本。

也，日寻干戈，以相征伐"①。这也许是訾族九婴纷争的一部分。訾尧兴替之际，亦有九婴为乱、为羿所杀的记载，訾族统治末年发生内乱的历史是比较可信的。

超强太阳黑子活动、十日并出的特殊天象、黄河流域的大旱及訾族末年的内乱，为尧族对訾族的战争准备了充分的条件，新兴的实力强大的尧族对訾族发动战争应当具有较强的历史真实性。《淮南子·本经训》及其他文献中羿射十日反映出来的訾尧兴替，可能就是一次真实的历史事件的神话性记录。这就从一个侧面说明，远古神话传说在纷繁复杂的表象下，仍然隐含着那个特定时代的历史文化信息。透过特定时代思想文化的光环，理解特定时期的历史发展，应是我们科学利用远古文献，研究远古历史的合理态度。

四　部分訾族向北美地区的迁徙

如果九日以九日部落、九婴部落为指的话，遭受沉重打击的九日"落为""扶桑之东""碧海之东""东海之上""东海南方三万里"的"沃焦"的神话，可能预示着九日（婴）族群的一次大迁徙：

> 羿射九日，落为沃焦。②
> 时十日并出，尧使羿射九乌，落为沃焦。③
> 在扶桑之东，有一石，方圆四万里，厚四万里，海水注之，莫不燋尽，故名沃燋焉。④
> 沃焦在碧海之东，有石阔四万里，居百川之下，故又名尾闾。⑤
> 天下之强者，东海之沃焦焉，水灌之而不已。沃焦者，山名也，

① 李梦生：《左传译注》卷二〇《昭公一·昭公元年》，上海古籍出版社1998年版，第916页。
② 《庄子集释》卷六下《秋水第十七》，第565页。
③ 《天中记》卷一《日》，第23页。
④ （梁）萧统编，（唐）李善注：《文选》卷五三《论·养生论》，中华书局1977年版，第729页。
⑤ 王红旗、孙晓琴：《全本绘图山海经·大荒四经》第四章《大荒北经》引吴任臣《山海经广注》辑《山海经佚文》，武汉大学出版社2011年版，第155页。

在东海南方三万里，海水灌之而即消，故水东南流而不盈也。①

"沃焦"应是位于"海外"或"碧海之东"的一石或一山。东海之东的大陆唯有美洲大陆一处，被打败的九日族似乎迁徙到了美洲，沃焦也就成了中国古人对美洲的称呼，"落为沃焦"应指九日族在海外开辟出的新土。《淮南子·本经训》言尧为天子之后，"天下广狭、险易、远近，始有道里"，"沃焦"就是与羿射十日同生的新名词；此前訾族则可能垄断着"天下"地理知识的传播。訾尧兴替时期的美洲大陆与东亚的气候环境、地理环境，也许和现在存在较大程度的不同，并且便于两洲人类交通来往。这也许是促进九日部族迁往美洲及尧时地理认识发展的外在条件。

但后世的中国古人对沃焦是既熟悉又模糊的：人们知道沃焦的名字、特点，但难以确知沃焦的方圆、道里，甚至名称也有所别。如《列子·汤问》言"归墟"："渤海之东不知几亿万里，有大壑焉，实惟无底之谷，其下无底，名曰归墟。八纮九野之水，天汉之流，莫不注之，而无增无减焉。"② 这里的"归墟"为海水注流之处，其实就是其他中国古文献所说的沃焦。在尧时地理知识大发展之前，华夏先民的美洲知识应是由东北民族辗转传述而来，这种知识本身可能就具有较强的不确定性，訾族向"沃焦"的迁徙就是一场生命大冒险。

著名岩画学者宋耀良认为，最晚在距今四千年前的东北亚和北美洲之间，发生过一次跨大洋的人类大迁徙，其直接依据就是东亚的岩画艺术传播到美洲③，其他学者也认为距今四千年前中华民族曾有过大规模移民美洲的活动④。这些岩画中不乏类太阳的"人面太阳画"，其文化特征与訾族太阳崇拜应是一致的。公元前 2357 年是尧初即位之年⑤，也是訾尧二族兴替的完成之际，其年代距今即约四千年之前，与这次华夏先民的迁徙年代正相吻合。最晚距今四千年前东北亚和北美洲之间的人类大迁徙，可

① 鲁迅先生纪念委员会：《鲁迅全集》卷八《古小说钩沉·玄中记》，人民文学出版社 1973 年版，第 487 页。

② 杨伯峻：《列子集释》卷五《汤问篇》，中华书局 1985 年版，第 151 页。

③ 《人面岩画之谜》，中国网络电视台·纪实台，2011 年 5 月 4 日，http：//jishi. cntv. cn/2012/12/15/VIDA1355561829628973. shtml。

④ 王大有：《上古中华文明》，中国时代经济出版社 2006 年版，第 9 页。

⑤ 同上书，第 9 页。

能就是这次以战败的訾族为主体的大迁徙，这也是其能够在美洲发展出与商共祖于訾文明的玛雅文明的重要基础。

如果九日部落确实迁往北美，那么羿射九日、九日落为沃焦的神话，就是在中国古文献中所能见到的，华夏先祖迁徙美洲活动的最早记载。华夏先民认为日出东方。沃焦在"东"的方位观，显示出在先民观念中，沃焦更接近日出之地。失败的訾族东迁美洲这片遥远的、充满未知的地域，或许有着万里祈福、朝拜先祖神灵、兴复本族的宏愿，或许这也是一个肩负逐日任务的逐日神话。这种宗教崇拜式的精神驱动，应是其迁往美洲最基本、最强大的内在动力。这一动力与其逃避战祸的历史因素相结合，促成这次大规模的华夏先民移民美洲的历史活动。

五　结语

在现代人看来，神话传说虽然具有荒诞的特性，但它可能确是那个时代的历史记忆方式，是披着那个时代神话思维外衣的历史。将羿射十日支离的历史信息进行整合式的解读，我们可以相对容易地得出这样一个结论，不论这一结论是巧合性的误读还是历史真实的发现：它可能反映着十日崇拜盛行的四千多年前，在訾族末期的一次超强太阳黑子活动后，在天下大旱的特殊气候形势下，在与尧族战争中失败的部分訾族，迁往传说中的东海之东的美洲地区，形成中国文献所见的、华夏先民移民美洲的最早的神话记载。

迁往美洲的訾族移民，在漫长的迁徙过程中，在迁徙经过的大型岩石上，留下的数量众多的太阳型人面岩画，既是其太阳崇拜活动的组成部分，又是标识其迁徙方向、回归路程的路标。但随着气候、地理环境的改变，刻下这些图标的人可能再也没能沿着路标走上回归的路。这一訾族后裔经过长期迁徙、成为美洲"土著"之后，在古老的訾族文化的基础上发展出玛雅文明，而留在华夏故土的訾族后裔则发展出了与玛雅文明同源的商文明，訾族应为商文明与玛雅文明的共祖。

（顾乃武，河北大学历史学院副教授）

唐代释奠礼的变化

董坤玉

释奠礼，史籍中记载最早始于西周时期，凡始立学者及每年的春秋二时，都要行"释奠"之礼，以示敬学重道，仪式十分隆重。按《礼记·文王世子》："凡学，春官释奠于其先师，秋冬亦如之。凡始立学者，必释奠于先圣先师，及行事，必以币。凡释奠者，必有合也，有国故则否。"①郑注云："官，谓《礼》《乐》《诗》《书》之官也。""彼谓四时之学，将习其道，故儒官释奠，各于其师。既非国学行礼，所以不及先圣。至于春、秋二时合乐之日，则天子视学，命有司典秩，即总祭先圣、先师焉。秦、汉释奠，无文可检。"②这段话解释了释奠的来源、时间、主持以及释奠程序的概况。释奠是在学校举行的对先圣先师祭祀的行为。祭祀分为释奠和释菜二仪，释奠礼一般在四时仲月上丁日（即每年的二、五、八、十一月的第一个丁日）举行，仪式较隆重，以酒牲为祭。释菜礼是每月朔日（初一）或者学生入学时举行，以蘋藻为祭，仪式较简单。唐代释奠礼的诸多方面均显示国子监已经成为一个独立的教育行政机构，以下从两个方面详细阐述。

一　国家释奠礼的祭主由皇帝变为学官

释奠的祭主发生了一系列的变化。

先秦时期，祭主最初是君主，孔子逝世之后，释奠分为两个层次，即君主释奠与儒官释奠两种。释奠礼实行很早，《礼记·王制》："天子将出

---

① 《礼记·文王世子》。
② 《旧唐书》卷二四《礼仪志四》，中华书局1975年版，第917页。

征，类乎上帝，宜乎社，造乎祢。祃于所征之地，受命于祖，受成于学，出征执有罪，反，释奠于学，以讯馘告。"此时释奠礼的主祭是天子，而释奠对象应该是周公，因为相传周公辅佐成王，制礼作乐，而周代学校教学内容的一项就是礼乐，"保氏掌谏王恶。而养国子以道：乃教之六艺，一曰五礼，二曰六乐，三曰五射，四曰五驭，五曰六书，六曰九数"①，周公制礼作乐，国学释奠礼当以周公为祭祀对象。此时，释奠礼是与天子躬养三老五更的辟雍礼联系在一起的，因为天子率群臣躬养三老五更的地点是在辟雍，因此在行辟雍礼之前首先要祭祀先圣先师，据乙瑛碑记："辟雍礼未行，祠先圣师"，由此可知，释奠礼最初是在辟雍礼之前举行的、由君主亲自主祭的礼仪。孔子逝世后，他的子孙、弟子等也举行释奠礼以示纪念，此后，学校释奠逐渐将先圣周公、先师孔子同时纳为释奠对象。于是先秦时期释奠礼就有了普通释奠礼和国学释奠两个层次的区分，普通释奠礼是指儒官祭祀自己的授业之师，祭主自然是儒官个人；而国学释奠，由天子主祭，祭祀对象为先圣周公与先师孔子。

目前，尚未发现有关于秦代释奠礼的记载，汉代虽记载有释奠礼，但却没有详细阐述。贞观二十一年（647）中书侍郎许敬宗等奏议释奠礼仪时，对隋代之前释奠礼仪的祭主进行了概括："按《礼记·文王世子》，凡学官春释奠于先师。郑元（即郑玄）注曰：'官谓诗书礼乐之官也。彼谓四时之学，将习其道，故儒官释奠，各于其师，既非国学行礼，所以不及先圣。至于春秋二时合乐之日，则天子视学，命有司典秩节，总祭先圣先师焉。秦汉释奠，无文可捡。至于魏武，则使太常行事。自晋宋以降，时有亲行。而学官主祭，全无典实。"秦朝崇尚法制、以吏为师，没有设立国学，也没有关于释奠礼的记载，因此主祭人员是谁更不得而知；但是汉代有太学、郡县学，也有释奠礼的记载，只是没有留下关于释奠程序以及主祭人员的详细记录。按照汉代礼仪制度多以周礼为准来推测，主祭可能仍然是皇帝。东汉时明帝曾多次亲临辟雍行祭祀礼，据《后汉书·礼仪志上》记载："明帝永平二年三月，上始帅群臣躬养三老、五更于辟雍。行大射之礼。郡、县、道行乡饮酒于学校，皆祀圣师周公、孔子，牲以犬。"② 辟雍即周代国学，是举行辟雍礼、释奠礼、躬养三老、五更的

---

① 《周礼·地官·司徒》。
② 《后汉书》志第四《礼仪志上》，中华书局 1965 年版，第 3108 页。

地方，周代行释奠礼是在辟雍礼之前，由皇帝亲自主祭，既然汉代仍然沿用周代的辟雍礼，那么释奠礼很可能仍然由皇帝主祭。既然郡县道等"皆祀圣师周公、孔子"，太学释奠礼则更不可能缺失。此外，汉和帝、汉顺帝、汉灵帝都曾经亲临辟雍主持祭祀，释奠先圣先师的礼仪当不或缺。在汉代既然已经实行释奠祀先圣周公、先师孔子的定制，儒官各自祭祀授业之师当不再属于国家释奠礼的范畴。

自魏晋南北朝至隋，释奠礼祭主经历了皇帝—太常卿—学官的变化，但时而会发生反复。胡三省在《资治通鉴》卷二百四十"大历元年八月条"中对释奠注释时，转引郑玄的解释，对秦汉以降至唐代释奠主祭人员的变化进行了详细的概括。"秦、汉释奠无文。魏则以太常行事，晋、宋以学官主祭。南齐武帝时，有司奏释奠先圣先师，礼文又有释菜，未详今当行何礼，用何乐？时从喻希议，用元嘉故事，设轩悬之乐，六佾之舞，牲牢器用悉依上公。梁及北齐，车驾视学，皆亲释奠。唐春、秋释奠，三献皆以学官。太宗贞观十四年，亲释奠于国学。"① 结合前面的分析，我们可以看出先秦至隋唐时期，祭祀管理部门与祭主的演变趋势，即主管部门由春官而太常寺而国子监，主祭人员则由皇帝（秦以前为国君）—太常卿—学官。曹魏齐王正始七年（246），皇帝不亲临释奠，诏令太常寺长官太常卿释奠孔子于辟雍，辟雍礼与释奠礼正式分开，释奠礼由主管教育的太常寺单独举行。晋武帝泰始三年（267），下诏太学及鲁国四时备三牲以祭孔子，从此释奠礼只在太学与孔庙举行。西晋以后为了彰显国家对文教的重视，仍然会有皇帝主持释奠礼的情况，梁及北齐皇帝都曾亲自主持过释奠。但从晋武帝开始，太常寺长官太常卿就成了释奠礼的实际主祭，皇帝参加释奠礼则成为特例。隋代没有关于释奠礼祭主的记载，但从皇帝常亲往国学聆听辩论的史实推知，主祭当为太常卿或者学官。魏晋南北朝时期是唐代礼仪制度确定之前的反复阶段，因此在晋、宋确定学官主祭的制度之后，太常卿主祭成为定制，但梁和北齐皇帝主持释奠的情况只是非常规的释奠礼仪。

唐代学官主祭的制度正式确立。唐代国子监从太常寺脱离，国学释奠礼的主祭官就变为国子监的最高行政长官国子祭酒。但有时为了彰显统治

---

① 《资治通鉴》卷二二四"代宗大历元年（766）八月"，中华书局1956年版，第7191—7192页。

者对教育的重视，原来皇帝主持释奠礼在贞观以后也演变为皇太子主持释奠礼，这种情况下，皇太子就成为主祭官，但是皇太子主持释奠礼不是经常性的，一般情况都是由学官自己主持。"凡春、秋二分之月，上丁释奠于先圣孔宣父，以先师颜回配，七十二弟子及先儒二十二贤从祀焉。祭以太牢，乐用登歌、轩县、六佾之舞。若与大祭祀相遇，则改用中丁。祭酒为初献，司业为亚献，博士为终献。若皇太子释奠则赞相礼仪，祭酒为之亚献。"① 至于唐代确定学官主祭的制度之后，唐高祖在武德七年（624）、唐太宗在贞观十四年（640）都曾亲自主持了释奠，虽有制度初创尚且不成熟之嫌，但如果结合当时的国家政策将这种行为理解为一种特殊时期的崇儒政策，似乎更加合理。武德、贞观时期刚刚平定各地义军、社会秩序尚不稳定、民心尚怀向背的时期，当务之急是稳定社会秩序，笼络人心。因此，儒家尊奉伦理纲常的思想内容符合了政治需要，唐初大力推行崇儒政策，皇帝对儒学异常重视，时常前往国子监听儒官讲论，多次对学官、学生大加褒奖。武德七年、贞观十四年统治者通过亲自主持释奠，这种不同寻常的举动是为了进一步向天下臣民昭示儒学所享有的殊荣，进而达到促使民众接受儒家思想与规范，从而稳定社会秩序的目的。

　　释奠礼与辟雍礼分离、学官代替皇帝主祭体现了教育与政治分离、走向独立的趋势。周代天子享明堂时释奠辟雍，显示了政治与教化的一体，教育只是政治行为的一部分；到了唐代，政治色彩较为浓厚的周公逐渐退出教育圣坛，皇帝也逐渐退出教育礼仪活动。唐代君主专制制度高度发达，政治高于一切，君主再去某个部门参加祭祀就不合时宜了。唐玄宗追谥孔子为文宣王并不代表孔子地位的上升，而是孔子作为臣子地位的明确化，王是对皇帝的兄弟子侄的封号，毕竟低于皇帝，皇帝对臣子加以衮冕之服完全是为了表示对臣子的尊崇，故而让学官以"皇帝谨遣"的身份举行释奠。唐代宗时主客员外郎归崇敬的建议"春秋释奠孔子，祝版皇帝署，北面揖，以为太重。宜准武王受丹书于师尚父，行东面之礼"②。认为皇帝对所署的祭祀祝版也不能面北而拜，因为只有臣子对皇帝才能行北面之拜，因此皇帝改而对祝版行东面之礼，说明随着儒学对政治依附性的

---

　　① （唐）李林甫等撰，陈仲夫点校：《唐六典》卷二一《国子监》，中华书局1992年版，第557、558页。

　　② 《新唐书》卷一六四《归崇敬传》，中华书局1975年版，第5035—5038页。

减弱，它在国家政治生活中的地位也不可避免地下降了。

释奠主祭由皇帝变为部门长官的事实，显示了教育从政治中孕育又日益与其疏远、走向独立的过程。这种独立的过程意味着教育与政治之间离心力必然增强，在以政治为主体的国家管理方式下，统治者对各种制度的重视程度也是以政治为轴心向外辐射，与政治统治关系越小则越不受重视，教育与政治的关系比起经济、礼仪与政治的关系要疏远得多，因此地位也低得多，这就造成随着教育的独立其对政治的依附力越来越小，统治者对它的重视程度与投入也逐步减少，这也是教育逐步下移民间的原因之一。当然这里所说的重视程度与投入是指国家对普通百姓的教育投入与重视程度而言，统治者对其后代统治者的教育是向着日益重视的程度发展的。

二　地方释奠礼从学官主祭变为行政长官主祭

唐代地方官学释奠不同于国子监，学官虽然也参与祭祀，但是主要由地方行政长官主祭。唐代确立了从中央到地方的一整套释奠礼制度，地方官学释奠礼的主祭者也发生了变化，从唐初"以儒官自为祭主，直云博士姓名，昭告于先圣。又州县释奠，亦博士为主"的学官为主祭，演变为贞观时许敬宗建议实行三献制后，"其州学，刺史为初献，上佐为亚献，博士为终献。县学，令为初献，丞为亚献，主簿及尉通为终献"①。地方州县学之所以由最初的以儒官自为祭主转变为以地方行政长官为祭主，原因大概在于地方学官的品阶太低，不足以体现国家对儒学的重视。这种猜测是源于唐代曾经出现过学官因地位太低，不足以饰扬盛事而以其他官员替代学官论讲的情况。元和二年（807）八月，国子监奏，"准敕，今月二十四日，诸州府乡贡明经进士见讫，宜令就国子学官讲论，质定疑义，仍令百寮观礼者。伏恐学官职位稍卑，未足饰扬盛事，伏请选择常参官，有儒学者三两人，与学官同为讲说。庶得圣朝大典，辉映古今。于是命兵部郎中蒋武、考功员外郎刘伯刍、著作郎李蕃、太常博士朱颖、郯王府咨议章廷圭，同赴国子监论讲"②。国子学参与讲论多为学官中的博学

---

① （唐）杜佑：《通典》卷五三《释奠礼》，中华书局 1998 年版，第 1474 页。
② 《唐会要》卷六六《国子监》，中华书局股份有限公司 1955 年版，第 1159 页。

硕儒，最低品阶也在七品之上，尚且被认为职位稍卑，未足饰扬盛事，最高品阶仅为八品的州学博士，和无品阶的县博士不能做州县释奠礼的主祭，只能由州县刺史县令主持释奠。这反映了地方官学教育的不成熟，教育在走向独立的过程中还存在着重重的阻碍。

三　祭祀对象由周公变为孔子

先圣指有功德于世者，先师为传道授业者。释奠礼早在周代以前就已经实行，只是先圣先师所指代的具体对象与后代不同。三代时先圣主要指各代的创业君主，"相传有虞氏之世以虞舜为先圣，夏代以禹为先圣，商代以成汤为先圣，周代以周文王为先圣。而先师则多局限于一方一地"①。即先圣都是各朝的创业君主。后来从周成王以后，因为周公制礼作乐，是封建社会制度的创制者，因此就以周公为先圣，并将其作为释奠礼的祭祀对象。两汉时期，儒家学者接受了周礼重学的传统，太学聚徒之处必行释奠礼以祭祀先圣先师。但是起初，汉代循周制尊奉周公为先圣，学生则以直接传授学业的教师为先师，孔子还不曾被冠以先圣先师的头衔。直到东汉明帝永平前后，孔子才具有了先师的身份，明帝永平二年（59）开始，孔子与周公同被供奉于学校②，据《后汉书·礼仪志》记载："明帝永平二年三月，上始帅群臣躬养三老、五更于辟雍，行大射之礼。郡、县、道行乡饮酒礼于学校。皆祀圣师周公、孔子，牲以犬。"其中"圣"指先圣周公，"师"则指先师孔子，正式确立起在太学立庙祭祀孔子的制度。按规定，太学中周公孔子的神位安排是：周公神位面南背北，孔子神位则面东背西，是对现实社会中君臣关系的一种折射。此后魏晋南北朝时期先圣先师指代对象不一，国学释奠或祀孔或尊周，或者二者同祭，制度不一。宋代王溥在综述汉魏以来的先圣先师制度时说，"汉魏以来，取舍各异，颜回孔子，互作先师。宣父周公，迭为先圣。求其节文，递有得失"③。从隋朝开始，孔庙释奠祭祀先圣孔子、先师颜渊。唐高祖改革，释奠礼以东汉太学礼仪为准，以周公为先圣、孔子为先师，"（武德二年）六月戊

---

① 参见曲应杰《历代京都及地方孔庙考述》，《孔子研究》1996 年第 3 期。

② 程舜英：《隋唐五代教育制度史资料》，北京师范大学出版社 1998 年版，第 60 页。

③ 《唐会要》卷三五《褒崇先圣》，中华书局股份有限公司 1955 年版，第 636 页。

戌，令国子学立周公、孔子庙，四时致祭，仍博求其后"①。唐太宗贞观
二年（628）左仆射房玄龄、国子博士朱子奢认为高祖的做法不合时宜，
于是建言："周公、尼父俱圣人，然释奠于学，以夫子也。大业以前，皆
孔丘为先圣、颜回为先师"②，于是罢祀周公，仍以孔子为先圣，颜渊为
先师。但高宗永徽年间圣师之位再次发生反复，改革贞观之制复用武德初
制，复以周公为先圣、孔子为先师。但这种反复没有持续多久，就被太尉
长孙无忌等人推翻，他们总结了贞观以前的各朝释奠制度，于显庆二年
（657）七月十一日上疏，认为汉魏以来有关礼节的规定，递有得失，"所
以贞观之末，亲降纶言，依《礼记》之明文，酌康成之奥说，正孔子为
先圣，加众儒为先师，永垂制于后昆"③。于是高宗听取了长孙无忌的意
见，恢复孔子为先圣，周公仍依别礼配享武王，此后一直到清末释奠以孔
子为先圣即成定制，周公之位从此便被搬出了庙学。周公之所以被孔子所
替代，原因在于"周公践极，制礼作乐，功比帝王，所以禹、汤、文、
武、成王、周公为六君子。又说明王孝道，乃述周公严配，此即姬旦鸿
业，合同王者。祀之儒官就享，实贬其功"。之所以正孔子先圣之位，理
由是"仲尼生衰周之末，拯文丧之弊，祖述尧舜，宪章文武，宏圣教于
六经，阐儒风于千世，故孟轲称生民以来，一人而已。自汉已降，奕叶封
侯，崇奉其圣，迄于今日"④。亦即周公功业比于王者，供奉于儒学之所，
会贬低了其功业，因此释奠礼以孔子代替周公。更为重要的原因是随着社
会的进步，各项社会分工日益专业化，教育制度也逐步走向成熟，教育领
域迫切需要一个自己的专门祖先来崇奉，显然制礼作乐、创制封建社会各
项制度的周公供奉在学校之中，似乎有神大庙小之嫌，而且仅将其视为教
育创制祖先也贬低了他的功业，教育界把周公视为自己行业的祖先也不像
以孔子为创始人来得理直气壮。

　　综以上论述可知，释奠礼自创始至唐代，祭祀对象经历了从三代祭祀
创业君主、西周成帝祭祀周公到汉代周孔兼尊，再到魏晋南北朝或尊周或
尊孔，直至唐代周公让位于孔子、完全从释奠礼仪中退出，这样一段曲折
的变化；孔子的地位则由最初的家庙祭祀—先师—先圣的转变，动态地展

---

① 《旧唐书》卷一《高祖本纪》，中华书局 1975 年版，第 9 页。
② 《新唐书》卷一五《礼乐志》，中华书局 1975 年版，第 373 页。
③ 《唐会要》卷三五《褒崇先圣》，中华书局股份有限公司 1955 年版，第 636 页。
④ 同上。

示了教育自身的发展历程，即从原始孕育状态、到与宗教分离与政治结合，进而走向独立、成熟的成长经历，体现了教育的逐渐成熟与独立。隋唐确立的庙学制度，下开一千多年中国的教育传统，其在制度上的存在，更多的是一种历史的惯性，也是后代对前代制度的精华经过合理改造之后吸收的结果。此时孔子庙学的建立与其说是体现了教育领域残留的宗教色彩，不如说是教育开始独立的象征。而此时的释奠孔子，正如木匠祭奠鲁班，戏曲崇奉唐玄宗，某些商场、赌场尊奉关公等一样，只是作为一种对开创者的敬仰之情与纪念之意，当然不乏求其庇佑之情，但其宗教色彩已经相当淡化了。孔庙的存在并不能作为教育仍然保留着宗教因素的依据，孔子作为教育行业的祖先，为其立庙祭祀只是一种纪念与象征意义，并不存在所谓的宗教色彩。

中国古代教育虽然早在秦代以前就摆脱了宗教的羁绊，但自汉代以后却一直处于政治的附庸地位，不过，随着教育发展的日渐成熟，早从魏晋南北朝时期开始教育就已经出现与政治脱离的因素。唐代最后完成了周公与释奠礼仪的分离，立孔子为先圣，不仅是教育礼仪的重大变革，也标志着教育在与政治相脱离的漫长历史道路上迈出了一大步。独立的教育管理部门国子监的出现，标志着教育开始摆脱纯粹政治附属品的地位开始具有了独立的倾向，但这个独立的过程持续的时间很长，直到清末科举制度的废除才使教育真正地脱离了政治，不再是仅仅为了统治者培养官吏的机构，而是为满足社会所需而培养各种人才的机构。当然我们所说的独立也只是相对的独立，因为只要存在统治阶级那么整个社会制度就无不受到这个阶级的影响，带有政治色彩。

（董坤玉，北京市文物研究所副研究馆员）

隋唐使职研究的新成果

——评《隋唐使职制度研究》

陈建萍

唐朝使职是唐朝官制中的重要内容。作为专门记载官制的《大唐六典》《旧唐书·职官志》,《新唐书·百官志》以及《通典》等唐代典籍却对之记载很少,多为一带而过,实为一大缺憾。进入 20 世纪 20 年代后,以罗振玉为代表的学术界开始了对唐朝使职的研究。到 80 年代,使职的研究向纵深化和专题化方向发展。唐长孺、何汝泉、杜文玉等学者发表多篇论文加以论述,取得了令人瞩目的成绩。但仍然有很多不足,在广度方面探讨过的仅有节度使、度支使、招讨使等十几种使职,多数使职研究甚少,有的根本无人涉及;就深度而言,则有枢密使、转运使、市舶使等少数几种进行过深入探讨,其余则处于初步或一般研究水平上。宁志新教授所著由中华书局 2005 年出版的 25 万余字的《隋唐使职制度研究》正好填补了使职研究史的这一缺憾,是迄今为止对使职研究最全面、最系统、最具广度和深度的一部专著。全方位考察了使职产生、发展、职掌、统属等各个方面,具有很高的学术价值。拜读全书我们发现该书具有以下两个特点:

一　史料翔实、考订精微

宁先生经过十几年的潜心钻研,本着"十年磨一剑"的精神,以超常的韧性和毅力,苦苦搜寻有关资料,使本书以史料丰富而见称。全书征引文献资料十分广博,从正史、类书、政书、墓志、文集到今人论著无不网罗殆尽。

有无创见是一部书质量高低的关键,也是一部书成败之所系。宁先生在本书中依据事实，钩沉发幽，多有创见。比如，关于营田使的产生时间，何汝泉先生认为是在延载元年（694），但宁先生经过精细考辨认为当在武则天如意元年（692）；又如关于盐铁使的始置时间，经作者考证发现史书《册府元龟》《唐会要》的记载有误。而作者在谈到第五琦采取"立监院官吏"来履行盐铁使职时，针对有关学者认为"监院"是一种盐务机构名称提出"监院"应断为"监、院"，是两种不同的盐务机构名称，并运用史料列出两条理由加以分析：1. 有唐一代，盐监和盐院同时存在。2. 盐监和盐院并不是一回事，盐院是盐监的上一级盐务机构。盐监主管盐的生产与收购事务，盐院则主管盐务事宜，包括盐的产、购、销等各道环节，并负责将盐利上缴盐铁使。经过作者这一精微考证，使读者对盐务机构有了相当深入的了解。书中诸如此类的例子很多，就不再一一列举。

二　统计全面系统，分类严谨科学

之前何汝泉先生曾将使职按种类和数量梳理后统计出 168 个。宁先生又从大量分散零碎的史料中爬罗剔抉、提要钩玄，在此书中将使职数量统计增加到了 343 个，并对其进行了严谨科学的分类，将繁杂的使职分为财经系统、军事系统、行政监察系统、宫廷服务系统、礼法杂类系统五大系统。同时，为了研究的便利和读者的阅读，作者又将财经系统百余个纷杂的使职划分为了十个子系统：农业类、畜牧业类、手工业类、商业贸易类、租税征收类、物资转运类、仓储出纳类、财务供给与社会救济类、不动产管理与工程修造类、财政中枢类。并对每一类下的使职作了详尽的、条分缕析的阐述，使全书脉络清晰，一目了然。此外，此书不只局限于唐朝部分的研究，作者追本溯源，潜心挖掘，从使职产生的汉朝开始，考察了两汉三国魏晋南北朝至隋朝的使职设置情况。论述了使职的渊源和特点，指出了使职在汉唐期间由不规范到逐步规范，由临时设置到常设固定，由局部设置到系统设置的变化过程。初步揭示出这种变化与社会经济发展及政治体制变迁之间的内在联系。既反映了汉唐以来使职的演变过程，又指明了其发展规律，可以说是对我国古代使职制度本质的认识。

总而言之，本书的出版弥补了相关研究的不足。书中的一系列学术见解，既具有首创性又符合历史真实，相信《隋唐使职制度研究》是一部真正具有生命力的经得住时间考验的学术力作。

（附记：此文发表于《河北师范大学学报》［哲社版］2006 年第 5 期）

（陈建萍，张家口学院人文社科系副教授）

感怀师恩　鞭策长行

袁雅芝

很长的一段时间里，无论是在和朋友高谈阔论，还是独自居处时，总是避免不了会回想起读研的那三年美好时光。虽然已经过去了五年左右，但对那段往事仍旧记忆犹新。

早在大二的时候，我便萌生了要读研的念头，于是便开始了艰难的考研之路。好在功夫不负有心人，终于在 2007 年如愿以偿地走进了河北师范大学的校门。我一向对隋唐盛世比较感兴趣，所以在选择学习方向时，毫不犹豫地选择了隋唐史。之所以选择隋唐史还有原因，就是可以跟随宁志新老师学习，因为早在大学时便听老师说起师大的宁老师如何治学严谨，在学习上对学生要求严格但又和蔼可亲。真正确定自己成了宁老师的弟子后，那份喜悦自然无法用语言来表达。

日子如白驹过隙，读书的时光总是过得很快，三年的时光，在教室与资料室的穿梭中，在宁老师的谆谆教诲中，我顺利完成了毕业论文，也变得成熟了很多。现在回头回忆以前的时光，我觉得有几点对我影响颇深：

治学严谨。研究生培养上的严格要求，其根本在于遵从学术规范和学术理论，使研究生学习不走过场，研究不投机取巧。老师常常这样教导我们，提醒我们，在学术上来不得半点虚假、半点马虎，既要老老实实做人，也要老老实实做学问。读研第一年，学校开设了英语、政治两门公共课和别的导师的几门专业课，老师叮嘱我们，要认真对待这些课程，开阔思维和眼界是做学问的基础，既要认真学习知识，还要学习导师们做学问的方法。从本科时系统学习历史知识到研究生时专门研究隋唐史，一开始确实很迷茫，不知道如何下手。老师让我们慢慢转变思维方式，读书看问题应细致入微，切忌泛泛而谈。第一年的学习任务，除了上课之外，别的时间老师要求我们泡资料室，看一些历史上的经典大部头著作，尤其是隋唐方面的，诸如《新唐书》《旧唐书》《资治通鉴》等。不仅要认真读书，还要有自己的心得体会。那时，最紧张的时候便是去见老师的时候，我跟师姐走在路上会紧张地交流说，今天不知道会问什么问题，答不出来怎么办，到了门前两人还要猜拳决定谁来敲门，现在想起来也很有趣。老师时常告诫我们，在学习中一定要把主要精力放在切切实实的制度研究上，而不要随意对制度、史实发表自己的评论，对自己了解不深入的东西要做到"一言不发"，尤其是在写文章上，自己的评论要少而精，我现在在工作中也一直在遵循老师的教导。对研究生写的论文，他要求反复修改。在做硕士毕业论文时，单是对题目的斟酌，就很是花费了一番心思，论文初稿交给老师之后，他在上面做了批注，圈圈点点，连一个错别字都不放过，写了许多意见，要求认真修改。

亦父亦友。在做毕业论文期间，我跟师姐经常去老师家做客，总是受到老师和师母的热情招待。谈完学习问题之后，老师有时会跟我们轻松地聊天，老师很健谈，学识广博、博古通今，历史地理、人文礼仪，谈笑之间我们悟到了不少为人之道。老师也时常问起我们家中的情况，让我们放假了要多在家陪陪父母，他说自己儿女都在国外，最能理解那些儿女不在身边的做父母的心情。记得有次老师的儿子从国外带回来了些咖啡，那段时间我跟师姐很有口福，每次过去都能喝到老师给我们煮的回味无穷的咖啡。老师睿智、厚德、待人谦恭，尽管学术造诣很高，威望很高，但在我们所有的师兄弟心目中都像一位兄长和朋友，遇到解决不了的问题要请教他，就业要请教他，甚至我跟师姐的择偶问题也要询问老师和师母的意见。我男朋友从外面过来看我，我就把他带到老师和师母的面前，让他们帮我参谋。如果有哪个师兄或者师姐从外地过来了，老师就会把我们几个全都叫上，大家一起热热闹闹吃顿饭，简直就是一家人聚餐，我特别享受这种快乐、温暖的氛围。老师还时常叮嘱从事研究工作的大师兄，在学习上给我们一些指导和意见，为我们查阅资料提供方便。

老师是一个为教育、为学术矢志不渝不知疲倦的人，老师又是一个生活严谨却又和蔼可亲的人。每一次见到导师，他总是精神饱满，除了讨论问题外，还会关切地问候我们，总是以积极的态度对待工作、事业和人生，让我们始终感觉到生活在阳光之中。毕业后的几年里，师母也时常发一些他和老师的照片，照片中的老师虽已年近七十高龄，依然身姿矫健，衣着穿戴一丝不苟，笑容灿烂，我也倍感欣慰。每一年在节日时给老师发过去的祝福短信，老师总要说声"谢谢"。今年中秋佳节的祝福短信老师回道："不知近况如何，盼告"，短短几个字让我激动的心情久久不能平静下来，虽然离老师很远，这几个字足以能给我无穷的力量和无比的温暖。

虽然现在没有从事历史研究工作，但是老师严谨的治学态度和为人处世的风范依然深深地影响着我现在的工作和生活，使我对待任何事情都不敢懈怠，在面对人生的困难与挫折时乐观地去对待，认真做好每一件事，认真对待身边的每一个人。

（袁雅芝，辽宁省凌源市牛营子中学）

魏晋南北朝鲜卑民族性观念的儒家化

付开镜

所谓性观念，就是性行为中所表现出来的思想意识和道德评价。魏晋南北朝时期鲜卑民族的汉化，就其本质而言，是鲜卑民族文化的汉化。在鲜卑民族文化的汉化过程中，其性观念的儒家化，是鲜卑民族汉化中重要的一环。因此，鲜卑民族性观念的儒家化是其汉化完成的重要标志之一。

一　两汉史书所载胡人性观念

两汉史书所记胡人落后性观念的主要表现，是性对象以妻后母和报嫂为社会正常行为。司马迁在《史记·匈奴列传》中叙述匈奴人习俗说："苟利所在，不知礼义。自君王以下咸食畜肉，衣其皮革，披旃裘。壮者食肥美，老者食其余。贵壮健，贱老弱。父死，妻其后母；兄弟死，皆取其妻妻之。其俗有名不讳，而无姓字。"①《汉书·匈奴列传》照抄司马迁的这段文字。司马迁对匈奴人性习俗并没有作批评性的评价，只是直书其事，但由此也可知当时的汉人非常了解匈奴的性观念，且轻视其不知礼义。汉朝对匈奴人轻蔑程度极重，汉武帝曾说："匈奴违天理，乱人伦。"② 虽然汉人对匈奴人婚姻与性关系非常鄙视，但是，在汉帝国与匈奴和北方其他少数民族的和亲中，却要求汉家皇族之女，听随胡人风俗，夫死而改嫁其子。武帝以江都王建女细君为公主，嫁乌孙王昆莫，后又改嫁其孙岑陬。解忧公主也是先嫁岑陬，再嫁岑陬叔父之子肥王。可见，汉帝国虽然在国家内部独尊儒术，但在对外政治上，和亲的政治目的完全战

① 《史记》卷一一〇《匈奴列传》，第 2879 页。
② 《史记》卷一一一《卫将军列传》，第 2923 页。

胜了儒家的性观念，不惜牺牲皇族公主的性伦理，以达到政治之目的。

汉代其他北方或西方少数民族的性观念，与匈奴人大体无别：

《后汉书·西羌传》载羌人："父没则妻后母，兄亡则纳嫠嫂。故国无鳏寡，种类繁炽。"① 《后汉书·乌桓传》载乌桓人："其俗妻后母，报寡嫂，死则归其故夫。"② 《后汉书·鲜卑传》载鲜卑人："鲜卑者，亦东胡之支也，别依鲜卑山，故因号焉。其言语习俗与乌桓同。"③ 《魏书·吐谷浑传》载吐谷浑："父兄死，妻后母及嫂等，与突厥俗同。"④ 吐谷浑实为鲜卑之分支。因此，其习俗也是鲜卑人的习俗。

儒家文化的本质是伦理文化。伦理文化在家庭中就表现为孝与悌，做到孝的前提是性观念的辈分制度的合理与合情。而儒家的性观念，有多方的规定。儒家并不对性行为进行无端的干涉，明确提出："饮食男女，人之大欲存焉。"（《礼记·礼运》）但强调男女有别，授受不亲。《礼记·郊特牲》说："男女有别，然后父子亲；父子亲，然后义生；义生，然后礼作；礼作，然后万物安；无别无义，禽兽之道也。"男女有别的含义，就在于不能放纵性行为。如果放纵性行为，也就与禽兽没有区别。春秋时期，秦国在当时远远落后于关东诸国，一直到商鞅变法之前，仍然是"戎狄之教，父子无别，同室而居"⑤。秦国受到关东诸国的鄙视，当与其伦理文化落后，即与男女之分不太清晰大有关系。商鞅在秦进行改革，在家庭生活习俗上推行了儒家化的措施，用法律强制家庭成员必须分居，从而改变了以往同室而居的陋俗。

两汉政府为了贯彻儒家的性观念，对乱伦的当事人多进行严厉的处罚。西汉的皇族，因乱伦而受到处罚者，不在少数。如汉宗室刘定国："坐禽兽行，自杀。国除为郡。"⑥ 因为定国"与父康王姬奸，生子男一人。夺弟妻为姬。与子女三人奸"⑦。汉朝时期，皇族与官员的婚姻中虽然不计行辈，却绝对不允许妻后母、报寡嫂等行为发生。东汉末，刘备欲纳吴壹之妹，即刘瑁的遗孀，因"疑与瑁同族"，犹豫不决。在法正的劝

① 《后汉书》卷八七《西羌传》，第 2869 页。
② 《后汉书》卷九〇《乌桓传》，第 2979 页。
③ 《后汉书》卷九〇《鲜卑传》，第 2985 页。
④ 《魏书》卷一〇一《吐谷浑传》，第 2240 页。
⑤ 《史记》卷六八《商君列传》，第 2234 页。
⑥ 《史记》卷一七《汉兴以来诸侯王年表》，第 858 页。
⑦ 《史记》卷五一《荆燕世家》，第 1997 页。

说下，方"纳后为夫人"①。说明当时娶同姓人遗孀，会受到社会舆论的指摘。而一妻多夫的现象更不允许。《搜神记》载：汉宣帝之世，"燕岱之间有三男共娶一妇，生四子，及至将分妻子而不可均，乃致争，讼廷尉。范延寿断之曰：此非人，当以禽兽从母不从父也。请戮三男，以儿还母"②。一妻多夫搞乱了父系的血缘，而血缘正是儒家最为重视的问题之一。因此，对这种三夫一妻案件，官府严惩不贷。

同样，胡人妻后母，在汉人看来，是严重地混淆了男性家庭血缘及辈分制度，因此也就与动物没有了区别。是故，胡人妻后母的行为，也就因此受到了汉民族上上下下的轻视，被称为"禽兽行"。

汉高祖刘邦曾问计刘敬，如何处理与匈奴的关系。刘敬说："冒顿杀父代立，妻群母，以力为威，不可以仁义说也。"③ 完全把匈奴人当成了异类。征和三年（前90），贰师将军李广利投降匈奴。次年，匈奴遣使出使汉朝，汉朝也派出使者出使匈奴报送其使。其间汉朝使节与匈奴发生了一场争论。史载：

> 单于使左右难汉使者，曰："汉，礼义国也。贰师道前太子发兵反，何也？"使者曰："然。乃丞相私与太子争斗，太子发兵欲诛丞相，丞相诬之，故诛丞相。此子弄父兵，罪当笞，小过耳。孰与冒顿单于身杀其父代立，常妻后母，禽兽行也！"④

这是面对面的外交论争。汉朝使者一针见血地痛骂了匈奴单于妻后母的禽兽行为。又，《汉书》载终军曾对武帝言及胡人，说胡人有"禽兽行，虎狼心"⑤。《汉书·匈奴传》评价匈奴说："夷狄之人贪而好利，被发左衽，人面兽心……是故圣王禽兽畜之，不与约誓，不就攻伐；约之则费赂而见欺，攻之则劳师而招寇。其地不可耕而食也，其民不可臣而畜也，是以外而不内，疏而不戚，政教不及其人，正朔不加其国；来则惩而御之，

---

① 《三国志》卷三四《穆皇后传》，第906页。
② 李剑国辑校：《新辑搜神记》卷一一范延寿条，中华书局2007年版，第184页。
③ 《史记》卷九九《刘敬传》，第2719页。
④ 《汉书》卷九四上《匈奴传》，第3780页。
⑤ 《汉书》卷六四《终军传》，第2815页。

去则备而守之。"① 可见，在汉朝，汉人对胡人甚为轻视，认为他们与禽兽无大区别。在汉民族眼中，汉民族最为值得自豪的就是有严格的伦理，尤其是严格的性观念。因此，汉人也就与动物有了严格的界限。可是，胡人却还没有进化到这一步，与禽兽无别。

两晋汉族士人中出现过性乱现象，史载："惠帝元康中，贵游子弟相与为散发倮身之饮，对弄婢妾，逆之者伤好，非之者负讥。"② 婢妾属于私有，"对弄"当然不触犯法律。不过，却从来没有出现过"对弄"妻子的事件。说明当时的士人虽然以无耻当自由，但还是没有突破儒家性伦理的基本准则，更不可能无耻到妻后母、报寡嫂的程度。而也有学者认为，魏晋南北朝时期，社会开放，女性的贞洁观十分淡薄，表现为"男女私通的现象较为常见，而淫乱之事以宫帏为甚"③。其实，这种性乱，并不为时人所称道，而恰恰为社会主流舆论所诟。再者，这些性乱行为，却极少出现"父兄死，妻后母及嫂"的情况。也只是对他人的婢妾有不正当的性行为，而对他人的正妻等少有出格的行为。如果出现女性与他人通奸之事，家中人完全可以杀死通奸者而不受政府处罚。这说明汉人中的士族等，虽然在性行为上十分放荡，但却依然有一个高于胡人性行为的底线，不会父兄死，妻后母及嫂。

二 魏晋南北朝以鲜卑人为代表的
胡人性观念的儒家化进程

胡人性观念的儒家化进程，比较漫长。从与汉人接触开始，他们就不能不受到汉文化的影响。西汉时期，匈奴人金日磾在长安生活多年后，完全汉化，受到汉朝政府的重用。这一方面表明，汉人对胡人并非完全以禽兽待之；而另一方面也表明，胡人伦理的汉化，需要对汉人文化有深刻的接触，方能见效。

魏晋南北朝时期，胡人的汉化，有两个过程：其一是胡人进入汉文化圈，与汉族人民广泛接触，也就接受了汉人的生活文化。其二是在自己的

---

① 《汉书》卷九四下《匈奴传》，第3834页。
② 《晋书》卷二七《五行上》，第820页。
③ 张承宗：《魏晋南北朝妇女的贞洁观与性生活》，《学习与探索》2008年第1期。

统治区域内，在政治制度上主动向汉人看齐，从而主动汉化。这两个过程，并非完全是时间上先后的关系，而且还有交叉混合的关系。在这两个过程中，胡人性观念的儒家化，有一个从被动到主动的过程。

因此，魏晋南北朝胡人的汉化，必然要与汉文化产生严重冲突。十六国时期，匈奴人与羯人对汉人进行屠杀与奴役，表象是民族矛盾，而本质却是文化矛盾。永嘉五年（311），刘琨把石勒失散的母亲送还石勒，并致信说，如果幡然改图，"今相授侍中、持节、车骑大将军、领护匈奴中郎将、襄城郡公"。石勒回信直接说："君当逞节本朝，吾自夷，难为效。"① 石勒信中所表现的民族心理的自尊，源于其民族心理的自卑。为提高羯人的地位，石勒改羯人为国人，不允许汉人言"胡"，用政治的强力推行提高羯人文化的地位，并强制汉人"胡化"。胡汉矛盾冲突的结果，最终酿成了20余万羯人被杀的悲剧。因此，十六国前期胡汉的文化交汇，以双方文化的冲突为主要标志。

但是，在胡汉文化的对抗中，胡人也不得不认同儒家的观念，尤其是性观念。匈奴汉国皇帝刘聪想娶刘殷之女，却担心与己同姓而忐忑不安。《晋书·刘聪载记》：

> 聪后呼延氏死，将纳其太保刘殷女，其弟乂固谏。聪更访之于太宰刘延年、太傅刘景。景等皆曰："臣常闻，太保自云周刘康公之后。与圣氏本源既殊，纳之为允。"聪大悦，使其兼大鸿胪李弘拜殷二女为左右贵嫔，位在昭仪上。又纳殷女孙四人为贵人，位次贵嫔。谓弘曰："此女辈皆姿色超世，女德冠时，且太保于朕实自不同，卿意安乎？"弘曰："太保胤自有周，与圣源实别，陛下正以姓同为恨耳。且魏司空东莱王基，当世大儒，岂不达礼乎！为子纳司空太原王沈女，以其姓同而源异故也！"聪大悦，赐弘黄金六十斤，曰："卿当以此意，谕吾子弟辈！"②

这说明当时刘聪受到了汉人儒家性观念的深刻影响。不过，毕竟他们同时还保留了本民族的风俗，因此，在决定是否娶刘殷之女时，其本民族固有

---

① 《晋书》卷一〇四《石勒载记》，第2715页。
② 《晋书》卷一〇二《刘聪载记》，第2660页。

之习俗战胜了汉民族的儒家伦理。

相对而言，十六国时期鲜卑人的性观念却比匈奴、羯人先进。鲜卑拓跋部在什翼犍统治时期，对于男女随意的性关系已经开始了法律控制。《魏书·刑法志》载建国二年（339）令："男女不以礼交，皆死。"① 这里的男女不以礼交，可能包括"嫁娶皆先私通"② 等，说明拓跋鲜卑性观念已有了较大进步。这与拓破鲜卑接触汉族儒家文化有关，如什翼犍本人曾以质子身份在后赵留居 10 年之久，广泛接触了儒家文化。不过，鲜卑人家庭内部的性乱伦现象在较长一段时间内依然存在，甚至在北魏立国之初，依然存在翁媳婚。

尽管北魏建立之前，鲜卑民族因其早已接触汉民族的文化，从而使其文化与汉族的文化具备了和平交汇并走向汉化的可能，但这并不是说，当鲜卑民族的文化与汉民族的文化交汇之时，就不会发生冲突。事实上，在两种文化交汇的过程中，也一度产生了严重的冲突。

这种冲突，在北魏统治中原的前期③，时有表现，尤以太武帝对崔浩等人的血腥屠杀最为突出。《魏书》卷三五《崔浩传》：

> 真君十一年六月诛浩。清河崔氏无远近，范阳卢氏、太原郭氏、河东柳氏，皆浩之姻亲，尽夷其族。初，郤标等立石铭刊《国记》，浩尽述国事，备而不典。而石铭显在衢路，往来行者咸以为言，事遂闻发。有司按验浩，取秘书郎吏及长历生数百人意状。浩伏受赇，其秘书郎吏已下尽死。④

崔浩被杀，史家论述其因，多从民族矛盾入手，也得其大体。不过，从文化角度来说，乃是因为鲜卑人性观念的进步，提升了其民族强烈自尊心的缘故。因此，崔浩所述"备而不典"，实际上是把鲜卑人祖先婚姻中妻后母、报嫂等为汉人所不耻的性风俗进行了详尽如实的记述。《宋书·索虏传》记：拓跋珪之妾"万人与开（即珪的另一译字）子清河王私通，虑

---

① 《魏书》卷一一一《刑法志》，第 2873 页。

② 《三国志》卷三〇《乌丸传》，第 834 页。

③ 此处依从杜士铎主编《北魏史》（山西高校联合出版社 1992 年版）的分期标准：拓跋珪建魏至太武帝死为前期。

④ 《魏书》卷三五《崔浩传》，第 826 页。

事觉，欲杀开，令万人为内应。夜伺开独处，杀之"①。可能崔浩实书此事，让正在汉化的鲜卑人感受到崔浩旨在"暴扬国恶"②，才导致"北人咸悉忿毒，相与构浩于帝"③。又据周一良先生考证，拓跋珪实为什翼犍之子。崔浩写史可能也揭露了此事④。把拓跋氏先人的丑闻如此暴露无遗，如果面对的是尚未"开化"的鲜卑人，可能算不得什么。但是，崔浩面对的却是已经处于汉化中的鲜卑贵族，他当然要大祸临头了。所以，崔浩被杀，民族冲突是表象，文化冲突却是本质。崔浩即使对汉人，也有过血统种族优劣的观念，他称赞从南朝逃往北魏的王慧龙说："真贵种矣。"⑤ 他在北方欲齐整人伦，分明姓族，也就是为了搞清贵贱的血统。既然汉人的血统有高低之分，而鲜卑人更在汉人之下了。因此，崔浩写鲜卑人之史，竟敢"备而不典"，在当时的上层鲜卑人看来，就是故意揭露他们祖先的性乱丑事，意存讥讽。

所以，太武帝对崔浩等人的屠杀，深层的原因，是北魏统治者在接受儒家性观念文化过程中，产生了对汉士族人士公开其祖宗乱伦行为的反感。这一时期胡汉文化的冲突，源于鲜卑人接受汉族儒家伦理过程中，对祖先性乱伦行为产生了严重的羞愧感和民族自尊心。因此，在崔浩利用写史的机会公开其祖先的性乱伦丑闻时，不惜对崔浩等汉人士族阶层进行大规模的屠杀，以此来维护其民族的自尊。这正反映了他们接受儒家伦理的程度已经极为深广，同时也反映了他们"内心隐藏的文化的自卑"⑥。

太武帝对崔浩的屠杀并不能扭转鲜卑人汉化的趋势。魏孝文帝执政以后，开始全面进行汉化即儒家化的改革，以便快速而完全地与汉民族融合起来。其中与汉人通婚以及在法律上对胡人内部乱伦行为的严惩等政策措施，无不表明以孝文帝为代表的鲜卑人，认识到儒家文化的先进性，因此而挥起改革的巨斧，大力破除落后的性文化观念，以推进其民族性观念的进步，尽快完成性观念的儒家化进程。

---

① 《宋书》卷九五《索虏传》，第 2322 页。
② 《资治通鉴》卷一二五《宋纪》元嘉二十七年条，第 3942 页。
③ 《北史》卷二一《崔宏传》，第 789 页。
④ 周一良：《魏晋南北朝史札记》，《魏书札记》"崔浩国史之狱"条，中华书局 2007 年版，第 345 页。
⑤ 《魏书》卷三八《王慧龙传》，第 875 页。
⑥ 逯耀东：《从平城到洛阳——拓跋魏文化转变的历程》，中华书局 2006 年版，第 53 页。

三　入主中原的北魏鲜卑族性观念儒家化的基本完成

入主中原的北魏鲜卑族性观念儒家化，在孝文帝统治时期得以基本完成。通过孝文帝的全面的汉化改革，使南迁的多数鲜卑人快速地接受了汉人儒家伦理思想。

在汉化进程中，胡汉通婚是重要的措施。鲜卑人与汉人的通婚，希望通过人种的混合，生育出文化上有汉人儒家思想的后代出来，希望借此使其民族在文化上迅速地赶上汉人。在这一时期，胡人上层与北方士族进行广泛的通婚，从此也就接受了汉族儒家的性观念标准，并因此得到了汉人对其种族的认同。胡汉通婚，因为有了汉人有文化之女性居其家中，从而也使得胡人后代受到了汉文化的熏陶，因此，跟随北魏孝文帝到达洛阳的鲜卑贵族，通过娶汉族士女为妻室，而使得自己的子女有了汉人的血统，并受到识文断字的汉人母亲的培育，同时也就认同了儒家的风俗习惯，从而，促使他们的后代迅速地从马背民族质变为儒家化的民族，也就迅速填平了与中原汉人文化上的壕沟。

为了维护和推进鲜卑人性观念的儒家化进程的顺利，孝文帝制定了严格的法律制度。太和七年（483），孝文帝下诏禁同姓为婚："淳风行于上古，礼化用乎近叶。是以夏殷不嫌一族之婚，周世始绝同姓之娶，斯皆教随时设，治因事改者也。皇运初基，中原未混，拨乱经纶，日不暇给，古风遗朴，未遑厘改，后遂因循，迄兹莫变。朕属百年之期，当后仁之政，思易质旧，式昭惟新。自今悉禁绝之，有犯以不道论。"① 从太和七年的诏书来看，当时鲜卑人同姓为婚的现象还是广泛存在的。而同姓为婚，恰是性观念落后的重要表现，又是性乱伦的一个源头，同姓不婚，是汉人最为重要的风俗，也是儒家家庭伦理的重要内容体现。

在孝文帝汉化改革之后，北魏政府对于一些发生性乱行为的官员，进行了严厉的打击。《魏书》载御史中尉王显上奏：

"风闻前洛州刺史阴平子石荣、积射将军抱老寿，恣荡非轨，易室而奸，臊声布于朝野，丑音被于行路……方恣其淫奸，换妻易妾。

---

① 《魏书》卷七《孝文帝纪上》，第153页。

荣前在洛州，远迎老寿妻常氏，兵人千里，疲于道路。老寿同敝笱之在梁，若其原疑之无别，男女三人，莫知谁子。人理所未闻，鸟兽之不若。请以见事，免官付廷尉理罪，鸿胪削爵。"诏可。①

石、抱二人的秽行重点不在于易妾，而在于换妻。虽然不是乱伦，但却造成"莫知谁子"的严重后果，故而受到重惩。查石、抱二人的出身，似非鲜卑，但政府对二人的惩治，并非依据民族而有所区别。

《颜氏家训》载有北朝人重嫡轻庶的风俗。为何会出现这种风俗？至少可从庶妻的出身得到一点启示。庶妻的来历不太明白，性关系可能杂乱。一来鲜卑人自身性关系杂乱；二来鲜卑人入主中原，鲜卑男人把他们的习俗带入中原，对中原女人可以随意强奸。中原女人所生之子，在这一时期，极有可能非其夫之血脉。因此，北方人尤其是士族重视嫡妻，也就十分正常了。而南朝并不如此，虽然西晋存在对弄侍妾的现象，但毕竟不占社会主流地位。性乱现象远比北方为少。说明南朝男人之妾所生子女，血缘可能纯正，少有性关系杂乱现象。因此可以说明，在性乱的状态下，北方汉族士人十分看重性关系的问题。

北魏统治者在汉化过程中，逐渐树立起对南朝性观念的政治宣传优势。表现为，在与南朝的政治攻讦中，不再以夷狄自居，而以华夏正宗自居。在性观念上，北魏杨衒之撰《洛阳伽蓝记》、北齐魏收撰《魏书》，都对东晋南朝皇帝、皇室成员的乱伦行为进行了攻击。《洛阳伽蓝记》卷二《景宁寺》条载：

> 永安二年（529），萧衍遣主书陈庆之送北海入洛阳，僭帝位。庆之为侍中。景仁在南之日，与庆之有旧，遂设酒引邀庆之过宅，司农卿萧彪、尚书右丞张嵩并在其坐。彪亦是南人，唯有中大夫杨元慎、给事中大夫王珣是中原士族。庆之因醉谓萧、张等曰："魏朝甚盛，犹曰五胡。正朔相承，当在江左，秦皇玉玺，今在梁朝。"元慎正色曰："江左假息，僻居一隅。……虽立君臣，上慢下暴。是以刘劭杀父于前，休龙淫母后，见逆人伦，禽兽不异。加以山阴请婿卖

---

① 《魏书》卷九四《阉官传·抱嶷传附从弟老寿传》，第2023页。

夫，朋淫于家，不顾讥笑。……"①

《魏书·岛夷刘裕传》载："（刘）骏淫乱无度，蒸其母路氏，秽污之声，布施瓯越。"②"子业淫其姑，称为谢氏，为贵嫔、夫人，加以殊礼……即义隆第十女，新蔡公主也。子业矫云主丧，空设丧事而实纳之。时山阴公主大见爱狎，淫恣过度。"③《魏书·岛夷萧道成传》："（萧）昭业与其父宠姬霍氏淫通，纳之后宫。"④

杨衒之是北魏人，他所记的史实代表着北魏时期汉化鲜卑人的思想。魏收是北齐史家，但他在《魏书》中所记南朝皇室中的乱伦行径，显然早已传入北朝，也可证明鲜卑人的性观念已超越了南方汉人皇族的伦理规范，并取得了从儒家性伦理上对儒家伦理的退化的南朝皇帝进行政治攻讦的优势。

四　北齐皇帝性观念的倒退与北周宣帝的乱伦

北魏进入中原的鲜卑人⑤，在孝文帝去世前后，基本完成了汉化。但是，北魏迁居中州鲜卑人的汉化，不等于远在代北鲜卑人的汉化。因此，北魏胡汉文化的冲突，并没有得到彻底解决。武泰元年（528），契胡尔朱荣带兵入洛，屠杀北魏王公大臣两千余人，汉化的鲜卑贵族受到毁灭性的打击。本身没有汉化的尔朱荣，入洛屠杀北魏王公大臣，虽然意在夺权，但根子中却是为了迎合未汉化之鲜卑人的心理，期望得到他们的支持。尔朱荣死后，近乎胡化的汉人高欢，借助未汉化的以鲜卑人为主的六镇军民，建立了东魏，其子高洋通过禅代建立北齐。北齐政权中，胡汉冲突的结果，是政治性的流血事件时有发生，汉人士族官员如杨愔等在胡汉冲突中受到屠杀。因此，北齐政权是文化严重"胡化"的政权。

"胡化"的高齐皇帝，其性观念必然因其政治权力的高涨而走向"胡

---

① 杨衒之：《洛阳伽蓝记》，韩结根注，山东友谊出版社2001年版，第94页。
② 《魏书》卷九七《岛夷刘裕传》，第2144页。
③ 同上书，第2146页。
④ 《魏书》卷九八《岛夷萧道成传》，第2167页。
⑤ 万绳楠先生说：迁到中州地区以鲜卑拓跋氏为首的北方各族人民，"统称为鲜卑"，本文采用他的这一观点。见万绳楠著《魏晋南北朝文化史》，黄山书社1989年版，第362页。

化"。清朝乾嘉年间的史学名家赵翼说："古来宫闱之乱，未有如北齐者。"宫闱之乱的根本原因就在于胡化的汉人高欢，"以草窃起事，本不知有伦理"①。因为高欢家族，长期生活于北方边镇，生活习俗均已胡化，而北方边镇胡人的性习俗，本来就处于可妻后母与报嫂的状态，北魏的汉化改革，未能深入到代北边镇。因此，高欢的性行为，一方面受到胡人生活的熏陶，少有儒家性观念；另一方面，作为一方之主，他也就无所顾忌，其性行为也就更趋于动物本能。高洋篡魏后，其兄高澄的妻子元氏居静德宫，高洋曰："兄昔奸我妇，我今须报。"乃淫之。"其高氏女妇无亲疏，皆使左右乱交之于前。"②武成帝高湛践祚，其乱伦行为更甚于高洋。而北齐宫中的女性也多有性乱者，如武成后胡氏，私下留二男扮作尼姑。北齐亡后，胡氏入北周，恣行奸秽。总之，北齐皇家性关系的混乱，使北齐国家的伦理道德败坏得干干净净。

北齐皇室大肆乱伦，不以为耻，正是代北胡人婚姻生活的延续。北魏入主中原地区的鲜卑人，经过长期的儒家文化的熏陶，早已完成了性观念的儒家化进程。而远在代北六镇的鲜卑人，却未能跟上前者的步伐。因此，他们在入主中原之后，依然不改其在代北的性风俗。

与北齐皇族性观念不同的是，北周的宇文泰深受儒家思想影响，性观念早已儒家化。北魏孝武帝元修，与从妹明月公主存在乱伦关系，入关时把明月公主带到长安，宇文泰令元氏诸王取明月公主杀之。可见，宇文泰的性观念儒家化程度甚深。北周武帝宇文邕是少有的英主，他在位期间，实行复古改革，生活伦理向儒家看齐，因此，北周社会风气，远比北齐与同时代的陈朝为好。但是，天不假其年寿，英年早逝，可堪叹息。继承者周宣帝，竟然"大行在殡，曾无戚容，即阅视先帝宫人，逼为淫乱"③。周宣帝即位后的乱伦性行为，不能完全证明为种族性观念倒退问题。后来的隋炀帝杨广也有类似的行为，而杨广是汉人并且饱读诗书，心中不可能没有儒家性伦理的存在。可见，这些皇帝的乱伦行为，与其皇权的无限性大有关系。

总之，性观念的进步，是一个民族进步的重要标志之一。魏晋南北朝

---

① 赵翼：《廿二史札记》卷一五，《北齐宫闱之丑》条，王树民校注，中华书局2001年版，第321页。

② 《北齐书》卷九《文襄元后传》，第125页。

③ 《周书》卷七《宣帝纪》，第124页。

时期鲜卑民族性观念进步的原因，在于他们入主中原之后，敢于认识到自身的不足，而积极地进行了汉化，并因此使其生活伦理儒家化了。性观念儒家化的完成，也就使得鲜卑人从民族心理上得到了自信心的提升，并因此而受到北方汉人士族的支持，同时其民族心理自我调节也达到了质的飞跃，开始以合法的中原皇朝的主人身份统治汉人，并从文化心理上确立了其已质变为汉人的自信。正如陈寅恪先生所言："当时之所谓胡人汉人，大抵以胡化汉化而不以胡种汉种为分别，即文化之关系轻重而种族关系较轻。"① 汉化的北魏鲜卑人政权，在其心理上获得儒家文化的"真传"后，便开始大张旗鼓对南方汉人政权存在的性乱伦这种严重违反儒家性伦理的现象进行"合法的讨伐"，从而实现了民族质的飞跃。而与此同时，在鲜卑人进入中原之后，腾出的广阔土地，成为留在北方大漠的胡人，即随后兴起的突厥等族发展的空间。而突厥等少数民族的性观念，与魏晋南北朝以前居于大漠的匈奴、乌桓、鲜卑等胡人相似，依然存在妻后母与报嫂的性风俗。他们也需要一个性观念的儒家化过程，方能摆脱这种性旧俗。但这已不是本文所要研讨的内容了。

（付开镜，许昌学院魏晋文化研究所教授）

---

① 陈寅恪：《陈寅恪集·隋唐制度渊源略论稿》，生活·读书·新知三联书店 2001 年版，第 79 页。

论儒学理念之下曹操的软弱与挣扎

洪卫中

　　曹操由阉宦之后崛起于汉末，然后芟夷大难，御名士，挟天子，收服群雄，称霸北方，成为汉末三国之际伟大的军事家和政治家。他一生以法治国、以法治军，也多以法御下，故而史家评他是："揽申、商之法术，该韩白之奇策。"① 而后人论曹操也因此多冠以刑名之称，如傅玄所谓："魏武好法术，天下贵刑名。"② 刘勰也说："魏之初霸，术兼名法。"③ 事实上，正如今人所探讨的那样，曹操的思想是复杂的，他受到了多家思想的影响，既有法家，又有儒家、墨家、兵家、名家、道家，甚至还有当时的游侠思想等。④ 其中对他影响最大的莫过于法家和儒家，法家使曹操认识到了乱世用重典的重要性，从而使他在乱世治理中选择了以法治为主要的治理手段，而儒家则以其独有的治国教化之功能使曹操在其一生中既受其很深影响，又使他在其特殊的政治生涯里既不能弃之又无法完全依赖，故而在其创建霸业的过程中，他也就不得不对儒家思想既有利用，又有叛逆和违抗。终其一生，也就显现出了他在儒学思想影响下的既软弱的一

---

①　《三国志》卷一《武帝纪第一》，第55页。

②　《晋书》卷四七《傅玄传》，第1317页。

③　刘勰著，周振甫注：《文心雕龙·论说第十八》，人民文学出版社1981年版，第200页。

④　认为曹操为法家的有吴晗、齐思和等老一辈历史学家，认为曹操思想具有或根本就是儒家思想的相关文章有：熊建军、李登叶《曹操、曹丕儒家思想探微》，《温州职业技术学院学报》2006年底4期；李明韬《曹操思想试探》，《乐山师范学院学报》2002年第6期；王联斌、管志宇，《论曹操对儒学思想的实践》，《军事历史研究》2001年第3期；李明韬《曹操思想试探》，《乐山师范学院学报》2002年第6期；裴传永《儒家思想——曹操思想的主干》，《理论学刊》1998年第3期；张作耀《曹操尚礼重法思想述论》，《东岳论丛》1998年第3期；王云林《试论曹操的儒家思想》，《南都学坛》1994年第1期。此外也还有对曹操兵家、墨家、纵横家等的探索，如刘立、胡治洪《曹操生平思想纵横谈》（载《湖北教育学院学报》2006年第10期）、杨伯南《试论曹操思想的复杂性》（载《曲靖师专学报》1994年第2期）。

面，又有极力挣扎的一面。

一　曹操对儒学的接受和利用

史载曹操"少机警，有权数，而任侠放荡，不治行业，故世人未之奇也"，又云其"少好飞鹰走狗，游荡无度"①，而陈琳为袁绍作檄文更骂他是"赘阉遗丑，本无令德，僄狡锋侠，好乱乐祸"②。这些记载给人的印象无疑曹操年少时就是一个十足的不学无术的无赖奸诈之徒。事实上，行侠交游、仗义疏财不过是两汉延续下来存在于社会之上依然时尚的游侠风气在曹操身上的一种体现，它只不过是曹操身上诸多品格中的一种而已。在曹操身上同样还体现着其他思想的影响和其他品格。史载曹操"年二十，举孝廉为郎"③，此至少说明曹操年轻时即以孝亲礼让和行为清正廉洁为乡里所称。而其上书"陈（窦）武等正直而见陷害，奸邪盈朝，善人壅塞"和"说三公所举奏专回避贵戚之意"④，无疑又表明了他正身立朝、不畏权贵、疾恶如仇、匡扶朝政的优良品质和大臣气节。再看桥玄，本传载他"著礼记章句四十九篇，号曰'桥君学'"⑤。《魏书》称其"世名知人"，张璠《汉纪》也说他是"以刚断称，谦俭下士，不以王爵私亲"⑥。可见桥玄乃守道正直的儒士，并不轻易交游。然而他却和曹操交往甚密并对曹操极为推许，称赞曹是："天下大乱，非命世之才不能济也，能安之者，其在君乎！"并"以妻子为托"⑦。而李膺的儿子李瓒也说："时将乱矣，天下英雄无过曹操。"⑧如果曹操仅只是一个放荡而奸诈的无赖，桥玄和李瓒又怎能与之交往并极力称许，甚而桥玄还引导曹操"交许子将"⑨取名于时。这说明曹操除了善于交游、任侠仗义、孝亲礼让和清正廉洁外，定还有其他诸多过人的非凡品质与才能，否则桥玄就不

①　《三国志》卷一《武帝纪第一》，第 2 页。

②　《三国志》卷六《袁绍传》，第 197 页。

③　《三国志》卷 1《武帝纪第一》，第 2 页。

④　同上书，第 3 页。

⑤　《后汉书》卷五一《桥玄传》，第 1695 页。

⑥　《三国志》卷一《武帝纪第一》，第 2—3 页。

⑦　同上书，第 2 页。

⑧　《后汉书》卷六七《李膺传》，第 2197 页。

⑨　《三国志》卷一《武帝纪第一》，第 3 页。

会以"命世之才"和"安生民"①来称论曹操，世名知人的许子将也不会评他为："子治世之能臣，乱世之奸雄。"②而何颙也不会以"汉家将亡，安天下者必此人也"③。来评曹操了。可见其时曹操所显露的胸襟、气魄、学识、意志、理想、能力和品格等已经让阅人颇多的桥玄、何颙、许子将、李瓒等都刮目相看，曹操鹤立鸡群的雄姿在汉末士人中已经隐约呈现。

　　但在两汉长达四百多年的统治中，汉室非但"恩泽深渥，兆民戴之来久"④。而且几乎都是以儒家思想为主要统治思想。而儒家宣扬的尊君、忠君思想及其塑造的一套思维不仅驯服、造就和培养了一大批忠于汉室的儒学门徒，而且也程式化了社会意识，因而即使在汉末那个混乱的政治时代，大部分士人心中仍然能保持着对汉室的忠心、恪守着儒家的伦理道德。而曹操"挟天子"等行为自然遭致他们强烈而愤怒的抵触和反抗，口诛笔伐自是必不可少。由此，曹操及其某些行为也就难免为这些士人和后来遵从"春秋笔法"的史家予以一定程度上的菲薄丑化和畸形化。这应该也就是曹操被认为是"任侠放荡""游荡无度"和"本无令德，儇狡锋侠，好乱乐祸"等原因。

　　然而曹操实际上的优良品质和丰富内涵通过有限的史记文字还是能略窥一二。除了上文所论之外，再看孙盛《异同杂语》所载："太祖……才武绝人，莫之能害。博览群书，特好兵法，抄集诸家兵法，名曰《接要》，又注《孙武》十三篇，皆传于世。"⑤此可知，曹操非但武艺超群、智谋过人，且对军事理论也有较深的研究。特别是"博览群书"和"明古学"⑥说明了他不但通晓诸子学说，就是儒家经典也有较深的钻研。由此，曹操对儒家思想不但有认同和接受，甚至可以说他这时期对儒家思想的认识应该不逊于他对兵法的研究，而桥玄、何颙、李瓒和许靖等折服于曹操应该多出于这时期曹操博学之中而显露出来的儒学品质以及对儒术等

---

① 《后汉书》卷五一《桥玄传》，第 1697 页。

② 《三国志》卷一《武帝纪第一》引孙盛《异同杂语》，第 3 页。

③ 《后汉书》卷六七《何颙传》，第 2218 页。

④ 《三国志》卷六《袁绍传》引《献帝春秋》，第 190 页。

⑤ 《三国志》卷一《武帝纪第一》，第 3 页。

⑥ 同上。

治国理念的独到见解，否则以桥、何、李、许和蔡邕①等这样深受儒家思想影响的名儒又怎么能和曹操有共同语言而推许他或与之交往甚密！然而应该说这时候曹操对儒学的掌握、对儒家思想和儒术的钻研都还没有达到其最为精深的时候。他起兵之后，"御军三十年"，仍然是"手不舍书，昼则讲武策，夜则思经传"②。表明曹操在领军后的生涯里，非但不离阅读诸子百家，且已经把大多精力和时间用来钻研儒家学说了。这也就是说曹操终其一生都没有离开过对儒学的学习和研究，儒家思想和儒术不仅对曹操有影响而且还影响很深。这点仅看建安二十一年（216）曹操解释以太牢祭祀家庙带剑不解履上殿、拟水而盥等行为就可知，他的理论根据就是孔子的"祭神如神在"，"虽违众，吾从下"③。可见在曹操的思想深处，始终都有孔子的理论和儒家的思想在作用。然而曹操又是一个对儒学有着客观和全面动态认识的政治家，对儒学精髓和儒术的洞悉使他又不拘泥于儒术的运用。也正因为这样，他才能得出："夫治定之化，以礼为首；拨乱之政，以刑为先。"④ "治平尚德行，有事赏功能。"⑤ 这样的见识。他深知在汉末不断发展的乱世中，完全用儒家思想和儒术非但"不可匡正"⑥，简直没有多少可能来力挽狂澜而予以救治，切实可行的便是不弃儒家思想和理论的基础上实行乱世用重典，以法来治理乱世。然而即使曹操在以后的军事政治生涯里依照这样的施政指导方针去进行他的统一大业之时，他还是以儒家思想为其法治统治思想的主要辅佐，从而使其执政中不乏采用儒家思想和儒术的地方，其不少举措都明显地表明了他也在遵照儒家思想而治国理政。这点我们都可明显地感受到。⑦

譬如在人才的选用上，他不仅重视以儒家观念来择人，而且还重视发挥这些人身上的儒学品德。譬如他辟用邢颙就与时人对邢颙的称赞"德行堂堂邢子昂"有密切关系。而邢颙后来"以故将丧弃官"，"有司举正"

---

① 《后汉书》卷八四《列女传·董祀妻》载："曹操素与邕善"，这说明曹操和蔡邕的关系非常密切，也因此，蔡邕的女儿蔡文姬后因故流落匈奴，曹操能予以救赎。
② 《三国志》卷一《武帝纪第一》，第54页。
③ 同上书，第47页。
④ 《三国志》卷二四《高柔传》，第683页。
⑤ 《三国志》卷一《武帝纪第一》，第24页。
⑥ 同上书，第3页。
⑦ 此点在本文前引今人对曹操思想研究的论文里也都有较为详细的论述。

欲按法治罪，曹操却说："颙笃于旧君，有一致之节。"① 而要求有司不再过问。再如曹操起用毕谌为兖州别驾，当张邈叛乱时，毕谌却叛逃张邈。后获毕谌，"众为谌惧"，但曹操却说："夫人孝于其亲者，岂不忠于君乎！吾所求也。"② 不但免毕谌一死，且以为鲁相。可见，不论是起用邢颙原其擅离职守之罪，还是用毕谌原其背叛，都表明了曹操在其用人处世中并不忘以儒家道德和伦理观念为指导，甚至在《对酒歌》中他还以儒家思想施政的有序社会为所憧憬的理想社会。再如对儒学的重视上，在家庭之内他积极要求子孙勤读儒家学说并聘请精笃儒业者来教导，在社会上他颁布和推广《礼让令》，③ 并于军事战争之余积极兴学重教，令"郡国各修文学，县满五百户置校官，选其乡之俊造而教学之，庶几先王之道不废，而有以益于天下"④。这种"在于拨乱之际，并使郡县立教学之官"⑤ 的行为不但使儒家思想得以延续和播扬，而且曹操的这种重儒兴教的思想也极大地影响了曹魏大臣和其继位者。因此，魏文帝、明帝乃至高贵乡公曹髦皆能兴儒重教，大臣如孔融、刘馥、杨俊等也都能在任兴修学校，传播儒学。曹操以儒家思想为指导行事不在少数，可以说贯穿了他的一生。对此学界已多有探讨，此不再赘言。⑥ 因此，如果说儒学及其思想和政术对曹操没有影响无疑是一个很大的错误，认为曹操要摧陷廓清儒家伦理思想和反儒术就更是错误。

---

① 《三国志》卷一二《邢颙传》，第383页。
② 《三国志》卷一《武帝纪第一》，第16页。
③ 孔子曰："能以礼让为国乎？何有？不能以礼让为国乎，如礼何？"（集注）："让者，礼之实也。何有，言不难也。焉有礼之实以为国，则何难之有。不然，则其礼文虽具，亦且无如之何矣，而况于为国乎？"（程树德撰《论语集释》，中华书局1990年版，第255—256页。）此可见，礼让乃为儒家治国主要之思想。
④ 《三国志·魏书》卷一《武帝纪》，第24页。
⑤ 《三国志·魏书》卷二四《高柔传》，第685页。
⑥ 关于曹操受儒家思想的影响可见：熊建军、李登叶《曹操、曹丕儒家思想探微》，《温州职业技术学院学报》2006年第4期；李明韬《曹操思想试探》载《乐山师范学院学报》2002年第6期；王联斌、管志宇《论曹操对儒学思想的实践》，《军事历史研究》2001年第3期；李明韬：《曹操思想试探》，《乐山师范学院学报》2002年第6期；裴传永《儒家思想——曹操思想的主干》，《理论学刊》1998年第3期；王云林《试论曹操的儒家思想》，《南都学坛》1994年第1期。

二 深受儒家思想影响使曹操在雄霸中对待儒学不得不表现出软弱的一面

正是由于深受儒家思想之影响和现实政治的需要，从而曹操在统治中不时采用儒术，这也就导致了曹操在儒家思想面前不可避免地表现出了其软弱的一面。

曹操东征西讨，在自己势力和实力不断壮大的时候，虽然他紧紧地控制了汉献帝，打击了异己政治势力，稳固了自己的统治，但他还是多有不安。建安十年（205）十月他下令曰："夫治世御众，建立辅弼，诚在面从，《诗》称'听用我谋，庶无大悔'，斯实君臣恳恳之求也。吾充重任，每惧失中，频年已来，不闻嘉谋，岂吾开延不勤之咎邪？自今以后，诸掾属治中、别驾，常以月旦各言其失，吾将览焉。"① 此令中，曹操言其"每惧失中"，到底失的是什么"中"呢？笔者以为这其实是曹操来自内心对儒学的接受而有的担忧。所谓"过犹不及"，向以法治为主要治理手段的他担心的是自己诸多非儒措施是否偏离儒家思想太远，是否已经引起社会群体意识的反感和悖逆，所以他引用《诗经》来说事。而他的"诸掾属治中、别驾"多以儒学文人为主，曹操让他们"常以月旦各言其失"应该就是让他们从儒家的角度来言自己为政的得失。可见，尽管在统治中曹操不断有其强硬的法治行为，可是内心深受儒家思想的影响使他在政治上不时又有一种在儒学面前畏惧而有的软弱，而"每惧失中"不过是这种软弱表现之一。

在征战中有时也能看到曹操这种为儒家思想影响而有的软弱。譬如陈宫为曹操故人，帮助曹操建立了兖州根据地，但后来却迎吕布叛反曹操。后陈宫被曹操所执，临死前他对曹说："以孝治天下者不害人之亲"，"施仁政于天下者不绝人之祀"，致使曹操最后非但不杀其妻子和老母，且"召陈宫之母，养之终其身，嫁宫女，抚视其家，皆厚如初"②。曹操所以如此，自然与陈宫曾为其故旧并帮助他有关，但从陈宫所言可知曹操至少也一直在把"以孝治天下"和"施仁政于天下"为治国之宗旨之一，从

① 《三国志》卷一《武帝纪第一》，第 28 页。
② 《资治通鉴》卷六二《汉纪五十四》，第 2007 页。

曹操被举孝廉到他此后推行礼让之风和他下达的一些安民等策令以及其《对酒歌》来看，也正是如此，他不杀陈宫母亲和妻子就是要在世人中高标自己这种治国理念，但事实上这也正体现了他在儒学面前的软弱。

在对日常政策的实施和执行中曹操的这种软弱也有表现。如建安五年（200）七月，"时操制新科，下州郡，颇增严峻，而调绵绢方急。长广太守何夔言于操曰：'先王辨九服之赋以殊远近，制三典之刑以平治乱。愚以为此郡宜依远域新邦之典，其民间小事，使长吏临时随宜，上不背正法，下以顺百姓之心。比及三年，民安其业，然后乃可齐之以法也。'操从之"①。社会的治理是一个循序渐进的过程，欲速则不达，儒术的教化引导在这方面还真缺少不了。何夔以儒家思想来说理言事，谏阻曹操对新郡用"新科"，使曹操不得不接受。这可以说是曹操的法治在儒术面前的退让，也是曹操在儒学面前表现出来的软弱之举。

在对名士态度上曹操在儒家思想面前的屈从尤其表现明显。祢衡，有才名，为名士孔融所荐举，曹操用之。但祢衡恃才多次侮辱曹操，使曹非常愤怒，很想因此杀掉他，但又正如曹所说："祢衡竖子，孤杀之，犹雀鼠耳；顾此人素有虚名，远近将谓孤不能容之。"② 因此曹操将祢衡送与刘表，而刘表怒衡贬己，又将祢衡送与黄祖，"后衡众辱祖，祖杀之"。后人多认为这是曹操借刀杀人。胡三省评之为："操怒衡而送与表，犹以表为宽和爱士……表怒衡而送与祖，知祖性急，必不能容衡，是直欲置之死地耳。二人皆挟数用术，表则浅矣。"③ 事实上，曹操不杀祢衡，固然有使术借刀杀之的成分，但从曹操所说可看出，其更多的因素还是在于他深受儒家思想的影响，儒家所谓："举直错诸枉，则民服。举枉错诸直，则民不服。"④ 又"得天下有道，得其民，斯得天下矣。得其民有道，得其心，斯得民矣。得其心有道，所欲与之聚之，所恶勿施尔也"⑤。"宁丧千金，莫失士心。"⑥ 强调的是为政者要从民望、得民心。曹操不亲杀祢衡就是害怕因此背负骂名，破坏了自己尚德行、崇礼让的形象，从而失去

① 《资治通鉴》卷六三《汉纪五十五》，第2030—2031页。
② 《资治通鉴》卷六二《汉纪五十四》，第1993页。
③ 同上。
④ 程树德撰：《论语集释》，中华书局1990年版，第117页。
⑤ 李学勤主编：《十三经注疏》整理委员会整理：《十三经注疏·孟子注疏·离娄上》，北京大学出版社1999年版，第198页，
⑥ 《后汉书》卷五一《桥玄传》，第1698页。

士人之心，而远离其渴望的"周公吐哺，天下归心"①之目的。

同样，在对待杨彪和田畴的态度上曹操也表现出了在儒学面前的心理软弱和无可奈何。杨彪为汉末名望公卿，其与袁术联姻并称疾辞官实犯曹操政治大忌，但考虑到杨氏毕竟为汉时儒学大族、累世朝廷为官，杨彪又为一时名士，所以尽管曹操"恶之"并"诬云欲图废立，奏收下狱，劾以大逆"②。但最后和不杀祢衡一样曹操终究还是担心"杀一人而失天下心"③，故而赦放了杨彪。同样，建安十二年（207）曹操北征乌丸，田畴助其成功。曹操后多次欲论功封之，但都为田畴所坚拒，曹操便因此认为田畴逃封有讥刺当世之意，对此颇为不满甚而忌恨欲予以惩治，但终在"匹夫守志，圣人各因而成之"，"有益推让之风"的儒家理念和不愿失去人心的意识下又无可奈何地屈从了田畴的志向。

杀孔融固然是曹操对儒学思想对自己意志行为困扰的反抗，但杀孔融之后他的举动却又再次表现了他曾顾忌杀祢衡而有的软弱。《魏氏春秋》载："太祖惧远近之议也，乃令曰：'此州人说平原祢衡受传融论，以为父母与人无亲，譬若缻器，寄盛其中，又言若遭饥馑，而父不肖，宁赡活余人。融违天反道，败伦乱理，虽肆市朝，犹恨其晚。'"④ 曹操以法诛杀了孔融，但又害怕"远近之议"，便不得不借儒家最为重视的孝亲伦理思想来给孔融冠以"违天反道，败伦乱理"的罪名，同时借此也表明自己"以孝治天下"，遵从着儒家伦理思想。

可以说，尽管曹操威势不断增长，权力不断加大，且于乱世中也能实行诸多非儒政策和措施，但深受儒家思想影响使其在诸多政治行动方面往往备受抑制和屈从，从而表现出对儒家思想的畏惧和软弱，而且这种畏惧和软弱却并不因其权势和地位的增长而有减少或消除。这点在建安十五年（210）十二月曹操颁发的"让县自明本志令"就有明显的表现。曹操无意于自身代汉称帝，但其不断增加权势，严格控制献帝使其左右"莫非曹氏旧党姻亲"⑤ 等举措，又实实在在是巩固自己统治地位并为建立曹氏政权而在各方面努力着。故面对社会上对他图谋汉室和篡汉的指责，即所

① 逯钦立辑校：《先秦汉魏晋南北朝诗》（上），中华书局1983年版，第349页。
② 《资治通鉴》卷六二《汉纪五十四》，第2000—2001页。
③ （清）赵翼：《廿二史札记》，凤凰出版社2008年版，第95页。
④ 《三国志·魏书》卷一二《崔琰传》，第373页。
⑤ 《后汉书》卷一〇《献帝伏皇后纪》，第453页。

谓"言有不逊之志"，他不得不自剖心迹，以齐桓、晋文和周公自譬。可以说，曹操"让县自明本志令"既是他以统一天下为己任而无意"废汉自立"的宣言，也是他"濡染于封建道德很深"，[1] 在儒家思想面前显露出来的无奈和软弱之举。特别是汉献帝所谓："君若能相辅，则厚；不尔，幸垂恩相舍。"弄得曹操"失色，俛仰求出"。"出，顾左右，汗流浃背，自后不复朝请"[2]。这更让人看到，对儒家学说接受后深受其影响使得曹操在儒家"君君臣臣"的一套理念下显露出了彻底的软弱，以至在汉献帝面前无形中降低了自己的威势，丧失了勇猛之神。可见，文化的影响和作用就在于对人的精神和意识而有潜移默化的滋润，长期地受制于某一文化就会在言语和行动中都会不自觉地去表现这一文化中蕴含的内涵。经过两汉发展的儒学不仅在思想性而且在系统性上都有了左右社会心理意识和政权统治者思维的强迫驱动力。曹操在汉献帝面前的诚惶诚恐以及内心的起伏其实并不是来自汉献帝的威势和能耐，而是受压于汉献帝身后那种无形而又强大的营造天子、君臣等级、君权神授等厚积的儒家文化。

三　乱世治理中曹操对非儒思想和举措的实行

尽管曹操对儒家思想颇有钻研，儒家思想对他也有深刻的影响，但他毕竟不是一般之人，他能在汉末崛起成为伟大的政治家，先后被桥玄和陈宫等人誉为"命世之才"，[3] 这除了与他有深厚的学养和济世之怀之外，与其有着远见卓识和对社会的清醒分析的政治思维也是分不开的。也正如此，曹操才能兴义兵反董卓，继而占兖州、平吕布，成为割据一方的军阀。而且他的政治敏锐思想还使他能积极地接受切合时局的建议并能迅速采取措施，故而在袁绍不愿拥戴天子的情况下[4]，他能采纳荀彧的建议迎天子于洛阳回都于许，从而取得了"挟天子以令诸侯"的政治便利和文化优势。非但如此，在维护曹氏政权和巩固自己的政治地位时，曹操又果

---

① 吕思勉：《论学集林》，上海教育出版社 1987 年版，第 564 页。

② 《资治通鉴》卷六七《汉纪五十九》，第 2133 页。

③ 《三国志》引《世语》："（陈）宫说（郡中）别驾、治中曰：'今天下分裂而州无主；曹东郡，命世之才也，若迎以牧州，必宁生民。'鲍信等亦谓之然。"

④ 袁绍本传载：沮授劝说袁绍"迎大驾于西京，复宗庙于洛邑，号令天下，以讨未复"，后"（郭）图还说绍迎天子都鄴，绍不从"。《三国志》引《汉帝传》也作相似记载。

断地镇压了董承的政治谋乱、魏讽的叛乱以及金祎、吉本等叛乱，并族诛伏皇后一家。不过，曹操也从此不得不背负着"汉贼""国贼"之骂名。

而在汉末群雄角逐的时候，对人才的占有其实也就是对建立和发展政权的资源占有。从粮食的获取、谋略的策划、疆场的奋战，到地方的治理、对更多地域的占领、占领地区的巩固发展、民心所向等都与人才息息相关，因此谁占有的人才多，也就意味着谁占有的资源就多。所谓："夫争天下者，必先争人。"① 汉末群雄中既有家族中出现四世五公的袁绍和袁术，也有敦儒兴教、保有一方的刘表和汉室后裔仁义为怀的刘备，还有独霸江东的孙氏，以及偏居关外独占一方的东北的公孙瓒和西北的韩遂、马腾，其余还有刘焉、刘璋父子占据益州和张鲁占据汉中等。当时形势是："今英雄据有州郡，众动万记，所谓秦失其鹿，先得者王。"② 汉献帝虽有天下共主之位，但已是名存实亡，群雄大多都志在吞灭其他而唯我独尊，所以如袁绍、袁术等想代汉称帝者不在少数，主要就是看谁有能力且能顶住来自舆论的压力而最后行之。处于这样的政治、军事和社会环境中，如果不能使自己强大起来无疑就是坐等被别人吞并。故而其时群雄都在千方百计聚集收拢人才，而人才也在择主而辅。曹操自然也深感人才在自己发展势力过程中的重要性，因此在汉末已错位的社会秩序下、在不能按常理而行事的情况下，他采取了多种方式求才：既以儒家眼光来择士，如对邢颙、荀彧、崔琰、和洽等的辟用；也用非儒家理念来求取人，譬如他先后颁发了"唯才是举"三令。正是在乱世中以不拘一格的理念求取人才，才使得曹操拔于禁、乐进等于行伍之内，取张辽、徐晃于败将之中，对出身低微的许褚、典韦和胡质等皆能重用，"其余拔出细微，登为牧守者，不可胜数"③。对敌营之谋士，如陈琳、许攸、张绣、陈纪和陈群父子、田丰、贾诩等也能尽其才华而用之。然而也正是包含着诸多非儒性的内容，所以曹操"求才三令"不但在当时为儒家门徒非议，就是后人不以为然者甚至予以抨击者也不乏其人。顾炎武就认为："夫以经术之治，节义之防，光武、明、章数世为之而未足，毁方败常之俗，孟德一人

① 黎翔凤撰，梁运华整理：《管子校注·霸言》，中华书局 2004 年版，第 465 页。
② 《三国志》卷六《袁绍传》引《献帝传》，第 195 页。
③ 《三国志》卷一《武帝纪第一》，第 54 页。

变之而有余。"① 陈寅恪先生也认为："孟德三令……则是明白宣示士大夫自来所遵奉之金科玉律，已完全破产也。"② 是对"儒家教义摧陷廓清"③。事实上"求才三令"只不过是曹操为非常时期所采取用人方略之一，既非他用人唯一之政策，也非他要以之为政权永久之政策，"只是施行于某一特殊历史时期的权宜之计而已"④，更非他以此来排斥儒学士人和摧陷廓清儒家教义。一如他临终前对葬制《遗令》所说："天下尚未安定，未得遵古也。"⑤ 正是从"天下尚未安定"出发，曹操才因时制宜颁发和采取了不少不合儒家思想和传统习俗的策令及措施。

而曹操最显著的非儒举措可以说是他在政治上厉行法治这一做法。为惩汉末以来政治松弛弊端所带来的危害，不论是在对官吏的管理上，还是在国家的治理上，曹操都注重法的施行，力求做到有法必依，违法必究，执法必严，持法必慎，强调在法令面前人人平等。⑥ 对法的高度强调和严格执行使曹操于占领区内较为迅速地恢复了统治秩序，既发展了经济，又推广了学校教育，还较好地推行了社会教化。然而以法治为主要统治思想，强调对法治的实施和执行又必然使曹操对法的运用带有严刑峻法之特点，甚至出现有用法过分之现象，从而使其思想行为更显示出偏离儒家思想之态势。故而时人因此认为："曹操虽功盖中夏，威震四海，崇诈杖术，征伐无已，民畏其威，而不怀其德也。"⑦ 或以为其"持法峻刻，诸将有计划胜出己者，随以法诛之，及故人旧怨，亦皆无余。其所刑杀，辄对之垂泣嗟痛之，终无所活"⑧。陈寅恪先生也认为："曹操'任侠放荡，不治产业'；'细政苛惨，科防互设'，表明曹氏并不以儒学为务"⑨，"这

---

①　（清）顾炎武著：《日知录》（清）黄汝成集释，栾保群、吕宗力点校，花山文艺出版社1980年版，第588页。

②　陈寅恪：《书世说新语文学类钟会撰四本论始毕条后》，《金明馆丛稿初编》，生活·读书·新知三联书店2001年版，第51页。

③　万绳楠整理：《陈寅恪魏晋南北朝史讲演录》，黄山书社1987年版，第12页。

④　徐春在：《曹操"唯才是举"是乱世揽才的权宜之计》，《江苏社会科学》1996年第3期。

⑤　《三国志》卷一《武帝纪第一》，第53页。

⑥　张作耀先生在《曹操尚礼重法》（《东岳论丛》1998年第3期）中对此有较详细论述，但特又认为曹操用法有随意性和宽贷的地方，笔者以为此种情况不过是曹操用法中的特殊情况，并非他法治的一贯性和普遍性表现，所以不足以说明曹操用法的随意性和宽贷。

⑦　《三国志》卷四八《孙皓传》，第1175页。

⑧　《三国志》卷一《武帝纪第一》，第55页。

⑨　万绳楠整理：《陈寅恪魏晋南北朝史讲演录》，黄山书社1987年版，第8页。

说明要摧陷廓清豪族儒教教义的曹操，转而求以法术为治。所以他重刑。陈琳檄文所说：'细政苛惨，科防互设'，反映的是儒家豪族对曹操重法术的看法。好法术可以说是曹操鄙弃儒术的一种必然结果。"①

　　然而处于汉末政治废弛、朝纲紊乱、朝廷失政、军阀称雄的乱世，事实上不论是世家大族的袁绍和袁术，还是以儒学标榜的刘表，抑或是其他服膺儒家者；也不论是在朝廷之上，还是居于地方政治之中，抑或是被解除禁锢的汉末儒家士人，他们中没有谁能在阉宦乱政时以儒术匡扶了朝政、中兴了汉业。相反，董卓之乱后于汉末拥强兵割据一方的大大小小领袖人物（军阀）大多都是服膺儒家的豪族。② 这些儒家大族除了相互攻伐、互相吞并之外，于匡国救难并没有做多少有益之事。这一切说明，在汉末混乱的社会儒家思想和儒术已经失去了其救世功能，换句话说，也就是在汉末这种混乱中儒家的一套理论和手段已经无法救治汉室、救治社会了。关东军的散落和失败也正是服膺儒家的世家大族内部的自我攻击和互相摧毁，而且从其时到三国鼎立也正是服膺儒教的四世出五公的袁氏最先要推翻汉献帝到最后自己欲称帝代汉，③ 甚至为之不惜"驱胡虏以陵中国"④。其时不管是袁术还是袁绍集团中聚集的也多是服膺儒教的世家大族，而也正是他们置现实存在着的汉献帝于无形，拥从并跪拜僭号称帝的袁术和袁绍。而孙氏江东政权的建立和延续也是得益于所谓"文化的名家顾、陆、朱、张等姓"⑤ 的极大支持。可以说，真正对名教予以摧毁的、践踏儒家思想的正是袁氏等这些服膺儒教的文化大族。在汉室兴隆时，他们比谁都臣顺也比谁都更讲儒家忠义礼信，也因此比谁都更能得到

---

①　万强楠整理：《陈寅恪魏晋南北朝史讲演录》，第 13 页。

②　《三国志·武帝纪》载："初平元年春正月，后将军袁术、冀州牧韩馥、豫州刺史孔伷、兖州刺史刘岱、河内太守王匡、渤海太守袁绍、陈留太守张邈、东郡太守桥瑁、山阳太守袁遗、济北相鲍信同时其起兵，众各数万。"这些起兵者组成反董卓的关东军，但最后却各自割据吞并，加上盘踞荆州的刘表和占据益州的刘焉、刘璋等，可看出，汉末最先兴起脱离中央的正是所谓的儒家大族者。

③　史载："绍遂以渤海起兵，将以诛卓。……绍自号车骑将军，主盟，与冀州牧韩馥立幽州牧刘虞为帝，遣使奉章诣虞，虞不敢受。"（《三国志》卷六《袁绍传》，第 190 页）最后因刘虞不敢而此事才搁罢。

④　《资治通鉴》卷六四《汉纪五十六》，第 2045 页。卷六五《汉纪五十七》也载："乌桓承天下乱，略　有汉民十余万户，袁绍皆立其酋豪威单于，以家人子为己女妻焉。"第 2069 页。

⑤　万强楠整理：《陈寅恪魏晋南北朝史讲演录》，第 29 页。

宣扬儒学的实惠。一旦遇及皇室衰微，他们又比谁都更急于谋逆、急于对现行政治秩序的打破，从而也最先破坏儒家建立的思想体系和社会伦理秩序。袁氏如此，以兴汉为名的刘备亦然，[①] 其后篡魏的儒家大族司马氏和魏晋嬗代之际的"儒学重臣"[②] 更是如此。而东晋时期的门阀政治可以说就是这些服膺儒教的世家大族悖逆儒家思想演绎出来的结果，是他们在政治上对皇权觊觎、僭逆的最大分割后形成的畸形政治。而此后起而效尤的南北朝儒学世家大族在朝代更迭之际也多是"禅代之际，先起异图"[③]。"自取身荣，不存国计"[④]，"其视国家禅代一若无与于己"[⑤]。进一步摧陷着儒家思想和儒术，特别是道教的推广、佛教的传播、两晋玄学的风行等更是非服膺儒教的世家大族而莫能大力主导和促进，从而一次又一次地向儒家思想发起挑战、攻击并予以摧残。可以说，魏晋南北朝时期在很大程度上正是儒家思想熏陶下的标榜儒学行儒术的世家大族才使儒家思想在这一时期不断趋向衰微。质言之，汉末魏晋南北朝时期最先打破儒家思想、蔑视儒术而导致儒家思想式微的不是曹操及其所实行的法治，而是服膺儒家的世家大族。

再看汉末三国之际，非但曹操选用了法治，诸葛亮也选用了法治。其时有识之士都很清楚地知道，乱世中不以法无以拨乱反正，只有法治才能立国、才能治世，也只有在法治的保证下儒家思想才能得以推行，儒学才能担当起教化之功能。故而孔子曰："政宽则民慢，慢则纠之以猛。"[⑥] 拿

---

　① 刘备，一直以匡复汉室为己任，认为曹操是篡汉之贼。然而刘备据蜀之后不久，当蜀中传言："汉帝已遇害"，他即"发丧制服，谥曰孝愍皇帝。"其"群下竞言符瑞，劝汉中王称尊号。"其时其前部司马费诗说出了刘备之用心："殿下以曹操父子逼主篡位，故乃羁旅万里，纠合士众，将以讨贼。今大敌未克而先自立，恐人心疑惑。昔高祖与楚约，先破秦者王之。及屠咸阳，获子婴，犹怀推让。况今殿下未出门庭，便欲自立邪！愚臣诚不为殿下取也。"而刘备听后，"不悦，左迁诗为部永昌从事。夏，四月，丙午，汉中王即皇帝位于武担之南，大赦，改元章武。"（《资治通鉴》卷六九）刘备称帝猴急之心在此已一目了然。虽然曹丕代汉在前，但由此可知，即使刘备等任何人处在曹氏父子之位，他们走得比曹氏父子会更远。

　② （清）李慈铭：《越缦堂读书记》（上），中华书局1963年版，第197页。李慈铭认为高贵乡公曹髦重儒行礼而致有"惨酷"被害，"其时儒学重臣，若王祥、王沈、高柔、裴秀、卢毓辈，皆坐视此变，附和贼臣，经术之害，固有甚于匡、张、孔、马者焉"。

　③ 《北齐书》卷二四《杜弼传》，第354页。

　④ 《陈书》卷六《后主》，第120页。

　⑤ （清）赵翼：《陔余丛考》，中华书局1963年版，第322页。

　⑥ 李学勤主编，《十三经注疏》整理委员会整理：《春秋左传正义》，北京大学出版社1999年版，第1407页。

田畴隐居徐无山来说，其时慕名而来的百姓"五千余家""莫相统一"，田畴也是苦于"无法制以治之，恐非久安之道"①。为管理之，也是先"为约束相杀伤、犯盗、诤讼之法，法重者至死，其次抵罪，二十余条"。然后在此基础上才得以制礼并推行学校教育，最后才取得"道不拾遗"的效果。② 而历史也证明了曹操在乱世以法治为主的治国理政是切合当时社会政治的，所以时人傅俟赞曹操是："法明政治，上下用命"③，邢颙也说"黄巾起来，二十余年，海内鼎沸，百姓流离。今闻曹公法令严。民厌乱矣，乱极则平"④，并因此舍追游田畴而归附曹操。

四　曹操对儒家思想影响的挣扎

曹操诸多不合儒家思想的政策和举措无形中使他的思想和行为明显地带有了较浓厚的非儒和叛儒色彩。事实上，在汉末乱世中受社会环境和多家思想影响的曹操，对时局有着清醒卓越的远见，这使他在治国理政中总力图让自己的思想处于驾驭者的地位而不受制于其他思想。因此，面对儒家思想对自己的影响曹操在显露出软弱时又表现出不断挣扎和反抗。

建安十七年（212）随着对北方群雄的征服和逐渐统一，曹操威权日重，董昭因此上言曹操"宜进爵国公，九锡备物，以彰殊勋"⑤，而"九锡备物"在儒家看来固然是殊荣，但其威势和权位也是一种对帝王进可以随时颠覆和取而代之的威胁，"非复人臣之事"⑥。即如曹操自己所说："夫受九锡，广开土宇，周公其人也。汉之异性八王者，与高祖俱起布衣，剟定王业，其功至大。"⑦ 因此尽管曹操自以为功勋极大，也有资格享受这个待遇和荣誉，但深受儒家思想影响的他也深知接受此待遇的社会影响，因而"密以谘彧"，而荀彧从儒家思想出发认为曹操："本兴义兵以匡朝宁国，秉忠贞之诚。守退让之实；君子爱人以德，不宜如此。"⑧

---

① 《资治通鉴》卷六〇《汉纪五十二》，第 1947 页。
② 《三国志》卷一一《田畴传》，第 341 页。
③ 《资治通鉴》卷六四《汉纪五十六》，第 2045 页。
④ 《资治通鉴》卷六五《汉纪五十六》，第 2071 页。
⑤ 《三国志》卷一〇《荀彧传》，第 317 页。
⑥ （清）赵翼：《廿二史札记》，凤凰出版社 2008 年版，第 88 页。
⑦ 《三国志》卷一《武帝纪》，第 40 页。
⑧ 《三国志》卷一〇《荀彧传》，第 317 页。

但最后曹操应该说还是出于建立曹氏政权法理性的需要，不但加九锡为魏公，且还因此事件致死荀彧。不过，此事件也表明了曹操在儒家思想面前既显得有所畏惧和软弱，又有不甘受困而进行的挣扎反抗。而曹操逼死荀彧可以说是他愤恨荀彧心存汉室而在自己建立曹氏法统地位的程途中阻挡而进行的诛杀，这种诛杀既是曹操依儒家观念建立自己君臣系统的表现，也是他对以儒家思想为指导继续效忠汉室者予以镇压的手段。从这个角度来说，曹操致死荀彧其实也是对儒家思想的反抗和践踏。

对待孔融曹操也经历了面对儒家思想影响的软弱和进行挣扎反抗的转换。孔融为汉末名士，在北海"修复城邑，崇学校，设痒序，举贤才，显儒士"。"又国人无后，及四方游士有死亡者，皆为棺木而殡葬之。"①而另一方面，孔融不但矫情自饰，亦好名乱杀，"自以智能优赡，溢才命世，当时豪俊皆不能及"。"然其所任用，好奇取异，皆轻剽之才。至于稽古之士，谬为恭敬，礼之虽备，不与论国事也。""论事考实，难可悉行。但能张磔纲罗，其自理甚疏。租赋少稽，一朝杀五部都邮。奸民污吏，猾乱朝市，亦不能治。""在郡八年，仅以身免。"② 然而曹操还是征之为将作大匠，后迁为少府。推究其原因，笔者以为还是曹操欲为自己确立尊重人才，更尊重儒学名士之社会声誉，从而使更多的儒学士人归附自己之缘故。但孔融不以前事为鉴，依然不识时务，在"是时天下草创，曹、袁之权未分"的情况下建议朝廷实行"千里寰内不以封建诸侯"之制，借以削弱曹操权势，此外又"恃其才望，数戏侮曹操，发辞偏宕，多致乖忤"③。故建安十三年，"融对孙权使，有讪谤之言，坐弃市"④。孔融被杀，咎由自取。但从中也可看到曹操因受儒家思想影响而对孔融长达十多年冒犯的容忍和最后为维护自己统治威严不甘所困所作的挣扎与反抗。⑤

再如崔琰，素习儒业，"甚有威重，朝士瞻望"，也一直以儒家思想直立于曹府，并以之训导曹丕，"太祖亦敬惮焉"。最后竟因"省表，事

---

① 《三国志》卷一二《崔琰传》，第371页。
② 同上书，第371—372页。
③ 《资治通鉴》卷六五《汉纪五十七》，第2081页。
④ 《三国志》卷一二《崔琰传》，第372页。
⑤ 前揭曹操对汉太尉杨彪及田畴的态度前后变异也同样体现了曹操在儒家思想面前显露软弱的同时而产生的挣扎与反抗。

佳耳！时乎时乎，会当有变时"。而为曹操所杀。史载曹操是因为崔琰"意指不逊"和"琰虽见刑，而通宾客，门若市人，对宾客虬髯直视，若有所嗔"①。而赐死崔琰。然笔者以为，不论是曹操认为崔琰"意指不逊"，还是"对宾客虬髯直视，若有所嗔"。这些都是表面原因，事实上也都难以构成致死崔琰的理由，曹操之所以还要因此除掉崔琰，其根本原因还是源于其内心对儒教而有的深层恐惧。从本传可知，崔琰不仅以儒家思想为立身处世之标准，亦以守道正人，曹操即以此聘请崔琰为曹丕的老师，他要崔琰把曹丕训导为真正的儒家理念下的治国君主。但其时曹操本人现实所为又多与儒家思想颇为不符，特别是他私心为子孙代汉所精心谋划之种种举措更是有悖于儒教伦理道德，因而也就担心挈守礼教的儒学士人不能真正臣顺自己。故崔琰的"时乎时乎，会当有变时"。之语言和其"对宾客虬髯直视，若有所嗔"的态度在曹操看来无疑就是针对自己非儒所作所为的不满和怨恨，尤其是崔琰"通宾客，门若市人"更使曹操感到崔琰终是自己权势发展中的一大势力障碍和威胁，因此现在有了机会曹操便会毫不犹豫地予以除之。可以说，曹操杀崔琰可能也还有其他因素，但最为主要的还是来自曹操为子孙代汉而建立曹氏法统地位而有的对儒学内在恐惧所表现出来的一种挣扎和反抗。从这个角度来说，曹操对一些名士的杀害在一定程度上也可看作是他为建立曹氏法统地位而对儒家思想束缚之反抗和挣扎。

同样，曹操在某些政策的实施上也表现了这种对儒家思想的反抗。譬如针对汉末豪奢之风和现实的经济困顿，他以崔琰、毛玠"典选举"②，在政权内厉行节俭，这在当时社会经济环境下无疑是一种正确的决策。但他矫枉过正，过分强调了节俭，由此带来了一些不良后果。丞相掾和洽因此谏说："天下之人，材德各殊，不可一节取也。俭素过中，自以处身则可，以此格物，所失或多。今朝廷之议，吏有著新衣、乘好车者，谓之不清；形容不饰、衣裳敝坏者，谓之廉洁。至令士大夫故污辱其衣，藏其舆服；朝府大吏，或自挈壶飧以入官寺。夫立教观俗，贵处中庸，为可继也。今崇一概难堪之行以检殊涂，勉而为之，必有疲瘁。古之大教，务在

---

① 《三国志》卷一二《崔琰传》，第368—369页。
② 《三国志》卷一二《毛玠传》，第375页。

通人情而已。凡激诡之行，则容隐伪矣。"① 而曹操只是"善之"。由此可知，曹操明知和洽所言是正确的，但他并不予以改正，这可以说是他有意用墨抗儒，是政治上对儒家思想的制约的挣扎。再如魏国建立后，袁涣对他建言"以为可大收篇籍，明先圣之教，以易民视听，使海内斐然向风，则远人不服可以文德来之"。他也只是"善其言"② 而并没有执行。这同样表明了，曹操虽然受儒家思想影响，但他根据社会现实而制定的正俗纠弊的非儒政策和治国方略在他认为时机未成熟之前是不会完全以儒家的思想和举措来取代的。这可以说是曹操在维护自己统治威严中对儒家思想表现得最为坚决的反抗。

　　总之，曹操对儒学的接受，使他在思想中从此就不得不受儒家思想的深刻影响。然而汉末混乱的政治、思想和战争，又使与群雄争战中崛起的曹操为重建统一的稳固政权而不得不在乱世之中采取了诸多切合时宜的非常措施。其间曹操既执行了以法治为主的统治方略，又履行儒家忠君思想迎汉献帝都许。不过，曹操虽然从此取得了借汉天子之名征讨不臣的政治和文化主动，但也因此为己带来了"挟天子"和"篡汉"的不良声誉，特别是汉献帝的存在同时也造成了在他统治下拥汉势力在文、武两个方面对他的一种强烈反对，成为他政治发展时空上的一种障碍，并且这种阻碍随着曹操政权的不断巩固和对北方的逐渐统一也不断增大和凸显。故而曹操在军事斗争的同时，又必须一方面不断强化自己的权势和抬高自身的政治地位，另一方面又要急剧削弱甚至是消除汉帝在其统治中的影响并扩大以自己为主的君臣关系。为此，曹操诸多言行举措必然也就有了与儒家所提倡的君臣伦理、是非道德既相一致又互相矛盾的地方，而对儒学的接受并深受其影响的曹操不愿也无法完全摆脱儒家思想，甚至他还必须不时在自己的统治建立和巩固过程中来利用儒家思想，故而在曹操一生中也就不可避免地出现了既有遵行儒术从而在儒家思想面前呈现出软弱的一面，又有为巩固政权和为建立曹氏代汉统治而进行的一系列非儒行为中体现出来的对儒家思想的反抗和挣扎的一面。

（洪卫中，许昌学院魏晋文化研究所副教授）

---

① 《资治通鉴》卷六六《汉纪五十八》，第2099页。
② 《三国志》卷一一《袁涣传》，第335页。

鸿都尺牍名实考论*

杨继刚

  光和元年（178），东汉王朝的第十一位君主汉灵帝刘宏因喜好文艺，创设鸿都门学，"时其中诸生，皆敕州、郡、三公举召能为尺牍辞赋及工书鸟虫篆者相课试，至千人焉"①。此举激起了朝野上下一致反对，身为帝师的杨赐、一代儒宗蔡邕、官居要职的尚书令阳球等人纷纷上奏，激烈地抨击灵帝"乱政"，敦请灵帝回复到以经明行修，通经致用为基本模式的用人传统之中。这当然是正统士人囿于儒家道统，重道轻器，鄙薄术艺的习见使然，也是他们面对灵帝离经叛道的异端行为的自然反应。在众多朝臣攻击性的言辞中，鸿都门生赖以进身的才艺成为批评的焦点。这不禁会引发人们的思考，鸿都"尺牍"所指究竟为何物，应该如何看待鸿都门生所创作的"尺牍"类作品。

一 尺牍之名

  "尺牍"的得名，与中国传统的简牍书写形制直接相关。在印刷术发明之前，文字书写的载体类别非常庞杂，对此钱存训先生进行了简括的归纳："中国古代用以书写和记录的材料种类很多，包括动物、矿物和植物。有的是自然产品，有的是人工制成。有些是坚硬耐久的，有些是柔软易损的。刻在甲骨、金属、玉石等坚硬物质上的文字，通常称为铭文。而文字记载于竹、木、帛、纸等易损的材料上时，便通常称为书籍。竹木虽然坚硬，

  * 本文为国家社科基金项目（项目编号：14BZS097）、河南省哲学社会科学规划项目（项目编号2013BWX019）阶段性成果。
  ① 《后汉书》卷八《灵帝纪》，中华书局1965年版，第341页。

但并不耐久。"① 这段话大致道出了中国传统书写材料的总体情况。作为后世最重要的书写材料，纸的发明通常归于东汉时的蔡伦，据《后汉书·蔡伦传》载："自古书契多编以竹简，其用缣帛者谓之为纸。缣贵而简重，并不便于人，伦乃造意，用树肤、麻头及敝布、鱼网以为纸。元兴元年奏上之。帝善其能，自是莫不从用焉，故天下咸称'蔡侯纸'。"② 汉和帝元兴元年即公元 105 年，而事实上，纸在历史上的出现远早于东汉，至晚可以追溯至西汉时期，这一点已经为出土的古纸实物所证实。钱存训先生就曾断言："近年来在中国西北部陆续发现的古纸残片，其年代远在公元以前，可以证明纸起源于西汉，大概没有问题。"③ 蔡伦也只是造纸术的改良者而并非发明者，他的历史功绩在于扩大了造纸所需原材料的取材范围，从而大大降低了造纸成本，使纸张质优而价廉，兼具缣帛、简牍二者的优长。相比笨重的简牍而言，缣帛虽然轻薄方便，易于携带，但是价值昂贵，得来不易，远非一般的书者所能轻易问津，所以当时大量使用的书写材料仍然是竹木材质的简牍，这种情形一直持续到轻便、廉价的纸张问世之后才有所改观。但是，纸张也并未能够立即取代简牍，在相当长的一段时期内，简牍和纸张作为书写材料并行于世。"至于作书籍的材料，纸张并未能立即代替竹帛。大约和竹木并存了 300 年，和帛书并用了至少 500 年。到了晋代纸卷才完全取代简牍，而帛书直到唐代仍在使用。"④

"尺牍"是使用范围较为广泛的简牍众多形制中的一种。"牍"是一种用作书写载体的木板，《说文》对"牍"的解释是："牍，书板也。长一尺，既书曰牍，未书曰椠。"⑤《释名·释书契》云："牍，睦也。手执之以进见，所以为恭睦也。"⑥ 从出土的实物来看，木牍的宽度多约为 1 厘米，厚度在 0.2 到 0.3 厘米，长度大多为 23 厘米，相当于秦汉的 1 尺。所谓的"尺牍"，指的就是这种长度约为 1 尺的简牍。这种尺牍因为形制的限制，一般只能单行书写，能够容纳的书写数量是相当有限的，大约只能书写 30 余字，往往不能完成书写的任务。为了扩大书写容字量，在不

---

① 钱存训：《印刷发明前的中国书和文字记录》，印刷工业出版社 1988 年版，第 126 页。
② 《后汉书》卷七八《蔡伦传》，第 2513 页。
③ 钱存训：《中国纸和印刷文化史》，广西师范大学出版社 2004 年版，第 38 页。
④ 同上书，第 83 页。
⑤ 许慎撰，段玉裁注：《说文解字注》，上海古籍出版社 1981 年版，第 318 页。
⑥ 刘熙：《释名》，文渊阁《四库全书》，第 221 册，台北商务印书馆 1986 年版，第 412 页。

改变长度的前提下，往往采用增加"尺牍"的宽度的办法，使其变成双行、多行不等，相应地，"尺牍"的外形也从长方渐近于正方，直至简牍的宽度增加到与长度相当，近乎 1 尺时，"尺牍"也就演变成了另外的一种简牍书写形制——"方"。从宽泛意义上来说，"方"也可以算是"尺牍"的一种特殊形式。木牍的长度除了 1 尺的形制这种之外，还有其他的几种，钱存训先生归纳为以下五种，"各种木牍不仅功用不同，长度亦异。3 尺者为未经刮削之椠，2 尺者为命令，尺半者为公文报告，1 尺者为信件，半尺者为身份证"①。钱先生这段话简要地说出了木牍的大致类别，但是其中有两处尚可商榷：其一，木牍的形制除了上文所列举的五种之外，还有一种长度为一尺一的简牍，即所谓的"尺一"。《后汉书·陈蕃传》载："尺一选举，委任尚书三公。"② 李贤注曰："尺一，谓板长尺一，以写诏书也。"③ 在等级森严的封建时代，书写材料的形制也不能不受等级制度的约束和规范，所谓"策之长短以别书之尊卑"。诏书的尺度略长于普通尺牍，正是为了彰显至高无上的皇权尊严；其二，"一尺者为信件"的说法不够严谨。信件的长度为一尺，这个说法应该是无误的，这也是为什么人们习惯以"尺牍"代称信件的原因。但是，文体意义上的尺牍一词的内涵有一个古今演变，逐渐缩小的过程，尺牍和信件两者之间并非是完全等同的概念。狭义的尺牍可以看作是私人信函的同义语，可是广义的尺牍却是包含了诸多不同公牍文体的文章总名。

在传世文献之中，可以寻绎到"尺牍"内涵演变的印迹。最早记录"尺牍"一词的是《史记·扁鹊仓公列传》："缇萦通尺牍，父得以后宁。"④ 记述太仓公淳于意坐法当刑，其女缇萦为救父难，上书汉文帝，愿意没为宫奴，替父赎刑一事。这里所说的"尺牍"即指臣民对帝王的上奏文书。又《汉书》载广武君谏阻韩信攻取北燕时云："当今之计，不如按甲休兵，百里之内，牛酒日至，以飨士大夫，北首燕路，然后发一乘之使，奉咫尺之书以使燕。"⑤ 颜师古注曰："八寸曰咫，咫尺者，言其简

---

①　钱存训：《中国纸和印刷文化史》，第 69 页。
②　《后汉书》卷六六《陈蕃传》，第 2162 页。
③　同上。
④　《史记》卷一〇五《扁鹊仓公列传》，上海古籍出版社 1986 年版，第 312 页。
⑤　《汉书》卷三四《韩信传》，中华书局 1962 年版，第 1871 页。

牍或长咫，或长尺，喻轻率也。今俗言尺书，或言尺牍，盖其遗语耳。"①
尺牍在此指邦交国书。《汉书·游侠传》又记陈遵云"略涉传记，赡于文
辞，性善书，与人尺牍，主皆臧去以为荣"②。尺牍则指私人之间遗书存
问，相与往还的书信。从上列文献的摘引中可以看到，"尺牍"的内涵相
当庞杂，但凡章表、奏启、书信等公私文翰皆可包括在内，而统辖于书写
载体的外在形制，以"尺牍"为总名，归属于更高一层级的文体总类
"书记"范畴之内。徐师曾在《文体明辨序说》中称："刘勰云：'书记
之用广矣。'考其杂名，古今多品，是故有书，有奏记，有启，有简，有
状，有疏，有笺，有札；而书记则其总称也。夫书者，舒也，舒布其言而
陈之简牍也，记者，志也，谓进己志也。启，开也，开陈其意也；一云跪
也，跪而陈之也。简者，略也，言陈其大略也，或曰手简，或曰小简，或
曰尺牍，比简略之称也。状之为言陈也，疏之为言布也。以上六者，秦汉
以来，皆用于亲知往来问答之间；而书、启、状、疏亦已进御。"③

　　"书记"类文体命名繁杂的情形，反映出在文体意识萌生的初起阶
段，文体分类往往模糊不清，鲜能够深入到文体的内在本质和功能，而多
着眼于文章载体的外在形式，符合文体学发展的由低级到高级，由模糊到
明晰的一般发展规律。清人章学诚于此曾有精练表述："古人文字，初无
定体，假借为名，亦有其伦。刘彦和曰：'秦并七王，而战国有《策》，
录而弗叙，故即简而名。'然则策乃竹木之属，载书于上，亦非文章名
也。而朝廷策书，科举策对，莫不因是立名，与碑岂异指乎？羽檄露板，
皆简书制度，亦非文章名也。文人撰著，不闻别器与文，异其称谓，又何
执于碑乎？"④ 另外，一定数量的具有文体共同性的文章出现，是某种文
体得以成立的前提条件。中国古代文体归类的方式，通常采用的是因文归
类而非立体选文的路数，也即往往先有少量单篇文章的创作，随后在有多
篇相似文章创作的基础上，依照文体特征或文体功能的共性而以类相从，
并为之命名，从而创立新的文体。就鸿都尺牍来说，在东汉末年书信创作
量相当有限的情形下，尚不具备严格文体意义上独立的可能。随着历史的
演进，礼制的日益完备，艺文制作数量的不断增长，文体观念渐趋成熟。

① 《汉书》卷三四《韩信传》，第 1872 页。
② 《汉书》卷九二《游侠传》，第 3711 页。
③ 徐师曾撰，罗根泽点校：《文体明辨序说》，人民文学出版社 1982 年版，第 128 页。
④ 章学诚撰，仓修良注：《文史通义新编新注》，浙江古籍出版社 2005 年版，第 476 页。

《文心雕龙·书记篇》云："战国以前，君臣同书，秦汉立仪，始有表奏。"①《文心雕龙·章表篇》又云："降及七国，未变古式，言事于王，皆称上书。秦初定制，改书曰奏。汉定礼仪，则有四品：一曰章、二曰奏、三曰表、四曰议。章以谢恩，奏以按劾，表以陈情，议以执异。"②章、表、奏、启等名类繁多的公牍文专称不断出现，与之相伴而生的还有书信类文章创作数目的激增，尺牍文体分类也趋于明晰和细化，并逐渐从兼容众体的尺牍文中分化出来，尺牍一词遂在后世固化成为书信的专称。

二　鸿都尺牍之实

全面认识鸿都尺牍，至少应当从以下三个方面加以把握：形制、内容、书体。

从形制上来说，鸿都尺牍的长度应该为汉尺一尺，约为 23.3 厘米左右，宽度则随文长短而宜，并无定制。但是受尺牍长度的限制，无论其宽度如何增加，就其总体容字量来说，仍然是有限的，远远不能和可以编联成册的竹简相比，所以蔡邕称鸿都门生"以小文超取选举"。其中既有对鸿都之作内容上的不屑，也指斥其篇幅的短小。事实上，长度为汉制一尺的"尺牍"，因为长度适中，便于携带，在汉代的使用非常广泛，遍及社会生活的方方面面。根据对出土简牍实物的研究，有学者指出尺牍的适用范围为"一种长汉尺 1 尺（23.3 厘米）左右，比现在的 32 开书本稍长，也称尺牍，是历代出土简牍中最多的一种形制，可写内容很多，如遣策、名刺、文书、诏令法律、户簿、图书、历谱等，几乎无所不包"③。

鸿都尺牍又是怎样的内容呢？目前学界对于鸿都尺牍的内容有书信、诏书和辞赋数说，而我们认为这些判断皆有商榷的必要，鸿都尺牍的内容非必如此，而极可能是出自一些低级文吏之手的章、表、奏、启一类具有政治实用性的公牍文。以下试逐条分述之。

在论及鸿都门生的尺牍创作时，查屏球先生认为："尺牍成为朝廷学府专设之科，尺牍之才已似太学生一样，由朝廷招募，可以想见这种文体

---

① 刘勰撰，王利器校证：《文心雕龙校证》，上海古籍出版社 1980 年版，第 176 页。
② 同上书，第 154 页。
③ 邓咏秋：《历代简牍形制特点概述》，《河南图书馆学刊》2000 年第 2 期。

在当时流行之广，影响之大……这原先是专门写在书版之上的一种文字，由前引范滂对鸿都门学的批判来看，其时鸿都门士人仍在使用简牍，这主要是公文性的尺牍。但是，我们由尺牍之文如此流行的状况来推断，这种尺牍应已经超出公文范畴，由杨赐批评看，它已与'造作赋说'联系起来了，似乎是一种可自由发挥的散文。"① 对于这种所谓"可以自由发挥的散文"，查先生在后文更进一步将其指实为具有文学色彩的"脍炙人口"的书信作品。到目前为止，学界对于书信源起的认识虽然尚未统一，但是对书信肇始之初是用于收发双方传递讯息，相互沟通这一点并无异辞。"三代政暇，文翰颇疏。春秋聘繁，书介弥盛"②，早期书信文体以实用性为最突出的特征，篇幅短小，语言简质。汉末政治黑暗，仕进艰难，士林之中对于皇权疏离之心渐盛，名节礼法的意识也日渐淡薄，士人群体在一定程度上摆脱了政治功利的束缚，慷慨尚气，重情求真成为一时风尚。文学兴起，文采与情感的成分遂阑入书信之中，形成刘勰所谓"汉来笔札，辞气纷纭"的情形。书信创作的数量大增，据严可均《全上古三代秦汉三国六朝文》统计，今存西汉时期可以归入书信范畴的尺牍文在 50 篇左右，东汉时期就已经增长到了约 130 篇，至魏晋更是方兴未艾，而且出现了许多情辞兼胜，脍炙人口的作品流传后世。赵壹的《报皇甫规书》、张奂的《与许季师书》、张芝的《与府君书》、应璩的《与满公琰书》、嵇康的《与山巨源绝交书》、阮籍的《答伏义书》都堪称为汉魏之际书牍文的代表作品。对尺牍文这种发展变化的原因，章学诚从书写载体演变的角度给出了精当的解释："至于古人作书，漆文竹简，或著缣帛，或以刀削，繁重不胜。是以文辞简严，章无剩句，句无剩字，良由文字艰难，故不得已而作书，取足达意而止，非第不屑为冗长，且已无暇为冗长也。自后世纸笔作书，其便易十倍于竹帛刀漆，而文之繁冗芜蔓，又遂随其人所欲为。虽世风文质固有转移，而人情于所轻便，则易于恣放，遇其繁重，则自出谨严，亦其常也。"③

查先生认为从内容的角度来看，鸿都门生的尺牍构成是以公牍文为主体，同时还掺杂一些带有文学色彩，可以自由发挥的书信。依照尺牍文体

---

① 查屏球：《从游士到儒生——汉唐士风与文风论稿》，复旦大学出版社 2005 年版，第 133 页。

② 刘勰撰，王利器校证：《文心雕龙校证》，第 176 页。

③ 章学诚：《乙卯札记》，中华书局 2006 年版，第 194 页。

从实用性向文学性逐渐演进的大趋势来说，这种观点固然有一定历史依据，但是具体到鸿都门生创作的历史情境来看，查先生的上述观点却未必恰当。究其原因则有两点：其一，在尺牍成为书信的专称之前，文体意义上的尺牍，原本就包含众多表、章、奏、启之类的公牍文体在内。这些实用性很强的文体，因其政治功用，在文牍治国的两汉时期非常受重视，成为选拔官吏的考课项目之一。汉顺帝阳嘉元年（132），尚书令左雄建议变革察举制度，除了要求被举荐者的年龄必须在 40 岁以上之外，还规定要进行考试来复核，考试的内容就是"儒者试经学，文吏试章奏"。汉代察举多官民同选，灵帝开鸿都门取士，在有限的几位有籍可考的鸿都文学中，乐松、梁鹄均为已仕官吏，由此看来，应鸿都之选者中低级官吏一定占据了相当比例。他们为了展示才能，以达到邀取功名的目的，用自己最为熟稔的公牍文上呈检录的官员，这应当是顺理成章，非常自然的事情；其二，书信收发双方遗书存问，旨在交流讯息，增进关系，带有较强的私人化特点，与那些展示才能，邀取利禄为目的考选文体相比，两者的使用情境截然不同。很难想象，在"诸生竞利，作者鼎沸"的情势下，那些为数众多的鸿都门生们，会在一场关乎个人仕途前程的比试中，自由挥洒，抒写性情，写出一些私人色彩浓厚的书信作品上呈素未谋面的有司。

赵国华先生称："汉制以尺牍写诏书，因引申为诏书、诏令的代称。'尺牍辞赋'既可以理解为尺牍体辞赋，也可以分别作尺牍和辞赋，无论哪一种解释，都具有很强的应用性。"① 蔡邕《独断》云："诏书者，诏，诰也。"② 汉代诏书用于处理常规行政事务，是皇室最为常用的命令文书，两汉诏命皆由尚书所出，但也常有汉帝自作诏的例子。为了彰显皇权尊严，汉诏书所用多为长度为一尺一的简牍，以区别于民间广泛使用的尺牍。虽然在出土简牍的实物中有用尺牍书写诏书的实例，例如 1981 年 9 月在甘肃武威县磨咀子汉墓出土木质汉简 26 枚，内容记载了朝廷关于养老的两道诏令，引人注意的是这两道诏令所用的木简长度都是在 23.2—23.7cm 之间，属于尺牍的范围，并非诏书所常用的尺一简。但这毕竟只是少见的特例，说明当时书写用简制度并不是十分严格。当然，这种现象的出现也可能是在诏书至上而下的转抄过程中所造成的。不论是哪种情

① 赵国华：《汉鸿都门学考辨》，《华中师范大学学报》（人文社会科学版）2000 年第 3 期。
② 蔡邕：《独断》，文渊阁《四库全书》，第 850 册，台北商务印书馆 1986 年版，第 78 页。

况，均不足以反映汉代诏书所使用书写载体的一般规制。把鸿都尺牍与诏书相混同，不仅抹杀了二者形制上的差别，而且似未充分考虑到鸿都门生创作的历史情境。作为臣民对帝王的上奏文书，出于邀取仕禄的目的，自然会严格恪守书写仪则的规定，不敢有丝毫僭越。

以尺牍内容为辞赋的说法也是其来有自，乾隆年间官修编年体通史《御批历代通鉴辑览》在对鸿都门生尺牍作注时云："木简以书辞赋也，长一尺，故曰尺牍。"① 除了木牍之外，阳球还称鸿都文人"鸟篆盈简"，由此可知，鸿都文人所用的书写材料是简牍并用的。而简与牍因形制上的差别，书写内容也往往有所不同。钱存训先生说："根据记载，木牍大都用于公文、律令、短简及私人函柬；而竹简则用于文学著作以及篇幅较长的书籍。"② 从出土简牍实物来看，简牍的使用情况也与文献记载是基本符合的。之所以如此，原因倒也不难理解，大概竹简可以编联，容量可以根据需要无限扩展，而木牍却因为形制的限定，只能书写篇幅短小的文体。公文、律令、短简及私人函柬的篇幅大多不长，与尺牍的容量相近，而且尺牍较竹简更便于封检，有助于上述文稿的保密。鸿都文人的创作中虽然包括辞赋，但是从书写载体的特性与历史上简牍的使用沿革来看，辞赋更有可能是书写于可以编联的竹简之上，而并非写于容字量非常有限的木质尺牍之上。

最后，对鸿都尺牍所用的书体进行探讨。从东汉后期开始，中国书法艺术逐渐步入发展的繁盛期，篆、隶、草、行众体兼备，书家辈出，风格多样。这一时期，产生了中国书法史上第一部理论专著崔瑗的《草书势》，并孕育了第一位书法理论家蔡邕，其代表性的书法理论著作有《笔赋》《笔论》《篆势》《九势》等。对于东汉时期书法艺术所取得的长足进步，朱仁夫先生总结了四点原因：一是纸的发明完成，使书法艺术找到了理想的书写载体；二是佛教的传入，书法艺术与佛教相结合，促进了书法艺术的发展；三是出现了知识分子群体，对文化艺术起到了巨大的推动作用；四是东汉时代出现了专门的书法理论著作，书法实践在理论的指导下更加自觉地向前发展。③ 尺牍作为一种注重实用的文体，在很长的一段历史时期内，其文字书写的艺术性一直潜隐在实用性的层面之下，随着书

---

① 《御批历代通鉴辑览》卷25，文渊阁《四库全书》，第335册，台北商务印书馆1986年版，第670页。
② 钱存训：《中国纸和印刷文化史》，第68页。
③ 朱仁夫：《中国古代书法史》，北京大学出版社1992年版，第79—80页。

法艺术的渐进发展，人们对于尺牍书法的欣赏也逐渐从功利实用目的中提升出来。尺牍不仅可以起到传递讯息，沟通交往的功用，还具有了供人把玩品鉴的艺术价值，甚至出现了专门以书艺为目的的尺牍创作。如《汉书》所记陈遵事："略涉传记，赡于文辞。陈遵性善书，与人尺牍，主皆藏去以为荣。"① 又如《后汉书》记刘睦事："睦能属文，作春秋旨义终始论及赋颂数十篇，又善史书，当世以为楷则。及寝病，帝驿马令作草书尺牍十首。"② "灵帝好书，世多能者"，鸿都尺牍作为鸿都门生展示才艺，邀取利禄的手段，除了表现章、表、奏、启等公牍文的写作能力之外，借机以书艺投灵帝之所好，更加能够增添鸿都门生得到君主赏识的砝码。

鸿都尺牍的文字究竟是怎样的一种书体形态呢？有论者断言鸿都尺牍所用书体就是草书，在《赵壹〈非草书〉作时考》一文的注释中指出："在这里，尺牍不宜释作信札，应是指行草或书法。自东汉明帝向北海敬王睦（应为'刘'）睦驿马令作草书尺牍十首后，便普遍以尺牍泛称草书……可见尺牍指的是草书。"③ 东汉书法较前代取得很大发展，灵帝时期更是掀起了研习草书的热潮，赵壹《非草书》生动地描述了时人习书的狂热情状："夕惕不息，仄不暇食，十日一笔，月数丸墨，领袖如皂，唇齿常黑，虽处众坐，不遑谈戏，展指画地，以草刿壁，臂穿皮刮，指爪摧折，见䚡出血，犹不休辍。"④ 然而，据此在鸿都尺牍和草书之间简单画上等号却是不恰当的。如前所述，鸿都尺牍从内容上看，是书信、诏书和辞赋的可能性不大，可能性最大的是章、表、奏、启一类的公牍文。而公牍文体因其文体功能限制，所用文字严谨工整，多为官方正体，汉代官方正订的文字则是篆书和隶书，而以隶书使用尤为广泛。黎泉先生在分析汉简所用字体时曾说："章表是臣下奏上的公文，要求自然是严肃的，字要写得端正，在汉代自不可说要用当时官方通行的正规书体，不可能用草书缮书行文，今天我们所见到的出土章草书汉简和残纸，大部分属于民间通行的书体，适于草书急就的需要，很

---

① 《汉书》卷九二《陈遵传》，第 3711 页。

② 《后汉书》卷一四《宗室四王三侯传》，第 557 页。

③ 冯翠儿：《赵壹〈非草书〉作时考》，《中国古代文学文献学国际学术研讨会论文集》，第 76 页。

④ 张彦远辑，洪丕谟点校：《法书要录》卷一《后汉赵壹〈非草书〉》，上海书画出版社1986 年版，第 2 页。

少见到用于奏章。"① 于豪亮先生也说："草书是草稿所用书体的意思。在居延汉简中，文书的草稿一般用它，对上级的公文常用很工整的隶书。"② 刘睦因寝病的缘故以草书通奏，是打破通例的特殊情况，汉章帝时杜度以草书上奏，也是因为章帝喜爱草书，下诏特准以草书上奏。所以，仅仅根据这些罕见的特例就断定鸿都尺牍是草书体势，恐与事实难以相符。鸿都尺牍作为上呈的公牍文，所用书体最有可能是汉代通行的官方正订书体隶书，而不太可能是草书。

倘以上论证无大不妥的话，我们大致可以判定，鸿都尺牍构成主体是形制上长度为汉尺一尺的木牍，内容则主要是章、表、奏、启等公牍文，所用书体应为汉代通行的官方正订书体隶书。

三 余论

在东汉末年政治形势日趋严峻的大背景下，出于拯救危亡的迫切需求，汉灵帝创设鸿都门学，摒弃传统察举制度以经术、德行为内涵的取士标准，转而以尺牍、辞赋、鸟虫书等才艺录用人选，反映了最高统治者拯救危亡的政治诉求和对于能吏与文吏阶层的倚重。

鸿都诸生虽然数以千计，且多有官高爵显者，然而由于种种复杂的原因，在当时乃至后世的各种史籍之中对于他们的记载却相当有限，知其姓名者唯有乐松、贾护、任芝、江览、郗俭、梁鹄、师宜官等七人。七人之中除梁、师二人因专擅书法而资料较多外，余者生平、事迹皆难以详考。尽管史阙有间，文献不足，个体研究难以深入展开，但是结合当时特定的历史情境，并依据现有材料中关联鸿都诸生才艺、职事、评价等诸多方面内容，不妨对鸿都门学诸生的群体性质加以推定。我们认为在对鸿都门学诸生的身份进行分析时，应当特别注意到活跃于两汉时期一类特殊的社会阶层——文吏③。应当说明的是这里所使用的文吏名称，是一个与儒生相对的概念，泛指官僚体制下大量存在的从事行政事务的人员，其内涵则如

---

① 黎泉：《汉简书体浅析》，甘肃省文物工作队、甘肃省博物馆编：《汉简研究文集》，甘肃人民出版社 1984 年版，第 412—413 页。

② 于豪亮：《于豪亮学术文存》，中华书局 1985 年版，第 242 页。

③ 杨继刚：《汉灵帝鸿都门学研究》，博士学位论文，华中师范大学，2012 年，第 112—119 页。

卜宪群所界定的"文吏又称'文法吏'、'刀笔吏',诋毁者又称他们为'俗吏'"①。文吏同时又是一个与官相对的指称,黄留珠称:"'吏'这一概念,实有狭义与广义之分。狭义的'吏',仅指官府低级公务人员如'佐'、'史'之类;广义的'吏',则还包括'官'在内。"② 卜宪群曾从官秩划分、权力来源、仕进制度三个方面对二者详加区分。③ 本文所使用的"文吏",均指这种与儒生、官相对的狭义概念。

吏本为亲民之官,是介于官民之间的一个中间阶层,进之则为官,退之则为民。吏经学吏、明经、明法等途径入仕之后,同所有进入行政官僚体系的成员一样,追求政绩,谋求升迁,或由低级吏员转为高级吏员,或由吏转迁为官。西汉时期,官吏之间的界限尚未同后世那样悬隔,由吏为官尚为士人进身的通途之一,马端临《文献通考》称:"今按西都公卿、士大夫或出于文学,或出于吏道,亦由上之人并开二途以取人,未尝自为抑扬,偏有轻重,故下之人亦随其所遇,以为进身之阶。"④ 时至东汉,统治者虽然在意识形态层面上尊崇儒术,儒生与儒学的地位得到了巩固和提高,但在政务处理层面却又更为重用那些具有实际行政才能的吏员,以维持国家机器的正常运转。在这种治国方针指导之下,东汉时期的吏在政务活动中相当活跃,这种活跃甚至在一定程度上对儒生形成排挤,并与和、安之际太学的衰落俨然存有某种因果关系。《论衡·程材》云:"是以世俗学问者,不肯竟明经学,深知古今,急欲成一家章句。义理略具,同趋学史书,读律讽令,治作情奏,习向对,滑跪拜,家成室就,召署辄能。"⑤ 许多本为儒生的士人转而以吏入仕,《东汉会要》亦云:"东京入仕之途虽不一,然由儒科而进者,其选亦甚难。故才智之士,多由郡吏而入仕。以胡广之贤,而不免仕郡为散吏;袁安世传《易》学,而不免为县功曹;应奉读书五行并下,而为郡决曹吏;王充之始进也,刺史辟为从事;徐稚之初筮也,太守请补功曹。盖当时仕进之路如此,初不以为屈也。"⑥ 对于文吏的吏能,儒家评价也认为同属小道末技之流,难堪大用。

① 卜宪群:《秦汉官僚制度》,社会科学文献出版社 2002 年版,第 224 页。
② 黄留珠:《秦汉仕进制度》,西北大学出版社 1985 年版,第 51 页。
③ 卜宪群:《秦汉官僚制度》,第 286—288 页。
④ 《文献通考》卷三五《选举八》,浙江古籍出版社 1988 年版,第 330 页。
⑤ 《论衡》卷一二《程材》,上海人民出版社 1974 年版,第 189 页。
⑥ 徐天麟:《东汉会要》卷二七,上海古籍出版社 1978 年版,第 405 页。

贾谊称"俗吏之所务在于刀笔筐箧，而不知大体"①，武帝时期以性格鲠直著称的汲黯就曾放言"刀笔吏不可为公卿"②，其后韦彪称文吏"察察小慧，类无大能"，王充也称"文吏所知，不过辩解薄书"③，"文吏不晓吏道，所能不过按狱考事"④，"文吏空胸，无仁义之学，居位食禄，终无以效"⑤。文吏队伍就其职守而言，理应严守法令，效力长上，擅长处理大量复杂的现实政务。这对于维持封建国家机器的正常运转具有不可或缺的重要价值，然而经学素养的欠缺，文化水准的低下也是无从回避的客观现实。儒生虽然劣于职事，但是儒家学说作为官方意识形态，其所宣扬的伦理道德被整合为国家制度之后，发挥出维护封建等级关系、巩固统治秩序、教化民众的巨大社会效用，这一点则是文吏无法比拟的。荀子即曾高度肯定儒生的政教功用，《荀子·儒效篇》称："儒者在朝则美政，在下则美俗。"⑥ 儒生、文吏两者在封建官僚体系内不同的地位与作用，或为王充所言："儒生治本，文吏理末。"⑦ 二者虽可强为高下优劣之分，但却各有所用，不可偏废。后世儒生、文吏从对立走向融合，也正是有鉴于此。

面对东汉末年士人离心、戚宦专权、灾变频发、边患丛生的严重政治危机，汉灵帝不得不倚重于文吏"非文吏，忧不除；非文吏，患不救"⑧的治政才能。而那些"以朝廷为田亩，以刀笔为耒耜，以文书为农业"⑨急功近利的躁进之徒，似乎也从中看到了一条能迅速获得高官显爵、功名富贵的通衢大道。于是"诸生竞利，作者鼎沸"，出现了喧闹一时的场面。正是在这样的大背景之下，借助鸿都门学事件的推动，东汉末年的大批文吏再次获得了走向历史前台的机遇。

（杨继刚，许昌学院魏晋文化研究所副教授）

---

① 《汉书》卷四七《贾谊传》，第 2245 页。
② 《汉书》卷五〇《汲黯传》，第 2318 页。
③ 《论衡》卷一二《程材》，第 191 页。
④ 《论衡》卷一二《谢短》，第 199 页。
⑤ 《论衡》卷一二《量知》，第 192—193 页。
⑥ 荀子撰，安继民注译：《荀子》第八《儒效》，中州古籍出版社 2006 年版，第 83 页。
⑦ 《论衡》卷一二《程材》，第 190 页。
⑧ 同上书，第 188 页。
⑨ 同上书，第 189 页。

读《后汉书·独行列传》札记

罗 操

　　《后汉书》卷八十一《独行列传》记载了24位①"成名立方者"②
的事迹，其中18位传主的档案中涉及丧葬一事。检视诸位传主的生平履
历，我们发现崇儒重教的东汉时期黎民百姓以"义"为尚。这是否意味
着平民大众正是基于"义"的理念，在与其他个体互动时他们才有所作
为呢？笔者带着这个问题试图借《后汉书·独行列传》来解读东汉时期
尚"义"的问题。由于笔者学识有限，在阐述此问题时难免漏洞百出，
还请尊师批评指正。

一　人死为鬼的社会信仰

　　东汉时期民众相信人死后并未消逝，其个体的灵魂即鬼依然存在。如
张业"与贼战死，遂失尸骸"，因而其子张武"伤父魂灵不返"，"常持父
遗剑，至亡处祭酹"③；又戴就含冤受屈、被晓之栽赃陷害上级便可活命
时痛骂薛安："（戴就）考死之日，当白之于天，与群鬼杀汝于亭中。"④
由此不难看出，"人死为鬼"的理念已植根于时人的日常生活当中。前者
为祖先崇拜，要借"鬼"之形来缅怀哀思，传达父子之情；后者是忠君
信仰，要凭"鬼"之躯来复仇报冤，彰显忠君之心。二者无不说明鬼与
活人之间保持着密切的联系，其接触不乏佑护、祸害生人之举。不过值得
注意的是，人鬼互动的过程中父与子、君与臣皆以"义"为纽带，二者

---

① 笔者只计独立成传者的数量，而不计附属于传主者的数量。
② 《后汉书》卷八一《独行列传》，第2665页。
③ 同上书，第2682页。
④ 同上书，第2691页。

之间的人际关系得以再现和重构，子与臣才会在父子、君臣的纵轴社会关系网络中行事。否则，父子之义、君臣之义便不复存在，纵轴社会关系网络也趋为奢谈。

纵轴社会关系网络的存在，某种程度上意味着国泰民安，社会秩序井然。然而社会秩序的佳与劣，在于子与臣、父与君是否认可自己的社会身份，并积极地去建构和谐、稳定的社会秩序。例如鬵亭前任亭长因贪财而弃"义"，曾谋杀到此亭借宿的涪令一家，结果造成"亭有鬼，数杀过客，不可宿"的失序现状。尽管鬼给活人的生活世界笼罩上一层恐怖的阴影，但它自己的生存空间同样充满了偶然性和不确定性，这可以从"妾不得白日自诉，每夜陈冤，客辄眠不见应"[1] 中看出来。姑且不论人死为鬼后的生活写照，我们从"客辄眠不见应"的事实中发现，官吏的代表"睡客"与平民的替身"醒鬼"之间关系冷漠，不通声气。既然二者无"情"相连，又乏"义"相牵，一旦一方率先发难，对方势必遭殃，难怪鬼会"数杀过客"。虽然鬼魂杀人的故事荒诞离奇，但它再次印证"人死为鬼"却是不争的社会信仰，同时它也说明客（官）、鬼（民）对立滥觞于涪令（君）、亭长（臣）失"义"。倘若君臣认可自己的社会角色，用"义"来维系双方的人际关系，也不至于仁德幽隐，凶邪凸显，引发官民对立的恶性循环，乃至社会秩序荡然无存。易言之，君臣、官民率"义"而动，社会才会祥和稳定。如王忳升官乔迁他乡，至鬵亭时与鬼进行了良性互动，他不仅为鬼伸冤，依法惩办谋财害命之徒，还"遣吏送其丧归乡里"[2] 加以安抚，社会秩序才得以重构。由此看来，在整个社会关系网络中君与臣、官与民皆视"义"为人际关系的基石。正是在这个原则的指引下，他们乐于安其位、尽其责，自觉地去建构和谐、稳定的社会秩序。

父子、君臣把"义"作为社会行动的基本准则和内在要求，达到的社会秩序效果也是无可争议的。按理推之，以朋友为主体的横轴社会关系网络中也用"义"来维系双方的人际关系。如张劭病危之际与挚友范式梦中传音："吾以某日死，当以尔时葬，永归黄泉。子未我忘，岂能相及？"范式因"义"相系，急切前往吊丧，希求与之诀别。然而范式未到

---

① 《后汉书》卷八一《独行列传》，第 2681 页。
② 同上。

之际，"丧已发引，既至圹，将窆，而柩不肯进"①，及范式赶到墓地祭奠完毕，丧葬仪式才恢复正常。这似乎说明一种无形的魔力主宰着丧葬进度。其实，这种魔力并非鬼魂使然，而是朋友之"义"在起作用。先前范式、张劭游学同归，二人相约："后二年当还，（范式）将过拜（张劭）尊亲，见孺子焉。"② 不过张劭母亲对其约定表示怀疑，以为范式未必践约。结果张劭候期而待、范式如约而来，二人在张母面前尽显朋友之"义"。如果把"如期而会"与"停柩候丧"二事联系起来，我们就会发现朋友之"义"再次借张母之口在"人死为鬼"的信仰氛围中得到最好的阐释。由此可见，"义"也是维系朋友关系的纽带。

二　丧葬习俗中的人际互动

当死亡最终降临时，死者亲属会为死者举行一个隆重、复杂的告别仪式。此时死者非直系家属和其他社会成员可以参与进来，借助丧葬仪式凭吊亡灵、慰问生者，或整合人际关系、结秦晋之谊。例如公孙述称帝后威逼李业为己效劳，李业一心向汉拒绝与之合作，不得已服毒自杀。公孙述"闻业死，大惊，又耻有杀贤之名，乃遣使吊祠，赙赠百匹"③，希求改善与李家的紧张关系，维护自己礼贤下士的形象。虽然公孙述此举未达目的，但是我们从其"遣使吊祠，赙赠百匹"中发现，丧礼具有整合和重构人际关系的功能。又如温序以"受国重任，分当效死"为座右铭，拒绝与地方叛将苟宇合谋危害国家而慷慨就义。光武帝刘秀"闻而怜之，命忠送丧到洛阳，赐城傍为冢地，赙谷千斛、缣五百匹，除三子为郎中"④。通过这一系列举措，光武帝刘秀与温家的关系不仅得到了整合和重构，还借温序忠君护国之"义"为其他臣子树立楷模，间接地整合、重构中央与地方的关系。

既然时人借助丧葬礼仪来整合、重构人际关系，也就意味着丧礼仪式不是以家户为单位的个体行为，而是以地域为单位的群体行为。例如

---

① 《后汉书》卷八一《独行列传》，第 2677 页。
② 同上书，第 2676 页。
③ 同上书，第 2670 页。
④ 同上书，第 2673 页。

"陈国张季礼远赴师丧，遇寒冰车毁，顿滞道路"① 一事深刻地揭示出殡葬礼仪并未局限于一家一户，而是由其人际关系的地域分布而定的。又范式"服朋友之服，投其葬日，驰往赴之"，殡葬队伍"乃见有素车白马，号哭而来"②，无不表明丧葬仪式已越出家门，横跨地域，牵绊着亡者之亲的心。这种跨地域的奔丧之举为数众多，以至形成一种社会风气，并得到大众的认可和支持，如刘翊借车与张季礼之举，太守准假与范式之为，皆在说明旁观者看清了丧礼参与者尚"义"的真实品质。这可以从"慎终赴义"③ 中找到答案。

丧礼参与者正是基于"义"，从四面八方赶来为亡者奔丧，殡葬队伍之庞大也在情理之中。如张劭葬礼上"会葬者千人，咸为挥涕"④；又范冉丧礼仪式中"三府各遣令史奔吊……会葬者二千余人，刺史郡守各为立碑表墓"⑤。毋庸置疑，庞大的丧葬队伍只会徒增亡者家属的丧葬支出，甚至助长重死奢靡的厚葬之风。不过有些将死者坚决抵制淫侈之俗，强烈要求死后薄葬。如范冉临终诫其子曰：

> 气绝便敛，敛以时服，衣足蔽形，棺足周身，敛毕便穿，穿毕便埋。其明堂之奠，干饭寒水，饮食之物，勿有所下。坟封高下，令足自隐……制之在尔，勿令乡人宗亲有所加也。⑥

这则材料不仅反映了范冉要求薄葬的愿望，也说明丧葬事务不是家户的个体行为，而是地域性的群体行为。因为在丧葬礼仪中乡人宗亲是重要的组织者和参与者，所以他们有权利与死者直系家属、前来吊唁的亲朋宾客聚在一起间接地整合、重构原有的人际关系。

在丧礼仪式中人际关系之所以能够顺利地得以整合和重构，这与"义"脱不了干系。如梁湛丧葬之日，"会西羌反叛，湛妻子悉避乱它郡"⑦，殡葬仪式被迫中止。唯独缪彤不顾个人安危，在兵荒马乱之际为

---

① 《后汉书》卷八一《独行列传》，第 2695 页。
② 同上书，第 2677 页。
③ 同上书，第 2695 页。
④ 同上书，第 2677 页。
⑤ 同上书，第 2690 页。
⑥ 同上。
⑦ 同上书，第 2686 页。

上级梁湛守冢立坟。倘若缪彤也贪生怕死，梁湛就要横尸荒野，为鸟兽所食了。由此可见，在丧礼活动中君（梁湛）臣（缪彤）关系已越出行政隶属关系，乃至超越血缘至亲关系，从而使其具有行政隶属性和准血缘性的双重特点。这一双重特点不仅指出君臣、父子之间的界限渐趋模糊不清，还说明君与臣、臣与子（这里的"子"指的是君的家属）之间的关系得到了重新整合和重构。然而整合后的君臣关系不但没有遭到世人反对，反而还被民众传颂。显然，百姓称颂的不是人与人之间的关系，而是在赞美维系人际关系的"义"。

三　祭祀层面的社会秩序

祭祀亡者是一种特殊的社会礼仪活动，因其祭拜者不同，可能会产生不同的社会效果。两汉交替之际谯玄、李业等人一心向汉，拒绝与王莽、公孙述政权合作而惹祸上身，前者隐遁终老，后者服毒身亡。光武帝刘秀获悉二人事迹之后，或"策诏本郡（巴郡）祠以中牢"①，或"下诏表其（李业）闾，《益部纪》载其（李业）高节，图画形象"②。虽然光武帝刘秀祭祀谯玄、李业的方法不同，但其鲜明的政治目的却始终如一，即表彰前贤忠"义"西汉王室的行为，唤起世人思汉的情结，从而为东汉王室构建一统天下的合法性，顺理成章地维护自身的政治统治秩序。光武帝刘秀此举似乎说明，祭祀主要解决的是人际关系整合的问题，而不是其他诸如信仰之类的问题。事实上，光武帝刘秀不仅要借祭祀活动整合人际关系，还要为黎民树立"义士"典范，引导百姓尚"义"。只不过"义"是维系人际关系的纽带，整合人际关系时已把它包括在内罢了。

除了最高统治者借祭祀活动整合人际关系，维护政治统治秩序外，地方上也借祭祀活动维护社会秩序。如周嘉曾在战乱中以身护主而感化群贼，以至发生了群贼"给其车马，遣送之"的戏剧性场面。后来周嘉"迁零陵太守，视事七年，卒，零陵颂其遗爱，吏民为立祠"③。这种官民共祭亡者的活动，表面上看是借祭祀之举来歌颂周嘉的政绩和人格魅

---

① 《后汉书》卷八一《独行列传》，第 2668 页。
② 同上书，第 2670 页。
③ 同上书，第 2676 页。

力——"义",其实这种祭祀礼仪还有更深层的含义。对官方来讲,共同的祭祀活动是聚结官民的重要契机,双方可以借助彼此对周嘉的好感加强交流,增进彼此间的情感,从而缓和彼此间的矛盾,维护地方和谐、稳定的社会秩序。对百姓而言,祭祀周嘉是为了给现任及后续官员树立"义士"楷模,督导官员的行政价值取向。由此不难看出,"义"贯穿于官民共祭死者的活动之中,官(君)民(臣)彼此要求对方认可自己的社会身份,以"义"行事。

综上所述,在人死为鬼的社会信仰氛围中,父子、君臣、朋友不仅认可自己的社会角色,还视"义"为人际关系的基石。正是在这个原则的指引下,他们借助奔丧礼仪与死者直系家属、前来吊唁的亲朋宾客聚在一起整合、重构原有的人际关系;依凭祭祀亡者的社会活动为民众树立"义士"楷模,加强彼此间的交流,进而维护社会秩序。

(罗操,许昌学院魏晋文化研究所)

嵇康、阮籍"越名教任自然"的道德意识

张丽君

一

阮籍、嵇康生活的时代是我国历史上极为黑暗的时期。司马氏集团打着维护名教的幌子，借名教之名实质却是反名教的行为，构陷无辜，排除异己，名教在司马氏手中变成了争权夺利的工具。在当时激烈的政治斗争中，相当一批人也高喊礼法，倡导名教，但他们并不是真正地相信名教礼法，实际上名教礼法在他们那里只不过是掩饰其趋炎附势、追名逐利的一块盾牌。腐败的现实，残酷的迫害，社会动荡的加剧，在士人心中产生了对封建道德永恒性的普遍怀疑。阮籍、嵇康身受政治上和道德舆论上的压迫，对封建制度和封建伦常产生了怀疑，并由怀疑走向否定。这种怀疑和否定，根植于对现实的绝望。阮籍、嵇康追求的是一种无拘无束，个性自由发展的理想人格，他们摒弃了儒家礼法名教，开始了新道德观念的探索。

首先，阮籍、嵇康提出"越名教任自然"的主张，嵇康在《释私论》中说：

> 夫称君子者，心无措乎是非，而行不违乎道者也。何以言之？夫气静神虚者，心不存乎矜尚；体亮心达者，情不系于所欲。矜尚不存乎心，故能越名教而任自然；情不系于所欲，故能审贵贱而通物情。物情顺通，故大道无违；越名任心，故是非无措也。

"越名教任自然"这是蔑弃礼法的口号，是一种道德准则和道德境界。也

就是说要得到个人的身心自由，就不要被名教所束缚。嵇康认为，"情不系于所欲""矜尚不存乎心"，就能摆脱名教的束缚，任凭人性自由伸展，回到自然状态。

二

所谓"越名教"，就是完全超越、抛弃儒家礼法来建构新的精神支柱、道德规范。儒家礼法的虚伪性阻碍和束缚了人性的自由发展，所以才要"越名教"。阮籍在《大人先生传》中这样表述：

> 且独汝不见乎虱之处乎裈中，逃乎深缝，匿夫坏絮，自以为吉宅也。行不敢离缝际，动不敢出裈裆，自以为得绳墨也。饥则啮人，自以为无穷食也。然炎丘火流，焦邑灭都，群虱死于裈中而不能出，汝君子之处区内亦何异夫虱之处裈中乎？悲乎！而乃自以为远祸近福，坚无穷已。

阮籍通过这段话揭露了儒家名教的虚伪性，认为名教是束缚人性自由发展的锁链，残害人命的屠刀。如果按照儒家礼法的要求，就像"行不敢离缝际，动不敢出裈裆"的虱子一样，当面临"炎丘火流，焦邑灭都"，就会"死于裈中而不能出"。

嵇康认为，人作为道德主体，由"元气"产生。"浩浩太素，阳曜阴凝，二仪陶化，人伦肇兴……"[1]"太素"即"元气"，"人伦"即反映人与人之间关系的道德伦常。那么，随着人类社会的发展，仁义道德发生了什么样的变化？嵇康根据老子"失道而后德，失德而后仁，失仁而后义，失义而后礼"[2] 的理论进行思考，对人的自然本性做了深入的探讨，对儒家的仁义道德做了否定与批判：

> 及至人不存，大道陵迟，乃始作文墨，以传其意，区别群物，使有类族，造立仁义，以婴其心，制其名分，以检其外，劝学讲

---

① 戴明扬：《嵇康集校注·太师箴》，人民文学出版社 1962 年版，第 309 页。

② 陈鼓应：《老子注译及评介》，中华书局 1984 年版，第 212 页。

文，以神其教；故六经纷错，百家繁炽，开荣利之途，故奔骛而不觉。是以贪生之禽，食园池之梁菽；求安之士，乃诡志以从俗，操笔执觚，足容苏息，积学明经，以代稼穑；是以困而后学，学以致荣，计而后习，好而习成，有似自然，故今吾子谓之自然耳。推其原也，六经以抑引为主，人性以纵欲为欢，抑引则违其愿，从欲则得自然；然则自然之得，不由抑引之六经，全性之本，不须犯情之礼律。①

故仁义务于理伪，非养真之要术，廉让生于争夺，非自然之所出也。由是言之：则鸟不毁以求驯，兽不群而求畜，则人之真性，无为正当，自然耽此礼学矣。②

下逮德衰，大道沉沦，智惠日用，渐私其亲……利巧愈竞，繁礼屡陈，刑教争施，天性丧真。③

自然状态遭到破坏后，才开始用"文"来"以传其意，区别群物"。相应地，"造立仁义，以婴其心，制其名分，以检其外"，制定仁义道德，并通过教化的形式固定下来，从而约束人们的身心。但是，客观的效果却是"开荣利之途，故奔骛而不觉"，酿成了人们争夺名利之心，促使人们无意识地奔跑在名利之途上。这是现实社会的实况，这种现象"有似自然"，其实是"非自然之所出也"。"仁义务于理伪""廉让生于争夺"等道德产生于"理伪""争夺"的社会现实，其目的是调节现实的人际关系和维护社会秩序，并非基于"自然"。为了维系社会秩序，繁多的礼和刑罚、教化应运而生。教化的维行，一方面夭折了个体的个性，另一方面丧失了本真的素朴状态。所以，这样的道德，不是真正的道德，而是道德衰落以后的产物。真正的道德是反映"无竞""无文""无虑不营"和体现"无为正当"的尊重人性的道德，它本于"自然"，"自然"是道德根本的实质。名教的产生破坏人的自然本性，使人虚伪奸诈，争斗不已。自然是大道之本，是道德之本，名教并不是自然产生的，而是人为制定的，嵇康以此否定名教的合理性。

---

① 戴明扬：《嵇康集校注·难自然好学论一首》，人民文学出版社 1962 年版，第 259—261 页。

② 同上书，第 261 页。

③ 戴明扬：《嵇康集校注·太师箴》，人民文学出版社 1962 年版，第 311 页。

"越名教"实际上包含着超越、不拘泥于名教的意思。嵇康认为，人的本性以及理想人格的判定，不能再以名教作为唯一绝对的衡量标准。虽然名教不再是唯一引导人们进入崇高境界的道德阶梯，但其所包含的基本道德规范本身并没有可指责的地方，嵇康提出，不能完全在儒家道德的领域中解决是非，应该通过"无措是非""物情顺通"，来通往更高的境界。"越名教任自然"并非是排斥名教，完全放弃名教，而是认为名教应该建立在自然之上，仁义礼智信等儒家道德不应该成为一种外在的束缚，应该转变为顺应人性的自由发展，进而形成一种由内而外的，自然而然的美德。"越名教"是在寻求一种更完美、更高尚、更纯粹的仁义道德。嵇康不仅不是对名教的叛逆，反而是找到了通向真正高尚道德的道路。他将儒家道德中的"善"与道家自然本性的"真"相结合，提出一种发自内心，自然形成的道德，于是塑造了宏达先生这样一个至人形象：

> 有宏达先生者，恢廓其度，寂寥疏阔，方而不制，廉而不割，超世独步，怀玉被褐，交不苟合，仕不期达。常以为忠信笃敬，直道而行之，可以居九夷，游八蛮，浮沧海，践河源，甲兵不足忌，猛兽不为患；是以机心不存，泊然纯素，从容纵厥，遗忘好恶，以天道为一指，不识品物之细故也。[①]

宏达先生是真与善的完美结合，以纯真超然的心态面对纷争离乱的世间，以忠信笃敬作为自己的行为准则。这个品德高尚的有道君子，正是嵇康人生理想的典型。

所谓"任自然"，就是由外在功名的追求转向内在精神的超越，利用道家思想塑造理想人格。

如何"任自然"呢？顺应人的自然本性。嵇康在《难自然好学论》中说："夫民之性，好安而恶危，好逸而恶劳。故不扰则其愿得，不逼则其志从。"人性本来就是"好安而恶危，好逸而恶劳"，这都是自然而然，毫不掩饰的。嵇康颂扬和向往上古之世：

---

① 戴明扬：《嵇康集校注·卜疑集一首》，人民文学出版社 1962 年版，第 134—135 页。

洪荒之世，大朴未亏，君无文于上，民无竞于下，物全理顺，莫不自得。饱则安寝，饥则求食，怡然鼓腹，不知为至德之世也。若此，则安知仁义之端，礼律之文？①

因为那时的人"饱则安寝，饥则求食，怡然鼓腹"，"物全理顺"，人的自然之性可以完全发挥。后来有了礼仪规范，人的自然之性就被压抑、被扭曲，不能再顺应本性了。嵇康主张顺应人性，顺应人的淳朴真实的本性。

阮籍在《通老论》中说："道者，法自然而为化，侯王能守之，万物将自化。《易》谓之'太极'，《春秋》谓之'元'，《老子》谓之'道'。"

在《达庄论》中，他说：

故至道之极，混一不分，同为一体，乃失无闻。伏羲氏结绳，神农教耕，逆之者死，顺之者生，又安知贪之为罚，而贞白之为名乎？使至德之要，无外而已。大均淳固，不贰其纪；清净寂寞，空豁以俟。善恶莫之分，是非无所争，故万物反其所而得其情也。

这是自然之世，也是人的自然之性，还是人的自然之境界。在这种自然之世中，"圣人明于天人之理，达于自然之分，通于治化之体，审于大慎之训。故君臣垂拱，完太素之朴；百姓熙洽，保性命之和"②。社会是安定的，人性是自然的，一切都自然而然，大朴未亏。到了这时，"自然"就从人的自然之性上升到了本体地位。

阮籍、嵇康建构的新道德理论中强调形神问题的统一。神的超越要以形的存在为前提，使形神成为一个和谐的统一体，就要"养生"。

故修性以保神，安心以全身，爱憎不栖于情，忧喜不留于意，泊然无感，而体气和平，又呼吸吐纳，服食养身，使形神相亲，表里俱

---

① 戴明扬：《嵇康集校注·难自然好学论一首》，人民文学出版社 1962 年版，第 259 页。
② 陈伯君：《阮籍集校注·通老论》，中华书局 1987 年版，第 159 页。

济也。①

　　善养生者则不然矣，清虚静泰，少私寡欲。知名位之伤德，故忽而不营，非欲而强禁也；识厚味之害性，故弃而不顾，非贪而后抑也；外物以累心，不存神气，以醇白独著，旷然无忧患，寂然无思虑。又守之以一，养之以和，和理日济，同乎大顺。然后蒸以灵芝，润以醴泉，晞以朝阳，绥以五弦，无为自得，体妙心玄，忘欢而后乐足，遗生而后身存，若此以往，恕可与羡门比寿，王乔争年，何为其无有哉！②

　　"形神相亲，表里俱济"是养生之道的根本。"君子知行恃神以立，神须行以存。悟生理之易失，知一过之害生。故修性以保神，安心以全身，爱憎不栖于情，忧喜不留于意，泊然无感，而体气和平。"形和神是互相依存、互相影响的关系，要着力于使形和神统一协调起来。嵇康肯定"人性以纵欲为欢"，这个"欲"是出于自然之性，嵇康并不赞同放荡纵欲，反对儒家礼法对人自然之性的束缚，并不是倡导人们放浪形骸，声色犬马。无节制的纵欲，对外在物质名利的贪求，是"智用"的结果，是人性的丧失，是应该给予否定和批判的。

　　难曰：感而思室，饥而求食，自然之理也。诚哉是言！今不使不室不食，但欲令室食得理耳。夫不虑而欲，性之勤也；识而后感，智之用也。性动者，遇物而当，足则无余；智用者，从感而求，倦而不已。故世之所患，祸之所由，常在于智用，不在于性动。③

　　然则子之所以为欢者，必结驷连骑，食方丈于前也。夫俟此而后为足，谓之天理自然者，皆役身以物，丧志于欲，原性命之情，有累于所论矣。④

　　对于以"智之用也"沉湎名利物欲的行为应该加以约束，但是，约束的方式不是通过外部，不是通过儒家的克己复礼，而是通过对自我的内

---

①　戴明扬：《嵇康集校注・养生论一首》，人民文学出版社1962年版，第146页。

②　同上书，第156—157页。

③　戴明扬：《嵇康集校注・答难养生论一首》，人民文学出版社1962年版，第174页。

④　同上书，第188页。

省，是理智地对自然之理的追求，在人的内心深处建立起能够自我约束的权威。嵇康反对"智之用也"，他认为有道德的人是明理的，嵇康的养生论，本质上来说，就是一种道德理论，但是，他与儒家道德不同的是，儒家的目的是培养奉行封建人伦道德的圣人，嵇康的目的在于尽可能保全生命，做尽自然之性的长寿"至人"。养生论从新的角度开辟了一条自我完善人格、保全生命、坚持节操的道德规范。

三

阮籍在《大人先生传》中这样抨击名教"汝君子之礼法，诚天下残贼乱危死亡之术耳"。当时的社会政治导致的名教失范使嵇康、阮籍他们感到彷徨、苦恼、焦虑，他们不愿随波逐流地和司马氏统治集团在政治上同流合污。他们感受到了当时政治上的压力，他们不愿屈从于压迫，他们在巨大的压力下艰难地挣扎、思考，是对当时的社会道德规范加以整改，使之相适应于名教，还是揭露当时名教的虚伪性，完全地抛弃、脱离它？面对司马氏集团借名教之名做非名教之事，他们只能无可奈何，他们能做的只能是对成为统治阶级工具的名教进行批判，撕去其虚伪的面纱，露出其真实本质。他们做出的选择是"越名教而任自然"，但是，在阮籍、嵇康这里，他们想要抛弃名教却又不能完全彻底地抛弃，想要任自然却又不能纯粹地任自然，他们就在这种深沉的痛苦之中挣扎、呻吟，提出一个个连自己都不知道答案是什么的问题：

吾宁发愤陈诚，说言帝庭，不屈王公乎？将卑懦委随，承旨倚靡，为面从乎？宁恺悌弘覆，施而不得乎？将进趣世利，苟容偷合乎？宁隐居行义，推至诚乎？将崇饰矫诬，养虚名乎？宁斥逐凶佞，宁正不倾，明否臧乎？将傲倪滑稽，挟智任术，为智囊乎？宁与王乔、赤松为侣乎？将进伊挚而友尚父乎？宁隐鳞藏彩，若渊中之龙乎？宁舒翼扬声，若云间之鸿乎？宁外化其形，内隐其情，屈身隐时，陆沉无名，虽在人间实处冥冥乎？将激昂为清，锐思为精，行为世异，心与俗并，所在必闻，恒营营乎？宁寥落间放，无所秥尚，彼我为一，不争不让，游心皓素，忽然坐忘，追羲农而不及，行中路而惆怅乎？将慷慨以为壮，感慨以为亮，上干万乘，下凌将相，尊严其

容，高自矫抗，常如失职，怀恨怏怏乎？……①

自己找不到答案，又没有人能够给予解答，只好在名教与自然的分裂中迷惘徘徊，辗转反侧，阮籍在其《咏怀诗》中描写了这种思想上的痛苦、困惑。

夜中不能寐，起坐弹鸣琴。薄帷见明月，清风吹我襟。孤鸿号外野，翔鸟鸣北林。徘徊将何见，忧思独伤心。

鸿鹄相随飞，飞飞适荒裔。双凌翩长风，须臾万里逝。朝餐琅玕实，夕宿丹山际。抗身青云中，网罗孰能制？岂与乡曲士，携手共言誓。

天网弥四野，六翮掩不舒。随波纷纶客，汛汛若浮凫。生命无期度，朝夕有不虞。列仙停修龄，养志在冲虚。飘摇云日间，邈与世路殊。荣名非己宝，声色焉足娱。采药无旋返，神仙志不符。逼此良可感，令我九踌躇。②

阮籍的《咏怀诗》，孤独悲凉，字字句句中透露着理想与现实、出世与入世之间的矛盾给人们带来的困惑之情。诸如此类的矛盾与斗争给人们的心理上、思想上带来了负荷、压力。这种思想上的分裂、矛盾、对峙，往往是深刻而且富有震撼力的，这就深深地刺激和激发了他们个体生命意识的觉醒，个体心灵的审美意识的觉悟。王弼将名教统一于自然，将人的生命的意义和价值融进了社会的抽象运动之中，嵇康和阮籍，则是以深切的思想矛盾和心灵震荡来感悟生命的存在意义和存在价值。魏晋士人真正的悲哀、苦涩之感通过竹林之音唱出，这声音中，有思考社会、人生、权势的深沉之音，有对虚伪、高压政治的反抗之音，有向往自由心灵的憧憬之音，只有处于极端黑暗苦闷中的竹林士人才会发出这种心灵之声，这种声音是对儒家道德理想的反思性批判。

（张丽君，许昌学院魏晋文化研究中心）

---

① 戴明扬：《嵇康集校注·卜疑集一首》，人民文学出版社 1962 年版，第 136—139 页。

② 陈伯君：《阮籍集校注·咏怀》，中华书局 1987 年版，第 210、332、326 页。

宁志新先生学术编年

乔凤岐

· 宁志新先生，汉族，出生于 1947 年 4 月 12 日，湖南省邵东县人。中共党员，河北师范大学历史文化学院教授、博士生导师，主要从事隋唐史研究。先后在北京市、天津市上小学、中学。1965 年支边到新疆生产建设兵团农六师工作，从事过农业工人、电影放映员、中学教师等工作。

1981 年考取河北师范学院历史系硕士研究生，师从胡如雷先生，从事隋唐五代史的学习和研究；1984 年毕业，获历史学硕士学位，并留校任教。1994 年考取厦门大学历史系博士研究生，师从韩国磐先生；1997 年毕业，获历史学博士学位。

高校任教以来，历任讲师、副教授、教授、硕士生导师、博士生导师。先后在《中国社会科学》《历史研究》《中国史研究》《光明日报》等报刊发表学术论文五十余篇，学术专著及主编、参编著作十余部，论文、专著多次荣获河北省社会科学优秀成果奖二等奖、三等奖。论文《胡如雷先生的治学方法》被选入《中国九五科学研究成果选》，并获优秀论文奖。1998 年，被评为河北省优秀教师。时值先生七十华诞，兹条列先生主要学术成果篇目于下，以时间为序，聊以志喜。

主要著作：

1988 年 4 月　参编：《中国历史大事典》，河北教育出版社 1988 年版。

1993 年 11 月　参编：《河北通志稿》（上、中、下），北京燕山出版社 1993 年版。

1994 年　参编：《通鉴纪事本末》（1—4），花山文艺出版社 1994

年版。

1994 年 9 月　主编：《道教十三经文白对照》（共 3 卷），河北人民出版社 1994 年版。

1995 年 1 月　主编之一：《文白对照四部精华》，河北人民出版社 1995 年版。

1995 年 3 月　主编：《中国十大昏君外传》，河北人民出版社 1995 年版。

1995 年 3 月　参编：《中国政治家辞典》，河北教育出版社 1995 年版。

1998 年 3 月　参编：《中国帝王后妃大辞典》，河北人民出版社 1998 年版。

2000 年 5 月　专著：《李勣评传》，三秦出版社 2000 年版。

2005 年 2 月　专著：《隋唐使职制度研究（农牧工商编)》，中华书局 2005 年版。

主要论文：

1985 年 6 月　《略论唐太平公主的政治倾向》，《河北师范学院学报》1985 年第 2 期；赖长扬等编：《中国史研究文摘》，中州古籍出版社 1986 年版。

1987 年 8 月　《旧说武则天扼婴、杀子失实之补证》，《晋阳学刊》1987 年第 2 期。

1988 年 4 月　《武则天发迹前经历初探》，武则天研究会、洛阳市文物园林局编：《武则天与洛阳》，三秦出版社 1988 年版。

1989 年 10 月　《武则天与唐高宗》，阎守诚主编：《武则天与文水》，山西人民出版社 1989 年版。

1989 年 9 月　《说唐初元从禁军》，《河北师院学报》1989 年第 3 期。

1990 年 12 月　《略论裴寂》，《安庆师院学报》1990 年第 4 期。

1990 年 3 月　《武则天削发为尼一事考辨——与台湾学者李树桐先生商榷》，《华中师范大学学报》（哲学社会科学版）1990 年第 1 期。

1990 年 12 月　《唐代羽林军初探》，《河北师院学报》1990 年第

4 期。

1991 年 12 月　《唐朝行军总管考略》，《河北师院学报》1991 年第 4 期。

1993 年 10 月　《试析毛泽东关于农民战争中“流寇主义”问题的论述》，河北省历史学会、河北师范学院历史系：《毛泽东与中国历史文化》，河北人民出版社 1993 年版。

1993 年 12 月　《岑参的边塞诗与唐朝在西域的战争》，《敦煌学辑刊》1993 年第 2 期。

1994 年 3 月　《〈唐六典〉仅仅是一般的官修典籍吗?》,《中国社会科学》1994 年第 2 期。

1994 年 7 月　《中国古代经济重心南移问题浅论》，《河北师院学报》1994 年第 3 期。

1994 年 11 月　《阿倍仲麻吕蜀中避难说质疑》，郑学檬、冷敏述主编：《唐文化研究论文集 》，上海人民出版社 1994 年版。

1995 年 12 月　《唐朝招讨使考略》，《中国古史论丛》，河北教育出版社 1995 年版。

1996 年 2 月　《〈唐六典〉性质刍议》，《中国史研究》1996 年第 1 期。

1996 年 3 月　《试论唐代市舶使的职能及其任职特点》，《中国社会经济史研究》1996 年第 1 期。

1996 年 6 月　《两唐书职官志“招讨使”考》，《历史研究》1996 年第 2 期。

1996 年 6 月　《北周行军统帅考》，《学术界》1996 年第 3 期。

1996 年 7 月　《隋朝“行军元帅”考》,《河北师院学报》1996 年第 3 期。

1996 年 12 月　《唐代市舶使设置地区考辨》，《海交史研究》1996 年第 2 期。

1997 年 3 月　《唐代市舶制度若干问题研究》，《中国经济史研究》1997 年第 1 期。

1997 年 4 月　《唐朝营田使初探》，《厦门大学学报》1997 年第 2 期。

1997 年 4 月　《隋朝使职考》，朱雷主编：《唐代的历史与社会　中国唐史学会第六届年会暨国际唐史学会研讨会论文选集》，武汉大学出版社 1997 年版。

1997 年 6 月　《唐代的闲厩使》，《中国社会经济史研究》1997 年第 2 期。

1997 年 9 月　《唐朝的形势变化与唐朝的官制改革》，《福建学刊》1997 年第 5 期。

1997 年 10 月　《日本古代史研究的重大突破》，《中国社会科学》1997 年第 5 期。

1998 年 3 月　《唐朝草创时期的外交谋略》，《公关世界》1998 年第 3 期。

1998 年 4 月　《胡如雷先生的治学方法》，《河北师范大学学报》1998 年第 2 期。

1998 年 7 月　《武则天时代政治风气剖析》，郑学檬主编：《中国古代社会研究 ——庆祝韩国磐先生八十华诞纪念论文集》，厦门大学出版社 1998 年版。

1998 年 5 月　《缅怀胡如雷教授的历史教学》，《光明日报》1998 年 5 月 22 日。

1999 年 3 月　《唐代户籍的编制、管理与检察》，《光明日报》1999 年 3 月 5 日。

1999 年 4 月　《唐朝使职若干问题研究》，《历史研究》1999 年第 2 期；收录于郑学檬、陈支平主编《新编中国古代史教学参考资料》，厦门大学出版社 2003 年版。

1999 年 6 月　《隋开皇九年在原陈境内设置州数考》，《中国历史地理论丛》1999 年第 2 期（与杨月君合作）。

1999 年 7 月　《隋朝使职研究》，《河北师范大学学报》1999 年第 3 期（与张留见合著）。

2000 年 10 月　《运用“角色”原理研究历史人物的思想》，《思想家》第 1 辑，江苏教育出版社 2000 年版。

2000 年 11 月　《隋灭陈实现全国统一的谋略》，《公关世界》2000 年第 11 期（与朱绍华合作）。

2002 年 8 月　《唐朝官吏考核标准探析》，《光明日报》2002 年 8 月 6 日。

2002 年 9 月　《门阀士族的衰落与衰亡原因》，《河北学刊》2002 年第 5 期（与朱绍华合作）。

2002 年 11 月　《黄淮地区历史文化研究刍议》，《光明日报》2002 年 11 月 19 日。

2002 年 12 月　《汉唐时期河北地区的水稻生产》，《中国经济史研究》2002 年第 4 期。

2003 年 6 月　《从〈千唐志斋藏志〉看唐代宫人的命运》，《中国历史文物》2003 年第 3 期（与朱绍华合作）。

2003 年 9 月　《门阀士族衰落与衰亡原因探微》，2000 年度中国唐史学会会议论文。张国刚主编：《中国中古史论集——中国中古社会变迁国际学术讨论会论文集》，天津古籍出版社 2003 年版。

2003 年 9 月　《李勣与武则天》，王文超、赵文润主编：《武则天与嵩山》，中华书局 2003 年版。

2004 年 1 月　《隋炀帝首征高丽军队人数考》，《河北师范大学学报》2004 年第 1 期（与乔凤岐合作）。

2004 年 7 月　《从李承乾的悲剧看唐太宗教育上的失误》，《徐州师范大学学报》2003 年第 3 期（与董坤玉合作）。

2004 年 12 月　《文化传统观念与区域经济发展》，《光明日报》2004 年 12 月 16 日。

2005 年 9 月　《胡如雷运用阶级与阶层分析方法研究历史的实践与启示》，《河北学刊》2005 年第 5 期（与黄正建合作）。

2006 年 5 月，《唐宋时期黄河中下游地区的环境变迁》，卢向前主编：《唐宋变革论》，黄山书社 2006 年 5 月（与马雪芹合著，第二作者）。

2008 年 5 月　《唐朝宰相称谓考》，《河北师范大学学报》2008 年第 3 期。

2008 年 9 月　《唐朝三省的权力格局及其地位变化》，《河北学刊》2008 年第 5 期（与董坤玉合作）。

2009 年 1 月　《两〈唐书·职官志〉"招讨使"考》，向燕南、李峰主编：《新旧唐书与新旧五代史研究》第七卷，中国大百科全书出版社 2009 年版。

2010 年 11 月　《唐朝三省的权力格局及其地位变化》，北京市文物研究所编著：《北京历史文化论丛》（第 4 辑），上海古籍出版社 2010

年版。

主要项目:

1. 1998—2003　唐朝使职研究　河北省博士基金项目
2. 1999—2001　隋唐时期河北地区的经济发展　河北省教委项目
3. 2002—2005　汉唐时期河北士族与河北教育问题研究　河北省社科基金项目　批准号:20020520
4. 2003—2006　《唐大诏令集》点校　全国古委会资助项目　批准号:0333
5. 2003—2005　唐朝官吏的选任、考核与奖惩制度研究　河北师范大学重点项目　批准号:W2003202
6. 2005—2008　唐朝盛世研究 国家社科基金项目　批准号:05BZS010

获奖情况:

1. 1998年10月　论文《〈唐六典〉性质刍议》获河北省第六届社科优秀成果三等奖,还获河北省教委社科优秀成果二等奖。
2. 2002年10月　论文《唐朝使职若干问题研究》获河北省第七届社科优秀成果二等奖。
3. 专著《李勣评传》获河北省第八届社科优秀成果三等奖。
4. 2002年10月　论文《唐代户籍的编制、管理与检察》获河北省教育厅社科优秀成果二等奖。
5. 2006年10月　专著《隋唐使职制度研究(农牧工商编)》获河北省第十届社科优秀成果三等奖。
6. 参编著作《中国历史大事典》获国家图书金钥匙奖。
7. 参编著作《〈通鉴纪事本末〉注译》获河北省社会科学优秀成果三等奖。

后　记

　　为老师庆寿，在学术圈内较为流行，在重视师承的史学界尤然。恩师宁志新先生为胡如雷先生的第一届研究生，我们有幸厕身其门，亲炙教泽，毕业后也时聆教诲，受惠良多。古人云一日为师，终生为父，师恩如山，诸位同门一直有为恩师庆寿的打算。宁老师指导过的硕士、博士研究生有十余位，毕业以后散处各地，聚少离多，加之尘事纷扰，以致这心愿一直延宕未能实现。今年适逢恩师七十华诞，经过几次沟通与协商，诸位同门一致认为出版一本贺寿文集不失为报答师恩的一种较好方式。在得到恩师的首肯之后，商定了邀请与恩师关系密切的史学前辈赐稿的大致范围，随后由本人和冯金忠师兄负责联络。由于诸位学界前辈的积极回应，并给予了热情支持，故组稿事宜进展十分顺利。

　　稿件收齐以后，冯金忠师兄要我在文集上挂名并撰写后记，我虽不善此道但也乐意为之。此文集是为老师贺寿，多年来恩师对我的成长和发展提掖有加，可以说没有恩师就没有我的今天。在写后记之际，本应该先谈一下跟随恩师门下受教的一些体会，并借以表达对恩师的感激之情，但一切的语言似乎都是苍白的，再则文集中有几位同门的类似文章且都谈得很好，所以我在此不再赘述，仅对文集的编撰事宜略作说明。

　　去年四月，我和冯金忠师兄一起前往看望恩师，谈及恩师七十华诞之事，萌生了今年为恩师庆寿并出版论文集的计划。冯师兄是恩师指导的第一届研究生，事情商定以后的具体事务都由冯师兄负责筹划，譬如编写文集的通知、格式要求等。诸位同门积极响应，受邀的专家学者也都在百忙之中予以了积极配合和支持。尽管一些前辈身体欠佳，有的还要照顾病人，但他们仍按时供稿，这种对恩师的情谊着实令人感动。

　　本文集分为上下两编，上编包括前辈学者的大作21篇，下编包括同门及几位同仁的论文16篇。这些文章的内容主要集中在魏晋隋唐史方面，但也有几篇论文涉及先秦、秦汉、宋代等的内容，也有数篇为回忆之作，讨论宁老师教书育人。鉴于本文集的内容以在魏晋隋唐史研究居多，所以书名定名为《魏晋隋唐史研究》。

在编辑过程中，对文章的内容基本上不作改动，仅在格式上根据出版社的要求进行了一些技术处理，或对文中的个别文字有所增删。上编中诸位史学前辈老师的大作，大致以年齿为序，年长者居先；下编中诸位同门的文章则以届别先后为序，同一届中又以年龄序之，几位同仁的大作编排在最末。由于本人才浅识薄，加之时间紧促，在编校过程中难免出现各种疏失讹误，对此我愿意独承其责。

本文集的编撰和出版得到了许昌学院魏晋文化研究中心提供的经费支持。河北师范大学历史文化学院院长徐建平教授对文集的出版十分关心和支持，并在百忙之中赐序。在文集即将付梓之际，首先对支持我们的诸位前辈学者表示由衷的感谢和敬意，感谢中国社会科学出版社的宋燕鹏学长为此书出版做出的努力，也感谢诸位同门和学界朋友的积极参与。

祝恩师宁志新先生健康长寿。

是为记。

乔凤岐

2016 年 3 月 10 日